中國史學基本典籍叢刊

東觀漢記校注

上

〔東漢〕劉珍 等撰
吳樹平 校注

中華書局

圖書在版編目(CIP)數據

東觀漢記校注/(東漢)劉珍等撰;吴樹平校注.—北京:中華書局,2008.11(2025.1重印)
(中國史學基本典籍叢刊)
ISBN 978-7-101-06294-6

Ⅰ.東…　Ⅱ.①劉…②吴…　Ⅲ.中國-古代史-東漢時代　Ⅳ.K234.2

中國版本圖書館CIP數據核字(2008)第131779號

特約編輯:李　靜
責任編輯:胡　珂
封面設計:周　玉　豐　雷
責任印製:管　斌

中國史學基本典籍叢刊
東觀漢記校注
(全二册)
〔東漢〕劉　珍等 撰
吴樹平 校注
*
中華書局出版發行
(北京市豐臺區太平橋西里38號　100073)
http://www.zhbc.com.cn
E-mail:zhbc@zhbc.com.cn
北京新華印刷有限公司印刷
*
850×1168毫米 1/32・31⅝印張・4插頁・600千字
2008年11月第1版　2025年1月第7次印刷
印數:9601-10100册　定價:150.00元

ISBN 978-7-101-06294-6

東觀漢記校注序

東觀漢記是以紀傳體撰寫的一部記載東漢歷史的鴻篇巨著。隋書經籍志著録爲一百四十三卷，記事起於光武帝，終於靈帝。

東漢初建，天下洶洶，光武帝面臨的主要問題是恢復經濟，發展生産，鞏固政權。在文化方面，力倡讖緯，争取社會輿論的支持。至於史學，則未遑顧及。明帝繼位，政治和經濟狀況比光武帝時期有了明顯的好轉，對文化事業也熱心起來，史學與經學一樣，都受到特别的青睞。當時，班固私撰漢書，明帝看過後很欣賞他的才能，召詣校書部，除蘭臺令史，後又升遷爲郎，典校秘書。明帝命令班固繼續撰寫漢書。此外，他又讓班固與前睢陽令陳宗、長陵令尹敏、司隸從事孟異共同撰成世祖本紀，又編次光武帝功臣和平林、新市、公孫述事，作列傳、載記二十八篇奏上。〔一〕與班固合力修史者，除陳宗、尹敏、孟異三人外，還有杜撫、馬嚴、劉復、賈逵四人。〔二〕他們撰寫的世祖本紀和列傳、載記二十八篇，是東觀漢記的創始之作。

安帝永寧年間，鄧太后又下詔命謁者僕射劉珍、諫議大夫李尤、劉騊駼、劉毅著「中興以下名臣列士傳」。〔三〕據史通古今正史篇，劉珍等人所撰不限於「名臣列士」，還包括紀、表，時間起自建武，迄於永初。至此，東觀漢記始具備了國史的規模。

劉珍修史是有計劃的，但他還沒有完全實現自己的計劃就去世了。李尤也相繼故去。這時，侍中伏無忌、諫議大夫黄景奉命繼承了劉珍的事業，撰寫了諸王、王子、功臣、恩澤侯表和南單于、西羌傳，以及地理志。

桓帝在位時期，東觀漢記的内容又有擴充，元嘉元年，桓帝命令太中大夫邊韶、大將軍司馬崔寔、議郎朱穆、曹壽作孝穆皇傳、孝崇皇傳和順烈皇后傳，〔四〕又增安思等后入外戚傳，崔篆諸人入儒林傳。崔寔、曹壽又與議郎延篤作百官表和順帝功臣孫程傳、郭鎮傳，又作鄭衆、蔡倫等傳。〔五〕這次續補工作，主要是增加人物傳記，而百官表則是崔寔、曹壽新創立的。

東觀漢記的最後一次續修是在靈帝、獻帝時期。史通古今正史篇敍述這次修史情況時説：「熹平中，光禄大夫馬日磾、議郎蔡邕、楊彪、盧植著作東觀，接續紀傳之可成者，而邕别作朝會、車服二志。後坐事徙朔方，上書求還，續成十志。會董卓作亂，大駕西遷，史臣廢棄，舊文散佚。及在許都，楊彪頗存注記。至於名賢君子，自永初以下闕續。」蔡邕等人續修東觀漢記，究竟做了哪些工作，史通語焉不詳。據後漢書蔡邕傳可以知道，蔡邕等人撰補了靈帝紀和列傳四十二篇，又撰補了十志。

關於十志，司馬彪續漢書律曆志下劉昭注引蔡邕徙朔方戍邊時所奏上十志之章言之頗詳，也是有關十志最可信的第一手材料。從這篇奏章看來，蔡邕早年就萌發了作志的念頭。他的老師、故太傅胡廣把自己所掌握的「舊事」都傳給了蔡邕，這些「舊事」雖然不十分詳細，但有頭有尾，使諸志粗具規模。後來蔡邕又在胡廣所傳「舊事」基礎上進行了積累和研究。此爲蔡邕撰寫十志的第一階段。在這一階段，蔡邕已經有了十志的初稿。及至蔡邕進入東觀，便建議撰寫十志，當獲准後，即與張華等人分工協作，難寫的志由蔡邕負責。蔡邕在東觀修志，首先着手的是律曆志、天文志，修律曆志時，蔡邕讓郎中劉洪同他合作。二志正在撰寫過程中，蔡邕便獲罪髡鉗徙處朔方。此爲蔡邕撰寫十志的第二階段。在這一階段，蔡邕是想與他人協力，最後勒定十志。遺憾的是，他的想法未能如願以償。

在劉昭律曆志注所載蔡邕奏上十志之章中說到，對於十志，「欲删定者一，所當接續者四，前志所無臣欲著者五」，並「分別首目，並書章左」。但十志之目，劉昭注一律未録。而後漢書蔡邕傳李賢注在節録蔡邕奏上十志之章後云：「有律曆意第一，禮意第二，樂意第三，郊祀意第四，天文意第五，車服意第六。」此所云「意」即「志」，名殊而實同。序列六篇志的這段文字，並非出自蔡邕奏上十志之章，而是李賢之語。李賢根據自己所見到的東觀漢記中的六篇志，列目於蔡邕奏上十志章的後面，由此使人們了解到十志中的六志之目。蔡邕等人所撰寫的志除上述六篇外，據史通古今正史篇可以知道還有朝會志。這樣，十志之目，已得其七。漢書有十志，目爲律曆、禮樂、刑法、食貨、郊祀、天文、五行、地理、溝洫、藝文。蔡邕等人的十志，有車服、朝會二志爲漢書所無。據蔡邕所説「前志所無臣欲著者五」二語可以作出這樣的判斷，蔡邕等人另外三志之目，應當在輿漢書十志不同的志目中去尋求。

關於東觀漢記這一書名，有一個形成過程。班固等人撰寫東漢史時，圖籍盛於蘭臺，國家校正舊籍，治理文書，撰著史作，都集中在蘭臺，班固等人修史亦在其中。班固等人雖然在蘭臺完成了世祖本紀和列傳、載記二十八篇，但並没有彙爲一編，也未聞有包容諸篇的書名。從章帝、和帝開始，國家收藏圖書的中心由蘭臺徙至南宮東觀，於是，東觀便成了文化學術活動的主要場所。東觀漢記的撰修地點從劉珍始便移到了東觀。此後一直到蔡邕續修東觀漢記，都没有離開東觀。

劉珍修史雖然轉移到了東觀，但還没有以「東觀」名書，當時的書名是漢記。後漢書李尤傳云：尤「安帝時爲諫議大夫，受詔與謁者僕射劉珍等俱撰漢記」。又三國志吴書韋曜傳載華覈疏云：「劉珍、劉毅等作漢記。」隋書經籍志正史類小序亦云：「明帝召固爲蘭臺令史，與諸先輩陳宗、尹敏、孟異等共成光武本紀。擢固爲郎，典校秘書。固撰後漢事，作列傳、載記二十八篇。其後劉珍、劉毅、劉陶、伏無忌等，〔六〕相次著述東觀，謂之漢記。」東漢時代，一般人也習用漢記一稱。東漢末年人應劭撰風俗通義，在祀典篇中引東觀漢記陰子方祀竈事，書名即稱漢記。

漢記之前冠以「東觀」二字，究竟始於何時，文獻没有確切的記載。就筆者閲讀所及，三國兩晉時期，尚未見東觀漢記一稱。南朝梁劉勰作文心雕龍，在史傳篇中已把東觀漢記省稱東觀。劉孝標作世説新語注，於言語篇引東觀漢記馬援事作注，北魏酈道元在水經注中曾十三次引徵東觀漢記，〔七〕一次引徵東觀記。〔八〕劉勰卒於梁武帝時期，即公元五〇三年至五四九年，劉孝標卒於梁武帝普通二年，即公元五二一年，酈道元卒於北魏孝明帝孝昌三年，即公元五二七年，三人生活在同一時代。由此看來，東觀漢記一稱至遲在六世紀初已經被普遍使用了。它最早出現的年代，應當在六世紀以前。

東觀漢記最後的撰修下限是在獻帝建安元年遷都許地以後，當時楊彪對東觀漢記進行了最後一次續補。就在楊彪最後續補東觀漢記之前，蔡邕所撰寫的東觀漢記篇章已經散佚不全。楊彪修史許都，也没有把散逸的篇章如數補齊。東漢末年最終形成的東觀漢記，在魏晉南北朝時未聞有亡失，隋書經籍志著録的一百四十三卷，應當是楊彪最後一次修史時形成的總卷數。舊唐書經籍志把東觀漢記著録爲一百二十七卷。據舊唐書經籍志序，此志抄自毋煚古今書録。毋煚之作成於唐玄宗開元九年以後，所録書皆爲集賢書院官本。由此看來，東觀漢記流傳到唐開元間，官方藏本已經散佚了十六卷。及至兩宋，東觀漢記散佚愈多。通考經籍考雜史類引羅鄂州序曰：「願聞之上蔡任汲文源曰：汲家舊有東觀漢記四十三卷，丙子渡江亡去。後得蜀本，錯誤殆不可讀，用秘閣本讎校，删著爲八篇。洎見唐諸儒所引，參之以袁宏後漢紀、范曄後漢書，粗爲完具，其疑以待博洽君子。」羅願，字端良，羅汝楫之子，曾知鄂州，主要活動於南宋初年。從通考所引羅願的話看來，在北宋末年或南宋初年，任汲所藏東觀漢記僅存四十三卷，所亡超過了原書的三分之二，而此本又於丙子歲，即宋高宗紹興二十六年亡去。後來獲一蜀本，經過校勘，釐訂爲八篇，東觀漢記散佚殆盡。自元以後，則無一完篇傳世了。

東觀漢記流傳初期，頗爲世人所看重。人們把它與史記、漢書合稱「三史」。三國志吴書吕蒙傳裴松之注引江表傳記載，孫權説他自「統事以來，省三史、諸家兵書，自以爲大有所益」，他勸吕蒙和蔣欽「宜急讀孫子、六韜、左傳、國語及三史」。於此可見，三國時上層統治者是非常重視東觀漢記的。晚出的諸家專載東漢歷史的紀傳體史作，如三國吴謝承和晉薛瑩、華嶠、謝沈、袁山松，以及南朝宋范曄、梁蕭子顯的七家後漢書，晉司馬彪的續漢書，張瑩的後漢南記，無不取材於東觀漢記。所以文心雕龍史傳篇有「後漢紀傳，發源東觀」之語。在諸家東漢史作中，范曄的後漢書集諸家之大成，是較爲優秀的一部史作。加之屢有人注音釋義，遂大行於世，凡習東漢史者，皆諷誦范書，東觀漢記由是浸微。但在唐宋時，東觀漢記仍流傳不絶，注書者用徵出典，類事者漁獵故事。因此，在今天傳世的古注、類書中，保留了爲數不少的東觀漢記片段。

東觀漢記全帙亡佚後，長期無人輯集。直至清康熙時，錢塘姚之駰成後漢書補逸，輯集了已經散失的八種有關東漢的史作，其中第一種即爲東觀漢記八卷。姚之駰搜集東觀漢記遺文，只查閲了范曄後漢書李賢注、司馬彪續漢書劉昭注、北堂書鈔、藝文類聚、初學記五種書籍。所以，他網羅的遺文有很大的局限性。就是他查閲的五種書籍，也往往掇拾不盡，掛漏殊多。在所獲文字的編排上，也顯得雜亂失次。東觀漢記有紀、表、志、傳、載記，從史通中即可尋知。姚之駰全然不加考證，對所輯遺文僅按帝王、后妃、諸王、一般人物爲次，第八卷的大多數條目又隨意標題，盡失原書體例。對一人事迹，姚之駰采取隨得隨録，不序其先後的方法。這樣，閲讀起來，事序顛倒，使人們深感不便。而每一條遺文之後，一概不標明出處，使人們無從知道遺文輯自何書。儘管姚之駰輯本東觀漢記存在這些缺點，但它畢竟是第一次把散佚了的東觀漢記輯録成書，開創之功，實不可泯。

乾隆時設四庫全書館，纂修四庫全書，館臣對東觀漢記重加輯録，出現了一種新的輯本。這一輯本是在姚之駰輯本的基礎上，參之以永樂大典所載，又翻檢了唐宋以前的一些類書和古注之後形成的。四庫全書館館臣據以輯集東觀漢記的典籍，如太平御覽、永樂大典等，都是姚之駰所没有利用的。由於四庫全書館館臣擴大了輯佚用書的範圍，所以他們輯成的東觀漢記比姚之駰輯本增加了幾近十分之六的内容。全書釐訂爲二十四卷，其中包括帝紀三卷，年表一卷，志一卷，列傳十七卷，載記一卷，單文碎句，無篇可歸者，編爲佚文一卷。可以説，四庫全書本東觀漢記無論在内容的完備性、還是編次的科學性方面，都超越了姚之駰輯本。

但是，四庫全書館館臣輯集的東觀漢記，仍然存在一些不足之處。一是由於館臣對某些比較重要的古籍未能查檢，或查檢過的古籍所采用的底本不善，或利用一書檢索時出現遺漏，因而使他們的輯本在内容的完備性方面，依然有不少工作可做。二是館臣對帝紀、列傳、載記部分有關某一人的遺文，不是根據事件發生的先後，逐條排比，而是把全部遺文連綴成一篇。在連綴過程中，於所獲遺文，或增或删，有失原貌。三是館臣蹈姚之駰輯本之弊，在每條文字之後，一律不注出處，使讀者在徵引時，欲加校核而無從入手。四是由於館臣疏忽，失於考訂，在編次上出現了一些混亂。

基於上述情況，筆者早就萌發了重新輯集東觀漢記遺文的念頭。但由於考慮到此項工作頗費時力，所以一直没有着手。一九八二年，我把多年的想法告訴了中華書局的趙明先生，並提出希望得到他的支持。趙明先生當即毅然接受了我的要求。我們商定，由我確定需要翻檢的古籍，趙明負責查索和抄録。經過兩年的工作，趙明把本書搜集到的遺文大部分都抄了出來，從而爲筆者的下一步工作，即編排、校勘、注釋，奠定了基礎。後來因爲趙明有學習任務在身，未了的采集遺文的工作，則由中國社會科學院歷史研究所的唐中瑜先生和筆者分擔。在筆者輯佚過程中，中國社會科學院文學研究所的欒貴明先生，積多年心血，編纂了永樂大典引書索引，中華書局的冀勤、馬蓉、王秀梅三位先生在整理事類賦的同時，編纂了事類賦引書索引，他們熱情地提供了永樂大典和事類賦中保存的東觀漢記各段文字的具體出處，爲筆者省掉了不少翻檢之勞。本書初版由中州古籍出版社出版，承中華書局的衛水山先生題簽，張鳳寶先生設計封面。在這裏，謹向給予筆者支持的諸位先生，致以深切的謝意。

就筆者的主觀願望而言，是想把東觀漢記輯集得比較完備，在編次上儘量接近它的本來面貌，並通過校勘和注釋，爲讀者提供一個優於姚之駰本和四庫全書本的新輯本。但是，這一願望能否實現，還有待於讀者去進行檢驗。即使本書較姚之駰本和四庫全書本略有長處，也不意味着這是一部完善的新輯本。可以肯定，還有一些東觀漢記的遺文没有被鈎稽出來；對所得遺文的編排、校勘、注釋方面，失誤之處，實所難免。筆者期待着讀者的指教，以便將來把本書修改得略好一些。

本書輯佚、校勘、注釋所遵循的原則，敍例中皆一一交待，這裏不再復述。

此次再版，重加修正，釐訂譌誤，以饗讀者。

吴树平　二〇〇八年五月

注

〔一〕此所述根據范曄後漢書班固傳、史通古今正史篇。

〔二〕見范曄後漢書馬嚴傳、北海靖王興傳，史通覈才篇，太平御覽卷一八四所引東觀漢記。

〔三〕見范曄後漢書劉珍傳、李尤傳、北海靖王興傳。

〔四〕孝穆皇即河間孝王劉開，孝崇皇即蠡吾侯劉翼。劉開爲桓帝之祖，劉翼爲桓帝之父。桓帝即位，追尊劉開爲孝穆皇，追遵劉翼爲孝崇皇。事見范曄後漢書桓帝紀。

〔五〕此所述本史通古今正史篇。

〔六〕「劉陶」，係「劉騊駼」之譌。

〔七〕水經注卷七、卷八、卷一七、卷二二、卷二八、卷三〇、卷三九各一引，卷一〇、卷一六、卷二一各兩引。

〔八〕水經注卷三引。

敍例

一　東觀漢記經東漢幾代史學家相繼撰修成書，以紀傳體的形式記述了東漢一代史事，隋書經籍志著録爲一百四十三卷。漢獻帝時，天下擾亂，此書即開始散佚。後來由於各種原因，闕失漸多，至元已蕩然無存。幸賴類書、古注、史書中多所引徵，保留了一些斷簡殘篇。清姚之駰撰後漢書補逸，搜集遺文，析爲八卷。所采書限於北堂書鈔、藝文類聚、初學記、范曄後漢書李賢注、司馬彪續漢書八志劉昭注，輯集時又多有脱漏。乾隆時修四庫全書，館臣在姚之駰輯本基礎上，據永樂大典各韻所載，參考他書，又補輯了很多文字，篇幅擴大了幾近十分之六，全書釐爲二十四卷。這是前人輯本中最好的一個本子。但這一輯本也往往掇拾不盡，仍有不少文字未能鈎稽出來。筆者這次對東觀漢記重新進行了輯佚工作，凡姚之駰和四庫全書館館臣采用過的各種書籍，又都全部作了查檢；姚之駰和四庫全書館館臣未使用過的書籍，如風俗通義、世説新語、隋書、史略、證類本草、太平寰宇記、事類賦、事物紀原、書敍指南、海録碎事、錦繡萬花谷、事文類聚、記纂淵海、古今合璧事類備要、玉海、翰苑新書、急就篇補注、鳴沙石室古籍叢殘、一切經音義、華嚴經音義等，也都進行了檢索，盡力使本書的輯佚工作稍加完善。但限於學識，又苦於時力，不可能把隱藏在各種書籍中的零碎文字全部發掘出來。本書的輯佚工作，仍有待未來的努力。

二　東觀漢記雖已散佚，但全書體例，從史通、范曄後漢書李賢注、司馬彪續漢書八志劉昭注、北堂書鈔等書所載，仍可考知依次有紀、表、志、傳、載記幾個部分。本書編排，即以此爲序。

三　本書分爲二十二卷，其中紀三卷、表一卷、志一卷、傳十五卷、載記一卷、散句一卷。每卷的劃分，既考慮了本卷的内容，也兼顧了各卷篇幅的長短。

四　本書所輯録的紀、傳中人物，一般按年代的先後進行排列。傳中有的人物雖然時代隔越，然而同出一族，或事相連及，或行迹相類，遇到這種情況，便打破時代界限，把他們前後連屬在一起。排列時，較多地參考了范曄後漢書。傳中少數人物，如蔣疊以下諸人，時代不明，一律彙綴在傳的最後一篇。志的排列主要依據范曄後漢書蔡邕傳李賢注所述東觀漢記諸志的次序，並參考了司馬彪的續漢書八志。

五　因東觀漢記全部散佚，書中哪些人物有傳，哪些人物只是在他人傳中敍及，已不能考知。本書於傳的部分只好按人成篇，每篇人物，不見得原來都有專傳。

六　紀、傳、載記中各篇所輯録的每一條文字，依事件發生的先後，逐條進行排列。排列時，參考了范曄的後漢書。個别條目文字簡略，無法確定所記事件發生時間的，則一律附置於本篇末。在紀、傳、載記各篇輯録的每條文字的編排方法上，光武帝、明帝、和帝、安帝、順帝、桓帝諸紀與其他各篇有所不同。這幾個帝王，都有一條文字記述了他一生的行迹。爲了使輯録到的各條文字保持一定的連貫性，筆者在編排時，以記述一生行迹的那條文字作爲全篇的主幹，其他各條文字則依次增補進去。增補情況，在校注中加以説明。

七　一條文字往往有幾處引徵，詳略不一，文字正誤情況也不盡同，凡遇這種情況時，則取其詳者。如果詳略相同，則取其文字無錯訛或錯訛較少者。如果幾處引徵的文字都有一些不足之處，筆者則把幾條文字彙爲一條，這種輯録方法在全書中並不多見。

八　各篇正文采用的每條文字，文末皆注明出處。未被采用的各條文字，一律作爲校勘的資助，在校注中作出説明。

九　有的古注，如范曄後漢書李賢注，有時引東觀漢記僅一兩字或一言半語，爲了使文義明白，輯録時則參考范曄後漢書作了一些增補，具體情况都在校注中説明。即使筆者增補不當，讀者也可以根據校注中提供的情况加以糾正。

一〇　姚之駰和四庫全書館館臣輯録的東觀漢記，有個别條目文字筆者没有輯到，可能是在檢索過程中遺漏了，也可能是由於所用書版本不同而出現了這種情况。對這些條目的文字，本書也收入正文，文末皆標明輯自何本。

一一　輯佚所用書版本的優劣，對於輯佚工作至關重要。姚之駰和四庫全書館館臣從北堂書鈔中彙集東觀漢記文字時，由於當時難於見到北堂書鈔善本，所以使用了陳禹謨刻本，又參用了唐類函中所録北堂書鈔部分。陳禹謨刻本增删竄改，比比皆是，體現了明代人刻書陋習。姚之駰和四庫全書館館臣因受陳禹謨刻本之害，錯輯和漏輯了許多文字。這次輯佚，采用了孔廣陶校注本北堂書鈔，又參用了其他明抄本和活字本，取得不少新的輯佚成果。本書輯佚時，對所用書儘量選取善本，具體情况可參見書後所附本書輯佚校注引用書目和簡稱。

一二　本書校勘力求簡潔，凡是所輯正文不誤，而他處所引文字有誤者，一般不撰寫校勘記。如遇有參考價值的異文，則加以説明。對正文的糾謬補闕，均在校注中交待根據，萬一校改錯了，讀者也可從中得到糾正的綫索。

一三 姚之駰和四庫全書館館臣輯録的東觀漢記，都有一些輯者的按語。姚之駰輯本的按語多屬借題評論，關於釐訂字句和考證史事正誤的文字寥寥。四庫全書館館臣輯本的按語則全爲與原文關係密切的校注性文字。凡兩家輯本按語可采者，本書在校注中都予以吸取。

一四 前人有關東觀漢記的資料和研究成果並不很多，筆者選擇其中比較重要的附於書後，以供參考。

一五 爲了便於讀者利用此書，書後附有本書輯佚校注引用書目和簡稱，可供讀者參考。

一六 若干條東觀漢記遺文，作爲補遺部分，附於諸卷之後。

目録

卷一

紀一

卷二

紀二

卷三

紀三

卷四

表

卷八

傳三

卷九

傳四

卷十

傳五

卷十一

傳六

卷十二

傳七

卷十三

傳八

卷十四

傳九

卷十五

傳十

卷十六

傳十一

卷十七

傳十二

卷十八

卷十九

傳十四

卷二十

傳十五

卷二十一

載記

卷一

紀一

世祖光武皇帝

世祖光武皇帝，〔一〕高祖九世孫，承文、景之統，〔二〕出自長沙定王發，〔三〕定王生春陵節侯。〔四〕春陵本在零陵郡，節侯孫考侯以土地下濕，〔五〕元帝時，求封南陽蔡陽白水鄉，因故國名曰春陵。〔六〕 類聚卷一二

皇考初爲濟陽令，〔七〕濟陽有武帝行過宫，〔八〕常封閉。上將生，皇考以令舍下濕，開宫後殿居之。〔九〕建平元年十二月甲子夜上生時，有赤光，室中盡明。〔一〇〕皇考異之，使卜者王長卜之。長曰：〔一一〕「此善事不可言。」是歲嘉禾生，〔一二〕一莖九穗，大於凡禾，縣界大豐熟，因名上曰秀。是歲鳳皇來集濟陽，〔一三〕故宫皆畫鳳凰。〔一四〕聖瑞萌兆，始形於此。上爲人隆準，日角，〔一五〕大口，美鬚眉，〔一六〕長七尺三寸。在春陵時，〔一七〕望氣者蘇伯阿望春陵城

曰："美哉！王氣鬱鬱葱葱。"仁智明遠，〔一八〕多權略，樂施愛人。在家重慎畏事，勤於稼穡。兄伯升好俠，非笑上事田作，比之高祖兄。〔一九〕年九歲而南頓君卒，〔二〇〕隨其叔父在蕭，入小學，後之長安，受尚書於中大夫廬江許子威。〔二一〕資用乏，〔二二〕與同舍生韓子合錢買驢，令從者僦，以給諸公費。〔二三〕大義略舉，因學世事。朝政每下，必先聞知，具爲同舍解説。高才好學，〔二四〕然亦喜遊俠，鬭鷄走馬，具知閭里姦邪，吏治得失。時會朝請，舍長安尚冠里，南陽大人往來長安，爲之邸，閭稽疑議。爲季父故春陵侯詣大司馬府，〔二五〕訟地皇元年十二月壬寅前租二萬六千斛、芻稾錢若干萬。時宛人朱福亦爲舅訟租於尤。尤止車獨與上語，不視福。上歸，戲福曰："嚴公寧視卿邪？"王莽時，〔二六〕雒陽以東米石二千，莽遣三公將運關東諸倉賑貸窮乏，又分遣大夫謁者教民煮木爲酪，酪不可食，重爲煩擾，流民入關者數十萬人。置養贍官以稟之，盗發其稟，民餓死者十七八，人民相食。末年，天下大旱，蝗蟲蔽天，盗賊群起，四方潰畔。荆州下江平林兵起，〔二七〕王匡、王鳳爲之渠率。時南陽旱餓，〔二八〕而上田獨收。宛大姓李伯玉從弟軼數遣客求上，〔二九〕上欲避之。先是時伯玉同母兄公孫臣爲醫，〔三〇〕伯升請呼難，伯升殺之。上恐其怨，故避之。使來者言李氏欲相見款誠無他意，上乃見之，懷刀自備，入見。固始侯兄弟爲上言：〔三一〕"天下擾亂饑餓，下江兵盛，南陽豪右雲擾。」因具言讖文事。「劉氏當復起，李氏爲輔。」〔三二〕上殊不意，獨内念李氏富厚，父爲宗卿師，〔三三〕語言譎詭，殊非次第，嘗疾毒諸家子數犯法令，李氏家富厚，何爲如是，不然諾其言。諸李遂與南陽府掾史張順等連謀。上深念良久，天變已成，遂市兵弩，〔三四〕絳衣赤幘。〔三五〕時伯升在舂陵亦已聚會客矣。上歸舊廬，望見廬南若火光，〔三六〕以爲人持火，呼之，光遂盛，赫然屬天，〔三七〕有頃不見，異之。〔三八〕遂從南郭歸宅，乃與伯升相見。初，伯升之起也，諸家子弟皆逃自匿，曰：「伯升殺我。」及聞上至，絳衣大冠，〔三九〕將軍服，〔四〇〕乃驚曰：「以爲獨伯升如此也，中謹厚亦如之。」〔四一〕皆合會，共勞饗新市、平林兵王鳳、王匡等，因率舂陵子弟隨之，兵合七八千人。上騎牛與俱，殺新野尉後乃得馬。〔四二〕光武起義兵，〔四三〕暮聞冢上有哭聲，後有人著大冠絳單衣。使劉終詐稱江夏吏，〔四四〕誘殺湖陽尉。五威將軍嚴尤擊下江兵，〔四五〕上奉糗一斛，脯三十朐詣幕府營。進圍宛城。〔四六〕王莽遣大司徒王尋、大司空王邑將兵來征。更始立，以上爲太常偏將軍。〔四七〕時無印，得定武侯家丞印，佩之入朝。〔四八〕二公兵到潁川，〔四九〕嚴尤、陳茂與合。〔五〇〕尤問城中出者，言上不敢取財物，但合會諸兵爲之計策。尤笑言曰：「是美眉目者耶？〔五一〕欲何爲乃如此？」初，莽遣二公，〔五二〕欲盛威武，以振山東，甲衝輣，〔五三〕干戈旌旗，戰攻之具甚盛。至驅虎豹犀象，〔五四〕奇偉猛獸，以長人巨無霸爲壘尉，〔五五〕自秦、漢以來師出未曾有也。上邀之於陽關。二公兵盛，漢兵反走，上馳入昆陽，諸將惶恐，各欲散歸。與諸將議：「城中兵穀少，宛城未拔，力不能相救。今昆陽即破，一日之間，諸將亦滅。不同力救之，反欲歸守其妻子財物耶？」諸將怒曰：「劉將軍何以敢如此！」上乃笑，且去，唯王常是上計。會候騎還，言大兵已來，長數百里，望不見其後尾，前已至城北矣。諸將遽請上，上到，爲陳相救之勢。諸將素輕上，及迫急，上爲畫成敗，〔五六〕皆從所言。時漢兵八九千人，〔五七〕留王鳳令守城，〔五八〕夜出城南門。二公兵已五六萬到，〔五九〕遂環昆陽城作營，〔六〇〕圍之數重，〔六一〕雲車十餘丈，瞰臨城中，旗幟蔽野，塵熛連雲，〔六二〕金鼓之聲數十里。或爲地突，〔六三〕或爲衝車撞城，積弩射城中，矢下如雨，城中負户而汲。二公自以爲功成漏刻。有流星墜尋營中，〔六四〕正晝有雲氣如壞山，〔六五〕直營而霣，不及地尺而散，吏士皆厭伏。〔六六〕時漢兵在定陵郾者，聞二公兵盛，皆怖。上歷説其意，爲陳大命，請爲前行諸部堅陣。上將步騎千餘，前去大軍四五里。〔六七〕二公遣步騎數千乘合戰，上奔之，斬首數十級。〔六八〕諸部將喜曰：「劉將軍平生見小敵怯，〔六九〕今見大敵勇，甚奇怪也。」〔七〇〕上復進，二公兵却，諸部乘之，斬首數百千級，連勝。遂令輕足將書與城中諸將，言宛下兵復到，而陽墜其書。讀之，恐。上遂選精兵三千人，從城西水上奔陣。二公兵於是大奔北，〔七一〕殺司徒王尋，而昆陽城中兵亦出，中外並擊。會天大雷風，暴雨下如注，水潦成川，滍水盛溢。二公大衆遂潰亂，奔赴水溺死者以數萬，滍水爲之不流。〔七二〕王邑、嚴尤、陳茂輕騎乘死人渡滍水逃去。漢軍盡獲其珍寶輜重車甲，連月不盡。五月，齊武王拔宛城。〔七三〕六月，上破二公於昆陽。破宛後數日，〔七四〕收伯升部將劉稷，而伯升强争之。更始遂用譖訴，復收伯升，即日皆物故。上降潁陽，〔七五〕雖得入，意不安。門下有擊馬著鼓者，〔七六〕馬驚硠磕。鄧晨起走出視之，乃馬也。上在父城，徵詣宛，拜上爲破虜大將軍，封武信侯。更始害齊武王，〔七七〕光武飲食語笑如平常，獨居輒不御酒肉，枕席有涕泣處。更始欲北之雒陽，以上爲司隸校尉，先到雒陽整頓官府，文書移與屬縣，〔七八〕三輔官府吏東迎雒陽者見更始諸將過者已數十輩，皆冠幘，衣婦人衣，諸於繡擁褔，〔七九〕大爲長安所笑。知者或畏其衣，犇走入邊郡。見司隸官屬，皆相指視之，極望老吏或垂涕曰：「粲然復見漢官威儀。」〔八〇〕賢者蟻附。更始欲以近親巡行河北，〔八一〕大司徒賜言上第一可用。〔八二〕更始以上爲大司馬，遣之河北。十月，上持節度孟津，鎮撫河北，安集百姓。〔八三〕上至邯鄲，〔八四〕趙王庶兄胡子進狗牒馬醢。故趙繆王子臨説上灌赤眉。〔八五〕趙王庶兄胡子立邯鄲卜者王郎爲天子，〔八六〕移檄購求公十萬户。光武爲王郎所追，〔八七〕至饒陽，稱邯鄲使者，入傳舍。廚吏方進食，官屬從者饑，遮奪之。吏卒驚起聚語，乃椎鼓數十通，詐言邯鄲將軍至，官屬皆懼失色。上臨升車還坐，曰：「請邯鄲將軍入。」久乃升，後有傳呼，寺門開之，是雒陽吏耳。上出，蒙犯霜雪。〔八八〕光武大會真定，自擊筑。〔八九〕上率鄧禹等擊王郎橫野將軍劉奉，大破之，〔九〇〕還過鄧禹營，禹進食炙魚，上大餐啗。時百姓以上新破大敵，欣喜聚觀，見上餐啗，〔九一〕勞勉吏士，威嚴甚厲，於是皆竊言曰：「劉公真天人也。」〔九二〕世祖引兵攻邯鄲，連戰，郎兵挫折。郎遣諫議大夫杜長威持節詣軍門，〔九三〕上遣棨戟迎，〔九四〕延請入軍，見公據地曰：「實成帝遺體子輿也。」公曰：「正使成帝復生，天下不可復得也。況詐子輿乎！」長威請降得萬户侯。公曰：「一户不可得。」長威曰：「邯鄲雖鄙，君臣并力城守，尚可支一歲，終不君臣相率而降但得全身也。」辭去。而郎少傅李立反郎，開城門。漢兵破邯鄲，誅郎。入王宮收文書，得吏民謗毀公言可擊者數千章，〔九五〕公會諸將燒之，〔九六〕曰：「令反側者自安也。」〔九七〕上圍邯鄲未下，〔九八〕彭寵遺米糒魚鹽以給軍糧，由是破邯鄲。更始遣使者即立公爲蕭王。〔九九〕諸將議上尊號，上不許。又擊破銅馬，〔一〇〇〕受降適畢，封降賊渠率，〔一〇一〕諸將未能信，賊亦兩心。上敕降賊各歸營勒兵待，〔一〇二〕上輕騎入，按行賊營。〔一〇三〕賊將曰：〔一〇四〕「蕭王推赤心置人腹中，安得不投死。」〔一〇五〕由是皆自安。詔馮異軍鴈門，〔一〇六〕卒萬餘人降之。光武北擊尤來、大搶、五幡於元氏，追至北平，〔一〇七〕連破之。後反爲所敗，軍中不見光武，或云已歿。上已乘王豐小馬先到矣，營門不覺。上破賊，〔一〇八〕入漁陽，諸將上尊號，上不許。議曹掾張祉言：「俗以爲燕人愚，方定大事，反與愚人相守，非計也。」上大笑。光武發薊還，〔一〇九〕士衆喜樂，師行鼓舞，〔一一〇〕鼓聲歌詠，〔一一一〕八荒震動。過范陽，命諸將收葬吏士。至中山，〔一一二〕諸將復請上尊號，曰：「帝王不可以久曠。〔一一三〕大王社稷爲計，萬姓爲心。」耿純説上曰：〔一一四〕「天時人事，已可知矣。」初，王莽時，上與伯升及姊壻鄧晨、穰人蔡少公燕語，〔一一五〕少公道讖言劉秀當爲天子，或曰是國師劉子駿也。〔一一六〕上戲言：「何知非僕耶？」〔一一七〕坐者皆大笑。時傳聞不見赤伏符文軍中所，〔一一八〕上未信，到鄗，上所與在長安同舍諸生彊華自長安奉赤伏符詣鄗，與上會。群臣復固請，上奏世祖曰：〔一一九〕「符瑞之應，昭然著聞矣。」乃命有司設壇於鄗南千秋亭五成陌。〔一二〇〕六月己未，即皇帝位。燔燎告天，禋於六宗。〔一二一〕改元爲建武，改鄗爲高邑。〔一二二〕十月，帝入雒陽，幸南宮，遂定都焉。〔一二三〕光武破聖公，與朱伯然書曰：〔一二四〕「交鋒之日，神星晝見，太白清明。」二年正月，〔一二五〕益吴漢、鄧禹等封。上封功臣皆爲列侯，〔一二六〕大國四縣，餘各有差。博士丁恭等議：「古帝王封諸侯不過百里，〔一二七〕故利以建侯，取法於雷。」〔一二八〕上曰：「古之亡國，皆以無道，未嘗聞封功臣地多而滅者也。」〔一二九〕乃遣謁者，即授印綬。自漢草創德運，正朔服色未有所定，高祖因秦，以十月爲正，以漢水德，立北畤而祠黑帝。至孝文，賈誼、公孫臣以爲秦水德，漢當爲土德。至孝武，倪寬、司馬遷猶從土德。自上即位，案圖讖，推五運，漢爲火德。周蒼漢赤，水生火，赤代蒼，故上都雒陽。制郊兆於城南七里，北郊四里，〔一三〇〕爲圓壇，〔一三一〕天地位其上，皆南面西上。行夏之時，時以平旦，服色、犧牲尚黑，〔一三二〕明火德之運，徽幟尚赤，四時隨色，季夏黄色。〔一三三〕議者曰：「昔周公郊祀后稷以配天，宗祀文王以配上帝。圖讖著伊堯赤帝之子，俱與后稷並受命而爲王。漢劉祖堯，〔一三四〕宜令郊祀帝堯以配天，〔一三五〕宗祀高祖以配上帝。」有司奏議曰：「追迹先代，無郊其五運之祖者。故禹不郊白帝，周不郊帝嚳。漢雖唐之苗，堯以曆數命舜，高祖自感赤龍火德，承運而起，當以高祖配堯之後，還復於漢，宜脩奉濟陽成陽縣堯冢，雲臺致敬祭祀禮亦宜之。」上遣游擊將軍鄧隆與幽州牧朱浮擊彭寵，隆軍潞，浮軍雍奴，相去百餘里。遣吏上奏言：「寵破在旦暮。」上讀檄未竟，怒曰：「兵必敗，比汝歸可知。」吏還，未至隆軍，果爲寵兵掩擊破。浮軍遠，至不能救，〔一三六〕以兵走幽州。咸曰上神。〔一三七〕南越獻白雉。〔一三八〕三年，光武征秦豐，幸舊宅。〔一三九〕十月，上幸舂陵，祠園廟，大置酒，〔一四〇〕與春陵父老故人爲樂。以皇祖皇考墓爲昌陵，〔一四一〕後改爲章陵，因以春陵爲章陵縣。〔一四二〕隗囂上書，報以殊禮。〔一四三〕四年五月，上幸盧奴，爲征彭寵故也。自王莽末，天下旱霜連年，百穀不成。元年之初，耕作者少，民饑饉，黄金一斤易粟一石。〔一四四〕至二年秋，天下野穀旅生，麻菽尤盛，〔一四五〕或生瓜菜菓實，野蠶成繭被山，民收其絮，〔一四六〕采獲穀菓，以爲蓄積。至是歲，野穀生者稀少，而南畝亦益闢矣。〔一四七〕建武五年，〔一四八〕初起太學，諸生吏子弟及民以義助作。〔一四九〕上自齊歸，幸太學，賜博士弟子有差。野穀彌多。〔一五〇〕六年二月，吴漢下朐城，〔一五一〕天下悉定，唯獨公孫述、隗囂未平。上曰：「取此兩子置度外。」〔一五二〕乃休諸將，置酒，賞賜之。每幸郡國，下輿見吏輒問以數十百歲能吏次第，下至掾史。〔一五三〕簡練臣下之行，〔一五四〕下無所隱其情，道數十歲事若案文書，吏民驚惶，〔一五五〕不知所以，人自以見識，家自以蒙恩。遠臣受顔色之惠，坐席之間，以要其死力。當此之時，賊檄日以百數，憂不可勝，上猶以餘間講經藝，〔一五六〕發圖讖。制告公孫述，署曰「公孫皇帝」。〔一五七〕囂雖遣子入侍，尚持兩心。囂故吏馬援謂囂曰：「到朝廷凡數十見，〔一五八〕自事主未常見明主如此也。材直驚人，其勇非人之敵。〔一五九〕開心見誠，與人語，好醜無所隱諱。圖講天下事，極盡下恩。兵事方略，量敵校勝。〔一六〇〕闊達多大節，與高帝等。經學博覽，政事文辯，前世無比。」囂曰：「如卿言，勝高帝耶？」曰：「不如也。高帝大度，無可無不可。今上好吏事，動如節度，不飲酒。」囂大笑曰：「如卿言，反復勝也。」〔一六二〕代郡太守劉興將數百騎攻賈覽，〔一六三〕上狀檄至，光武知其必敗，報書曰：「欲復進兵，恐失其頭首也。」詔書到，興已爲覽所殺。長史得檄，以爲國家坐知千里也。七年正月，詔群臣奏事無得言「聖人」。又舊制上書以青布囊素裹封書，〔一六三〕不中式不得上。既上，詣北軍待報，〔一六四〕前後相塵，〔一六五〕連歲月乃決。上躬親萬機，急於下情，乃令上書啓封則用，〔一六六〕不得刮璽書，〔一六七〕取具文字而已。奏詣闕，平旦上，其有當見及冤結者，常以日出時，〔一六八〕騶騎馳出召入，其餘以俟中使者出報，〔一六九〕即罷去，所見如神，〔一七〇〕遠近不偏，幽隱上達，民莫敢不用情。追念前世，園陵至盛，王侯外戚，葬埋僭侈，吏民相效，浸以無限，詔誥天下令薄葬。〔一七一〕八年閏月，〔一七二〕車駕西征，河西大將軍竇融與五郡太守步騎三萬迎上。〔一七三〕隗囂士衆震壞，皆降，囂走入城。〔一七四〕吴漢、岑彭追守之。九年正月，隗囂餓，出城餐糗糒，〔一七五〕腹脹死。〔一七六〕十二年，吴漢引兵擊公孫述，入犍爲界，〔一七七〕小縣多城守未下。詔書告漢直擁兵到成都，〔一七八〕據其心腹，後城營自解散。漢意難前，獨言朝廷以爲我縛賊手足矣。〔一七九〕遣輕騎至成都，燒市橋，〔一八〇〕武陽以東小城營皆奔走降，竟如詔書。漢兵乘勝追奔，述距守。詔書又戒漢曰：「成都十萬人，不可輕也。〔一八一〕且堅據廣都城，〔一八二〕去之五十里，待其即營攻城，罷倦引去，乃首尾擊之，勿與争鋒。述兵不敢來，轉營即之，移徙輒自堅。」〔一八三〕十一月，衆軍至城門，述自將，背城而戰。吴漢攻之，述軍大破，刺傷述，扶輿入壁，其夜死。夷述妻子，傳首於洛陽。縱兵大掠，舉火燔燒。上聞之，下詔讓吴漢副將劉禹曰：〔一八四〕「城降，嬰兒老母，〔一八五〕口以萬數，一旦放兵縱火，聞之可爲酸鼻。家有弊帚，享之千金。〔一八六〕禹宗室子孫，故嘗更職，何忍行此？仰視天，俯視地，觀於放麑啜羹之義，〔一八七〕二者孰仁矣。〔一八八〕失斬將吊民之義。」又議漢殺述親屬太多。是時名都王國有獻名馬寶劍，〔一八九〕直百金。馬以駕鼓車，劍以賜騎士。〔一九〇〕苑囿池籞之官廢，弋獵之事不御。雅性不喜聽音樂，手不持珠玉，〔一九一〕衣服大絹，而不重綵。征伐嘗乘革輿羸馬。公孫述故哀帝時，〔一九二〕即以數郡備天子用。述破，益州乃傳送瞽師、郊廟樂、葆車、乘輿物，〔一九三〕是後乃稍備具焉。述伏誅之後，而事少閑，官曹文書減舊過半，下縣吏無百里之繇，〔一九四〕民無出門之役。十三年，〔一九五〕封殷紹嘉公爲宋公，周承休公爲衛公。〔一九六〕越裳獻白兔。〔一九七〕十四年，封孔子後孔志爲褒成侯。〔一九八〕十五年，詔曰：〔一九九〕「刺史太守多爲詐巧，不務實核，苟以度田爲名，聚人田中，並度廬屋里落，聚人遮道啼呼。」〔二〇〇〕十七年，〔二〇一〕上以日食避正殿，〔二〇二〕讀圖讖多，御坐廡下淺露，中風發疾，苦眩甚。左右有白大司馬史，病苦如此，不能動摇。自强從公，出乘，以車行數里，病差。四月二日，車駕宿偃師。病差數日，入南陽界，到葉。以車騎省，留數日行，黎陽兵馬千餘匹，遂到章陵，起居平愈。幸章陵，〔二〇三〕修園廟舊宅田里舍。鳳皇至，〔二〇四〕高八九尺，〔二〇五〕毛羽五彩，集潁川，群鳥並從，蓋地數頃，〔二〇六〕留十七日乃去。商賈重寶，〔二〇七〕單車露宿，〔二〇八〕牛馬放牧，道無拾遺。十九年，〔二〇九〕光武下詔曰：「唯孝宣皇帝有功德，其上尊號曰中宗。」上幸南陽、汝南，至南頓，止令舍，大置酒，賜吏民，復南頓田租一歲。〔二一〇〕吏民叩頭言：「皇考居此日久，陛下識知寺舍，〔二一一〕每來輒加厚恩，但復一歲少薄，願復十歲。」上曰：「天下重寶大器，常恐不任，日慎一日，安敢自遠期十歲。」復增一歲。二十年六月，上風眴黄癉病發甚，〔二一二〕以衛尉關内侯陰興爲侍中，興受詔雲臺廣室。〔二一三〕甘露降四十五日。〔二一四〕二十五年，〔二一五〕烏桓獻貂豹皮，詣闕朝賀。二十六年正月，詔曰：「前以用度不足，吏禄薄少，乃自益其俸。」〔二一六〕自三公下至佐史各有差。初作壽陵，〔二一七〕始營陵地於臨平亭南。將作大匠竇融上言：「園陵廣袤，無慮所用。」帝曰：「古帝王之葬，皆陶人瓦器，木車茅馬，使後世之人不知其處。臨平望平陰，河水洋洋，舟船泛泛，善矣夫！周公、孔子猶不得存，安得松、喬與之而共遊乎！〔二一八〕太宗識終始之義，景帝能遵孝道，遭天下反覆，而獨完其福，豈不美哉！　今所制地，不過二三頃，無爲山陵，陂池裁令流水而已。〔二一九〕迭興之後，〔二二〇〕亦無丘壟，使合古法。　今日月已逝，當豫自作。　臣子奉承，不得有加。」乃令陶人作瓦器。

上常自細書，〔二二一〕一札十行，報郡縣。　旦聽朝，至日晏，夜講經聽誦。〔二二二〕坐則功臣特進在側，論時政畢，道古行事，次説在家所識鄉里能吏，次第比類。　又道忠臣孝子義夫節士，坐者莫不激揚悽愴，欣然和悦。　群臣争論上前，常連日。　皇太子嘗承間言：「陛下有禹、湯之明，而失黄、老養性之道。　今天下大安，少省思慮，養精神。」上答曰：「我自樂此。」時城郭丘墟，埽地更爲，上悔前徙之。〔二二三〕三十年，有司奏封禪。　詔曰：「災異連仍，日月薄食，百姓怨歎，而欲有事於太山，汙七十二代編録，〔二二四〕以羊皮雜貂裘，何强顔耶？」三十二年，〔二二五〕群臣復奏言：「登封告成，爲民報德，百王所同也。」遂登太山，勒石紀號。　改元爲中元。〔二二六〕中元元年，〔二二七〕上幸長安，祠長陵，還洛陽宫。　是時醴泉出於京師，郡國飲醴泉者，痼疾皆愈，獨眇蹇者不差。〔二二八〕有赤草生於水涯。〔二二九〕郡國上甘露降。　群臣上言：「地祇靈應而失草萌，宜命太史撰具郡國所上。」上遂不聽，是以史官鮮記焉。　冬十月甲申，〔二三〇〕使司空馮魴告祠高廟曰：「高皇吕太后不宜配食。　薄太后慈仁，孝文皇帝賢明，子孫賴福，延至於今，宜配食地祇高廟。今上薄太后尊號爲高皇后，遷呂太后於園，四時上祭。」是歲，起明堂、辟雍、靈臺，及北郊兆域。〔二三一〕二年二月戊戌，帝崩於南宮前殿，在位三十三年，時年六十二。遺詔曰：「朕無益百姓，如孝文皇帝舊制，葬務從約省。刺史二千石長吏皆無離城郭，〔二三二〕無遣吏及因郵奏。」太子襲尊號爲皇帝。群臣奏謚曰光武皇帝，廟曰世祖。三月，葬原陵。〔二三三〕　御覽卷九〇

漢以炎精布耀，或幽而光。〔二三四〕　文選卷一一王延壽魯靈光殿賦李善注

上東西赴難，以車上爲家，傳榮合戰，〔二三五〕跨馬操兵，身在行伍。〔二三六〕　書鈔卷一三九

帝即有仁聖之明，氣勢形體，天然之姿，〔二三七〕固非人之敵，翕然龍舉雲興，〔二三八〕三雨而濟天下，蕩蕩人無能名焉。〔二三九〕　御覽卷九〇

光武詔曰：「明設丹青之信，廣開束手之路。」〔二四〇〕　文選卷二三阮籍詠懷李善注

光武功臣鄧禹等二十八人皆爲侯，封餘功臣一百八十九人。〔二四一〕　御覽卷二〇〇

帝以天下既定，思念欲完功臣爵土，不令以吏職爲過，故皆以列侯就第，恩遇甚厚，遠方貢甘珍，必先徧賜列侯，而大官無餘。有功輒增封邑，故皆保全。〔二四二〕　聚珍本

光武封新野主子鄧汜爲吴侯，〔二四三〕伯父皇皇考姊子周均爲富波侯，〔二四四〕追封外祖樊

重爲壽張侯，〔二四五〕重子丹爲射陽侯，〔二四六〕孫茂爲平望侯，〔二四七〕尋玄鄉侯，〔二四八〕從子沖更父侯，〔二四九〕后父陰睦宣恩侯，〔二五〇〕子識原鹿侯，〔二五一〕就爲信陽侯，〔二五二〕皇考女弟子來歙征羌侯，〔二五三〕弟由宜西侯，〔二五四〕以寧平公主子李雄爲新市侯，〔二五五〕后父郭昌爲陽安侯，〔二五六〕子流緜曼侯，〔二五七〕兄子竟新郪侯，〔二五八〕匡發干侯，〔二五九〕以姨子馮邯爲鍾離侯。〔二六〇〕　類聚卷五一

光武皇帝雖發師旁縣，人馬席薦羈靽皆有成賈，而貴不侵民，樂與官市。　御覽卷三五九

校勘記

〔一〕世祖光武皇帝　即劉秀，字文叔，事詳范曄後漢書卷一光武帝紀、袁宏後漢紀卷一至卷八。汪文臺輯謝承後漢書卷一、薛瑩後漢書、司馬彪續漢書卷一、謝沈後漢書、袁山松後漢書亦略載其事。

〔二〕承文、景之統　此句原無，聚珍本有，文選卷四張衡南都賦李善注引亦有此句，今據增補。

〔三〕發　此字原無，聚珍本有，御覽卷九〇引亦有，今據增補。

〔四〕春陵節侯　名買。

〔五〕考侯　原作孝侯，後漢紀卷一同，皆誤。范曄後漢書城陽恭王祉傳云：「敞曾祖父節侯買，以長沙定王子封於零道之春陵鄉，爲春陵侯。買卒，子戴侯熊渠嗣。熊渠卒，子考侯仁嗣。」又文選

卷四張衡南都賦李善注云：「東觀漢記曰：『春陵節侯，長沙定王中子買。節侯生戴侯，戴侯生考侯。』……『考』或爲『孝』，非也。」今據校改。

〔六〕因故國名曰春陵　此條御覽卷六三、文選卷一班固兩都賦李善注亦引，字句簡略。此句下尚有「上隆準日角」云云一段文字，因與下條重複，今删去。

〔七〕令　原脱，聚珍本有，范曄後漢書光武帝紀論亦云：「皇考南頓君初爲濟陽令。」今據增補「令」字。

〔八〕濟陽有武帝行過宫　原脱「濟陽」二字。文選卷二〇謝瞻九日從宋公戲馬臺集送孔令詩李善注引云：「濟陽有武帝行過宫。」玉海卷一五五引同，今據增補。

〔九〕開宫後殿居之　范曄後漢書光武帝紀論李賢注引蔡邕光武碑文云：「光武將生，皇考以令舍不顯，開宫後殿居之而生。」與此相合。御覽卷八七三，合璧事類卷一九、卷二二，記纂淵海卷四引云：「光武生於濟陽縣舍。」類聚卷八五、卷九九，御覽卷八三九、卷九一五引云：「光武生於濟陽。」

〔一〇〕有赤光，室中盡明　此二句類聚卷一〇引同，書鈔卷一引作「赤光照室」，初學記卷二四引作「有赤光，堂上盡明如晝」，范曄後漢書光武帝紀論李賢注引作「光照室中，盡明如晝」。

〔一一〕使卜者王長卜之，長曰　「卜之長」三字原脱，不成文理。姚本、聚珍本有此三字，類聚卷一〇引同，今據增補。范曄後漢書光武帝紀論云：「欽異焉，使卜者王長占之，長辟左右曰：『此兆吉不可言。』」亦可證當有此三字。論衡吉驗篇云：「光武帝，建平元年十二月甲子生於濟陽宮後殿第二内中。皇考爲濟陽令，時夜無火，室内自明，皇考怪之，即召功曹吏充蘭使出問卜工。蘭與馬下卒蘇永俱之卜王長孫所。長孫卜謂永、蘭曰：『此吉事也，毋多言。』」蔡邕蔡中郎文集卷五光武濟陽宮碑云：「世祖光武皇帝，考南頓君，初生濟陽令，有武帝行過宮，常封閉。帝將生，考以令舍下濕，開空後殿居之。建平元年十二月甲子夜帝生時，赤光，室中有明，使卜者王長卜之。長曰：『此善事不可言。』歲月嘉禾一莖生九穗，長於凡禾，因爲尊諱。」「初生」當作「初爲」，「空」當作「宮」。

〔二〕是歲嘉禾生　水經注卷七，書鈔卷一，文選卷二〇應貞晉武帝華林園集詩李善注，晏元獻公類要卷四、卷九亦引此事。

〔三〕是歲鳳皇來集濟陽　「是歲」二字姚本、聚珍本作「先是」，類聚卷九九、御覽卷九一五引同。「皇」字玉海卷一九九引同，書鈔卷一引作「凰」，二字同。論衡吉驗篇云：「有鳳凰下濟陽宮，故訖今濟陽有鳳凰廬。」

〔四〕故宮皆畫鳳凰　「宮」字下聚珍本有「中」字，事類賦卷一八引亦有「中」字，類聚卷九九、御覽卷九一五引皆無「中」字。

〔一五〕日角　額上之骨隆起如日，古人以爲帝者之象。御覽卷三六七引云：「光武爲人日角，大口，美鬚眉。」

〔一六〕美鬚眉　書鈔卷一引作「美鬚髯」。

〔一七〕在春陵時　此句至「王氣鬱鬱葱葱」諸句原無。書鈔卷一五一引「望氣者蘇伯阿望春陵城曰」以下三句。聚珍本有此數句，作「在春陵時，望氣者言春陵城中有喜氣，曰：『美哉！王氣鬱鬱葱葱。』」今據書鈔卷一五一引輯録，並據聚珍本增補「在春陵時」一句。

〔一八〕遠　姚本、聚珍本作「達」，書鈔卷六引亦作「達」。

〔一九〕高祖兄　「兄」字下聚珍本有「仲」字。仲爲漢高祖劉邦兄，能治産業。史記高祖本紀云：「未央宫成……高祖奉玉卮，起爲太上皇壽，曰：『始大人常以臣無賴，不能治産業，不如仲力，今某之業所就孰與仲多？』」

〔二〇〕年九歲　此上原有「伯升」二字，聚珍本無。按當無「伯升」二字，范曄後漢書光武帝紀云：「回生南頓令欽，欽生光武。光武年九歲而孤，養於叔父良。」可證，今删去。

〔二一〕受尚書於中大夫廬江許子威　此句原作「受尚書經，師事廬江許子威」，今從范曄後漢書光武帝紀李賢注引校改。書鈔卷一二僅引「師事子威」一句。

〔二二〕資用乏　此句至「以給諸公費」諸句原無，姚本、聚珍本和范曄後漢書光武帝紀李賢注引有，今據增補。文選卷三八任昉爲范尚書讓吏部封侯第一表李善注引亦有,「諸公」二字下有「之」字。

〔二三〕以給諸公費　書鈔卷三引「僦驢給費」四字,即括引此文。

〔二四〕高才好學　此句至「舍長安尚冠里」七句原無,姚本、聚珍本有,今據增補。

〔二五〕爲季父故春陵侯詣大司馬府　此句至「嚴公寧視卿邪」諸句原無,而有「嘗訟逋租於大司馬嚴尤,尤見而奇之」二句,今據范曄後漢書光武帝紀李賢注引增改。此段文字聚珍本作「嘗爲季父故春陵侯訟逋租於大司馬嚴尤,尤止車獨與帝語,不視祜。帝歸戲祜曰:『嚴公寧視卿耶?』」朱祜即朱福。據范曄後漢書朱祜傳李賢注,東觀漢記「祜」作「福」,避安帝諱改。光武帝爲春陵侯訟租事,書鈔卷三亦引,字句甚簡。

〔二六〕王莽時　此句至「四方潰畔」諸句原無,聚珍本有,今據增補。

〔二七〕荆州下江平林兵起　此下二句原無,聚珍本有,文選卷一班固兩都賦李善注引亦有,今據增補。

〔二八〕時南陽旱餓　此下二句原無。范曄後漢書光武帝紀云:「地皇三年,南陽荒饑,諸家賓客多爲小盜。光武避吏新野,因賣穀於宛。」李賢注引東觀漢記云:「時南陽旱饑,而上田獨收。」今據增補。聚珍本亦有此二句,「上」字作「帝」。

〔二九〕李伯玉　聚珍本注云:「以下文事蹟推之,李伯玉蓋即李通,而范書李通傳止云字次元,不言其一名伯玉,是可補其闕略。」

〔三〇〕先是時伯玉同母兄公孫臣爲醫　范曄後漢書李通傳李賢注引續漢書云：「先是李通同母弟申徒臣能爲醫，難使，伯升殺之。」後漢紀卷一云：「初，通同母弟申屠臣善爲醫術，以其難使也，繽殺之。」書鈔卷一二三引東觀漢記亦云李通同母弟爲申徒臣，與此不同。

〔三一〕固始侯　原誤作「因始侯」，聚珍本作「固始侯」，今據改正。范曄後漢書李通傳云：「建武二年，封固始侯。」

〔三二〕劉氏當復起，李氏爲輔　此二句讖語原無，聚珍本有，御覽卷八七二引亦有，今據增補。范曄後漢書光武帝紀載此讖語，但無「當」字。

〔三三〕父爲宗卿師　范曄後漢書李通傳云：「通父守，「初事劉歆，好星歷讖記，爲王莽宗卿師」。李賢注云：「平帝五年，郡國置宗師以主宗室，蓋特尊之，故曰宗卿師也。」

〔三四〕市兵弩　書鈔卷三引「市弓弩」三字，即出於此。

〔三五〕絳衣赤幘　此四字上書鈔卷一二七引有「皆着」二字，御覽卷六八七、卷八一四、卷八七二引無。

〔三六〕若火光　此三字上御覽卷八七二引有「有」字。

〔三七〕赫然屬天　此句御覽卷八七二引作「曈曈上屬天」。

〔三八〕異之　此句姚本作「上異之」，御覽卷八七二引同。

〔三九〕大冠　范曄後漢書光武帝紀李賢注引董巴輿服志云：「大冠者，謂武冠，武官冠之。」

〔四〇〕將軍服　此三字上聚珍本有「服」字。范曄後漢書光武帝紀李賢注、通鑑卷三八胡三省注引云：「上時絳衣大冠，將軍服也。」「將軍服」上亦無「服」字。

〔四一〕中　聚珍本作「仲」。按「中」字讀作「仲」。此指光武帝劉秀。御覽卷六九〇引云：「光武起義，衣絳單衣，赤幘。初，伯升之起，諸家子弟皆曰：『伯升殺我。』及見上絳衣大冠，乃驚曰：『謹厚者亦復爲之。』」御覽卷六八七、玉海卷八一亦引，字句簡略。

〔四二〕殺新野尉　「殺」字下原衍「進」字，姚本、聚珍本無，類聚卷九三、御覽卷二六九引亦無，今據刪。范曄後漢書光武帝紀云：「光武初騎牛，殺新野尉乃得馬。」

〔四三〕光武起義兵　此句至「後有人著大冠絳單衣」三句原無，書鈔卷一二八引此三句，今據增補。姚本作「光武起義兵，攻南陽，暮聞冢上有哭聲，後有人著大冠絳單衣」。聚珍本同，惟「光武」二字改作「帝」。二本所輯皆有「攻南陽」一句，係出陳禹謨刻本書鈔。聚珍本於「著大冠絳單衣」下注云：「此有闕文。考范書殺新野尉即在是時。」

〔四四〕使劉終詐稱江夏吏　此下二句原無，姚本、聚珍本有，今據增補。范曄後漢書光武帝紀云：「光武初騎牛，殺新野尉乃得馬。進屠唐子鄉，又殺湖陽尉。」李賢注引東觀漢記云：「劉終詐稱江夏吏，誘殺之。」姚本、聚珍本即據此增改。

〔四五〕五威將軍嚴尤擊下江兵　此下三句原無。書鈔卷一四七引作「上擢穀相，五威將嚴尤當擊江賊，上奉糗一斛，脯三十朐詣幕府營」。御覽卷八六〇引作「嚴尤擊江賊，世祖奉糗一斛，脯三十朐」。聚珍本亦有此三句，作「嚴尤擊下江兵，帝奉糗一斛，脯三十朐」。今綜合三處文字增補。漢書王莽傳地皇三年載：「是時下江兵盛……莽遣司命大將軍孔仁部豫州，納言大將軍嚴尤、秩宗大將軍陳茂擊荆州。……世祖與兄齊武王伯升、宛人李通等帥舂陵子弟數千人，招致新市平林朱鮪、陳牧等合攻拔棘陽。是時嚴尤、陳茂破下江兵。」

〔四六〕進圍宛城　據范曄後漢書光武帝紀，更始元年進圍宛城。更始元年即王莽地皇四年。

〔四七〕更始立，以上爲太常偏將軍　四庫全書考證云：「按前漢書莽傳云：『莽地皇四年三月，漢立聖公爲帝。四月，莽遣尋、邑發兵。』范書光武紀與前漢書同，惟謂更始即位在是年二月。今尋繹本文，則似更始之立，又在王莽發兵之後，與班、范二書異。」

〔四八〕入朝　此二字原無，御覽卷六八三引亦無此二字。姚本、聚珍本有，范曄後漢書光武帝紀李賢注引亦有，今據增補。

〔四九〕二公　聚珍本作「尋、邑」。

〔五〇〕嚴尤　范曄後漢書光武帝紀李賢注引桓譚新論云：「莊尤，字伯石，此言『嚴』，避明帝諱也。」

〔五一〕美眉目　聚珍本作「美鬚眉目」，范曄後漢書光武帝紀作「美須眉」。

〔五二〕二公　聚珍本作「尋、邑」，以下皆同。御覽卷三三六、卷三三九引作「王尋、王邑」。

〔五三〕甲衝輣　此下三句原無，聚珍本有，御覽卷三三六引亦有，今據增補。書鈔卷一三九引作「甲衝輣，干戈旌旗甚盛」。「衝」，橦車，是一種陷陣戰棚，戰攻之具甚盛」。御覽卷三三九引作「甲衝輣，干戈旌旗甚盛」。「衝」，橦車，是一種陷陣戰車。「輣」，樓車。

〔五四〕虎　此字原脱，姚本、聚珍本有，書鈔卷一一八、類聚卷一二引亦有，今據增補。

〔五五〕巨無霸　漢書王莽傳云：「夙夜連率韓博上言：『有奇士，長丈，大十圍，來至臣府，曰欲奮擊胡虜。自謂巨毋霸，出於蓬萊東南，五城西北昭如海瀕，軺車不能載，三馬不能勝。』」　壘尉　即中壘校尉，主軍壘之事。姚本、聚珍本作「中壘校尉」，書鈔卷一一八引同。類聚卷一二引作「壘校尉」，范曄後漢書光武帝紀作「壘尉」。

〔五六〕爲畫成敗　書鈔卷一四引作「圖畫成敗」。

〔五七〕時漢兵八九千人　此句原無，姚本、聚珍本有，類聚卷一二引亦有，今據增補。

〔五八〕留王鳳令守城　此下二句原無，聚珍本有，文選卷一班固兩都賦李善注引亦有，今據增補。

〔五九〕五六萬　聚珍本同，書鈔卷一一七引亦同。姚本作「五六十萬」，書鈔卷一二一、類聚卷一二引與姚本同。

〔六〇〕作　原無此字，聚珍本有，類聚卷一二、御覽卷三三六引亦有，今據增補。尋、邑圍昆陽事，文選卷五七潘岳馬汧督誄李善注亦引，字句較簡。

〔六一〕數重　御覽卷三三六引同，司馬彪續漢書天文志云尋、邑「圍營數重」，後漢紀卷一亦云「圍之數重」。姚本作「數百重」，類聚卷一二引亦作「數百重」。聚珍本作「數十重」，與范曄後漢書光武帝紀同。聚珍本注云：「姚之駰本作『數百重』，參范書帝紀，則『百』字誤。」

〔六二〕塵熛連雲　此句文選卷七潘岳藉田賦李善注引作「埃塵連天」。

〔六三〕地突　范曄後漢書光武帝紀作「地道」，後漢紀卷一作「地窟」。

〔六四〕尋　此字原無，姚本、聚珍本有，類聚卷一二引亦有，今據增補。

〔六五〕正晝有雲氣如壞山　司馬彪續漢書天文志云：「晝有雲氣如壞山，墮軍上，軍人皆厭，所謂營頭之星也。占曰：『營頭之所墮，其下覆軍，流血三千里。』」劉昭注引袁山松書云：「怪星晝行，名曰營頭，行振大誅也。」

〔六六〕壓　聚珍本同，御覽卷八七七引亦作「壓」。姚本作「厭」，類聚卷一二引亦作「厭」。按二字通。

〔六七〕前去大軍四五里　此句聚珍本作「前去尋、邑軍四五里而陣」，范曄後漢書光武帝紀作「前去大軍四五里而陳」。

〔六八〕數十　原脱「十」字，姚本、聚珍本有，與范曄後漢書光武帝紀相合，今據增補。書鈔卷一一八引云「斬首千級」。

〔六九〕劉將軍平生見小敵怯　書鈔卷一四引此下二句，文字稍異。

〔七〇〕甚奇怪也　此句姚本作「甚可怪也」，書鈔卷一一八引同。

〔七一〕二公兵於是大奔北　此下二句聚珍本作「尋、邑兵大奔北，於是殺尋」。

〔七二〕溢水爲之不流　書鈔卷一三引「溢水不流」四字。

〔七三〕齊武王　即劉伯升，光武帝建武十五年，追謚伯升爲齊武王。

〔七四〕六月　此句至「收伯升部將劉稷」四句聚珍本作「後數日，更始收齊武王部將劉稷」。

〔七五〕上降潁陽　此句至「乃馬也」諸句原無，御覽卷三九四引有此段文字。聚珍本把此段文字連綴於上文「即日皆物故」句下。按范曄後漢書光武帝紀云：「光武因復徇下潁陽。會伯升爲更始所害，光武自父城馳詣宛謝。」據此，聚珍本所做連綴基本可信，今從之。

〔七六〕擊　聚珍本作「繫」。

〔七七〕更始害齊武王　此句至「枕席有涕泣處」諸句原無，聚珍本有，類聚卷三五，御覽卷三八七、卷四八八引亦有，今據增補。文選卷四〇任昉百辟勸進今上牋李善注引亦有此段文字，字句稍異。

〔七八〕文書移與屬縣　此句原無，聚珍本有，范曄後漢書光武帝紀李賢注、通鑑卷三九胡三省注引亦有，今據增補。

〔七九〕諸于　漢書元后傳云：「是時政君坐近太子，又獨衣絳緣諸于。」顏師古注：「諸于，大掖衣，即袿衣之類也。」「于」即「衧」之省。　繡擁裾　原「擁」字爲空格，聚珍本有此字，今據增補。范曄後漢書光武帝紀云：「諸于繡擺。」李賢注云：「或『繡』下有『擁』字。」李賢又注云：「字書無『擺』字，續漢書作『裾』，音其物反。楊雄方言曰：『襜褕，其短者，自關西謂之褯裾。』郭璞注云：『俗名裾掖。』據此，即是諸于上加繡裾，如今之半臂也。」「擁裾」即褯裾。

〔八〇〕粲然　此二字原無，聚珍本有，文選卷三〇謝朓五言詩始出尚書省李善注引亦有，今據增補。復見漢官威儀　書鈔卷一七引作「復見漢官儀」，文選卷三〇謝朓詩李善注引作「復見官府儀體」。

〔八一〕更始欲以近親巡行河北　此下二句原無，御覽卷二〇九引，今據增補。聚珍本亦有此二句，惟下句「上」字作「帝」。

〔八二〕賜　劉賜，光武帝族兄，事見范曄後漢書宗室四王三侯傳。

〔八三〕安集百姓　文選卷一班固兩都賦李善注引云：「聖公爲天子，以上爲大司馬，遣之河北，安集百姓。」

〔八四〕上至邯鄲　此下二句原無，聚珍本有，書鈔卷一四六引有此二句，今據增補。又書鈔卷一四五亦引，惟「上」字作「光武」。

〔八五〕故趙繆王子臨説上灌赤眉　原無此句。范曄後漢書光武帝紀云：「進至邯鄲，故趙繆王子林説光武曰：『赤眉今在河東，但決水灌之，百萬之衆可使爲魚。』光武不答，去之真定。」李賢注云：

「東觀記『林』作『臨』字。」是知東觀漢記有臨説光武帝事，今撮取范書大意增補此句。「趙繆王」即劉元，以刃殺奴婢，謚曰繆。事見漢書景十三王傳。

〔八六〕趙王庶兄胡子立邯鄲卜者王郎爲天子　范曄後漢書光武帝紀云：「光武帝『去之真定，林於是乃詐以卜者王郎爲成帝子子輿，十二月，立郎爲天子，都邯鄲，遂遣使者降下郡國』。」胡子與臨是否爲一人，無從確考。「天子」，原誤作「太子」，聚珍本不誤，今據改正。

〔八七〕光武爲王郎所追　此句至「是雒陽吏耳」諸句原無，書鈔卷一三九引，今據增補。書鈔卷一三九所引無「光武爲王郎所追」一句，此句係據書鈔卷一四四引增補。又「至饒陽」句上書鈔卷一三九引有「上發」二字，爲使文義通順，删此二字。此段文字聚珍本作「王郎追帝，帝自薊東南馳至饒陽。官屬皆乏食，帝乃自稱邯鄲使者，入傳舍。傳吏方進食，從者饑，爭奪之。傳吏疑其僞，乃椎數十通，紿言邯鄲將軍至，官屬皆失色。帝升車欲馳，而懼不免，還坐，曰：『請邯鄲將軍入。』久乃駕去」。姚本作「光武至饒陽，官屬皆乏食」，其下各句與聚珍本同，惟聚珍本「帝」字姚本作「光武」。此段文字書鈔卷一四三引作「光武至饒陽，稱邯鄲使者，如傳舍。厨吏方進食，官屬從者饑，遮奪之」。

〔八八〕上出，蒙犯霜雪　此二句原無。文選卷二〇應瑒五言詩侍五官中郎將建章臺李善注引「蒙犯霜雪」一句，今連綴於此。爲使文理通順，又增「上出」二字。聚珍本把「蒙犯霜雪」一句繫於光武帝紀篇末，當作年代不可考者。據范曄後漢書光武帝紀所載，光武帝離饒陽傳舍後，「南出，晨夜兼行，蒙犯霜雪，天時寒，面皆破裂」。是文選李善注所引「蒙犯霜雪」一句當編次於此，聚珍本失考。

〔八九〕光武大會真定，自擊筑　此二句原無，書鈔卷一一〇引云：「光武大會真定，王制楊自擊筑。」今據增補，删「王制楊」三字。「制楊」二字義不可解，必有舛誤。此二句聚珍本作「大會真定，帝自擊筑」，其上又有以下一段文字：「夜止蕪蔞亭，大風雨，馮異進一笥麥飯兔肩。聞王郎兵至，復驚去。至南宫，天大雨，帝引車入道旁空舍，竈中有火，馮異抱薪，鄧禹吹火，帝對竈炙衣。」考之范曄後漢書，此段文字當入馮異傳。御覽卷九〇未引此段文字，聚珍本輯者是據書鈔卷一二九、卷一三五、卷一四四所引連綴。

〔九〇〕上率鄧禹等擊王郎横野將軍劉奉　此句至「劉公真天人也」諸句原無。御覽卷九〇屢引東觀漢記，有一處引云：「上破王郎，還，過鄧禹營，禹進食炙魚，上大餐啗。時百姓以上新破大敵，欣喜聚觀，見上餐，勞勉吏士，威嚴甚厲，於是皆竊言曰：『劉公真天人也。』」又卷九三五引云：「世祖率鄧禹等擊王郎横野將軍劉奉，大破之。上過禹營，禹進炙魚，上餐啗，勞勉士吏，威嚴甚厲，衆皆竊言：『劉公真天人也。』」今綜合兩處所引增補。聚珍本有此段文字，字句微異。又書鈔卷一四五、御覽卷八四七、范曄後漢書鄧禹傳李賢注亦引，字句較簡略。

〔九一〕餐啗　書鈔卷一四五引作「食噉」。

〔九二〕劉公真天人也　杜工部草堂詩箋補遺卷二四贈太子太師汝陽郡王琎引云：「光武過鄧禹營，勞勉吏士，衆皆竊言：『劉公真天人也。』」節删頗多。

〔九三〕杜長威　范曄後漢書王郎傳、袁宏後漢紀卷二亦載杜長威詣光武帝營請降事，「杜長威」作「杜威」。　持節詣軍門　此五字及下二句原無，聚珍本有，今據增補。

〔九四〕棨戟　范曄後漢書杜詩傳云：「世祖召見，賜以棨戟。」李賢注：「漢雜事曰：『漢制假棨戟以代斧鉞。』崔豹古今注曰：『棨戟，前驅之器也，以木爲之。後代刻僞，無復典刑，以赤油韜之，亦謂之油戟，亦曰棨戟，王公已下通用之以前驅也。』」

〔九五〕得吏民　此三字上類聚卷一二引有「尋」字。

〔九六〕公會諸將燒之　書鈔卷九引「燒吏民謗帝」一句，即係括引此文。

〔九七〕令反側者自安也　上文「漢兵破邯鄲」至此句，四庫全書考證云：「按范書光武紀文與此同，王郎傳則云：『郎夜亡走，道死，追斬之。』説復小異。又此數句，姚本有之，而文有異同，今從永樂大典本。」「反側」，范曄後漢書光武帝紀李賢注：「不安也。詩國風曰：『展轉反側。』」「者」，姚本作「子」，類聚卷一二、文選卷四三丘遲與陳伯之書李善注引亦作「子」，與范書光武帝紀、後漢紀卷二同。

〔九八〕上圍邯鄲未下　此下三句原無，聚珍本有，書鈔卷一四七引，今據增補。

〔九九〕更始遣使者即立公爲蕭王　文選卷四〇吴質答魏太子牋李善注引此一句，無「即」字，又「公」作「光武」。初學記卷九亦引更始立光武帝爲蕭王事，字句極疏略。

〔一〇〇〕又擊破銅馬　此句至「由是皆自安」諸句原無，類聚卷一二引，今據增補。聚珍本亦有此段文字，字句微異。

〔一〇一〕封降賊渠率　此下二句類聚卷一二引無，今據文選卷四三丘遲與陳伯之書李善注引增補。

〔一〇二〕營　此字類聚卷一二引無，聚珍本有，文選卷四三丘遲與陳伯之書李善注引亦有，今據增補。

〔一〇三〕按行賊營　書鈔卷一四引此一句。

〔一〇四〕將　此字類聚卷一二引無，今據文選卷四三丘遲與陳伯之書李善注引增補。

〔一〇五〕投　聚珍本同，御覽卷三七一引亦同，又范曄後漢書光武帝紀、後漢紀卷二也作「投」，惟文選卷四三丘遲與陳伯之書李善注引作「効」。

〔一〇六〕詔馮異軍鴈門　此下二句原無，聚珍本有，今據增補。姚本亦有此下二句，作「詔曰，馮異軍鴈門，□卒萬餘人降之」。聚珍本注云：「『詔』字下原本衍『曰』字，今删。考范書帝紀及馮異傳俱不載此詔，惟異拒朱鮪、李軼時曾北攻天井關，拔上黨兩城，則軍鴈門當即在是時。」

〔一〇七〕光武北擊尤來、大搶、五幡於元氏，追至北平　此二句至「營門不覺」諸句原無。范曄後漢書光武帝紀云：「光武北擊尤來、大搶、五幡於元氏，追至右北平，連破之。又戰於順水北，乘勝輕進，反爲所敗。賊追急，短兵接，光武自投高岸，遇突騎王豐，下馬授光武，光武撫其肩而上，顧笑謂耿弇曰：『幾爲虜嗤。』弇頻射却賊，得免。士卒死者數千人，散兵歸保范陽。軍中不見光武，或云已歿，諸將不知所爲。」李賢於「追至右北平」句下注云：「東觀記、續漢書并無『右』字，此加『右』，誤也。營州西南別有右北平郡故城，非此地。」由此可知，東觀漢記原有光武擊尤來、大搶、五幡事。今據范書酌補「光武北擊尤來」至「或云已歿」諸句，以使上下文理通順。李賢又於「或云已歿」句下引東觀漢記云：「上已乘王豐小馬先到矣，營門不覺。」今亦補入。

〔一〇八〕上破賊　此句至「上大笑」諸句原無，聚珍本有，御覽卷四九九引，今據增補。

〔一〇九〕光武發薊還　此句至「命諸將收葬吏士」諸句原無，今據御覽卷五五三引增補。聚珍本有此諸句，文字微異。

〔一一〇〕師行鼓舞　此句原無，聚珍本有，御覽卷四六八引亦有，今據增補。

〔一一一〕鼓聲歌詠　此句聚珍本作「歌詠雷聲」，御覽卷四六八引同。

〔一一二〕至中山　原有「上發薊」三字，爲避免與上文重複，今刪去。

〔一一三〕曰：帝王不可以久曠　此二句至「萬姓爲心」諸句原無。文選卷三七劉琨勸進表李善注云：「東觀漢記：『諸將上奏世祖曰：「帝王不可以久曠。」』」又注云：「東觀漢記：『群臣上奏世祖曰：「大王社稷爲計，萬姓爲心。』」」今綜合兩處所引增補。聚珍本未輯「帝王不可以久曠」句。范曄後漢書光武帝紀云：「光武從薊還，過范陽，命收葬吏士。至中山，諸將復上奏曰：『……大王初征昆陽，王莽自潰。後拔邯鄲，北州弭定。參分天下而有其二，跨州據土，带甲百萬。言武力則莫之敢抗，論文德則無所與辭。臣聞帝王不可以久曠，天命不可以謙拒，惟大王以社稷爲計，萬姓爲心。』光武又不聽。」

〔一四〕耿純説上曰　此下三句原無，聚珍本有，文選卷四九干寶晉紀總論李善注引亦有此三句，今據增補。

〔一五〕伯升　姚本、聚珍本作「伯叔」，類聚卷一二引同。按「伯升」二字是，范曄後漢書鄧晨傳云：「光武嘗與兄伯升及晨俱之宛，與穰人蔡少公等讌語。」

〔一六〕劉子駿　即劉歆。歆字子駿，哀帝建平元年改名秀，字穎叔。

〔一七〕何知非僕耶　此句類聚卷一二引作「何用知僕非也」。

〔一八〕時傳聞不見赤伏符文軍中所　此句姚本作「時傳聞赤伏符不見文章軍中所」，類聚卷一二引同。

〔一九〕上奏世祖曰　此下三句原無，聚珍本亦未輯録。文選卷三七劉琨勸進表李善注引，今據增補。

〔二〇〕乃命有司設壇於鄗南千秋亭五成陌　原無「五成陌」三字，文選卷一班固兩都賦李善注引云：「乃命有司設壇場於鄗之陽千秋亭五成陌。」今據增「五成陌」三字。

〔一一〕燔燎告天，禋於六宗　此二句原無，聚珍本有，御覽卷五二八亦引，今據增補。范曄後漢書光武帝紀李賢注云：「精意以享謂之禋。續漢志：『平帝元始中，謂六宗爲易卦六子之氣，水、火、雷、風、山、澤也。光武中興，遵而不改。至安帝即位，初改六宗爲天地四方之宗，祠於洛陽之北，戌亥之地。』」

〔一二〕改鄗爲高邑　此句原無，聚珍本有，文選卷一班固兩都賦李善注亦引，今據增補。此句下聚珍本尚有以下一段文字：「詔曰：『故密令卓茂，束身自修，執節惇固，斷斷無他，其心休休焉。夫士誠能爲人所不能爲，則名冠天下，當受天下重賞。故武王誅紂，封比干之墓，表商容之閭。今以茂爲太傅，封宣德侯，食邑二千户，賜安車一乘，衣一襲，金五斤。』」御覽卷九〇未引此段文字。據范曄後漢書，光武帝此詔在卓茂傳，今依范書編次。

〔一三〕遂定都焉　此句原無，聚珍本有，又文選卷一班固兩都賦李善注引云：「建武元年十月，車駕入洛陽，遂定都焉。」今據補「遂定都焉」句。

〔一四〕光武破聖公，與朱伯然書曰　此二句至「太白清明」諸句原無，御覽卷五引，姚本、聚珍本亦有此數句，今據增補。「朱伯然」，御覽卷五引誤作「伯叔」，書鈔卷一五〇引云：「光武破二公，與朱伯然書曰：『交鋒之月，神星晝見，太白清明。』」今據改作「朱伯然」。姚本、聚珍本作「朱然」。聚珍本注云：「范書帝紀，未即位前使馮異、寇恂破更始大司馬朱鮪軍，即位後使鄧禹破更始定國公王匡軍，此云交鋒未知何時。又『朱然』太平御覽作『伯叔』。本文似有訛脱。」按朱伯然，不見范曄後漢書、後漢紀，此段文字的前後内容無從考知。

〔一二五〕二年　原誤作「三年」，聚珍本作「二年」，與范曄後漢書光武帝紀、後漢紀相合，今據改正。

〔一二六〕上封功臣皆爲列侯　此句至「即授印綬」諸句原無，類聚卷五一引，今據范曄後漢書光武帝紀所載，將此段文字連綴於建武二年正月下。聚珍本把此段文字移入丁恭傳内，無所依據。

〔一二七〕古帝王封諸侯不過百里　史記漢興以來諸侯王年表序云：「武王、成、康所封數百，而同姓五十五，地上不過百里，下三十里」。

〔一二八〕故利以建侯，取法於雷　「雷」字御覽卷一九八引同，書鈔卷四七引作「周」。按「雷」字是，范曄後漢書光武帝紀作「雷」。李賢注云：「易屯卦震下坎上，震爲雷，初九曰『利建侯』，又曰『震驚百里』，故封諸侯地方百里，以法雷也。」

〔一二九〕聞　類聚卷五一引無此字，聚珍本有，御覽卷一九八引亦有，今據增補。

〔一三〇〕制郊兆於城南七里，北郊四里　此二句原作「制郊祀於城南」。御覽卷五二七引云：「上都雒陽，制兆於城南七里，北郊四里。」今據增改。聚珍本與御覽卷五二七引同，惟「上」字作「故帝」二字。

〔一三一〕爲圓壇　此下三句原無，玉海卷九四引云：「光武於雒陽城南爲圓壇，天地位其上，皆南面西上。」今據增補。姚本、聚珍本皆未輯此段文字。范曄後漢書光武帝紀云：「立郊兆於城南，始正火德。」李賢注引續漢書云：「制郊兆於洛陽城南七里，爲壇，八陛，中又爲重壇，天地位皆在壇上。」

〔三二〕時以平旦，服色、犧牲尚黑　此二句原無「時以」六字，聚珍本有，御覽卷五二七引亦有，今據增補。

〔三三〕季夏黄色　此句至「雲臺致敬祭祀禮亦宜之」諸句，原僅有「郊祀帝堯以配天，宗高祖以配上帝」二句，且「宗」下又脱「祀」字。今據御覽卷五二七引增補。聚珍本亦有此段文字，末句作「雲臺致敬祭祀之禮儀亦如之」。

〔三四〕漢劉祖堯　原脱「堯」字，聚珍本有，今據增補。

〔三五〕宜令　此二字原誤倒，今據聚珍本乙正。

〔三六〕至不能救　此句聚珍本作「不敢救」。後漢紀卷四云：「浮遠，不能救。」四庫全書考證云：「按是時浮爲幽州牧，彭寵攻浮於薊，則寵爲客，浮爲主，非浮遠至也。范書云：『帝讀檄，怒曰：「營相去百里，其勢豈得相及。」寵果大破隆軍，浮遠，遂不能救。』最得其實，本書『至』字疑衍。」按「至」字與「不能救」三字作一句讀，文義可通。考證誤以「至」字與上文連讀，遂疑「至」字爲衍文。

〔三七〕咸曰上神　後漢紀卷四云：「吏還説上語，皆以爲神也。」

〔三八〕南越獻白雉　此句原無，稽瑞引云：「光武建武二年，南越獻白雉。」今據增補。

〔三九〕光武征秦豐，幸舊宅　此二句原無，聚珍本有，文選卷四張衡南都賦李善注、玉海卷一七亦引，今據增補。聚珍本注云：「范書帝紀及岑彭傳，春三月，帝自將南征。夏四月，破斬鄧奉。五月，還宫，令岑彭等南擊秦豐。秋七月，大破於黎丘。至冬十月，乃幸春陵。此牽連書之，殊未明晰。」

〔四〇〕上幸春陵，祠園廟，大置酒　此事類聚卷三九、御覽卷五二六亦引，字句相同。書鈔卷一六引「置酒舊宅」四字，當爲同一事。

〔四一〕以皇祖皇考墓爲昌陵　此下三句原無，聚珍本有，御覽卷五五七亦引，今據增補。

〔四二〕因以春陵爲章陵縣　范曄後漢書光武帝紀云：「六年春正月丙辰，改春陵鄉爲章陵縣。世世復傜役，比豐、沛，無有所豫。」此蓋牽連後事言之。文選卷四張衡南都賦李善注亦引此句，文字微異。

〔四三〕隗囂上書，報以殊禮　此二句原無，聚珍本有，書鈔卷九亦引，今據增補。書鈔卷一一引「待以殊禮」四字，與此爲同一事。范曄後漢書隗囂傳云：「建武二年，大司徒鄧禹西擊赤眉，屯雲陽。禹裨將馮愔引兵叛禹，西向天水，囂逆擊，破之於高平，盡獲輜重。於是禹承制遣使節命囂爲西州大將軍，得專制涼州、朔方事。及赤眉去長安，欲西上隴，囂遣將軍楊廣迎擊，破之，又追敗之於烏氏、涇陽間。囂既有功於漢，又受鄧禹爵，署其腹心，議者多勸通使京師。三年，囂乃上書詣闕。光武素聞其風聲，報以殊禮，言稱字，用敵國之儀，所以慰藉之良厚。」

〔一四四〕一石　書鈔卷一五六引作「一斗」。

〔一四五〕天下野穀旅生，麻菽尤盛　編珠卷四、類聚卷八五亦引此文。「旅」，范曄後漢書光武帝紀李賢注云：「寄也。不因播種而生，故曰旅。」類聚卷八五引作「旋」，誤。

〔一四六〕其　聚珍本作「爲」，文選卷三四枚乘七發李善注引亦作「爲」。

〔一四七〕野穀生者稀少，而南畝亦益闢矣　稽瑞引云：「光武建武二年，野蠶自繭，披於山阜，民收其利，其後耘蠶稍廣，二物漸息。」與此文字出入較多。又引云：「光武建武二年，野穀櫓生。五年彌多。」「櫓」當作「穭」，與「旅」字古通。「五年彌多」句，諸書皆未引徵。

〔一四八〕建武五年　此句至「賜博士弟子有差」諸句原無，聚珍本有，御覽卷五三四引，今據增補。

〔一四九〕諸生吏子弟　其上原有「宮」字，係衍文，聚珍本無，書鈔卷八三、類聚卷三八引皆無此字，今據刪。

〔一五〇〕野穀彌多　此句原無，稽瑞引云：「光武建武二年，野穀櫓生，五年彌多。」今據增補。「櫓」乃「穭」之訛，上文注已有說。

〔一五一〕吳漢下朐城　平定董憲、龐萌，見范曄後漢書光武帝紀、後漢紀卷五。

〔五二〕取此兩子置度外　范曄後漢書隗囂傳云：「六年，關東悉平。帝積苦兵間，以囂子内侍，公孫述遠據邊陲，乃謂諸將曰：『且當置此兩子於度外耳。』」

〔五三〕至　此字原脱，從文義來看，當有此字。聚珍本有，今據增補。

〔五四〕簡練臣下之行　書鈔卷七引「簡練臣下」四字。

〔五五〕吏民驚惶　後漢紀卷五云：「每幸郡國，見父老掾吏，問數十年事，吏民皆驚喜。」

〔五六〕上猶以餘間講經藝　「講」字書鈔卷一四引作「謀」，誤。書鈔卷一〇三、類聚卷五八引云：「光武數召諸將，置酒賞賜，坐席之間，以要其死力。當此之時，賊檄日以百數，憂不可勝，上猶以餘間講經藝。」御覽卷五九七、永樂大典卷二〇八五〇引同，惟脱「賞」字。

〔五七〕署曰「公孫皇帝」　范曄後漢書公孫述傳云：「述亦好爲符命鬼神瑞應之事，妄引讖記。以爲孔子作春秋，爲赤制而斷十二公，明漢至平帝十二代，歷數盡也，一姓不得再受命。又引録運法曰：『廢昌帝，立公孫。』括地象曰：『帝軒轅受命，公孫氏握。』援神契曰：『西太守，乙卯金。』謂西方太守而乙絶卯金也。……又自言手文有奇，及得龍興之瑞。數移書中國，冀以感動衆心。帝患之，乃與述書曰：『圖讖言「公孫」，即宣帝也。代漢者當塗高，君豈高之身邪？乃復以掌文爲瑞，王莽何足效乎！君非吾賊臣亂子，倉卒時人皆欲爲君事耳，何足數也。君日月已逝，妻子弱小，當早爲定計，可以無憂。天下神器，不可力争，宜留三思。』署曰『公孫皇帝』。述不答。」

〔一五八〕到朝廷凡數十見　范曄後漢書馬援傳云：「前到朝廷，上引見數十。」李賢注云：「東觀記曰凡十四見。」通鑑卷四一胡三省注引同。

〔一五九〕材直驚人，其勇非人之敵　此二句書鈔卷一四引作「才直驚人，勇非人敵」。

〔一六〇〕校　書鈔卷一四引作「受」。

〔一六一〕反復勝也　據范曄後漢書馬援傳，隗囂聽信馬援之言，遂遣長子恂入質。而此記載隗囂遣子入侍在馬援之言以前，彼此歧異。

〔一六二〕代郡太守劉興將數百騎攻賈覽　此句至「以爲國家坐知千里」諸句原無，文選卷四〇任昉奏彈曹景宗李善注引有，今據增補。聚珍本亦有此段文字，字句微異。書鈔卷七引，僅有「坐知千里」四字。范曄後漢書光武帝紀建武六年六月載：「代郡太守劉興擊盧芳將賈覽於高柳，戰殁。」又盧芳傳云：建武「六年，芳將軍賈覽將胡騎擊殺代郡太守劉興」。

〔一六三〕又舊制上書以青布囊素裹封書　此句書鈔卷一三六引作「上書以青布製囊素裹封書」。

〔一六四〕報　原誤作「執」，聚珍本作「報」，今據改。王先謙後漢書集解引亦作「報」。

〔一六五〕壥　聚珍本同，注云：「太平御覽作『屬』。」是聚珍本輯者所用御覽與影宋本御覽字異。按作「壥」作「屬」，於義均通，而以「壥」字義長。文選卷一五張衡思玄賦李善注：「壥，久也。」王先謙後漢書集解引作「壥」。

〔一六六〕上書　聚珍本同，王先謙後漢書集解引作「尚書」。

〔一六七〕刮璽　聚珍本同，注云：「太平御覽作『引經』。」與影宋本御覽字異。王先謙後漢書集解引作「刮璽」。

〔一六八〕常以日出時　「日」字下原衍一「日」字，聚珍本無，王先謙後漢書集解引亦無，今據删。

〔一六九〕其餘以俟中使者出報　此句聚珍本作「其餘禺中使者出報」，字有脱誤，當以御覽卷九〇所引爲正。王先謙後漢書集解引作「其餘遇中使者出報」，亦有訛脱。

〔一七〇〕所見　聚珍本脱，王先謙後漢書集解引亦脱。

〔一七一〕詔誥天下令薄葬　「詔」字下原衍「有」字，聚珍本無，王先謙後漢書集解引亦無，今據删。

〔一七二〕八年閏月　此年閏四月。

〔一七三〕五郡　原誤作「五部」，聚珍本不誤，今據改。范曄後漢書光武帝紀：建武八年「閏月，帝自征囂，河西大將軍竇融率五郡太守與車駕會高平」。李賢注：「五郡謂隴西、金城、天水、酒泉、張掖。」後漢紀卷六云：建武閏四月，「竇融與五郡太守將步騎數萬、輜重五千兩與上會第一」。第一屬高平縣。

〔一七四〕入　聚珍本同，注云：「太平御覽作『西』。」聚珍本輯者所用御覽與影宋本御覽字異。

〔一七五〕出城餐糗糒　「餐」字下原衍「糧」字，聚珍本無，今據删。范曄後漢書隗囂傳云：建武「九年春，囂病且餓，出城餐糗糒，恚憤而死」。李賢注云：「鄭康成注周禮曰：『糗，熬大豆與米也。』說文曰：『糒，乾飯也。』」

〔一七六〕腹脹死　此下聚珍本有以下一段文字：「十一年，幸章陵，修園廟舊宅田里舍。」注云：「文選李善注作『過章陵，祠園廟』。」按范曄後漢書光武帝紀云：「十一年……三月己酉，幸南陽；還，幸章陵，祠園陵。」後漢紀卷六云：「十一年春三月己酉，上幸南陽，過章陵，祠園廟。」通鑑卷四二云：「十一年春三月己酉，帝幸南陽，還幸章陵，庚午，車駕還宮。」皆不言修園廟舊宅田里舍。初學記卷二四引東觀漢記云：「建武十七年，幸章陵，修園廟舊宅田里舍。」顯然，聚珍本所輯是據初學記，把十七年事誤繫於十一年。范書光武帝紀十七年載：冬十月「甲申，幸章陵，修園廟，祠舊宅，觀田廬，置酒作樂，賞賜。……乃悉爲春陵宗室起祠堂。……十二月，至自章陵」。事又見通鑑卷四三。初學記所引與范書、通鑑完全相合。又光武帝在建武十一年幸章陵，來去匆匆，未能久停，不可能修園廟舊宅。而十七年幸章陵，停留兩月之久，故有時間修園廟舊宅。聚珍本編次失誤，可以肯定無疑。又按文選卷四張衡南都賦李善注引東觀漢記云：「建武中，更名春陵爲章陵，光武過章陵，祠園廟。」此所引乃東觀漢記光武帝紀建武三年文，已見前。聚珍本在此引李善注所引爲注，舛亂失次。

〔一七七〕入犍爲界　聚珍本注云：「范書帝紀，吴漢伐公孫述，出師實在十一年十二月。下『入犍爲界』

云云，乃在次年正月，方是十二年事，此蓋通始事言之。」

〔一七八〕詔書告漢直擁兵到成都　此「成都」乃「廣都」之誤。後漢紀卷六云：「漢入犍爲界，諸縣多城守。詔令漢直到廣都，據其心腹，諸城自下。漢意難之。既進兵廣都，諸城皆降。」可爲確證。

〔一七九〕獨言朝廷以爲我縛賊手足矣　此句文義不明，必有脱文。

〔一八〇〕遣輕騎至成都，燒市橋　此爲拔廣都後事，上文敍事未完。范曄後漢書吴漢傳云：「入犍爲界，諸縣皆城守。漢乃進軍攻廣都，拔之。遣輕騎燒成都市橋，武陽以東諸小城皆降。」

〔一八一〕成都十萬人，不可輕也　原無下句。此二句聚珍本作「成都十萬餘衆，不可輕也」，今據補下句。范曄後漢書吴漢傳云：帝戒漢曰：『成都十餘萬衆，不可輕也。』」

〔一八二〕且　范曄後漢書吴漢傳作「但」。

〔一八三〕移徙輒自堅　此敍事未完。據范曄後漢書吴漢傳、後漢紀卷六所載，此下有吴漢違詔兵敗事，被引書者删去。

〔一八四〕下詔讓吴漢副將劉禹曰　此句文選卷五二魏文帝典論李善注引作「上詔讓漢曰」。後漢紀卷六作「詔讓吴漢、劉尚曰」。按范曄後漢書吴漢傳云：漢「副將武威將軍劉尚」。李賢注云：「東觀記、續漢書『尚』字作『禹』。」

〔一八五〕嬰　文選卷五二魏文帝典論李善注作「孩」，與范曄後漢書公孫述傳同。

〔一八六〕家有弊帚，享之千金　此二句原無，聚珍本有，文選卷五二魏文帝典論李善注、王應麟急就篇補注卷三亦引，今據增補。「家有弊帚，享之千金」，爲民間習語，言人各自以其所有爲善。

〔一八七〕放麑　韓非子説林云：「孟孫獵得麑，使秦巴西持之歸，其母隨之而啼，秦巴西弗忍而與之。孟孫歸，至而求麑，答曰：『余弗忍而與其母。』孟孫大怒，逐之。居三日，復召以爲其子傅。其御曰：『曩將罪之，今召以爲子傅，何也？』孟孫曰：『夫不忍麑，又且忍吾子乎？』」又載淮南子人間訓、説苑貴德。　啜羹　戰國策魏策云：「樂羊爲魏將而攻中山，其子在中山，中山之君烹其子而遺之羹，樂羊坐於幕下而啜之，盡一杯。文侯謂覩師贊曰：『樂羊以我之故，食其子之肉。』贊對曰：『其子之肉尚食之，其誰不食？』樂羊既罷中山，文侯賞其功而疑其心。」

〔一八八〕矣　聚珍本注云：「太平御覽作『且』。」與影宋本御覽字異。

〔一八九〕名都王國　聚珍本同，書鈔卷一三九、類聚卷九三、文選卷一四顔延之赭白馬賦李善注、玉海卷一四八引亦同。御覽卷三四二、事類賦卷一三引無「名都」二字。書鈔卷三一兩引，一引作「屠耆國」，一引作「屠耆」。

〔一九〇〕馬以駕鼓車，劍以賜騎士　書鈔卷一五、卷一二二亦引此事。

〔一九一〕手不持珠玉　書鈔卷八引「不持珠玉」四字，與此相合。

〔一九二〕公孫述故哀帝時　此下有脱文。按范曄後漢書公孫述傳云：「公孫述，字子陽，扶風茂陵人也。

哀帝時，以父任爲郎。……述性苛細，察於小事。敢誅殺而不見大體，好改易郡縣官名。然少爲郎，習漢家制度，出入法駕，鑾旗旄騎，陳置陛戟，然後輦出房闥。」由此可以推知下文大意是説述哀帝時爲郎，習見漢家制度，據蜀時，以數郡之地備漢家威儀。

〔一九三〕益州乃傳送瞽師、郊廟樂、葆車、乘輿物　「郊」字原誤作「交」，「樂」字下又脱「器」字。聚珍本作「郊」，亦脱「器」字。范曄後漢書光武帝紀云：「益州傳送公孫述瞽師、郊廟樂器、葆車、輿輦，於是法物始備。」

〔一九四〕下縣吏無百里之繇　此下二句書鈔卷一五亦引。

〔一九五〕十三年　此句至「封孔子後孔志爲褒成侯」諸句原無，聚珍本有，御覽卷二〇一亦引，今據增補。「十三年」，御覽引誤作「建武二年」。

〔一九六〕殷紹嘉公爲宋公，周承休公爲衛公　聚珍本注云：「范書帝紀，建武二年，封周後姬常爲周承休公，五年，封殷後孔安爲殷紹嘉公，至是改封。」

〔一九七〕越裳獻白兔　此句原無，稽瑞引云：「光武建武十三年，越裳獻白兔。」今據增補。

〔一九八〕封孔子後孔志爲褒成侯　范曄後漢書光武帝紀十四年載：「夏四月辛巳，封孔子後志爲褒成侯。」李賢注：「平帝封孔均爲褒成侯。志，均子。」古今注曰志時爲密令。」

〔一九九〕十五年，詔曰　此二句至「聚人遮道啼呼」諸句原無，聚珍本有，范曄後漢書光武帝紀李賢注亦引有此段文字，惟無「十五年，詔曰」五字，今據增補。

〔三〇〇〕聚人遮道啼呼　聚珍本注云：「范書帝紀：十五年，『詔下州郡檢核墾田頃畝及户口年紀』。十六年，『河南尹及諸郡守十餘人，坐度田不實，皆下獄死』。又劉隆傳：『天下墾田多不以實，户口年紀互有增減。十五年，詔下州郡檢覈其事，而刺史太守多不平均，或優饒豪右，侵刻羸弱，百姓嗟怨，遮道號呼。隆坐徵下獄。』此所載詔文未完。」

〔三〇一〕十七年　此句至「起居平愈」諸句原無，聚珍本有，范曄後漢書光武帝紀李賢注亦引，僅無「十七年」三字，今據增補。書鈔卷九六、卷一三九，御覽卷七四一亦引此段文字，字句皆較簡略。

〔三〇二〕上以日食避正殿　范曄後漢書光武帝紀十七年載：「二月乙未晦，日有食之。」

〔三〇三〕幸章陵　此下二句原無，初學記卷二四引，今據增補。聚珍本誤置於建武十一年。

〔三〇四〕鳳皇至　此句至「留十七日乃去」諸句原無，初學記卷三〇引，今據增補。「至」，聚珍本作「五」，御覽卷九一五引同，類聚卷九九引作「出」。范曄後漢書光武帝紀十七年十月載：「甲申，幸章陵，修園廟，祠舊宅，觀田廬……有五鳳凰見於潁川之郟縣。」

〔三〇五〕高八九尺　御覽卷九一五引同。姚本作「高八尺」，六帖卷九四、萬花谷後集卷四〇、合璧事類別集卷六二、玉海卷一九九、范曄後漢書光武帝紀李賢注引亦作「高八尺」。聚珍本作「高八尺九寸」，類聚卷九九引同。

〔二〇六〕蓋地數頃　此上范曄後漢書光武帝紀李賢注引有「行列」二字。

〔二〇七〕商賈重寶　此句至「道無拾遺」諸句原無，聚珍本有，文選卷四九干寶晉紀總論李善注亦引，今據增補。此句上李善注引又有「建武十七年」五字。

〔二〇八〕單車露宿　書鈔卷一一五引此一句。

〔二〇九〕十九年　此句至「其上尊號曰中宗」諸句原無，聚珍本有，惟「光武」二字作「帝」。御覽卷八九引亦有此段文字，僅無「十九年」三字。范曄後漢書光武帝紀云：「十九年春正月庚子，追尊孝宣皇帝曰中宗。」

〔二一〇〕一歲　類聚卷三九引作「一年」。

〔二一一〕陛下識知寺舍　范曄後漢書光武帝紀李賢注云：「風俗通曰：『寺，司也。諸官府所止皆曰寺。』光武嘗從皇考至南頓，故識知官府舍字。」

〔二一二〕眴　原誤作「眴」，聚珍本作「眩」，御覽卷七四一引亦作「眩」。按「眴」與「眩」二字通。

〔二一三〕廣室　御覽卷七四一引作「廟室」。按當作「廣室」。范曄後漢書陰興傳李賢注云：「洛陽南宫有雲臺廣德殿。」通鑑卷四三胡三省注云：「余謂廣室者，寢殿也。據晉書元帝紀有司奏太極殿廣室施絳帳，帝令夏施青練帷，冬施青布，則廣室之爲寢殿明矣。」

〔二一四〕甘露降四十五日　此句原無，聚珍本有，今據增補。按御覽卷一二引云：「光武帝時，甘露降四十五里。」又卷八七二引云：「光武時，甘露降四十五日。」合璧事類卷一九引同。所引皆未明言具體年代，范曄後漢書、後漢紀、通鑑諸書亦未載降甘露事，聚珍本繫於建武二十年，不知何據。

〔三五〕二十五年　此下三句原無，聚珍本有，類聚卷九五亦引，今據增補。御覽卷九一二引作「建武二十五年，烏桓詣闕朝賀，獻貂皮」。

〔三六〕乃自益其俸　此句聚珍本作「今益其俸」，王先謙後漢書光武帝紀集解引作「□今益其奉」。

〔三七〕初作壽陵　此句至「乃令陶人作瓦器」一段文字原引作「四月，始營陵地於臨平亭南。詔曰：『無爲山陵，陂池裁令流水而已。迭興之後，亦無丘壟，使合古法。今日月已逝，當豫自作。臣子奉承，不得有加。』乃令陶人作瓦器」。而御覽卷五五七引云：「二十六年春正月，初作壽陵，將作大匠竇融上言：『園陵廣袤，無慮所用。』帝曰：『古帝王之葬，皆陶人瓦器，木車茅馬，使後世之人不知其處。太宗識終始之義，景帝能遵孝道，遭天下反覆，而獨完其福，豈不美哉！今所制地不過二三頃，無爲陵地，裁令流水而已。』」卷九〇又引云：「臨平望平陰，河水洋洋，舟船泛泛，善矣夫！周公、孔子猶不得存，安得松、喬與之而共遊乎！文帝曉終始之義，景帝所謂孝子也，故遭反覆，霸陵獨完，非成法耶？」今綜合各處所引增訂。聚珍本所輯重複竄亂。「壽陵」，范曄後漢書光武帝紀李賢注云：「初作陵未有名，故號壽陵，蓋取久長之義也。漢自文帝以後皆預作陵，今循舊制也。」

〔二八〕松、喬　赤松子、王子喬，皆仙人。

〔二九〕陂池　刊謬正俗卷五云：「陂池，東觀漢記述光武初作壽陵，云『今所制地，不過二三頃，爲山陵陂池，裁令流水而已』。按陂池讀如吊二世賦『登陂陁之長坂』。凡陂陁者，猶言靡陁耳。光武言不須如前世諸帝高作山陵，但令小隆起陂陁然，裁得流泄水潦，不墊壞耳。今之讀者謂爲陂池，令得流水，此讀非也。」

〔三〇〕迭興　通鑑卷四四胡三省注云：「謂易姓而王者。」

〔三一〕上常自細書　此爲建武二十六年事。此句上原有「臨平望平陰」至「霸陵獨完，非成法耶」一段文字，詳見注〔二七〕。爲避免與上文重出，今删去。

〔三二〕夜講經　書鈔卷一二僅引此三字。

〔三三〕時城郭丘墟，掃地更爲，上悔前徙之　此三句原無，聚珍本有，范曄後漢書光武帝紀建武二十六年李賢注亦引，今據增補。聚珍本注云：「范書帝紀，建武十五年，徙鴈門、代郡、上谷三郡民置常山、居庸以東。二十年，省五原郡，徙其吏人置河東。二十五年，南單于奉蕃稱臣。二十六年，遣中郎將段郴授南單于璽綬，令入居雲中。於是雲中、五原、朔方、北地、定襄、鴈門、上谷、代八郡民歸於本土。遣謁者分將弛刑補理城郭。所謂掃地更爲者此也。」此三句下聚珍本有「草創苟合，未有還人」二句。按「草創」云云二句，范曄後漢書趙憙傳李賢注引，今歸入趙憙傳。

〔三四〕汙七十二代　書鈔卷八引此五字。史記封禪書云：「管仲曰：『古者封泰山、禪梁父者七十二家，而夷吾所記者十有二焉。』」正義引韓詩外傳云：「孔子升泰山，觀易姓而王可得而數者七十餘人，不得而數者萬數也。」説文解字敍云：「封於泰山者，七十有二代。」初學記卷九引桓譚新論云：「太山之上，有石刻凡千八百餘處，而可識知者七十有二。」論衡書虚篇云：「太山之上，封可見者七十有二。」是知封太山、禪梁父有七十二家，此爲通行説法。

〔三五〕三十二年　此句至「勒石紀號」諸句原作「三十年，群臣復奏宜封禪。遂登太山，勒石紀號」。聚珍本同，惟「三十年」作「三十二年」。書鈔卷九一引東觀漢記光武紀云：「中元元年，群臣復奏言：『登封告成，爲民報德，百王所同也。』」今據聚珍本改「三十年」作「三十二年」，又據書鈔卷九一所引光武紀增補「群臣復奏言」云云四句。此段文字御覽卷五三六亦引，收入本書郊祀志。

〔三六〕中元　原誤作「中平」，聚珍本不誤，今據改。

〔三七〕中元元年　此句至「獨眇蹇者不差」諸句原無，聚珍本有，類聚卷九八亦引，今據增補。又御覽卷八七三亦引此段文字，字句較爲簡略。中元元年即建武三十二年，是年四月改元。

〔三八〕差　御覽卷八七三引同，聚珍本作「瘥」。按二字通。

〔三九〕有赤草生於水涯　此句至「上遂不聽，是以史官鮮記焉」諸句原無，類聚卷九八引，今據增補。聚珍本亦有此段文字，惟「上遂」二字作「帝」，「記」作「紀」，又無「焉」字。餘與類聚卷九八引同。

稽瑞引云：「光武中元元年，有赤草生於水涯。」又引云：「光武中元元年，祀長陵，醴泉出京師，又赤草生於水涯。」所引皆甚簡略。

〔三〇〕冬十月甲申　此句至「四時上祭」諸句原無，御覽卷一三六引云：「中元元年，告祠高廟曰：『高皇吕后不宜配食。薄太姬慈仁，孝文皇帝賢明，子孫賴福，延至於今，宜配食地祇高廟。今上薄太后尊號爲高皇后，遷吕太后於園，四時上祭。』」又卷五三一引云：「中元元年十月甲申，使司空馮魴告祀高祖廟，吕太后不宜配食，以薄太后配。遷吕太后於園，四時上祭。」今綜合兩處所引增補。聚珍本有此段文字，僅個别字歧異。書鈔卷二四僅引「太后慈仁，子孫賴福」二句。

〔三一〕是歲，起明堂、辟雍、靈臺，及北郊兆域　此三句原無，聚珍本有，今據增補。初學記卷一三引云：「光武中元年，營造明堂、辟雍、靈臺。」類聚卷三八引同，惟無「光武中」三字。御覽卷五三七引云：「光武中元年，起明堂、辟雍、靈臺及北郊。」三書所引皆有脱文。此三句下聚珍本尚有「宣布圖讖於天下」一句，不知輯自何書。范曄後漢書光武帝紀中元元年載：「是歲，初起明堂、靈臺、辟雍，及北郊兆域。宣布圖讖於天下。」

〔三二〕長吏　原脱「吏」字，聚珍本同，今據范曄後漢書光武帝紀、後漢紀卷八所載光武帝遺詔增補。

〔三三〕原陵　通鑑卷四四胡三省注云：「帝王紀曰：『原陵，在臨平亭東南，去雒陽十五里。』水經注：『光武葬臨平亭南，西望平陰，大河逕其北。』」

〔三四〕或幽而光　此條文選卷四三孫楚爲石仲容與孫皓書李善注、卷四六王融三月三日曲水詩序李善注，玉海卷四六亦引，文字全同。書鈔卷四引「炎精布耀」四字，文選卷五〇范曄後漢書光武紀贊李善注引「漢以炎精布曜」六字，書鈔卷三引「或幽而光」四字。按此條文字出自東觀漢記光武帝紀序，文選卷一一、卷四六、卷五〇和玉海卷四六於此條文字前皆冠有「東觀漢記序」五字。

〔三五〕傳榮　此二字有誤，無從校正。

〔三六〕身在行伍　此條文字從内容上看，似爲光武帝紀序中語。

〔三七〕天然之姿　此四字書鈔卷五亦引。

〔三八〕龍舉雲興　此四字書鈔卷一三亦引。

〔三九〕蕩蕩人無能名焉　此條文字從内容上看，當是光武帝紀序中語。

〔四〇〕廣開束手之路　此條文字不見范曄後漢書、後漢紀，年代不可確考，姑繫於篇末。以下各條文字情況相同。

〔四一〕封餘功臣一百八十九人　聚珍本注云：「范書帝紀：『建武十三年，功臣增邑更封，凡三百六十五人。』與此異。」

〔四二〕故皆保全　此條文字聚珍本有，不知輯自何書。

〔四三〕新野主　原誤作「新野王」，聚珍本不誤，今據改。　吴侯　當作「吴房侯」。范曄後漢書鄧晨傳云：「晨初娶光武姊元。……漢兵敗小長安……元及三女皆遇害。……光武即位，封晨房子侯。帝又感悼姊没於亂兵，追封謚元爲新野節義長公主，立廟於縣西。封晨長子汎爲吴房侯，以奉公主之祀。」李賢注：「吴房，今豫州縣也。」

〔三四四〕周均爲富波侯　聚珍本注云：「封均事范書不載。」

〔三四五〕外祖樊重爲壽張侯　范曄後漢書樊宏傳云：建武「十八年，帝南祠章陵，過湖陽，祠重墓，追爵謚爲壽張敬侯，立廟於湖陽」。

〔三四六〕重子丹爲射陽侯　封於建武十三年，見范曄後漢書樊宏傳。

〔三四七〕孫茂爲平望侯　封於建武二十七年，見范曄後漢書樊宏傳。

〔三四八〕尋玄鄉侯　原誤作「彝鄉侯」，今據聚珍本校改。據范曄後漢書樊宏傳，尋於建武十三年封玄鄉侯。

〔三四九〕從子沖更父侯　「沖」字范曄後漢書樊宏傳作「忠」。沖封更父侯在建武十三年，見范書。

〔三五〇〕后父陰睦宣恩侯　「睦」字原誤作「隆」，「恩」字原誤作「陽」，今據聚珍本改。書鈔卷四七引東觀漢記云：「建武三年，追尊貴人父睦爲宣恩侯。睦，皇后父也。」聚珍本陰睦傳「三年」作「二年」。范曄後漢書光烈陰皇后紀載，建武九年，下詔「追爵謚貴人父陸爲宣恩哀侯」。陸即睦。

〔三五一〕子識原鹿侯　封於建武十五年，見范曄後漢書陰識傳。

〔二五二〕就爲信陽侯　范曄後漢書陰興傳云：「興弟就，嗣父封宣恩侯，後改封爲新陽侯。」李賢注：「新陽，縣，屬汝南郡，故城在今豫州真陽縣西南。」「信陽」與「新陽」，二者未知孰是。范書虞延傳、樂恢傳、井丹傳、吴良傳皆稱「信陽侯陰就」，馮衍傳、朱暉傳稱「新陽侯陰就」。

〔二五三〕來歙征羌侯　范曄後漢書來歙傳云：建武十一年，歙遇刺亡，帝「使太中大夫贈歙中郎將、征羌侯印綬，謚曰節侯……改汝南之當鄉縣爲征羌國焉」。

〔二五四〕弟由宜西侯　「西」字下聚珍本有「鄉」字。范曄後漢書來歙傳云：建武「十三年，帝嘉歙忠節，復封歙弟由爲宜西侯」。李賢注：「東觀記曰『宜西鄉侯』。」

〔二五五〕寧平公主　李通娶光武女弟伯姬，是爲寧平公主。　李雄　李通少子。范曄後漢書李通傳載雄封召陵侯，未言具體年月。

〔二五六〕后父郭昌爲陽安侯　追封於建武二十六年，見范曄後漢書光武郭皇后紀。

〔二五七〕流緜曼侯　范曄後漢書光武郭皇后紀作「況緜蠻侯」。流之封在建武二年。

〔二五八〕兄子竟新郪侯　范曄後漢書光武郭皇后紀云：建武十七年，「后從兄竟，以騎都尉從征伐有功，封爲新郪侯」。

〔二五九〕匡發干侯　范曄後漢書光武郭皇后紀云：建武十七年，「竟弟匡爲發干侯」。

〔二六〇〕馮邯爲鍾離侯　不見范曄後漢書。

卷二

紀二

顯宗孝明皇帝

孝明皇帝諱陽，〔一〕一名莊，世祖之中子也。〔二〕建武四年五月甲申，〔三〕皇子陽生，豐下鋭上，顔赤色，〔四〕有似於堯，上以赤色名之曰陽。〔五〕年十歲通春秋，〔六〕上循其頭曰「吴季子」。〔七〕陽對曰：〔八〕「愚戇無比。」及阿乳母以問師傅，曰：「少推誠對。」師傅無以易其辭。母光烈皇后，初讓尊位爲貴人，故帝年十二以皇子立爲東海公，〔九〕三歲進爵爲王。〔一〇〕幼而聰明叡智，容貌壯麗，〔一一〕世祖異焉，數問以政議，應對敏達，謀謨甚深。温恭好學，敬愛師傅，所以承事兄弟，親密九族，〔一二〕内外周洽。世祖愈珍上德，以爲宜承先序。建武十七年十月，詔廢郭皇后，〔一三〕立陰貴人爲皇后，以上爲皇太子，〔一四〕治尚書，〔一五〕備師法，兼通四經，〔一六〕略舉大義，博觀群書，以助術學，無所不照。〔一七〕中元二年二月，〔一八〕世祖崩，皇太子即位。〔一九〕帝即祚，〔二〇〕長思遠慕，至踰年，乃率諸王侯、公主、外戚、郡國計吏上陵，如會殿前禮。正月，上謁原陵，〔二一〕夢先帝、太后如平生，親率百官上陵，其日降甘露，〔二二〕積於樹，百官取以薦。會畢，上伏御牀視太后鏡奩中物，感動悲涕，令易脂澤妝具。左右皆泣，莫能仰視。長水校尉樊鯈奏言，〔二三〕先帝大業，當以時施行，欲使諸儒共正經義，頗令學者得以自助。於是下太常、將軍、大夫、博士、議郎、郎官及諸王諸儒會白虎觀，講議五經同異。明帝封太后弟陰興子慶爲鮦陽侯，〔二四〕子博隱強侯，〔二五〕陰盛爲無錫侯，楚王舅子許昌龍舒侯。永平二年正月，〔二六〕上宗祀光武皇帝於明堂，上及公卿列侯始服冕冠、衣裳。祀畢，登靈臺。〔二七〕三月，〔二八〕上初臨辟雍，行大射禮。〔二九〕十月，上幸辟雍，初行養老禮。詔曰：〔三〇〕「十月元日，〔三一〕始尊事三老，兄事五更，〔三二〕安車輭輪，朕親袒割牲，祝哽在前，祝噎在後。〔三三〕三老常山李躬，〔三四〕年耆學明，以二千石祿養終身。五更沛國桓榮，〔三五〕以尚書教朕十有餘年，其賜爵關內侯，食邑五千户。」甲子，上幸長安，〔三六〕祠高廟，遂有事十一陵。歷覽館舍邑居舊處，〔三七〕會郡縣吏，勞賜作樂。有縣三老大言：〔三八〕「陛下入東都，臣望顏色容儀，類似先帝，臣一驩喜。百官嚴設如舊時，臣二驩喜。見吏賞賜，識先帝時事，臣三驩喜。陛下聽用直諫，默然受之，臣四驩喜。陛下至明，懲艾酷吏，視人如赤子，臣五驩喜。進賢用能，各得其所，臣六驩喜。天下太平，德合於堯，臣七驩喜。」帝令上殿，〔三九〕欲觀上衣，因舉虎頭衣以畏三老。上曰：「屬者所言我堯，削章不如飽飯。」十一月，〔四〇〕詔京兆、右扶風以中牢祠蕭何、霍光，出郡錢穀給蕭何子孫，在三百里内者，悉令侍祠。〔四一〕永平三年詔曰：〔四二〕「登靈臺，正儀度。」春二月，〔四三〕圖二十八將於雲臺，〔四四〕册曰：「部符封侯，或以德顯。」秋八月，〔四五〕詔曰：「璇璣鈐曰：『有帝漢出，德洽作樂，名予。』」會明帝改其名，郊廟樂曰太予樂，〔四六〕正樂官曰太予樂官，以應圖讖。十月，〔四七〕上與皇太后幸南陽章陵，周觀舊廬，召見陰、鄧故人。上在于道所幸見吏，勞賜省事畢，步行觀部署，〔四八〕不用輦。〔四九〕甲夜讀衆書，〔五〇〕乙夜盡乃寐，先五鼓起，率常如此。四年，〔五一〕詔書曰：「朕親耕於藉田，〔五二〕以祈農事。」五年十月，上幸鄴，趙王栩會鄴，〔五三〕賜錢百萬。六年，〔五四〕廬江太守獻寶鼎，出王雒山，納於太廟。詔曰：「易鼎足象三公，〔五五〕豈非公卿奉職得理乎？太常其以礿祭之日陳鼎於廟，〔五六〕以備器用。」七年，〔五七〕公卿以芝生前殿，奉觴上壽。八年十月，〔五八〕上臨辟雍，養三老、五更。禮畢，上手書赦令，〔五九〕尚書僕射持節詔三公。〔六〇〕九年，詔爲四姓小侯置學。〔六一〕十年閏月，〔六二〕行幸南陽，祠章陵。以日北至，〔六三〕復祠於舊宅。〔六四〕禮畢，召校官弟子作雅樂，〔六五〕奏鹿鳴，〔六六〕上自御塤篪和之，〔六七〕以娱嘉賓。〔六八〕至南頓，〔六九〕勞饗三老、官屬。是時天下安平，人無傜役，歲比登稔，百姓殷富，粟斛三十，牛被野。〔七〇〕十二年，〔七一〕以益州徼外哀牢王率衆慕化，地曠遠，置永昌郡。十三年二月，上耕藉田畢，〔七二〕賜觀者食。有一諸生前舉手曰：「善哉！文王之遇太公也。」上書板曰：「生非太公，予亦非文王也。」有司奏楚王英聚姦猾。〔七三〕十四年，〔七四〕帝作壽陵，陵東北作廡，長三丈，五步出外爲小厨，財足祠祀。明帝自制石椁，〔七五〕廣丈二尺，長二丈五。十五年二月，東巡狩。癸亥，帝耕於下邳。〔七六〕三月，幸孔子宅，〔七七〕祠孔子及七十二弟子。〔七八〕御講堂，〔七九〕命太子、諸王説經。幸東平王宫。〔八〇〕上憐廣陵侯兄弟，〔八一〕賜以服御之物，又以皇子輿馬，悉賦予之。〔八二〕十七年春，甘露仍降，樹枝内附，〔八三〕芝生前殿，〔八四〕神雀五色，翔集京師。〔八五〕是夜，上夢見先帝、太后，〔八六〕夢中喜覺，因悲不能寐。〔八七〕明旦上陵，百官、胡客悉會，太常丞上言陵樹華有甘露，上令百官采甘露。受賜畢，罷，上從席前伏御牀，視太后鏡奩中物，流涕，勑易奩中脂澤妝具。自帝即位，遵奉建武之政，〔八八〕有加而無損。初，世祖閔傷前世權臣太盛，外戚預政，上濁明主，〔八九〕下危臣子，漢家中興，唯宣帝取法。至於建武，朝無權臣，外族陰、郭之家，不過九卿，親屬勢位，〔九〇〕不能及許、史、王氏之半。至永平，后妃外家貴者，裁家一人備列將校尉，在兵馬官，充奉宿衛，闔門而已無封侯豫朝政者。自皇子之封，皆減舊制。嘗案輿地圖，〔九一〕皇后在傍，言鉅鹿、樂成、廣平各數縣，租穀百萬，帝令滿二千萬止。諸小王皆當略與楚、淮陽相比，〔九二〕什減三四，〔九三〕曰：「我子不當與先帝子等。」又國遠而小於王，善節約謙儉如此。〔九四〕八月，〔九五〕帝崩于東宮前殿，在位十八年，時年四十八，謚曰孝明皇帝，葬顯節陵。〔九六〕十二月，有司奏上尊號曰顯宗，廟與世宗廟同日而祠，祫祭於世祖之堂，共進武德之舞，如孝文皇帝祫祭高廟故事。孝明皇帝尤垂意於經學，〔九七〕即位，删定擬議，稽合圖讖，封師太常桓榮爲關内侯，親自制作五行章句。每饗射禮畢，正坐自講，〔九八〕諸儒並聽，四方欣欣。是時學者尤盛，冠帶搢紳遊辟雍而觀化者以億萬計。〔九九〕　御覽卷九一

校勘記

〔一〕孝明皇帝　事詳范曄後漢書卷二顯宗孝明帝紀，袁宏後漢紀卷九、卷一〇。汪文臺輯薛瑩後漢書、司馬彪續漢書卷一、謝沈後漢書、袁山松後漢書、華嶠後漢書卷一亦略載其事。類聚卷一二引袁山松後漢書云：「皇帝諱陽，一名莊，字子麗。」四庫全書考證云：「明帝本名陽，建武十九年立爲皇太子，始改名莊。范書明帝紀直作諱莊，蓋舉後以概前，觀光武建武十九年詔書可見。」

〔二〕世祖之中子也　初學記卷一七、御覽卷四一一引云：「明帝，光武第四子。」范曄後漢書明帝紀

云：「顯宗孝明皇帝諱莊，光武第四子也。」

〔三〕建武四年五月甲申　此句至「師傅無以易其辭」諸句原無，御覽卷九一引，今據增補。

〔四〕顔　類聚卷一二引同，范曄後漢書明帝紀李賢注引作「項」。

〔五〕以　御覽卷九一引作「曰」，類聚卷一二引作「以」，今據改。

〔六〕年十歲通春秋　原誤作「至十三年通春秋」。類聚卷一二引作「年十三通春秋」，「三」乃「歲」之訛。范曄後漢書明帝紀云：「十歲能通春秋。」可證。

〔七〕循　撫摩。漢書李陵傳云：「立政等見陵，未得私語，即目視陵，而數數自循其刀環。」顔師古注云：「循謂摩順也。」　頭　類聚卷一二引作「頸」。　季子　即季札。

〔八〕陽對曰　四庫全書考證云：「按東觀爲本朝之史，不應稱帝名，當屬後人所加。」

〔九〕年　此字原無，類聚卷一二引有，今據增補。

〔一〇〕三歲進爵爲王　原無「進」字，類聚卷一二引有，今據增補。范曄後漢書明帝紀云：「建武十五年封東海公，十七年進爵爲王。」

〔一一〕容貌壯麗　書鈔卷一引此一句。

〔一二〕親密九族　書鈔卷六引此一句。

〔一三〕詔廢郭皇后　原無「詔」字，類聚卷一二引有，今據增補。范曄後漢書光武帝紀建武十七年載：

「冬十月辛巳，廢皇后郭氏爲中山太后，立貴人陰氏爲皇后。」

〔一四〕以上爲皇太子　此句類聚卷一二引作「上以東海王立爲皇太子」。范曄後漢書光武帝紀建武十九年載：「六月戊申，詔曰：『春秋之義，立子以貴。東海王陽，皇后之子，宜承大統。皇太子彊，崇執謙退，願備藩國。父子之情，重久違之。其以彊爲東海王，立陽爲皇太子，改名莊。』」

〔一五〕治尚書　范曄後漢書明帝紀云：「師事博士桓榮，學通尚書。」桓榮傳云：「建武十九年，年六十餘，始辟大司徒府。時顯宗始立爲皇太子，選求明經，乃擢榮弟子豫章何湯爲虎賁中郎將，以尚書授太子。世祖從容問湯本師爲誰，湯對曰：『事沛國桓榮。』帝即召榮，令説尚書，甚善之。拜爲議郎，賜錢十萬，入使授太子。」

〔一六〕四　原作「九」，聚珍本同。書鈔卷一二、類聚卷一二、唐類函卷二五引作「四」，今據改。

〔一七〕無所不照　此句以上一段文字，聚珍本據各書所引連綴爲「孝明皇帝諱陽，一名莊，世祖之中子也。建武四年夏五月甲申，帝生，豐下鋭上，項赤色，有似於堯。世祖以赤色名之曰陽。幼而聰明睿智，容貌莊麗，十歲通春秋，推誠對，師傅無以易其辭。母光烈皇后初讓尊位爲貴人，故帝年十二以皇子立爲東海公。時天下墾田皆不實，詔下州郡檢覆，百姓嗟怨，州郡各遣使奏其事。世祖見陳留吏牘上有書曰：『潁川、弘農可問，河南、南陽不可問。』因詰吏，吏抵言於長壽街得之。世祖怒。時帝在幄後曰：『吏受郡勑，當欲以墾田相方耳。』世祖曰：『即如此，何故言河南、南陽不可問？」對曰：『河南帝城，多近臣，南陽帝鄉，多近親，田宅踰制，不可爲準。』」世祖令虎賁詰問，乃首服，如帝言。遺謁者考實，具知姦狀，世祖異焉。數問以政議，應對敏達，謀謨甚深，温恭好學，敬愛師傅，所以承事兄弟，親密九族，内外周洽。世祖愈珍帝德，以爲宜承先序。十七年冬十月，詔廢郭皇后，立陰貴人爲皇后。帝進爵爲王，十九年，以東海王立爲皇太子，治尚書，備師法，兼通九經，略舉大義，博覽群書，以助術學，無所不照」。其中「時天下墾田皆不實」至「具知姦狀」一段文字，係綜合類聚卷一六、御覽卷一九五、卷六〇六所引輯録。據范曄後漢書劉隆傳，此段文字當出東觀漢記劉隆傳，今從顯宗孝明皇帝紀中删去，移入劉隆傳。

〔一八〕中元二年二月　「元」字原誤作「平」，聚珍本尚不誤，今據改正。「年」字下聚珍本有「春」字。據范曄後漢書光武帝紀，世祖光武帝卒於中元二年春二月戊戌。

〔一九〕皇太子即位　「皇」字下原有「后」字，顯係衍文，今删去。

〔二〇〕帝即祚　此句至「莫能仰視」諸句原無，御覽卷四一一引，今據增補。原無「帝」字，據文義補入。初學記卷一七引云：「明帝，光武第四子，陰后所生。即祚，長思慕，至踰年正月，當謁原陵，夢先帝、太后如平生歡。朝率百官上陵，上伏御床視太后鏡奩中物，感動悲涕，令易脂澤妝具，左右皆泣，莫敢仰視。」字句稍略。

〔二一〕上謁原陵　通鑑卷四四云：「永平元年春正月，帝率公卿已下，朝於原陵，如元會儀。乘輿拜神坐，退，坐東廂，侍衛官皆在神坐後，太官上食，太常奏樂，郡國上計吏以次前，當神軒占其郡穀價及民所疾苦。」「原陵」，光武帝葬此。

〔二二〕其日降甘露　書鈔卷六引「甘露降」一句，即出於此。

〔二三〕長水校尉樊鯈奏言　此句至「講議五經同異」諸句原無，聚珍本有，不知輯自何書，今據增補。書鈔卷一二僅引「會儒白虎觀」一句，唐類函卷二五引同。

〔二四〕明帝封太后弟陰興子慶爲鮦陽侯　此句至「楚王舅子許昌龍舒侯」諸句原無，聚珍本有，類聚卷五一亦引，今據增補。原脱「子慶」二字，范曄後漢書陰興傳云：「永平元年詔曰：『……其以汝南之鮦陽封興子慶爲鮦陽侯，慶弟博爲濦强侯。』」袁宏後漢紀卷九云：「永平元年四月癸卯，封故衛尉陰興子慶爲鮦陽侯，博爲隱强侯，楚王舅子許昌爲龍舒侯。」今據校補。

〔二五〕博　原誤作「傅」，今據范曄後漢書陰興傳、袁宏後漢紀卷九校正。

〔二六〕永平二年正月　此句至「登靈臺」諸句原無，文選卷一班固兩都賦李善注引云：「永平二年正月，上宗祀光武皇帝於明堂，祀畢，登靈臺。」又引云：「永平三年正月，上宗祀武皇帝於明堂，禮畢，升靈臺。」「三年」乃「二年」之訛。又引云：「永平二年，上及公卿列侯始服冕冠、衣裳。」此段文字即據以上各處所引增補。范曄後漢書明帝紀云：「永平二年春正月辛未，宗祀光武皇帝於明堂，帝及公卿列侯始服冠冕、衣裳、玉佩、絇屨以行事。禮畢，登靈臺」。袁宏後漢紀卷九云：「永平「二年春正月辛未，祀光武皇帝於明堂，始服冕、珮玉。禮畢，登靈臺，觀雲物，大赦天下」。

〔二七〕登靈臺　據范曄後漢書明帝紀，永平二年春正月宗祀光武帝於明堂，禮畢，登靈臺，遂使尚書令持節詔驃騎將軍、三公曰：「今令月吉日，宗祀光武皇帝於明堂，以配五帝」云云。文選卷一班固兩都賦李善注引云：「明帝宗祀五帝於明堂，光武皇帝配之。」即係括引詔文大意。此二句不便連綴於本書明帝紀中，姑置於注中。「五帝」，范書明帝紀李賢注引五經通義云：「蒼帝靈威仰，赤帝赤熛怒，黃帝含樞紐，白帝白招矩，黑帝叶光紀。」

〔二八〕三月　此句原作「永平二年二月」。「永平二年」四字，爲避免與上文重出，今删去。「二月」乃「三月」之訛，文選卷一班固兩都賦李善注有一處引作「三月」，卷三張衡東京賦李善注亦引作「三月」，范曄後漢書明帝紀永平二年載：「三月，臨辟雍，初行大射禮。」通鑑卷四四同，今據改正。

〔二九〕大　此字原脱，文選卷一班固兩都賦李善注兩引皆有「大」字，又卷三張衡東京賦李善注引亦有「大」字，今據增補。

〔三〇〕詔曰　此二字原無，據范曄後漢書明帝紀，下文「元日」云云爲明帝詔文，此當有「詔曰」二字。聚珍本已補入，今從之。

〔三一〕十月元日　此句至「祝噎在後」諸句原無。范曄後漢書明帝紀李賢注於明帝詔「令月元日」句下引東觀漢記注云：「十月元日。」書鈔卷六七引云：「永平二年元日，始尊事三老，兄事五更，朕親袒割牲，祝哽在前，祝咽在後。」又引云：「明帝永平二年元日，始尊事三老，兄事五更，安車輭輪。」又引云：「永平二年元日，始尊事三老，兄事五更。」文選卷三張衡東京賦李善注引云：「永明二年詔曰：『十月元日，始尊事三老，兄事五更，朕親袒割牲。』」「永明」乃「永平」之訛。此段文字即綜合以上諸書所引增補。

〔三二〕尊事三老，兄事五更　禮記文王世子云：「遂設三老五更，群老之席位焉。」鄭玄注：「三老、五更各一人也，皆年老更致仕者也，天子以父兄養之，示天下之孝悌也。」司馬彪續漢書禮儀志劉昭注引盧植禮記注云：「選三公老者爲三老，卿大夫中之老者爲五更。」漢書禮樂志云：「養三老、五更於辟雍。」

〔三三〕祝哽在前，祝噎在後　范曄後漢書明帝紀李賢注云：「老人食多哽噎，故置人於前後祝之，令其不哽噎也。」司馬彪續漢書禮儀志載養三老、五更之儀云：「養三老、五更之儀，先吉日，司徒上太傅若講師故三公人名，用其德行年老者一人爲老，次一人爲更也。皆服都紵大袍單衣，皁緣領袖中衣，冠進賢，扶王杖。五更亦如之，不杖。皆齋於太學講堂。其日，乘輿先到辟雍禮殿，御坐東廂，遣使者安車迎三老、五更。天子迎於門屏，交禮，道自阼階，三老升自賓階。至階，天子揖自禮。三老升，東面，三公設几，九卿正履，天子親袒割牲，執醬而饋，執爵而酳，祝鯁在前，祝饐在後。五更南面，公進供禮，亦如之。」

〔三四〕三老常山李躬　此下三句原無，書鈔卷六七引東觀漢記云：「明帝紀云：『永平二年詔曰：「三老常山李躬，年耆學明。」』」又唐類函卷四九引云：「三老常山李躬，年耆學明，以二千石禄養終身。」此下三句即據二書所引增補。聚珍本有李躬傳，輯入「三老常山李躬」云云三句。書鈔卷六七已明言此爲明帝紀語，聚珍本不編於明帝紀，而置於李躬傳，失之。

〔三五〕五更沛國桓榮　此下四句原無，書鈔卷六七引云：「明帝永平二年詔曰：『五更沛國桓榮，以尚書教朕十有餘年，其賜爵關内侯，食邑五千户。』」今據增補。本書桓榮傳亦載此詔，文字大同小異。范曄後漢書明帝紀永平二年載：「冬十月壬子，幸辟雍，初行養老禮。詔曰：『光武皇帝建三朝之禮，而未及臨饗。眇眇小子，屬當聖業。間暮春吉辰，初行大射；令月元日，復踐辟雍。尊事三老，兄事五更，安車輭輪，供綏執授。侯王設醬，公卿饌珍，朕親袒割，執爵而酳。祝哽在前，祝噎在後。……三老李躬，年耆學明。五更桓榮，授朕尚書。詩曰：「無德不報，無言不酬。」其賜榮爵關内侯，食邑五千户。三老、五更皆以二千石禄養終厥身。……』」是此所輯詔語多所脱佚。

〔三六〕甲子，上幸長安　文選卷一班固兩都賦李善注引云：「永平二年十月，西巡，幸長安。」與此略有不同。卷三張衡東京賦李善注引云：「永明二年十月，幸長安，祠高廟。」「永明」乃「永平」之訛。

〔三七〕歷覽館舍邑居舊處　此句御覽卷四六七引作「歷覽宮館舊處」。范曄後漢書明帝紀永平二年十月載：「甲子，西巡狩，幸長安，祠高廟，遂有事於十一陵。歷覽館邑，會郡縣吏，勞賜作樂。」

〔三八〕有縣三老大言　此句惠棟後漢書明帝紀補注卷二引作「時有縣三老上章云」。此句至「臣七驩喜」諸句原無，御覽卷四六七引，今據增補。聚珍本亦輯録此段文字，字句全同。

〔三九〕帝令上殿　此句至「削章不如飽飯」諸句原無。書鈔卷一二九引云：「明帝時，至長安，有縣三老上章云：『見陛下甚喜。』帝令上殿，欲觀上衣，因舉虎頭衣以畏三老。」又卷一四四引云：「顯宗西巡，三老懷章大言。上曰：『屬者所言我堯，削章不如飽飯。』」今據二處所引增補。

〔四〇〕十一月　此句至「悉令侍祠」諸句原無，類聚卷三八引，今據增補。此段文字御覽卷五二六亦引，字句微異。范曄後漢書明帝紀永平二年載：「十一月甲申，遣使者以中牢祠蕭何、霍光。」

〔四一〕祠　御覽卷五二六引同，聚珍本作「祀」。

〔四二〕永平三年詔曰　「三年」原誤作「二年」，范曄後漢書明帝紀云：永平「三年春正月癸巳，詔曰：『朕奉郊祀，登靈臺，見史官，正儀度』」云云。是此詔在永平三年，今據改正。聚珍本把此詔輯入永平二年，不可信。

〔四三〕春二月　此句至「或以德顯」諸句原無，聚珍本有，今據增補。文選卷四〇任昉到大司馬記室牋李善注引云：「明帝册曰：『剖符封侯，或以德顯。』」疑聚珍本即據此輯録，又依文意略有增補。

〔四四〕圖二十八將於雲臺　通鑑卷四四明帝永平三年二月載：「帝思中興功臣，乃圖畫二十八將於南宮雲臺，以鄧禹爲首，次馬成、吴漢、王梁、賈復、陳俊、耿弇、杜茂、寇恂、傅俊、岑彭、堅鐔、馮異、王霸、朱祐、任光、祭遵、李忠、景丹、萬脩、蓋延、邳彤、銚期、劉植、耿純、臧宫、馬武、劉隆。又益以王常、李通、竇融、卓茂，合三十二人。馬援以椒房之親，獨不與焉。」胡三省注云：「雲臺功臣之次，以鄧禹、吴漢、賈復、耿弇、寇恂、岑彭、馮異、朱祐、祭遵、景丹、蓋延、銚期、耿純、臧宫、馬武、劉隆爲一列，馬成、王梁、陳俊、杜茂、傅俊、堅鐔、王霸、任光、李忠、萬脩、邳彤、劉植、王常、李通、竇融、卓茂爲一列。此序其次，不與前史合。」

〔四五〕秋八月　此句至「以應圖讖」諸句原無。范曄後漢書明帝紀永平三年載：「秋八月戊辰，改大樂爲大予樂。」李賢注云：「尚書琁機鈐曰：『有帝漢出，德洽作樂名予。』故據琁機鈐改之。」文選卷一班固兩都賦李善注引東觀漢記云：「孝明詔曰：『琁璣鈐曰：「有帝漢出，德洽作樂名雅。」』會明帝改其名，郊廟樂曰太子樂，正樂官曰太子樂官，以應圖讖。」「雅」字乃「予」字之訛，「太子樂」乃「太予樂」之訛，「太子樂官」乃「太予樂官」之訛。今據文選李善注所引輯補，又參酌范書明帝紀增補「秋八月」三字。文選卷四六顔延年三月三日曲水詩序李善注引云：「孝明詔曰：『正大樂官曰大予樂官。』」字句較略。此段文字聚珍本輯作「秋八月，詔曰：『尚書璇璣鈐曰：「有帝漢出，德洽作樂名予。」其改郊廟樂曰大予樂，樂官曰大予樂官，以應圖讖。』」所輯字句多有改易。

〔四六〕郊廟樂曰太予樂　通鑑卷四四胡三省注引蔡邕禮樂志云：「漢樂四品，一曰太予樂，典郊廟、上陵殿諸食舉之樂。二曰周頌雅樂，典辟雍、饗射、六宗、社稷之樂。三曰黄門鼓吹，天子所以宴樂群臣。四曰短簫鐃歌，軍樂也。」

〔四七〕十月　此句上原有「三年」二字，與上複出，今删去。

〔四八〕步行觀部署　「行觀」二字原誤倒，姚本、聚珍本作「行觀」，又書鈔卷一四〇引云：「明帝幸南陽，所在見吏勞賜，步行觀部署，不用輦。」亦作「行觀」，今據改正。書鈔卷一六引云：「歷覽宫觀，步觀部署。」與此有異。

〔四九〕不用輦　此句下聚珍本尚有「車」字。御覽卷四三一引云：「明帝行部署，不用輦書，甲夜乃解，偃讀衆書，乙夜盡寢，先五鼓起，率常如此。」「輦」乃「車」之訛。

〔五〇〕甲夜讀衆書　「讀」字晏元獻公類要卷九引作「覩」。書鈔卷一二引「甲夜讀書」一句。

〔五一〕四年　此句至「以祈農事」諸句原無，文選卷三張衡東京賦李善注引，今據增補。范曄後漢書明帝紀云：永平「四年春二月辛亥，詔曰：『朕親耕藉田，以祈農事。京師冬無宿雪，春不燠沐，煩勞群司，積精禱求。而比再得時雨，宿麥潤澤。其賜公卿半奉。有司勉遵時政，務平刑罰。』」此所引删削頗多。

〔五二〕藉田　范書明帝紀李賢注引五經要義云：「天子藉田，以供上帝之粢盛，所以先百姓而致孝敬也。藉，蹈也。言親自蹈履於田而耕之。」

〔五三〕趙王栩會鄴　此句原誤作「徽趙王會鄴」，聚珍本不誤，今據改正。范曄後漢書明帝紀云：永平五年「冬十月，行幸鄴，與趙王栩會鄴」。此句下聚珍本有「常山」二字，係衍文。

〔五四〕六年　此句至「以備器用」諸句原無，聚珍本有，今據增補。文選卷一班固兩都賦李善注僅引「永平六年，廬江太守獻寶鼎，出王雒山」三句，又引「明帝曰：『太常其以初祭之日，陳鼎於廟，以備器用』」四句。「初祭」乃「礿祭」之訛。范曄後漢書明帝紀永平六年載：「二月，王雒山出寶鼎，廬江太守獻之。夏四月甲子，詔曰：『昔禹收九牧之金，鑄鼎以象物，使人知神姦，不逢惡氣。遭德則興，遷於商、周。周德既衰，鼎乃淪亡。祥瑞之降，以應有德。方今政化多僻，何以致茲？易曰鼎象三公，豈公卿奉職得其理邪？太常其以礿祭之日，陳鼎於廟，以備器用。……』」

〔五五〕易鼎足象三公　通鑑卷四五胡三省注：「三公鼎足承君，故云然。此蓋易緯之辭。」按易鼎卦九四爻辭云：「鼎折足，覆公餗。」又繫辭下云：「子曰：『德薄而位尊，知小而謀大，力小而任重，鮮不及矣。』易曰：『鼎折足，覆公餗，其形渥，凶。』言不勝其任也。」此即括引易文大意，非出易緯。

〔五六〕礿祭　爾雅釋天云：「夏祭曰礿。」

〔五七〕七年　此句至「奉觴上壽」三句原無，御覽卷九八五引，今據增補。

〔五八〕八年十月　袁宏後漢紀卷一〇云「八年冬十一月」，月份有誤。

〔五九〕赦　聚珍本作「詔」。

〔六〇〕尚書僕射持節詔三公　「持」字原誤作「待」，聚珍本不誤，今據改正。范曄後漢書明帝紀永平八年十月載：「丙子，臨辟雍，養三老、五更。禮畢，詔三公募郡國中都官死罪繫囚，減罪一等，勿笞，詣度遼將軍營，屯朔方、五原之邊縣，妻子自隨，便占著邊縣。父母同產欲相代者，恣聽之。其大逆無道殊死者，一切募下蠶室。亡命者令贖罪各有差。凡徙者，賜弓弩衣糧。」

〔六一〕九年，詔爲四姓小侯置學　此二句原無，聚珍本有，御覽卷六一三亦引，今據增補。范曄後漢書明帝紀永平九年載：「爲四姓小侯開立學校，置五經師。」張酺傳載：「永平九年，顯宗爲四姓小侯開學於南宫，置五經師。酺以尚書教授，數講於御前。」通鑑卷四五明帝永平九年載：「帝崇尚儒學，自皇太子諸王侯及大臣子弟、功臣子弟，莫不受經。又爲外戚樊氏、郭氏、陰氏、馬氏諸子立學於南宫，號四姓小侯。置五經師，搜選高能以授其業。」外戚樊氏、郭氏、陰氏、馬氏諸子以非列侯，故稱「小侯」。東漢會要卷一八「小侯」條注云：「顔氏家訓謂以小年獲封，故曰『小侯』。」可備一說。

〔六二〕十年閏月　此年閏四月。聚珍本作「十年夏閏四月」。

〔六三〕以日北至　原無「北」字，聚珍本有。范曄後漢書明帝紀云：「日北至。」今據增補「北」字。范書明帝紀李賢注云：「北至，夏至也。」

〔六四〕祠　水經注卷二八引作「祀」。

〔六五〕弟子　聚珍本作「子弟」，御覽卷五八〇引同。

〔六六〕鹿鳴　詩小雅中的一篇，爲宴群臣嘉賓之作。毛詩鹿鳴序云：「鹿鳴，燕群臣嘉賓也。既飲食之，又實幣帛筐篚，以將其厚意，然後忠臣嘉賓，得盡其心矣。」

〔六七〕上自御塤篪和之　明帝幸南陽，自御塤篪事，書鈔卷一二、卷一六、卷八二，御覽卷五八〇亦引，又書鈔卷一一一兩引，字句或詳或略。「塤」，風俗通義聲音篇云：「世本：『暴辛公作塤。』詩云：『天之誘民，如塤如篪。』塤，燒土爲也，圍五寸半，長三寸半，有四孔，其二通，凡爲六孔。」「篪」，風俗通義聲音篇云：「世本：『蘇成公作篪。』管樂，十孔，長尺一寸。詩云：『伯氏吹塤，仲氏吹篪。』」

〔六八〕嘉賓　水經注卷二八引作「賓客」。按「嘉賓」二字義長。

〔六九〕至南頓　原誤作「至頃」，聚珍本不誤，今據改正。范曄後漢書明帝紀永平十年夏四月閏月載：「閏月甲午，南巡狩，幸南陽……還，幸南頓，勞饗三老、官屬。」

〔七〇〕牛被野　「牛」字下聚珍本有「羊」字。

〔七一〕十二年　此句至「置永昌郡」諸句原無，文選卷一班固兩都賦李善注引，今據增補。「十二年」三字李善注引原無，係據聚珍本補入。范曄後漢書明帝紀云：永平「十二年春正月，益州徼外夷哀牢王相率内屬，於是置永昌郡，罷益州西部都尉」。西南夷傳云：「永平十二年，哀牢王柳貌遣子率種人内屬，其稱邑王者七十七人，户五萬一千八百九十，口五十五萬三千七百一十一。西南去洛陽七千里，顯宗以其地置哀牢、博南二縣，割益州郡西部都尉所領六縣，合爲永昌郡。」

〔七二〕上耕藉田畢　此事書鈔卷九〇、類聚卷三九亦引，字句大同小異。

〔七三〕有司奏楚王英聚姦猾　書鈔卷七〇引東觀漢記云：「明帝紀云：『永平中，有司奏楚王英聚姦猾。』」楚王英謀反在永平十三年十一月，敗後，國除，遷於涇縣。「有司奏楚王英聚姦猾」當在永平十三年或以前。因有司上奏具體年月不可確考，姑附置於此。姚本、聚珍本皆未輯此段文字。

〔七四〕十四年　此句至「財足祠祀」諸句原無。范曄後漢書明帝紀十四年載：「初作壽陵。」十八年又載：「帝初作壽陵，制令流水而已，石槨廣一丈二尺，長二丈五尺，無得起墳。」李賢注引東觀漢記云：「陵東北作廡，長三丈，五步出外爲小厨，財足祠祀。」今據李賢注增補，又參酌范書增入「十四年，帝作壽陵」二句。此段文字姚本輯作「帝作壽陵，制令流水而已，陵東北作廡長三丈，五步外爲小厨，財足祠祀」。聚珍本與姚本同，惟首句前增入「十四年」三字。

〔七五〕明帝自制石槨　此下三句原無，御覽卷五五二引，今據增補。聚珍本作「帝自置石槨，廣丈二尺，長二丈五尺」。

〔七六〕癸亥，帝耕於下邳　此二句原無，聚珍本有，今據增補。范曄後漢書明帝紀云：「十五年春二月庚子，東巡狩。……癸亥，帝耕於下邳。」

〔七七〕幸孔子宅　書鈔卷一六僅引「祀孔子宅」一句。

〔七八〕祠孔子及七十二弟子　「二弟」二字原無，聚珍本有，范曄後漢書明帝紀云：「幸孔子宅，祠仲尼及七十二弟子。」今據增補。

〔七九〕御講堂　書鈔卷一二僅引此一句。

〔八〇〕幸東平王宮　「東平王」，謂劉蒼，光武帝子，建武十五年封東平公，十七年進爵爲王。范曄後漢書東平王蒼傳云：永平「十五年春，行幸東平，賜蒼錢千五百萬，布四萬匹」。

〔八一〕上憐廣陵侯兄弟　光武帝子劉荆於建武十五年封山陽公，十七年進爵爲王，明帝時因罪徙封廣陵王，後自殺。永平十四年，封荆子元壽爲廣陵侯，服王璽綬，食荆故國六縣，又封元壽弟三人爲鄉侯。見范曄後漢書廣陵思王荆傳。

〔八二〕又以皇子輿馬，悉賦予之　「以」字原誤作「聖」，今據聚珍本校正。范曄後漢書廣陵思王荆傳云：永平十五年，「帝東巡狩，徵元壽兄弟會東平宮，班賜御服器物，又取皇子輿馬，悉以與之」。

〔八三〕内附　范曄後漢書明帝紀李賢注云：「内附謂木連理也。」

〔八四〕芝生前殿　合璧事類卷一九引云：「明帝永平十七年，芝草生殿前。」

〔八五〕翔集京師　此句下聚珍本有「正月，當謁原陵」二句。通鑑卷四五明帝永平十七年載：「春正月，上當謁原陵，夜，夢先帝、太后如平生歡，既寤，悲不能寐」云云。

〔八六〕上夢見先帝、太后　類聚卷九八引作「明帝夜夢見先帝、太后」，御覽卷一二引作「明帝永平十七年，夢見先帝、光烈皇后」。

〔八七〕夢中喜覺，因悲不能寐　書鈔卷六僅引「真覺不能寐」一句，「真」字又誤，當作「喜」。

〔八八〕遵奉建武之政　書鈔卷六有「奉建武王之政」句，即出東觀漢記明帝紀。「王」字係衍文。

〔八九〕上濁明主　此下二句原無，聚珍本有，范曄後漢書明帝紀李賢注、東漢會要卷二三引亦有，今據增補。

〔九〇〕勢　此字事文類聚前集卷二二、合璧事類卷二三、范曄後漢書明帝紀李賢注引皆作「榮」。

〔九一〕嘗案輿地圖　此句至「帝令滿二千萬止」諸句原無，聚珍本有，范曄後漢書孝明八王傳論李賢注引亦有，今據增補。范書明德馬皇后紀云：永平「十五年，帝案地圖，將封皇子，悉半諸國。后見而言曰：『諸子裁食數縣，於制不已儉乎？』帝曰：『我子豈宜與先帝子等乎？歲給二千萬足矣。』」

〔九二〕諸小王皆當略與楚、淮陽相比　原無「小」字，聚珍本有，范曄後漢書孝明八王傳論李賢注引亦有，今據增補。

〔九三〕什減三四　書鈔卷七〇引東觀漢記云：「明帝紀云：『十八年，食租且餓。』」疑「食租且餓」句當在此句下。姚本、聚珍本皆未輯録。

〔九四〕又國遠而小於王，善節約謙儉如此　此二句王先謙後漢書明帝紀集解載惠棟説引東觀漢記作「又國遠而小，易於爲善，節儉謙約如此」。

〔九五〕八月　此爲永平十八年八月。

〔九六〕顯節陵　通鑑卷四五永平十八年胡三省注引帝王世紀云：「顯節陵，故富壽亭也，西北去雒陽三十七里。」

〔九七〕孝明皇帝尤垂意於經學　書鈔卷一二僅引「垂意經學」一句，即出於此。此句以下一段文字聚珍本繫於永平二年「食邑五千户」句下。

〔九八〕正坐自講　書鈔卷一二引「正坐自講，稽合圖讖」二句，即出於此。

〔九九〕冠帶搢紳遊辟雍而觀化者以億萬計　「萬」字原脱，聚珍本有，今據增補。漢書儒林傳云：「中元元年，初建三雍。明帝即位，親行其禮。天子始冠通天，衣日月，備法物之駕，盛清道之儀，坐明堂而朝群后，登靈臺以望雲物，袒割辟雍之上，尊養三老、五更。饗射禮畢，帝正坐自講，諸儒執經問難於前，冠帶縉紳之人，圜橋門而觀聽者蓋億萬計。」

肅宗孝章皇帝

孝章皇帝諱炟，〔一〕孝明皇帝太子。〔二〕永平三年二月，〔三〕以皇子立爲太子。年四歲，幼而聰達才敏，〔四〕多識世事，動容進止，〔五〕聖表有異。壯而仁明謙恕，温慈惠和，〔六〕寬裕廣博，親愛九族，矜嚴方厲，威而不猛。〔七〕既志於學，始治尚書，遂兼五經，周覽古今，〔八〕無所不觀。於是上敬重之，〔九〕每事諮焉。以至孝稱，孜孜膝下。〔一〇〕永平十八年，孝明皇帝崩，帝即位。御覽卷九一

詔曰：〔一一〕「行太尉事趙憙，〔一二〕三世在位，爲國元老，其以憙爲太尉。」〔一三〕書鈔卷五二

建初二年，詔齊相其止勿復送冰紈、方空縠、吹綸絮也。〔一四〕御覽卷八一九

建初四年，詔諸王、諸儒會白虎觀，講五經同異。〔一五〕初學記卷二一

章帝元和元年，日南獻白雉、白犀。〔一六〕御覽卷八九〇

章帝行幸，〔一七〕勑御史、司空，道橋所過歷樹木，〔一八〕今方春月，〔一九〕無得有所伐，〔二〇〕輅車可引避也。御覽卷一九

章帝元和二年，東巡狩，〔二一〕至於岱宗，柴望畢，〔二二〕有黄鵠三十從西南來，經祀壇上，東過於宮，翱翔而上。孔子後褒成侯等咸來助祭。〔二三〕祀五帝於汶上明堂，〔二四〕耕於定陶。〔二五〕 稽瑞、初學記卷一三、御覽卷九一六、范曄後漢書卷三章帝紀李賢注

祠禮畢，命儒者論難。〔二六〕 司馬彪續漢書祭祀志中劉昭注

章帝東巡狩，祠泰山，還，幸東平王宮，涕泣沾襟。 御覽卷四八八

章帝元和二年，鳳皇三十九、麒麟五十一、白虎二十九、黄龍四、青龍、黄鵠、鸞鳥、神馬、神雀、九尾狐、三足烏、赤烏、白兔、白鹿、白鷰、白鵲、甘露、嘉瓜、秬秠、明珠、芝英、華平、朱草、木連理實，日月不絶，載於史官，不可勝紀。〔二七〕 類聚卷九八

鳳皇見肥城句窳亭槐樹上。〔二八〕 范曄後漢書卷三章帝紀李賢注

章帝元和二年，三足烏集沛國。三年，代郡高柳烏子生三足，大如雞，色赤，頭上有角，長寸餘。五月戊申，詔曰：〔二九〕「乃者白烏、神雀、甘露屢臻，〔三〇〕降自京師。」〔三一〕又有赤烏、白燕。 永樂大典卷二三四五

元和三年，白虎見彭城。〔三二〕 玉海卷一九八

章帝章和元年，嘉穀孳生。〔三三〕 稽瑞

章和中，有華平生也。〔三四〕 稽瑞

章帝時，白狐見，群臣上壽。 稽瑞

章帝時，〔三五〕美陽得銅酒樽，采色青黄，有古文。 御覽卷七六一

章帝賜尚書劍各一，〔三六〕手署姓名，韓稜楚龍泉，〔三七〕郅壽蜀漢文，〔三八〕陳寵濟南鍛成。〔三九〕一室兩刃，其餘皆平劍。其時論者以爲稜淵深有謀，故得龍泉。壽明達有文章，故得文劍。〔四〇〕寵敦朴，有善於內，不見於外，故得鍛成劍，皆因名而表意。 初學記卷一一

明德太后姊子夏壽等私呼虎賁張鳴與敖戲爭鬬，上特詔曰：「爾虎賁將軍，蒙國厚恩，位在中臣，宿衛禁門，當進人不避仇讎，舉罰不避親戚。今者反於殿中交通輕薄，虎賁蘭内所使，至命欲相殺於殿下，不避門內，畏懦恣縱，始不逐捕，此皆生於不學之門所致也。」〔四一〕 御覽卷二四一

章帝時，嘉禾嘉麥，日月不絕。 御覽卷八七三

章和元年詔：「芝草之類，歲月不絕。」〔四二〕 合璧事類卷一九

序曰：〔四三〕孝乎惟孝，友于兄弟，〔四四〕聖之至要也。乾乾夕惕，〔四五〕寅畏皇天，〔四六〕帝王之上行也。明德慎罰，湯、文所務也。〔四七〕密靜天下，〔四八〕容於小大，高宗之極致也。肅宗

兼茲四德，以繼祖考。臣下百僚，力誦聖德，紀述明詔，不能辨章，豈敢空言增廣，以累日月之光。御覽卷九一

校勘記

〔一〕孝章皇帝　事詳范曄後漢書卷三肅宗孝章帝紀，袁宏後漢紀卷一一、卷一二。汪文臺輯司馬彪續漢書卷一、華嶠後漢書卷一、袁山松後漢書、薛瑩後漢書亦略載其事。

〔二〕太子　聚珍本作「第五子也」。范曄後漢書章帝紀云：「肅宗孝章皇帝諱炟，顯宗第五子也。」

〔三〕永平三年二月　聚珍本無「二月」二字。下文「年四歲」移至此句下。

〔四〕幼而聰達才敏　書鈔卷七引「幼而聰達」一句。

〔五〕止　原誤作「正」，書鈔卷八、晏元獻公類要卷九引作「止」，今據改正。

〔六〕壯而仁明謙恕，温慈惠和　文選卷五七顏延年陽給事誄李善注僅引「章帝壯而仁明」一句，書鈔卷五僅引「温兹惠和」一句，卷七引此二句，又脱「壯而」二字。

〔七〕矜嚴方厲，威而不猛　書鈔卷八僅引此二句，文字全同。

〔八〕周覽古今　書鈔卷一二僅引此一句，文字全同。

〔九〕於是上敬重之　此句聚珍本作「由是明帝重之」。

〔一〇〕以至孝稱，孜孜膝下　此二句原無，姚本、聚珍本有，今據增補。初學記卷一七引云：「章帝殂，明帝子，以至孝稱，孜孜膝下。」「殂」字係衍文。姚本、聚珍本即據此輯録。

〔一一〕詔曰　明帝於永平十八年八月卒，章帝即位，十月即下此詔。

〔一二〕趙憙　原作「趙喜」，下同。按字當作「趙憙」，范曄後漢書趙憙傳作「趙憙」，文選卷一〇潘岳西征賦李善注引趙憙他事，字亦作「趙憙」，今據改正。

〔一三〕其以憙爲太尉　本書趙憙傳、范曄後漢書趙憙傳亦載此詔。但此條文字當繫於章帝紀，書鈔卷五二明言此條文字出「東觀章帝紀」。

〔一四〕詔齊相其止勿復送冰紈、方空縠、吹綸絮也　此條御覽卷八一六亦引，卷八一九又一處引徵，字句皆較簡略。范曄後漢書章帝紀李賢注云：「紈，素也。冰言色鮮潔如冰。釋名曰：『縠，紗也。』方空者，紗薄如空也。或曰空，孔也，即今之方目紗也。綸，似絮而細。吹者，言吹噓可成，亦紗也。」漢書貢禹傳載禹奏言：「故齊時三服官輸物不過十笥，方今齊三服官作工各數千人，一歲費數鉅萬。」顔師古注云：「三服官主作天子之服，在齊地。」東漢亦然，故詔齊相止送冰紈等物。

〔一五〕講五經同異　此條御覽卷六一五亦引，字句稍略。范曄後漢書章帝紀載，建初四年十一月，下詔命「太常、將、大夫、博士、議郎、郎官及諸生、諸儒會白虎觀，講議五經同異，使五官中郎將魏應承制問，侍中淳于恭奏，帝親稱制臨決，如孝宣甘露石渠故事，作白虎議奏」。通鑑卷四六建初四年載：「校書郎楊終建言：『宣帝博徵群儒，論定五經於石渠閣。方今天下少事，學者得成其業，而章句之徒，破壞大體。宜如石渠故事，永爲世則。』帝從之。冬十一月壬戌，詔太常：『將、大夫、博士、郎官及諸儒會白虎觀，議五經同異。』使五官中郎將魏應承制問，侍中淳于恭奏，帝親稱制臨決，作白虎議奏，名儒丁鴻、樓望、成封、桓郁、班固、賈逵及廣平王羨皆與焉。」

〔一六〕日南獻白雉、白犀　范曄後漢書章帝紀元和元年春正月載：「日南徼外蠻夷獻生犀、白雉。」南蠻傳載：「肅宗元和元年，日南徼外蠻夷究不事人邑豪獻生犀、白雉。」

〔一七〕章帝行幸　書鈔卷一三九引無此句，而有「元和三年」一句。「三年」乃「元年」之誤。據范曄後漢書章帝紀，此爲元和元年事。

〔一八〕樹　書鈔卷一三九引作「林」。

〔一九〕今　此字原無，書鈔卷一三九引有，今據增補。

〔二〇〕無得有所伐　此句書鈔卷一三九引作「毋得斫伐」。

〔二一〕章帝元和二年，東巡狩　此爲元和二年二月事。

〔二二〕柴望畢　此句姚本作「柴，望秩山川群神」。聚珍本同，惟「神」下有「畢」字。

〔二三〕孔子後褒成侯等咸來助祭　此句下聚珍本有「大赦天下」一句。

〔二四〕祀五帝於汶上明堂　漢書郊祀志云：武帝「封泰山，泰山東北阯古時有明堂處，處險不敞。上欲治明堂奉高旁，未曉其制度。濟南人公玉帶上黄帝時明堂圖。明堂中有一殿，四面無壁，以茅蓋，通水，水圜宫垣，爲復道，上有樓，從西南入，名曰昆侖，天子從之入，以拜祀上帝焉。於是上令奉高作明堂汶上，如帶圖。及是歲修封，則祠泰一、五帝於明堂上座」。章帝祀五帝於汶上明堂，仍沿武帝舊制。

〔二五〕耕於定陶　稽瑞引云：「章帝元和二年巡狩至岱宗，燔柴望祀畢，有黄鵠從西南來壇上，東北過於宫，翱翔而上。」初學記卷一三引云：「章帝東巡狩，至于岱宗，祀五帝於汶上明堂，耕於定陶。」御覽卷九一六引云：「章帝至岱宗，柴望畢，白鵠三十從西南來，經祀壇上。」范曄後漢書章帝紀李賢注引云：「孔子後褒成侯等咸來助祭。」此條即據以上諸書所引輯録。又類聚卷三九、卷九〇，事類賦卷一八亦引，字句較略。范曄後漢書章帝紀元和二年二月載：「丙辰，東巡狩。己未，鳳凰集肥城。乙丑，帝耕於定陶。……辛未，幸太山，柴告岱宗。有黄鵠三十從西南來，經祠壇上，東北過於宫屋，翱翔升降。進幸奉高。壬申，宗祀五帝於汶上明堂。」

〔二六〕命儒者論難　范曄後漢書章帝紀元和二年載：「三月己丑，進幸魯，祠東海恭王陵。庚寅，祠孔子於闕里，及七十二弟子，賜褒成侯及諸孔男女帛。」「命儒者論難」即在此時。

〔二七〕不可勝紀　此條他書引徵較多，皆略於此，而且間有異同。稽瑞引云：「章帝元和中，有嘉瓜生。」類聚卷九九引云：「章帝時，鳳皇百三十九見。」御覽卷九一五引云：「章帝時，鳳皇三十九見。」類聚卷九八引云：「章帝時，麟五十一見。」御覽卷八八九、事類賦卷二〇引同。玉海卷一九八引云：「麒麟五十二。」類聚卷九八引云：「章帝元和二年，黃龍四見。」玉海卷一九八引同，僅無「章帝」二字。類聚卷九九引云：「章帝元和二年，九尾狐見。」卷九九又引云：「章帝元和二年，白兔見。」又引云：「章帝元和二年，白鹿見。」玉海卷一九八引同，僅無「章帝」二字。玉海卷一九七引云：「章帝元和二年，芝英、華平，日月不絕，載於史官，不可勝紀。」范曄後漢書賈逵傳李賢注引云：「章帝時，鳳皇見百三十九，麒麟五十二，白虎二十九，黃龍三十四，神雀、白燕等，史官不可勝紀。」玉海卷一三、卷二〇〇引同。玉海卷二〇〇引云：「又有青龍、黃鵠、鸞鳥、神馬、九尾狐、三足烏、赤烏、白兔、白鹿、甘露、嘉瓜、秬秠、明珠、芝英、華平、朱草、木連理，日月不絕，載於史官，不可勝紀。」疑此條係彙集符瑞之文而成。

〔二八〕鳳皇見肥城句窳亭槐樹上　玉海卷二〇〇亦引此條，「樹」作「木」。據范曄後漢書章帝紀，此爲元和二年事。

〔二九〕詔曰　原脱「曰」字，文選卷一班固兩都賦李善注引云：「章帝詔曰：『乃者白烏、神雀屢臻，降自京師。』」今據增補。

〔三〇〕乃者　此二字原無，今據文選卷一班固兩都賦李善注引增補。

〔三一〕降自京師　此句原無，今據文選卷一班固兩都賦李善注引增補。范曄後漢書章帝紀元和二年五月戊申詔曰：「乃者鳳皇、黄龍、鸞鳥比集七郡，或一郡再見，及白烏、神雀、甘露屢臻。祖宗舊事，或班恩施。其賜天下吏爵，人三級，高年、鰥寡孤獨帛，人一匹」云云。則此所載章帝詔文删削頗多。此條六帖卷九四、御覽卷九二〇、合璧事類别集卷七二、玉海卷九八亦引，字句稍略。

〔三二〕白虎見彭城　此條姚本、聚珍本皆未輯録。

〔三三〕孳　與「滋」字同，蕃也。

〔三四〕華　與「花」字同。

〔三五〕章帝時　具體年代無考。聚珍本繫於代郡高柳烏生子事後，今從之。玉海卷八九引此條，亦云「章帝時」，未言確切年代。

〔三六〕章帝賜尚書劍各一　此事不知確切年月，姑繫於此。

〔三七〕韓稜楚龍泉　書鈔卷一一九引「賜龍州」一句，即出此。「泉」字范曄後漢書韓稜傳作「淵」，「州」乃「泉」或「淵」之訛。

〔三八〕壽　原誤作「燾」，下同，姚本亦作「燾」。聚珍本作「壽」，書鈔卷一二二、御覽卷二一二、萬花谷後集卷九、合璧事類後集卷二六、翰苑新書卷一四皆作「壽」，與范曄後漢書郅壽傳合，今據改正。

〔三九〕鍛成　書鈔卷一二二引作「椎成」。范曄後漢書韓稜傳云：稜「五遷爲尚書令，與僕射郅壽、尚書陳寵，同時俱以才能稱。肅宗嘗賜諸尚書劍，唯此三人持以寶劍，自手書其名曰：『韓稜楚龍淵，郅壽蜀漢文，陳寵濟南椎成。』時論者爲之説，以稜淵深有謀，故得龍淵。壽明達有文章，故得漢文。寵敦朴，善不見外，故得椎成」。李賢注云：「漢官儀『椎成』作『鍛成』。」姚本、聚珍本皆作「鍛成」，御覽卷二一二、萬花谷後集卷九、合璧事類後集卷二六、翰苑新書卷一四亦皆作「鍛成」。

〔四〇〕文劍　此二字聚珍本作「漢文劍」，書鈔卷一二二引作「漢文」，御覽卷二一二引作「蜀漢文劍」。

〔四一〕此皆生於不學之門所致也　范曄後漢書未載此事，章帝下詔的具體時間無從確考。今參考聚珍本，姑將此條編置於此。

〔四二〕歲月不絶　范曄後漢書章帝紀章和元年載壬戌詔曰：「朕聞明君之德，啓廸鴻化，緝熙康乂，光照六幽，訖惟人面，靡不率俾，仁風翔於海表，威霆行乎鬼區。然後敬恭明祀，膺五福之慶，獲來儀之貺。朕以不德，受祖宗弘烈。乃者鳳皇仍集，麒麟並臻，甘露宵降，嘉穀滋生，芝草之類，歲月不絶。朕夙夜祗畏上天，無以彰於先功。今改元和四年爲章和元年。」則此所引章和元年詔，删削頗多。

〔四三〕序曰　此句下聚珍本有「書曰」二字。

〔四四〕孝乎惟孝，友于兄弟　論語爲政篇云：「或謂孔子曰：『子奚不爲政？』子曰：『書云：「孝乎惟孝，友于兄弟，施於有政。」是亦爲政，奚其爲政？』」作僞古文尚書者把「惟孝，友于兄弟」二句采入君陳篇。

〔四五〕乾乾夕惕　書鈔卷九引作「朝乾夕惕」。易乾卦九三爻辭云：「君子終日乾乾，夕惕若厲。」「乾乾」，自强之意。「惕」，懼也。

〔四六〕寅畏皇天　尚書無逸篇云：「周公曰：『嗚呼！我聞曰，昔在殷王中宗，嚴恭寅畏，天命自度，治民祗懼，不敢荒寧』」云云。「寅畏」，敬畏。此序所言即本尚書無逸篇。

〔四七〕明德慎罰，湯、文所務也　書鈔卷五僅引「明德慎罰」一語。尚書康誥篇云：「王若曰：『孟侯，朕之弟，小子封，惟乃丕顯考文王，克明德慎罰，不敢侮鰥寡，庸庸祗祗，威威顯民，用肇造我區夏』」云云。左傳成公三年載申公巫臣言云：「周書曰『明德慎罰』，文王所以造周也。」此序所言即本尚書康誥篇。

〔四八〕密静天下　書鈔卷一五僅引此一句。

穆宗孝和皇帝

孝和皇帝諱肇，〔一〕章帝之中子也。〔二〕母曰梁貴人，早薨。上自岐嶷，〔三〕至於總角，孝順聰明，寬和篤仁。〔四〕孝章由是深珍之，〔五〕以爲宜承天位。年四歲，以皇子立爲太子，初治尚書，遂兼覽書傳，〔六〕好古樂道，〔七〕無所不照。章和二年春二月，章帝崩，太子即位。永元元年，〔八〕詔有司京師離宮園池，悉以假貧人也。二年二月壬午，〔九〕日有食之，史官不覺，涿郡言之。三年春正月，〔一〇〕帝加元服。〔一一〕時太后詔袁安爲賓，〔一二〕賜束帛、乘馬。詔曰：〔一三〕「高祖功臣，蕭、曹爲首，有傳世不絕之誼。〔一四〕曹相國後容城侯無嗣，〔一五〕朕甚愍焉。望長陵東門，見二臣之墓，〔一六〕生既有節，終不遠身，誼臣受寵，古今所同。遣使者以中牢祠，〔一七〕大鴻臚悉求近親宜爲嗣者，須景風紹封，〔一八〕以彰厥功。」〔一九〕四年春正月，〔二〇〕單于乞降，賜玉具劍，羽蓋車一駟，中郎將持節衛護焉。六月，〔二一〕大將軍竇憲潛圖弒逆，〔二二〕幸北宮，詔收捕憲黨射聲校尉郭璜，〔二三〕使謁者收憲大將軍印綬，遣憲及弟篤、景就國，到皆自殺。五年正月，宗祀五帝於明堂，遂登靈臺，望雲物，大赦天下。自京師離宮果園上林廣成囿悉以假貧人，〔二四〕恣得收捕，〔二五〕不收其稅。六月，〔二六〕郡國大雨雹，大如鴈子。六年六月，和帝初令伏閉晝日。〔二七〕七月，〔二八〕京師旱。幸洛陽寺，〔二九〕録囚徒，舉寃獄。未還宮而澍雨。〔三〇〕九年春正月，永昌徼外蠻夷及擅國重譯奉貢。〔三一〕改殯梁皇后於承光宮，〔三二〕儀比敬園。〔三三〕初，后葬有闕，竇后崩後，乃議改葬。十年五月丁巳，〔三四〕京師大雨，南山水流出至東郊，壞民廬舍。十一年，〔三五〕復置右校尉官，置在西河鵠澤縣。十二年，象林蠻夷攻燔官寺。〔三六〕秭歸山高四百餘丈，〔三七〕崩填谿水，厭殺百餘人。〔三八〕十一月癸酉夜，〔三九〕白氣長三丈，起國東北，指軍市十日。是月，西域蒙奇、疏勒二國歸義。十三年春正月上日，〔四〇〕上以五經義異，〔四一〕書傳意殊，親幸東觀，覽書林，閱篇籍。〔四二〕十六年十一月己丑，行幸緱氏，登百坯山。〔四三〕元興元年五月，右扶風雍地裂。〔四四〕朝無寵族，〔四五〕政如砥矢，惠澤沾濡，鴻恩茂篤。〔四六〕外憂庶績，內勤經藝，〔四七〕自左右近臣，皆誦詩、書。〔四八〕德教在寬，仁恕並洽。是以黎元寧康，方國協和，〔四九〕貞符瑞應，〔五〇〕八十餘品，帝讓而不宣，故靡得而記。元興元年十二月，〔五一〕帝崩于章德前殿，在位十七年，時年二十七，葬順陵，廟曰穆宗。御覽卷九一

序曰：穆宗之嗣世，正身履道，以奉大業。〔五二〕賓禮耆艾，動式舊典。宮無嬪嫱鄭、衛之

讌，〔五三〕囿無槃樂遊畋之豫。躬履玄德，虚静自損。是以屢獲豐年，遠近承風云爾。〔五四〕

御覽卷九一

校勘記

〔一〕孝和皇帝　事詳范曄後漢書卷四孝和帝紀，袁宏後漢紀卷一三、卷一四。汪文臺輯司馬彪續漢書卷一亦略載其事。

〔二〕章帝之中子也　據范曄後漢書和帝紀，和帝爲章帝第四子。

〔三〕自　姚本、聚珍本同，類聚卷一二引亦同。王先謙後漢書和帝紀集解載惠棟説引作「幼」。「岐嶷」，謂幼年聰慧。詩大雅生民云：「誕實匍匐，克岐克嶷。」毛亨傳云：「岐，知意也。嶷，識也。」鄭玄箋：「能匍匐則岐岐然意有所知也，其貌嶷嶷然有所識别也。」

〔四〕篤仁　此二字書鈔卷六引同，姚本、聚珍本作「仁孝」，類聚卷一二亦引作「仁孝」。

〔五〕孝章　此二字王先謙後漢書和帝紀集解載惠棟説引同，姚本作「帝」，類聚卷一二引亦作「帝」，聚珍本作「章帝」。

〔六〕兼覽書傳　書鈔卷一二屢引本書，其中一條僅引此四字。

〔七〕樂　書鈔卷一二引作「學」。

〔八〕永元元年　此下三句原無，姚本、聚珍本有，初學記卷二四亦引，今據增補。「永元」二字姚本、初學記卷二四引皆作「孝和」，聚珍本作「永元」，今從之。按此事不見范曄後漢書和袁宏後漢紀。范書和帝紀永元五年載：「二月戊戌，詔有司省減内外廄及涼州諸苑馬。自京師離宫果園上林廣成囿悉以假貧民。」事又見袁宏後漢紀和本篇下文。疑此所載即永元五年事。

〔九〕二年二月壬午　此下四句原無，范曄後漢書和帝紀永元二年載：「二月壬午，日有食之。」李賢引東觀漢記注云：「史官不覺，涿郡言之。」今據李賢注，又酌取范書文句增補。此段文字姚本作「和帝二年二月壬午日食時，史官不覺，涿郡言之」。聚珍本改「和帝二年二月」爲「二年春二月」，餘與姚本同。二本所輯，亦係據李賢注所引，又參酌范書。

〔一〇〕三年春正月　此句上原有「永元」二字。按上文已出「永元」年號，依修史體例，此不當重出，今删去。此下二句聚珍本漏輯。

〔一一〕元服　儀禮士冠禮云：「令月吉日，加爾元服。」漢書昭帝紀顔師古注云：「元，首也。冠者首之所著，故曰元服。」

〔一二〕時太后詔袁安爲賓　此下二句原無，范曄後漢書和帝紀李賢注引，今據增補。此二句又輯入袁安傳。

〔一三〕詔曰　此句至「以彰厥功」諸句原無，類聚卷五一引，今據增補。類聚所引，原無「詔曰」二字，聚珍本輯作「三年詔曰」云云，御覽卷四七四引云：「和帝永元三年，詔曰」云云，文選卷三八任昉爲范始興作求立太宰碑表李善注引云：「和帝詔曰」云云，今據以上各書增補。姚本把此段文字未輯入和帝紀，而編入末卷散條中。

〔一四〕誼　姚本、聚珍本同，御覽卷四七四引作「義」。按二字古通。

〔一五〕曹相國後容城侯無嗣　王先謙後漢書和帝紀集解引錢大昕云：「顧淞云：『此詔蕭、曹並舉，而獨云曹相國無後嗣，則酇侯有後矣。今據前書功臣表，酇侯九世孫禹，王莽建國元年，更爲蕭鄉侯。莽敗絶，而平陽侯十世孫宏，光武建武二年，以舉兵佐軍紹封，傳子曠，表云今見，則孟堅修史時尚存也。此與詔文正相反，未知其審。』予按韋彪傳亦云，建初七年，詔求蕭何後，封何末孫熊爲酇侯。建初二年，已封曹參後曹湛爲平陽侯，故不及焉，則曹之有後審矣。而一云建武所封，一云建初所封，其名又互異。且班表、韋傳皆云平陽侯，而此詔稱容城侯，皆事之可疑者也。」

〔一六〕見二臣之墓　范曄後漢書和帝紀李賢注引東觀漢記云：「蕭何墓在長陵東司馬門道北百步。」又引廟記云：「曹參冢在長陵旁道北，近蕭何冢。」「墓」，姚本、聚珍本同，御覽卷四七四引亦同，文選卷三八任昉爲范始興作求立太宰碑表李善注引作「隴」。

〔一七〕遣使者以中牢祠　此句上御覽卷四七四引有「可」字。「祠」，原作「禱」，姚本同。聚珍本作

「祠」，御覽卷四七四引同，今從改。

〔一八〕須　原誤作「頊」，姚本、聚珍本尚不誤，今據改正。　景風紹封　「景風」，或云南風，史記律書云：「景風居南方。景者，言陽氣道竟，故曰景風。」或云東南風，淮南子墜形訓云：「東南曰景風。」范曄後漢書和帝紀李賢注引春秋考異郵云：「夏至四十五日，景風至，則封有功也。」白虎通義封公侯篇云：「封諸侯以夏何？陽氣盛養，故封諸侯，盛養賢也。」

〔一九〕以彰厥功　范曄後漢書和帝紀永元三年載：「十一月癸卯，祠高廟，遂有事十一陵。詔曰：『高祖功臣，蕭、曹爲首，有傳世不絶之義。曹相國後容城侯無嗣。朕望長陵東門，見二臣之壠，循其遠節，每有感焉。忠義獲寵，古今所同。可遣使者以中牢祠，大鴻臚求近親宜爲嗣者，須景風紹封，以章厥功。』」與此字句大同小異。

〔二〇〕四年春正月　此下五句原無。范曄後漢書和帝紀云：永元「四年春正月，北匈奴右谷蠡王於除鞬自立爲單于，款塞乞降。遣大將軍左校尉耿夔授璽綬」。李賢引東觀漢記注云：「賜玉具劍，羽蓋車一駟，中郎將持節衛護焉。」此下五句即據李賢注，又參酌范書增補。姚本、聚珍本輯有「單于乞降，賜玉具劍」云云四句，但聚珍本把此段文字誤繫於永元二年下。據范書匈奴南單于傳，持節衛護者爲任尚。

〔二一〕六月　此句上原有「四年」二字，因與上文複出，今删去。

〔二二〕大將軍竇憲潛圖弒逆　此句下聚珍本有「庚申」二字，與范曄後漢書和帝紀同。

〔二三〕詔收捕憲黨射聲校尉郭璜　原無「射聲校尉郭璜」六字。范曄後漢書和帝紀永元四年六月載：『庚申，幸北宮，詔收捕憲黨射聲校尉郭璜。』李賢注云：「東觀記『璜』作『瑝』，音同。」是東觀漢記載及郭璜，且名作「瑝」字，今據李賢注，又參酌范書增補。

〔二四〕自京師離宫果園上林廣成囿悉以假貧人　六帖卷三八引云：「詔有司京師果園悉以假貧人。」字句較略。此爲永元五年二月事，見范曄後漢書和帝紀、袁宏後漢紀卷一三。

〔二五〕收　聚珍本脱，范曄後漢書和帝紀作「采」。

〔二六〕六月　此下三句原無，御覽卷一四引，今據增補。范曄後漢書和帝紀永元五年載：「六月丁酉，郡國三雨雹。」李賢引東觀漢記注云：「大如鴈子。」此段文字姚本作「六月，雨雹，大如鴈子」，係輯自李賢注，又酌取范書文字作了增補。聚珍本則與御覽所引同。

〔二七〕六年六月，和帝初令伏閉晝日　此二句原無，史記封禪書索隱引下句，今據增補。上句則參考范曄後漢書和帝紀補入。范書和帝紀永元六年載：「六月己酉，初令伏閉盡日。」李賢注引漢官舊儀云：「伏日萬鬼行，故盡日閉，不干它事。」此段文字姚本、聚珍本皆未輯録。

〔二八〕七月　此句至「未還宫而澍雨」諸句原無，御覽卷六四二引，今據增補。

〔二九〕寺　初學記卷二〇引無此字。按當有此字。「寺」謂官舍。范曄後漢書和帝紀李賢注引風俗通義云：「寺，嗣也，理事之吏，嗣續其中也。」通鑑卷四三胡三省注引風俗通義云：「寺，司也，諸官府所止皆曰寺。」華嚴經音義卷四引風俗通義云：「寺，司也，延之有法度者也。今諸侯所止皆曰寺也。」

〔三〇〕未還宫而澍雨　范曄後漢書和帝紀永元六年載：「秋七月，京師旱。詔中都官徒各除半刑，謫其未竟，五月已下皆免遣。丁巳，幸洛陽寺，録囚徒，舉冤獄。收洛陽令下獄抵罪，司隸校尉、河南尹皆左降。未及還宫而澍雨。」

〔三一〕九年春正月，永昌徼外蠻夷及擅國重譯奉貢　此二句原無，范曄後漢書和帝紀云：永元「九年春正月，永昌徼外蠻夷及撣國重譯奉貢」。李賢注云：「東觀記作『擅』，俗本以『禪』字相類或作『禪』者，誤也。」此二句即據李賢注，又摘取范書字句增補。

〔三二〕改殯梁皇后於承光宫　此句至「乃議改葬」諸句原無，范曄後漢書和帝紀永元九年九月載：「甲子，追尊皇妣梁貴人爲皇太后。冬十月乙酉，改葬恭懷梁皇后於西陵。」此下李賢引東觀漢記「改殯承光宫」至「乃議改葬」一段文字作注，今據李賢注所引增補。李賢注所引原無「梁皇后於」四字，聚珍本參酌范書增入，今從之。和帝母梁貴人，爲竇皇后所譖，憂死，竇皇后養和帝以爲己子。和帝即位，竇皇后爲皇太后，控制了朝政。永元九年閏八月皇太后卒，於是和帝始有改葬其生母之舉。

〔三三〕儀比敬園　范曄後漢書梁貴人紀云：和帝「以貴人酷歿，斂葬禮闕，乃改殯於承光宮，上尊謚曰恭懷皇后，追服喪制，百官縞素，與姊大貴人俱葬西陵，儀比敬園」。李賢注云：「敬園，安帝祖母宋貴人之園也。」

〔三四〕十年五月丁巳　此句至「壞民廬舍」諸句原無，司馬彪續漢書五行志三劉昭注引，今據增補。范曄後漢書和帝紀李賢注亦引，字句稍異。此段文字下，聚珍本輯有以下一段文字：「十一年，帝召諸儒，魯丕與侍中賈逵、尚書令黄香等相難，丕善對事，罷朝，特賜履襪。」此當出魯丕傳，今移入丕傳。姚本亦把此段文字輯入和帝紀。

〔三五〕十一年　此下三句原無，范曄後漢書和帝紀永元十一年四月載：「己巳，復置右校尉官。」李賢注引東觀漢記云：「置在西河鵠澤縣。」玉海卷一三三、卷一三七亦引此句。此下三句即據李賢注，又酌取范書文句增補。

〔三六〕十二年，象林蠻夷攻燔官寺　此二句原無，文選卷五七潘岳馬汧督誄李善注引下句，今據增補。范曄後漢書和帝紀永元十二年載：「夏四月，日南象林蠻夷反，郡兵討破之。」又南蠻傳載：「和帝永元十二年夏四月，日南象林蠻夷二千餘人寇掠百姓，燔燒官寺，郡縣發兵討擊，斬其渠帥，餘衆乃降。」「十二年」一句則據范書增補。聚珍本有此二句。

〔三七〕秭歸山高四百餘丈　此下三句原無，范曄後漢書和帝紀李賢注引，今據增補。據范書和帝紀，永元十二年閏四月戊辰，秭歸山崩。司馬彪續漢書五行志四亦云：永元「十二年夏閏四月戊辰，南郡秭歸山高四百丈，崩填谿，殺百餘人」。

〔三八〕厭　讀作「壓」。

〔三九〕十一月癸酉夜　此句至「西域蒙奇、疏勒二國歸義」諸句原無，御覽卷一五引，今據增補。首句御覽卷一五原引作「和帝永和十二年癸酉夜」，「永和」乃「永元」之誤。今删「和帝永和十二年」七字，又據御覽卷八七二所引增補「十一月」三字。

〔四〇〕十三年　原誤作「十二年」，聚珍本作「十三年」，與范曄後漢書和帝紀相合，今據改正。「上日」，朔日也。尚書堯典云：「正月上日，受終於文祖。」

〔四一〕上　此字原無，姚本有，類聚卷一二引亦有，今據增補。聚珍本作「帝」。

〔四二〕覽書林，閲篇籍　書鈔卷一二僅引此二句，文字全同。

〔四三〕十六年十一月己丑，行幸緱氏，登百坯山　此三句原無，范曄後漢書和帝紀永元十六年載：「十一月己丑，行幸緱氏，登百岯山。」李賢注云：「東觀記作『坯』，並音平眉反，流俗本或作『杯』者，誤也。」可見東觀漢記載和帝至緱氏縣，登境内百坯山事。今據李賢注，又酌取范書文句增補此三句。

〔四四〕元興元年五月，右扶風雍地裂　此二句原無，范曄後漢書和帝紀元興元年載：「五月癸酉，雍地裂。」李賢注云：「東觀記曰『右扶風雍地裂』，流俗本『雍』下有『州』者，誤也。」今據李賢注，又參酌范書增補。

〔四五〕朝無寵族　書鈔卷一五僅引此一句，「族」作「幸」。御覽卷九一所引此句與上文「閲篇籍」句相銜接，文義不相連屬，此句上有闕佚。

〔四六〕篤　聚珍本作「悦」。按「篤」字是。

〔四七〕内勤經藝　書鈔卷一二僅引此一句。

〔四八〕自左右近臣，皆誦詩、書　書鈔卷一二僅引「左右誦書」一句，係括引大意。

〔四九〕方　姚本、聚珍本作「萬」，類聚卷一二引同。

〔五〇〕貞符瑞應　此句姚本、聚珍本作「符瑞」，類聚卷一二引同。按如作「符瑞」，則當與下句連讀。

〔五一〕元興元年十二月　此下一段文字聚珍本移置於上文「朝無寵族」句前。

〔五二〕以奉大業　書鈔卷一七僅引此一句。

〔五三〕宫無嬪嬙鄭、衛之譃　此下二句書鈔卷八引作「宫無嬪嬙之燕，囿無盤樂之豫」，文有節删。「鄭、衛」謂春秋戰國時的鄭國和衛國的民間俗樂。因與雅樂不同，故被排斥，視爲淫靡之樂。禮記樂記云：「鄭、衛之音，亂世之音也。」

〔五四〕遠近承風云爾　此條文字姚本、聚珍本皆未輯録。

孝殤皇帝

孝殤皇帝諱隆，〔一〕和帝之少子也。和帝皇子數十，生者輒夭，故殤帝養於民。元興元年十二月，和帝崩。是日倉卒，殤帝時生百餘日，乃立以爲皇太子。其夜即位，尊皇后鄧氏爲皇太后。帝在襁褓，太后臨朝。殤帝詔省荏弱平簟。〔二〕延平元年八月，帝崩于崇德前殿，年二歲，葬康陵。御覽卷九一

孝殤襁褓承統，〔三〕寢疾不豫，天命早崩，國祚中絶，社稷無主，天下敖然，〔四〕賴皇太后臨朝，〔五〕孔子稱「有婦人焉」，〔六〕信哉！御覽卷九一

校勘記

〔一〕孝殤皇帝　事詳范曄後漢書卷四孝殤帝紀、袁宏後漢紀卷一五。

〔二〕殤帝詔省荏弱平簟　此句原無，御覽卷七〇八引，聚珍本連綴於「延平元年八月」句前，今從之。此詔范曄後漢書殤帝紀失載。「平簟」二字疑有訛誤。

〔三〕孝殤襁褓承統　從文字内容來看，此下諸句是殤帝紀序中語。

〔四〕敖　聚珍本作「嗸」。按「敖」乃「嗸」的同音假借字。又作「謷」、「熬」、「嗷」。説文云：「嗷，衆口愁也。」

〔五〕臨朝　此二字聚珍本脱。

〔六〕孔子稱「有婦人焉」　論語泰伯篇云：「舜有臣五人而天下治。武王曰：『予有亂臣十人。』孔子曰：『才難，不其然乎？唐虞之際，於斯爲盛。有婦人焉，九人而已。三分天下有其二，以服事殷。周之德，其可謂至德也已矣。』」所謂「婦人」，是指文王妃太姒。列女傳母儀傳云：「太姒者，武王之母……旦夕勤勞，以進婦道。太姒號曰文母。文王理陽道而治外，文母理陰道而治内。」

卷三

紀三

恭宗孝安皇帝

孝安皇帝諱祜，〔一〕清河孝王第二子也。〔二〕少聰明敏達，〔三〕慈仁惠和，寬容博愛，好樂施予。自在邸第，數有神光赤蛇嘉應，照耀於室内。又有赤蛇盤紆殿屋牀第之間，〔四〕孝王常異之。年十歲，善史書，〔五〕喜經籍，〔六〕和帝甚喜重焉，號曰「諸生」。數燕見在禁中，〔七〕特加賞賜，下及玩弄之物，諸王子莫得與比。殤帝即位，鄧后臨朝，以帝幼小，詔留於清河邸，欲爲儲副。殤帝崩，以王青蓋車迎，〔八〕齊於殿中，〔九〕拜爲長安侯，〔一〇〕乃即帝位。謙讓恪懃，孜孜經學，志在供養，〔一一〕委政長樂宫。永初元年，徼外羌龍橋等六種慕義降附。〔一二〕永昌獻象牙、熊子。〔一三〕號皇太后母鄧夫人爲新野君。〔一四〕新城山泉水大出，突壞人田，水深三丈。〔一五〕十一月，上始講尚書，躭於典藝。〔一六〕二年春正月，帝加元服。〔一七〕六月，雹大如芋魁、雞子，風拔樹發屋。〔一八〕閏七月，徼外羌薄申等八種舉衆降。〔一九〕三年，鴈門烏桓及鮮卑叛，戰九原高梁谷。〔二〇〕四年，司隸、豫、兗、徐、青、冀六州蝗。〔二一〕新野君薨，〔二二〕贈以玄玉赤紱，賻錢三千萬，布三萬匹。五年，〔二三〕漢陽人杜琦叛，琦自稱安漢將軍。漢陽故吏杜習手刺殺之。六年正月甲寅，謁宗廟。〔二四〕七年，郡國蝗飛過。〔二五〕濱水縣彭城、廣陽、廬江、九江穀九十萬斛，送敖倉。〔二六〕元初元年，〔二七〕日南地坼長百八十二里，廣五十六里。二年，青衣蠻夷堂律等歸義。〔二八〕安定太守杜恢與司馬鈞等并威擊羌，〔二九〕恢乘勝深入，至北地靈州丁奚城，爲虜所害，鈞擁兵不救，收鈞下獄。蠻田山、高少等攻城，〔三〇〕殺長吏。州郡募五里蠻夷、六亭兵追擊，山等皆降。賜五里、六亭渠率金帛各有差。四年，〔三一〕武庫火，燒兵物百二十五種，直千萬以上。詔曰：「方今八月案比之時。」〔三二〕虔人種羌大豪恬狼等詣度遼將軍降。〔三三〕延光二年，〔三四〕九真言嘉禾生，禾百五十六本，七百六十八穗。三年，〔三五〕鳳皇集濟南臺丞霍穆舍樹上，賜帛各有差。〔三六〕衛縣木連理，定陵縣木連理。〔三七〕潁川上言白鹿見。〔三八〕潁川上言麟見。〔三九〕黄龍見歷城，又見諸縣。〔四〇〕四年三月，帝崩于葉縣，在位十九年，時年三十二。御車所止，飲食、百官、鼓漏、起居、車騎、鹵簿如故。及還宮，皇后與兄顯，〔四一〕中常侍江京、樊豐等共與僞詐，〔四二〕不欲令群臣知上道崩，〔四三〕欲僞道得病，遣司徒等分詣郊廟社稷，告天請命，誣罔靈祇，以亡爲存。其夕發喪，〔四四〕群寮百姓，如喪考妣，塞外蠻夷，致祭涕泣。葬恭陵。御覽卷九一

立章帝孫濟北惠王壽子北鄉侯犢。〔四五〕范曄後漢書卷五安帝紀李賢注

聖德炳著。〔四六〕書鈔卷七

校勘記

〔一〕孝安皇帝　事詳范曄後漢書卷五孝安帝紀，袁宏後漢紀卷一六、卷一七。汪文臺輯薛瑩後漢書，司馬彪續漢書卷一、謝沈後漢書、袁山松後漢書亦略載其事。

〔二〕清河孝王　名慶，章帝子，建初三年生，四年立爲皇太子，七年廢，封爲清河王。事詳范曄後漢書清河孝王慶傳、章帝紀。

〔三〕聰明敏達　書鈔卷七僅引此一句。

〔四〕又有赤蛇盤紆殿屋牀第之間　「又有赤蛇」四字原無，聚珍本有，今據增補。「第」，牀上以竹編製的墊子。范曄後漢書安帝紀云：「帝自在邸第，數有神光照室，又有赤蛇盤於牀第之間。」

〔五〕善史書　書鈔卷一二僅引此一句。范曄後漢書安帝紀李賢注云：「史書者，周宣王太史籀所作之書也。凡五十五篇，可以教童幼。」

〔六〕喜　原誤作「嘉」，聚珍本不誤，今據改正。

〔七〕在禁中　此三字聚珍本作「省中」。

〔八〕王青蓋車　「王」字聚珍本誤作「玉」。「車」字原脱，聚珍本有，今據增補。司馬彪續漢書輿服志云：「皇太子、皇子皆安車，朱班輪，青蓋，金華蚤，黑㰦文，畫轓文輈，金塗五末。皇子爲王，錫以乘之，故曰王青蓋車。」

〔九〕齊於殿中　「齊」，聚珍本作「齋」，二字古通。「於」，原誤作「中」，聚珍本不誤，今據改正。范曄後漢書安帝紀云：「殤帝崩，太后與兄車騎將軍鄧騭定策禁中。其夜，使騭持節，以王青蓋車迎帝，齋於殿中。」

〔一〇〕拜爲長安侯　范曄後漢書安帝紀李賢注云：「不即立爲天子而封侯者，不欲從微即登皇位。」通鑑卷四九胡三省注云：「余謂先封侯者，用立孝宣帝故事也。」

〔一一〕志在　聚珍本作「篤志」。

〔一二〕徼外羌龍橋等六種慕義降附　此句原無。范曄後漢書安帝紀云：「永初元年春正月……蜀郡徼外羌内屬。」李賢注引東觀漢記云：「徼外羌龍橋等六種慕義降附。」玉海卷一五二亦引。此句即據李賢注和玉海卷一五二所引增補。聚珍本亦輯有此句。范書西羌傳云：「安帝永初元年，蜀郡徼外羌龍橋等六種萬七千二百八十口内屬。」

〔一三〕永昌獻象牙、熊子　此句原無，類聚卷九五引東觀漢記云：「安帝永初九年，永昌獻象牙、熊子。」「九年」乃「元年」之訛。以永初爲年號僅有七年。范曄後漢書安帝紀載：永初元年三月「己卯，永昌徼外僬僥種夷貢獻内屬。」又西南夷傳云：「永初元年，徼外僬僥種夷陸類等三千餘口舉種内附，獻象牙、水牛、封牛。」可證永昌獻象牙、熊子爲永初元年事，確切時間爲元年三月己卯。今據類聚卷九五所引增補此句。

〔一四〕號皇太后母鄧夫人爲新野君　此句原無，書鈔卷四八引，今據增補。姚本、聚珍本皆未輯録此句。范曄後漢書安帝紀永初元年載：「六月戊申，爵皇太后母陰氏爲新野君。」和熹鄧皇后紀載：「永初元年，爵號太夫人爲新野君，萬户供湯沐邑。」

〔一五〕新城山泉水大出，突壞人田，水深三丈　此三句原無，范曄後漢書安帝紀永初元年十月載：「辛酉，新城山泉水大出。」李賢注引東觀漢記云：「突壞人田，水深三丈。」今據李賢注，又酌取范書字句增補。

〔一六〕躭於典藝　書鈔卷一二僅引此一句。

〔一七〕二年春正月，帝加元服　范曄後漢書安帝紀云：「三年春正月庚子，皇帝加元服。」袁宏後漢紀卷一六、通鑑卷四九所載皆同。此「二年」當作「三年」。

〔一八〕六月，雹大如芋魁、雞子，風拔樹發屋　此三句原無，范曄後漢書安帝紀永初二年載：「六月，京師及郡國四十大水，大風，雨雹。」李賢注引東觀漢記云：「雹大如芋魁、雞子，風拔樹發屋。」今據李賢注，又酌取范書字句增補。通鑑卷四九胡三省注亦引「雹大如芋魁」云云二句。

〔一九〕閏七月，徼外羌薄申等八種舉衆降　此二句原無，范曄後漢書安帝紀永初二年閏七月載：「癸未，蜀郡徼外羌舉土内屬。」李賢注引東觀漢記云：「徼外羌薄申等八種舉衆降。」今據李賢注，又參酌范書增補。通鑑卷四九胡三省注亦引「徼外羌薄申等八種舉衆降」一句。據范書西羌傳載，薄申等八種降漢者共三萬六千九百口。

〔二〇〕三年，鴈門烏桓及鮮卑叛，戰九原高梁谷　此三句原無，范曄後漢書安帝紀永初三年載：「九月，鴈門烏桓及鮮卑叛，敗五原郡兵於高渠谷。」李賢注云：「東觀記曰：『戰九原高梁谷。』『渠』、『梁』相類，必有誤也。」通鑑卷四九胡三省注又引李賢注。今據李賢注，又酌取范書字句增此三句。聚珍本作「三年，鴈門烏桓及鮮卑叛，五原郡兵敗于高梁谷」。亦依李賢注和范書輯録。

〔二一〕四年，司隸、豫、兗、徐、青、冀六州蝗　此二句原無，范曄後漢書安帝紀永初四年載：「夏四月，六州蝗。」李賢引東觀漢記注云：「司隸、豫、兗、徐、青、冀六州。」通鑑卷四九胡三省注引同。今據李賢注，又參酌范書增補。

〔二二〕新野君薨　此下四句原無，范曄後漢書安帝紀李賢注引，今據增補。新野君陰氏於永初四年十月卒，謚曰敬君。見范書安帝紀、和熹鄧皇后紀。

〔二三〕五年　此下四句原無，范曄後漢書安帝紀永初五年載：「九月，漢陽人杜琦、王信叛，與先零諸種羌攻陷上邽城。十二月，漢陽太守趙博遣客刺殺杜琦。」「漢陽人杜琦、王信叛」句下李賢注云：「東觀記曰：『琦自稱安漢將軍。』」又於「漢陽太守趙博遣客刺殺杜琦」句下注云：「東觀記曰：『漢陽故吏杜習手刺殺之。』」此下四句即據李賢注，又酌取范書字句增補。

〔二四〕六年正月甲寅，謁宗廟　此二句原無，范曄後漢書安帝紀載：永初「七年春正月庚戌，皇太后率大臣命婦謁宗廟」。李賢注云：「臣賢按：東觀、續漢、袁山松、謝沈書、古今注皆云『六年正月甲寅，謁宗廟』，此云『七年庚戌』，疑紀誤也。」今據李賢注增補。聚珍本作「六年春正月甲寅，皇太后率大臣命婦謁宗廟」，於李賢注外，又據范書作了增補。袁宏後漢紀卷一六云：永初「六年春正月甲寅，皇太后初親祭於宗廟」。所載與東觀漢記相合。又御覽卷五三一引東觀漢記云：「永初六年，皇太后入宗廟於世祖廟，與皇帝交獻焉，如光烈皇后故事。」此條已編入本書郊祀志。

〔二五〕七年，郡國蝗飛過　此二句原無，類聚卷一〇〇引云：「永初七年，郡國蝗飛過。」今據增補。

〔二六〕濱水縣彭城、廣陽、廬江、九江穀九十萬斛，送敖倉　此二句原無，范曄後漢書安帝紀永初七年載：「九月，調零陵、桂陽、丹陽、豫章、會稽租米，賑給南陽、廣陵、下邳、彭城、山陽、廬江、九江饑民，又調濱水縣穀輸敖倉。」其下李賢引此二句作注，今據增補。

〔二七〕元初元年　此下三句原無，范曄後漢書安帝紀元初元年載：「二月己卯，日南地坼。」李賢注引東觀漢記云：「坼長百八十二里，廣五十六里。」今據李賢注，又酌取范書字句增補。

〔二八〕二年，青衣蠻夷堂律等歸義　此二句原無，范曄後漢書安帝紀元初二年正月載：「蜀郡青衣道夷奉獻内屬。」李賢注引東觀記云：「青衣蠻夷堂律等歸義。」今據李賢注，又參酌范書增補。

〔二九〕安定太守杜恢與司馬鈞等并威擊羌　此下六句原無，范曄後漢書安帝紀元初二年十月載：「乙未，右扶風仲光、安定太守杜恢、京兆虎牙都尉耿溥與先零羌戰於丁奚城，光等大敗，並没。左馮翊司馬鈞下獄，自殺。」李賢於「戰於丁奚城」下注云：「東觀記曰：『至北地靈州丁奚城』也。」又於「自殺」句下注云：「東觀記曰：『安定太守杜恢與鈞等并威擊羌，恢乘勝深入，爲虜所害，鈞擁兵不救，收鈞下獄』也。」此下六句即據李賢注所引，又參酌范書連綴增補。范書西羌傳云：元初二年，「使屯騎校尉班雄屯三輔，遣左馮翊司馬鈞行征西將軍，督右扶風仲光、安定太守杜恢、北地太守盛包、京兆虎牙都尉耿溥、右扶風都尉皇甫旗等，合兵八千餘人，又龐參將羌胡兵七千餘人，與鈞分道並北擊零昌。參兵至勇士東，爲杜季貢所敗，於是引退。鈞等獨進，攻拔丁奚城，大克獲。杜季貢率衆僞逃。鈞令光、恢、包等收羌禾稼，光等違鈞節度，散兵深入，羌乃設伏要擊之。鈞在城中，怒而不救，光等並没，死者三千餘人。鈞乃遁還，坐徵自殺。」可與此相參證。

〔三〇〕蠻田山、高少等攻城　此句至「賜五里、六亭渠率金帛各有差」諸句原無，范曄後漢書安帝紀元初二年載：「十二月，武陵澧中蠻叛，州郡擊破之。」其下李賢引東觀記「蠻田山、高少等攻城」云云一段文字作注，今據李賢注增補。

〔三一〕四年　此下四句原無，司馬彪續漢書五行志二云：「元初四年二月壬戌，武庫火。」劉昭注云：「東觀書曰：『燒兵物百二十五種，直千萬以上。』」今據劉昭注，又參酌司馬彪書增補。范曄後漢書安帝紀、袁宏後漢紀卷一六、通鑑卷五〇亦載元初四年二月壬戌，武庫發生火災之事。

〔三二〕詔曰：「方今八月案比之時」　此二句原無，范曄後漢書安帝紀元初四年七月載：「京師及郡國十雨水。詔曰：『……夫霖雨者，人怨之所致。其武吏以威暴下，文吏妄行苛刻，鄉吏因公生姦，爲百姓所患苦者，有司顯明其罰。又月令「仲秋養衰老，授几杖，行糜粥」。方今案比之時，郡縣多不奉行。……』」李賢於「方今案比之時」句下注云：「東觀記曰：『方今八月案比之時。』」此二句即據李賢注，又酌取范書字句增補。「案比」，核驗民户口數，漢代規定在每年八月進行。范書江革傳云：「建武末年，與母歸鄉里。每至歲時，縣當案比，革以母老，不欲摇動，自在轅中輓車，不用牛馬，由是鄉里稱之曰『江巨孝』。」李賢注云：「案驗以比之，猶今貌閲也。」由此看來，案比時，人們都要親自到官方接受查驗，以便國家準確掌握户口情況。

〔三三〕虔人種羌大豪恬狼等詣度遼將軍降　此句原無，范曄後漢書安帝紀元初四年十二月載：「甲子，任尚及騎都尉馬賢與先零羌戰於富平上河，大破之。虔人羌率衆降。」其下李賢引此句作注，今據增補。

〔三四〕延光二年　此下四句原無，范曄後漢書安帝紀延光二年六月載：「九真言嘉禾生。」李賢注引東觀記云：「禾百五十六本，七百六十八穗。」今據李賢注，又酌取范書字句增補。東漢會要卷一五注亦引「禾百五十六本，七百六十八穗」二句。

〔三五〕三年　此下三句原無，類聚卷九九引，今據增補。「三年」上類聚原引有「安帝延光」四字，因與上文重出，今刪去。御覽卷九一五亦引此下三句，文字與類聚全同。

〔三六〕賜帛各有差　范曄後漢書安帝紀延光三年二月載：「戊子，濟南上言，鳳凰集臺縣丞霍收舍樹上。賜臺長帛五十匹，丞二十匹，尉半之，吏卒人三匹。鳳凰所過亭部，無出今年田租。賜男子爵，人二級。」

〔三七〕衛縣木連理，定陵縣木連理　此二句原無，類聚卷九八引東觀漢記云：「安帝延和三年，衛縣木連理。又其年，定陵縣木連理。」今據此增補。類聚所引「延和」乃「延光」之訛。范曄後漢書安帝紀延光三年七月載：「潁川上言木連理。」定陵縣屬潁川郡，東觀漢記所云「定陵縣木連理」，與范書安帝紀所云「潁川上言木連理」當爲同一事。

〔三八〕潁川上言白鹿見　此句原無，類聚卷九九引東觀漢記云：「安帝延光三年，潁川上言白鹿見。」今據增補。

〔三九〕潁川上言麟見　此句原無，類聚卷九八引東觀漢記云：「安帝三年，潁川上言麟見。」今據增補。類聚所引「安帝三年」，當指安帝延光三年。范曄後漢書安帝紀延光三年七月載：「白鹿、麒麟見陽翟。」陽翟縣屬潁川郡，東觀漢記所云「潁川上言白鹿見。潁川上言麟見」，與范書安帝紀所云「白鹿、麒麟見陽翟」當是同一事。

〔四〇〕黄龍見歷城，又見諸縣　此二句原無，類聚卷九八引東觀漢記云：「安帝延光三年，黄龍見歷城，又見諸縣。」今據增補。范曄後漢書安帝紀延光三年九月載：「辛亥，濟南上言黄龍見歷城。」又十二月載：「乙未，琅邪言黄龍見諸縣。」可與此互證。

〔四一〕顯　指閻顯。

〔四二〕共與僞詐　此四字聚珍本作「共爲詐」。

〔四三〕欲　聚珍本作「容」，誤。

〔四四〕其夕發喪　通鑑卷五一載發喪經過云：延光四年三月「庚申，帝至宛，不豫。乙丑，帝發自宛。丁卯，至葉，崩於乘輿。年三十二。皇后與閻顯兄弟、江京、樊豐等謀曰：『今晏駕道次，濟陰王在内，邂逅公卿立之，還爲大害。』乃僞云『帝疾甚』，徙御卧車，所在上食、問起居如故。驅馳行四日，庚午，還宫。辛未，遣司徒劉熹詣郊廟、社稷，告天請命，其夕發喪。」

〔四五〕立章帝孫濟北惠王壽子北鄉侯犢　范曄後漢書安帝紀載：安帝卒後，「尊皇后爲皇太后。太后臨朝，以后兄大鴻臚閻顯爲車騎將軍，定策禁中，立章帝孫濟北惠王壽子北鄉侯懿」。李賢注云：「東觀記及續漢書並曰『北鄉侯犢』，今作『懿』，蓋二名。」此句即據李賢注，又酌取范書字句輯録。通鑑卷五一載：「太后欲久專國政，貪立幼年，與顯等定策禁中，迎濟北惠王子北鄉侯懿爲嗣。」考異云：「東觀記、續漢書作『北鄉侯犢』，今從袁紀、范書。」

〔四六〕聖德炳著　此句爲書鈔卷七標目，其下注「東觀孝安」，知此爲東觀漢記安帝紀中文字。疑此句出安帝紀序。

敬宗孝順皇帝

孝順皇帝諱保，〔一〕孝安長子也。母早薨，〔二〕追謚恭愍皇后。〔三〕上幼有簡厚之質，體有敦愨之性，寬仁温惠。〔四〕始入小學，誦孝經章句，〔五〕和熹皇后甚嘉之，以爲宜奉大統。年六歲，永寧元年，爲皇太子。受業尚書，兼資敏達。〔六〕初，乳母王男、厨監邴吉爲大長秋江京、中常侍樊豐等所譖愬，〔七〕京懼有後害，遂共搆太子，〔八〕太子坐廢爲濟陰王。〔九〕安帝崩，〔一〇〕北鄉侯即尊位。王廢絀，不得上殿臨棺，而悲哀泣血，不下餐粥。〔一一〕北鄉侯薨，車騎將軍閻顯等議：〔一二〕「前不用濟陰王，今用怨人。」〔一三〕白閻太后，復徵諸王子，〔一四〕閉門發兵。〔一五〕中黄門孫程等十九人共討賊臣，〔一六〕以迎濟陰王於德陽殿西鍾下，〔一七〕即皇帝位。司空劉授以阿附惡逆，〔一八〕辟召非其人，策罷。永建元年，〔一九〕太傅馮石、太尉劉熹以阿黨權貴，李郃以人多疾疫免。三年，〔二〇〕大傅桓焉無清介辟召，策罷。四年，〔二一〕漢陽率善都尉蒲密因桂陽太守文礱獻大明珠。詔曰：「海内頗有災異，而礱不推忠竭誠，而喻明珠之瑞，求媚煩擾，珠今封却還。」太尉劉光、司空張皓以陰陽不和，〔二二〕久託病，策罷。司徒許敬爲陵轢使者策罷，以千石禄終身。〔二三〕六年，葉調國王遣使師會詣闕貢獻，〔二四〕以師会爲漢歸義葉調邑君，賜其君紫綬，及撣國王雍由亦賜金印紫綬。陽嘉元年，〔二五〕望都、蒲陰狼殺女子九十七人，爲不祠北岳所致。詔曰：「政失厥中，狼災爲應，至乃殘食孤幼。博訪其故，山岳尊靈，國所望秩，而比不奉祠，淫刑放濫，害加孕婦。」二年，〔二六〕汝南童子謝廉、河南童子趙遠，〔二七〕年十二，〔二八〕各通一經。以太學初繕，應化而至，〔二九〕皆除郎中。疏勒王盤遣使文時詣闕，〔三〇〕獻師子、封牛，師子形似虎，正黄，有髯耏，尾端茸毛大如斗。冬十月庚午，〔三一〕以春秋爲辟雍，隸太學，隨月律。十月作應鍾，三月作姑洗。元和以來，音戾不調，修復黄鍾，作樂器，如舊典。四年，〔三二〕太尉施延以選舉貪污，策罷。詔曰：〔三三〕「朕以不德，謫見于天，零陵言日食，〔三四〕京師不覺。」永和元年，〔三五〕大將軍夫人躬先率下，淑慎其身，追號爲開封君。六年十二月詔：〔三六〕「故將軍馬賢，前伐西夷，克敵深入，父子三人同命，其以漢中南鄭之武陽亭封賢孫承先爲武陽亭侯，〔三七〕食租稅。」漢安元年，〔三八〕雒陽劉漢等百九十七家爲火所燒，其九十家不自存，詔賜錢廩穀。時以遠近獻馬衆多，〔三九〕園廄充滿，始置承華廄令，秩六百石。八月，〔四〇〕遣侍中杜喬、光禄大夫周舉等八人分行州郡，〔四一〕頒宣風化，舉實臧否。二年，詔禁民無得酤賣酒麴。〔四二〕建康元年八月，帝崩于玉堂前殿，在位十九年，時年三十。遺詔無起寢廟，衣以故服，珠玉玩好皆不得下，務爲節約。葬憲陵，廟曰敬宗。御覽卷九二

有司奏言：「孝順皇帝弘秉聖哲，龍興統業，稽乾則古，欽奉鴻烈。寬裕晏晏，宣恩以極，躬自菲薄，以崇玄默。遺詔貽約，顧念萬國。衣無製新，玩好不飾。塋陵損狹，不起寢廟，遵履前制，敬敕慎終，有始有卒。孝經曰：『愛敬盡於事親，〔四三〕而德教加於百姓。』詩云：『敬慎威儀，〔四四〕惟民之則。』臣請上尊號曰敬宗廟，天子世世獻奉，藏主祫祭，進武德之舞，如祖宗故事。」露布奏可。〔四五〕司馬彪續漢書祭祀志下劉昭注

中常侍籍建，遇姦追臣，〔四六〕追封爲汝陰東鄉侯。〔四七〕書鈔卷四七

校勘記

〔一〕孝順皇帝　事詳范曄後漢書卷六孝順帝紀，袁宏後漢紀卷一八、卷一九。汪文臺輯司馬彪續漢書卷一亦略載其事。

〔二〕母早薨　范曄後漢書順帝紀載：「母李氏，爲閻皇后所害。」

〔三〕追謚恭愍皇后　范曄後漢書順帝紀永建二年載：「夏六月己酉，追尊謚皇妣李氏爲恭愍皇后，葬於恭北陵。」

〔四〕寬仁温惠　書鈔卷六僅引此一句。

〔五〕誦　書鈔卷一二引作「通」。

〔六〕兼資敏達　書鈔卷二二僅引此一句。

〔七〕乳母王男、廚監邴吉爲大長秋江京、中常侍樊豐等所譖愬　此句下聚珍本有「殺之，太子數爲歎息」二句，係據范曄後漢書順帝紀增補。

〔八〕遂共搆太子　「搆」字下聚珍本有「陷」字。范曄後漢書順帝紀同。

〔九〕太子坐廢爲濟陰王　此安帝延光三年九月事。袁宏後漢紀卷一七延光三年載：「九月丁酉，廢皇太子保爲濟陰王。太子嘗有疾，避於野王君王聖第。太子乳母王男、廚監邴吉與中常侍江京、樊豐及聖、永等争言相是非，遂誣譖男等，皆幽死獄，父母妻子徙日南。太子思戀男等，數爲歎息。聖、永懼有後患，乃與京、豐共譖搆太子。是時閻后寵盛，京、豐媚於閻顯等，信之，遂與后共助毁太子。……是日太子廢。」袁紀所云「永」，指王永，爲王聖女。

〔一〇〕安帝崩　此句上聚珍本有「明年三月」一句，范曄後漢書順帝紀同。

〔一一〕下　書鈔卷六引作「暇」。

〔一二〕車騎將軍閻顯等議　原脱「將軍」二字，聚珍本有，今據增補。

〔一三〕今用怨人　此文義未完，當有闕脱。袁宏後漢紀卷一七云：「北鄉侯薨，車騎將軍閻顯、中常侍江京等謀曰：『前不用濟北王，今立之，後必怨人。』」

〔一四〕復徵諸王子　「徵」字下聚珍本有「立」字。范曄後漢書順帝紀云：閻顯等白太后，「秘不發喪，而更徵立諸國王子」。袁宏後漢紀卷一七云：閻顯等「乃言於太后，徵濟北王、河間王子，將以爲嗣」。

〔一五〕閉門發兵　此句聚珍本作「閉宫門，屯兵自守」，范曄後漢書順帝紀同。

〔一六〕中黄門孫程等十九人共討賊臣　「孫程等十九人」，包括中黄門孫程、王康、黄龍、彭愷、孟叔、李建、王成、張賢、史汎、馬國、王道、李元、楊佗、陳予、趙封、李剛、魏猛、苗光，長樂太官丞王國，見范曄後漢書宦者孫程傳。「討」，原誤作「計」，聚珍本不誤，今據改正。「賊臣」下聚珍本有「江京等」三字。

〔一七〕德陽殿西鍾下　據通鑑卷五〇載，安帝延光三年九月，廢皇太子保爲濟陰王，居於德陽殿西鍾下。胡三省注云：「按帝紀，德陽殿在北宫掖庭中。蔡質漢儀曰：『正月旦，天子幸德陽殿，臨軒，公、卿、將、大夫、百官各陪朝賀，蠻、貊、胡、羌朝貢畢見，屬郡計吏皆觀，宗室諸劉雜會。』又曰：『德陽殿，周旋容萬人，陛高二丈，皆文石作壇，激沼水於殿下，天子正旦、節會朝百僚於此。』」

〔一八〕司空劉授以阿附惡逆　此下三句原無，范曄後漢書順帝紀延光四年十一月載：「司空劉授免。」李賢注引東觀記云：「以阿附惡逆，辟召非其人，策罷。」今據李賢注，又參酌范書增補。

〔一九〕永建元年　此下三句原無，范曄後漢書順帝紀永建元年正月載：「辛巳，太傅馮石、太尉劉熹、司徒李郃免。」李賢注引東觀記云：「馮、劉以阿黨權貴，李郃以人多疾疫免。」今據李賢注，又參酌范書增補。

〔二〇〕三年　此下三句原無，范曄後漢書順帝紀永建三年載：「冬十二月己亥，太傅桓焉免。」李賢注引東觀記云：「無清介辟召，策罷。」今據李賢注，又參酌范書增補。

〔二一〕四年　此句至「今封珠却還」諸句原無。稽瑞引云：「順帝永安四年，漢陽率善都尉蒲密因桂陽太守文礱獻大明珠。詔曰：『海内頗害異，而礱不惟竭忠，而喻明珠之求也，求媚煩擾。』今封珠還蒲密。」御覽卷八〇二引云：「永建四年，漢陽太守文礱獻大珠。詔曰：『海内頗有災異，而礱不推忠竭誠，而喻明珠之瑞求媚，今封珠却還。』」事類賦卷九引云：「永建四年，漢陽太守文礱獻大珠。順帝詔曰：『海内頗有災異，而礱不推忠竭誠，而喻明珠之瑞以求媚，今封珠却還。』」今綜合三書所引增補。聚珍本云：永建「四年，漢陽率善都尉蒲密因桂陽太守文礱獻大明珠。詔曰：『海内頗有災異，而礱不惟竭忠，而遠獻明珠以求媚。』令封珠還蒲密」。字句稍異。袁宏後漢紀卷一八載永建四年獻珠事云：「五月，漢陽都尉獻大珠。詔曰：『海内有災，太官减膳，都尉不宣揚本朝，而獻珠求媚，今其封還。』」

〔三二〕太尉劉光、司空張皓以陰陽不和　此下三句原無，范曄後漢書順帝紀永建四年五月載：「丁巳，太尉劉光、司空張皓免。」李賢注引東觀記云：「以陰陽不和，久託病，策罷。」今據李賢注，又參酌范書增補。

〔三三〕司徒許敬爲陵轢使者策罷，以千石禄終身　此二句原無，范曄後漢書順帝紀永建四年載：「冬十一月庚辰，司徒許敬免。」李賢注引東觀記云：「爲陵轢使者策罷，以千石禄終身。」今據李賢注，又參酌范書增補。

〔三四〕六年，葉調國王遣使師會詣闕貢獻　此下五句原無，范曄後漢書順帝紀永建六年載：「十二月，日南徼外葉調國、撣國遣使貢獻。」其下李賢引「葉調國王遣使師會詣闕貢獻」云云四句作注，今據增補。「六年」一句，係據范書補入。玉海卷一五二引「遣使師會詣闕」一句。

〔二五〕陽嘉元年　此句至「害加孕婦」諸句原無，范曄後漢書順帝紀陽嘉元年載：「冬十一月甲申，望都、蒲陰狼殺女子九十七人。」李賢注云：「望都，縣名，屬中山國，今定州縣也。章帝改曲逆爲蒲陰，亦屬中山，與望都相近，故城在今定州北。東觀記亦作『蒲』，本多作『滿』字者，誤也。東觀記又云：『爲不祠北岳所致。詔曰：「政失厥中，狼災爲應，至乃殘食孤幼。博訪其故，山岳尊靈，國所望秩，而比不奉祠，淫刑放濫，害加孕婦」也。』」今據李賢注，又參酌范書增補。

〔二六〕二年　此句至「皆除郎中」諸句原無，書鈔卷六三引，今據增補。

〔二七〕趙遠　當作「趙建」，姚本、聚珍本作「趙建」，御覽卷二一五、唐類函卷五五亦引作「趙建」。書鈔卷五六引續漢書云：「左雄奏徵海内名儒爲博士，使公卿子弟爲諸生。有志操者，加其俸祿。及汝南謝廉、河南趙建，年始十二，各能通經，雄並奏拜童子郎。」范曄後漢書左雄傳同，皆可證「趙建」二字爲是。

〔二八〕十二　姚本同，御覽卷二一五引亦同，聚珍本作「十三」，唐類函卷五五引同。按「十二」不誤，書鈔卷五六引續漢書、范曄後漢書左雄傳皆云謝廉、趙建年十二。

〔二九〕應化而至　此句御覽卷二一五引同，姚本作「應召而至」，陳禹謨刻本書鈔卷六三、唐類函卷五五引與姚本同。聚珍本作「召而至」。

〔三〇〕疏勒王盤遣使文時詣闕　此句至「尾端茸毛大如斗」諸句原無，范曄後漢書順帝紀陽嘉二年六月載：「疏勒國獻師子、封牛。」李賢注引東觀漢記云：「疏勒王盤遣使文時詣闕。」又御覽卷八八九引東觀漢記云：「陽嘉中，疏勒國獻師子、封牛，師子形似虎，正黄，有髯耏，尾端茸毛大如斗。」此句至「尾端茸毛大如斗」諸句即據李賢注和御覽所引增補。事文類聚後集卷三六、卷五六，玉海卷一五四，箋注倭名類聚抄卷七亦引，字句與此略同。聚珍本漏輯「師子形似虎」云云諸句。

〔三一〕冬十月庚午　此句至「如舊典」諸句原無，隋書音樂志下引爲東觀漢記順帝紀中文字，今據增補。此句上原有「陽嘉二年」四字，因與上文重出，今删去。范曄後漢書順帝紀李賢注、玉海卷一〇四僅引「元和以來，音戾不調，修復如舊典」三句。玉海卷六兩引，一引字句與隋書音樂志下所引全同，一引字句與范書順帝紀李賢注所引相同。范書順帝紀陽嘉二年載：「冬十月庚午，行禮辟雍，奏應鍾，始復黄鍾，作樂器隨月律。」

〔三二〕四年　此下三句原無，范曄後漢書順帝紀陽嘉四年載：「夏四月甲子，太尉施延免。」李賢注引東觀記云：「以選舉貪汙，策罷。」今據李賢注，又參酌范書增補。書鈔卷五一引東觀漢記云：「太尉張酺、鄭洪、徐防、趙喜、隨延、寵桓，並以日蝕免。」「隨延」疑即「施延」之訛。

〔三三〕詔曰　此句至「京師不覺」諸句原無，范曄後漢書順帝紀李賢注引，今據增補。此句上原有「陽嘉四年」四字，因與上文重出，今删去。

〔三四〕零陵言日食　司馬彪續漢書五行志六載：「陽嘉四年閏月丁亥朔，日有蝕之，在角五度。史官不見，零陵以聞。」陽嘉四年閏六月。

〔三五〕永和元年　此句至「追號爲開封君」諸句原無。書鈔卷四八引東觀漢記順帝紀云：「大將軍夫人躬先率下，淑慎其身，超號爲開封君。即大將軍梁冀之妻也。」「大將軍夫人」云云，似爲順帝詔文。末句係虞世南所加注釋之語，且又有訛誤。范曄後漢書梁商傳載：陽嘉「三年，以商爲大將軍，固稱疾不起。四年，使太常桓焉奉策就第即拜，商乃詣闕受命。明年，夫人陰氏薨，追號開封君，贈印綬」。所謂「明年」，即永和元年。司馬彪續漢書五行志二載：「永和元年十月丁未，承福殿火。先是爵號阿母宋娥爲山陽君……追號后母爲開封君，皆過差非禮。」所謂「后母」，即梁商妻陰氏。從范書、司馬彪書記載來看，書鈔「超號」二字當作「追號」，「梁冀」二字當作「梁商」。今據書鈔所引，又參酌范書、司馬彪書增補「永和元年」至「追號爲開封君」諸句。

〔三六〕六年十二月詔　此句至「食租稅」諸句原無，書鈔卷四七引東觀漢記順帝紀有此段文字，今據增補。此句上原有「永和」二字，因與上文重出，今删去。

〔三七〕其以漢中南鄭之武陽亭封賢孫承先爲武陽亭侯　范曄後漢書西羌傳載：永和「五年夏，且凍、傅難種羌等遂反叛，攻金城，與西塞及湟中雜種羌胡大寇三輔。……拜馬賢爲征西將軍……且凍分遣種人寇武都，燒隴關，掠苑馬。六年春，馬賢將五六千騎擊之，到射姑山，賢軍敗，賢及二子皆戰歿。順帝愍之，賜布三千匹，穀千斛，封賢孫光爲舞陽亭侯，租入歲百萬」。與此略異。

〔三八〕漢安元年　此下三句原無，司馬彪續漢書五行志二載：「漢安元年三月甲午，雒陽劉漢等百九十七家爲火所燒。」劉昭注引東觀漢記云：「其九十家不自存，詔賜錢廩穀。」今據劉昭注，又酌取司馬彪書字句增補。

〔三九〕時以遠近獻馬衆多　此下四句原無，范曄後漢書順帝紀漢安元年載：「秋七月，始置承華廄。」其下李賢引此下四句作注，今據增補。玉海卷一四八亦引此下四句，文字與李賢注全同。御覽卷一九一引云：「順帝漢安元年，始置承華廄舍令。」東漢會要卷三四「順帝漢安元年，始置承華廄」下引東觀漢記注云：「時以遠近獻馬衆多，園廄充滿，始置。」

〔四〇〕八月　此句上原有「漢安元年」四字，因與上文重出，今删去。

〔四一〕八人　謂侍中杜喬、光禄大夫周舉、守光禄大夫郭遵、馮羨、欒巴、張綱、周栩、劉班，見范曄後漢書順帝紀。

〔四二〕二年，詔禁民無得酤賣酒麴　此二句原無，御覽卷八五三引東觀漢記云：「順帝詔禁民無得酤賣酒麴。」按范曄後漢書順帝紀漢安二年十月載：「丙午，禁沽酒。」順帝詔當在漢安二年。今據御覽所引，又參酌范書增補此二句。

〔四三〕愛敬盡於事親　此下二句見孝經天子章。

〔四四〕敬慎威儀　此下二句見詩大雅抑篇。

〔四五〕露布奏可　玉海卷六四引云：「有司奏孝順號曰敬宗，露布奏可。」又卷二〇三引云：「有司奏孝順號，露布奏可。」「露布」，謂不加檢封，公開宣布。此條東漢會要卷四引，首句前有「順帝崩」一句，其餘諸句文字全同。

〔四六〕遇姦追臣　此四字有訛誤。姚本、聚珍本和陳禹謨刻本書鈔皆無此四字。

〔四七〕追封爲汝陰東鄉侯　此條文字姚本、聚珍本皆入籍建傳。按書鈔卷四七於此條前冠有「東觀漢順帝紀云」七字，可見當入順帝紀。中常侍籍建追封爲汝陰東鄉侯的具體時間不詳，姑將此條文字置於順帝紀末。范曄後漢書宦者孫程傳云：「初，帝（謂順帝）見廢，監太子家小黄門籍建、傅高梵、長秋長趙熹、丞良賀、藥長夏珍皆以無過獲罪，建等坐徙朔方。及帝即位，並擢爲中常侍。……建後封東鄉侯，三百户。」

孝沖皇帝

孝沖皇帝諱炳，〔一〕順帝之少子也。年三歲，〔二〕是時皇太子數不幸，國副未定，有司上言宜建聖嗣。建康元年四月，立爲太子。順帝崩，太子即帝位，尊皇后梁氏爲皇太后。帝幼弱，太后臨朝。永熹元年正月，〔三〕帝崩于玉堂前殿，在位一年，葬懷陵。御覽卷九二

校勘記

〔一〕孝沖帝　事詳范曄後漢書卷六孝沖帝紀。袁宏後漢紀卷一九、卷二〇，汪文臺輯司馬彪續漢書卷一亦略載其事。

〔二〕年三歲　從下文來看，此謂沖帝年三歲時立爲太子。但范曄後漢書沖帝紀云：「建康元年，立爲皇太子，其年八月庚午，即皇帝位，年二歲。」袁宏後漢紀卷一九亦云沖帝由太子即位時年二歲。

〔三〕永熹　聚珍本作「永嘉」，袁宏後漢紀卷二〇作「元嘉」，汲古閣本、武英殿本范曄後漢書左雄傳云：「迄於永熹，察選清平，多得其人。」按「永熹」、「永嘉」、「元嘉」皆誤，史繩祖學齋佔畢卷三云：「淳熙二年春，邛州蒲江縣上乘院僧治基增築大殿，闢地幾仞，得古竁焉。其封石刻作兩闕狀，中有文二十九字，云『永憙元年二月十二日，蜀郡臨邛漢安鄉安定里公乘校官掾王幽，字珍儒』。」則沖帝年號當作「永憙」。錢大昭後漢書辨疑有說，可以參閱。

孝質皇帝

孝質皇帝諱纘，〔一〕章帝玄孫，千乘貞王之曾孫也，〔二〕樂安王孫，〔三〕渤海王子也。〔四〕年八歲，茂質純淑，好學尊師，〔五〕有聞於郡國。孝沖帝崩，徵封建平侯，即皇帝位。傳勉頭及所帶玉印、鹿皮冠、黄衣詣洛陽，〔六〕詔懸夏城門外，章示百姓。本初元年閏六月，帝崩於玉堂前殿，在位一年，時方九歲，葬静陵。御覽卷九二

校勘記

〔一〕孝質皇帝　事詳范曄後漢書卷六孝質帝紀、袁宏後漢紀卷二〇。

〔二〕千乘貞王　即劉伉，和帝長兄，建初四年封千乘王，立十五年卒，謚貞，見范曄後漢書章帝八王傳。

〔三〕樂安王　即劉寵，寵又名伏胡。千乘貞王伉卒後，子寵嗣，永元七年，改國名樂安，立二十八年卒，見范曄後漢書章帝八王傳。

〔四〕渤海王　即劉鴻，樂安王寵卒後，子鴻嗣。質帝立，梁太后下詔，改封鴻爲渤海王，立二十六年

卒，見范曄後漢書章帝八王傳。

〔五〕好學尊師　書鈔卷一二僅引此一句。

〔六〕傳勉頭及所带玉印、鹿皮冠、黄衣詣洛陽　此下三句原無，范曄後漢書質帝紀永憙元年載：「三月，九江賊馬勉稱『黄帝』。九江都尉滕撫討馬勉、范容、周生，大破斬之。」其下李賢引此下三句作注，今據增補。

威宗孝桓皇帝

孝桓皇帝諱志，〔一〕章帝曾孫，河間孝王孫，〔二〕蠡吾侯翼之長子也，〔三〕母曰匽夫人。〔四〕年十四，襲爵，始入，有殊於人，梁太后欲以女弟妃之。本初元年四月，〔五〕徵詣雒陽。既至，未及成禮，會質帝崩，無嗣，太后密使瞻察威儀才明，任奉宗廟，遂與兄冀定策於禁中，迎帝即位，〔六〕時年十五。太后猶臨朝，御卻非殿。〔七〕改元建和。元年，芝草生中黄藏府。〔八〕江舍及李堅等伏誅。〔九〕永興二年，〔一〇〕光禄勳府吏舍夜壁下忽有青氣，〔一一〕掘之，得玉玦，〔一二〕各有鉤，長七寸三分，玦周五寸四分，身中皆有雕鏤。詔司隸：〔一三〕「蝗水爲災，五穀不登，令所傷郡國皆種蕪菁，以助民食。」延熹元年三月己酉，〔一四〕初置鴻德苑，〔一五〕置令。〔一六〕二年，〔一七〕大將軍梁冀輔政，縱横爲亂。帝與中常侍單超等五人共謀誅之，〔一八〕於是封超等爲五侯。〔一九〕五侯暴恣日甚，毒流天下。司徒韓縯、司空孫朗並坐不衛宫，〔二〇〕止長壽亭，減死一等，以爵贖之。初置秘書監，〔二一〕掌典圖書，古今文字，考合異同。燒當等八種羌叛，〔二二〕護羌校尉段熲追擊到積石山。三年，白馬令李雲坐直諫誅。〔二三〕四年，〔二四〕京師雨雹，大如雞子。五年，〔二五〕長沙賊起，時攻没蒼梧，取銅虎符，太守甘定、刺史侯輔各奔出城。以京師水旱疫病，〔二六〕帑藏空虚，虎賁、羽林不任事者住寺，減半奉。時賊乘刺史車，〔二七〕屯據臨湘，居太守舍。賊萬人以上屯益陽，殺長吏。七年冬十月，〔二八〕上幸雲夢，至新野公主、壽張敬侯廟。〔二九〕詔曰：「存善繼絶，實藉德貞。武騎都尉樊演高祖父重，以光武皇帝元舅，扶助中興，追封壽張侯，謚曰敬，祖父茂封冠軍平望鄉侯，五國並建，〔三〇〕其二絶者祠之。」〔三一〕八年，〔三二〕妖賊蓋登稱「太皇帝」，有璧二十，珪五，鐵券十一，後伏誅。九年，〔三三〕戴異鉏田得金印，到廣陵以與龍尚。七月，〔三四〕祀黄老於北宫濯龍中，以文罽爲壇，飾金銀釦器，采色眩耀，祠用三牲，太官設珍饌，作倡樂，以求福祥。名臣少府李膺等並爲閹人所譖誣爲黨人，下獄死。〔三五〕永康元年，西河言白兔見。〔三六〕在位二十一年崩，年三十六。御覽卷九二

桓帝好音樂，善琴笙。〔三七〕書鈔卷一一〇

校勘記

〔一〕孝桓皇帝　事詳范曄後漢書卷七孝桓帝紀，袁宏後漢紀卷二〇、卷二一、卷二二。汪文臺輯薛瑩後漢書、司馬彪續漢書卷一、袁山松後漢書亦略載其事。

〔二〕河間孝王　即劉開，章帝子，永元二年封河間王，立四十二年卒，謚孝，見范曄後漢書章帝八王傳。

〔三〕蠡吾侯翼　范曄後漢書章帝八王傳云：「蠡吾侯翼，元初六年，鄧太后徵濟北、河間王諸子詣京師，奇翼美儀容，故以爲平原懷王後焉，留在京師。歲餘，太后崩。安帝乳母王聖與中常侍江京等譖鄧騭兄弟及翼，云與中大夫趙王謀圖不軌，闚覦神器，懷大逆心，貶爲都鄉侯，遣歸河間。翼於是謝賓客，閉門自處。永建五年，父開上書，願分蠡吾縣以封翼，順帝從之。」

〔四〕匽夫人　名明，爲蠡吾侯翼媵妾，和平元年，追尊爲孝崇皇后。事詳范曄後漢書孝崇匽皇后紀。

〔五〕本初　原誤作「太初」，聚珍本不誤，今據改正。范曄後漢書桓帝紀作「本初」。

〔六〕迎帝即位　通鑑卷五三載桓帝即位經過云：本初元年閏六月甲申，質帝卒，「將議立嗣，固（謂李固）與司徒胡廣、司空趙戒先與冀（謂梁冀）書……冀得書，乃召三公、中二千石、列侯，大議所

立。固、廣、戒及大鴻臚杜喬皆以爲清河王蒜明德著聞，又屬最尊親，宜立爲嗣，朝廷莫不歸心。而中常侍曹騰嘗謁蒜，蒜不爲禮，宦者由此惡之。初，平原王翼既貶歸河間，其父請分蠡吾縣以侯之，順帝許之。翼卒，子志嗣，梁太后欲以女弟妻志，徵到夏門亭。會帝崩，梁冀欲立志。衆論既異，憤憤不得意，而未有以相奪。曹騰等聞之，夜往説冀曰：『將軍累世有椒房之親，秉攝萬機，賓客縱横，多有過差。清河王嚴明，若果立，則將軍受禍不久矣！不如立蠡吾侯，富貴可長保也。』冀然其言，明日，重會公卿，冀意氣凶凶，言辭激切，自胡廣、趙戒以下莫不懾憚，皆曰：『惟大將軍令！』獨李固、杜喬堅守本議。冀厲聲曰：『罷會！』固猶望衆心可立，復以書勸冀，冀愈激怒。丁亥，冀説太后，先策免固，戊子，以司徒胡廣爲太尉，司空趙戒爲司徒，與大將軍冀參録尚書事，太僕袁湯爲司空。湯，安之孫也。庚寅，使大將軍冀持節以王青蓋車迎蠡吾侯志入南宫，其日，即皇帝位，時年十五」。

〔七〕太后猶臨朝，御卻非殿　此二句原無，范曄後漢書桓帝紀云：桓帝即位，「時年十五，太后猶臨朝政」。李賢注引東觀記云：「太后御卻非殿。」今據李賢注，又參酌范書增補。

〔八〕芝草生中黄藏府　此句原無，御覽卷九八五引云：「桓帝建和元年，芝草生中黄藏府。」今據增補。御覽卷八七三、記纂淵海卷四、合璧事類卷一九引云：「桓帝時，芝草生中黄藏府。」字句與御覽所引稍有不同。稽瑞引云：「皇帝建和元年，芝草生中黄藏府絮襲。」「皇」字乃「桓」字之訛，「粲襲」二字疑爲衍文。范曄後漢書桓帝紀建和元年四月載：「芝草生中黄藏府。」李賢注引漢官儀云：「中黄藏府掌中幣帛金銀諸貨物。」

〔九〕江舍及李堅等伏誅　范曄後漢書桓帝紀建和元年十一月載：「陳留盜賊李堅自稱皇帝，伏誅。」李賢注引東觀記云：「江舍及李堅等。」今據李賢注，又參酌范書增補。

〔一〇〕永興二年　此句至「身中皆有雕鏤」諸句原無，御覽卷三五四引，今據增補。此句上御覽引有「桓帝」二字，因與上文重出，今删去。

〔一一〕青　原無此字，稽瑞引有，今據增補。

〔一二〕得玉玦　此句至「周五寸四分」句稽瑞引作「得玉鉤一枚，鉤長一寸三分，玦周五寸□□」。

〔一三〕詔司隸　此句至「以助民食」諸句原無，御覽卷九七九引，今據增補。此句上御覽引有「桓帝永興二年」一句，因與上文重出，今删去。范曄後漢書桓帝紀永興二年載：「六月，彭城泗水增長逆流。詔司隸校尉、部刺史曰：『蝗災爲害，水變仍至，五穀不登，人無宿儲。其令所傷郡國種蕪菁，以助民食。』」

〔一四〕延熹元年三月己酉　此下三句原無，玉海卷一七一引，今據增補。

〔一五〕初　此字原無，御覽卷一九六引云：「桓帝延熹元年，初置鴻德苑。」今據增補。初學記卷二四引又無「初」字。

〔一六〕置令　范曄後漢書桓帝紀云：「延熹元年春三月己酉，初置鴻德苑令。」李賢注引漢官儀云：「苑令一人，秩六百石。」

〔一七〕二年　此句原無。據范曄後漢書桓帝紀載，桓帝誅梁冀在延熹二年，今據補「二年」一句。

〔一八〕單超等五人　謂中常侍單超、徐璜、具瑗，小黃門史左悺、唐衡，見范曄後漢書宦者單超傳。

〔一九〕封超等爲五侯　封單超新豐侯，徐璜武原侯，具瑗東武陽侯，左悺上蔡侯，唐衡汝陽侯，見范曄後漢書宦者單超傳。

〔二〇〕司徒韓縯、司空孫朗並坐不衛宮　此下四句原無，范曄後漢書桓帝紀延熹二年八月載：大將軍梁冀等被誅，「司徒韓縯、司空孫朗下獄」。李賢注引東觀記云：「並坐不衛宮，止長壽亭，減死一等，以爵贖之。」今據李賢注，又參酌范書增補。

〔二一〕初置秘書監　此下四句原無，初學記卷一二引，今據增補。此句上初學記引有「桓帝延熹二年」一句，因與上文重出，今刪去。書鈔卷五七引云：「桓帝延嘉二年，初置秘書監，典掌圖書，古今文字，考合異同，皆統之也。」同卷又引此文，無「典」字，無「皆統之也」句。御覽卷二三三亦引此文，「典掌」二字互乙，無「皆統之也」句，餘與書鈔卷五七引同。書鈔、御覽所引「延嘉」爲「延熹」之訛。萬花谷前集卷一二引云：「桓帝延熹二年，初置秘書監，掌國史。」「延熹」二字尚不誤。六帖卷七四引云：「桓帝延熹二年，初置秘書監。曰國史之興，將明得失之迹，謂之實録，使一代之典，煥然可觀。散騎常侍崧，文質彬彬，思義通博，歷位先朝，涖事以穆，宜掌秘奥，宣明史籍。」合璧事類後集卷三六引同。按「曰國史之興」以下，非東觀漢記中語。初學記卷一二在引東觀漢記「桓帝延熹二年，初置秘書監」云云數句後，又云：「温嶠舉荀崧爲秘書監曰：『夫國史之典，將以明失得之迹，謂之實録，使一代之典，煥然可觀。散騎常侍崧，文質彬彬，思義通博，歷位先朝，莅事以穆，宜掌秘奥，宣明史籍。』」六帖、合璧事類所引皆本初學記，而又脱「温嶠舉荀崧爲秘書監」九字，遂以温嶠舉荀崧語誤屬東觀漢記。范曄後漢書桓帝紀延熹二年八月載：「初置秘書監官。」李賢注引漢官儀云：「秘書監一人，秩六百石。」

〔三〕燒當等八種羌叛　此下二句原無。范曄後漢書桓帝紀延熹二年十二月載：「燒當等八種羌叛，寇隴右，護羌校尉段熲追擊於羅亭，破之。」李賢注云：「東觀記曰追到積石山，即與羅亭相近，在今鄯州也。」通鑑卷五四胡三省亦引李賢注。此下二句即據李賢注，又參酌范書增補。按范書段熲傳載：「延熹二年，遷護羌校尉。會燒當、燒何、當煎、勒姐等八種羌寇隴西、金城塞，熲將兵及湟中義從羌萬二千騎出湟谷，擊破之。追討南度河，使軍吏田晏、夏育募先登，懸索相引，復戰於羅亭，大破之，斬其酋豪以下二千級，獲生口萬餘人，虜皆奔走。明年春，餘羌復與燒何大豪寇張掖，攻没鉅鹿塢，殺屬國吏民，又招同種千餘落，并兵晨奔熲軍。熲下馬大戰，至日中，刀折矢盡，虜亦引退。熲追之，且鬭且行，晝夜相攻，割肉食雪，四十餘日，遂至河首積石山，出塞二千餘里，斬燒何大帥，首虜五千餘人。」可見段熲追羌於羅亭，是延熹二年時事，三年春，又追羌至積石山。桓帝紀亦云：延熹三年閏正月，「燒何羌叛，寇張掖，護羌校尉段熲追擊於積石，大破之」。

〔二三〕三年，白馬令李雲坐直諫誅　「三年」二字原無，范曄後漢書桓帝紀延熹三年閏正月云：「白馬令李雲坐直諫，下獄死。」今據范書增「三年」二字。

〔二四〕四年　此下三句原無，范曄後漢書桓帝紀延熹四年五月載：「己卯，京師雨雹。」李賢注引東觀記云：「大如雞子。」今據李賢注，又參酌范書增補。

〔二五〕五年　此下五句原無，范曄後漢書桓帝紀延熹五年載：「夏四月，長沙賊起，寇桂陽、蒼梧。」李賢注引東觀記云：「時攻没蒼梧，取銅虎符，太守甘定、刺史侯輔各奔出城。」今據李賢注，又參酌范書增補。

〔二六〕以京師水旱疫病　此下四句原無，范曄後漢書桓帝紀延熹五年載：「八月庚子，詔減虎賁、羽林住寺不任事者半奉，勿與冬衣。」其下李賢即引此下四句作注，今據增補。

〔二七〕時賊乘刺史車　此下五句原無，范曄後漢書桓帝紀延熹五年八月載：「艾縣賊焚燒長沙郡縣，寇益陽，殺令。」其下李賢引此下五句作注，今據增補。

〔二八〕七年冬十月　此句至「其二絶者祠之」諸句原無，聚珍本有，今據增補。姚本亦輯有此段文字，惟「七年冬十月」句作「延壽七年十月」，餘與聚珍本同。姚本「延壽」二字乃「延熹」之訛。此段文字不知二本從何書輯録。

〔二九〕至新野公主、壽張敬侯廟　新野公主即光武帝姊劉元。光武即位前，爲亂兵所殺。光武即位，追封謚元爲新野節義長公主，立廟於新野縣西，見范曄後漢書鄧晨傳。壽張敬侯即樊重，光武帝之舅。建武十八年，光武南祠章陵，過湖陽，祠重墓，追爵謚爲壽張敬侯，立廟於湖陽，見范書樊宏傳。

〔三〇〕五國並建　范曄後漢書樊宏傳亦云「樊氏侯者凡五國」。據樊宏傳，宏建武五年封長羅侯，十三年封宏弟丹爲射陽侯，兄子尋玄鄉侯，族兄忠更父侯，十五年定封宏壽張侯，二十七年封宏少子茂爲平望侯。

〔三一〕其二絶者祠之　聚珍本注云：「新野公主，光武姊元也，嫁鄧晨，詔中不及祠之之意，當有闕文。」

〔三二〕八年　此句至「後伏誅」諸句原無，御覽卷五九八引，今據增補。此句上原有「桓帝延熹」四字，因與上重出，今删去。范曄後漢書桓帝紀延熹八年十月載：「勃海妖賊蓋登等稱『太上皇帝』，有玉印、珪、璧、鐵券，相署置，皆伏誅。」李賢注引續漢書云：「時登等有玉印五，皆如白石，文曰『皇帝信璽』、『皇帝行璽』，其三無文字。璧二十二，珪五，鐵券十一。開王廟，帶王綬，衣絳衣，相署置也。」袁宏後漢紀卷二二延熹八年十月載：「勃海盜賊蓋登，自稱『太上皇帝』，伏誅。」

〔三三〕九年　此下三句原無，范曄後漢書桓帝紀延熹九年正月載：「沛國戴異得黄金印，無文字，遂與廣陵人龍尚等共祭井，作符書，稱『太上皇』，伏誅。」其下李賢引「戴異鉏田得金印，到廣陵以與龍尚」二句作注。今據李賢注，又參酌范書增補此下三句。

〔三四〕七月　此句至「以求福祥」諸句原無，書鈔卷八八引云：「皇帝九年七月，祀黄老於濯龍中，以文罽爲壇，飾金釦器，祠用三牲，作倡樂。」御覽卷五二六引云：「桓帝初，立黄老祠北宫濯龍中，以文罽爲壇，飾淳金釦器，采色眩耀，祠用三牲，太官設珍饌，作倡樂，以求福祥。」今綜合二書所引增補。書鈔所引「九年七月」，即指延熹九年七月。范曄後漢書桓帝紀延熹九年七月載：「庚午，祠黄老於濯龍宫。」司馬彪續漢書祭祀志中載：「延熹……九年，親祠老子於濯龍，文罽爲壇，飾淳金釦器，設華蓋之坐，用郊天樂也。」皆可證。初學記卷一三、類聚卷三八、萬花谷後集卷一七亦引桓帝於濯龍宫中祀黄老事，然文字甚簡。聚珍本據御覽所引輯録，繫於永康元年，不可據。

〔三五〕下獄死　延熹九年，李膺等被誣爲黨人，並坐下獄。李膺之死在靈帝建寧二年。事見范曄後漢書桓帝紀、靈帝紀。

〔三六〕永康元年，西河言白兔見　此二句原無，類聚卷九九引，今據增補。范曄後漢書桓帝紀永康元年載：「十一月，西河言白兔見。」

〔三七〕善琴笙　范曄後漢書桓帝紀論云：「前史稱桓帝好音樂，善琴笙。」李賢注云：「前史謂東觀記。」疑此條文字爲東觀漢記序中語。六帖卷六二、合璧事類外集卷一六亦引此條，字句較略。

孝靈皇帝〔一〕

到夏門外萬壽亭，群臣謁見。〔二〕　范曄後漢書卷八靈帝紀李賢注

靈帝時，故大僕杜密、故長樂少府李膺各爲鉤黨。〔三〕尚書曰下本州考治。時上年十三，問諸常侍曰：「何鉤黨？」諸常侍對曰：「鉤黨人即黨人也。」即可其奏。〔四〕　文選卷五〇范曄宦者傳論李善注

會稽許昭聚衆自稱大將軍，立父生爲越王，〔五〕攻破郡縣。　范曄後漢書卷八靈帝紀李賢注

陳行相師遷奏，〔六〕沛相魏愔，前爲陳相，與陳王寵交通。　范曄後漢書卷八靈帝紀李賢注

使中郎將堂谿典請雨，因上言改崇高山名爲嵩高山。〔七〕　范曄後漢書卷八靈帝紀李賢注

有白衣人入德陽殿門，白衣人言「梁伯夏教我上殿」，與中黄門桓賢語，因忽不見。〔八〕　范曄後漢書卷八靈帝紀李賢注

有黑氣墯所御温明殿庭中，如車蓋隆起，奮迅，五色，有頭，體長十餘丈，形貌似龍。〔九〕

范曄後漢書卷八靈帝紀李賢注

靈帝光和四年，初置緑驥廄，〔一〇〕領受郡國調馬。〔一一〕御覽卷一九一

光和四年，郡國上芝英。〔一二〕類聚卷九八

五年，帝起四百尺觀於阿亭道。〔一三〕聚珍本

中平二年，造萬金堂於西園。〔一四〕聚珍本

三年，又造南宫玉堂，築廣成苑。〔一五〕聚珍本

靈帝鑄黄鍾二千斛，四懸於嘉德端門内，二在雲臺殿前也。〔一六〕書鈔卷一〇八

校勘記

〔一〕孝靈皇帝　名宏，事詳范曄後漢書卷八孝靈帝紀，袁宏後漢紀卷二三、卷二四、卷二五。汪文臺輯謝承後漢書卷一、薛瑩後漢書、司馬彪續漢書卷一、華嶠後漢書卷一、袁山松後漢書、張璠漢記亦略載其事。據隋書經籍志著録：「東觀漢記一百四十三卷。」注云：「起光武記注至靈帝。」是知東觀漢記帝紀止於靈帝，而缺獻帝。

〔二〕群臣謁見　范曄後漢書靈帝紀云：「建寧元年春正月壬午，城門校尉竇武爲大將軍。己亥，帝到夏門亭，使竇武持節，以王青蓋車迎入殿中。庚子，即皇帝位，年十二。改元建寧。」「帝到夏門

亭」句下李賢引此條文字作注。

〔三〕鉤黨 范曄後漢書靈帝紀李賢注云：「鉤謂相牽引也。」

〔四〕即可其奏 通鑑卷五六靈帝建寧二年載：「初，李膺等雖廢錮，天下士大夫皆高尚其道而汙穢朝廷，希之者唯恐不及，更共相標榜，爲之稱號：以竇武、陳蕃、劉淑爲三君，君者，言一世之所宗也。李膺、荀翌、杜密、王暢、劉祐、魏朗、趙典、朱寓爲八俊，俊者，言人之英也。郭泰、范滂、尹勳、巴肅及南陽宗慈、陳留夏馥、汝南蔡衍、泰山羊陟爲八顧，顧者，言能以德行引人者也。張儉、翟超、岑晊、苑康及山陽劉表、汝南陳翔、魯國孔昱、山陽檀敷爲八友，友者，言其能導人追宗者也。度尚及東平張邈、王孝、東郡劉儒、泰山胡母班、陳留秦周、魯國蕃嚮、東萊王章爲八厨，厨者，言能以財救人者也。及陳、竇用事，復舉拔膺等。陳、竇誅，膺等復廢。宦官疾惡膺等，每下詔書，輒申黨人之禁。侯覽怨張儉尤甚，覽鄉人朱並素佞邪，爲儉所棄，承覽意指，上書告儉與同鄉二十四人別相署號，共爲部黨，圖危社稷，而儉爲之魁。詔刊章捕儉等。冬十月，大長秋曹節因此諷有司奏諸鉤黨者故司空虞放及李膺、杜密、朱寓、荀翌、翟超、劉儒、范滂等，請下州郡考治。是時上年十四，問節等曰：『何以爲鉤黨？』對曰：『鉤黨者，即黨人也。』上曰：『黨人何用爲惡而欲誅之邪？』對曰：『皆相舉群輩，欲爲不軌。』上曰：『不軌欲如何？』對曰：『欲圖社稷。』上乃可其奏。」范曄後漢書靈帝紀建寧二年載：「冬十月丁亥，中常侍侯覽諷有司奏前司空虞放、太僕杜密、長樂少府李膺、司隸校尉朱寓、潁川太守巴肅、沛相荀昱、河内太守魏朗、山陽太守翟超皆爲鉤黨，下獄，死者百餘人，妻子徙邊，諸附從者錮及五屬。制詔州郡大舉鉤黨，於是天下豪桀及儒學行義者，一切結爲黨人。」

〔五〕立父生爲越王　事在靈帝熹平元年。范曄後漢書靈帝紀熹平元年載：「十一月，會稽人許生自稱越王，寇郡縣。」臧洪傳載：「熹平元年，會稽妖賊許昭起兵句章，自稱大將軍，立其父生爲越王，攻破城邑，衆以萬數。」司馬彪續漢書天文志下載：「熹平元年……十一月，會稽賊許昭聚衆自稱大將軍，昭父生爲越王，攻破郡縣。」而通鑑卷五七熹平元年載：「十一月，會稽妖賊許生起句章，自稱陽明皇帝，衆以萬數。」與他書所記稍有不同。

〔六〕陳行相師遷奏　據范曄後漢書靈帝紀，此爲熹平二年五月時事。

〔七〕因上言改崇高山名爲嵩高山　范曄後漢書靈帝紀熹平五年四月載：「復崇高山名爲嵩高山。」李賢注引東觀記云：「使中郎將堂谿典請雨，因上言改之，名爲嵩高山。」此條文字即據李賢注，又參酌范書文句輯録。玉海卷九八引作「靈帝使中郎將堂谿典請雨，因上言改崇高山爲嵩高」。按堂谿典請雨嵩高山在熹平四年，金石録卷一六漢堂谿典嵩高山石闕銘云：「中郎將堂谿典伯并，熹平四年來請雨嵩高廟。」可爲確證，聚珍本把此事繫於熹平四年，甚是。嵩高山改名崇高山在武帝元封元年。漢書武帝紀元封元年載：「春正月，行幸緱氏。詔曰：『朕用事華山，至於中嶽，獲駮麃，見夏后啓母石。翌日親登嵩高，御史乘屬，在廟旁吏卒咸聞呼萬歲者三。登禮罔不答。其令祠官加增太宗祠，禁無伐其草木。以山下户三百爲之奉邑，名曰崇高，獨給祠，復亡所與。』」

〔八〕因忽不見　范曄後漢書靈帝紀光和元年載：「五月壬午，有白衣人入德陽殿門。」李賢引東觀漢記云：「白衣人言『梁伯夏教我上殿』，與中黄門桓賢語，因忽不見。」此條文字即據李賢注，又參酌范書輯録。

〔九〕形貌似龍　范曄後漢書靈帝紀光和元年載：「六月丁丑，有黑氣墮所御温德殿庭中。」李賢注引東觀漢記云：「墮所御温明殿庭中，如車蓋隆起，奮迅，五色，有頭，體長十餘丈，形貌似龍。」今據李賢注，又參酌范書輯録。

〔一〇〕初置騄驥廄　事在光和四年正月。范曄後漢書靈帝紀李賢注：「騄驥，善馬也。」

〔一一〕領受郡國調馬　此句下原有「調謂徵發」一句，非東觀漢記舊文，係後人注語，今删去。

〔一二〕郡國上芝英　此條御覽卷九八五亦引，「芝英」作「芝草英」，「草英」二字當互乙。范曄後漢書靈帝紀光和四年載：「二月，郡國上芝英草。」

〔一三〕帝起四百尺觀於阿亭道　此條不知聚珍本輯自何書。范曄後漢書靈帝紀光和五年載：「八月，起四百尺觀於阿亭道。」

〔一四〕造萬金堂於西園　此條不知聚珍本輯自何書。范曄後漢書靈帝紀中平二年載：「是歲，造萬金堂於西園。」宦者張讓傳云：「造萬金堂於西園，引司農金錢繒帛，仞積其中。」

〔一五〕築廣成苑　此條不知聚珍本輯自何書。范曄後漢書靈帝紀中平三年二月載：「復修玉堂殿。」宦者張讓傳載：「使鉤盾令宋典繕修南宮玉堂。」類聚卷八四引華嶠後漢書云：「靈帝時，遂使鉤盾令宋典繕治南宮。」

〔一六〕二在雲臺殿前也　范曄後漢書靈帝紀中平三年二月載：「鑄銅人四，黄鍾四。」宦者張讓傳載：「使掖庭令畢嵐鑄銅人四列於倉龍、玄武闕。又鑄四鐘，皆受二千斛，縣於玉堂及雲臺殿前。」類聚卷八四引華嶠後漢書云：「靈帝時……使掖庭令畢嵐鑄銅人四，列於蒼龍、玄武闕外。又鑄四鍾，皆受二千斛，縣於堂及雲臺殿。」「堂」上脱「玉」字。諸書所載皆云鑄四鍾，據書鈔所引則鑄六鍾，恐有訛誤。

卷四

表

諸王表〔一〕　王子侯表　功臣表　恩澤侯表

校勘記

〔一〕諸王表　史通古今正史篇云：「在漢中興，明帝始詔班固與睢陽令陳宗、長陵令尹敏、司隸從事孟異作世祖本紀，並撰功臣及新市、平林、公孫述事，作列傳、載記二十八篇。自是以來，春秋考紀亦以焕炳，而忠臣義士莫之撰勒。於是又詔史官謁者僕射劉珍及諫議大夫李尤雜作記，表，名臣、節士、儒林、外戚諸傳，起自建武，訖乎永初。事業垂竟而珍、尤繼卒。復命伏無忌與諫議大夫黄景作諸王、王子、功臣、恩澤侯表，南單于、西羌傳，地理志。」據此可知，東觀漢記有「諸王表」等四表。此四表文字全佚，今僅存其目。

百官表〔一〕

竇憲作大將軍，置長史、司馬員吏官屬，位次太傅。〔二〕　司馬彪續漢書百官志一劉昭注

大將軍出征，置中護軍一人。〔三〕　司馬彪續漢書百官志一劉昭注

其將軍不常置，〔四〕比公者又有驃騎將軍。〔五〕建武二十年，復置驃騎將軍，位次公，〔六〕有長史一人。〔七〕　類聚卷四八

度遼將軍司馬二人。〔八〕　司馬彪續漢書百官志一劉昭注

章帝又置祀令、丞，〔九〕延平元年省。〔一〇〕　司馬彪續漢書百官志一劉昭注

永平六年，以廷尉皆曹吏强爲廷尉，以明用達法理，超遷非次。〔一一〕　類聚卷四九

大鴻臚，〔一二〕漢舊官，建武元年復置。屬官大行丞一人，〔一三〕大行丞有治禮員三十七人，〔一四〕主齋祠儐贊九賓之禮。又有公室，主調中都官斗食以下，〔一五〕功次相補。〔一六〕　唐類函卷四七

鴻臚三十六人，其陳寵、左雄、朱寵、龐參、施延並遷公。〔一七〕　初學記卷一二

其主薨無子，置傳一人守其家。〔一八〕 司馬彪續漢書百官志三劉昭注

桓帝延熹元年三月己酉，置鴻德苑，置令。〔一九〕 玉海卷一七一

州牧刺史，漢舊官，建元元年復置牧，十八年改爲刺史，督二千石。〔二〇〕 御覽卷二五四

交趾刺史，持節。〔二一〕 司馬彪續漢書百官志五劉昭注

其紹封削絀者，〔二二〕中尉、内史官屬亦以率減。〔二三〕 司馬彪續漢書百官志五劉昭注

建武元年，復設諸侯王金璽綟綬，〔二四〕公、侯金印紫綬。 九卿、執金吾、河南尹秩皆中二千石，大長秋、將作大匠、度遼諸將軍、郡太守、國傅相皆秩二千石，校尉、〔二五〕中郎將、〔二六〕諸郡都尉、〔二七〕諸國行相、〔二八〕中尉、〔二九〕内史、〔三〇〕中護軍、司直秩皆二千石，〔三一〕以上皆銀印青綬。 中外官尚書令、御史中丞、治書侍御史、〔三二〕公將軍長史、中二千石丞、〔三三〕正、平、諸司馬、中宮王家僕、雒陽令秩皆千石，尚書、中謁者、謁者、〔三四〕黄門冗從四僕射、〔三五〕諸都監、中外諸都官令、都候、〔三六〕司農部丞、〔三七〕郡國長史、丞、〔三八〕候、〔三九〕司馬、千人秩皆六百石，家令、侍、僕秩皆六百石，〔四〇〕雒陽市長秩四百石，〔四一〕主家長秩皆四百石，以上皆銅印黑綬。 諸署長、〔四二〕楫櫂丞秩三百石，〔四三〕諸秩千石者，其丞、尉皆秩四百石，秩六百石者，丞、尉秩三百石，四百石者，其丞、尉秩二百石，縣國丞、尉亦如之，縣、

國三百石長相，丞、尉亦二百石，明堂、靈臺丞、〔四四〕諸陵校長秩二百石，〔四五〕丞、尉、校長以上皆銅印黄綬。縣國守宫令、相或千石或六百石，長相或四百石或三百石，長相皆以銅印黄綬。而有秩者侍中、〔四六〕中常侍、〔四七〕光禄大夫秩皆二千石，〔四八〕太中大夫秩皆比二千石，〔四九〕尚書、〔五〇〕諫議大夫、〔五一〕侍御史、〔五二〕博士皆六百石，〔五三〕議郎、〔五四〕中謁者秩皆比六百石，〔五五〕小黄門、〔五六〕黄門侍郎、〔五七〕中黄門秩皆比四百石，〔五八〕郎中秩皆比三百石，〔五九〕太子舍人秩二百石。〔六〇〕司馬彪續漢書輿服志下劉昭注

校勘記

〔一〕百官表　史通古今正史篇敍東觀漢記成書過程時云：「至元嘉元年，復令太中大夫邊韶、大軍營司馬崔寔、議郎朱穆、曹壽雜作孝穆、崇二皇及順烈皇后傳，又增外戚傳入安思等后，儒林傳入崔篆諸人。寔、壽又與議郎延篤雜作百官表，順帝功臣孫程、郭願及鄭衆、蔡倫等傳。」據此知東觀漢記有百官表，爲崔寔、曹壽、延篤所作。書鈔卷五四所引書有「東觀漢記百官表」。

〔二〕位次太傅　此條竇憲傳亦輯入。范曄後漢書竇憲傳載：和帝永元元年六月，車騎將軍竇憲等與北匈奴戰於稽落山，大破之，遂登燕然山，刻石勒功而還。九月，詔使中郎將持節即五原拜憲爲大將軍。「舊大將軍位在三公下，置官屬依太尉。憲威權震朝庭，公卿希旨，奏憲位次太傅下，

三公上，長史、司馬秩中二千石，從事中郎二人六百石，自下各有增。」據司馬彪續漢書百官志一所載常制，大將軍屬官長史、司馬皆一人，秩千石。此條前聚珍本尚輯録有兩條，一條云：「太尉掌邦（原按云：「此下有闕文。」）册皇太子捧上其璽綬。」按此條不見姚本。唐類函卷三五所録書鈔有「册皇太子授璽綬」一條，注云：「漢百官表云：『太尉掌邦，册皇太子捧上其璽綬。』」聚珍本所輯顯係據唐類函。但漢百官表未必是東觀漢記百官表。孔廣陶校注本書鈔卷五一「郊祀之事則亞獻，拜太子授璽綬」條注云：「續漢百官志云：『太尉凡郊祀之事主亞獻，大喪則告謚南郊。』志云：『掌邦政，拜皇太子以上授其璽綬也。』」「志云」句有脱文。唐類函改「志云」爲「漢百官表」，其他文字也多有删改，本不可據。聚珍本從唐類函中摘録此條置於東觀漢記百官表中，證據不足，今不録。另一條云：「司空，唐虞之官也，金印紫綬。」按孔廣陶校注本書鈔卷五二「唐虞之官，金印紫綬」條注云：「漢百官公卿表云：『司空，唐虞官也，金印紫綬。』」陳禹謨刻本書鈔與孔本全同。聚珍本所輯當即本此。漢書百官公卿表云：「書載唐虞之際……禹作司空，平水土。」又云：「御史大夫，秦官，位上卿，銀印青綬，掌副丞相。……成帝綏和元年，更名大司空，金印紫綬，禄比丞相。」很明顯，書鈔所引即出漢書百官公卿表。聚珍本把「司空，唐虞之官也」云云輯入東觀漢記百官表，全無依據，今删去不録。

〔三〕置中護軍一人　此條通鑑卷六三胡三省注亦引。王先謙續漢書百官志一集解云：「李祖楙曰：

『……中護軍見班固傳，護軍見馬成、傅燮、彭寵、鄧禹、岑彭、吴漢、耿弇傳。竇融在河西有左護軍，是護軍有左稱，見文苑傳。』」

〔四〕其將軍不常置　司馬彪續漢書百官志一云：「將軍，不常置。」又云：「主征伐，事訖皆罷。」

〔五〕比公者又有驃騎將軍　司馬彪續漢書百官志一本注云：將軍「比公者四：第一大將軍，次驃騎將軍，次車騎將軍，次衛將軍」。

〔六〕位次公　司馬彪續漢書百官志一云：「世祖中興，吴漢以大將軍爲大司馬，景丹爲驃騎大將軍，位在公下。……明帝初即位，以弟東平王蒼有賢才，以爲驃騎將軍，以王故，位在公上，數年後罷。」范曄後漢書東平憲王蒼傳亦云：「蒼少好經書，雅有智思，爲人美須頿，要帶八圍，顯宗甚愛重之。及即位，拜爲驃騎將軍，置長史掾史員四十人，位在三公上。」東平王蒼拜驃騎將軍，位三公之上，是爲特殊寵遇。

〔七〕有長史一人　此條御覽卷二三八亦引，字句全同。

〔八〕度遼將軍司馬二人　司馬彪續漢書百官志一云：「明帝初置度遼將軍，以衛南單于衆新降有二心者，後數有不安，遂爲常守。」劉昭注云：「東觀書云司馬二人。」玉海卷一三七引與劉昭注同。此條即據劉昭注，又參酌司馬彪書輯録。劉昭注又引應劭漢官儀云：「度遼將軍，孝武皇帝初用范明友。明帝永平八年，行度遼將軍事。安帝元初元年，置真，銀印青綬，秩二千石。長史、司馬六百石。」

〔九〕祀令、丞　此爲太常屬官。

〔一〇〕延平元年省　此條玉海卷一二三亦引，字句全同。

〔一一〕超遷非次　此條姚本、聚珍本皆未輯録。

〔一二〕大鴻臚　司馬彪續漢書百官志二云：「大鴻臚，卿一人，中二千石。」本注云：「掌諸侯及四方歸義蠻夷。其郊廟行禮，贊導，請行事，既可，以命群司。諸王入朝，當郊迎，典其禮儀。及郡國上計，匡四方來，亦屬焉。皇子拜王，贊授印綬。及拜諸侯、諸侯嗣子及四方夷狄封者，臺下鴻臚召拜之。王薨則使弔之，及拜王嗣。」

〔一三〕屬官大行丞一人　此句聚珍本作「屬官有丞一人，大行丞一人」。據司馬彪續漢書百官志二所載，大鴻臚屬官有丞一人，秩比千石。又有大行令一人，秩六百石，其下置丞一人。

〔一四〕大行丞有治禮員三十七人　「三」字聚珍本作「四」。按「四」字是。司馬彪續漢書百官志二云有「治禮郎四十七人」。劉昭注引漢官注云：「其四人四科，五人二百石，文學五人百石，九人斗食，六人佐，六人學事，十二人守學事。」凡四十七人。

〔一五〕又有公室，主調中都官斗食以下　原無「公室主調」四字，司馬彪續漢書百官志二「治禮郎四十七人」句下劉昭注引東觀漢記云：「主齋祠儐贊九賓。又有公室，主調中都官斗食以下，功次相補。」此四字即據劉昭注所引增補。「斗食」原誤作「升食」，聚珍本不誤，今據改正。

〔一六〕功次相補　此條唐類函卷四七録自類聚，但類聚卷四九引作「大鴻臚，漢舊官，建武元年復置。屬官有治禮員三十七人，主齊儐贊。又有中都官升食以下，功次相補」，文字稍略於唐類函所引。書鈔卷五四引作「大鴻臚，漢舊官，主齋祠儐贊九賓之禮」，文字又疏於類聚所引。初學記卷一二引作「大鴻臚，漢舊官，建武元年復置。屬官大丞一人，大行丞有理禮員四十七人，主齋祠儐贊九賓之禮」。御覽卷二三二引作「大鴻臚，漢舊官，建武元年復置。屬官有丞一人，大行丞一人，有理禮員四十七人，主齋祠儐贊九賓之禮」。「理」字當作「治」，爲避唐高宗李治之諱，改「治」作「理」。玉海卷一二三僅引「主齋祠儐贊九賓」一句。

〔一七〕陳寵、左雄、朱寵、龐參、施延並遷公　據范曄後漢書和帝紀、殤帝紀、陳寵傳，陳寵於永元十六年，由大鴻臚代徐防爲司空，延平元年卒。范書左雄傳及他篇皆未載左雄爲大鴻臚和遷官三公之事。范書順帝紀永建元年載，朱寵由大鴻臚爲太尉，參録尚書事，明年即罷。范書順帝紀、龐參傳載，永建四年龐參爲大鴻臚，同年由鴻臚遷爲太尉，録尚書事，陽嘉二年免，四年復爲太尉，永和元年以久病罷。范書順帝紀載，陽嘉二年，施延由大鴻臚爲太尉，四年免。

〔一八〕置傅一人守其家　此傅爲宗正屬官。司馬彪續漢書百官志三云：「諸公主，每主家令一人，六百石。丞一人，三百石。」本注云：「其餘屬吏增減無常。」其下劉昭即引此條文字作注。

〔一九〕置令　此條亦輯入本書桓帝紀。據范曄後漢書桓帝紀，延熹元年春三月己酉，初置鴻德苑令。李賢注引漢官儀云：「苑令一人，秩六百石。」司馬彪續漢書百官志三上林苑令下劉昭注亦云「桓帝又置鴻德苑令」。鴻德苑令爲少府屬官。

〔二〇〕督二千石　司馬彪續漢書百官志五云：「外十二州，每州刺史一人，六百石。」本注云：「秦有監御史，監諸郡，漢興省之，但遣丞相史分刺諸州，無常官。孝武帝初置刺史十三人，秩六百石。成帝更爲牧，秩二千石。建武十八年，復爲刺史，十二人各主一州，其一州屬司隸校尉。諸州常以八月巡行所部郡國，録囚徒，考殿最。初歲盡詣京都奏事，中興但因計吏。」書鈔卷七二引漢官解故云：「京畿師外十有三牧，分部馳郡行國，督察在位，奏以言，録見囚徒，考實侵冤，退不録職。」「師外」二字有誤。平津館輯本漢官解詁注云「奏」上當有「敷」字，「見」當作「視」，「録職」當作「稱職」。

〔二一〕交阯刺史，持節　漢制，刺史八月巡行所部郡國，皆不持節。而獨交阯刺史持節以行。聚珍本注認爲：「以其所部絶遠，故重其事權也。」四庫全書考證云：「按歐陽詢藝文類聚載苗恭交廣記一條云：『建安二年，南陽張津爲交阯刺史。交阯太守士燮表言：「伏見十二州皆曰州，而交獨爲交阯刺史，天恩不平。」詔聽之，以津爲交州牧。』交之稱州，蓋自此始，其前只稱交阯刺史也。」

〔二二〕其紹封削絀者　謂皇子封王紹封削絀者。

〔二三〕中尉、内史官屬亦以率減　漢制，皇子封王，其郡爲國，置傅一人，相一人，秩皆二千石。又有中尉一人，秩比二千石，其職類似郡都尉。又有内史一人，主治民政，詳見司馬彪續漢書百官志五。

〔二四〕綟綬　四庫全書考證云：「按前漢書諸侯王盭綬。晉灼曰：『盭，草名，出瑯琊平昌縣，似艾，可染緑，因以爲綬名。』又按急就篇注：『綟。蒼艾色，東海有草，其名曰莨，以染此色，因名綟云。』知『盭』與『綟』通也。」

〔二五〕校尉　此云校尉秩二千石，據司馬彪續漢書百官志一云：「大將軍營五部，部校尉一人，比二千石。」

〔二六〕中郎將　此云中郎將秩二千石，據司馬彪續漢書百官志二云：「五官中郎將一人，比二千石。」又左中郎將、右中郎將、虎賁中郎將、羽林中郎將秩皆比二千石。又百官志五載使匈奴中郎將一人，秩亦比二千石。

〔二七〕諸郡都尉　此云諸郡都尉秩二千石，據司馬彪續漢書百官志五云：「每屬國置都尉一人，比二千石。」諸郡都尉秩與之同。郡守秩二千石，郡尉位略次於郡守，秩亦當稍在其下。

〔二八〕諸國行相　此云諸國行相秩二千石。據司馬彪續漢書百官志五所載，封國之相一人，秩二千石，「行相」即暫時攝代之相，秩當略低於相，應爲比二千石。

〔二九〕中尉　此云封國中尉秩二千石，據司馬彪續漢書百官志五云：「中尉一人，比二千石。」

〔三〇〕内史　此云内史秩二千石。按在封國中，内史主治民政，中尉主治武事，職如郡都尉，内史之秩當與中尉相同。内史本爲西漢封國職官，據漢書百官公卿表，成帝綏和元年，省罷内史，司馬彪續漢書百官志五亦云：「成帝省内史治民，更令相治民。」東觀漢記記内史一官，可能東漢初年一度恢復，亦未可知。

〔三一〕司直　司馬彪續漢書百官志一本注云：「世祖即位，以武帝故事，置司直，居丞相府，助督録諸州，建武十八年省也。」獻帝建安八年復置司直，所屬與職掌皆不同於故司直。　秩皆二千石上述諸官秩有明確記載者，皆云爲秩比二千石，「皆」字下當增補「比」字。聚珍本有「比」字，甚是。姚本亦脱「比」字。

〔三二〕治書侍御史　此云治書侍御史秩千石，而司馬彪續漢書百官志三云：「治書侍御史二人，六百石。」

〔三三〕中二千石丞　此云中二千石丞秩千石，而司馬彪續漢書百官志四云：「凡中二千石，丞比千石。」如太常、光禄勳、衛尉、太僕、大鴻臚、宗正、大司農、少府、執金吾等皆中二千石，皆有丞一人，秩比千石。

〔三四〕中謁者、謁者　此云中謁者、謁者秩六百石，據司馬彪續漢書百官志四，大長秋屬官有「中宮謁者令一人，六百石」。又有「中宫謁者三人，四百石」。與此異。姚本、聚珍本皆有「中謁者」三字，而脱「謁者」二字。

〔三五〕黄門冗從四僕射　司馬彪續漢書百官志三少府下云：「中黄門冗從僕射一人，六百石。主中黄門冗從。居則宿衛，直守門户。出則騎從，夾乘輿車。」又云：「尚書僕射一人，六百石。」百官志四大長秋下云：「中宫黄門冗從僕射一人，六百石。主中黄門冗從。」此有三僕射，另一僕射不知何所指。百官志二光禄勳屬官虎賁中郎將下有左右僕射一人，但秩比六百石，亦不當在此「四僕射」之列。

〔三六〕中外諸都官令、都候　司馬彪續漢書百官志二劉昭注引應劭漢官名秩云：「皆選孝廉郎年少薄伐者，遷補府長史、都官令、候、司馬。」司馬彪書百官志二衛尉屬官有「左右都候各一人，六百石」，本注云：「主劍戟士，徼循宫，及天子有所收考。」

〔三七〕司農部丞　司馬彪續漢書百官志三大司農下云：「部丞一人，六百石。」本注云：「部丞主帑藏。」

〔三八〕郡國長史、丞　郡有丞一人，郡當邊戍者，丞爲長史，見司馬彪續漢書百官志五。

〔三九〕候　司馬彪續漢書百官志四城門校尉屬官有門候。雒陽十二門，每門有候一人，六百石。

〔四〇〕家令、侍、僕秩皆六百石　司馬彪續漢書百官志三宗正下云：「諸公主，每主家令一人，六百石。丞一人，三百石。」劉昭注引漢官云：「主簿一人，秩六百石。僕一人，秩六百石。私府長一人，秩六百石。家丞一人，三百石，直吏三人，從官二人。」

〔四一〕雒陽市長秩四百石　雒陽市長本爲大司農屬官。司馬彪續漢書百官志三本注云：「雒陽市長、滎陽敖倉官，中興皆屬河南尹。」劉昭注引漢官云：「市長一人，秩四百石。」「市長」即謂雒陽市長。

〔四二〕諸署長　此云諸署長秩三百石，而司馬彪續漢書百官志所載諸署長有四百石者，如百官志三少府屬官黄門署長、畫室署長、玉堂署長、丙署長皆秩四百石。

〔四三〕楫櫂丞　西漢於上林苑中置此官，屬水衡都尉，見漢書百官公卿表。東漢初年尚沿置，主御用船隻。司馬彪續漢書百官志未載。

〔四四〕明堂、靈臺丞　太常屬官。司馬彪續漢書百官志二云：「明堂及靈臺丞一人，二百石。」本注云：「二丞，掌守明堂、靈臺。」

〔四五〕諸陵校長　司馬彪續漢書百官志二太常下云：「先帝陵，每陵園令各一人，六百石。丞及校長各一人。」本注云：「校長，主兵戎盜賊事。」

〔四六〕侍中　此云秩二千石，據司馬彪續漢書百官志三，侍中秩比二千石，與此異。

〔四七〕中常侍　此云秩二千石，司馬彪續漢書百官志三云：「中常侍，千石。後增秩比二千石。」與此異。

〔四八〕光禄大夫　此云秩二千石，司馬彪續漢書百官志二云：「光禄大夫，比二千石。」與此異。

〔四九〕太中大夫秩皆比二千石　太中大夫爲光禄勳屬官，司馬彪續漢書百官志二云：「太中大夫，千石。」本注云：「無員。」劉昭注引漢官云：「二十人，秩比二千石。」

〔五〇〕尚書　據司馬彪續漢書百官志三，尚書令下有「尚書六人，六百石」。

〔五一〕諫議大夫　爲光禄勳屬官。司馬彪續漢書百官志二云：「諫議大夫，六百石。」

〔五二〕侍御史　據司馬彪續漢書百官志三，御史中丞屬官有「侍御史十五人，六百石」。

〔五三〕博士　此云秩六百石，但司馬彪續漢書百官志二云：「博士祭酒一人，六百石。本僕射，中興轉爲祭酒。博士十四人，比六百石。」與此異。

〔五四〕議郎　此云秩比六百石，據司馬彪續漢書百官志二，光禄大夫屬官有「議郎，六百石」，與此異。

〔五五〕中謁者　此云秩比六百石，上文又云秩六百石，前後相乖。

〔五六〕小黄門　此云秩比四百石，而司馬彪續漢書百官志三云：「小黄門，六百石。」與此異。

〔五七〕黄門侍郎　此云秩比四百石，而司馬彪續漢書百官志三云：「黄門侍郎，六百石。」與此異。

〔五八〕中黄門　此云秩比四百石，而司馬彪續漢書百官志三云：「中黄門，比百石。後增比三百石。掌給事禁中。」與此異。

〔五九〕郎中秩皆比三百石　郎中爲光禄勳屬官。據司馬彪續漢書百官志二記載，五官中郎將下有

「五官郎中，比三百石」。左中郎將下有「郎中，比三百石」。右中郎將下有「郎中，比三百石」。虎賁中郎將下有「虎賁郎中，比三百石」。與此所云相符。

〔六〇〕太子舍人秩二百石　司馬彪續漢書百官志四云：「太子舍人，二百石。」本注云：「無員，更直宿衛，如三署郎中。」文選卷四五楊雄解嘲李善注引東觀漢記云：「印綬，漢制，公侯紫綬，九卿青綬。」玉海卷八四引東觀漢記云：「建武元年，復設諸侯王金璽綟綬，公、侯金印紫綬，九卿至二千石銀印青綬，中外官尚書令至四百石銅印黑綬，諸舍長至丞、尉、校長銅印黃綬。」二書所引，皆節自此條。聚珍本將文選所引另列一條，置於此條之上，内容重複，今刪去，僅輯司馬彪續漢書輿服志下劉昭注所引一條。聚珍本注云：「劉知幾史通謂此表爲崔寔、曹壽、延篤所作，今與司馬彪百官志參考文多不同，如志云諸侯王赤綬，而此云綟綬，又如王國内史、上林楫櫂丞係西漢官名，東漢都從裁省，丞相司直亦於建武十八年省去，而篇中具列之。蓋司馬彪之志本之胡廣所注王隆漢官篇，多順帝以後所更改。而此表則述建武、永平間舊制也。」

卷五

志

律曆志〔一〕

凡律所革，以變律吕，相生至六十。〔二〕聚珍本

校勘記

〔一〕律曆志　司馬彪續漢書律曆志中劉昭注引袁山松書云：「劉洪，字元卓，泰山蒙陰人。……及在東觀，與蔡邕共述律曆記，考驗天官。」則東觀漢記律曆志出自蔡邕和劉洪之手。

〔二〕相生至六十　此條不知聚珍本從何書輯録。

禮志

立春之日，立青旛，施土牛於門外，以示兆民。〔一〕 書鈔卷一五四

章帝行幸，敕立春之日，京都百官皆衣青衣，令史皆服青幘。〔二〕 書鈔卷一五四

漢承秦滅學，〔三〕庶事草創，明堂、辟雍闕而未舉。武帝封禪，始立明堂於泰山，〔四〕猶不於京師。元始中，王莽輔政，庶績復古，〔五〕乃起明堂、辟雍。 御覽卷五三三

校勘記

〔一〕以示兆民　此條姚本、聚珍本皆未輯録。司馬彪續漢書禮儀志上云：「立春之日，夜漏未盡五刻，京師百官皆衣青衣，郡國縣道官下至斗食令史皆服青幘，立青幡，施土牛耕人於門外，以示兆民，至立夏。唯武官不。」論衡亂龍篇云：「立春，東耕爲土象人，男女各二，秉耒把鋤，或立土牛。象人、土牛，未必能耕也，順氣應時，示率下也。」鹽鐵論授時篇載賢良語云：「發春而後，懸青幡而策土牛。」隋書禮儀志亦載立春出土牛事，是隋時仍沿漢制。

〔二〕令史皆服青幘　此條姚本、聚珍本皆未輯録。

〔三〕漢承秦滅學　此句上冠有「蔡邕禮樂志曰」一句。蔡邕禮樂志即東觀漢記中禮樂志。蔡邕所撰東觀漢記諸志，是禮、樂分志。從本條内容看，應爲禮志中文字。

〔四〕武帝封禪，始立明堂於泰山　初學記卷一三引蔡邕禮樂志云：「孝武帝封禪岱宗，立明堂於泰山汶上。」又類聚卷三八引蔡邕禮樂志云：「孝武封岱宗，立明堂於泰山汶上。」文字與此稍有不同。

〔五〕庶績復古　聚珍本脱此句。

樂志

漢樂四品：〔一〕一曰大予樂，〔二〕典郊廟、上陵殿諸食舉之樂。郊樂，易所謂「先王以作樂崇德，〔三〕殷薦上帝」，周官「若樂六變，〔四〕則天神皆降，可得而禮也」。宗廟樂，虞書所謂「琴瑟以詠，祖考來假」，〔五〕詩云「肅雍和鳴，〔六〕先祖是聽」。食舉樂，王制謂「天子食舉以樂」，周官「王大食則令奏鍾鼓」。〔七〕二曰周頌雅樂，典辟雍、饗射、六宗、社稷之樂。辟雍、饗射，孝經所謂「移風易俗，〔八〕莫善於樂」，禮記曰「揖讓而治天下者，〔九〕禮樂之謂也」。社稷，詩所謂「琴瑟擊鼓，〔一〇〕以御田祖」者也。禮記曰「夫樂施於金石，〔一一〕越於聲音，用乎宗廟、社稷，事乎山川、鬼神」，此之謂也。三曰黄門鼓吹，天子所以宴樂群臣，〔一二〕詩所謂「坎坎鼓我，蹲蹲舞我」者也。〔一三〕其短簫鐃歌，軍樂也。〔一四〕其傳曰黄帝岐伯所作，以建威揚德，風勸士也。〔一五〕蓋周官所謂「王師大獻則令凱樂，〔一六〕軍大獻則令凱歌」也。〔一七〕孝章皇帝親著歌詩四章，列在食舉，又制雲臺十二門詩，各以其月祀而奏之。熹平四年正月中，出雲臺十二門新詩，下大予樂官習誦，〔一八〕被聲，與舊詩並行者，皆當撰録，以成樂志。〔一九〕司馬彪續漢書禮儀志中劉昭注

校勘記

〔一〕漢樂四品　此句上冠有「蔡邕禮樂志曰」一句，從所引内容看，當是東觀漢記樂志中文字。

〔二〕大予樂　范曄後漢書明帝紀永平三年載：「秋八月戊辰，改大樂爲大予樂。」李賢注云：「尚書琁機鈐曰：『有帝漢出，德洽作樂名予。』故據琁機鈐改之。」

〔三〕先王以作樂崇德　此下二句見易豫卦象傳。

〔四〕若樂六變　此下三句見周禮春官大司樂。

〔五〕琴瑟以詠，祖考來假　此二句見尚書益稷篇。「假」，益稷篇作「格」。按「假」亦音「格」，二字音同義通。易萃卦云：「王假有廟。」王弼注云：「假，至。」

〔六〕肅雍和鳴　此下二句見詩周頌有瞽篇。

〔七〕王大食則令奏鍾鼓　周禮春官大司樂云：「王大食，三宥，皆令奏鍾鼓。」「大食」，鄭玄注云：「大食，朔月、月半以樂宥食時也。」

〔八〕移風易俗　此下二句見孝經廣要道章。

〔九〕揖讓而治天下者　此下二句見禮記樂記。

〔一〇〕琴瑟擊鼓　此下二句見詩小雅甫田篇。

〔一一〕夫樂施於金石　禮記樂記云：「若夫禮樂之施於金石，越於聲音，用於宗廟、社稷，事乎山川、鬼神，則此所與民同也。」與此所引文字微異。

〔一二〕天子所以宴樂群臣　御覽卷五六七引崔豹古今注云：「漢樂有黄門鼓吹，天子所以宴樂群臣。」但漢帝也用來宴樂貴賓。如范曄後漢書東夷傳云：「順帝永和元年，其王來朝京師，帝作黄門鼓吹、角抵戲以遣之。」

〔一三〕坎坎鼓我，蹲蹲舞我　此二句見詩小雅伐木篇。「坎坎」，狀鼓之聲。「蹲蹲」，舞貌。鄭玄箋云：「爲我擊鼓坎坎然，爲我興舞蹲蹲然。」

〔一四〕其短簫鐃歌，軍樂也　莊述祖漢鐃歌句解云：「短簫鐃歌之爲軍樂，特其聲耳，其辭不必皆序戰陣之事。」宋書樂志四載漢鼓吹鐃歌十八曲，敍戰陣者僅戰城南一篇，其餘皆與戰陣無涉。莊述祖說可能是正確的。御覽卷五六七引崔豹古今注云：「短簫鐃歌，鼓吹之常，亦以賜有功諸侯也。」

〔一五〕風勸士也　宋書樂志一云：「……短簫鐃歌，蔡邕曰：『軍樂也，黄帝岐伯所作，以揚德建武，勸士諷敵也。』」宋書所引蔡邕語，即出蔡邕所撰禮樂志。

〔一六〕王師大獻則令凱樂　周禮春官大司樂云：「王師大獻則令奏愷樂。」「大獻」，謂戰勝獻捷於祖廟。

〔一七〕軍大獻則令凱歌　周禮春官鎛師云：「軍大獻則鼓其愷樂。」

〔一八〕大予樂官　謂大予令、丞，屬太常。司馬彪續漢書百官志二云：「大予樂令一人，六百石。」本注云：「掌伎樂。凡國祭祀，掌請奏樂，及大饗用樂，掌其陳序。丞一人。」大予樂令下有員吏二十五人，其二人百石，二人斗食，七人佐，十人學事，四人守學事。樂人八佾舞三百八十人，見司馬彪書百官志二劉昭注所引漢官。

〔一九〕以成樂志　此條通鑑卷四四胡三省注亦引，字句極簡。此下聚珍本尚有「國家離亂，大夏未安，黄門舊有鼓吹，今宜罷去」一段文字。此段文字係輯自陳禹謨刻本書鈔卷一三〇。據孔廣陶校注本書鈔卷一三〇所引，知此段文字已經陳禹謨竄改，且此段文字出和熹鄧皇后傳，不當入樂志。參閱本書和熹鄧皇后傳注〔二六〕。

郊祀志

太尉趙憙上言曰：〔一〕「自古帝王，每世之隆，未嘗不封禪。陛下聖德洋溢，〔二〕順天行誅，撥亂中興，作民父母，修復宗廟，救萬姓命，黎庶賴福，海内清平。功成治定，群司禮官咸以爲宜登封告成，爲民報德。百王所同，當仁不讓。宜登封岱宗，正三雍之禮，〔三〕以明靈契，望秩群神，以承天心也。」〔四〕司馬彪續漢書祭祀志上劉昭注

中元元年正月，群臣復奏言：〔五〕「登封告成，爲民報德，百王所同。陛下輒拒絶不許，臣下不敢頌功述德業。〔六〕謹按河雒讖書，〔七〕赤漢九世，當巡封泰山，凡三十六事，傅奏左帷。陛下遂以仲月令辰，遵岱嶽之正禮，奉圖雒之明文，以和靈瑞，〔八〕以爲兆民。」上曰：〔九〕「至泰山乃復議。國家德薄，災異仍至，〔一〇〕圖讖蓋如此。」司馬彪續漢書祭祀志上劉昭注

上東巡狩，〔一一〕至泰山，有司復奏河雒圖記表章赤漢九世尤著明者，前後凡三十六事。與博士充等議，以爲「殷統未絶，黎庶繼命，高宗久勞，猶爲中興。武王因父，受命之列，據三代郊天，〔一二〕因孔子甚美其功，後世謂之聖王。漢統中絶，王莽盗位，一民莫非其臣，尺

土靡不其有，宗廟不祀，十有八年。陛下無十室之資，奮振於匹夫，除殘去賊，興復祖宗，〔一三〕集就天下，海内治平，夷狄慕義，功德盛於高宗、武王。宜封禪爲百姓祈福。請親定刻石紀號文，太常奏儀制」。詔曰：「許。昔小白欲封，夷吾難之；季氏欲旅，仲尼非焉。蓋齊諸侯，季氏大夫，皆無事於泰山。今予末小子，巡祭封禪，德薄而任重，一則以喜，一則以懼。喜於得承鴻業，帝堯善及子孫之餘賞，蓋應圖籙，當得是當。懼於過差，執德不弘，信道不篤，爲議者所誘進，後世知吾罪深矣。」〔一四〕司馬彪續漢書祭祀志上劉昭注

北夷作寇，千里無煙火，〔一五〕無雞鳴狗吠之聲。〔一六〕文選卷二〇曹植五言詩送應氏李善注

封禪，其玉牒文秘，天子事也。〔一七〕文選卷五左思吴都賦李善注

明帝宗祀五帝於明堂，光武皇帝配之。〔一八〕聚珍本

詔曰：〔一九〕「經稱『秩元祀，咸秩無文』。〔二〇〕祭法『功施於民則祀之，以死勤事則祀之，以勞定國則祀之，能禦大災則祀之。以日月星辰，民所瞻仰也；山林川谷丘陵，民所取材用也。非此族也，不在祀典』。傳曰：『聖王先成民而致力於神。』又曰：〔二一〕『山川之神，則水旱癘疫之災，於是乎禜之。〔二二〕日月星辰之神，則雪霜風雨之不時，於是乎禜之。』孝文十二年令曰：『比年五穀不登，欲有以增諸神之祀。』王制曰：『山川神祇有不舉者，爲不敬。』

今恐山川百神應典祀者尚未盡秩，其議增修群祀宜享祀者，以祈豐年，以致嘉福，以蕃兆民。詩不云乎：『懷柔百神，及河喬嶽。』〔二三〕有年報功，不私幸望，豈嫌同辭，其義一焉。」〔二四〕　司馬彪續漢書祭祀志中劉昭注

祠禮畢，命儒者論難。〔二五〕　司馬彪續漢書祭祀志中劉昭注

孝成時，匡衡奏立北郊，復祠六宗。至建武都雒陽，制郊祀，六宗廢不血食，大臣上疏謂宜復舊。上從公議，由是遂祭六宗。〔二六〕　姚本

永平三年八月丁卯，公卿奏議世祖廟登歌八佾舞名。東平王蒼議，以爲漢制舊典，宗廟各奏其樂，不皆相襲，以明功德。秦爲無道，殘賊百姓，高皇帝受命誅暴，元元各得其所，萬國咸熙，作武德之舞。〔二七〕孝文皇帝躬行節儉，除誹謗，〔二八〕去肉刑，〔二九〕澤施四海，孝景皇帝制昭德之舞。〔三〇〕孝武皇帝功德茂盛，威震海外，開地置郡，傳之無窮，孝宣皇帝制盛德之舞。〔三一〕光武皇帝受命中興，撥亂反正，武暢方外，震服百蠻，戎狄奉貢，宇内治平，登封告成，修建三雍，肅穆典祀，功德巍巍，比隆前代。以兵平亂，武功盛大。歌所以詠德，舞所以象功，世祖廟樂名宜曰大武之舞。元命包曰：「緣天地之所雜樂爲之文典。」文王之時，民樂其興師征伐，而詩人稱其武功。琁機鈐曰：「有帝漢出，德洽作樂。」各與虞

韶、禹夏、湯護、周武無異，〔三二〕不宜以名舞。叶圖徵曰：「大樂必易。」詩傳曰：「頌言成也，一章成篇，宜列德，故登歌清廟一章也。」漢書曰：「百官頌所登御者，一章十四句。」依書文始、五行、武德、昭德、盛德修之舞，〔三三〕節損益前後之宜，六十四節爲舞，曲副八佾之數。十月烝祭始御，用其文始、五行之舞如故。進武德舞歌詩曰：「於穆世廟，肅雍顯清，俊乂翼翼，秉文之成。越序上帝，駿奔來寧，建立三雍，封禪泰山，章明圖讖，放唐之文。〔三四〕休矣惟德，〔三五〕罔射協同，〔三六〕本支百世，永保厥功。」〔三七〕詔書曰：「驃騎將軍議可。」〔三八〕進武德之舞如故。〔三九〕　司馬彪續漢書祭祀志下劉昭注

章帝初即位，賜東平憲王蒼書曰：「朕夙夜伏思，念先帝躬履九德，〔四〇〕對於八政勞謙克己終始之度，〔四一〕比放三宗誠有其美。〔四二〕今迫遺詔，誠不起寢廟，臣子悲結，僉以爲雖於更衣，〔四三〕猶宜有所宗之號，以克配功德。宗廟至重，朕幼無知，寤寐憂懼。先帝每有著述典議之事，未嘗不延問王，以定厥中。願王悉明處，乃敢安之。公卿議駁，今皆并送。及有可以持危扶顛，宜勿隱。思有所承，公無困哉！」太尉憙等奏：〔四四〕「禮，祖有功，宗有德。孝明皇帝功德茂盛，宜上尊號曰顯宗，四時祫食於世祖廟，如孝文皇帝在高廟之禮，奏武德、文始、五行之舞。」蒼上言：「昔者孝文廟樂曰昭德之舞，孝武廟樂曰盛德之舞，今

皆祫食於高廟，昭德、盛德之舞不進，與高廟同樂。今孝明皇帝主在世祖廟，當同樂，盛德之樂無所施；如自立廟當作舞樂者，不當與世宗廟盛德之舞同名，〔四五〕即不改作舞樂，當進武德之舞。臣愚戇鄙陋，廟堂之論，誠非所當聞所宜言。陛下體純德之妙，奮至謙之意，猥歸美於載列之臣，故不敢隱蔽愚情，披露腹心。誠知愚鄙之言，不可以仰四門賓于之議。伏惟陛下以至德當成、康之隆，天下乂安刑措之時也。百姓盛歌元首之德，股肱貞良，庶事寧康。臣欽仰聖化，嘉羨盛德，危顛之備，非所宜稱。」上復報曰：「有司奏上尊號曰顯宗，〔四六〕藏主更衣，不敢違詔。祫食世祖，廟樂皆如王議。以正月十八日始祠。仰見榱桷，俯視几筵，眇眇小子，哀懼戰慄，無所奉承。愛而勞之，所望於王也。」〔四七〕　司馬彪續漢書祭祀志下劉昭注

建初四年八月，上以公卿所奏明德皇后在世祖廟坐位駁議示東平憲王蒼，〔四八〕蒼上言：「文、武、宣、元祫食高廟，皆以后配。先帝所制，典法設張。大雅曰：『昭哉來御，從其祖武。』〔四九〕又曰：『不愆不忘，率由舊章。』〔五〇〕明德皇后宜配孝明皇帝。」〔五一〕　御覽卷五三一

永初六年，皇太后入宗廟，〔五二〕於世祖廟與皇帝交獻焉，如光烈皇后故事。　御覽卷五三一

校勘記

〔一〕太尉趙憙上言曰　司馬彪續漢書祭祀志上云：「建武三十年二月，群臣上言，即位三十年，宜封泰山。」趙憙上書即當在此時。此句上姚本、聚珍本有「建武三十年」一句，係據司馬彪書增補。

〔二〕陛下聖德洋溢　書鈔卷六僅引「德澤洋溢」四字。

〔三〕正三雍之禮　據范曄後漢書光武帝紀、儒林傳，光武帝中元元年，初建三雍。「三雍」，謂明堂、辟雍、靈臺。

〔四〕以承天心也　趙憙雖然上書勸光武帝行封禪禮，但未被采納。司馬彪續漢書祭祀志上云：群臣言宜封禪，「詔書曰：『即位三十年，百姓怨氣滿腹，吾誰欺，欺天乎？曾謂泰山不如林放，何事汙七十二代之編録！桓公欲封，管仲非之。若郡縣遠遣吏上壽，盛稱虛美，必髡，兼令屯田。』從此群臣不敢復言」。

〔五〕中元元年正月，群臣復奏言　原無「中元元年正月」一句和「復」字，御覽卷五三六引有，今據增補。司馬彪續漢書祭祀志上云：建武「三十二年正月，上齋，夜讀河圖會昌符，曰『赤劉之九，會命岱宗。不慎克用，何益於承。誠善用之，姦僞不萌』。感此文，乃詔松等復案索河雒讖文言九世封禪事者。松等列奏，乃許焉」。「松」即梁松。「群臣復奏言」當即在建武三十二年正月。據范曄後漢書光武帝紀，是年二月即封泰山，禪梁父。四月改年爲中元元年。此句上姚本有「建武三十二年」一句，聚珍本有「三十二年」一句，皆依司馬彪書增補。

〔六〕業　御覽卷五三六引無此字。

〔七〕謹按　此二字原無，姚本同，聚珍本有，御覽卷五三六引亦有此二字，今據增補。

〔八〕和　姚本、聚珍本同，御覽卷五三六引作「祈」。

〔九〕上曰　此下諸句御覽卷五三六引作「於是許焉。至泰山乃復議曰：『國家德薄，災異仍至，圖讖蓋如此邪。』」其下又引以下數句：「上東巡狩，至太山，有司復奏河圖讖記表章赤漢九世尤著明者，後凡三十六事。」因與下條文字重出，今删去。

〔一〇〕仍　頻繁。

〔一一〕上東巡狩　原無「東巡狩」三字，姚本同，聚珍本有，御覽卷五三六引亦有，今據增補。

〔一二〕受命之列，據三代郊天　聚珍本注云：「二句疑有脱誤。」

〔一三〕除殘去賊，興復祖宗　文選卷五六陸倕石闕銘李善注引云：「博士等議曰：『陛下除殘去賊，興復祖宗。』」又卷五九王巾頭陁寺碑文李善注引云：「博士議曰：『除殘去賊，興復祖宗。』」皆爲節録。

〔一四〕後世知吾罪深矣　玉海卷九八、卷二〇〇亦引此條，字句極略。范曄後漢書光武帝紀云：「中元元年春正月……丁卯，東巡狩。二月乙卯，幸魯，進幸太山。北海王興、齊王石朝於東嶽。辛卯，柴望岱宗，登封太山。甲午，禪於梁父。」據司馬彪續漢書祭祀志上所載：二十二日辛卯的大清晨，燎祭天於泰山下南方。則禪梁父之甲午爲二十五日。光武帝封禪經過和施用典制，司馬彪書祭祀志上及劉昭注所引應劭漢官馬第伯封禪儀言之頗詳，可參閱。

〔一五〕煙火　文選卷二七王粲五言詩從軍行李善注引作「火煙」。

〔一六〕無雞鳴狗吠之聲　此句原無，文選卷三八傅亮爲宋公至洛陽謁五陵表李善注引云：「北夷寇作，無雞鳴狗吠之聲。」今據增補。光武帝於中元元年二月行封禪禮，立碑刻石，司馬彪續漢書祭祀志上録其碑文，内有「北夷作寇，千里無煙，無雞鳴狗吠之聲」諸語。聚珍本輯者未能細考，郊祀志未收此條，而列入「無篇可歸」的佚文篇内。

〔一七〕天子事也　此條文選卷三五張協七命李善注亦引，無此句，餘同。

〔一八〕光武皇帝配之　文選卷一班固兩都賦李善注引東觀漢記云：「永平二年正月，上宗祀光武皇帝於明堂，祀畢，登靈臺。」據范曄後漢書明帝紀，此事在永平二年正月辛未。據司馬彪續漢書祭祀志中云：「明帝即位，永平二年正月辛未，初祀五帝於明堂，光武帝配。五帝坐位堂上，各處其方。黄帝在未，皆如南郊之位。光武帝位在青帝之南少退，西面。牲各一犢，奏樂如南郊。卒事，遂登靈臺，以望雲物。」可見此條所云「明帝宗祀五帝於明堂，光武皇帝配之」，時間亦在永平二年正月辛未，與文選所引當爲一事，但文字有所不同，不知聚珍本此條文字從何書輯録。文選所引已編入本書明帝紀。

〔一九〕詔曰　司馬彪續漢書祭祀志中云：「章帝即位，元和二年正月，詔曰：『山川百神，應祀者未盡。其議增修群祀宜享祀者。』」此詔與司馬彪書所載章帝元和二年詔當是同一詔文，只不過東觀漢記所録較詳，而司馬彪書多所删節。

〔二〇〕經稱「秩元祀，咸秩無文」　尚書洛誥篇云：「周公曰：『王，肇稱殷禮，祀於新邑，咸秩無文。予齊百工，伻從王於周，予惟曰庶有事。』今王即命曰：『記功，宗以功作元祀。』」「經稱」云云即本此。曾運乾尚書正讀云：「元祀，大祀也。」又云：「咸秩者，有秩序也。無文者，言無舊典可憑也。」而尚書孔安國傳釋「咸秩無文」云：「皆次秩不在禮文者而祀之。」就東觀漢記所引來看，當以孔安國所釋爲是。

〔二一〕又曰　此下所引爲左傳昭公元年子産之語。

〔二二〕禜　古代的一種禳災之祭。聚草木爲束，設爲祭處，以牲、圭璧等祭日月星辰山川之神，消除風雨雪霜水旱癘疫等災害。周禮春官大祝云：「掌六祈以同鬼神示，一曰類，二曰造，三曰禬，四曰禜，五曰攻，六曰説。」

〔二三〕懷柔百神，及河喬嶽　語出詩周頌時邁篇。「嶽」，此指岱宗。

〔二四〕其義一焉　此條玉海卷一〇二兩引，字句皆略。是時章帝將東巡狩，禮祀神祇，故有此詔。

〔二五〕祠禮畢，命儒者論難　司馬彪續漢書祭祀志中云：元和二年二月，章帝東巡，上泰山，柴祭天地群神如故事。「因行郡國，幸魯，祠東海恭王，及孔子、七十二弟子。」其下劉昭即引此條文字作注。此條又輯入章帝紀。

〔二六〕由是遂祭六宗　此條又見聚珍本，不知二本從何書輯録。此所載祭六宗，乃安帝元初六年時事。司馬彪續漢書祭祀志中云：「安帝即位，元初六年，以尚書歐陽家説，謂六宗者在天地四方之中，爲上下四方之宗。以元始中故事，謂六宗易六子之氣日、月、雷公、風伯、山、澤者爲非是。三月庚辰，初更立六宗，祀於雒陽西北戌亥之地，禮比太社也。」劉昭注引李氏家書云：「司空李郃侍祠南郊，不見宗祠，奏曰：『按尚書「肆類於上帝，禋於六宗」。六宗者，上不及天，下不及地，傍不及四方，在六合之中，助陰陽，化成萬物。漢初甘泉、汾陰天地亦禋六宗。孝成之時，匡衡奏立南北郊祀，復祠六宗。及王莽謂六宗，易六子也。建武都雒陽，制祀不道祭六宗，由是廢不血食，今宜復舊度。』制曰：『下公卿議。』五官將行弘等三十一人議可祭，大鴻臚龐雄等二十四人議不當祭。上從郃議，由是遂祭六宗。」范曄後漢書安帝紀元初六年載：「三月庚辰，始立六宗，祀於洛城西北。」所謂「六宗」，自古聚訟，竟無定説，或云天、地、春、夏、秋、冬，或云四時、寒暑、日、月、星、水旱，或云水、火、雷、風、山、澤，或云日、月、星、岱、海、河，或云星、辰、司中、司命、風伯、雨師，等等，司馬彪書祭祀志中劉昭注言之甚詳，可參閱。

〔二七〕作武德之舞　漢書禮樂志二云：「武德舞者，高祖四年作，以象天下樂己行武以除亂也。」

〔二八〕除誹謗　漢書文帝紀二年五月詔曰：「古之治天下，朝有進善之旌，誹謗之木，所以通治道而來諫者也。今法有誹謗訞言之罪，是使衆臣不敢盡情，而上無由聞過失也，將何以來遠方之賢良？其除之。民或祝詛上，以相約而後相謾，吏以爲大逆，其有他言，吏又以爲誹謗。此細民之愚，無知抵死，朕甚不取。自今以來，有犯此者勿聽治。」

〔二九〕去肉刑　漢書文帝紀十三年載：「五月，除肉刑法。」刑法志云：文帝「即位十三年，齊太倉令淳于公有罪當刑，詔獄逮繫長安。淳于公無男，有五女，當行會逮，罵其女曰：『生子不生男，緩急非有益！』其少女緹縈，自傷悲泣，乃隨其父至長安，上書曰：『妾父爲吏，齊中皆稱其廉平，今坐法當刑。妾傷夫死者不可復生，刑者不可復屬，雖後欲改過自新，其道亡繇也。妾願没入爲官婢，以贖父刑罪，使得自新。』書奏天子，天子憐悲其意，遂下令曰：『……今法有肉刑三，而姦不止……今人有過，教未施而刑已加焉，或欲改行爲善，而道亡繇至，朕甚憐之。夫刑至斷支體，刻肌膚，終身不息，何其刑之痛而不德也，豈稱爲民父母之意哉？其除肉刑，有以易之，及令罪人各以輕重，不亡逃，有年而免。具爲令。』」

〔三〇〕孝景皇帝制昭德之舞　漢書禮樂志二云：「孝景采武德舞以爲昭德，以尊太宗廟。」

〔三一〕孝宣皇帝制盛德之舞　漢書禮樂志二云：「至孝宣，采昭德舞爲盛德，以尊世宗廟。」

〔三二〕虞韶、禹夏、湯護、周武　漢書禮樂志二云：「舜作招，禹作夏，湯作濩，武王作武。」風俗通義聲音篇亦云：「舜作韶，禹作夏，湯作護，武王作武。……武，言以功定天下也。護，言救民也。夏，大承二帝也。韶，繼堯也。」

〔三三〕依書文始、五行、武德、昭德、盛德修之舞　「昭德、盛德修之舞」七字原作「昭真修之舞」五字，有訛脱，今據聚珍本校改。然文仍有誤，「修」字似爲衍文。漢書禮樂志二云：「高廟奏武德、文始、五行之舞。……文始舞者，曰本舜招舞也，高祖六年更名曰文始，以示不相襲也。五行舞者，本周舞也，秦始皇二十六年更名曰五行也。」

〔三四〕放　效也。

〔三五〕休　美也，善也。

〔三六〕罔射　詩周頌清廟篇云：「不顯不承，無射於人斯。」「射」與「斁」音同字通。「罔射」即無厭。

〔三七〕永保厥功　宋書樂志一云：「至明帝初，東平憲王蒼總定公卿之議曰：『宗廟宜各奏樂，不應相襲，所以明功德也。承文始、五行、武德爲大武之舞。』又制舞歌一章，薦之光武之廟。」

〔三八〕驃騎將軍議可　驃騎將軍謂東平王蒼。明帝即位後，即拜蒼爲驃騎將軍。范曄後漢書明帝紀永平三年載：「冬十月，蒸祭光武廟，初奏文始、五行、武德之舞。」即依東平王蒼之議。

〔三九〕進武德之舞如故　「故」字聚珍本誤作「數」。此條東漢會要卷八全文引録。玉海卷六一、卷一〇七亦引，字句極爲簡略。司馬彪續漢書祭祀志下劉昭注引蔡邕表志云：「孝明立世祖廟，以明再受命祖有功之義，後嗣遵儉，不復改立，皆藏主其中。聖明所制，一王之法也。自執事之吏，下至學士，莫能知其所以兩廟之意，誠宜具録本事。建武乙未、元和丙寅詔事，下宗廟儀及齋令，宜入郊祀志，永爲典式。」

〔四〇〕九德　尚書皋陶謨云：「皋陶曰：『都，亦行有九德，亦言其人有德，乃言曰，載采采。』禹曰：『何？』皋陶曰：『寬而栗，柔而立，愿而恭，亂而敬，擾而毅，直而温，簡而廉，剛而塞，彊而義，彰其有常吉哉！』」而逸周書常訓篇以忠、信、敬、剛、柔、和、固、貞、順爲「九德」，文政篇以忠、慈、禄、賞、民之利、商工受資、祗民之死、無奪農、足民之財爲「九德」，寶典篇以孝、悌、慈惠、忠恕、中正、恭遜、寬弘、温直、兼武爲「九德」。此所云「九德」，當取尚書説。

〔四一〕八政　禮記王制篇云：「齊八政以防淫。」又云：「八政，飲食、衣服、事爲、異别、度、量、數、制。」逸周書常訓篇云：「八政和平。八政，夫妻、父子、兄弟、君臣。」此所云「八政」，當取禮記説。

〔四二〕三宗　謂太宗文帝、世宗武帝、中宗宣帝。

〔四三〕更衣　范曄後漢書明帝紀云：明帝卒，「遺詔無起寢廟，藏主於光烈皇后更衣别室」。李賢注云：「禮『藏主於廟』，既不起寢廟，故藏於后之易衣别室。更，易也。」又注云：「更衣者，非正處也。園中有寢，有便殿。寢者，陵上正殿。便殿，寢側之別殿，即更衣也。」司馬彪續漢書祭祀志下云：「明帝臨終遺詔，遵儉無起寢廟，藏主於世祖廟更衣。」

〔四四〕憙　趙憙。

〔四五〕世宗廟　姚本、聚珍本皆作「世祖廟」。中華書局標點校勘本司馬彪續漢書所據底本亦作「世祖廟」。聚珍本注云：「前文東平王蒼請名世祖廟舞爲大武，詔仍進武德之舞，無盛德舞之名。此句疑有訛舛。」聚珍本輯者所疑甚是。上文云「孝武廟樂曰盛德之舞」，是「世祖廟」乃「世宗廟」之訛。世宗即孝武帝。作「世宗廟」，則上下文義瞭然。中華書局標點校勘本司馬彪書已正作「世宗廟」。

〔四六〕有司奏上尊號曰顯宗　范曄後漢書章帝紀永平十八年云：「十二月癸巳，有司奏言：『孝明皇帝聖德淳茂……功烈光於四海，仁風行於千載。而深執謙謙，自稱不德，無起寢廟，埽地而祭，除日祀之法，省送終之禮，遂藏主於光烈皇后更衣別室。天下聞之，莫不悽愴。陛下至孝烝烝，奉順聖德。臣愚以爲更衣在中門之外，處所殊別，宜尊廟曰顯宗。……』制曰：『可。』」據此，「有司奏上尊號曰顯宗」是在永平十八年十二月癸巳。下文云「以正月十八日始祠」，此「正月十八日」時屬建初元年。這樣看來，章帝報東平憲王蒼書的時間當在永平十八年十二月癸巳至次年正月十八日之間。

〔四七〕所望於王也　此條玉海卷九七兩引，字句皆極簡略。

〔四八〕上以公卿所奏明德皇后在世祖廟坐位駁議示東平憲王蒼　據范曄後漢書章帝紀所載，建初四年「六月癸丑，皇太后馬氏崩。秋七月壬戌，葬明德皇后」。此所謂「公卿所奏明德皇后在世祖廟坐位駁議」，即明德皇后葬後公卿所議祔廟事。

〔四九〕昭哉來御，從其祖武　此二句聚珍本作「昭兹來許，繩其祖武」。詩大雅下武篇同。吳闓生詩義會通云：「兹猶哉也。昭哉、昭兹，呼而戒之之詞也。」「繩」，繼也。「武」，迹也。

〔五〇〕不愆不忘，率由舊章　此二句見詩大雅假樂篇。「愆」，過也。「率」，循也。

〔五一〕明德皇后宜配孝明皇帝　司馬彪續漢書祭祀志下劉昭注引謝沈書云：「上以公卿所奏明德皇后在世祖廟坐位駁議示蒼，上言：『文、武、宣、元祖祫食高廟，皆以配，先帝所制，典法設張。大雅曰：「昭哉來御，慎其祖武。」又曰：「不愆不忘，帥由舊章。」明德皇后宜配孝明皇帝於世祖廟，同席而供饌。』」所引「昭哉來御，慎其祖武」，當本三家詩。聚珍本注云：「劉昭注引謝沈書一段與此同，未有『與世祖廟同席而供饌』句，尤爲完密。」

〔五二〕永初六年，皇太后入宗廟　「皇太后」謂和熹鄧皇后。此事范曄後漢書安帝紀記於永初七年春正月庚戌，而李賢注云：「東觀、續漢、袁山松、謝沈書、古今注皆云『六年正月甲寅，謁宗廟』。」袁宏後漢紀卷一六亦云：永初「六年春正月甲寅，皇太后初親祭於宗廟」。范書安帝紀所載年月不可信。

天文志〔一〕

校勘記

〔一〕天文志　據范曄後漢書蔡邕傳李賢注，邕撰東觀漢記十意，其中有天文意，即天文志。此志全佚，未見他書徵引，今僅存其目。初學記卷一載：「蔡邕天文志言天體者三，一曰周髀，二曰宣夜，三曰渾天。」四庫全書考證云：「按劉昭司馬書天文志注引蔡邕表志云：『言天者有三家，一曰周髀，二曰宣夜，三曰渾天。』按徐堅初學記引此文竟題爲蔡邕志。今按此乃表志之文，非即蔡志也。」

地理志〔一〕

蕭何墓在長陵東司馬門道北百步。〔二〕　史記卷五三蕭相國世家集解

霍光墓在茂陵東司馬門道南四里。〔三〕　范曄後漢書卷二明帝紀李賢注

王莽分鉅鹿爲和成郡。〔四〕　范曄後漢書卷一光武帝紀李賢注

蛇丘有芳陘山。〔五〕　司馬彪續漢書郡國志三劉昭注

東緡，〔六〕縣名，屬山陽郡。〔七〕　范曄後漢書卷一七馮異傳李賢注

光武中興，都洛陽，又於南陽置南都。〔八〕　初學記卷二四

魯陽鄉在尋陽縣。〔九〕　范曄後漢書卷三七丁鴻傳李賢注

西海有勝山。〔一〇〕　司馬彪續漢書郡國志三劉昭注

秦時改爲太末，〔一一〕有龍丘山在東，有九石特秀，色丹，遠望如蓮華。〔一二〕萇之隱處有一巖穴如窗牖，〔一三〕中有石牀，可寢處。〔一四〕　王先謙集解本范曄後漢書卷七六循吏任延傳李賢注

建安二十年，復置漢寧郡，分漢中之安陽、西城。〔一五〕又分錫、上庸爲上庸郡，置都尉。〔一六〕　姚本

安帝即位之年，分三縣來屬。〔一七〕　司馬彪續漢書郡國志五劉昭注

臨濟，王莽更名利居，安帝永初二年，改從今名。〔一八〕　水經注卷三

永興元年，鄉三千六百八十二，〔一九〕亭萬二千四百四十二。〔二〇〕　司馬彪續漢書郡國志五劉昭注

校勘記

〔一〕地理志　據史通古今正史篇，此志爲侍中伏無忌、諫議大夫黄景所撰。

〔二〕蕭何墓在長陵東司馬門道北百步　此條范曄後漢書明帝紀和和帝紀李賢注亦引，文字全同。「長陵」即漢高祖陵墓，在今陝西咸陽市渭水北岸。「司馬門」爲寢廟宫垣之外門。此句末聚珍本注云：「上陵屬京兆尹。」

〔三〕霍光墓在茂陵東司馬門道南四里　據今人考古勘測，霍光墓在茂陵東北方向一千米處。「茂陵」爲漢武帝陵墓，在今陝西咸陽市渭水北岸，與高祖長陵、惠帝安陵、景帝陽陵、昭帝平陵合稱五陵。文選卷一班固西都賦云：「南望杜、霸，北眺五陵。」劉良注云：「宣帝杜陵、文帝霸陵在南，高、惠、景、武、昭帝此五陵皆在北。」此句末聚珍本注云：「茂陵屬右扶風。」

〔四〕王莽分鉅鹿爲和成郡　范曄後漢書光武帝紀云：更始二年，「王莽和成卒正邳彤亦舉郡降」。其下李賢引此語作注。

〔五〕蛇丘有芳陘山　司馬彪續漢書郡國志三濟北國下云：「蛇丘，有遂鄉，有下讙亭，有鑄鄉城。」其下劉昭注云：「東觀書有芳陘山。」此條即據劉昭注，又參酌司馬彪書輯録。

〔六〕東緡　司馬彪續漢書郡國志三山陽郡下屬縣有東緡，並云：「春秋時曰緡。」

〔七〕屬山陽郡　范曄後漢書馮異傳載：建武二年，封異陽夏侯。異卒，長子彰嗣。「十三年，更封彰東緡侯，食三縣。」其下李賢引此條文字作注。

〔八〕又於南陽置南都　此條記纂淵海卷八亦引，文字全同。

〔九〕魯陽鄉在尋陽縣　范曄後漢書丁鴻傳云：「建初四年，徙封魯陽鄉侯。」其下李賢引此語作注。尋陽縣屬廬江郡。

〔一〇〕西海有勝山　司馬彪續漢書郡國志三琅邪國屬縣有西海，劉昭注云：「東觀書有勝山。」此條即據劉昭注，又參酌司馬彪書輯録。

〔一一〕秦時改爲太末　聚珍本注云：「太末縣屬會稽郡。此句之上當有闕文。考司馬彪郡國志劉昭注，太末，左傳謂姑蔑。」

〔一二〕華　與「花」字同。

〔一三〕萇　龍丘萇。范曄後漢書循吏任延傳云：「吴有龍丘萇者，隱居太末，志不降辱。王莽時，四輔三公連辟，不到。掾史白請召之。延曰：『龍丘先生躬德履義，有原憲、伯夷之節。都尉埽洒其門，猶懼辱焉，召之不可。』遣功曹奉謁，修書記，致醫藥，吏使相望於道。積一歲，萇乃乘輦詣府門，願得先死備録。延辭讓再三，遂署議曹祭酒。萇尋病卒。」御覽卷五〇二引謝沈後漢書亦略載其事。

〔一四〕可寢處　此條姚本未輯，爲聚珍本所録。據王先謙集解本范曄後漢書，此條文字出「東觀記」，而據中華書局標點校勘本范曄後漢書李賢注，此條文字出東陽記。按司馬彪續漢書郡國志四會稽郡太末下劉昭注云：「東陽記：『縣龍丘山有九石，特秀林表，色丹白，遠望盡如蓮花。龍丘萇隱居於此，因以爲名。其峯際復有巖穴，外如窗牖，中有石林。巖前有一桃樹，其實甚甘，非山中自有，莫知誰植。』」疑王先謙集解本范書李賢注所引「東觀記」乃「東陽記」之訛，此條當從本書中剔除。

〔一五〕復置漢寧郡，分漢中之安陽、西城　此亦見聚珍本。聚珍本注云：「司馬彪郡國志劉昭注西城下曰：『巴漢志云漢末以爲西城郡。』不言屬漢寧。」按三國志魏書武帝紀載：建安二十年，武帝平巴、漢，「復漢寧郡爲漢中，分漢中之安陽、西城爲西城郡，置太守」。由這一記載來看，漢寧郡之設在建安二十年以前，建安二十年恢復漢寧郡爲漢中郡。又安陽、西城二縣在建安二十年前屬漢寧郡，建安二十年，始歸西城郡。

〔一六〕又分錫、上庸爲上庸郡　此亦見聚珍本。此條不知姚本從何書輯録。三國志魏書武帝紀亦云建安二十年，分漢中之錫、上庸二縣爲上庸郡，置都尉。

〔一七〕分三縣來屬　司馬彪續漢書郡國志五玄菟郡屬縣有高顯、候城、遼陽，原皆屬遼東郡。三縣下劉昭引此條文字作注。此條文字姚本、聚珍本據司馬彪書和劉昭注輯作「安帝即位之年，分高顯、候城、遼陽屬玄菟」。

〔一八〕安帝永初二年，改從今名　水經注卷三三云：濟水「又東北過臨濟縣南，縣故狄邑也。王莽更名利居。漢記：『安帝永初二年，改從今名。』」此條輯録時參考了水經注内容，字句略有增改。此所引漢記，楊熊合撰水經注疏楊守敬引惠棟説認爲即指東觀漢記。此條姚本、聚珍本均未輯録。

〔一九〕八十二　玉海卷一七、卷一八引同，聚珍本作「八十一」。

〔二〇〕四十二　聚珍本作「四十三」，玉海卷一七、卷一八亦引作「四十三」。

朝會志〔一〕

校勘記

〔一〕朝會志　史通古今正史篇記東觀漢記撰修始末云：「熹平中，光禄大夫馬日磾，議郎蔡邕、楊彪、盧植著作東觀，接續紀傳之可成者，而邕别作朝會、車服二志。」可知東觀漢記有朝會志，爲蔡邕所修。此志全佚，未見他書徵引，今僅存其目。

車服志〔一〕

天子行有罼罕。〔二〕 文選卷四六顏延年三月三日曲水詩序李善注

永平二年正月，公卿議春南北郊，〔三〕東平王蒼議曰：「孔子曰：〔四〕『行夏之時，〔五〕乘殷之路，〔六〕服周之冕。』〔七〕爲漢制法。高皇帝始受命創業，制長冠以入宗廟。光武受命中興，建明堂，立辟雍。〔八〕陛下以聖明奉遵，以禮服龍袞，祭五帝。〔九〕禮缺樂崩，久無祭天地冕服之制。按尊事神祇，絜齋盛服，敬之至也。日月星辰，山龍華藻，天王袞冕十有二旒，以則天數；旂有龍章日月，以備其文。今祭明堂宗廟，圓以法天，方以則地，服以華文，象其物宜，以降神明，肅雍備思，博其類也。天地之禮，冕冠裳衣，宜如明堂之制。」〔一〇〕司馬彪續漢書輿服志下劉昭注

武冠，俗謂之大冠。〔一一〕 類聚卷六七

貴人、相國緑綬，三采，緑紫白，純緑圭。〔一二〕公、侯、將軍紫綬，二采，紫白，純紫圭。〔一三〕公主封君同。〔一四〕九卿、中二千石青綬，三采，青白紅，純青圭。〔一五〕千石、六百石黑

綬，二采，青紺，純青圭。〔一六〕四百、三百、二百石黄綬，一采，純黄圭。〔一七〕百石青紺綬，一采，宛轉繆織圭。〔一八〕御覽卷六八二

孝明帝作蠙珠之佩，以郊祀天地。〔一九〕書鈔卷一二八

賜段熲赤幘，故知自上下通服之，皆烏也。厨人緑，騶人赤，輿輦人黄，駕五輅人逐車色。〔二〇〕其承遠遊進賢者，施以掌導，謂之介幘。承武弁者，施以笄導，謂之平巾。事物紀原卷三

校勘記

〔一〕車服志　據史通古今正史篇，此志爲蔡邕所撰。

〔二〕天子行有罼罕　此條海録碎事卷一〇亦引，文字全同。「罼」與「罕」皆爲鳥網。此所謂「罼罕」，指載網之獵車。文選卷八楊雄羽獵賦云：「荷垂天之罼，張竟壄之罘。」又云：「罕車飛揚，武騎聿皇。」此「罼」與「罕」分言，實爲同類之物。李善注云：「罕，罼罕也。」

〔三〕春　姚本、聚珍本作「舉」，誤。玉海卷七八、卷八一、卷八二引皆作「春」，字尚不誤。卷六一引作「奏」，與「春」形近致誤。

〔四〕孔子曰　見論語衛靈公篇。顔淵問如何治理國家，孔子以「行夏之時」云云相答。

〔五〕行夏之時　楊伯峻論語譯注衛靈公篇注云：「據古史記載，夏朝用的自然曆，以建寅之月（舊曆

正月）爲每年的第一月，春夏秋冬合乎自然現象。周朝則以建子之月（舊曆十一月）爲每年的第一月，而且以冬至日爲元日。這個雖然在觀測天象方面比較以前進步，但實用起來却不及夏曆方便於農業生産。就是在周朝，也有很多國家是仍舊用夏朝的曆法的。」

〔六〕乘殷之路　「路」與「輅」通。殷輅即大輅，漢代祭天，尚乘大輅，東漢稱爲桑根車。殷輅較周代車子樸質。孔子生當周代，主張「乘殷之路」，是表示崇尚儉樸。左傳桓公二年云：「大輅、越席，昭其儉也。」

〔七〕服周之冕　孔子主張禮服華美，論語泰伯篇孔子肯定禹「惡衣服而致美乎黻冕」，可證。周冕較前代華美，所以孔子主張「服周之冕」。

〔八〕建明堂，立辟雍　據本書光武帝紀載，中元元年，起明堂、辟雍。范曄後漢書光武帝紀亦云中元元年，「初起明堂、靈臺、辟雍」。

〔九〕五帝　據范曄後漢書明帝紀李賢注引五經通義，指蒼帝靈威仰、赤帝赤熛怒、黄帝含樞紐、白帝白招矩、黑帝叶光紀。

〔一〇〕宜如明堂之制　此條玉海卷八三亦引，字句極略。據司馬彪續漢書輿服志下所載：「秦以戰國即天子位，滅去禮學，郊祀之服皆以袀玄。漢承秦故。至世祖踐祚，都於土中，始修三雍，正兆七郊。」光武帝時，郊祀天地之禮尚爲簡樸。至明帝，「初服旒冕，衣裳文章，赤舄絇屨，以祠天地」。范曄後漢書明帝紀李賢注引董巴輿服志亦云：「顯宗初服冕衣裳以祀天地。衣裳以玄上纁下，乘輿備文日月星辰十二章，三公、諸侯用山龍九章，卿已下用華蟲七章，皆五色采。乘輿刺繡，公卿已下皆織成。陳留襄邑獻之。」又引徐廣車服注云：「漢明帝案古禮備其服章，天子郊廟衣皁上絳下，前三幅，後四幅，衣畫而裳繡。」明帝在郊祀天地時輿服禮制的改變，當即發自東平王蒼之議。

〔二〕武冠，俗謂之大冠　此條海録碎事卷五亦引，文字全同。司馬彪續漢書輿服志下云：「武冠，俗謂之大冠，環纓無蕤，以青系爲緄，加雙鶡尾，豎左右，爲鶡冠云。五官、左右虎賁、羽林、五中郎將、羽林左右監皆冠鶡冠，紗縠單衣。」

〔三〕純緑圭　司馬彪續漢書輿服志下云：「諸國貴人、相國皆緑綬，三采，緑紫紺，淳緑圭，長二丈一尺，二百四十首。」與此所載微異。御覽卷六八二引董巴輿服志云：「諸國貴人、相國緑綬，三采，緑紫白，淳緑圭，長二丈一尺，二百四十首。」綬三采之色與東觀漢記所載同。

〔三〕純紫圭　司馬彪續漢書輿服志下云：「公、侯、將軍紫綬，二采，紫白，淳紫圭，長丈七尺，百八十首。」御覽卷六八二引董巴輿服志亦云：「將軍紫綬，二采，紫白，淳紫圭，長一丈七尺，百八十首。」

〔四〕公主封君同　司馬彪續漢書輿服志下云：「公主封君服紫綬。」御覽卷六八二引董巴輿服志亦云公主封君綬制與將軍同。

〔一五〕純青圭　司馬彪續漢書輿服志下云：「九卿、中二千石、二千石青綬，三采，青白紅，淳青圭，長丈七尺，百二十首。」御覽卷六八二引董巴輿服志云：「九卿、中二千石，一云青緺綬。」

〔一六〕純青圭　司馬彪續漢書輿服志下云：「千石、六百石黑綬，三采，青赤紺，淳青圭，長丈六尺，八十首。」與此所載略有不同。御覽卷六八二引董巴輿服志所載與司馬彪書同。

〔一七〕一采，純黃圭　此二句原誤倒，今據上下文例乙正。御覽卷六八二引董巴輿服志云：「四百丞、尉，三百長相，二百石，皆黃綬，一采，淳黃圭，長丈五尺，六十首。」亦可證此二句當作「一采，純黃圭」。又司馬彪續漢書輿服志下云：「四百石、三百石、二百石黃綬，一采，淳黃圭，長丈五尺，六十首。」

〔一八〕宛轉繆織圭　原脱「圭」字。司馬彪續漢書輿服志下云：「百石青紺綬，一采，宛轉繆織圭，長丈二尺。」御覽卷六八二引董巴輿服志云：「百石青紺綬，一采，宛轉繆織圭，長丈二尺。」今據二書增補。此條文字上尚引有「掠得羌侯君長紫綬十七、艾綬二十八、黃綬二枚，皆入簿」諸句，此爲段熲事，已入本書段熲傳。

〔一九〕以郊祀天地　此條上書名引作「蔡邕車服志」。蔡邕車服志即東觀漢記中車服志。此條御覽卷六九二、唐類函卷一六八引同。

〔二〇〕駕五輅人逐車色　「駕五」二字疑爲衍文，或文有訛脱。

卷六

傳一

光烈陰皇后〔一〕

有陰子公者，生子方，〔二〕方生幼公，公生君孟，名睦，〔三〕即后之父也。　范曄後漢書卷一〇光烈陰皇后紀李賢注

上微時，過新野，〔四〕聞后美，〔五〕心悦之。後至長安，見執金吾車騎甚盛，因歎曰：「仕宦當作執金吾，〔六〕娶妻當得陰麗華。」更始元年，遂納后於宛。〔七〕　御覽卷一三七

光烈陰皇后，上即位，立爲貴人。〔八〕上以后性賢仁，宜母天下，欲授以尊位。后輒退讓，自陳不足以當大位。〔九〕　御覽卷一四四

後爲皇后。〔一〇〕　類聚卷一八

失親數十年，言及未嘗不流涕。〔一一〕　書鈔卷二四

校勘記

〔一〕光烈陰皇后　名麗華，南陽新野人，事詳范曄後漢書卷一〇光烈陰皇后紀。汪文臺輯司馬彪續漢書卷一亦略載其事。范書皇后紀論云：「漢世皇后無謚，皆因帝謚以爲稱。雖吕氏專政，上官臨制，亦無殊號。中興，明帝始建光烈之稱，其後並以德爲配，至於賢愚優劣，混同一貫，故馬、竇二后俱稱德焉。其餘唯帝之庶母及蕃王承統，以追尊之重，特爲其號，如恭懷、孝崇之比是也。」據史通古今正史篇，東觀漢記有外戚傳，本卷所收光烈陰皇后等傳，原當皆在外戚傳。

〔二〕子方　姚本注云：「子方即臘日以黄羊祠竈神者。」范曄後漢書陰識傳云：「宣帝時，陰子方者，至孝有仁恩，臘日晨炊而竈神形見，子方再拜受慶。家有黄羊，因以祀之。自是已後，暴至巨富，田有七百餘頃，輿馬僕隸，比於邦君。子方常言『我子孫必將彊大』，至識三世而遂繁昌，故後常以臘日祀竈，而薦黄羊焉。」事又見風俗通義祀典篇。陰識即光烈陰皇后前母兄。

〔三〕睦　范曄後漢書光烈陰皇后紀李賢注云：「今世本『睦』作『陸』。」是唐代傳世本有「睦」作「陸」者。

〔四〕上微時，過新野　此二句聚珍本作「初，光武適新野」，類聚卷一六、御覽卷一六引同，書鈔卷五四引作「光武初過新野」。

〔五〕聞后美　此句聚珍本作「聞陰后美」，書鈔卷五四、類聚卷一六引同，御覽卷三八〇引作「聞陰麗華美」。

〔六〕當　書鈔卷五四引作「須」。

〔七〕更始元年，遂納后於宛　范曄後漢書光烈陰皇后紀云：「初，光武適新野，聞后美，心悦之。後至長安，見執金吾車騎甚盛，因歎曰：『仕宦當作執金吾，娶妻當得陰麗華。』更始元年六月，遂納后於宛當成里，時年十九。」

〔八〕立爲貴人　范曄後漢書光烈陰皇后紀云：「光武即位，令侍中傅俊迎后，與胡陽、寧平主諸宫人俱到洛陽，以后爲貴人。」

〔九〕自陳不足以當大位　建武二年，以光烈陰皇后固辭后位，遂立郭后。至十七年，乃廢郭后而立陰后，事見范曄後漢書光武郭皇后紀、光烈陰皇后紀。此條永樂大典卷二九七二亦引，字句全同。

〔一〇〕後爲皇后　類聚卷一八引東觀漢記云：「初，光武聞陰麗華美，心悦之，歎曰：『娶妻當得陰麗華。』後爲皇后。」「娶妻當得陰麗華」以上諸句，上文已作輯録，今删去，僅輯「後爲皇后」一句。御覽卷三八〇亦引此條文字，僅無「之」字，餘與類聚卷一八引同。

〔一〕失親數十年，言及未嘗不流涕　此條姚本、聚珍本皆未輯録。范曄後漢書光烈陰皇后紀云：「七歲失父，雖已數十年，言及未曾不流涕。」

明德馬皇后〔一〕

明德皇后嘗久病，至卜者家爲卦，問咎祟所在。卜者卦定釋蓍，仰天歎息。〔二〕卜者乃曰：「此女明年小疾，必將貴。遂爲帝妃，不可言也。」〔三〕　御覽卷七二七

后長七尺二寸，〔四〕青白色，方口美髮。〔五〕　初學記卷一〇

明帝馬皇后美髮，爲四起大髻，但以髮成，尚有餘，繞髻三匝，復出諸髮。〔六〕眉不施黛，裝不求飾。〔七〕獨左眉角小缺，補之如粟。常稱疾而終身得意。〔八〕　范曄後漢書卷一〇明德馬皇后紀李賢注

先人後己，發於至誠。〔九〕　書鈔卷二五

薦達左右。〔一〇〕　書鈔卷二五

永平三年春，有司奏請立長秋宮，〔一一〕以率八妾。〔一二〕上未有所言。皇太后曰：「馬貴人德冠後宮。」遂登至尊。先是數日，后夢有小蟲飛無數隨著身，〔一三〕入皮膚中，復飛

出。〔一四〕御覽卷三九八

明德皇后既處椒房，太官上飯，累餚膳備副，重加幕覆，輒撤去，譴勑令與諸舍相望也。〔一五〕御覽卷八四七

明德馬后不喜出入游觀，〔一六〕希嘗臨御牕牖。〔一七〕御覽卷一八八

馬后袍極麤疏，諸主朝望見，〔一八〕反以爲綺。后曰：「此繒染色好，故直用之。」御覽卷八一六

明德馬皇后嘗有不安，時在敬法殿東廂，上令太夫人及兄弟得入見。〔一九〕初學記卷二四

馬皇后志在克己輔上，不以私家干朝廷。兄馬防爲虎賁中郎將，〔二〇〕弟爲黄門郎，訖永平世不遷。〔二一〕書鈔卷五八

明德馬后，時上欲封諸舅，〔二二〕外間白太后，〔二三〕曰：「吾自念親屬皆無柱石之功，俗語曰：『時無赭，澆黄土。』」御覽卷四九五

太后詔曰：〔二四〕「吾萬乘主，〔二五〕欲身率衆，〔二六〕身服大練縑裙，〔二七〕食不求所甘，〔二八〕左右傍人皆無薰香之飾。〔二九〕前過濯龍門上，〔三〇〕見外家問起居，車如流水，馬如遊龍，倉頭衣綠褠，〔三一〕領袖正白，〔三二〕顧視御者，不及之。亦不譴怒，〔三三〕但絶其歲用，冀以默止讙

耳。」〔三四〕書鈔卷一三九

上欲封諸舅，〔三五〕馬太后輒斷絶曰：「計之熟矣，勿有疑也。〔三六〕至孝之行，安親爲上。〔三七〕今遭變異，穀價數倍，憂惶晝夜，不安坐臥，而欲封爵，違逆慈母之拳拳。〔三八〕吾素剛急，有胸中氣，不可不慎。〔三九〕穰歲之後，唯子之志，吾但當含飴弄孫，不能復知政。」類聚卷五一

后素謹慎，〔四〇〕小感慨輒自責，如平生事舅姑。時新平主家御者失火，及北閣後殿，深以自過，起居不忻。至正月當上原陵，言我守備不精，慙見原陵，〔四一〕不上。御覽卷一三七

明德馬后置織室，〔四二〕蠶於濯龍中，數往來觀視，内以爲娯樂，外以先女功。〔四三〕類聚卷六五

明德后詔書流布，咸稱至德，王主諸家，〔四四〕莫敢犯禁。廣平、鉅鹿、樂成王在邸，入問起居，帝望見車騎鞍勒皆純黑，〔四五〕無金銀綵飾，馬不踰六尺，〔四六〕於是以白太后，即賜錢各五百萬，於是施親戚，被服自如。〔四七〕御覽卷一五〇

校勘記

〔一〕明德馬皇后　馬援之小女，事詳范曄後漢書卷一〇明德馬皇后紀。汪文臺輯司馬彪續漢書卷

一、張璠漢記亦略載其事。

〔二〕卜者卦定釋蓍，仰天歎息　聚珍本無「息」字，此二句下有「問之」一句。書鈔卷二三有「釋蓍歎息」一句，即本此二句。

〔三〕不可言也　書鈔卷二三引「相當大貴，不無言也」二句，當係括引。「無」字乃「可」字之訛。范曄後漢書明德馬皇后紀云：「后時年十歲，幹理家事，勑制僮御，內外諮稟，事同成人。……后嘗久病，太夫人令筮之，筮者曰：『此女雖有患狀而當大貴，兆不可言也。』後又呼相者使占諸女，見后，大驚曰：『我必爲此女稱臣。然貴而少子，若養他子者得力，乃當踰於所生。』」汪文臺輯司馬彪續漢書卷一云：「母嘗使善卜者相后，曰：『此女必當大貴，遂爲帝王妃，然而少子。』」

〔四〕七尺二寸　姚本、聚珍本同，書鈔卷二三、御覽卷一三七、萬花谷後集卷八引亦同，惟御覽卷三六七引作「七尺三寸」。按御覽卷三六七所引誤。范曄後漢書明德馬皇后紀亦云后「身長七尺二寸」。

〔五〕方口美髮　書鈔卷二三僅引此一句。

〔六〕復出諸髮　此句原無，御覽卷一三七引有，今據增補。

〔七〕裝不求飾　此句原無，書鈔卷二五引有，今據增補。

〔八〕常稱疾而終身得意　此條類聚卷一七，六帖卷三一，御覽卷三六五、卷三七三亦引，字句皆較簡略。

〔九〕先人後己，發於至誠　此條姚本、聚珍本皆未輯録。類聚卷一五引續漢書云：「明德皇后馬氏……年十三，以選入太子宫，接侍同列而承至尊，先人後己，發於至誠，由是見寵。」

〔一〇〕薦達左右　范曄後漢書明德馬皇后紀云：「顯宗即位，以后爲貴人。時后前母姊女賈氏亦以選入，生肅宗。帝以后無子，命令養之。……后於是盡心撫育，勞悴過於所生。肅宗亦孝性淳篤，恩性天至，母子慈愛，始終無纖介之間。后常以皇嗣未廣，每懷憂歎，薦達左右，若恐不及。後宫有進見者，每加慰納。」類聚卷一五引續漢書載明德馬皇后事亦有「薦達左右」語。

〔一一〕長秋宫　范曄後漢書明德馬皇后紀李賢注云：「皇后所居宫也。長者，久也，秋者，萬物成熟之初也，故以名焉。請立皇后，不敢指言，故以宫稱之。」

〔一二〕八妾　漢書五行志上云：「春秋桓公十四年『八月壬申，御廩災』。……劉向以爲御廩，夫人八妾所舂米之臧以奉宗廟者也。」顔師古注云：「一娶九女，正嫡一人，餘者妾也，故云八妾。」

〔一三〕后夢有小蟲飛無數隨著身　此句姚本、聚珍本作「夢有小飛蟲萬數隨著身」，御覽卷九四四引同。書鈔卷二三僅引「夢飛蟲著身」一句。

〔一四〕復飛出　「出」字姚本、聚珍本作「去」，御覽卷九四四、事類賦卷三〇引同。此條書鈔卷一〇亦引，字句較爲簡略。

〔一五〕譴勑令與諸舍相望也　此條御覽卷七〇〇引作「明德馬皇后既處椒房，太官上飯，重加幕覆，輒撤去」。聚珍本即據御覽卷七〇〇輯録，僅删去「明德馬皇后」五字。

〔一六〕不喜出入游觀　書鈔卷二三僅引「不喜遊觀」一句。

〔一七〕希嘗臨御牕牖　「嘗」字姚本、聚珍本作「常」，初學記卷一〇引同。按二字古通。「牖」字姚本、聚珍本作「望」，初學記卷一〇引同。御覽卷一三七引續漢書載孝明馬皇后事云：「性不喜出入遊觀，未嘗臨御牕牖。」

〔一八〕諸主朝望見　「主」字姚本作「王」，書鈔卷一二九、御覽卷六九三引同。按「主」字是，聚珍本作「主」。范曄後漢書明德馬皇后紀云：「朔望諸姬主朝請，望見后袍衣疎麤，反以爲綺縠，就視，乃笑。后辭曰：『此繒特宜染色，故用之耳。』六宫莫不歎息。」益可證「主」字是。汪文臺輯司馬彪續漢書卷一載此事云：「諸王親家朝請，望見后裙極麤疏，以爲綺，就視，乃笑。后曰：『此繒染色好，故用之耳。』老人知者，無不歎息。」

〔一九〕上令太夫人及兄弟得入見　玉海卷一五九亦引此條，字句較爲簡略。

〔二〇〕馬防　此二字原無，書鈔卷六三引有，今據增補。

〔二一〕訖永平世不遷　「遷」字御覽卷二四一引作「轉」。聚珍本注云：「以上明帝時事。」類聚卷一五引續漢書載明德馬皇后事云：「后志在克己輔上，不以私家干朝庭。兄爲虎賁中郎將，兩弟黄門郎，訖永平世不遷。」事又見初學記卷一〇、御覽卷一三七所引續漢書。

〔二二〕時上欲封諸舅　「上」指章帝。范曄後漢書明德馬皇后紀云：「建初元年，帝欲封諸舅，太后不聽。」

〔二三〕太后　此二字聚珍本重，屬下句讀。

〔二四〕太后詔曰　此句原作「明德后曰」，今據姚本和初學記卷一〇引校改。

〔二五〕吾萬乘主　書鈔卷二五引同。姚本、聚珍本「乘」字下有「之」字，初學記卷一〇引亦有「之」字。

〔二六〕欲身率衆　此句原無，姚本、聚珍本亦未輯録，書鈔卷二五引有此句，今據增補。

〔二七〕身服大練縑裙　此句原作「身服大縑」，姚本、聚珍本作「身衣大練縑裙」，初學記卷一〇引同，今據增補「練」、「裙」二字。

〔二八〕食不求所甘　此句原無，姚本、聚珍本有，初學記卷一〇引亦有此句，今據增補。

〔二九〕傍人皆　原無此三字，姚本、聚珍本有，初學記卷一〇引亦有此三字，今據增補。

〔三〇〕濯龍　通鑑卷四六胡三省注云：「續漢志：『濯龍，園名，近北宮。』」

〔三一〕緑褠　范曄後漢書明德馬皇后紀李賢注云：「褠，臂衣，今之臂韝，以縛左右手，於事便也。」通鑑卷四六胡三省注云：「余據字書，臂韝之韝從革，此褠從衣，釋單衣也，皆音古侯翻。」按「韝」與「褠」音同字通，「韝」亦作「鞲」。「緑褠」即謂緑色臂衣。

〔三二〕領袖正白　通鑑卷四六胡三省注云：「言其新潔無垢污也。」

〔三三〕亦　原作「遂」，聚珍本作「亦」，類聚卷九三引同，今從改。

〔三四〕冀以默止讙耳　范曄後漢書明德馬皇后紀云：建初二年，「大旱，言事者以爲不封外戚之故，有司因此上奏，宜依舊典。太后詔曰：『凡言事者皆欲媚朕以要福耳。……吾爲天下母，而身服大練，食不求甘，左右但著帛布，無香薰之飾者，欲身率下也。以爲外親見之，當傷心自勑，但笑言太后素好儉。前過濯龍門上，見外家問起居者，車如流水，馬如游龍，倉頭衣緑褠，領袖正白。顧視御者，不及遠矣。故不加譴怒，但絶歲用而已，冀以默愧其心，而猶懈怠，無憂國忘家之慮。……』固不許。」御覽卷一三七引續漢書云：「太后素自喜儉，前過濯龍門上，見外家問起居，車如流水馬如龍，蒼頭衣緑褠直領，領袖正白。顧視旁御者，遠不及也。亦不譴怒，但絶其歲用，冀以嘿止諠耳。」可與此相參證。

〔三五〕上欲封諸舅　據通鑑卷四六，此爲章帝建初二年時事。

〔三六〕勿有疑也　原脱「勿」、「也」二字，姚本、聚珍本有此二字，范曄後漢書明德馬皇后紀、通鑑卷四六同，今據增補。

〔三七〕至孝之行，安親爲上　通鑑卷四六胡三省注引揚子云：「孝莫大於寧親，寧親莫大於四表之驩心。」

〔三八〕拳拳　范曄後漢書明德馬皇后紀李賢注云：「拳拳猶勤勤也。」

〔三九〕慎　范曄後漢書明德馬皇后紀、通鑑卷四六作「順」。

〔四〇〕后素謹慎　書鈔卷二六有「太后慎謹」一句，當係東觀漢記馬皇后傳中語。此句上原引有以下一段文字：「后長七尺二寸，青白色，方口美髮，爲四起大髻，但以髮成，尚有餘，繞結三匝，復出諸髮。眉不施黛，獨左眉角小缺，補之如粟。」因與上文重出，今删去。

〔四一〕原陵　光武帝之陵。范曄後漢書明帝紀云：中元二年「三月丁卯，葬光武皇帝於原陵」。李賢注引帝王世紀云：「原陵方三百二十步，高六丈，在臨平亭東南，去洛陽十五里。」

〔四二〕織室　西漢時少府下有東織、西織，成帝河平元年省東織，更名西織爲織室。掌皇室絲帛的織造和染色。

〔四三〕外以先女功　此條書鈔卷二六，初學記卷一〇、卷一四，類聚卷三九，六帖卷三六，御覽卷八二五亦引，字句皆較此簡略。

〔四四〕王主諸家　御覽卷八九四引作「王主諸處」，聚珍本未輯此句。

〔四五〕黑　原誤作「墨」，姚本、聚珍本作「黑」，書鈔卷一二六兩引，類聚卷四五，御覽卷三五八、卷八九四皆一引，均作「黑」，今據改正。

〔四六〕不　此字原脱，聚珍本有，類聚卷四五，御覽卷三五八、卷八九四引亦有，今據增補。

〔四七〕於是施親戚，被服自如　此二句聚珍本未輯録。

章德竇皇后〔一〕

進止得適，人事修備。〔二〕　書鈔卷二五

后性敏給。〔三〕　書鈔卷二五

校勘記

〔一〕章德竇皇后　大司空竇融之曾孫，竇勳之女，事詳范曄後漢書卷一〇章德竇皇后紀。汪文臺輯司馬彪續漢書卷一亦略載其事。

〔二〕進止得適，人事修備　此條姚本、聚珍本皆未輯録。御覽卷一三七引續漢書云：「孝章章德竇皇后，右扶風平陵人，竇勳之女。……母沘陽公主欲内之，帝聞后有才色，數以問諸家。建初二年，后與女弟隨主入見長樂宫，進止得適，人事修備。」

〔三〕后性敏給　此條姚本、聚珍本皆未輯録。范曄後漢書章德竇皇后紀云：竇皇后「入掖庭，見於北宫章德殿。后性敏給，傾心承接，稱譽日聞。明年，遂立爲皇后」。御覽卷一三七引續漢書載竇皇后事亦有「后性敏給」之語。

敬隱宋皇后

敬隱宋后以王莽末年生，〔一〕遭世倉卒，其母不舉，棄之南山下。時天寒，冬十一月，再宿不死。外家出過於道南，聞有兒啼聲，憐之，因往就視，有飛鳥紆翼覆之，沙石滿其口鼻，能喘，心怪偉之，以有神靈，遂取而持歸養，長至年十三歲，乃以歸宋氏。御覽卷三六一

章帝宋貴人，時竇皇后內寵方盛，以貴人名族，節操高妙，心內害之，欲爲萬世長計，陰設方略，讒毀貴人，由是母子見疏。數月，誣奏貴人使婢爲蠱道祝詛，七年，遂被譖暴卒。〔二〕御覽卷一四四

校勘記

〔一〕敬隱宋后　父宋楊，永平末年，選入太子宮，章帝即位，立爲貴人，生慶，立爲皇太子。旋以讒廢，貴人自殺。後殤帝卒，立慶長子祜爲帝，是爲安帝。建光元年三月，追尊祖妣宋貴人曰敬隱皇后。事見范曄後漢書清河孝王慶傳、安帝紀，又見汪文臺輯司馬彪續漢書卷一。

〔三〕遂被譖暴卒　事詳范曄後漢書清河孝王慶傳。章德竇皇后紀亦略載其事。此條永樂大典卷二九七二亦引，字句全同。

孝和陰皇后

孝和陰皇后，〔一〕聰慧敏達，有才能，善史書。永元二年，〔二〕選入掖庭，爲貴人，託以先后近屬，故有寵。〔三〕御覽卷一四四　巫蠱呪詛。〔四〕書鈔卷二六

校勘記

〔一〕孝和陰皇后　光烈陰皇后兄執金吾陰識之曾孫，吴房侯陰綱之女，事詳范曄後漢書卷一〇和帝陰皇后紀。汪文臺輯司馬彪續漢書卷一亦略載其事。

〔二〕永元二年　范曄後漢書和帝陰皇后紀云：「后少聰慧，善書藝。永元四年，選入掖庭，以先后近屬，故得爲貴人，有殊寵。」御覽卷一三七引續漢書云：「孝和陰皇后，吴房侯綱之女也。后爲人聰惠，有才能。永元四年，選入掖庭爲貴人，以託先后近屬，故有異寵。」此云「二年」，而范書、司

馬彪書云「四年」，疑當作「四年」。

〔三〕故有寵　此條永樂大典卷二九七二亦引，字句全同。

〔四〕巫蠱呪詛　此句姚本、聚珍本皆未輯録。范曄後漢書和帝陰皇后紀云：「自和熹鄧后入宮，愛寵稍衰，數有恚恨。后外祖母鄧朱出入宮掖。十四年夏，有言后與朱共挾巫蠱道，事發覺，帝遂使中常待張慎與尚書陳褒於掖庭獄雜考案之。朱及二子奉、毅與后弟軼、輔、敞辭語相連及，以爲祠祭祝詛，大逆無道。奉、毅、輔考死獄中。帝使司徒魯恭持節賜后策，上璽綬，遷於桐宫，以憂死。」

和熹鄧皇后〔一〕

和熹鄧后年五歲，〔二〕太夫人爲剪髮，〔三〕夫人年老目冥，〔四〕並中后額，雖痛忍而不言，〔五〕一額盡傷。左右怪而問之，后言：「夫人哀我爲斷髮，難傷老人意，故忍之耳。」〔六〕御覽卷一三七

和熹皇后六歲，諸兄持后髮，后曰：「身體髮膚，受之父母，不敢毁傷，孝之始也，奈何弄人髮乎？」〔七〕類聚卷一七

六歲能書。〔八〕書鈔卷二五

諸兄讀經，難問其意。〔九〕書鈔卷二六

和熹鄧后七歲讀論語，志在書傳，母常非之曰：「當習女工，今不是務，寧當學博士耶？」后重違母意，晝則縫紉，夜私買脂燭讀經傳，宗族外内皆號曰「諸生」。〔一〇〕御覽卷六一四

和熹鄧皇后嘗夢捫天體，蕩蕩正青，滑如磄碲，〔一一〕有若鍾乳，后仰嗽之。〔一二〕以訊占夢，言堯夢攀天而上，〔一三〕湯夢及天舐之，〔一四〕皆聖主之夢。〔一五〕御覽卷三九八

博覽五經傳記。〔一六〕書鈔卷二六

和熹鄧后遜位，手書謝表，深陳德薄，不足以奉承宗廟，充少君之位。〔一七〕書鈔卷一〇三

和熹鄧后即位，萬國貢獻悉禁絶，惟歲時供紙墨而已。〔一八〕初學記卷二一

鄧太后賜馮貴人步摇一具。〔一九〕類聚卷七〇

和熹后時，新遭大憂，法禁未設，宫中亡大珠一篋，〔二〇〕主名不立。太后念欲下掖庭考問之，恐有無辜僵仆者，乃親自臨見宫人，一一閲問，察其顔色，開示恩信。宫人盜者，即時其服，不加鞭箠，不敢隱情，〔二一〕宫人驚，咸稱神明。〔二二〕御覽卷一三七、卷八〇二

鄧太后雅性不好淫祀。〔二三〕　范曄後漢書卷四殤帝紀李賢注

鄧太后臨朝，上林鷹犬，悉斥放之。〔二四〕　類聚卷九一

下□尚書曰：〔二五〕「國家離亂，大厦未安，黄門鼓吹，曷有燕樂之志。欲罷黄門鼓吹。」〔二六〕　書鈔卷一三〇

和熹鄧后稱制，〔二七〕永初二年三月，〔二八〕京師旱，至五月朔，太后幸雒陽寺，省庶獄，舉冤囚。徒杜泠不殺人，〔二九〕自誣，被掠羸困，使輿見，〔三〇〕畏吏，不敢自理。〔三一〕吏將去，微疾舉頸，若欲有言，〔三二〕太后察視覺之，即呼還問狀，遂信，〔三三〕即時收令下獄抵罪，尹左遷。行未還宮，澍雨大降。　類聚卷一〇〇

鄧太后嘗體不安，〔三四〕左右憂惶，至令禱祠，願以人爲代。太后聞之，即譴怒，勑掖庭令以下：「何故乃有此不祥之言？」左右咸流涕，歎太后臨大病，不自顧，而念兆民。後病瘳，豈非天地之應與？〔三五〕　御覽卷五二九

和熹鄧后自遭大憂，〔三六〕及新野君仍喪，〔三七〕諸兄常悲傷思慕，羸瘦骨立，不能自勝。〔三八〕　御覽卷三七八

校勘記

〔一〕和熹鄧皇后　名綏，太傅鄧禹之孫，護羌校尉鄧訓之女，事詳范曄後漢書和熹鄧皇后紀。汪文臺輯司馬彪續漢書卷一亦略載其事。范書皇后紀論云：「初平中，蔡邕始追正和熹之謚，其安思、順烈以下，皆依而加焉。」李賢注引蔡邕集謚議云：「漢世母氏無謚，至於明帝始建光烈之稱，是後轉因帝號加之以德，上下優劣，混而爲一，違禮『大行受大名，小行受小名』之制。謚法『有功安人曰熹』。帝后一體，禮亦宜同。大行皇太后謚宜爲和熹。」

〔二〕和熹鄧后年五歲　此句原無「和熹鄧」三字，御覽卷三八四引有，今據增補。此句御覽卷三六四引作「和熹皇后年五歲」。

〔三〕剪　書鈔卷二五引作「剃」，御覽卷三八四引作「斷」，於義皆通。

〔四〕夫人年老目冥　「老」字御覽卷三八四引作「耆」。「冥」字原誤作「寔」，聚珍本作「冥」，御覽卷三六四、卷三八四引亦作「冥」，字尚不誤，今據校正。

〔五〕而　原無此字，御覽卷三八四引有，今據增補。

〔六〕故忍之耳　此句下尚引有以下一段文字：「及爲太后，時宫中亡大珠一篋。太后念欲下掖庭考問之，恐有無辜僵仆者，乃親自臨見宫人閲問，動察顔色，開示恩信，宫人即時首服，不加鞭箠，不敢隱情，宮人驚，咸稱神明。」已移至下文。范曄後漢書和熹鄧皇后紀云：「后年五歲，太傅夫人愛之，自爲剪髮。夫人年高目冥，誤傷后額，忍痛不言。左右見者怪而問之，后曰：『非不痛也，太夫人哀憐爲斷髮，難傷老人意，故忍之耳。』」可與此互證。

〔七〕奈何弄人髮乎　此條文字御覽卷三七三亦引，字句微異。

〔八〕六歲能書　此句姚本、聚珍本皆未輯録。范曄後漢書和熹鄧皇后紀云：「六歲能史書，十二通詩、論語。」此句有節删。

〔九〕諸兄讀經，難問其意　此二句姚本、聚珍本皆未輯録。范曄後漢書和熹鄧皇后紀云：「諸兄每讀經傳，輒下意難問。」

〔一〇〕宗族外内皆號曰「諸生」　書鈔卷二六引「皆號諸生」一句，當即出此。御覽卷一三七引續漢書載和熹鄧皇后事云：「后七歲讀論語，十二歲通詩，諸兄讀經，輒難問微意，志在書傳。母非之曰：『當習女工，以供衣服，今不是務，汝當舉博士耶？』后重違母意，則縫綻極女工事，暮夜，私買脂燭讀經傳，宗族内外皆號曰『諸生』。」可與此互證。范曄後漢書和熹鄧皇后紀亦有相類記載。

〔一一〕滑如磄碮　姚本、聚珍本無「如磄碮」三字。「磄碮」，怪石。「碮」與「磃」通。

〔一二〕后仰嗽之　「后」字原誤作「若」，姚本、聚珍本云：「后仰噏之。」類聚卷七九引同，今據校正。書鈔卷二三引「夢捫天仰嗽」一句，係括引大意。此句范曄後漢書和熹鄧皇后紀作「乃仰嗽飲之」。

〔一三〕言堯夢攀天而上　王先謙後漢書和熹鄧皇后紀集解載惠棟説引周宣夢書云：「昔聖帝明皇之時，神氣昭然先見。故堯夢乘龍上天，湯夢布令天下，後皆有天下。」

〔一四〕湯夢及天舐之　此句原脱誤作「湯反天秪之」，姚本、聚珍本作「湯夢及天舐之」，今據校正。范曄後漢書和熹鄧皇后紀云：「湯夢及天而咶之。」「咶」與「舐」通。

〔一五〕皆聖主之夢　此句上姚本、聚珍本有「此」字，類聚卷七九引同。此句下姚本、聚珍本有「吉不可言」一句，不知從何書輯録。范曄後漢書和熹鄧皇后紀有此句。據范書和熹鄧皇后紀，永元七年，后與諸家子俱選入宫，八年冬，入掖庭爲貴人，時年十六。

〔一六〕博覽五經傳記　此條姚本、聚珍本皆未輯録。御覽卷一三七引續漢書載和熹鄧皇后事云：「后自入宫，遂博覽五經傳記。」

〔一七〕充少君之位　范曄後漢書和熹鄧皇后紀云：永元「十四年夏，陰后以巫蠱事廢，后請救不能得，帝便屬意焉。后愈稱疾篤，深自閉絶。……至冬，立爲皇后，辭讓者三，然後即位。手書謝表，深陳德薄，不足以充小君之選」。

〔一八〕惟歲時供紙墨而已　御覽卷六〇五亦引此條，字句全同。聚珍本把此條連綴於下條之後，並注云此爲殤帝延平元年事。按聚珍本編排失次，注文亦誤。范曄後漢書和熹鄧皇后紀云：永元十四年冬，鄧貴人立爲皇后。「是時方國貢獻，競求珍麗之物，自后即位，悉令禁絶，歲時但供紙墨而已。」通鑑卷四八亦將此事繫於永元十四年，可見鄧后令萬國僅歲供紙墨事在和帝時。

〔一九〕鄧太后賜馮貴人步搖一具　「馮」字原誤作「馬」，姚本、聚珍本作「馮」，今據改正。元興元年，和帝卒，葬後，宮人並歸園，馮貴人王赤綬，以未有頭上步搖、環珮，加賜各一具。見范曄後漢書和熹鄧皇后紀。釋名釋首飾云：「步搖，上有垂珠，步則搖動也。」司馬彪續漢書輿服志下云：「步搖以黄金爲山題，貫白珠爲桂枝相繆，一爵九華，熊、虎、赤羆、天鹿、辟邪、南山豐大特六獸，詩所謂『副笄六珈』者。諸爵獸皆以翡翠爲毛羽。金題，白珠璫繞，以翡翠爲華云。」

〔二〇〕篋　竹笥。

〔二一〕不敢隱情　書鈔卷二五有此一句，當即東觀漢記鄧太后事。

〔二二〕咸稱神明　御覽卷一三七引云：「及爲太后，時宮中亡大珠一篋」云云，詳見上文注〔六〕。又卷八〇二引云：「和熹后時，新遭大憂，法禁未設，宮中亡大珠一篋，主名不立。太后乃親自臨見宮人，一一問閲，察其顔色，開示恩信。宮人盜者，即時首服。」此條即綜合兩處所引輯録。范曄後漢書和熹鄧皇后紀亦略載此事。通鑑卷四八將此事繫於元興元年十二月殤帝初即位時。

〔二三〕鄧太后雅性不好淫祀　范曄後漢書殤帝紀延平元年載：「夏四月庚申，詔罷祀官不在祀典者。」其下李賢即引此條文字作注。和熹鄧皇后紀載：殤帝即位，鄧太后臨朝，「常以鬼神難徵，淫祀無福，乃詔有司罷諸祠官不合典禮者」。由此看來，此句當繫於殤帝延平元年。而聚珍本繫於下文鄧太后省庶獄，舉冤囚，澍雨大降一條後，以爲安帝永初年間事，與史不符。書鈔卷二三有「不好淫祀」一句，即係東觀漢記鄧太后事。東漢會要卷五引東觀漢記云：「鄧太后性不好淫祀。」

〔二四〕悉斥放之　「放」字御覽卷九二六、事類賦卷一八引作「賣」。范曄後漢書和熹鄧皇后紀云：「悉斥賣上林鷹犬。」通鑑卷四九將此事繫於殤帝延平元年六月。胡三省注云：「東都亦有上林苑，在雒陽西。『斥』，開也，棄也。」

〔二五〕下□尚書曰　此句有脱誤，無從校正。此句上冠有「東觀記云：和熹后傳云」九字，知「下□尚書曰」云云爲和熹鄧皇后傳中文字。

〔二六〕欲罷黄門鼓吹　范曄後漢書安帝紀永初元年九月載：「壬午，詔太僕、少府減黄門鼓吹，以補羽林士。」又見通鑑卷四九。疑此鄧太后命罷黄門鼓吹與范書安帝紀永初元年所載爲同一事。通鑑卷四九胡三省注云：「漢官儀曰：『黄門鼓吹，百四十五人。羽林左監主羽林八百人，右監主九百人。』杜佑曰：『漢代有黄門鼓吹，享宴食舉樂十三曲，與魏代鼓吹、長簫伎録，並云絲竹合作，執節者歌。』」姚本、聚珍本皆未收此條。聚珍本樂志有「國家離亂，大厦未安，黄門舊有鼓吹，今宜罷去」一條，係輯自陳禹謨刻本書鈔卷一三〇。陳本經過竄改，不足爲據；且此條爲鄧太后詔中語，據孔廣陶校注本書鈔所引，不應入樂志。

〔二七〕和熹鄧后稱制　此句書鈔卷二三引作「太后臨朝」。

〔二八〕永初二年三月　此句原無，御覽卷一一、事類賦卷三引有，今據增補。

〔二九〕徒杜泠不殺人　原無「徒」字，御覽卷六四二引有，今據增補。「泠」，姚本、聚珍本作「冷」，御覽卷六四二引作「洽」。

〔三〇〕使輿見　「輿」字原誤作「興」。姚本云：「使輿見。」聚珍本云：「便輿見。」今據改正。御覽卷六四二引作「便與見」，「與」字亦誤。通鑑卷四九云：永初二年「五月丙寅，皇太后幸雒陽寺，及若盧獄，録囚徒。雒陽有囚，實不殺人而被考自誣，羸困輿見」。胡三省注云：「輿，篼輿也。獄囚被掠委困者，以篼輿處之。」篼輿編竹木爲之。

〔三一〕自理　此二字御覽卷六四二引作「白」。

〔三二〕微疾舉頸，若欲有言　此二句御覽卷六四二引作「舉頭若有言」。

〔三三〕遂信　姚本同，聚珍本作「遂得申理」，御覽卷六四二引作「遂得申列」。

〔三四〕鄧太后嘗體不安　事在安帝永初三年秋，見范曄後漢書和熹鄧皇后紀。

〔三五〕豈非天地之應與　此條孔廣陶校注本書鈔卷九〇兩引，一引云：「以人爲代。」一引云：「和熹鄧皇后嘗體不安，左右憂惶，至令禱祠，願以身爲牲。后即譴怒止之，後疾遂瘳。」陳禹謨刻本書鈔卷九○亦兩引此條，一引云：「以人爲代。」另一引云：「鄧太后嘗體不安，左右憂惶，至令禱祠，願以身代牲。太后聞之，甚怒，即勑令禁止，以爲何故乃有此不祥之言。左右咸流涕，嘆息曰：『太后臨大病，不自顧，而念兆民。』後病遂瘳，豈非天地之應與？」其下注「補」字，即謂此條文字已據他書增補。姚本、聚珍本即據陳刻本輯録，所不同者，一二字而已。

〔三六〕自遭大憂　謂和帝、殤帝卒。

〔三七〕新野君　和熹鄧皇后母陰氏。范曄後漢書安帝紀永初元年載：「六月戊申，爵皇太后母陰氏爲新野君。」又永初四年載：「冬十月甲戌，新野君陰氏薨。」陰氏卒後謚曰敬君。「仍」，重也，再也。

〔三八〕不能自勝　此條御覽卷三八六亦引，字句稍略。范曄後漢書和熹鄧皇后紀云：「及新野君薨，太后自侍疾病，至乎終盡，憂哀毁損，事加於常。」又鄧騭傳云：永初「四年，母新野君寢病，騭兄弟並上書求還侍養。太后以閶最少，孝行尤著，特聽之，賜安車駟馬。及新野君薨，騭等復乞身行服，章連上，太后許之。騭等既還里第，並居冢次。閶至孝骨立，有聞當時」。

安思閻皇后〔一〕

校勘記

〔一〕安思閻皇后　名姬，閻暢之女，事詳范曄後漢書卷一〇安思閻皇后紀。汪文臺輯司馬彪續漢書卷一亦略載其事。史通古今正史篇敍東觀漢記遞修經過云：「至元嘉元年，復令太中大夫邊韶、大軍營司馬崔寔、議郎朱穆、曹壽雜作孝穆、崇二皇及順烈皇后傳，又增外戚傳入安思等后。」據此可知東觀漢記外戚傳中有安思閻皇后傳。此傳文字今全佚，僅存其目。

順烈梁皇后〔一〕

有光景之祥。〔二〕書鈔卷二三

九歲誦論語。〔三〕書鈔卷二五

孝順梁皇后，〔四〕永建三年春三月丙午，〔五〕選入掖庭。〔六〕相工茅通見之，〔七〕瞿然驚駭，却再拜賀曰:「此所謂日角偃月,〔八〕相之極貴,臣所未嘗見。」〔九〕太史卜之,兆得壽房,〔一〇〕又筮之,得坤之比。〔一一〕御覽卷七二七

順帝陽嘉元年,立順烈皇后。是時自冬至春不雨,尊后之日,嘉澍沾渥。〔一二〕御覽卷一〇

太后攝政。〔一三〕書鈔卷二三

校勘記

〔一〕順烈梁皇后 名妠,大將軍梁商之女,事詳范曄後漢書卷一〇順烈梁皇后紀。汪文臺輯司馬彪續漢書卷一亦略載其事。御覽卷一三七引續漢書載梁皇后事云:「和平元年崩,群臣奏謚曰順烈皇后,合葬憲陵。」據史通古今正史篇所載,順烈梁皇后傳是桓帝元嘉元年令太中大夫邊韶、大軍營司馬崔寔、議郎朱穆、曹壽等人所作。

〔二〕有光景之祥 此條姚本、聚珍本皆未輯録。范曄後漢書順烈梁皇后紀云:「后生,有光景之祥。」御覽卷一三七引續漢書云:「梁皇后,大將軍商女,后有光景之祥。」

〔三〕九歲誦論語 此條姚本、聚珍本皆未輯録。按范曄後漢書順烈梁皇后紀云:梁皇后「少善女工,好史書,九歲能誦論語,治韓詩,大義略舉」。御覽卷一三七引續漢書云:梁皇后「既有女工之

巧，尤好史書學問之事。九歲能誦孝經、論語，遂治韓詩，大義略舉」。

〔四〕孝順梁皇后　類聚卷七五引作「孝順梁后」。按「孝順」二字當作「順烈」，初學記卷一〇引「順烈梁皇后傳曰」云云，可證。

〔五〕三月丙午　姚本、聚珍本作「三月丙申」，初學記卷一〇引同。按永建三年三月辛丑朔，丙午、丙申日均在三月。

〔六〕選入掖庭　時梁皇后十三歲，見范曄後漢書順烈梁皇后紀。

〔七〕茅通　原脱「茅」字，姚本、聚珍本有，初學記卷一〇引亦有，今據增補。范曄後漢書順烈梁皇后紀、御覽卷一三七引續漢書皆有「相工茅通」之語。類聚卷七五引作「萊通」，誤。

〔八〕此所謂日角偃月　書鈔卷二三有「日角偃月」一句，當出東觀漢記順烈梁皇后傳。

〔九〕臣所未嘗見　此句下姚本、聚珍本有「也」字，初學記卷一〇、類聚卷七五引同。

〔一〇〕壽房　原作「戴房」，誤。聚珍本作「壽房」，范曄後漢書順烈梁皇后紀同，今據改正。據范書順烈梁皇后紀載，梁皇后先爲貴人，陽嘉元年，於壽安殿立爲皇后，與「兆得壽房」相應。

〔一一〕得坤之比　范曄後漢書順烈梁皇后紀李賢注云：「易坤卦六五爻，變而之比，比九五，象曰：『顯比之吉，位正中也。』九五居得其位，下應於上，故吉。」

〔一二〕嘉澍沾渥　書鈔卷二三僅引此一句。

〔三〕太后攝政　書鈔卷二三引此句，孔廣陶注云：「是孝順梁皇后事。」今據孔注把此句置於順烈梁皇后傳内。御覽卷一三七引續漢書載梁皇后事云：「陽嘉元年，立爲皇后。沖帝在襁褓，太后攝政。」

竇貴人〔一〕

竇章女，順帝初，入掖庭爲貴人，早卒。帝追思之，詔史官樹碑頌德，章自爲之辭。〔二〕

御覽卷五八九

校勘記

〔一〕竇貴人　范曄後漢書卷二三竇章傳略載其事。

〔二〕章自爲之辭　「章」字姚本、聚珍本作「帝」。范曄後漢書竇章傳云：「順帝初，章女年十二，能屬文，以才貌選入掖庭，有寵，與梁皇后並爲貴人。……貴人早卒，帝追思之無已，詔史官樹碑頌德，章自爲之辭。」

孝崇匽皇后〔一〕

申貴人生孝穆皇帝，〔二〕趙夫人爲穆皇后，〔三〕匽夫人生桓帝。帝既立，追謚趙夫人爲穆皇后，匽夫人爲博園貴人。〔四〕和平元年，桓帝詔曰：「博園匽貴人履高明之懿德，資淑美之嘉會，與天合靈，篤生朕躬，『欲報之德』，〔五〕詩所感歎，今以貴人爲孝崇皇后。」〔六〕　御覽卷一四四

校勘記

〔一〕孝崇匽皇后　名明，爲蠡吾侯劉翼媵妾，生桓帝，事詳范曄後漢書卷一〇孝崇匽皇后紀。汪文臺輯司馬彪續漢書卷一亦略載其事。

〔二〕申貴人生孝穆皇帝　聚珍本無「帝」字。「申貴人」，爲章帝貴人。「孝穆皇帝」，即章帝子河間孝王劉開。

〔三〕趙夫人爲穆皇后　此句聚珍本作「趙夫人生孝崇皇」。孝崇皇即蠡吾侯劉翼。范曄後漢書桓帝紀本初元年載：「九月戊戌，追尊皇祖河間孝王曰孝穆皇，夫人趙氏曰孝穆皇后，皇考蠡吾侯曰

孝崇皇。」

〔四〕匽夫人爲博園貴人　事在本初元年十月，見范曄後漢書桓帝紀。李賢注云：「博本漢蠡吾縣之地也。帝既追尊父爲孝崇皇，其陵曰博陵，置園廟焉，故曰博園，在今瀛州博野縣西。貴人位次皇后，金印紫綬。」

〔五〕欲報之德　詩小雅蓼莪篇云：「父兮生我，母兮鞠我。拊我畜我，長我育我。顧我復我，出入腹我。欲報之德，昊天罔極。」

〔六〕今以貴人爲孝崇皇后　范曄後漢書桓帝紀和平元年載：「夏五月庚辰，尊博園匽貴人曰孝崇皇后。」則桓帝此詔當在和平元年五月。此條永樂大典卷二九七二亦引，字句全同。

孝桓鄧皇后〔一〕

孝桓帝鄧后，字猛，〔二〕父香，早死，猛母宣改嫁爲掖庭民梁紀妻。紀者，襄城君孫壽之舅也。〔三〕壽引進令入掖庭，得寵爲貴人，故冒姓爲梁氏。〔四〕　御覽卷一四四

校勘記

〔一〕孝桓鄧皇后　事詳范曄後漢書卷一〇桓帝鄧皇后紀。汪文臺輯司馬彪續漢書卷一亦略載其事。

〔二〕鄧后，字猛　范曄後漢書桓帝鄧皇后紀云「鄧皇后諱猛女」，御覽卷一三七引續漢書亦云「鄧皇后字猛女」。

〔三〕襄城君孫壽　永樂大典卷二九七二誤引作「襄城君縣壽」，聚珍本作「襄成縣君孫壽」。「孫壽」，大將軍梁翼妻。范曄後漢書梁冀傳云：桓帝時，「弘農人宰宣素性佞邪，欲取媚於冀，乃上言大將軍有周公之功，今既封諸子，則其妻宜爲邑君，詔遂封冀妻孫壽爲襄城君，兼食陽翟租，歲入五千萬，加賜赤紱，比長公主」。「舅」，原誤作「男」，永樂大典卷二九七二引同誤，聚珍本作「舅」，范書桓帝鄧皇后紀同，今據改正。

〔四〕故冒姓爲梁氏　范曄後漢書桓帝鄧皇后紀云：鄧皇后，「和熹皇后從兄子鄧香之女也。母宣，初適香，生后，改嫁梁紀。……后少孤，隨母爲居，因冒姓梁氏。……梁冀誅，立后爲皇后。帝惡梁氏，改姓爲薄，封后母宣爲長安君。（延熹）四年，有司奏后本郎中鄧香之女，不宜改易它姓，於是復爲鄧氏」。

靈帝宋皇后〔一〕

左道。〔二〕　書鈔卷二六

校勘記

〔一〕靈帝宋皇后　章帝宋貴人之從曾孫，宋酆之女，事詳范曄後漢書卷一〇靈帝宋皇后紀。汪文臺輯司馬彪續漢書卷一亦略載其事。

〔二〕左道　范曄後漢書靈帝宋皇后紀云：「后無寵而居正位，後幸姬衆，共譖毁。初，中常侍王甫枉誅勃海王悝及妃宋氏，妃即后之姑也。甫恐后怨之，乃與太中大夫程阿共構言皇后挾左道祝詛，帝信之。光和元年，遂策收璽綬。后自致暴室，以憂死。」

靈思何皇后〔一〕

長七尺一寸。〔二〕　書鈔卷二三

校勘記

〔一〕靈思何皇后　事詳范曄後漢書卷一〇靈思何皇后紀。汪文臺輯司馬彪續漢書卷一亦略載其事。

〔二〕長七尺一寸　范曄後漢書靈思何皇后紀云：何皇后「家本屠者，以選入掖庭，長七尺一寸」。

卷七

傳二

齊武王縯

縯字伯升。〔一〕王莽末年，天下大旱，蝗蟲蔽天，盜賊群起，四方潰畔。伯升遂起兵舂陵。〔二〕范曄後漢書卷一四齊武王縯傳李賢注

伯升進圍宛，莽素震其名，大懼，使畫伯升像於埻，〔三〕旦起射之。〔四〕姚本

平林後部攻新野，〔五〕不下，宰潘臨登城言曰：「得司徒劉公一信，〔六〕願先下。」及伯升軍至，即開門降。〔七〕姚本

伯升作攻城鬬車，上曰：「地車不可用，誰當獨居此上者？」伯升曰：「此兵法也。」上曰：「兵法但有所圖畫者，實不可用。」伯升遂作之。後有司馬犯軍令，〔八〕當斬，坐鬬車上。書鈔卷一三九

更始遂共謀誅伯升，〔九〕大會諸將，以成其計。更始取伯升寶劍視之，繡衣御史申屠建隨獻玉玦，更始竟不能發。御覽卷八一五

劉伯升部將宗人劉稷，〔一〇〕數陷陣潰圍，勇冠三軍。聞更始立，怒曰：「本起兵圖大事者，伯升兄弟，更始何爲者耶？」更始聞而心忌之。以稷爲抗威將軍，稷不肯拜。更始乃收稷，將誅之，伯升固争，並執伯升，即日害之。〔一一〕御覽卷四三四

校勘記

〔一〕縯字伯升　原無此句，據東觀漢記傳例當有，今增補。齊武王縯，范曄後漢書卷一四有傳。又見汪文臺輯司馬彪續漢書卷二。聚珍本注云：「縯，光武兄，范書本傳及太平御覽各書俱稱伯升，當是以字行。」

〔二〕伯升遂起兵春陵　原無此句，范曄後漢書齊武王縯傳云：「莽末，盗賊群起，南方尤甚。伯升召諸豪傑計議曰：『王莽暴虐，百姓分崩。今枯旱連年，兵革並起。此亦天亡之時，復高祖之業，定萬世之秋也。』衆皆然之。於是分遣親客，使鄧晨起新野，光武與李通、李軼起於宛。伯升自發春陵子弟，合七八千人，部署賓客，自稱柱天都部。」今括取范書大意增補。此句雖非原書舊貌，但文義當無相違。

〔三〕使畫伯升像於埻　後漢書齊武王縯傳王先謙集解引惠棟説云：「太公金匱云：『武王伐紂，丁侯不朝，尚父乃畫丁侯於策，三旬，射之，丁侯病大劇。』莽蓋法古爲厭勝之術也。吕氏春秋正月紀：『萬人操弓，共射一招，招無不中。』高誘注云：『招，埻的也。』説文：『埻，射臬也。』」

〔四〕旦起射之　此條文字又見聚珍本，字句全同。范曄後漢書齊武王縯傳云：「王莽納言將軍嚴尤、秩宗將軍陳茂聞阜、賜軍敗，引欲據宛。伯升乃陳兵誓衆，焚積聚，破釜甑，鼓行而前，與尤、茂遇育陽下，戰，大破之，斬首三千餘級。尤、茂棄軍走，伯升遂進圍宛，自號柱天大將軍。王莽素聞其名，大震懼，購伯升邑五萬户，黄金十萬斤，位上公。使長安中官署及天下鄉亭皆畫伯升像於塾，旦起射之。」「塾」，李賢注云：「東觀記、續漢書並作『埻』。」由此可知東觀漢記載王莽令天下射伯升像事。姚本、聚珍本所輯即本於范書和李賢注。

〔五〕平林　原作「平陵」，今據范曄後漢書齊武王縯傳校改。

〔六〕信　原作「言」，今據范曄後漢書齊武王縯傳校改。

〔七〕即開門降　此條文字聚珍本亦有，字句與姚本全同。范曄後漢書齊武王縯傳云：「聖公既即位，拜伯升爲大司徒，封漢信侯。由是豪傑失望，多不服。平林後部攻新野，不能下。新野宰登城言曰：『得司徒劉公一信，願先下。』及伯升軍至，即開城門降。」「新野宰登城言曰」句下李賢注云：「王莽改令長爲宰。東觀記曰其宰潘臨也。」姚本、聚珍本所輯即據范書和李賢注。

〔八〕後有司馬犯軍令　此下三句原無，聚珍本有，御覽卷三三六亦引，今據增補。

〔九〕更始遂共謀誅伯升　此句上有闕文，致使文義未爲完足。范曄後漢書齊武王縯傳云：「更始元年五月，伯升拔宛。六月，光武破王尋、王邑。自是兄弟威名益甚。更始君臣不自安，遂共謀誅伯升」。

〔一〇〕劉伯升部將　「升」字下原衍「都」字，聚珍本無此字，范曄後漢書齊武王縯傳亦無此字，今據删。

〔一一〕即日害之　此條下聚珍本尚有以下一段文字：「有二子，建武二年，立長子章爲太原王，興爲魯王。十一年，徙章爲齊王。十五年，追謚伯升爲齊武王。章少孤，光武感伯升功業不就，撫育恩養甚篤，以其少貴，欲令親吏事，故試守平陰令。」姚本亦有此段文字。按此條文字輯自陳禹謨刻本書鈔卷七〇「撫育如子」條。舊本書鈔「撫育如子」條注文本作「東觀漢記北海王傳云：『北海靖王興，上撫育如子，每朝廷有異政，輒下問興。』」陳禹謨删去舊本書鈔所引東觀漢記原文，補以范曄後漢書齊武王縯傳「有二子」至「故試守平陰令」一段文字，文末注曰「補」，又冠以「東觀漢記曰」，遂使姚本、聚珍本輯者把范書文字誤輯入東觀漢記。

北海靖王興

興遷弘農太守，〔一〕縣吏張申有伏罪，興收申案論，郡中震慄。時年旱，分遣文學循行屬縣，理冤獄，宥小過，應時甘雨澍降。〔二〕姚本

北海靖王興，上撫育如子，〔三〕每朝廷有異政，京師雨澤，秋稼好醜，輒驛馬下問興。〔四〕其見親重如此。類聚卷四五

校勘記

〔一〕興　范曄後漢書卷一四有傳。又見汪文臺輯司馬彪續漢書卷二。興爲齊武王縯次子，於建武二年封魯王，二十八年徙封北海王。

〔二〕應時甘雨澍降　此條文字又見聚珍本，字句全同。二本所輯，不知出自何書。范曄後漢書北海靖王興傳云：「興……試守緱氏令，爲人有明略，善聽訟，甚得名稱。遷弘農太守，亦有善政。」李賢注云：「續漢書曰：『弘農縣吏張申有伏罪，興收申案論，郡中震慄。時年旱，分遣文學循行屬縣，理冤獄，宥小過，應時甘雨降澍。』」書鈔卷七五亦引續漢書，文字微異。二本所輯，疑出續

漢書。

〔三〕上撫育如子　原無此句，姚本、聚珍本亦未輯録。書鈔卷七〇引，今據增補。

〔四〕輒驛馬下問興　原無「問」字，姚本、聚珍本有，書鈔卷七〇引亦有，今據增補。此句御覽卷一五〇引作「輒乘驛馬問焉」。

北海敬王睦

北海敬王睦，〔一〕顯宗之在東宮，尤見幸。而睦性謙恭好士，名儒宿德，莫不造門。〔二〕永平中，法憲頗峻，睦乃謝絶賓客，放心音樂。歲終，遣中大夫奉璧朝賀，〔三〕召而謂曰：「朝廷設問寡人，大夫將何辭對？」使者曰：「大王忠孝慈仁，敬賢樂士，臣雖螻蟻，敢不以實？」睦曰：「吁，子危我哉！此乃孤幼時進趨之行也。〔四〕大夫其對以孤襲爵已來，志意衰惰，聲色是娱，犬馬是好。」使者受命而行。御覽卷四二三

北海敬王睦善草書，〔五〕臨病，明帝驛馬令作草書尺牘十首焉。御覽卷七四九

校勘記

〔一〕北海敬王睦　范曄後漢書卷一四有傳。又見汪文臺輯司馬彪續漢書卷二。「敬」字原誤作「靖」，聚珍本作「敬」，與范書合，今據改。睦爲北海靖王興子。

〔二〕名儒宿德，莫不造門　姚本云：「時法網尚疏，睦性好士，夙夜滋恭，千里人民土地財賄結歡，由是名儒造門者陸沉。」注云：「『陸沉』，字似有誤。」書鈔卷七〇引云：「時法網尚疏，諸侯通賓客，千里人士財賄結歡，由是宿德名儒造門者沉陸。睦性好士，夙夜滋恭。」

〔三〕中大夫　范曄後漢書北海敬王睦傳李賢注云：「王國官也。」司馬彪續漢書百官志云：王國大夫，「比六百石，無員，掌奉王使至京都，奉璧賀正月，及使諸國。本皆持節，後去節」。

〔四〕此乃孤幼時進趨之行也　范曄後漢書北海敬王睦傳李賢注云：「東觀記、後漢書並云『是吾幼時狂惷之行也』。」聚珍本已據李賢注引改。

〔五〕敬　原誤作「静」。

趙孝王良〔一〕

光武初起兵，良搏手大呼曰：「我欲詣納言嚴將軍。」叱上起去。出閤，令人視之。還白方坐啗脯，良復讙呼。上言「不可讙露」。明旦欲去。前白良曰：「欲竟何時詣嚴將軍所？」良意下，曰：「我爲詐汝耳，當復何苦乎？」〔二〕范曄後漢書卷一四李賢注

乾私出國，〔三〕到魏郡鄴、易陽，止宿亭，令奴金盜取亭席，金與亭佐孟常爭言，以刃傷常，部吏追逐，乾藏逃，金絞殺之，懸其屍道邊樹。國相舉奏，詔書削中丘。〔四〕范曄後漢書卷一四趙孝王良傳李賢注

校勘記

〔一〕趙孝王良　光武帝叔父，建武二年封廣陽王，五年徙爲趙王。范曄後漢書卷一四有傳。又見汪文臺輯司馬彪續漢書卷二。

〔二〕當復何苦乎　此條書鈔卷一四五引作「光武初起兵，良大怒，叱上，出閤外飲食，令人視之，還白方坐噉脯」。御覽卷八六二亦引，字句稍略。

〔三〕乾　趙孝王良卒，子節王栩嗣。栩卒，子頃王商嗣。商卒，子靖王宏嗣。宏卒，子惠王乾嗣。據范曄後漢書安帝紀，元初三年九月宏卒，乾嗣立爲趙王當在安帝元初四年。又據桓帝紀所載，乾卒於桓帝延熹七年。

〔四〕詔書削中丘　范曄後漢書趙孝王良傳云：「元初五年，封乾二弟爲亭侯。是歲，趙相奏乾居父喪私娉小妻，又白衣出司馬門，坐削中丘縣。」與東觀漢記所述不同。

劉弘〔一〕

劉弘，字禹孫，〔二〕年十五，治歐陽尚書，布衣徒行，講誦孜孜。〔三〕　書鈔卷九八

弘字孺孫，先起義兵，卒。　范曄後漢書卷一四成武孝侯順傳李賢注

校勘記

〔一〕劉弘　成武孝侯劉順叔父，事見范曄後漢書卷一四成武孝侯順傳，又見汪文臺輯司馬彪續漢書卷二。各書皆不載劉弘追封爵謚，故此以姓名立目。

〔二〕字禹孫　范曄後漢書成武孝侯順傳李賢注引云：「弘字孺孫。」

〔三〕講誦孜孜　此條聚珍本連綴於鄧弘傳中，不可據。鄧弘雖然也喜學講誦，范曄後漢書鄧騭傳云鄧弘少時也治歐陽尚書，與劉弘頗有相類之處。但不能因此混爲一人。此條云劉弘字禹孫，而鄧弘字叔紀，兩人字絶異。根據二人之字，即可將二人事迹區别開來。

劉　梁〔一〕

梁字季少，病筋攣卒。　范曄後漢書卷一四成武孝侯順傳李賢注

校勘記

〔一〕劉梁　劉弘弟，事見范曄後漢書卷一四成武孝侯順傳，又見汪文臺輯司馬彪續漢書卷二。各書皆不載劉梁追封爵謚，故此以姓名立目。

城陽恭王祉〔一〕

初名終，後改爲祉。　范曄後漢書卷一四城陽恭王祉傳李賢注

劉敞曾祖節侯買，以長沙定王子封於零道之春陵鄉，爲春陵侯。〔二〕敞父仁嗣侯，〔三〕於時見户四百七十六，以春陵地勢下濕，有山林毒氣，難以久處，上書願減户徙南陽，留男子昌守墳墓，元帝許之。初元四年，徙南陽之白水鄉，猶以春陵爲國名，遂與衆弟鉅鹿都尉回往家焉。〔四〕仁卒，敞謙儉好義，推父時金寶財産與昆弟。荆州刺史上其義行，拜盧江都尉。御覽卷五一五

敞臨廬江歲餘，遭旱，行縣，人持枯稻，自言稻皆枯。吏强責租。敞應曰：「太守事也。」載枯稻至太守所。酒數行，以語太守，太守曰：「無有。」敞以枯稻示之，太守曰：「都尉事邪？」敞怒叱太守曰：「鼠子何敢爾！」刺史舉奏，莽徵到長安，免就國。〔五〕范曄後漢書卷一四城陽恭王祉傳李賢注

敞爲嫡子終娶宣子女習爲妻，〔六〕宣使嫡子姬送女入門，二十餘日，義起兵。〔七〕范曄後漢書卷一四城陽恭王祉傳李賢注

祉以建武二年三月見於懷宮。〔八〕范曄後漢書卷一四城陽恭王祉傳李賢注

校勘記

〔一〕城陽恭王祉　春陵侯敞之子，范曄後漢書卷一四有傳。又見汪文臺輯司馬彪續漢書卷二。

〔二〕零道　原誤作「陵道」，聚珍本不誤，今據改正，「春陵鄉，爲」四字原脱，范曄後漢書城陽恭王祉傳云：「敞曾祖父節侯買，以長沙定王子封於零道之春陵鄉，爲春陵侯。」今據增補。

〔三〕敞父仁嗣侯　此句至「猶以春陵爲國名」諸句原作「敞父仁嗣侯，以春陵地勢下濕，有山林毒氣，上書求減邑内徙。元帝初平四年，徙南陽之白水鄉，猶以春陵爲國名」。按范曄後漢書城陽恭王祉傳李賢注引云：「考侯仁於時見户四百七十六，上書願減户徙南陽，留子男昌守墳墓，元帝許之。」又文選卷四張衡南都賦李善注引云：「春陵節侯，長沙定王中子買。節侯生戴侯，戴侯生考侯，考侯仁以春陵地勢下濕，難以久處，上書願徙南陽守墳墓。元帝許之，於是北徙。」今據范書李賢注、文選李善注增改數句。「初平」乃「初元」之訛，聚珍本不誤，范書亦不誤，今據校正。文選卷四張衡南都賦李善注又引「考侯仁徙封南陽白水鄉」一句。

〔四〕遂與衆弟鉅鹿都尉回往家焉　此句原無，姚本、聚珍本亦無，書鈔卷四八引，今據增補。「衆弟」，當作「從弟」。范曄後漢書城陽恭王祉傳云：「遂與從弟鉅鹿都尉回及宗族往家焉。」

〔五〕免就國　此條御覽卷八三九亦引，文字稍略。

〔六〕宣　高陵侯翟宣，漢成帝時丞相翟方進之子。

〔七〕義　翟宣之弟。義起兵反王莽事見漢書翟方進傳所附翟義傳。

〔八〕祉以建武二年三月見於懷宫　范曄後漢書城陽恭王祉傳云：「及更始降於赤眉，祉乃閒行亡奔洛陽。是時宗室唯祉先至，光武見之歡甚。建武二年，封爲城陽王。」

東海恭王彊

東海恭王彊，〔一〕光武皇帝長子也。母郭后。建武二年六月，立爲皇太子。十七年十月，郭后廢爲中山太后。自郭后廢，彊不自安，數因左右陳誠，願備藩輔。十九年六月，〔二〕彊廢爲東海王。二十八年十月，就國，兼食東海、魯國二郡二十九縣，〔三〕租入倍諸王，賞賜恩寵絶無倫比，〔四〕置虎賁旄頭雲罕，〔五〕宫殿設鍾簴之懸。〔六〕彊性聰達恭謙，〔七〕臨之國，比上書讓還東海十九縣，又因皇太子固辭。上不許，以彊章示公卿大夫，深嘉歎之。御覽卷一四八

東海王彊薨，〔八〕上發魯相所上檄，下牀伏地，舉聲盡哀，至長樂宫，白太后，因出幸津門亭發喪。〔九〕文選卷六〇任昉齊竟陵文宣王行狀李善注

東海王彊薨，追念彊雅性恭儉，不欲令厚葬以違其意，詔中常侍杜岑、東海傅相曰：〔一〇〕「王恭謙好禮，以德自終。勑官屬遣送，務行約省，茅車瓦器，以成王志。」御覽卷五五三

東海王彊孫頃王肅，性謙儉，修恭王法。〔一一〕永初中，以西羌未平，上錢二千萬。元初

中，復上縑萬疋，〔一二〕以助國費。〔一三〕初學記卷一〇

校勘記

〔一〕東海恭王彊　光武帝子，范曄後漢書卷四二有傳。

〔二〕十九年六月　此句上有「其」字，當係衍文。聚珍本無，今據刪。

〔三〕兼食東海、魯國二郡　原無「兼」字，書鈔卷七〇兩引皆有此字，今據增補。「魯國」下原有「並」字，係衍文，聚珍本無，書鈔卷七〇兩引皆無此字，今據刪。

〔四〕絶無倫比　原無「絶」字。萬花谷後集卷七引作「絶無倫比」，今據增「絶」字。此四字姚本、聚珍本作「絶於倫比」，初學記卷一〇引同。

〔五〕置　原誤作「致」，姚本、聚珍本作「置」，書鈔卷七〇兩次引徵、卷一三〇一次引徵皆作「置」。又初學記卷一〇、御覽卷六八〇、萬花谷後集卷七引亦作「置」，今據改正。「雲罕」，此二字原無，書鈔卷七〇兩引，其中一處引有此二字，今據增補。

〔六〕宮殿設鍾簴之縣　類聚卷四四引有此句，字有脱漏。此句下聚珍本尚有「擬於乘輿」一句，各書所引皆無此句。范曄後漢書東海恭王彊傳云：「帝以彊廢不以過，去就有禮，故優以大封，兼食魯郡，合二十九縣。賜虎賁頭，宮殿設鐘簴之縣，擬於乘輿。」可能聚珍本即據范書增入。

〔七〕謙　聚珍本作「謹」，書鈔卷七〇引同。

〔八〕東海王彊薨　彊卒於明帝永平元年五月，葬於六月，見范曄後漢書明帝紀。

〔九〕津門亭　范曄後漢書東海恭王彊傳李賢注云：「津門，洛陽南面西頭門也，一名津陽門。每門皆有亭。」

〔一〇〕傅相　原誤作「相傅」，聚珍本作「傅相」，與范曄後漢書東海恭王彊傳相合，今據改。

〔一一〕修恭王法　此句原無，姚本、聚珍本同，書鈔卷七〇引有，今據增補。

〔一二〕復　原無此字，姚本、聚珍本同，書鈔卷七〇引有，今據增補。

〔一三〕費　此字原無，姚本、聚珍本有，書鈔卷七〇引亦有「費」字，與范曄後漢書東海恭王彊傳同，今據增補。此條萬花谷後集卷七亦引，文字稍異。

沛獻王輔

沛獻王輔，〔一〕善京氏易。〔二〕永平五年秋，京師少雨，上御雲臺，召尚席取卦具自卦，〔三〕以周易卦林占之，〔四〕其繇曰：「蟻封穴户，大雨將集。」明日大雨。上即以詔書問輔曰：「道豈有是耶？」輔上書曰：「案易卦震之蹇，蟻封穴户，大雨將集。蹇，〔五〕艮下坎上，艮爲山，坎爲水。山出雲爲雨，〔六〕蟻穴居而知雨，將雲雨，蟻封穴，〔七〕故以蟻爲興文。」〔八〕詔報曰：「善哉！王次序之。」〔九〕 文選卷六〇任昉齊竟陵文宣王行狀李善注

沛王、楚王來朝，皆就國，〔一〇〕明帝告諸王傅相，王諸子年五歲以上，皆令帶列侯印，〔一一〕復送綬十九枚，爲諸王子在道欲急帶之也。 書鈔卷一三一

沛獻王輔，性恭嚴有威，〔一二〕好經書，論集經傳圖讖，作五經通論。奉藩以至没，〔一三〕遵履法度，未嘗犯禁，稱爲賢王。 初學記卷一〇

校勘記

〔一〕沛獻王輔 光武帝子，建武十五年封右翊公，十七年徙爲中山王，二十年徙封沛王。范曄後漢書卷四二有傳。又見汪文臺輯司馬彪續漢書卷三。

〔二〕善京氏易 此句原無，姚本、聚珍本有，初學記卷二一、卷一〇，類聚卷二，御覽卷一〇、卷七二七，萬花谷前集卷一引亦有，今據增補。

〔三〕自卦 玉海卷三五、漢藝文志考證卷九引同。姚本、聚珍本作「自爲卦」，初學記卷二一引同，御覽卷七二七引作「自作卦」。

〔四〕周易卦林 聚珍本同，玉海卷三五引亦同。姚本無「卦」字，初學記卷二一、卷一〇，類聚卷二，御

覽卷一〇、卷七二七，萬花谷前集卷一引亦皆無「卦」字。漢藝文志考證卷九引作「京氏易林」。

〔五〕蹇　原無此字，姚本、聚珍本有，初學記卷二、卷一〇，類聚卷二，御覽卷一〇、卷七二七，萬花谷前集卷一引亦皆有此字，今據增補。

〔六〕山　原無此字，姚本、聚珍本有，初學記卷二、卷一〇，類聚卷二，御覽卷一〇、卷七二七，萬花谷前集卷一引皆有此字，今據增補。

〔七〕蟻封穴　「穴」字下原有「者」字，從文義看不當有此字，聚珍本無，今據删。

〔八〕興文　聚珍本同。姚本作「興居」，類聚卷二引與姚本同。萬花谷前集卷一引作「雨居」。初學記卷二，御覽卷一〇、卷七二七引皆無「文」字。

〔九〕王次序之　玉海卷一二三亦引此條，字句極略。

〔一〇〕皆　此字聚珍本無，御覽卷六八二引同。

〔一一〕印　聚珍本作「綬」，御覽卷六八二引同。

〔一二〕恭嚴有威　此四字原無，姚本、聚珍本同，書鈔卷七〇引有，今據增補。

〔一三〕奉蕃以至没　「没」字下姚本、聚珍本有「身」字。

楚王英

楚王英奉送黄縑三十五疋、白紈五疋入贖，〔一〕楚相以聞，詔書還贖縑紈，以助伊蒲塞桑門之盛饌。〔二〕 御覽卷八一九

光武子楚王英謀反自殺。〔三〕 御覽卷二〇一

校勘記

〔一〕楚王英　光武帝子，建武十五年封爲楚公，十七年進爵爲王。范曄後漢書卷四二有傳。　贖　原誤作「蜀」，下文「贖」字同誤，今據聚珍本校正。

〔二〕以助伊蒲塞桑門之盛饌　此句文選卷二張衡西京賦李善注亦引，文字全同。范書楚王英傳云：「英少時好游俠，交通賓客，晚節更喜黄老，學爲浮屠齋戒祭祀。八年，詔令天下死罪皆入縑贖。英遣郎中令奉黄縑白紈三十匹詣國相曰：『託在蕃輔，過惡累積，歡喜大恩，奉送縑帛，以贖愆罪。』國相以聞。詔報曰：『楚王誦黄老之微言，尚浮屠之仁祠，絜齋三月，與神爲誓，何嫌何疑，當有悔吝？其還贖，以助伊蒲塞桑門之盛饌。』」李賢注云：「『伊蒲塞』即『優婆塞』也，中華翻

爲近住，言受戒行堪近僧住也。「桑門」即「沙門」。」

〔三〕光武子楚王英謀反自殺　姚本無楚王英傳，聚珍本雖有楚王英傳，然而漏輯此條。據范曄後漢書楚王英傳，明帝永平十三年，有人告楚王英大逆不道，英被廢，徙丹陽涇縣。十四年，英至丹陽，自殺。

濟南安王康

濟南安王康，〔一〕多殖財貨，大治宮室，起内第，奴婢千四百人。〔二〕　書鈔卷七〇

校勘記

〔一〕濟南安王康　光武帝子，建武十五年封濟南公，十七年進爵爲王。范曄後漢書卷四二有傳。

〔二〕奴婢千四百人　此條聚珍本作「濟南安王康，多殖財貨，大修宮室，起内第，奴婢至千四百人，廄馬千二百匹，私田八百頃，奢侈恣欲，游觀無節」。與陳禹謨刻本書鈔卷七〇所引全同，可見聚珍本所輯是據陳本書鈔。此條末，陳本書鈔注「補」字，即謂本文已作增補。考之范曄後漢書濟南安王康傳，可知陳本書鈔所增改字句，均據范書。

東平憲王蒼

東平王蒼，〔一〕少好經書，雅有智慧。書鈔卷七〇

東平憲王蒼，少有孝友之質，〔二〕寬仁弘雅。中元二年，光武帝崩，明帝詔曰：「東平王蒼，寬博有謀，可以託六尺之孤，臨大節而不可奪，其以蒼爲驃騎將軍，位在三公上。」〔三〕初學記卷一〇

是時四方無虞，蒼以天下化平，宜修禮樂，乃與公卿共議定南北郊冠冕車服制度，乃祖廟登歌八佾舞數。蒼以親輔政，盡心王室，每有議事，上未嘗不見從，名稱日重。〔四〕姚本

東平憲王蒼開東閤，〔五〕延英雄。御覽卷四七四

東平憲王蒼上書表薦名士左馮翊桓虞等，〔六〕虚己禮下，與參政事。御覽卷四七四

上嘗問東平王蒼曰：「在家何業最樂？」蒼對曰：「爲善最樂。」上嗟歎之。〔七〕文選卷三八任昉爲范始興作求立太宰碑表李善注

東平王蒼與諸王朝京師，〔八〕月餘還。帝臨送歸宫，悽然懷思，乃遣使手詔諸國曰：「辭別之

後，獨坐不樂，因就車歸，伏軾而吟，瞻望永懷，實勞我心，誦及采薇，〔九〕以增歎息。」類聚卷二九

明帝詔書示諸國曰：「詔問東平王蒼處家何等最樂，王對曰：『爲善最樂。』」帝曰：「其言甚大，副其腰腹。」〔一〇〕蒼美鬚髯，〔一一〕腰帶八尺二寸。〔一二〕類聚卷四五

上以所自作光武皇帝本紀示東平憲王蒼，蒼因上世祖受命中興頌。〔一三〕上甚善之，以問校書郎，此與誰等，皆言類相如、揚雄，前代史岑比之。〔一四〕文選卷六〇任昉齊竟陵文宣王行狀李善注

建初三年，上賜東平王蒼書曰：「歲月騖過，〔一五〕山陵浸遠，孤心慘愴。饗衛士南宮，皇太后因過按行閱視舊時衣物。惟王孝友之德，今以光烈皇后假髻、帛巾各一、衣一篋遺王，〔一六〕可時瞻視，以慰凱風寒泉之思。〔一七〕今魯國孔氏尚有仲尼車輿冠履，明德盛者，光靈遠也。致宛馬一匹。聞武帝歌天馬，〔一八〕霑赤汗，今親見其然，血從前髆上小孔中出。」〔一九〕萬花谷後集卷一八，文選卷五八謝朓齊敬皇后哀策文、卷二三顏延之拜陵廟作李善注，御覽卷七一五，書鈔卷一九，類聚卷九三

四年，〔二〇〕蒼上疏願朝。上以王觸寒涉道，使中謁者賜乘輿貂裘。〔二一〕蒼到洛陽，使鴻臚持節郊迎，引入，不在讚拜之位，升殿乃拜，上親答拜。蒼上疏曰：〔二二〕「賜奉朝請，咫尺

天顔，事過典故。」諸王歸國，上特留蒼。〔二三〕賜以秘書列圖、道術秘方。至八月飲酎畢，〔二四〕有司復奏遣蒼，乃許之。手詔賜蒼曰：「骨肉天性，〔二五〕誠不以遠近親疏，然數見顔色，情重昔時，中心戀戀，惻然不能言。」於是車駕祖送，流涕而訣。復賜乘輿服御，珍寶鞍馬，錢布以億萬計。〔二六〕　類聚卷四五

東平王蒼到國後病水氣喘逆，上遣太醫丞相視之，小黄門侍疾。置驛馬，傳起居，以千里爲程。〔二七〕　御覽卷七四三

東平王蒼葬，章帝詔有司加賜鸞輅乘馬，〔二八〕龍旂九旒，虎賁百人。　御覽卷五五三

章帝幸東平，祭東平王墓，云：「思其人，到其鄉，〔二九〕其處在，其人亡。」　類聚卷三四

校勘記

〔一〕東平王蒼　光武帝子，建武十五年封東平公，十七年進爵爲王。范曄後漢書卷四二有傳。又見汪文臺輯司馬彪續漢書卷三。

〔二〕質　原誤作「賢」，姚本、聚珍本作「質」，書鈔卷七〇、御覽卷一五〇引同，今據改正。

〔三〕位在三公上　原無此句，聚珍本有，書鈔卷七〇、類聚卷四五、御覽卷一五〇引亦有，今據增補。此條書鈔卷六四、類聚卷四八、御覽卷二三八亦引，字句稍略。

〔四〕名稱日重　此條文字聚珍本亦有，不知二本輯自何書。陳禹謨刻本書鈔卷六四引續漢書，與此全同。疑姚本誤以續漢書文字輯入，而聚珍本輯者不察，又據姚本輯録。

〔五〕東閤　漢書公孫弘傳云：「弘自見爲舉首，起徒步，數年至宰相封侯，於是起客館，開東閤以延賢人，與參謀議。」顔師古注云：「閤者，小門也，東向開之，避當庭門而引賓客，以別於掾吏官屬也。」

〔六〕名士　聚珍本作「賢士」。

〔七〕上嗟歎之　此條初學記卷一〇引作「明帝嘗從容問王：『在家爲人，何好最樂？』蒼曰：『爲善最樂。』」御覽卷四六八亦引，字句簡略。

〔八〕東平王蒼與諸王朝京師　事在明帝永平十一年。

〔九〕采菽　見詩小雅，爲諸侯來朝，天子嘉之之作。

〔一〇〕副其腰腹　「副」字御覽卷一五〇引作「稱」。范曄後漢書東平憲王蒼傳云：永平「十一年，蒼與諸王朝京師。月餘，還國。帝臨送歸宫，悽然懷思，乃遣使手詔國中傅曰：『辭別之後，獨坐不樂，因就車歸，伏軾而吟，瞻望永懷，誦及采菽，以增歎息。日者問東平王處家何等最樂，王言爲善最樂，其言甚大，副其要腹矣。今送列侯印十九枚，諸王子年五歲已上能趨拜者，皆令帶之。』」

〔一一〕蒼美鬚髯　姚本作「蒼體長，美鬚眉」。聚珍本作「蒼體大，美鬚眉」。

〔一二〕腰帶八尺二寸　此條書鈔卷七〇、御覽卷三七一亦引，字句稍略。

〔一三〕蒼因上世祖受命中興頌　范曄後漢書東平憲王蒼傳云：明帝永平「十五年春，行幸東平，賜蒼錢千五百萬，布四萬匹。帝以所作光武本紀示蒼，蒼因上光武受命中興頌。帝甚善之，以其文典雅，特令校書郎賈逵爲之訓詁」。

〔一四〕史岑　范曄後漢書文苑傳云：「王莽末，沛國史岑子孝亦以文章顯，莽以爲謁者，著頌、誄、復神、説疾凡四篇。」此條文選卷四七史孝山出師頌李善注亦引，文字稍有不同。

〔一五〕驚過　范曄後漢書東平憲王蒼傳同，初學記卷二〇、書敍指南卷一三引作「驚邁」。

〔一六〕假髻、帛巾各一、衣一篋遺王　漢制考卷一引同，初學記卷二〇引作「假紒、帛中衣各一篋遺王」。初學記所引有誤，不可信據。范曄後漢書東平憲王蒼傳云：「今送光烈皇后假紒、帛巾各一，及衣一篋。」

〔一七〕凱風　見詩邶風。毛詩序云：「凱風，美孝子也。」詩云：「凱風自南，吹彼棘心。棘心夭夭，母氏劬勞。凱風自南，吹彼棘薪。母氏聖善，我無令人。爰有寒泉，在浚之下。有子七人，母氏勞苦。」

〔一八〕天馬　漢書西域傳云：「宛別邑七十餘城，多善馬。馬汗血，言其先天馬子也。」武帝紀太初四年云：「春，貳師將軍廣利斬大宛王首，獲汗血馬來。作西極天馬之歌。」應劭注云：「大宛舊有天馬種，蹋石汗血。汗從前肩髆出，如血，號一日千里。」范曄後漢書東平憲王蒼傳李賢注云：「前書天馬歌曰：『太一況，天馬下，霑赤汗，沫流赭。』」

〔一九〕血從前髆上小孔中出　此條係連綴各書所引而成。萬花谷後集卷一八引云：「永平三年，上賜東平王蒼書曰：『歲月騖邁，山陵寖遠，孤心慘愴。今以光烈皇后假帛仲衣各一篋遺王，可時視瞻，以慰凱風寒泉之思。』」文選卷一六潘岳寡婦賦李善注引云：「上賜東平王蒼書曰：『歲月騖過，山陵浸遠。』」又卷五七顏延之陶徵士誄李善注引云：「上賜東平王蒼書曰：『歲月騖過，山陵浸遠。今魯國孔氏尚有仲尼車輿冠履，明德盛者，光靈遠也。』」又卷五八謝朓齊敬皇后哀策文李善注引云：「上賜東平王蒼書曰：『饗衛南宮，皇太后因過按行閱視舊時衣物。今以光烈皇后假結帛巾各一、衣一篋遺王，可視瞻，以慰凱風寒泉之思。』」又卷二三顏延之拜陵廟作李善注引云：「上賜東平王蒼書曰：『今送光烈皇后衣一篋。今魯國孔氏尚有仲尼車輿冠履，明德盛者，光靈遠也。』」御覽卷七一五引云：「章帝詔東平王蒼：『惟王孝友之德，今以光烈皇后假髻帛巾各一、衣一篋遺王，可時瞻視，以慰凱風寒泉之思。』」書鈔卷一九引云：「致宛馬一匹。」類聚卷九三引云：「聞武帝歌天馬，沾赤汗，今親見其然，血從前髆上小孔中出。」今綜合以上各書所引，删除重複，釐訂謬誤，增補脱漏，按文理進行編次。范曄後漢書東平憲王蒼傳具載章帝所賜書，今録之如下：建初〔三〕年，帝饗衛士於南宮，因從皇太后周行掖庭池閣，乃閱陰太后舊時器服，愴然動容，乃命留五時衣各一襲，及常所御衣合五十篋，餘悉分布諸王主及子孫在京師者各有差。特賜蒼及琅邪王京書曰：『中大夫奉使，親聞動静，嘉之何已！歲月騖過，山陵浸遠，孤心悽愴，如何如何！間饗衛士於南宫，因閱視舊時衣物，聞於師曰：「其物存，其人亡，不言哀而哀自至。」信矣。惟王孝友之德，亦豈不然！今送光烈皇后假紒帛巾各一，及衣一篋，可時奉瞻，以慰凱風寒泉之思，又欲令後生子孫得見先后衣服之製。今魯國孔氏尚有仲尼車輿冠履，明德盛者，光靈遠也。其光武皇帝器服，中元二年已賦諸國，故不復送。并遺宛馬一匹，血從前髆上小孔中出。常聞武帝歌天馬，霑赤汗，今親見其然也。頃反虜尚屯，將帥在外，憂念遑遑，未有閒寧。願王實精神，加供養。苦言至戒，望之如渴。』

〔二〇〕四年　建初四年。此句上尚有「東平王蒼，少有孝友之質，寛仁弘雅，帝即位，詔以爲驃騎將軍，位在三公上」數句，因與上文複出，今删去。

〔二一〕貂裘　原作「豹裘」，姚本、聚珍本同，書鈔卷一二九、御覽卷一五〇引亦作「豹裘」。類聚卷六七、御覽卷六九四引作「貂裘」，與范曄後漢書東平憲王蒼傳同，今據校改。

〔二二〕蒼上疏曰　此句至「事過典故」諸句原無，文選卷二二顔延之車駕幸京口三月三日侍遊曲阿後湖作李善注引云：「東平王蒼上疏曰：『賜奉朝請，咫尺天顔。』」又卷五六陸倕石闕銘李善注引云：「東平王蒼上疏曰：『事過典故。』」今據兩處所引增補。姚本未輯此數句，聚珍本未輯「賜奉朝請，咫尺天顏」二句。范曄後漢書東平憲王蒼傳云：「六年冬，蒼上疏求朝。……蒼既至，升殿乃拜，天子親答之。……蒼以受恩過禮，情不自寧，上疏辭曰：『臣聞貴有常尊，賤有等威，卑高列序，上下以理。陛下至德廣施，慈愛骨肉，既賜奉朝請，咫尺天儀，而親屈至尊，降禮下臣，每賜讌見，輒興席改容，中宮親拜，事過典故。臣惶怖戰慄，誠不自安，每會見，踧踖無所措置。此非所以章示群下，安臣子也。』」

〔二三〕上特留蒼　此句下原有「八月飲酎畢，大鴻臚奏遣蒼發，上親臨送流涕，賞賜以億萬數」一段文字，今删去，取類聚卷二九所引「賜以秘書列圖」至「錢布以億萬計」一段文字補入。

〔二四〕飲酎　酎爲兩次或多次複釀的醇酒。始釀於正月一日，至八月始成。漢制：天子八月於宗廟飲酎，令諸侯出金助祭。

〔二五〕骨肉天性　「肉」字下原衍「與」字，聚珍本無，與范曄後漢書東平憲王蒼傳同，今據删。

〔二六〕錢布以億萬計　此條書鈔卷七〇亦引，字句疏略。

〔二七〕以千里爲程　此條書鈔卷七〇引，字句較簡略。永樂大典卷二〇三一〇亦引，字句全同。

〔二八〕章帝詔有司　「章帝」下原衍「訪」字，聚珍本無，今據删。

〔二九〕「到」，姚本、聚珍本同，書鈔卷三五引作「至」。范曄後漢書東平憲王蒼傳云：「元和三年，行東巡守，幸東平宮，帝追感念蒼，謂其諸子曰：『思其人，至其鄉，其處在，其人亡。』」

阜陵質王延

阜陵質王延在國侈泰驕佚。〔一〕　書鈔卷七〇

校勘記

〔一〕阜陵質王延　光武帝子，建武十五年封淮陽公，十七年進爵爲王，永平中徙爲阜陵王。范曄後漢書卷四二有傳。　侈泰驕佚　聚珍本作「驕泰淫佚」。

廣陵思王荆

廣陵思王荆，〔一〕性刻急隱害，喜文法，有才能。中元二年，世祖崩，不悲哀，而作飛書與東海王彊，説之，令舉兵爲逆亂。彊得荆書，即執其行書者，封上之。以親親隱其事，遣荆止河南宫。〔二〕　御覽卷一五〇

廣陵王荆祝詛，〔三〕自殺。　御覽卷二〇一

校勘記

〔一〕廣陵思王荆　光武帝子，與明帝同母所生。建武十五年封山陽公，十七年進爵爲王，永平中徙爲廣陵王。范曄後漢書卷四二有傳。

〔二〕遣荆止河南宫　此條姚本、聚珍本均未輯録。

〔三〕祝詛　原脱「祝」字，范曄後漢書廣陵思王荆傳云：荆「使巫祭祀祝詛，有司舉奏，請誅之，荆自殺，立二十九年死」。今據增補。聚珍本無「祝詛」二字。

中山簡王焉

簡王焉以郭太后少子，〔一〕獨留京師。書鈔卷七〇

校勘記

〔一〕簡王焉　光武帝子，建武十五年封左翊公，十七年進爵爲王，三十年徙封中山王。范曄後漢書卷四二有傳。

琅邪孝王京

琅邪孝王京就國都，〔一〕雅好宫室，窮極技巧，壁帶玉飾以金銀。〔二〕類聚卷六一

光烈皇后崩，明帝悉以太后所遺金寶賜京。〔三〕聚珍本

校勘記

〔一〕琅邪孝王京　光武帝子，建武十五年封琅邪公，十七年進爵爲王。范曄後漢書卷四二有傳。又見汪文臺輯司馬彪續漢書卷三、華嶠後漢書卷一。

〔二〕壁帶玉飾以金銀　此句書鈔卷七〇引作「壁帶飾玉」。范曄後漢書琅邪孝王京傳云：「京都莒，好修宫室，窮極伎巧，殿館壁帶皆飾以金銀。」李賢注云：「壁帶，壁中之横木也，以金銀爲釭，飾其上。」

〔三〕明帝悉以太后所遺金寶賜京　此條文字，不知聚珍本輯自何書。范曄後漢書琅邪孝王京傳云：「光烈皇后崩，帝悉以太后遺金寶財物賜京。」

彭城靖王恭

恭賜號靈壽王，〔一〕未有國邑。〔二〕　范曄後漢書卷五〇彭城靖王恭傳李善注

恭子男丁前妻物故，酺侮慢丁小妻，恭怒，閉酺馬廄，酺亡，夜詣彭城縣欲上書，恭遣從官倉頭曉令歸，數責之，乃自殺。〔三〕　范曄後漢書卷五〇彭城靖王恭傳李賢注

丙爲都鄉侯，〔四〕國爲安鄉侯，丁爲魯陽鄉侯。　范曄後漢書卷五〇彭城靖王恭傳李賢注

定兄據卞亭侯，〔五〕弟光昭陽亭侯，固公梁亭侯，興蒲亭侯，延昌城亭侯，祀梁父亭侯，堅西安亭侯，代林亭侯。　范曄後漢書卷五〇彭城靖王恭傳李賢注

校勘記

〔一〕恭　明帝子，永平十五年封爲鉅鹿王，建初三年徙封江陵王，元和二年徙爲六安王。章帝卒，遺詔徙封彭城王。范曄後漢書卷五〇有傳。

〔二〕未有國邑　范曄後漢書彭城靖王恭傳云：「彭城靖王恭，永平九年賜號靈壽王。」李賢注云：「東觀記曰『賜號，未有國邑』也。」此條即據李賢注所引，又參以范書酌定。

〔三〕乃自殺　范曄後漢書彭城靖王恭傳云：「元初三年，恭以事怒子酺，酺自殺。」

〔四〕丙爲都鄉侯　恭有四子：道、丙、國、丁。范曄後漢書彭城靖王恭傳云：「恭立四十六年薨，子考王道嗣。元初五年，封道弟三人爲鄉侯。」其下李賢引此條文字作注。

〔五〕定兄據卞亭侯　范曄後漢書彭城靖王恭傳云：「道立二十八年薨，子頃王定嗣。本初元年，封定兄弟九人皆爲亭侯。」其下李賢引此條文字作注。

樂成靖王黨

樂成靖王黨，〔一〕善史書，〔二〕喜正文字。　御覽卷七四七

校勘記

〔一〕樂成靖王黨　明帝子，永平九年賜號重熹王，十五年封樂成王。范曄後漢書卷五〇有傳。「靖」，原誤作「静」，謚法有「靖」，云「柔德安衆曰『靖』，恭己鮮言曰『靖』，寬樂令終曰『靖』」。范書樂成靖王黨傳亦作「靖」，今據改正。

〔二〕史書　漢書元帝紀贊云：「元帝多材藝，善史書。」應劭注云：「周宣王太史史籀所作大篆。」王先

謙補注引錢大昕説云：「應説非也。漢律，太史試學童，能諷書九千字以上，乃得爲吏。見藝文志。貢禹傳：『武帝時，盜賊起，郡國擇便巧史書者，以爲右職。俗皆曰：「何以禮義爲？史書而仕宦。」』酷吏傳：『嚴延年善史書，所欲誅殺，奏成於手中，主簿親近史，不得聞知。』蓋史書者，令史所習之書，猶言隸書也。善史書者，謂能識字作隸書耳。」

樂成王萇〔一〕

安帝詔曰：〔二〕「樂成王居諒闇，衰服在身，彈棊爲戲，不肯謁陵。」　御覽卷七五五

校勘記

〔一〕樂成王萇　本爲濟北惠王壽子，樂成靖王黨傳國至其孫，無嗣而絶，安帝永寧元年以萇紹封。范曄後漢書卷五〇樂成靖王黨傳、後漢紀卷一六略載其事。又見汪文臺輯司馬彪續漢書卷三。

〔二〕安帝詔　萇到國數月，驕淫不法，冀州刺史與國相舉奏萇罪，安帝下詔譴責。事見范曄後漢書樂成靖王黨傳、後漢紀卷一六。

下邳惠王衍〔一〕

和帝賜恭詔曰：〔二〕「皇帝問彭城王始夏無恙。蓋聞堯親九族，萬國協和，書典之所美也。下邳王被病沈滯之疾，昏亂不明，家用不寧，姬妾適庶，諸子分争，紛紛至今。前太子卬頑凶失道，陷于大辟，是後諸子更相誣告，迄今適嗣未知所定，朕甚傷之。惟王與下邳王恩義至親，正此國嗣，非王而誰？禮重適庶之序，春秋之義大居正。孔子曰：『惟仁者能好人，能惡人。』貴仁者所好惡得其中也。太子國之儲嗣，可不慎歟！王其差次下邳諸子可爲太子者上名，將及景風拜授印綬焉。」范曄後漢書卷五〇下邳惠王衍傳李賢注

校勘記

〔一〕下邳惠王衍　明帝子，永平十五年封下邳王，范曄後漢書卷五〇有傳。

〔二〕和帝賜恭詔曰　據范曄後漢書下邳惠王衍傳載，衍就國後病荒忽，太子卬有罪廢，諸姬争欲立子爲嗣。和帝遂使彭城靖王恭至下邳正其嫡庶，故有此詔。後立子成爲太子。李賢注引此詔原無「和帝」二字，今據文義增補。

梁節王暢〔一〕

梁節王暢上疏曰："筋骨相連，命在絲髮。"〔二〕文選卷二六謝靈運五言詩初發石首城李善注

校勘記

〔一〕梁節王暢　范曄後漢書卷五〇有傳。姚本、聚珍本漏輯梁節王暢事。

〔二〕筋骨相連，命在絲髮　梁節王暢少驕貴，不遵法度。和帝永元五年，豫州刺史梁相舉奏暢不道，經考訊，暢不服。有司請徵暢詣廷尉詔獄，和帝不許。有司重奏除暢國，徙九真。和帝不忍，但削二縣。暢慙懼，遂上疏辭謝。此二語當即出此疏中。范曄後漢書梁節王暢傳節録暢疏文，但漏載此二語。

清河王慶〔一〕

永元四年，移幸北宮章德殿，講白虎觀，慶得入省宿止。〔二〕初學記卷一〇

十五年，有司以日食陰盛，奏遣諸王侯就國。詔曰：「甲子之異，責由一人。諸王幼稚，早離顧復，弱冠相育，常有蓼莪、凱風之哀。選懦之恩，知非國典，且復宿留。」〔三〕 范曄後漢書卷五五清河孝王慶傳李賢注

校勘記

〔一〕清河王慶　章帝子，初爲皇太子，後被竇皇后所譖，廢爲清河王。和帝即位，待之甚渥。後慶長子祜入嗣帝統，是爲安帝。安帝建光元年三月，追尊慶爲孝德皇。聚珍本以「孝德皇」立目，按初學記卷一〇、萬花谷後集卷七皆引東觀漢記「清河王慶傳」，可見以「清河王慶」立目，比較符合東觀漢記舊貌。清河王慶，范曄後漢書卷五五有傳。

〔二〕慶得入省宿止　此條萬花谷後集卷七亦引，文字全同。

〔三〕且復宿留　范曄後漢書清河孝王慶傳云：「十五年，有司以日食陰盛，奏遣諸王侯就國。詔曰：『甲子之異，責由一人。諸王幼稚，早離顧復，弱冠相育，常有蓼莪、凱風之哀。選懦之恩，知非國典，且復須留。』」李賢注云：「東觀記『須留』作『宿留』。」此條即據李賢注，又酌取范書文字輯録。

平原王勝〔一〕

平原王葬，鄧太后悲傷，命史官述其行迹，爲作傳誄，藏于王府。書鈔卷一〇二

校勘記

〔一〕平原王勝　和帝子，延平元年封，立八年卒。范曄後漢書卷五五有傳。

孝穆皇〔一〕

校勘記

〔一〕孝穆皇　即河間孝王劉開，桓帝之祖，范曄後漢書卷五五有傳。史通古今正史篇載東觀漢記撰修經過云：「至元嘉元年，復令太中大夫邊韶、大軍營司馬崔寔、議郎朱穆、曹壽雜作孝穆、崇二皇及順烈皇后傳，又增外戚傳入安思等后。」浦起龍史通通釋認爲「『孝穆』五字，傳寫訛脱，當作

「獻穆、孝崇二皇后」」。余嘉錫四庫提要辨證云：「浦起龍通釋謂『「孝穆、崇二皇」五字，傳寫訛脱，當作「獻穆、孝崇二皇后」』，則又非是。獻穆皇后乃曹操之女，獻帝之后，薨於魏景初元年，崔寔等死已久矣，安得爲之作傳乎？考桓帝紀云：『本初元年閏月，即皇帝位。九月，追尊皇祖河間孝王曰孝穆皇，皇考蠡吾侯曰孝崇皇。』以其位號出於追尊，故皇而不帝，且不作紀而作傳也。起龍不知此事，而欲輕改舊文，妄孰甚焉！」辨證所言甚是。孝穆皇傳中文字未見他書引徵，今全闕，僅存其目。此目姚本、聚珍本皆未輯録。

孝崇皇〔一〕

校勘記

〔一〕孝崇皇　即蠡吾侯劉翼，桓帝之父。據史通古今正史篇，東觀漢記有孝崇皇傳，參閱本書孝穆皇傳注〔一〕。孝崇皇傳中文字今全闕，僅存其目。此目姚本、聚珍本皆未輯録。

卷八

傳三

劉玄

劉玄，〔一〕字聖公，光武族兄也。弟爲人所殺，聖公結客欲報之。客犯法，聖公避吏於平林。吏繫聖公父子張。聖公詐死，使人持喪歸舂陵，吏乃出子張，聖公因自逃匿。王莽末，南方飢饉，〔二〕人庶群入野澤，掘鳧茈而食，〔三〕更相侵奪。新市人王匡、王鳳爲平理諍訟，遂推爲渠帥，衆數百人。諸亡命往從之，數月間至七八千人，號新市兵。平林人陳牧、廖湛復聚衆千餘人，號平林兵。聖公入平林中，與伯升會，〔四〕遂共圍宛。聖公號更始將軍。自破甄阜等，衆庶來降十餘萬。諸將立劉氏，南陽英雄皆歸望於伯升。然漢兵以新市、平林爲本，其將帥素習聖公，因欲立之。而朱鮪立壇城南淯水上，詣伯升。呂植通禮經，爲謁者，將立聖公爲天子儀以示諸將。〔五〕馬武、王匡以爲王莽未滅，不如且稱王。張卬拔劍擊地曰：〔六〕「稱天公尚可，稱天子何謂不可！」於是諸將軍起，與聖公至於壇所，奉通天冠進聖公。於是聖公乃拜，冠，南面而立，改元爲更始元年。上爲太常偏將軍。上破二公於昆陽城，〔七〕而更始收劉稷及伯升，即日皆物故。上馳詣宛謝罪，更始大慙。長安中兵攻王莽，斬首，收璽綬詣宛。〔八〕更始入便坐黄堂上視之，曰：「莽不如此，當與霍光等。」更始韓夫人曰：「莽不如此，帝那爲得之？」〔九〕更始北都洛陽，李松等自長安傳輿服御物，〔一〇〕及中黄門從官至洛陽。關中咸相望天子，〔一一〕更始遂西發洛陽，〔一二〕李松奉引，車馬奔，觸北闕鐵柱門，三馬皆死。更始至長安，居東宫，鍾鼓帷帳，宫人數千，官府閭里，御府帑藏，皆安堵如舊。〔一三〕更始上前殿，郎吏以次侍。更始愧恧，俯刮席與小常侍語，〔一四〕郎吏怪之。更始納趙萌女爲后，有寵，遂委政於趙萌，〔一五〕日在後庭與婦人躭飲，〔一六〕諸將軍言事，更始醉不能見。時不得已，〔一七〕乃令侍中坐帷内與語，諸將識非更始聲，出皆怨之。韓夫人尤嗜酒，〔一八〕每侍飲，見常侍奏事，輒怒曰：「帝方對我飲，正用此時持事來乎！」〔一九〕起，抵破書案。〔二〇〕所置牧守交錯，州郡不知所從。趙萌以私事捽侍中。〔二一〕侍中曰：「陛下救我。」更始言：「大司馬縱之。」萌曰：「臣不受詔。」遂斬之。更始在長安自恣，三輔苦之。〔二二〕又所署官爵皆群小，〔二三〕里閭語曰：〔二四〕「使兒居市決，作者不能得。傭之市空返，問何故，曰：「今日騎都尉往會日也。」被服威儀，不似衣冠，〔二五〕或繡面衣、錦袴、諸于、襜褕，〔二六〕罵詈道路，〔二七〕爲百姓之所賤。長安中爲之歌曰：「竈下養，〔二八〕中郎將。爛羊胃，騎都尉。爛羊頭，關内侯。」由是四方不復信向京師。雒陽人韓鴻爲謁者，〔二九〕更始二年，使持節降河北，拜除二千石。其冬，赤眉十餘萬人入關。徐宣、樊崇等入至弘農枯樅山下，〔三〇〕與更始將軍蘇茂戰。崇北至蓩鄉，轉至湖。引兵入上林，〔三一〕更始騎出厨城門，〔三二〕諸婦女皆從後車呼更始，當下拜城。更始下馬拜謝城，乃去，至高陵。上聞更始失城，乃下詔封更始爲淮陽王，而赤眉劉盆子亦下詔以聖公爲長沙王。更始仍許赤眉，求降，〔三三〕上璽綬，乃封爲畏威侯。〔三四〕赤眉謝禄曰：〔三五〕「三輔兵多欲得更始，〔三六〕一旦失之，合兵攻公，自滅之道也。」〔三七〕遂害更始。〔三八〕詔鄧禹收葬於霸陵。〔三九〕　御覽卷九〇

下江王風、王延兵侵疆，〔四〇〕與荆州牧戰，鉤牧車屏洴泥，刺欵欵陪乘，〔四一〕度足以得牧，〔四二〕然不敢害，尚願望赦。〔四三〕　書鈔卷一三九

三輔豪傑入長安，攻未央宫。庚戌，〔四四〕杜虞殺莽於漸臺，〔四五〕東海公賓就得其首，傳詣宛，封滑侯。〔四六〕　類聚卷五一

校勘記

〔一〕劉玄　范曄後漢書卷一一有傳。又見汪文臺輯謝承後漢書卷一、司馬彪續漢書卷二。聚珍本把劉玄編入載記。按史通題目篇云：「東觀以平林、下江諸人列爲載記。」劉玄不屬平林、下江，史通編次篇明言東觀漢記作者「抑聖公於傳内」，可見劉玄應編入傳内。

〔二〕南方飢饉　聚珍本同，范曄後漢書劉玄傳亦同。書鈔卷一五六引作「東方枯旱，民多飢餓」。御覽卷三五、卷四八六引作「南方枯旱，民多飢餓」，卷九九四引同，惟脱「飢」字。

〔三〕鳧茈　即荸薺。「茈」，聚珍本同，書鈔卷一五六、御覽卷九九四引亦同。御覽卷三五、卷四八六引作「茨」。

〔四〕伯升　劉縯字，事詳范曄後漢書本傳。

〔五〕儀　聚珍本作「議」。

〔六〕印　原作「卬」，聚珍本作「卬」，與范曄後漢書劉玄傳同。通鑑卷三九作「印」，考異云：「司馬彪續漢書『卬』作『印』，袁宏後漢紀作『斤』，皆誤，今從范曄後漢書。」

〔七〕二公　謂王莽大司徒王尋、大司空王邑。王莽遣尋、邑征更始，劉秀破之於昆陽。事詳本書光武帝紀。

〔八〕斬首，收璽綬詣宛　據漢書王莽傳，校尉東海公賓就斬莽首，持至漢大將軍王憲。後傳莽首詣更始，懸宛市。

〔九〕那　原作「郝」，與「那」字音同。聚珍本作「那」，今據改。

〔一〇〕傳輿服御物　聚珍本作「傳送乘輿服御物」。

〔一一〕相　聚珍本作「想」。

〔一二〕更始遂西發洛陽　此句至「居東宮」諸句，原無「發洛陽」至「更始至長安」二十五字，聚珍本有，今據增補。水經注卷一六引云：「更始發洛陽，李松奉引，車馬奔，觸北闕鐵柱門，三馬皆死。」疑聚珍本「發洛陽」云云二十五字即據此輯録，並據文義增補「更始至長安」五字。水經注卷一六引洛陽故宫名云洛陽「有朱雀闕、白虎闕、蒼龍闕、北闕、南宫闕」。玉海卷一六九引「北闕鐵柱門」五字，並釋「北闕」云：「閶闔門外夾建巨闕，以應天宿。闕前水南道右置登聞鼓以納諫。」按范曄後漢書劉玄傳云：「二年二月，更始自洛陽而西。初發，李松奉引，馬驚奔，觸北宫鐵柱門，三馬皆死。……王莽敗，唯未央宫被焚而已，其餘宫館一無所毁。……更始既至，居長樂宫。」

〔一三〕官府閭里，御府帑藏，皆安堵如舊　此三句原作「官府里堵如舊」。聚珍本作「官府閭里，安堵如舊」，記纂淵海卷二九、合璧事類後集卷四九、翰苑新書卷三一引作「更始至長安，御府帑藏，皆按堵如故」，今據聚珍本和各書所引校補。

〔一四〕更始愧恧，俯刮席與小常侍語　此二句原作「更始顧，刮席與小常侍語」。類聚卷六九引云：「更始至長安，止前殿，郎吏以次侍。更始愧恧，俯刮席與小常侍語。」姚本同，今據删「顧」字，增「愧恧，俯」三字。此二句聚珍本與類聚引同。

〔一五〕更始納趙萌女爲后，有寵，遂委政於趙萌　原無「納趙萌女爲后，有寵，遂」九字，聚珍本有，御覽卷三八八引亦有，今據增補。此三句御覽卷四九七引作「更始納趙萌女爲夫人，有寵，遂委政於萌」。

〔一六〕日在後庭與婦人躭飲　此下三句聚珍本作「日夜與婦人歡讌後庭，群臣欲言事，輒醉不能見」，御覽卷三八八引同，卷四九七引「欲」字下衍「遂」字，餘亦與聚珍本同。

〔一七〕時不得已　此下四句原無，聚珍本有，御覽卷三八八引亦有，今據增補。御覽卷四九七引作「乃令侍中坐帳内與語，諸將識非更始聲，出皆怨」。

〔一八〕韓夫人尤嗜酒　此句上姚本、聚珍本有「更始」二字，書鈔卷一三三，類聚卷六九，六帖卷一四，御覽卷三八九、卷四八三、卷七一〇，合璧事類外集卷五〇引同。

〔一九〕正用此時持事來乎　此句原無，姚本、聚珍本有，書鈔卷一三三、類聚卷六九、御覽卷七一〇引亦有，今據增補。御覽卷三八九引作「正酣，何此時持事來乎」。

〔二〇〕抵破書案　此句原誤作「稸書案破之」，姚本、聚珍本作「抵破書案」，書鈔卷一三三，類聚卷六九，六帖卷一四，御覽卷四八三、卷七一〇，合璧事類外集卷五〇引同，今據校改。「抵」，擊也。

〔二一〕捽　聚珍本作「責」。

〔二二〕更始在長安自恣，三輔苦之　此二句原無，書鈔卷一二九、御覽卷六九三引，今據增補。

〔二三〕署　姚本、聚珍本作「置」，類聚卷四五、御覽卷二〇三引同。

〔二四〕里閭語曰　此句至「今日騎都尉往會日也」諸句原無，御覽卷八二七引，今據增補。又「今日騎都尉往會日也」句下，御覽卷八二七引尚有「猶是四方不復信向京師」一句，今依文義繫於下文「關内侯」句下。「猶」乃「由」之訛，下文已校正。

〔二五〕被服威儀，不似衣冠　原無「威儀」、「衣冠」四字，書鈔卷一二九引云：「被服威儀，不似衣冠。」今據增補。姚本作「被服威儀，不以衣冠」，御覽卷六九五引同。聚珍本作「被服不法」。

〔二六〕諸于　原誤作「諸服」，書鈔卷一二九引云：「諸于、襜褕。」范曄後漢書劉玄傳作「襜褕、諸于」，今據改正。漢書元后傳顏師古注云：「諸于，大掖衣，即袿衣之類也。」「于」即「衧」之省。

〔二七〕罵詈道路　原無此句，聚珍本有，御覽卷六九三亦引，今據增補。

〔二八〕竈下養　此下四句原無，姚本、聚珍本有，類聚卷四五，御覽卷二〇三、卷四九五引亦有，范曄後漢書劉玄傳同，今據增補。御覽卷二四一引僅有「竈下養，中郎將」二句。

〔二九〕雒陽人韓鴻爲謁者　此下四句原無，聚珍本有，今據增補。不知聚珍本從何書輯録。姚本亦有「洛陽人韓鴻爲謁者，更始使持節降河北，拜除二千石」一段文字。

〔三〇〕徐宣、樊崇等人至弘農枯樅山下　此下四句原無，聚珍本有，范曄後漢書劉玄傳李賢注引，今據增補。通鑑卷四〇亦引，字句稍異。此爲更始三年時事。

〔三一〕引兵入上林　此句上聚珍本有「赤眉」二字，係據文義增入。

〔三二〕厨城門　范曄後漢書劉玄傳李賢注引三輔黄圖云：「洛城門，王莽改曰建子門，其内有長安厨官，俗名之爲厨城門，今長安故城北面之中門是也。」

〔三三〕更始仍許赤眉，求降　聚珍本脱「赤眉」二字，「求」誤作「來」。

〔三四〕畏威侯　聚珍本脱「侯」字。

〔三五〕赤眉謝禄曰　此闕文頗多。范曄後漢書劉玄傳云：「赤眉下詔書曰：『聖公降者，封長沙王。過二十日，勿受。』更始遣劉恭請降，赤眉使其將謝禄往受之。……封爲畏威侯。劉恭復爲固請，竟得封長沙王。更始常依謝禄居，劉恭亦擁護之。三輔苦赤眉暴虐，皆憐更始，而張卬等以爲慮，謂禄曰：『今諸營長多欲篡聖公者。一旦失之，合兵攻公，自滅之道也。』於是禄使從兵與更始共牧馬於郊下，因令縊殺之。」由此可知，「謝禄曰」三字當作「張卬等以爲慮，謂謝禄曰」。「赤眉」二字上下皆有脱文。

〔三六〕三輔兵多欲得更始　「欲得」二字原作空格。袁宏後漢紀卷三云：赤眉在長安，「貪其財物，因大放兵虜掠，因縱火燒宫室。三王謂謝禄曰：『三輔豐家多欲得更始者，一朝失之，必合兵攻赤眉，不如殺之也。』」今據增補「欲得」二字。

〔三七〕合兵攻公，自滅之道也　此二句原脱，文義未完，今據范曄後漢書劉玄傳增補。

〔三八〕遂害更始　此句聚珍本脱。

〔三九〕詔鄧禹收葬於霸陵　范曄後漢書劉玄傳云：謝禄縊殺更始，「劉恭夜往收臧其屍。光武聞而傷焉，詔大司徒鄧禹葬之於霸陵」。

〔四〇〕下江王鳳、王延兵侵疆　此句有訛誤。嚴可均四録堂校刊本書鈔「鳳」作「鳳」，「延」作「匡」。「疆」，與「彊」字通。

〔四一〕鉤牧車屏泥，刺欻欻陪乘　此二句多有訛誤。范曄後漢書劉玄傳云：「王莽末……新市人王匡、王鳳爲平理諍訟，遂推爲渠帥，衆數百人。於是諸亡命馬武、王常、成丹等往從之，共攻離鄉聚，臧於緑林中，數月間至七八千人。地皇二年，荆州牧某發奔命二萬人攻之，匡等相率迎擊於雲杜，大破牧軍，殺數千人，盡獲輜重。」李賢注引續漢書云：「牧欲北歸隨，武等復遮擊之，鉤牧車屏泥，刺殺其驂乘，然不敢殺牧也。」據此，此二句當作「鉤牧車屏泥，刺殺其陪乘」。

〔四二〕牧　原誤作「收」，據上文，此字當作「牧」，今逕改。

〔四三〕尚願望赦　據范曄後漢書劉玄傳，此條所述乃地皇二年事，因不便補入上條，故置於此。

〔四四〕庚戌　據漢書王莽傳，庚戌爲更始元年十月三日，而范曄後漢書光武帝紀則以誅莽繫於九月。

〔四五〕杜虞殺莽於漸臺　原無「杜虞」二字，聚珍本有，御覽卷二〇〇引亦有，今據增補。按漢書王莽傳云：「商人杜吴殺莽，取其綬。」「漸臺」，范曄後漢書劉玄傳李賢注云：「太液池中臺也。爲水所漸潤，故以爲名。」

〔四六〕封滑侯　御覽卷二〇〇引作「封猾侯」。此條當是東觀漢記劉玄傳中文字。上條云：「長安中兵攻王莽，斬首，收璽綬詣宛。」與此條爲同一事。御覽卷九〇所引上條文氣貫通，無法把此條補綴其中，姑附於此。

朱鮪

朱鮪等遂會城南淯水上沙中，〔一〕設壇，立聖公爲天子。〔二〕　書鈔卷一五九

鮪破，〔三〕上大喜，諸將軍賀，思上尊號。〔四〕　書鈔卷八五

更始大司馬朱鮪守洛陽，吴漢諸將圍守數月不下。世祖以岑彭嘗爲鮪校尉，令彭説鮪曰：「赤眉已得長安，今公誰爲守乎？蕭王受命平定燕、趙，〔五〕百姓安土歸心，賢俊四面

雲集。今北方清净，大兵來攻洛，保一城，欲何望乎？不如亟降。」鮪曰：「大司徒公被害時，〔六〕鮪與其謀，又諫更始無遣上北伐，自知罪深，故不敢降耳。」彭還詣河陽白上，上謂彭復往曉之：「夫建大事者，不忌小怨。今降，官爵可保，況誅罰乎？」上指水曰：「河水在此，吾不食言。」彭奉上旨，復至城下説鮪，因曰：「彭往者得執鞭侍從，蒙薦舉拔擢，深受厚恩，思以報義，不敢負公。」鮪從城上下索曰：「必信，可乘上。」〔七〕彭趨索欲上。鮪見其不疑，即曰：「旦蚤與我會上東門外。」彭如期往，與鮪交馬語。鮪輕騎詣彭降，彭爲殺羊具食。鮪曰：〔八〕「身爲降虜，未見吴公，諸將不敢食。」彭即令鮪自縛，與俱見吴公，將詣行在所河津亭。〔九〕上即時解鮪縛，復令彭夜送歸洛陽。　御覽卷四六一

成德侯朱鮪玄孫杞，〔一〇〕坐殺人國除。　御覽卷二〇一

校勘記

〔一〕朱鮪　范曄後漢書無傳。岑彭傳云：「鮪，淮陽人。」遂　御覽卷七四引作「共」。　城南淯水　謂宛縣南之淯水。袁宏後漢紀卷一「淯水」作「濟水」，誤。

〔二〕立聖公爲天子　更始元年二月，諸將立聖公爲天子。聖公，劉玄字，事詳范曄後漢書本傳。

〔三〕鮪破　此句下原有「河内」二字，係衍文，姚本、聚珍本皆無，唐類函卷一四四引亦無此二字，今據删。范曄後漢書光武帝紀云：建武元年，「朱鮪遣討難將軍蘇茂攻温，馮異、寇恂與戰，大破之，斬其將賈彊。於是諸將議上尊號」。通鑑卷四〇建武元年載：「朱鮪聞王北征而河内孤，乃遣其將蘇茂、賈彊將兵三萬餘人渡鞏河，攻温，鮪自將數萬人攻平陰以綴異。檄書至河内，寇恂即勒軍馳出，並移告屬縣，發兵會温下。……旦日，合戰，而馮異遣救及諸縣兵適至，恂令士卒乘城鼓譟，大呼言曰：『劉公兵到！』蘇茂軍聞之，陳動，恂因奔擊，大破之。馮異亦渡河擊朱鮪，鮪走。異與恂追至洛陽，環城一帀而歸。自是洛陽震恐，城門晝閉。異、恂移檄上狀，諸將入賀，因上尊號。」與此可以互證。

〔四〕諸將軍賀，思上尊號　此二句姚本、聚珍本作「諸將賀之，愬上尊號」，唐類函卷一四四引同。

〔五〕蕭王受命平定燕、趙　更始二年，光武帝被封爲蕭王。袁宏後漢紀卷一更始元年載：「更始將使大將平河北，劉賜諸宗室無可使者，獨有世祖也。朱鮪等以爲不可，而左丞相曹竟父子用事，馮異勸世祖厚結焉。由是以世祖爲大司馬，遣平河北。」「蕭王受命平定燕、趙」即謂此。四庫全書考證云：「按是時光武已即位，史官載筆不應稱蕭王，恐抄撮記文者有訛。」

〔六〕大司徒公被害時　「大司徒公」指光武帝兄劉伯升。更始立，以劉伯升爲大司徒。范曄後漢書劉縯傳云：「伯升部將宗人劉稷，數陷陣潰圍，勇冠三軍。時將兵擊魯陽，聞更始立，怒曰：『本起兵圖大事者，伯升兄弟也，今更始何爲者邪？」更始君臣聞而心忌之。以稷爲抗威將軍，稷不肯拜。更始乃與諸將陳兵數千人，先收稷，將誅之。伯升固争。李軼、朱鮪因勸更始並執伯升，即日害之。」

〔七〕必信，可乘上　此二句原作「當如此來」，今從御覽卷七六六校改。范曄後漢書岑彭傳作「必信，可乘此上」。

〔八〕曰　原脱，聚珍本有，今據增補。

〔九〕將　范曄後漢書岑彭傳李賢注引無此字。

〔一〇〕成德侯朱鮪玄孫杞　朱鮪以洛陽降光武帝，拜爲平狄將軍，封扶溝侯。見范曄後漢書岑彭傳。范書未載鮪徙封成德侯事。鮪玄孫杞，亦不見范書。

申屠志

申屠志以功封汝陰王，〔一〕上書以非劉氏還王璽，改爲潁陽侯。〔二〕御覽卷二〇〇

校勘記

〔一〕申屠志　范曄後漢書、袁宏後漢紀均未載此人，更始將有名申屠建者，不知是否爲一人。

〔二〕改爲潁陽侯　「潁」字原誤作「頛」，今據聚珍本改正。范曄後漢書劉玄傳云：「李松與棘陽人趙萌説更始，宜悉王諸功臣。朱鮪争之，以爲高祖約，非劉氏不王。更始乃先封宗室太常將軍劉祉爲定陶王，劉賜爲宛王，劉慶爲燕王，劉歙爲元氏王，大將軍劉嘉爲漢中王，劉信爲汝陰王。後遂立王匡爲比陽王，王鳳爲宜陽王，朱鮪爲膠東王，衛尉大將軍張卬爲淮陽王，廷尉大將軍王常爲鄧王，執金吾大將軍廖湛爲穰王，申屠建爲平氏王，尚書胡殷爲隨王，柱天大將軍李通爲西平王，五威中郎將李軼爲舞陰王，水衡大將軍成丹爲襄邑王，大司空陳牧爲陰平王，驃騎大將軍宋佻爲潁陰王，尹尊爲郾王。唯朱鮪辭曰：『臣非劉宗，不敢干典。』遂讓不受。」據此，封王者無申屠志，封汝陰王者乃劉信，非劉氏辭王封者僅朱鮪一人，與御覽卷二〇〇所引申屠志事無一相合之處。通鑑卷三九亦載更始封王事，與范書大同小異。

王郎〔一〕

宮婢生子，正與同時，即易之。〔二〕 范曄後漢書卷一二王郎傳李賢注

知命者謂侍郎韓公等。〔三〕 范曄後漢書卷一二王郎傳李賢注

王郎遣諫議大夫杜威持節詣軍門，〔四〕上遣衆戟迎，延請入軍。威稱說實成帝遺體子輿也。上曰：「設使成帝復生，天下不可復得，況詐子輿乎！」 御覽卷六八一

校勘記

〔一〕王郎 即王昌，趙國邯鄲人，范曄後漢書卷一二有傳。又見汪文臺輯司馬彪續漢書卷二。

〔二〕即易之 范曄後漢書王郎傳云：「初，王莽篡位，長安中或自稱成帝子子輿者，莽殺之。郎緣是詐稱真子輿，云『母故成帝謳者，嘗下殿卒僵，須臾有黃氣從上下，半日乃解，遂姙身就館。趙后欲害之，僞易他人子，以故得全』」云云，其下李賢即引此條文字作注。

〔三〕知命者謂侍郎韓公等 范曄後漢書王郎傳云：趙繆王子劉林「立郎爲天子……移檄州郡曰：『制詔部刺史、郡太守：朕，孝成皇帝子子輿也。昔遭趙氏之禍，因以王莽篡殺，賴知命者將護

朕躬』」云云，其下李賢引此句作注。

〔四〕杜威　本書光武帝紀作「杜長威」，范曄後漢書王郎傳、袁宏後漢紀卷二作「杜威」。

蘇茂〔一〕

蘇茂殺淮陽太守，得其郡，營廣樂。大司馬吳漢圍茂，茂將其精兵突至湖陵，〔二〕與劉永相會。〔三〕水經注卷八

校勘記

〔一〕蘇茂　陳留人，范曄後漢書卷一二劉永傳略載其事。

〔二〕湖陵　聚珍本作「湖陸」，范曄後漢書劉永傳、袁宏後漢紀卷四建武三年、通鑑卷四一建武三年皆作「湖陵」。按戰國宋有胡陵邑，秦置湖陵縣。漢書地理志山陽郡屬縣有湖陵，云：「禹貢『浮於泗、淮，通於河』，水在南。莽曰湖陸。」顏師古注引應劭云：「章帝封東平王蒼子爲湖陵侯，更名湖陵。」

〔三〕與劉永相會　范曄後漢書劉永傳云：「建武二年夏，光武遣虎牙大將軍蓋延等伐永。初，陳留人

蘇茂爲更始討難將軍，與朱鮪等守洛陽。鮪既降漢，茂亦歸命，光武因使茂與蓋延俱攻永。軍中不相能，茂遂反，殺淮陽太守，掠得數縣，據廣樂而臣於永。永以茂爲大司馬、淮陽王。蓋延遂圍睢陽，數月，拔之，永將家屬走虞。虞人反，殺其母及妻子，永與麾下數十人奔譙。蘇茂、佼彊、周建合軍救永，爲蓋延所敗，茂奔還廣樂，彊、建從永走保湖陵。三年春，永遣使立張步爲齊王，董憲爲海西王。於是遣大司馬吴漢等圍蘇茂於廣樂，周建率衆救茂，茂、建戰敗，棄城復還湖陵，而睢陽人反城迎永。」可與此互證。

龐　萌

龐萌爲平狄將軍，〔一〕與蓋延共擊董憲，〔二〕詔書獨下延，〔三〕而不及萌，萌以爲延譖己，自疑，遂反。上聞之，大怒，乃自將兵討萌，與諸將書曰：「吾常以龐萌爲社稷臣，將軍得無笑其言乎？」御覽卷四八三

校勘記

〔一〕龐萌　范曄後漢書卷一二有傳。袁宏後漢紀卷五亦略載其事。「龐萌」二字下聚珍本有「山陽

人」三字，係據范書龐萌傳增補。

〔二〕與蓋延共擊董憲　此爲建武四年事。范曄後漢書蓋延傳載此事較詳，其文云：建武「四年春，延又擊蘇茂、周建於蘄，進與董憲戰留下，皆破之。因率平狄將軍龐萌攻西防，拔之。復追敗周建、蘇茂於彭城，茂、建亡奔董憲，董憲將賁休舉蘭陵城降。憲聞之，自郯圍休。時延及龐萌在楚，請往救之。……而董憲遂拔蘭陵，殺賁休」。

〔三〕詔書獨下延　此句上原衍「昭」字，聚珍本無，范曄後漢書龐萌傳同，今據删。

王閎

王閎者，〔一〕王莽叔父平阿侯譚子也。王莽篡位，潛忌閎，乃出爲東郡太守。閎懼誅，常繫藥手内。莽敗，漢兵起，閎獨完全。御覽卷九八四

校勘記

〔一〕王閎　范曄後漢書卷一二有傳。

彭寵

彭寵，〔一〕字伯通，南陽宛人也。父宏，〔二〕哀帝時爲漁陽太守，〔三〕有名於邊。容貌飲食絶衆。是時單于來朝，當道二千石皆選容貌飲食者，故宏徙爲雲中太守。御覽卷二五九

彭宏元始中遷河南太守，〔四〕至澠池，夜逢小賊叩馬，宏下車，曰：「將軍哀之。」車中有監御史馬況，〔五〕奏舉，宏乃坐免。〔六〕書鈔卷一三九

浮密奏寵，〔七〕上徵之。寵既自疑，其妻勸寵無應徵，「今漁陽大郡，兵馬衆多，奈何爲人所奏，而棄此去」。寵與所親信吏計議，吏皆怨浮，勸寵止不應徵。〔八〕文選卷四一朱浮爲幽州牧與彭寵書李善注

夢嬴袒冠幘，〔九〕踰城，髡徒推之。寵堂上聞蝦蟇聲在火鑪下，鑿地求之，不得。〔一〇〕范曄後漢書卷一二彭寵傳李賢注

彭寵奴子密等三人共謀劫寵，〔一一〕寵時齋，獨在便坐室中，〔一二〕晝臥。〔一三〕子密等三奴縛寵著床板，告外吏：「大王解齋，吏皆便休。」又用寵聲呼其妻入室，見寵，驚曰：〔一四〕「奴反！」奴乃捽其妻頭，擊其頰。寵曰：「趣爲諸將軍辨裝。」兩奴將妻入取寵物，一奴守寵。

寵謂奴曰：「若小兒，我素所愛，今解我縛，當以女珠妻若。」小奴見子密聽其語，遂不得解。子密收金玉衣物，使寵妻縫兩縑囊。夜解寵手，令作記告城門將軍云：「今遣子密等詣子后蘭卿所，〔一五〕其開門出，〔一六〕勿稽留。」書成，即斷寵及妻頭，置縑囊中，西入上告。世祖封子密爲不義侯。〔一七〕御覽卷五〇〇

彭寵故舊渤海趙寬妻子家屬依託寵居，寬仇家趙伯有好奴，以賕寵。寵貪之，爲盡殺寬家屬。寵之教德不仁貪狼如此。〔一八〕御覽卷四八一

校勘記

〔一〕彭寵　范曄後漢書卷一二有傳。

〔二〕宏　原作「容」，聚珍本同。按范曄後漢書彭寵傳作「宏」，今據改。下同。

〔三〕哀帝時爲漁陽太守　姚本云：「彭寵爲漁陽太守，容貌絕衆。」把彭宏事誤屬彭寵。書鈔卷七六引與姚本同誤。

〔四〕彭宏元始中遷河南太守　「宏」字原作「寵□」，明正德年間竹東書舍抄本、結一廬藏舊抄本書鈔作「宏」，則元始中遷河南太守者爲寵父宏，孔廣陶校注本書鈔誤，今校正。范曄後漢書彭寵傳云：「寵少爲郡吏，地皇中，爲大司空士。」據此，寵在平帝元始年間，資歷尚淺，不可能遷至河南

太守。本條下文「宏」字亦誤作「寵」，今一併改正。

〔五〕有監御史馬況　書鈔卷一三九孔廣陶校注云：「『監』字疑誤。」

〔六〕宏乃坐免　此條姚本、聚珍本均未輯録。

〔七〕浮密奏寵　范曄後漢書朱浮傳云：「光武遣吴漢誅更始幽州牧苗曾，乃拜浮爲大將軍幽州牧。……浮年少有才能，頗欲厲風迹，收士心，辟召州中名宿涿郡王岑之屬，以爲從事，及王莽時故吏二千石，皆引置幕府，乃多發諸郡倉穀，稟贍其妻子。漁陽太守彭寵以爲天下未定，師旅方起，不宜多置官屬，以損軍實，不從其令。浮性矜急自多，頗有不平，因以峻文詆之。寵亦佷强，兼負其功，嫌怨轉積。浮密奏寵遣吏迎妻而不迎其母，又受貨賄，殺害友人，多積兵穀，意計難量。」

〔八〕勸寵止不應徵　范曄後漢書彭寵傳云：「朱浮與寵不相能，浮數譖搆之。建武二年春，詔徵寵，寵意浮賣己，上疏願與浮俱徵。又與吴漢、蓋延等書，盛言浮枉狀，固求同徵。帝不許，益以自疑。而其妻素剛，不堪抑屈，固勸無受召。寵又與常所親信吏計議，皆懷怨於浮，莫有勸行者。」可與此相證。

〔九〕夢羸袒冠幘　謂彭寵妻夢羸袒冠幘。

〔一〇〕不得　此句御覽卷九四九引作「無所得」。范曄後漢書彭寵傳云：建武二年，寵叛漢。明年，「攻拔薊城，自立爲燕王。其妻數惡夢，又多見怪變」。其下李賢引此條文字作注。

〔一一〕彭寵奴子密等三人共謀劫寵　此句上姚本有「詔討彭寵者封侯」一句，聚珍本同，惟無「彭」字。此爲建武五年事。

〔一二〕便坐室　不是正室，乃便坐之室。

〔一三〕晝臥　原作「晝夜臥」，衍「夜」字。聚珍本作「晝臥」，類聚卷三五引同，今據刪「夜」字。

〔一四〕驚曰　此句至「擊其頰」四句原無，聚珍本有，范曄後漢書彭寵傳李賢注引，今據增補。

〔一五〕今遣子密等詣子后蘭卿所　范曄後漢書彭寵傳載，子后蘭卿，彭寵從弟。光武帝徵寵，寵不應徵。光武帝遣子后蘭卿喻之，寵因留子后蘭卿，發兵叛漢。寵不信任子后蘭卿，使將兵在外，故有此語。「子后蘭卿」，原作「蘭卿子后」，今從聚珍本、范書校改。

〔一六〕其開門出　原作「其開出」，聚珍本同。按范曄後漢書彭寵傳作「速開門出」，則「開」下脱「門」字，今據范書增補。

〔一七〕世祖封子密爲不義侯　原無此句，類聚卷三五引有，今據增補。姚本無此句，而有「世祖以奴殺主不義，復不可不封，乃封子密爲不義侯」。聚珍本改「世祖」作「朝廷」，餘與姚本同。御覽卷二〇一、事文類聚後集卷一七引云：「彭寵奴子密殺寵，詣闕降，封爲不義侯。」

〔一八〕寵之教德不仁貪狼如此　此條姚本、聚珍本皆未輯録。「教」，原誤作「勃」。

盧芳[一]

芳，安定人。屬國胡數千畔，在參蠻，芳從之，詐姓劉氏，自稱西平王。會匈奴句林王將兵來降參蠻胡，芳因隨入匈奴，留數年。單于以中國未定，欲輔立之，遣毋樓且王求入五原，與假號將軍李興等結謀，興北至單于庭迎芳。芳外倚匈奴，内因興等，故能廣略邊郡。范曄後漢書卷八九南匈奴列傳李賢注

校勘記

〔一〕盧芳　字君期，范曄後漢書卷一二有傳。又見汪文臺輯張璠漢記。

卷九

傳四

李通[一]

齊武王常殺通同母弟申屠臣，[二]上不得已過通，乃買半臿佩刀裹之。至通舍，時病臥，因持上手得刀。通異之，乃謂上曰：「一何武也！」上曰：「以備不虞耳。」[三] 書鈔卷一二三

王莽前隊大夫誅謀反者，[四]李次元聞事發覺，被馬欲出。[五]馬駕在轅中，惶遽著鞍上馬，出門顧見車方自覺，乃止。 御覽卷四六九

李通娶寧平公主。[六]爲大司空。[七]通性謙恭，常避權勢，謝病不視事。 御覽卷四二三

李通上疏曰：「臣經術短淺，智能空薄。」[八] 文選卷三八任昉爲齊明帝讓宣城郡公第一表李善注

李通上大司空印綬，以特進奉朝請。及有司奏請封諸皇子，帝感通首創大謀，即日封通少子雄爲邵陵侯。每幸南陽，常遣使者以太牢祀通父冢。[九] 御覽卷五二六

子音嗣。音卒，子定嗣。定卒，子箕嗣。〔一〇〕范曄後漢書卷一五李通傳李賢注

校勘記

〔一〕李通　字次元，南陽宛人，范曄後漢書卷一五有傳。又見汪文臺輯司馬彪續漢書卷二、華嶠後漢書卷一。

〔二〕申屠臣　本書光武帝紀作「公孫臣」。

〔三〕以備不虞耳　此條陳禹謨刻本書鈔卷一二三引作「齊武王嘗殺通同母弟申徒臣，上恐其怨，不欲與軼相見。軼數請，上乃强見之。軼深達通意，上乃許往，意不安，買半臿佩刀懷之。至通舍，通甚悦，握上手，得半臿刀，謂上曰：『一何武也！』上曰：『倉卒時以備不虞耳。』」除首句外，文字與范曄後漢書李通傳李賢注所引續漢書全同，疑陳本書鈔此段文字係抄自續漢書。姚本、聚珍本所輯皆本陳本書鈔，僅一二字歧異。

〔四〕前隊大夫　范曄後漢書李通傳云：光武與李通「欲劫前隊大夫及屬正」。李賢注云：「前隊大夫謂南陽太守甄阜也。」

〔五〕出　御覽卷三五八引作「亡」。

〔六〕寧平公主　即光武女弟伯姬。

〔七〕爲大司空　據范曄後漢書光武帝紀，建武七年五月，前將軍李通爲大司空，十二年九月免。

〔八〕智能空薄　此條姚本、聚珍本皆未輯録。

〔九〕常遣使者以太牢祀通父家　「太」字原脱，聚珍本有，御覽卷五五七引亦有，今據增補。此條御覽卷二〇〇亦引，字句稍略。

〔一〇〕子箕嗣　范曄後漢書李通傳云：通卒，「子音嗣。音卒，子定嗣。定卒，子黄嗣」。李賢注云：「東觀記『黄』字作『箕』也。」此條即據李賢注，又酌取范書文句輯録。

鄧晨

晨曾祖父隆，揚州刺史，祖父勳，交阯刺史。范曄後漢書卷一五鄧晨傳李賢注

晨與上共載出，逢使者不下車，使者怒，頗加恥辱。上稱江夏卒史，晨更名侯家丞。使者以其詐，將至亭，欲罪之，新野宰潘叔爲請，得免。范曄後漢書卷一五鄧晨傳李賢注

鄧晨，〔一〕南陽人，與上起兵，新野吏乃燒晨先祖祠堂，汙池室宅，焚其冢墓。宗族皆怒，曰：「家自富足，何故隨婦家入湯鑊中？」〔二〕晨終無恨色。御覽卷四八三

光武微時與鄧晨觀讖，云「劉秀當爲天子」。或言「國師公劉秀當之」。〔三〕光武曰：「安

知非僕乎？」建武三年，上徵鄧晨還京師，數讌見，説故舊平生爲忻樂。晨從容謂帝曰：「僕竟辨之。」帝大笑。御覽卷三九一

三九

鄧晨爲陳留郡，〔四〕興鴻郤陂，〔五〕益地數千頃，溉郡稻，常以豐熟，兼流給他郡。書鈔卷

校勘記

〔一〕鄧晨　字偉卿，范曄後漢書卷一五有傳。又見汪文臺輯謝承後漢書卷一、司馬彪續漢書卷二。

〔二〕何故隨婦家入湯鑊中　鄧晨娶光武姊元，故晨宗族有此語。

〔三〕國師公劉秀　漢書劉歆傳云：「歆以建平元年改名秀，字穎叔云。及王莽篡位，歆爲國師。」顏師古注引應劭云：「河圖赤伏符云：『劉秀發兵捕不道，四夷雲集龍鬭野，四七之際火爲主。』故改名，幾以趣也。」

〔四〕爲陳留郡　即爲陳留郡太守。據范曄後漢書鄧晨傳，晨未曾爲陳留郡太守，建武十三年，曾拜汝南郡太守，此當作「爲汝南郡」，下云晨興鴻郤陂，陂即在汝南境内，可爲確證。

〔五〕鴻郤陂　原作「鴻都陂」，誤。聚珍本尚不誤，今據改正。范曄後漢書鄧晨傳云：建武十三年，爲汝南太守，「興鴻郤陂數千頃田」。鴻郤陂爲武帝時開鑿，引淮水爲陂灌田，位於汝南郡慎陽、新

息閒。成帝時，關東大水，陂溢爲害，翟方進爲丞相，奏罷之。

來歙

來歙，[一]字君叔，南陽新野人也。父沖。[二]歙有大志慷慨，治春秋左氏，[三]東詣洛陽見上，上大喜，[四]曰：「君叔獨勞苦。」即解所被襜襦以衣歙，[五]拜太中大夫。御覽卷二四三

來歙，字君叔，南陽人也。建武五年，持節送馬援，奉璽書於隗囂。囂遣子恂隨入侍。時山東略定，帝謀西收囂兵，[六]與俱伐蜀。囂將王元説囂，故狐疑不決。[七]歙素剛直，遂發憤責之曰：「國家以公知臧否，曉廢興，故以手書暢至意。足下推忠誠，[八]遣伯春委質，[九]是君臣父子信也。[一〇]今乃欲從佞惑之言，爲族滅之計，叛主負子，違背忠信。吉凶之決，在於今日。」因欲前刺囂，囂起入，部勒兵，將殺歙，歙徐杖節就車而去。御覽卷七七八

上聞得略陽，[一一]甚悦。左右怪上數破大敵，今得小城，何足以喜？然上以略陽囂所依阻，心腹已壞，則制其支體易也。范曄後漢書卷一五來歙傳李賢注

囂圍來歙於略陽，世祖詔曰：「桃花水出，[一二]船槃皆至，[一三]郁夷、陳倉，[一四]分部而進

者也。」水經注卷一七

上大發關東兵，自將上隴，隗囂衆潰走，圍解。於是置酒高會，勞賜諸將，來歙班坐絶席，在諸將之右，賜歙妻縑千疋。〔一五〕御覽卷三〇七

光武使來歙監諸將。〔一六〕御覽卷二四〇

來歙征公孫述，〔一七〕詔於汧積穀六萬斛，驢四百頭負馱。御覽卷三三二

隗囂破後，有五谿六種寇侵，見便鈔掠，退阻營塹。來歙乃大治攻具衝車度塹，遂與五谿戰，大破之。御覽卷三三六

來歙與蓋延攻公孫述將王元，〔一八〕破之，蜀人大懼，使刺客刺歙，〔一九〕歙未死，馳告蓋延。延見歙，伏悲不能仰視。〔二〇〕歙叱曰：「故呼卿，欲屬以軍事，而反效兒女子泣涕乎！」延收淚强起，受所誡。歙自書表，投筆抽刃而死。御覽卷四八八

帝嘉歙忠節，復封歙弟由爲宜西鄉侯。〔二一〕范曄後漢書卷一五來歙傳李賢注

校勘記

〔一〕來歙　范曄後漢書卷一五有傳。又見汪文臺輯司馬彪續漢書卷二。

〔二〕父沖　此句原無。范曄後漢書來歙傳云：「父仲。」李賢注云：「東觀記『仲』作『沖』。」此句即據李賢注增補。

〔三〕春秋左氏　聚珍本作「左氏春秋」。

〔四〕東詣洛陽見上，上大喜　原無下一「上」字，今據御覽卷六九五引增補。此二句孔廣陶校注本書鈔卷一二九引作「世祖見歙，與之大歡」。陳禹謨刻本書鈔卷一二九引作「來歙與劉嘉俱詣洛陽，世祖見歙，與之大歡」。姚本、聚珍本即據陳本書鈔輯録。

〔五〕所　原脱，姚本、聚珍本有，御覽卷六九五、范曄後漢書來歙傳李賢注引亦有此字，今據增補。「衣」，御覽卷六九五引作「賜」。

〔六〕收　原誤作「牧」，聚珍本作「收」，范曄後漢書來歙傳同，今據改正。

〔七〕狐疑　此二字原脱，聚珍本有，范曄後漢書來歙傳李賢注引亦有，今據增補。

〔八〕推　原誤作「擁」，聚珍本作「推」，范曄後漢書來歙傳同，今據改正。

〔九〕遣伯春委質　此句原脱誤爲「眷委質」。聚珍本作「遣伯春委質」，范曄後漢書來歙傳同，今據改正。「伯春」，隗恂字。

〔一〇〕是君臣父子信也　此句范曄後漢書來歙傳作「是臣主之交信也」。

〔一一〕上聞得略陽　范曄後漢書來歙傳云：建武「八年春，歙與征虜將軍祭遵襲略陽，遵道病還，分遣精兵隨歙，合二千餘人，伐山開道，從番須、回中徑至略陽，斬囂守將金梁，因保其城。囂大驚曰：『何其神也！』」其下李賢即引「上聞得略陽」云云作注。此句上聚珍本有「歙與征虜將軍祭遵襲略陽，因保其城」二句，係據范書增補。

〔二〕桃花水　漢書溝洫志載杜欽言治河之策，有「來春桃花水盛」之語，顔師古注云：「月令『仲春之月，桃始華』。蓋桃方華時，既有雨水，川谷冰泮，衆流猥集，波瀾盛長，故謂之桃華水耳。而韓詩傳云『三月桃華水』。」

〔三〕船槃　後漢書來歙傳王先謙集解所載沈欽韓説引作「松槃」，並注云：「『松槃』，或作『船槃』，疑『轉般』之誤。」

〔四〕郁夷、陳倉　四庫全書考證云：「按司馬書郡國志右扶風有陳倉，無郁夷，蓋東漢時省。」

〔五〕賜歙妻縑千疋　「妻」字原脱，聚珍本有，書鈔卷一九引亦有，范曄後漢書來歙傳同，今據增補。此條御覽卷八一八亦引，字句全同，而卷三九三引字句稍異。

〔六〕光武使來歙監諸將　據范曄後漢書來歙傳載，光武帝發關東兵解略陽之圍後，「勞賜歙，班坐絶席，在諸將之右，賜歙妻縑千匹。詔使留屯長安，悉監護諸將」。

〔七〕來歙征公孫述　姚本、聚珍本無此句，而有「因歙上疏宜選兵馬，儲積資糧」二句。按范曄後漢書來歙傳云：「詔使留屯長安，悉監護諸將。歙因上書曰：『公孫述以隴西、天水爲藩蔽，故得延命假息。今二郡平蕩，則述智計窮矣。宜益選兵馬，儲積資糧。……』帝然之。於是大轉糧運。」其下李賢注云：「東觀記曰：『詔於汧積穀六萬斛，驢四百頭負馱。』」姚本、聚珍本「因歙上疏」云云二句係撮取范書大意增補。

〔一八〕來歙與蓋延攻公孫述將王元　事在建武十一年。

〔一九〕刺客　此二字原無，姚本、聚珍本有，類聚卷三五引亦有，今據增補。

〔二〇〕伏悲　類聚卷三五、御覽卷三八七引作「悲哀」。

〔二一〕復封歙弟由爲宜西鄉侯　范曄後漢書來歙傳云：建武十三年，「帝嘉歙忠節，復封歙弟由爲宜西鄉侯」。李賢注云：「東觀記曰『宜西鄉侯』。」此條即據李賢注，又酌取范書文句輯録。

鄧　禹

鄧禹，〔一〕字仲華，南陽新野人。〔二〕年十三，能誦詩，受業長安。時上亦遊學京師，禹年雖幼，而見上知非常人，遂相親附。〔三〕　御覽卷三八四

鄧禹，字仲華，南陽人也。更始既至雒陽，以世祖爲大司馬，使安集河北。禹聞之，自南陽發，北徑渡河，追至鄴謁，上見之甚驩，謂曰：「我得拜除長吏。生遠來，寧欲仕耶？」

禹曰：「不願也。」文選卷二五劉琨重贈盧諶李善注

鄧禹聞上安集河北，〔四〕即杖策北渡，〔五〕追及於鄴。上欣其至。禹進説曰：「更始雖都關西，今山東未安，赤眉、青犢之屬，動以萬數，三輔假號，往往群聚。更始既未有所挫，而不自聽斷，〔六〕諸將皆庸人屈起，〔七〕志在財幣，争用威力，朝夕自快，非有忠良明智，深慮遠圖，欲尊主安民者。明公雖建蕃輔之功，〔八〕猶恐無所成立。〔九〕於今之計，莫如攬延英雄，〔一〇〕務悦民心，立高祖之業，救萬民之命。以公而慮天下，不足定也。」上大悦，因令左右號禹曰鄧將軍，常宿止於中，與定計議。御覽卷四六一

上至廣阿，〔一一〕止城門樓上，披輿地圖，指示鄧禹曰：「天下郡國如是，我乃始得一處，卿言天下不足定，何也？」〔一二〕類聚卷六三

上破邯鄲，誅王郎，欲北發突騎。禹曰：「吴漢有智謀，諸將鮮能及者。」上以禹爲知人。〔一三〕書鈔卷三三

光武即位，拜鄧禹爲大司徒。制曰：〔一四〕「前將軍鄧禹，〔一五〕深執忠孝，與朕謀謨帷幄，決勝千里。孔子曰：『自吾有回也，門人日以親。』〔一六〕封禹爲酇侯。」文選卷三八任昉爲范尚書讓吏部封侯第一表李善注

赤眉入長安，鄧禹乘勝獨克，而師行有紀，皆望風相攜以迎降者，日以千數，〔一七〕衆號百萬。　類聚卷五九

鄧禹爲司徒，討赤眉，不以時進，光武敕曰：「司徒，〔一八〕堯也；赤眉，桀也。今長安飢民，孰不延望？」　御覽卷二〇七

自馮愔反後，〔一九〕鄧禹威稍損，又乏食。赤眉還入長安，鄧禹與戰，敗走，至高陵，軍士飢餓，皆食藻菜。〔二〇〕帝乃徵禹還，敕曰：「赤眉無穀，〔二一〕自當來降，吾折箠笞之，〔二二〕非諸將憂也。」〔二三〕　御覽卷三五

鄧禹與赤眉戰，赤眉佯敗，棄輜重走，車皆載土，〔二四〕以豆覆其上。兵士飢，爭取之。赤眉引還擊之，軍潰亂。時百姓饑，人相食，黄金一斤易豆五升，道路斷隔，委輸不至，軍士悉以菓實爲糧。　御覽卷四八六

鄧禹攻赤眉，輒不利，吏士散亡盡，禹獨與二十四騎還詣雒陽。〔二五〕　書鈔卷一一七

建武中，鄧禹罷三公，〔二六〕以列侯就第，位特進。〔二七〕　書鈔卷五二

鄧禹，右將軍官罷，以特進奉朝請。〔二八〕　御覽卷二四三

鄧禹篤於經書，教學子孫。　書鈔卷九七

鄧禹，字仲華，以元功拜太傅，進見東向，甚見尊寵。〔二九〕御覽卷二〇六

序曰：賢駿思聖主，風雲從龍武，自然之應也。鄧禹以弱冠睹廢興之兆，羸糧策馬，以追世祖，遂信竹帛之願，〔三〇〕建社稷之謀，襲蕭何之爵位，可謂材難矣。受命之初，躬率六師。中興治定，勒號泰山。聖上繼體，立師傅，位三公，功德之極，而禹兼之。易稱「利見大人」，詩有「自求多福」，其禹之謂與？〔三一〕史略卷三

校勘記

〔一〕鄧禹　范曄後漢書卷一六有傳。又見汪文臺輯謝承後漢書卷一、司馬彪續漢書卷二、華嶠後漢書卷一。

〔二〕南陽新野人　文選卷四張衡南都賦李善注引云：「鄧禹、吴漢並南陽人。」

〔三〕遂相親附　此句下原有「及漢兵起，即策杖北渡，追及上於鄴」三句，因與下文重複，今删去。

〔四〕鄧禹聞上安集河北　此句至「上欣其至」諸句與上條内容重複，因文字出入較多，未作删削。

〔五〕杖策北渡　書鈔卷一一引，僅有此四字。

〔六〕不　原無此字，依文義當有。聚珍本有，與范曄後漢書鄧禹傳同，今據增補。

〔七〕屈　范曄後漢書鄧禹傳同，姚本、聚珍本作「崛」，類聚卷二五引同。按二字通。

〔八〕建　原脱，姚本、聚珍本有，類聚卷二五引亦有，與范曄後漢書鄧禹傳同，今據增補。

〔九〕成立　原脱，姚本、聚珍本有，類聚卷二五引亦有，與范曄後漢書鄧禹傳同，今據增補。

〔一〇〕攬延　類聚卷二五引同，姚本、聚珍本作「延攬」，與范曄後漢書鄧禹傳同。

〔一一〕上至廣阿　王郎起兵，光武帝擊王郎，鄧禹從至廣阿。

〔一二〕何也　此條書鈔卷九六、玉海卷一六四亦引，字句簡略。此條文義未完，據范曄後漢書鄧禹傳，禹對曰：「方今海内殽亂，人思明君，猶赤子之慕慈母。古之興者，在德薄厚，不以大小。」

〔一三〕上以禹爲知人　此條姚本作「鄧禹破邯鄲，誅王郎，有智謀，諸將鮮及」，聚珍本同，惟無「鄧」字。按二本乃據陳禹謨刻本書鈔卷三三所引輯録，而余所據乃孔廣陶校注本。孔本引云：「東觀漢記鄧禹傳：上破邯鄲」云云，可證此段文字當入鄧禹傳。御覽卷四四二、卷六三一引東觀漢記亦有相類内容，字句較詳，聚珍本置入吴漢傳，與范曄後漢書吴漢傳相契合。今以書鈔所引入鄧禹傳，而以御覽所引入吴漢傳。書鈔所引原無「上以禹爲知人」一句，今據御覽卷四四二、卷六三一引增補。

〔一四〕制曰　文選卷五八王儉褚淵碑文李善注引作「策曰」。

〔一五〕前將軍鄧禹　此下四句原無，文選卷五八王儉褚淵碑文李善注引云：「前將軍鄧禹，與朕謀謨帷幄。」又卷四三丘遲與陳伯之書李善注引云：「詔鄧禹曰：『將軍深執忠孝，與朕謀謨帷幄。』」書鈔卷一三引云：「謀出帷幄，決勝千里。」今據各書所引增補。

〔一六〕門人日以親　史記仲尼弟子列傳云：「回年二十九，髮盡白，蚤死。孔子哭之慟，曰：『自吾有回，門人益親。』」

〔一七〕日　原脱，聚珍本有，與范曄後漢書鄧禹傳同，今據增補。

〔一八〕光武敕曰，司徒　原脱「敕曰司」三字，聚珍本有，與范曄後漢書鄧禹傳同，今據增補。建武元年九月，赤眉入長安，三輔降鄧禹者日以千數，禹衆號稱百萬，諸將勸禹徑攻長安。禹認爲赤眉新拔長安，財富充實，鋭不可當。他主張休兵上郡、北地、安定三郡，養精蓄鋭，以待時機。於是禹引兵北去。光武帝以關中未定，禹久不進兵，遂有此敕，促禹進兵。事見范曄後漢書鄧禹傳。

〔一九〕自馮愔反後　此下三句原無，御覽卷九六五引有，今據增補。光武帝下敕促禹進兵攻長安赤眉，禹不聽，仍欲休兵北方。遣馮愔、宗歆守栒邑，二人争權相攻，愔殺歆反禹。事見范曄後漢書鄧禹傳。

〔二〇〕藻菜　書鈔卷一五六引作「桑葉」，御覽卷九六五、事類賦卷二六引作「棗葉」。

〔二一〕赤眉無穀　「穀」字下御覽卷六四九引有「食」字。

〔二二〕吾折箠笞之　「箠」字下書鈔卷一四引有「以」字。

〔二三〕非諸將憂也　范曄後漢書鄧禹傳云：「赤眉復還入長安，禹與戰，敗走，至高陵，軍士飢餓，皆食棗菜。帝乃徵禹還，敕曰：『赤眉無穀，自當來東，吾折捶笞之，非諸將憂也。無得復妄進兵。』」文字與此大同小異。

〔二四〕車皆載土　原脱「車」字，御覽卷八四一引有，今據增補。此下二句聚珍本引作「皆載赤豆覆其上」，「載」下脱「土」字。

〔二五〕禹獨與二十四騎還詣雒陽　「禹」字下原衍「强」字，姚本、聚珍本無，御覽卷三〇〇引亦無此字，今據删。「還」字原無，御覽卷三〇〇引有，今據增補。「雒陽」，姚本、聚珍本同，御覽卷三〇〇引亦作「雒陽」。按二字誤，當作「宜陽」，范曄後漢書鄧禹傳、馮異傳皆作「宜陽」。

〔二六〕鄧禹罷三公　因與赤眉戰敗，罷大司徒官，事在建武三年閏正月。見范曄後漢書光武帝紀。

〔二七〕位特進　此條御覽卷二四三引作「建武中，鄧禹失司徒，特進奉朝請」。

〔二八〕以特進奉朝請　范曄後漢書鄧禹傳云：建武「三年春，與車騎將軍鄧弘擊赤眉，遂爲所敗，衆皆死散。事在馮異傳。獨與二十四騎還詣宜陽，謝上大司徒、梁侯印綬。有詔歸侯印綬。數月，拜右將軍。……十三年，天下平定，諸臣皆增户邑，定封禹爲高密侯……其後左右將軍官罷，以特進奉朝請」。

〔二九〕甚見尊寵　此條姚本、聚珍本均未輯録。范曄後漢書鄧禹傳云：「顯宗即位，以禹先帝元功，拜爲太傅，進見東向，甚見尊寵。」

〔三〇〕信　與「伸」字通。

〔三一〕其禹之謂與　此條姚本、聚珍本均未輯録。

鄧訓

鄧訓，〔一〕字平叔，謙恕下士，無貴賤見之如舊，朋友子往來門内，視之如子，有過加鞭扑之教。太醫皮巡從獵上林還，暮宿殿門下，寒疝病發。時訓直事，聞巡聲，起往問之，巡曰：「冀得火以熨背。」訓身至太官門爲求火，不得，乃以口噓其背，復呼同廬郎共更噓，至朝遂愈也。〔二〕　范曄後漢書卷一六鄧訓傳李賢注

鄧訓，字平叔，永平中，治滹沲、石臼河，從都盧至羊腸倉，欲令通漕。太原吏民苦轉運，所經三百八十九隘，前後没溺死者不可勝筭。建初三年，拜訓謁者，使監領其事，更用驢輦，歲省億萬計，活徒士數千人。　御覽卷三九六

鄧訓嘗將黎陽營兵屯狐奴，〔三〕後遷護烏桓校尉，〔四〕黎陽營故吏皆戀慕，〔五〕故吏最貧羸者舉國，念訓嘗所服藥北州少乏，〔六〕又知訓好青泥封書，從黎陽步推鹿車於雒陽市藥，

還過趙國易陽，〔七〕並載青泥一襆，〔八〕至上谷遺訓。其得人心如是。〔九〕　御覽卷六〇六

鄧訓爲護烏桓校尉，吏士常大病瘧，〔一〇〕轉易至數十人。訓身煮湯藥，〔一一〕咸得平愈。其無妻者，爲適配偶。　御覽卷九八四

訓坐私與扈通書，免歸。燕人思慕，爲之作歌。〔一二〕　范曄後漢書卷一六鄧訓傳李賢注

鄧訓拜張掖太守，〔一三〕以身率下，河西改俗，鄰郡則之。　書鈔卷七五

訓爲護羌校尉，時迷吾子迷唐，別與武威種羌合兵萬騎，來至塞下，未敢攻訓，先欲脅月氏胡。訓擁衛諸故，令不得戰。〔一四〕　范曄後漢書卷一六鄧訓傳李賢注

訓發湟中秦、胡、羌兵四千人，出塞掩擊迷唐於鴈谷。〔一五〕　范曄後漢書卷一六鄧訓傳李賢注

鄧訓爲護羌校尉，乃發湟中六千人，〔一六〕令長史任尚將之，縫革爲舡，乃置於箄上以渡河，掩擊胡羌盧落大豪，〔一七〕多有斬獲。　書鈔卷一三七

鄧訓爲護羌校尉，諸胡皆喜。羌俗，恥病死，每病臨困，輒持刀以自刺。訓聞有困病者，輒拘持束縛，〔一八〕不與兵刃，使醫藥療治，愈者非一，〔一九〕小大莫不感悦。〔二〇〕訓病卒，〔二一〕吏民羌胡愛惜，旦夕臨者數千人，〔二二〕或以刀自割，又刺殺犬馬牛羊，曰：「鄧使君已死，我曹皆死耳。」前烏桓吏士皆奔走道路，至以空城郭。家家立祠，〔二三〕每有病，輒禱求福。　書鈔卷六一

校勘記

〔一〕鄧訓　此下二句原僅有「訓」字，依東觀漢記體例，傳首當有此二句。訓爲鄧禹第六子，范曄後漢書卷一六有傳。

〔二〕至朝遂愈也　此條御覽卷七二二亦引，文字微異。

〔三〕鄧訓嘗將黎陽營兵屯狐奴　「狐奴」二字范曄後漢書鄧訓傳同。聚珍本作「漁陽」，御覽卷七四引同。此句下聚珍本有「爲幽部所歸」一句，與范書一致。范書李賢注云：「漢官儀曰：『中興以幽、冀、并州兵克定天下，故於黎陽立營，以謁者監之。』狐奴，縣，屬漁陽郡也。」

〔四〕後遷護烏桓校尉　建初六年，鄧訓遷護烏桓校尉。

〔五〕黎陽營故吏皆戀慕　此句原無「營故吏皆戀慕」六字，聚珍本有，御覽卷七四引亦有，惟「營」字誤作「宫」，今據增補。

〔六〕念　原作「志」，姚本、聚珍本作「念」，翰苑新書卷六二、范曄後漢書鄧訓傳李賢注引亦作「念」，今從改。

〔七〕過　原無此字，姚本、聚珍本有，翰苑新書卷六二、范曄後漢書鄧訓傳李賢注引亦有此字，今據增補。

〔八〕樸 姚本、聚珍本同，范曄後漢書鄧訓傳李賢注引亦同。按此字當作「墣」。説文云：「墣，塊也。」

〔九〕其得人心如是 此條書鈔卷一〇四、記纂淵海卷八三、合璧事類續集卷四八、翰苑新書卷六五亦引，字句簡略。

〔一〇〕常 姚本同，范曄後漢書鄧訓傳李賢注引亦同。聚珍本作「嘗」，御覽卷七四三引同。按二字通。

〔一一〕訓身煮湯藥 「身」字下姚本、聚珍本有「爲」字，范曄後漢書鄧訓傳李賢注引同。「煮」字御覽卷七四三引作「主」。

〔一二〕爲之作歌 范曄後漢書鄧訓傳云：建初「八年，舞陰公主子梁扈有罪，訓坐私與扈通書，徵免歸閭里」。李賢注引東觀漢記云：「燕人思慕，爲之作歌也。」此條即據李賢注，又參酌范書輯録。

〔一三〕鄧訓拜張掖太守 范曄後漢書鄧訓傳云：「元和三年，盧水胡反畔，以訓爲謁者，乘傳到武威，拜張掖太守。」

〔一四〕令不得戰 范曄後漢書鄧訓傳云：「章和二年，護羌校尉張紆誘誅燒當種羌迷吾等，由是諸羌大怒，謀欲報怨，朝廷憂之。公卿舉訓代紆爲校尉。諸羌激忿，遂相與解仇結婚，交質盟詛，衆四萬餘人，期冰合度河攻訓。先是小月氏胡分居塞内，勝兵者二三千騎，皆勇健富彊，每與羌戰，常以少制多。雖首尾兩端，漢亦時收其用。時迷吾子迷唐，別與武威種羌合兵萬騎，來至塞下，未敢攻訓，先欲脅月氏胡。訓擁衛稽故，令不得戰。」李賢注云：「『稽故』謂稽留事故也。」東觀記『稽故』字作『諸故』也。」此條即據范書和李賢注輯録。字句雖然未必盡與東觀漢記相符，但不會相去甚遠。

〔一五〕出塞掩擊迷唐於鴈谷　范曄後漢書鄧訓傳云：訓「賞賂諸羌種，使相招誘。迷唐伯父號吾乃將其母及種人八百户，自塞外來降。訓因發湟中秦、胡、羌兵四千人，出塞掩擊迷唐於寫谷」。李賢注云：「東觀記『寫』作『鴈』。」是東觀漢記載訓發湟中兵掩擊迷唐事。此條即據李賢注所引，又酌取范書文句輯録。

〔一六〕乃發湟中六千人　鄧訓先發湟中秦、胡、羌兵四千人，掩擊迷唐於鴈谷，迷唐衆悉敗散。春天，迷唐欲歸故地，訓又發湟中六千人擊之。事詳范曄後漢書鄧訓傳。「湟中」二字原誤作「湟内」，姚本、聚珍本作「湟中」，今據改。

〔一七〕胡羌　書鈔卷一一六引作「諸羌」，御覽卷七六九引作「明羌」。按任尚所擊者爲迷唐種羌，以及隨從迷唐的小種羌，並没有擊胡。此二字當以書鈔卷一一六所引爲是。

〔一八〕束縛　御覽卷二四二引作「纏束」。

〔一九〕愈者非一　此句書鈔卷三九引作「差者甚多」。

〔三〇〕小大　書鈔卷三五引作「大小」。

〔三一〕訓病卒　此句上御覽卷二四二引有「及」字。

〔三二〕旦夕臨者數千人　「者」字下姚本、聚珍本有「日」字。

〔三三〕家家立祠　此下三句原無，書鈔卷三九引，今據增補。聚珍本作「家家爲立祠，每有疾病，輒禱請之，求福也」。

鄧鴻〔一〕

永平六年，〔二〕鄧鴻行車騎將軍，位在九卿上，絶坐。書鈔卷六四

校勘記

〔一〕鄧鴻　鄧禹少子，范曄後漢書卷一六鄧禹傳附載其事。

〔二〕永平六年　當作「永元六年」。據范曄後漢書和帝紀，永元元年，車騎將軍竇憲出雞鹿塞，北擊匈奴，鄧鴻則出稒陽塞，與憲相佐，時鴻爲度遼將軍。六年，南單于安國從弟子侯逢反漢出塞，九月，以鄧鴻行車騎將軍事，與越騎校尉馮柱等率兵擊討。七年正月，行車騎將軍鄧鴻下獄死。

鄧禹傳載鄧鴻事云：「肅宗時，爲度遼將軍。永元中，與大將軍竇憲俱出擊匈奴，有功，徵行車騎將軍。出塞追畔胡逢侯，坐逗留，下獄死。」亦可證「永元」二字是。

鄧陟

鄧陟，〔一〕字昭伯。〔二〕鄧訓五子，〔三〕及女弟爲貴人，立爲皇后，〔四〕陟三遷虎賁中郎將。延平元年，拜爲車騎將軍、儀同三司。儀同三司始自陟也。〔五〕類聚卷四七

鄧陟兄弟常居禁中，〔六〕陟謙退，不欲久在内，連求還第，太后乃許。御覽卷四二三

永初元年，以定策增封鄧陟三千户。〔七〕讓不獲，遂逃避使者，〔八〕間闕上疏，自陳情焉。〔九〕書鈔卷四八

殤帝崩，惟安帝宜承大統，車騎將軍鄧陟定策禁中，〔一〇〕封陟爲上蔡侯。〔一一〕文選卷三八任昉爲范尚書讓吏部封侯第一表李善注

校勘記

〔一〕鄧陟　鄧訓之子，范曄後漢書卷一六有傳。「陟」字原作「騭」，范書鄧騭傳李賢注云：「東觀記

『騭』作『陟』。」通鑑卷四八胡三省注引此注同，今據改。書鈔卷四八引亦作「陟」。

〔二〕字昭伯　原誤作「字昭明」，姚本、聚珍本作「字昭伯」，御覽卷二四三引亦作「字昭伯」，與范曄後漢書鄧騭傳同，今據校正。

〔三〕鄧訓五子　此下四句原無，御覽卷四七〇引，今據增補。

〔四〕立爲皇后　即和熹皇后。

〔五〕儀同三司始自陟也　此條書鈔卷五二、御覽卷二四三亦引，字句稍略。

〔六〕陟　原作「騭」，此條下同。「弟」，原脱，聚珍本有，與范曄後漢書鄧騭傳同，今據增補。

〔七〕以定策增封鄧陟三千户　「陟」字下姚本有「等」字，類聚卷二一、御覽卷四二四引同。殤帝卒，鄧太后與陟等定策立安帝。

〔八〕避　原脱，姚本有，類聚卷二一，御覽卷二〇一、卷四二四引亦有，今據增補。

〔九〕間闕上疏，自陳情焉　此二句姚本作「閉關上疏自陳」，類聚卷二一引同。按「間闕」二字當作「間關詣闕」。范曄後漢書鄧騭傳云：「騭等辭讓不獲，遂逃避使者，間關詣闕，上疏自陳。」

〔一〇〕陟　原作「騭」，此條下同。

〔一一〕封陟爲上蔡侯　聚珍本將此條與上條連綴爲「殤帝崩，惟安帝宜承大統，陟定策禁中，封陟爲上蔡侯，增封三千户，讓不獲，遂逃避使者，間關上疏自陳」。

鄧悝

鄧悝，〔一〕字叔昭。安帝即位，拜悝城門校尉。自延平之初，以國新遭大憂，故悝兄弟率常在中供養兩宮，比上疏自陳：「愚闇糞朽，幸得遭值明盛，兄弟充列顯位，並侍帷幄，豫聞政事，無拾遺一言之助，以補萬分，而久在禁省，日月益長，罪責日深，唯陛下哀憐。」御覽卷五一五

校勘記

〔一〕鄧悝　鄧訓第三子，范曄後漢書卷一六鄧訓傳略載其事。

鄧弘

鄧弘，〔一〕字叔紀。和熹后兄也。〔二〕天資喜學，〔三〕師事劉述，常在師門，布衣徒行，講誦孜孜。奴醉，擊長壽亭長，亭長將詣第白之。弘即見亭長，賞錢五千，厲聲曰：「健直當

然。」〔四〕異日，奴復與宫中衞士忿争，〔五〕衞士歐箠奴，〔六〕弘聞，〔七〕復賞五千。〔八〕　御覽卷五〇〇

鄧弘收恤故舊，無所失，父所厚同郡郎中王臨，年老貧乏，弘常居業給足，乞與衣裘輿馬，施之終竟。　御覽卷四七六

鄧弘薨，有司復請加謚曰昭成君，發五校輕車騎士爲陳，至葬所，所施皆如霍光故事，皇太后但令門生輓送。〔九〕　御覽卷五五四

校勘記

〔一〕鄧弘　鄧訓第四子，范曄後漢書卷一六鄧騭傳略載其事。

〔二〕和熹后兄也　此句原無，聚珍本有，書鈔卷三七引，今據增補。

〔三〕天資喜學　此下五句原無，書鈔卷九八引，今據增補。聚珍本亦有此五句，所不同者，「天資喜學」句下增入「年十五治歐陽尚書」一句，此句係取自書鈔卷九八所引劉弘事。

〔四〕厲聲曰，健直當然　此二句原無，書鈔卷三七引有，今據增補。聚珍本亦有此二句，作「勵之曰，直健當然」。從文義來看，「勵之」二字是。

〔五〕忿　類聚卷三五引作「怒」。

〔六〕歐　與「毆」字通。

〔七〕弘聞　原誤作「引問」，聚珍本作「弘聞」，類聚卷三五引同，今據校正。

〔八〕復賞五千　此句聚珍本作「又與五千」，類聚卷三五引同。

〔九〕皇太后但令門生輓送　「但令」二字原誤作「皆曰」，今據聚珍本改。按范曄後漢書鄧騭傳云：弘卒，「將葬，有司復奏發五營輕車騎士，禮儀如霍光故事，太后皆不聽，但白蓋雙騎，門生輓送」。據此，此句似當作「皇太后皆不聽，但白蓋雙騎，門生輓送」。御覽卷五五四所引「皆」下脱「不聽，但」三字，「曰」乃「白」字之訛，其下又脱「蓋雙騎」三字。聚珍本乃據文義校改。

鄧閶

鄧閶，〔一〕字季昭，遷黄門侍郎。于時國家每有災異水旱，閶側身暴露，憂懼顦顇，形於顔色，公卿以下，咸高尚焉，漢興以來，爲外戚儀表。〔二〕　初學記卷一二

鄧太后報鄧閶曰：「長歸冥冥，〔三〕往而不反。」　文選卷二一曹植三良詩李善注

鄧閶，字季昭，拜侍中，出則陪乘，入侍左右，忠言善謀，先納善聖法誡臣輔之言，〔四〕朝夕獻納，雖得于上，身在親近，不敢自恃，敬之心彌篤。〔五〕　書鈔卷五八

鄧氏自中興後，〔六〕累世寵貴，凡侯者二十九人，公二人，大將軍以下十三人，中二千石

十四人，州牧郡守四十八人，其餘侍中、大夫、郎、謁者，不可勝數，東京莫與爲比。〔七〕御覽卷四七〇

校勘記

〔一〕鄧閶　鄧訓第五子，范曄後漢書卷一六鄧騭傳略載其事。

〔二〕爲外戚儀表　此條御覽卷二二一亦引，僅個別字歧異。

〔三〕長歸冥冥　鄧閶卒於安帝元初五年，見范曄後漢書鄧騭傳。

〔四〕先納善聖法誠臣輔之言　此句有脱誤。姚本、聚珍本作「先納聖善匡輔之言」。聚珍本注云：「此八字晏殊類要作『皆先聖法象臣輔之言』。」

〔五〕敬之心彌篤　此句姚本、聚珍本作「兢兢之心彌篤固也」。

〔六〕鄧氏自中興後　此句上原尚引有以下一段文字：「鄧訓五子，及女弟爲貴人，立爲皇后，騭三遷虎賁中郎將，車騎將軍、儀同三司，同三封始自騭也。」末句「同三」二字當作「儀同三司」。此段文字應爲鄧陟傳中内容，今删去。

〔七〕東京莫與爲比　此條初學記卷一八、類聚卷五一、御覽卷一九九亦引，字句較略。

鄧豹

鄧豹，〔一〕字伯庠，遷大匠，工無虛張之繕，徒無飢寒之色。書鈔卷五四

校勘記

〔一〕鄧豹 鄧陟從弟，范曄後漢書卷一六鄧騭傳略載其事。

鄧遵

鄧遵，〔一〕元初中，〔二〕遷度遼將軍，討擊羌虜，斬首八百餘級，得鎧弩刀矛戟楯匕首二三千枚。〔三〕御覽卷三三九

鄧遵破匈奴，得釜鑊二三千枚。御覽卷七五七

鄧遵破匈奴，得劍匕首二三千枚。〔四〕御覽卷三四六

鄧遵破諸羌，〔五〕詔賜鄧遵金剛鮮卑緄帶一具，〔六〕虎頭鞶囊一，〔七〕金錯刀五十，辟把

刀、墨再屈環横刀、金錯屈尺八佩刀各一，金蚩尤辟兵鉤一。〔八〕御覽卷三四五

校勘記

〔一〕鄧遵　鄧陟從弟，范曄後漢書卷一六鄧騭傳、卷八七西羌傳等篇略載其事。

〔二〕元初　原作「永初」，聚珍本作「元初」，今據改。據范曄後漢書安帝紀，元初三年，鄧遵率南匈奴擊先零羌，此役遵爲度遼將軍。

〔三〕戟楯　聚珍本作「戰楯」。按「戟楯」二字是。

〔四〕得劍匕首二三千枚　此句書鈔卷一二三引同，惟「劍」字誤作「戰」。姚本、聚珍本作「得匕首三千枚」，與此異。

〔五〕鄧遵破諸羌　此句原無，聚珍本有，御覽卷六九一引亦有，今據增補。姚本作「鄧遵破匈奴」，書鈔卷一二九、御覽卷六九六引同。

〔六〕詔賜鄧遵金剛鮮卑緄帶一具　「詔」字原脱，聚珍本有，御覽卷三五四、玉海卷八六引亦有此字，今據增補。「剛」字原誤作「對」，類聚卷六〇引同誤。姚本、聚珍本作「剛」，書鈔卷一二九，御覽卷六九一、卷六九六引同，今據校改。此句下書鈔卷一二九引尚有「劍、銀帶各二」一句，同卷別處又僅引「銀帶」二字，均非完句。

〔七〕虎頭鞶囊一　此句原無，御覽卷六九一引有，今據增補。聚珍本作「虎賁鞶囊一」，玉海卷八六引作「獸頭鞶囊一枚」。

〔八〕金蚩尤辟兵鉤一　此句原無，聚珍本有，書鈔卷一二四、御覽卷三五四引亦有此句，今據增補。書鈔卷一九引「賜金佩刀」一句，又引「賜辟兵鉤」一句，皆出此條。玉海卷一五一引云：「建初中，以佩刀、書刀賜馬嚴。又賜鄧遵金錯把刀、佩刀。」「又賜」云云亦出此條。

寇恂〔一〕

更始時，〔二〕大司馬朱鮪在雒陽。上欲南定河內，問禹曰：〔三〕「諸將誰可使守河內者？」禹曰：「寇恂文武備足，有牧民御衆之才。〔四〕河內富實，〔五〕南迫雒陽，非寇恂莫可使也。」上拜寇恂爲河內太守，行大將軍事。〔六〕　御覽卷四四二

上拜寇恂河內太守，恂移書屬縣，講兵肄射，伐淇園之竹，〔七〕治矢百餘萬。〔八〕　御覽卷三四九

上傳聞朱鮪破河內，〔九〕有頃，寇恂檄至，上大喜，曰：「吾知寇子翼可任也。」諸將軍賀，因上尊號。　御覽卷五四三

寇恂爲河內守，上即位，高邑軍食急。〔一〇〕恂以驪馬送穀，〔一一〕前後不絕。〔一二〕　書鈔卷一

三九

光武以寇恂爲河内太守，行大將軍事。恂同門生董崇説恂曰：〔一三〕「上新即位，四方未定，而君以此時據大郡，此讒人所側目，怨禍之府也，宜思功遂身退之計。」恂然其言，因病不視事。 御覽卷四六一

建武二年，寇恂爲潁川太守，便道之官，〔一四〕郡大生旅豆，〔一五〕收得一萬餘斛，以應給諸營。〔一六〕 御覽卷八四一

執金吾賈復在汝南，部將殺人潁川，〔一七〕捕得，寇恂乃戮之於市。復以爲耻，〔一八〕過潁川，謂左右曰：「吾今見恂，必手劍之。」恂知其謀，不欲與相見。恂曰：「昔藺相如屈於廉頗者，爲國也。」乃敕屬縣盛供具，一人皆兼二人之饌。恂乃出迎於道，稱疾還。賈復勒兵欲追之，而吏士皆醉，遂過去。恂遣谷崇以狀聞，〔一九〕上乃徵恂。恂至引見，〔二〇〕時復先在座，欲起相避。上曰：「天下未定，兩虎安得私鬭？今日朕分之。」〔二一〕於是受賜，極歡宴，遂同載車出，相與結厚。 御覽卷四九六

寇恂爲潁川守，郡中政理，〔二二〕賊不入界。〔二三〕 書鈔卷三五

寇恂爲河内太守，徵入爲金吾，〔二四〕潁川盜賊群起。車駕南征，恂從至潁川，盜賊悉降。

百姓遮道曰：「願從陛下復借寇君一年。」上乃留恂。〔二五〕　文選卷五九沈約齊故安陸昭王碑文李善注

隗囂死，其將高峻擁兵據高平，帝入關，將自征之。〔二六〕寇恂時從。上議遣使降之，帝乃謂恂曰：「卿前止吾此舉，今爲吾行也。〔二七〕若峻不即降，引耿弇等五營擊之。」〔二八〕恂奉璽書至高平，峻遣軍師皇甫文謁，辭禮不屈。恂怒，將誅文。諸將諫曰：〔二九〕「高峻精兵萬人，卒多强弩，〔三〇〕西遮隴道，連年不下。今欲降之，反戮其使，無乃不可乎？」恂不應，遂斬之，遣其副歸告峻曰：「軍師無禮，已戮之矣。欲降，急降；〔三一〕不欲，固守。」峻惶恐，即日開城降。諸將皆賀，因曰：「敢問戮其使而降城，何也？」恂曰：「皇甫文，峻之腹心，其所計事者也。今來不屈，無心降耳。」〔三二〕諸將皆曰：「非所及也。」　御覽卷四四八

校勘記

〔一〕寇恂　字子翼，范曄後漢書卷一六有傳。又見汪文臺輯司馬彪續漢書卷二。

〔二〕更始時　此句上聚珍本有「寇恂任郡爲功曹，太守耿況甚器重之」二句，不知輯自何書。范曄後漢書寇恂傳云：「寇恂，字子翼，上谷昌平人也，世爲著姓。恂初爲郡功曹，太守耿況甚重之。」

〔三〕禹　鄧禹。

〔四〕御衆　此二字原無，姚本、聚珍本有，書鈔卷三三、御覽卷六三一引亦有，今據增補。

〔五〕富實　原作「富貴」，聚珍本作「富實」。按依文義「富實」二字爲是，今據校改。

〔六〕行大將軍事　此句原無，聚珍本有，御覽卷四六一引亦有，今據增補。

〔七〕淇園　即詩衛風所咏淇奥，在今河南淇縣境内。其地多竹，衛風淇奥篇云：「瞻彼淇奥，緑竹猗猗。」

〔八〕治矢百餘萬　此條書鈔卷一二五亦引，字句稍略。

〔九〕上傳聞朱鮪破河内　當時光武帝北伐燕、代，更始大司馬朱鮪聞河内勢孤，遣蘇茂、賈彊統兵三萬攻温，恂大破之，追斬賈彊。事詳范曄後漢書寇恂傳。

〔一〇〕高邑　光武帝即皇帝位於鄗，改鄗爲高邑。

〔一一〕驪　並駕。文選卷二張衡西京賦云：「驪駕四鹿。」薛綜注云：「驪，猶羅列駢駕之也。」

〔一二〕前後不絶　此條姚本、聚珍本皆未輯録。

〔一三〕董崇　聚珍本作「董孛」。按「孛」字誤，范曄後漢書寇恂傳作「崇」。

〔一四〕寇恂爲潁川太守，便道之官　「太守」以下六字原無，聚珍本有，書鈔卷七四引亦有，今據增補。

〔一五〕旅豆　未經播種而自生的豆類。「旅」，寄也。

〔一六〕應　聚珍本無此字。

〔一七〕潁川　聚珍本脱此二字。

〔一八〕復以爲恥　范曄後漢書寇恂傳云：「時尚草創，軍營犯法，率多相容，恂乃戮之於市，復以爲恥。」

〔一九〕恂遣谷崇以狀聞　原無「遣谷崇」三字，聚珍本同。書鈔卷一三九引云：「復恥之，欲手劍擊恂，恂遣谷崇以聞。」今據此增補「遣谷崇」三字。

〔二〇〕引　聚珍本作「乃」，誤。

〔二一〕今日朕分之　此下五句聚珍本無，書鈔卷一三九引，今據增補。「分」，解也。

〔二二〕郡中政理　此句原無，姚本、聚珍本有，范曄後漢書寇恂傳李賢注引亦有，今據增補。

〔二三〕賊不入界　此句姚本作「盜賊不入」，范曄後漢書寇恂傳李賢注引同。聚珍本作「賊不入境」。

〔二四〕寇恂爲河内太守，徵入爲金吾　寇恂先爲河内太守，繼爲潁川太守，建武三年，拜汝南太守。七年，代朱浮爲執金吾。見范曄後漢書寇恂傳。

〔二五〕上乃留恂　此條記纂淵海卷六五亦引，字句略有不同。

〔二六〕帝入關，將自征之　時在建武十年。

〔二七〕吾　原脱，聚珍本有，范曄後漢書寇恂傳亦有此字，今據增補。

〔二八〕五營　聚珍本作「諸營」。按「五營」二字不誤。范曄後漢書寇恂傳載光武帝言云：「若峻不即降，引耿弇等五營擊之。」

〔二九〕諸將　此二字原脱，聚珍本有，范曄後漢書寇恂傳亦有此二字，今據增補。

〔三〇〕卒　聚珍本同，范曄後漢書寇恂傳作「率」。

〔三一〕急降　聚珍本作「則降」。按「急」字於義較長。范曄後漢書寇恂傳作「急」。

〔三二〕無心降耳　寇恂語尚未完，據范曄後漢書寇恂傳所載，恂尚有以下數語：「全之則文得其計，殺之則峻亡其膽，是以降耳。」

馮　異〔一〕

異薦邑子銚期、叔壽、殷建、左隆等，光武皆以爲掾史。〔二〕　范曄後漢書卷一七馮異傳李賢注

齊武王以譖愬遇害，〔三〕上與衆會飲食笑語如平常。馮異侍從親近，見上獨居，不御酒肉，坐卧枕席有泣涕處，異獨入叩頭，寬解上意。　文選卷五九沈約齊故安陸昭王碑文李善注

馮異因間進説曰：「天下同苦王氏，思漢久矣。更始諸將縱横暴虐，所至虜掠，百姓失望。今專命方面，施行恩德。夫有桀、紂之亂，乃見湯、武之功。民人飢渴，易爲充飽。宜急分遣官屬，徇行郡縣，理冤結，布惠澤。」上納之。　御覽卷四六一

王朗起兵，上自薊東南馳，晨夜草舍，〔四〕夜至饒陽燕蔞亭。〔五〕時天寒烈，衆皆飢疲，馮異上豆粥。明旦，上謂諸將曰：「昨日得公孫豆粥，飢寒俱解。」〔六〕　類聚卷五

上聞王郎軍將至，復驚去。至南宮，天大雨，〔七〕上引車入道傍空舍，竈中有火，馮異抱薪，鄧禹炊火，〔八〕上對竈炙衣。〔九〕馮異進一笥麥飯兔肩，因渡呼沲河。〔一〇〕書鈔卷一二九

馮異，字公孫，爲人謙退，與諸將相逢，輒引車避道。每止頓，諸將共論功伐，異常屏止樹下，軍中號「大樹將軍」。〔一一〕御覽卷四二三

異勑吏士，非交戰受敵，常行諸營之後，相逢引車避之，由是無争道變鬭。〔一二〕范曄後漢書卷一七馮異傳李賢注

更始遣舞陰王李軼、廩丘王田立、大司馬朱鮪、白虎公陳殭將兵號三十萬，與河南太守武勃共守雒陽。上乃拜異爲孟津將軍，軍河上，以拒朱鮪等。〔一三〕范曄後漢書卷一七馮異傳李賢注

上報異曰：〔一四〕「軼多詐不信，人不能得其要領，今移其書。」范曄後漢書卷一七馮異傳李賢注

上以馮異爲孟津將軍，屯河上，擊走朱鮪，追至雒陽城門，環城一匝乃還。上聞之，大喜，諸將皆賀。御覽卷四六七

黄龍見於河，〔一五〕諸將勸光武立，〔一六〕乃召馮異。馮異曰：「更始敗亡，天下無主。」〔一七〕上曰：「我夢乘龍上天，〔一八〕覺悟，心中動悸。」異因下席再拜賀曰：「此天命發於精神。心

中動悸，大王重慎之性也。」異遂與諸將定議上尊號。　類聚卷七九

馮異，潁川人，建武中，〔一九〕征賊還過陽翟，詔異上冢，別下潁川太守、都尉及三百里内長吏皆會，〔二〇〕使中大夫致牛酒，〔二一〕宗族會郡縣給費。　御覽卷四七〇

建武二年，遣馮異西擊赤眉於關中，〔二二〕車駕送至河南，賜以乘輿七尺玉具劍，〔二三〕勑異曰：「念自修整，無爲郡縣所笑。」異頓首受命。　類聚卷二九

黽池霍郎、陝王長、湖濁惠、華陰陽沈等稱將軍者皆降。〔二四〕　范曄後漢書卷一七馮異傳李賢注

異與赤眉遇於華陰，降其將劉始、王重等。〔二五〕　范曄後漢書卷一七馮異傳李賢注

馮異，字公孫，拜爲征西將軍，〔二六〕與赤眉相距。〔二七〕上命諸將士屯澠池，爲赤眉所乘，反走上回谿阪。異復合兵追擊，大破之殽底。璽書勞異曰：「垂翅回谿，奮翼澠池，失之東隅，收之桑榆。」〔二八〕　文選卷一〇潘岳西征賦李善注

使者宋嵩西上，因以章示異。〔二九〕　范曄後漢書卷一七馮異傳李賢注

光武引見馮異，〔三〇〕誦於公卿曰：「是我起兵時主簿，爲吾披荊棘定關中者也。」　書鈔卷六九

上賜馮異璽書曰：〔三一〕「聞吏士精鋭，水火不避，購賞之賜，必不令將軍負丹青，失斷金

也。」〔三二〕御覽卷二九九

校勘記

〔一〕馮異　字公孫　潁川父城人，范曄後漢書卷一七有傳。又見汪文臺輯司馬彪續漢書卷二、華嶠後漢書卷一。

〔二〕光武皆以爲掾史　范曄後漢書馮異傳云：「光武署異爲主簿，苗萌爲從事。異因薦邑子銚期、叔壽、段建、左隆等，光武皆以爲掾史，從至雒陽。」李賢注云：「東觀記及續漢書『段』並作『殷』字。」此條即據李賢注，又酌取范書文句輯録。

〔三〕齊武王以譖愬遇害　齊武王劉縯被更始所殺，事詳本書和范曄後漢書齊武王縯傳。

〔四〕晨夜草舍　此句原無，聚珍本有，御覽卷四八六引亦有，今據增補。

〔五〕饒陽　此二字原無，聚珍本有，御覽卷四八六引亦有，今據增補。

〔六〕飢寒俱解　此條書鈔卷三、卷一四四，御覽卷三四、卷一九四亦引，字句皆較簡略。

〔七〕天大雨　此句書鈔卷一三五引作「大風雨」，卷一四四引作「天大風雨」，御覽卷一〇引作「遇大風雨」。

〔八〕炊　御覽卷一〇引作「爇」，范曄後漢書馮異傳作「爇」。「爇」與「爇」同。

〔九〕炙　書鈔卷三引同，御覽卷一〇引作「燎」，與范曄後漢書馮異傳合。此句以上聚珍本編入光武帝紀，字句與此稍異。

〔一〇〕馮異進一笥麥飯兔肩，因渡呼沲河　此二句原無，書鈔卷一三五引云：「馮異進一笥麥飯。」初學記卷二九引云：「馮異進麥飯兔肩，因渡呼沲河。」今綜合兩書所引增補。此條書鈔卷三、卷一四四，御覽卷七一一亦引，字句皆較簡略。

〔一一〕軍中號「大樹將軍」　此條聚珍本綴於本篇末，今據范曄後漢書馮異傳編次。

〔一二〕由是無争道變鬭　此條聚珍本置於本篇末「軍中號『大樹將軍』」條前，今依范曄後漢書馮異傳編次。

〔一三〕以拒朱鮪等　范曄後漢書馮異傳云：「時更始遣舞陰王李軼、廪丘王田立、大司馬朱鮪、白虎公陳僑將兵號三十萬，與河南太守武勃共守雒陽。光武……乃拜寇恂爲河内太守，異爲孟津將軍，統二郡軍河上，與恂合勢，以拒朱鮪等。」李賢注云：「東觀記『僑』字作『矯』。」由此可知，東觀漢記載馮異與陳矯等相拒事。此條即據李賢注，又酌取范書文句輯録。

〔一四〕上報異曰　李軼等守雒陽，馮異屯兵河上，兩軍對峙。馮異與李軼通書勸降，軼有降意，致書於異，不與異争鋒。異以實奏聞光武帝，光武帝遂以書報異，令異宣露軼書，使朱鮪知之。後來鮪怒，使人刺殺軼。事詳范曄後漢書馮異傳。

〔一五〕黄龍見於河　此句原無，姚本、聚珍本亦皆無此句。類聚卷九八引云：「黄龍見於河，馮異勸上即位。上曰：『我昨夜夢騎赤龍上天，覺悟，心中動悸』」云云。依文理「黄龍見於河」一句當在此處，今據增補。

〔一六〕諸將勸光武立　聚珍本無此句，而有「並上奏勸上立，曰：『帝王不可以久曠』」諸句。按文選卷三七劉琨勸進表李善注引云：「諸將上奏世祖曰：『帝王不可以久曠。』」聚珍本即據李善注所引增删連綴。李善注所引當爲光武帝紀中語，已入光武帝紀，此篇不再輯録。

〔一七〕馮異曰，更始敗亡，天下無主　此三句原無，文選卷三七劉琨勸進表李善注引，今據增補。聚珍本亦有此三句，惟無「馮」字。

〔一八〕我夢乘龍上天　此句御覽卷三九八、事文類聚後集卷二一引作「我昨夜夢乘赤龍上天」。

〔一九〕建武中　建武二年。

〔二〇〕三百里　范曄後漢書馮異傳作「二百里」。

〔二一〕中大夫　聚珍本作「太中大夫」。太中大夫秩千石，無固定員額。司馬彪續漢書百官志云：「凡大夫、議郎皆掌顧問應對，無常事，唯詔令所使。」

〔二二〕建武二年，遣馮異西擊赤眉於關中　此二句原無，而有「光武遣馮異討赤眉」一句。初學記卷二二、御覽卷三四二引有此二句，今據改。

〔二三〕七尺玉具劍　原作「七尺具劍」，姚本、聚珍本有「玉」字，編珠卷二、初學記卷二二、御覽卷三四二、范曄後漢書馮異傳李賢注引亦皆有「玉」字，今據增補。書鈔卷一九引無「七尺玉」三字，係節引，不足爲據。

〔二四〕黽池霍郎、陝王長、湖濁惠、華陰陽沈等稱將軍者皆降　范曄後漢書馮異傳云：光武帝命異擊赤眉，「異頓首受命，引而西，所至皆布威信。弘農群盜稱將軍者十餘輩，皆率衆降異」。所謂「十餘輩」，即霍郎、王長、濁惠、陽沈等人。「黽」與「澠」同。

〔二五〕降其將劉始、王重等　范曄後漢書馮異傳云：「異與赤眉遇於華陰，相拒六十餘日，戰數十合，降其將劉始、王宣等五千餘人。」李賢注云：「東觀記『宣』作『重』。」可知東觀漢記載馮異收降劉始、王重事。此條即據李賢注，又酌取范書文句輯録。

〔二六〕拜爲征西將軍　時在建武三年春。御覽卷二三九引云：「馮異爲征西將軍，入關征赤眉。」與此字句歧異。

〔二七〕距　與「拒」字通。

〔二八〕失之東隅，收之桑榆　此二句原無，聚珍本有，文選卷六左思魏都賦、卷二一顏延之五言詩秋胡、卷二四曹植五言詩贈白馬王彪、卷三一劉鑠五言詩擬行行重行行李善注皆引，今據增補。「東隅」，東方。日出東方，故以東隅指早晨。「桑榆」，日落時餘光所在處，謂晚暮。

〔二九〕使者宋嵩西上，因以章示異　此二句上有闕文。范曄後漢書馮異傳云：「異自以久在外，不自安，上書思慕闕廷，願親帷幄，帝不許。後人有章言異專制關中，斬長安令，威權至重，百姓歸心，號爲咸陽王。帝以章示異。」其下李賢引「使者宋嵩西上」二句作注。由范書可知東觀漢記原書大意。此爲建武五年事。

〔三〇〕光武引見馮異　時在建武六年。

〔三一〕上賜馮異璽書　建武九年初，隗囂病死，其將王元、周宗立囂子純爲王，馮異攻之，公孫述遣將趙匡、田弇救純。馮異攻匡、弇近一年，皆斬之。光武帝賜馮異璽書即在此時。事詳范曄後漢書馮異傳、通鑑卷四二。

〔三二〕失斷金也　此條范曄後漢書馮異傳李賢注亦引，字句微異。「斷金」，意謂同心。易繫辭云：「二人同心，其利斷金。」

馮　彰〔一〕

永平五年，封平鄉侯，食鬱林潭中。　范曄後漢書卷一七馮異傳李賢注

彰子普坐鬭殺游徼，〔二〕會赦，國除。　范曄後漢書卷一七馮異傳李賢注

校勘記

〔一〕馮彰　馮異長子，事附見范曄後漢書卷一七馮異傳。據范書，異封陽夏侯。建武十年，異卒，彰嗣。十三年，更封彰東緡侯。永平五年，又徙封平鄉侯。

〔二〕彰子普　此三字原無，爲使文義明白，今據范曄後漢書馮異傳增補。姚本、聚珍本有此三字，亦據范書補入。

岑彭

岑彭亡歸宛，〔一〕與貳師嚴尤共城守。〔二〕范曄後漢書卷一七岑彭傳李賢注

更始遣立威王張卬與將軍淫偉鎮淮陽，偉反，擊走卬。彭引兵攻偉，破之。〔三〕范曄後漢書卷一七岑彭傳李賢注

光武使吴漢收謝躬，令岑彭助漢爲方略，拜爲刺姦大將軍，〔四〕督察衆營。上以常自所持節授岑彭，從平河北。〔五〕書鈔卷一三〇

岑彭伐樹木開道，直出黎丘。〔六〕文選卷三八傳亮爲宋公至雒陽謁五陵表李善注

岑彭據津鄉，〔七〕當江南荆、揚之咽喉，〔八〕清浄江湖，諸蠻夷貢獻，於是江南之珍奇食物始流通焉。〔九〕書鈔卷一四二

岑彭引兵從車駕破天水，與吴漢圍隗囂於西城。勑彭曰：〔一〇〕「兩城若下，〔一一〕便可將兵南擊蜀虜。人苦不知足，既平隴，復望蜀。〔一二〕每一發兵，頭鬢爲白。」〔一三〕御覽卷三六三

岑彭與吴漢圍隗囂，〔一四〕時以縑囊盛土爲堤，灌西城，谷水從地中數丈涌出，故城不拔。范曄後漢書卷一七岑彭傳李賢注

彭東入弘農界，〔一五〕百姓持酒肉迎軍，曰：「蒙將軍爲後拒，全子弟得生還也。」范曄後漢書卷一七岑彭傳李賢注

彭與吴漢發桂陽、零陵、長沙委輸濯卒，凡六萬餘人，騎五千匹，皆會荆門。〔一六〕范曄後漢書卷一七岑彭傳李賢注

彭若出界，〔一七〕即以太守號付後將軍，選官屬守州中長吏。范曄後漢書卷一七岑彭傳李賢注

校勘記

〔一〕岑彭　字君然，南陽棘陽人，范曄後漢書卷一七有傳。又見汪文臺輯謝承後漢書卷一、司馬彪續漢書卷二、華嶠後漢書卷一。

〔二〕與貳師嚴尤共城守　范曄後漢書岑彭傳云：「王莽時，守本縣長。漢兵起，攻拔棘陽，彭將家屬奔前隊大夫甄阜。……及甄阜死，彭被創，亡歸宛，與前隊貳嚴説共城守。」李賢注云：「東觀記云：『與貳師嚴尤共城守。』」此條即據李賢注，又酌取范書文句輯録。按「貳師嚴尤」疑誤，嚴尤爲大司馬，非爲貳師。當以「前隊貳嚴説」爲是。「前隊貳」即前隊大夫貳，爲前隊大夫甄阜之副。

〔三〕破之　范曄後漢書岑彭傳云：「更始遣立威王張卬與將軍繇偉鎮淮陽，偉反，擊走卬。彭引兵攻偉，破之。」李賢注云：「東觀記『繇』作『滛』。」此條即據李賢注，又酌取范書文句輯録。

〔四〕拜爲刺姦大將軍　此下二句原無，聚珍本有，御覽卷六八一引亦有，今據增補。范曄後漢書岑彭傳李賢注引續漢書云：「時更始尚書令謝躬將六將軍屯鄴，兵横暴，爲百姓所苦。上先遣吴漢往收之，故拜彭爲刺姦將軍。」

〔五〕從平河北　此句原無，聚珍本有，御覽卷六八一引亦有，今據增補。

〔六〕岑彭伐樹木開道，直出黎丘　此爲建武三年伐秦豐時事。范曄後漢書岑彭傳云：建武三年，「令彭率傅俊、臧宫、劉宏等三萬餘人南擊秦豐……潛兵度沔水，擊其將張楊於阿頭山，大破之。從山谷間伐木開道，直襲黎丘，擊破諸屯兵」。後漢紀卷四亦略載此事。

〔七〕津鄉　邑名，在今湖北江陵縣東。

〔八〕當江南荆、揚之咽喉　范曄後漢書岑彭傳李賢注僅引此句，作「津鄉當荆、揚之咽喉」。

〔九〕於是江南之珍奇食物始流通焉　此條姚本、聚珍本皆作「彭以將伐蜀漢，而津鄉當荆、揚之咽喉，乃自引兵還屯津鄉，因喻告諸蠻夷，諸蠻夷相率遣使貢獻，於是江南之珍奇食物始流通焉」。按姚本、聚珍本「乃自引兵還屯津鄉」以上諸句，係據范曄後漢書岑彭傳和李賢注編次，其餘諸句乃據陳禹謨刻本書鈔輯録。陳刻本書鈔此條末注「補」字，可見字句據他書增補，已非舊貌。

〔一〇〕勑彭曰　「彭」字下類聚卷一七引有「書」字。

〔一一〕兩城若下　指西城與上邽二城。「兩城」，類聚卷一七引作「西城」，誤。范曄後漢書岑彭傳云：建武「八年，彭引兵從車駕破天水，與吴漢圍隗囂於西城。時公孫述將李育將兵救囂，守上邽，帝留蓋延、耿弇圍之，而車駕東歸。勑彭書曰：『兩城若下，便可將兵南擊蜀虜。人苦不知足，既平隴，復望蜀。每一發兵，頭鬚爲白。』」

〔一二〕復　類聚卷一七引作「重」。

〔一三〕頭鬢爲白　此條姚本、聚珍本均未輯録。

〔一四〕岑彭與吴漢圍隗囂　原無此句，書鈔卷一三二，類聚卷六九，御覽卷六九九、卷七〇四引有，今據增補。此句姚本、聚珍本作「彭圍隗囂於西城」。

〔一五〕彭東入弘農界　岑彭圍隗囂於西城，囂援軍至，漢兵食盡而退。囂出兵尾擊，彭殿後拒囂，全師東歸。彭東入弘農界，即在此時。此句上姚本、聚珍本有「囂尾擊諸營，彭師殿」二句，係酌取范曄後漢書岑彭傳文字補入。

〔一六〕皆會荆門　范曄後漢書岑彭傳云：建武「十一年春，彭與吴漢及誅虜將軍劉隆、輔威將軍臧宫、驍騎將軍劉歆，發南陽、武陵、南郡兵，又發桂陽、零陵、長沙委輸棹卒，凡六萬人，騎五千匹，皆會荆門」。李賢注云：「棹卒，持棹行船也。東觀記作『濯』。」此條即據李賢注和范書輯録。

〔一七〕彭若出界　范曄後漢書岑彭傳云：建武十一年，彭與吴漢伐蜀，大破蜀兵，「詔彭守益州牧，所下郡，輒行太守事」。其下李賢即引東觀漢記此條文字作注。

岑起〔一〕

起，元初中，坐事免。〔二〕　范曄後漢書卷一七岑彭傳李賢注

校勘記

〔一〕岑起　岑彭曾孫，范曄後漢書卷一七岑彭傳略載其事。「起」字范書作「杞」。

〔二〕元初中，坐事免。范曄後漢書岑彭傳載，彭封舞陰侯。彭卒，子遵嗣，徙封細陽侯。「遵卒，子伉嗣。伉卒，子杞嗣，元初三年，坐事失國」。

賈復

賈復，〔一〕字君文，治尚書，事舞陰李生，李生奇之，謂門人曰：「賈生容貌志意如是，而勤於學，此將相之器。」〔二〕 御覽卷二三八

賈復爲縣掾，〔三〕迎鹽河東，會盜賊起，等輩放散其鹽，復獨完還致縣中。〔四〕 御覽卷八六五

復馬羸，光武解右驂以賜之。〔五〕 范曄後漢書卷一七賈復傳李賢注

時上置兩府官屬，復與段孝共坐。孝謂復曰：「卿將軍督，我大司馬督，不得共坐。」復曰：「俱劉公吏，有何尊卑？」官屬以復不遜，上調官屬補長吏，共白欲以復爲鄗尉，上署報不許。〔六〕 范曄後漢書卷一七賈復傳李賢注

賈復以偏將軍從上拔邯鄲，〔七〕擊青犢於射犬，〔八〕大戰，日中，〔九〕賊陣堅不却。上傳召復曰：「吏士飢，且可朝食。」復曰：「先破之，然後食耳。」於是被羽先登，所向皆靡，諸將皆

服其勇。御覽卷三〇二

賈復北與五校戰於真定，大破之。復傷瘡甚，〔一〇〕上驚。復病尋愈，追及上，上見大喜。御覽卷四六七

徵詣雒陽，拜左將軍，〔一一〕南擊赤眉新城，轉西入關，擊盆子於澠池，破之。御覽卷二三八

吴漢擊蜀未破，上書請復自助，上不遣。范曄後漢書卷一七賈復傳李賢注

上以復敢深入，〔一二〕希令遠征，而壯其勇節，常自從之，故復少方面之勳。諸將每論功，復未曾有言。上輒曰：「賈君之功，我自知之。」御覽卷四三四

復闔門養威重，授易經，起大義。〔一三〕范曄後漢書卷一七賈復傳李賢注

上以天下既定，思念欲完功臣爵土，不令以吏職爲過，故皆以列侯就第也。〔一四〕范曄後漢書卷一七賈復傳李賢注

校勘記

〔一〕賈復　范曄後漢書卷一七有傳。又見汪文臺輯司馬彪續漢書卷二、華嶠後漢書卷一、袁山松後漢書。

〔二〕此將相之器　此句下尚有「徵詣雒陽，拜左將軍，南擊赤眉新城，轉西入關，擊盆子於澠池，破之」諸句。此爲建武三年事，今編次於後。

〔三〕賈復爲縣掾　時在王莽末年。

〔四〕復獨完還致縣中　此條書鈔卷一四六亦引，字句稍略。

〔五〕復馬羸，光武解右驂以賜之　范曄後漢書賈復傳云：復「因鄧禹得召見，光武奇之，禹亦稱有將帥節，於是署復破虜將軍督盜賊。復馬羸，光武解左驂以賜之」。李賢注云：「驂者，服外之馬也。東觀記、續漢書『左』并作『右』。」可知東觀漢記載光武賜復右驂事。此條即據李賢注，又酌取范書文句輯録。

〔六〕上署報不許　范曄後漢書賈復傳云：「官屬以復後來而好陵折等輩，調補鄗尉，光武曰：『賈復有折衝千里之威，方任以職，勿得擅除。』」

〔七〕拔　御覽卷四三四引同，聚珍本作「攻」。

〔八〕於射犬　此三字原無，聚珍本有，文選卷二七王粲五言詩從軍李善注引亦有，今據增補。

〔九〕日中　聚珍本作「至日中」，御覽卷四三四引同。

〔一〇〕瘡　聚珍本作「創」，與范曄後漢書賈復傳同。

〔一一〕拜左將軍　據范曄後漢書賈復傳，建武三年，復「遷左將軍，别擊赤眉於新城、澠池間，連破之。

與帝會宜陽，降赤眉」。

〔一二〕上以復敢深入　此句上尚引有「賈復以偏將軍從上拔邯鄲，擊青犢」云云一段文字，因與上文內容重複，删去不録。

〔一三〕起　聚珍本作「知」。按二字於義皆通。此句下聚珍本有「帝深然之，遂罷左右將軍，復以侯就第，加位特進」四句，不知輯自何書。范曄後漢書賈復傳云：建武「十三年，定封膠東侯，食郁秩、壯武、下密、即墨、梃、觀陽，凡六縣。復知帝欲偃干戈，修文德，不欲功臣擁衆京師，乃與高密侯鄧禹并剽甲兵，敦儒學。帝深然之，遂罷左右將軍。復以列侯就第，加位特進」。疑聚珍本三句摘於此。

〔一四〕故皆以列侯就第也　聚珍本無此條。

賈宗

賈宗，〔一〕字武孺，爲朔方太守。匈奴常犯塞，得生口，問：「太守爲誰？」曰：「賈武孺。」曰：「寧賈將軍子邪？」曰：「是。」皆放遣還，是後更不入塞。范曄後漢書卷一七賈宗傳李賢注賈宗，字武孺，爲長水校尉。宗性方正，〔二〕奉職愛士，及在朝廷，數言便宜，深見親異，賞賜殊厚。上美宗既有武節，又兼經術，每宴會，令與當世大儒司徒丁鴻問難經傳。〔三〕書鈔卷六一

校勘記

〔一〕賈宗　賈復少子，范曄後漢書卷一七有傳，附於賈復傳後。此下三句原無，聚珍本有。依文例，當有「賈宗，字武孺」二句，又據下文所述內容，當有「爲朔方太守」句，今從聚珍本增補。范書賈宗傳云：「宗字武孺，少有操行，多智略。初拜郎中，稍遷，建初中爲朔方太守……匈奴畏之，不敢入塞。」

〔二〕宗性方正　聚珍本此句在上句「爲長水校尉」句上。

〔三〕司徒丁鴻　此四字原無，聚珍本有，書鈔卷六一、御覽卷二四二引亦有，今據增補。

馮駿

長沙中尉馮駿將兵詣彭，〔一〕璽書拜駿爲威虜將軍。　范曄後漢書卷一七岑彭傳李賢注

校勘記

〔一〕馮駿　范曄後漢書無傳。光武帝建武五年，岑彭諭降江南，交阯牧鄧讓與七郡太守遣使奉貢，馮駿將兵詣彭，可能就在此時，或略前。參范曄後漢書光武帝紀、岑彭傳。

張豐

涿郡太守張豐舉兵反。〔一〕初，豐好方術，有道士言豐當爲天子，以五綵囊盛石繫豐肘，云「石中有玉璽」。豐信之，遂以反。〔二〕既當斬，〔三〕猶曰肘有玉璽，〔四〕椎破之，豐乃知被詐，仰天歎曰：「當死無所恨。」〔五〕御覽卷五一

校勘記

〔一〕張豐　范曄後漢書無傳，祭遵傳略載其事。

〔二〕以　聚珍本無此字。事類賦卷七引亦無此字。

〔三〕既當斬　聚珍本作「既敗當斬」，事類賦卷七引同。

〔四〕曰 聚珍本作「言」。

〔五〕當死無所恨 范曄後漢書祭遵傳云：建武三年，「涿郡太守張豐執使者舉兵反，自稱無上大將軍，與彭寵連兵。四年，遵與朱祐及建威大將軍耿弇、驍騎將軍劉喜俱擊之。遵兵先至，急攻豐，豐功曹孟厷執豐降。初，豐好方術，有道士言豐當爲天子，以五綵囊裹石繫豐肘，云石中有玉璽。豐信之，遂反。既執當斬，猶曰『肘石有玉璽』。遵爲椎破之，豐乃知被詐，仰天歎曰：『當死無所恨！』」可與此互證。

秦豐〔一〕

豐，邔縣人，少學長安，受律令，歸爲縣吏。更始元年起兵，攻得邔、宜城、鄀、編、臨沮、中廬、襄陽、鄧、新野、穰、湖陽、蔡陽，兵合萬人。〔二〕范曄後漢書卷一七岑彭傳李賢注

校勘記

〔一〕秦豐 范曄後漢書無傳，其事散見范書光武帝紀、岑彭傳、朱祐傳等篇。

〔二〕兵合萬人 范曄後漢書岑彭傳云：「建武二年，使彭擊荆州，下犨、葉等十餘城。是時南方尤亂，

南郡人秦豐據黎丘，自稱楚黎王，略有十二縣。」可與此相參證。

鄧奉

光武以鄧奉爲輔漢將軍。〔一〕御覽卷二四〇

鄧奉拒光武瓜里。〔二〕司馬彪續漢書郡國志四劉昭注

校勘記

〔一〕鄧奉　范曄後漢書無傳，其事散見范書光武帝紀、岑彭傳等篇。范書載奉爲破虜將軍，未載爲輔漢將軍。

〔二〕鄧奉拒光武瓜里　司馬彪續漢書郡國志四南陽郡下云：「宛，本申伯國，有南就聚，有瓜里津。」其下劉昭即引此句作注。聚珍本注云：「范書岑彭傳，建武二年，帝遣吴漢伐南陽諸賊，漢軍所過多侵暴。時鄧奉謁歸新野，怒漢掠其鄉里，遂據淯陽反。三年，帝自將南征，破斬之。」

卷十

傳五

吴漢

吴漢，〔一〕字子顔，南陽人。〔二〕韓鴻爲使者，使持節，降河北，拜除二千石，人爲言：「吴子顔，奇士也，可與計事。」〔三〕　書鈔卷七三

吴漢爲人質厚少文，造次不能以辭語自達，鄧禹及諸將多所薦舉。〔四〕再三召見，〔五〕其後勤勤不離公門，上亦以其南陽人，漸親之。〔六〕　御覽卷四六四

上既破邯鄲，誅王郎，召鄧禹宿，夜語曰：「吾欲北發幽州突騎，〔七〕諸將誰可使者？」禹曰：「吴漢可。」吴漢與鄧弘俱客蘇弘，〔八〕稱道之。禹數與語，其人勇鷙有智謀，諸將鮮能及者。」上於是以漢爲大將軍。漢遂斬幽州牧苗曾，上以禹爲知人。　御覽卷四四二

吴漢與蘇茂、周建戰，〔九〕漢躬被甲持戟，告令諸部將曰：「聞鼓聲皆大呼俱進，後至者

斬。」遂鼓而進，賊兵大破。〔一〇〕 御覽卷三五二

北擊清河長垣及平原五里賊，皆平之。〔一一〕 范曄後漢書卷一八吴漢傳李賢注

吴漢擊富平、獲索二賊於平原。〔一二〕明年春，賊率五萬餘人夜攻漢營，軍中驚亂，漢堅卧不動。〔一三〕 御覽卷三九三

公孫述大司馬田戎將兵下江關，〔一四〕至南郡，據浮橋於江水，〔一五〕吴漢鋸絶横橋，大破之。 初學記卷七

吴漢進逼成都，阻江北爲營，使副將武威將軍劉禹將萬餘人屯於江南。〔一六〕 范曄後漢書卷一八吴漢傳李賢注

吴漢伐蜀，分營於水南水北，〔一七〕北營戰不利，乃銜枚引兵往合水南營，大破公孫述。御覽卷三五七

吴漢兵守成都，公孫述將延岑遣奇兵出吴漢兵後，襲擊破漢，漢墮水，緣馬尾得出。〔一八〕 御覽卷八九四

吴漢平成都，乘筏從江下巴郡，盗賊解散。〔一九〕 書鈔卷一三八

吴漢性忠厚，篤於事上，〔二〇〕自初從征伐，〔二一〕常在左右，〔二二〕上未安，則側足屏息，上

安然後退舍。兵有不利，軍營不完，〔二三〕漢常獨繕檠其弓戟，〔二四〕閲其兵馬，激揚吏士。上時令人視吴公何爲，還言方作戰攻具，上常曰：〔二五〕「吴公差强人意，〔二六〕隱若一敵國矣。」〔二七〕封漢廣平侯。〔二八〕　御覽卷四一八

吴漢當出師，朝受詔，夕即引道，初無辦嚴之日，〔二九〕故能常任職，以功名終。〔三〇〕　類聚卷五九

吴漢嘗出征，妻子在後買田業。漢還，讓之曰：「軍師在外，吏士不足，何多買田宅乎！」遂盡以分與昆弟外家。〔三一〕　御覽卷四二九

吴漢爵位奉賜最尊重，然但治宅，〔三二〕不起巷第。〔三三〕夫人先死，〔三四〕薄葬小墳，不作祠堂，恭儉如此。疾篤，〔三五〕車駕親臨，問所欲言。對曰：「臣愚無所識知，唯願慎無赦而已。」病薨，奏謚曰：「有司議宜以爲武。」〔三六〕詔特賜曰忠侯。〔三七〕無後，國除。〔三八〕　類聚卷四〇

序曰：自古異代之忠，其詳不可得聞也。已近觀大漢高祖、世祖受命之會，建功垂名之忠，察其屈伸，固非鄉舉里選所能拔也。吴漢起鄉亭，由逆旅假階韓鴻，發筴彭寵，然後遇乎聖王，把旄杖鉞，佐平諸夏，東征海嵎，北臨塞漠，西踰隴山，南平巴、蜀，遂斬公孫述、延岑、劉永、董憲之首，斯其跨制州域，竊號帝王，章章可數者。標起糜沸之徒，其所灑掃

衆矣。天下既定，將帥論功，吴公爲大。覽其戰剋行事，無知名，無勇功，令合於孫、吴。何者？建武之行師，計出於主心，勝決廟堂，將帥咸承璽書，倚威靈，以治剋亂，以智取愚，其勢然也。及漢持盈守位，勞謙小心，懼以終始，勒功帝佐，同名上古，盛矣哉！〔三九〕

史略卷三

校勘記

〔一〕吴漢　范曄後漢書卷一八有傳。又見汪文臺輯司馬彪續漢書卷二、華嶠後漢書卷一。「吴」字書鈔卷七三引時省，今補入。

〔二〕南陽人　原無此句，聚珍本有，文選卷四張衡南都賦李善注、卷三八任昉爲范尚書讓吏部封侯第一表李善注、卷五二韋曜博弈論李善注引亦皆有此句，今據增補。

〔三〕可與計事　此條陳禹謨刻本書鈔卷七三引作「漢字子顔，更始立，使使者韓鴻徇河北。或謂鴻曰：『吴子顔，奇士也，可與計事。』鴻召見漢，甚悦之」。唐類函卷五七引同。姚本、聚珍本皆據陳禹謨刻本書鈔輯録。

〔四〕多所薦舉　文選卷五二韋曜博弈論李善注引作「多舉漢者」。

〔五〕再三召見　此下四句原無，聚珍本有，文選卷五二韋曜博弈論李善注引亦有，今據增補。

〔六〕漸親之　此條文選卷三八任昉爲范尚書讓吏部封侯第一表李善注亦引，字句略於此。

〔七〕吾　原無此字，御覽卷六三一引有，今據增補。　發　聚珍本作「伐」，誤。御覽卷六三一引作「發」，尚不誤。范曄後漢書吴漢傳云：「光武將發幽州兵，夜召鄧禹，問可使行者。」

〔八〕吴漢與鄧弘俱客蘇弘　此下三句原無，御覽卷六三一引，今據增補。聚珍本亦有此三句，惟無「吴」字，又「蘇弘」二字下有一「弘」字，餘同。

〔九〕吴漢與蘇茂、周建戰　事在建武三年，見范曄後漢書光武帝紀和吴漢傳。

〔一〇〕破　聚珍本作「敗」。

〔一一〕北擊清河長垣及平原五里賊，皆平之　范曄後漢書吴漢傳云：建武四年，「又率陳俊及前將軍王梁，擊破五校賊於臨平，追至東郡箕山，大破之。北擊清河長直及平原五里賊，皆平之」。李賢注云：「東觀記及續漢書『長直』并作『長垣』。」按長垣，縣名，在河南，不得言北擊，而范書作長直，當是賊號，或因地以爲名。」可知東觀漢記載漢攻清河、平原事。此條即綜合李賢注與范書而成。

〔一二〕吴漢擊富平、獲索二賊於平原　事在建武五年，見范曄後漢書光武帝紀、通鑑卷四一。聚珍本注云：「此建武二年事。」誤。范曄後漢書吴漢傳載於建武四年，亦不確。

〔一三〕漢　原脱，依文義應有此字，聚珍本有，今據增補。

〔一四〕公孫述大司馬田戎將兵下江關　事在建武十一年。「下江關」三字原誤作「下江開」，聚珍本作「下江關」，玉海卷一七二引同，今據校正。

〔一五〕水　玉海卷一七二、記纂淵海卷八引同，姚本、聚珍本作「上」。

〔一六〕使副將武威將軍劉禹將萬餘人屯於江南　范曄後漢書吴漢傳云：漢攻拔廣都，「遂自將步騎二萬餘人進逼成都，去城十餘里，阻江北爲營，作浮橋，使副將武威將軍劉尚將萬餘人屯於江南，相去二十餘里」。李賢注云：「東觀記、續漢書『尚』字并作『禹』。」是東觀漢記載漢與禹分屯江南北事。此條即據李賢注，又酌取范書字句輯録。

〔一七〕分營於水南水北　與上條爲同一事。

〔一八〕緣馬尾得出　此條事類賦卷二一亦引，文句稍異。姚本作「吴漢伐蜀，戰敗墮水，緣馬尾得出」。類聚卷九三引與姚本同。

〔一九〕盜賊解散　此條陳禹謨刻本書鈔卷一三八引作「吴漢平成都，乃乘桴沿江下巴郡，楊偉、徐容等惶恐解散」，下注「補」字，即謂用他書改補，已非書鈔原貌。而姚本、聚珍本皆據陳禹謨刻本書鈔輯録。按范曄後漢書吴漢傳云：建武「十八年，蜀郡守將史歆反於成都……而宕渠楊偉、朐䏰徐容等，起兵各數千人以應之。……漢率劉尚及太中大夫臧宫將萬餘人討之。漢入武都，乃發廣漢、巴、蜀三郡兵圍成都，百餘日城破，誅歆等。漢乃乘桴沿江下巴郡，楊偉、徐容等惶恐解散」。陳禹謨刻本書鈔所引顯然是依據范書改補。此條御覽卷七七一引作「吳漢教乘筏從江下巴郡，盜賊解散」。

〔二〇〕篤於事上　原無此句，聚珍本有，御覽卷三三九引亦有，今據增補。

〔二一〕初　原脱，聚珍本有，御覽卷三三九、文選卷三八任昉爲范尚書讓吏部封侯第一表李善注引亦有，今據增補。

〔二二〕常　原脱，聚珍本有，御覽卷三三九引亦有，今據增補。

〔二三〕軍營不完　此句聚珍本作「軍營不如意」，御覽卷三三九、文選卷三八任昉爲范尚書讓吏部封侯第一表李善注引同。

〔二四〕其　聚珍本無此字，文選卷三八任昉爲范尚書讓吏部封侯第一表李善注引亦無此字。檠輔正弓弩的器具。淮南子修務訓云：「弓待檠而後能調。」

〔二五〕上常曰　此三字聚珍本作「上賞嗟曰」，「賞」乃「嘗」字之訛。文選卷三八任昉爲范尚書讓吏部封侯第一表李善注引作「上嘗嗟曰」。

〔二六〕意　原脱，文義不完。聚珍本有，書鈔卷一一九引亦有，今據增補。

〔二七〕隱若一敵國矣　此句原作「隱若敵國」，聚珍本有「一」、「矣」二字，御覽卷二七五、卷三三六，文選卷三八任昉爲范尚書讓吏部封侯第一表李善注引同，今據增補。

〔二八〕封漢廣平侯　原無此句，聚珍本有，文選卷三八任昉爲范尚書讓吏部封侯第一表李善注引亦有此句，今據增補。此條聚珍本連綴於上御覽卷四四二所引「上既破邯鄲，誅王郎」條下，今據范曄後漢書吴漢傳編次。

〔二九〕辨嚴　即辨裝。明帝名莊，「裝」與「莊」同音，爲避明帝諱，「辨裝」改作「辨嚴」。

〔三〇〕以功名終　此條御覽卷二七五亦引，文字全同。

〔三一〕遂盡以分與昆弟外家　此條書鈔卷一一五、御覽卷五一五亦引，字句稍略。

〔三二〕然但治宅　此句姚本同，聚珍本作「然但修里宅」，范曄後漢書吴漢傳李賢注引與聚珍本同。

〔三三〕巷　此字姚本有，聚珍本無，范曄後漢書吴漢傳李賢注引亦無。

〔三四〕夫人先死　此下三句原無，姚本、聚珍本有，范曄後漢書吴漢傳李賢注引亦有，今據增補。

〔三五〕疾篤　此句至「唯願愼無赦而已」諸句原無，聚珍本有，類聚卷五二引亦有，今據增補。御覽卷六五二引此數句，文字小異。

〔三六〕奏謚曰，有司議宜以爲武　此二句姚本、聚珍本作「有司奏議以武爲謚」，范曄後漢書吴漢傳李賢注引同。

〔三七〕詔　原誤作「昭」，姚本、聚珍本不誤，范曄後漢書吴漢傳李賢注引亦不誤，今據校正。

〔三八〕無後，國除　此句原無，聚珍本有，御覽卷二〇一引亦有，今據增補。聚珍本注云：「范書本傳：

漢薨，子成嗣，至孫旦無子，國除。建初中，徙封旦弟筑陽侯盱爲平春侯，奉漢後。盱卒，子勝嗣。與此異。」

〔三九〕盛矣哉　此條姚本、聚珍本皆未輯録。

蓋延

蓋延，〔一〕字巨卿，漁陽要陽人，〔二〕身長八尺，彎弓三百斤，以氣勢聞。〔三〕御覽卷三八六

延爲幽州從事。范曄後漢書卷一八蓋延傳李賢注

圍劉永於睢陽，永驚懼，引兵走出魚門，延追擊，大破之。斬其魯郡太守梁丘壽。又破永沛郡太守陳脩，斬之。〔四〕范曄後漢書卷一八蓋延傳李賢注

時蓋延因齋戒祠高祖廟。〔五〕范曄後漢書卷一八蓋延傳李賢注

董憲將賁休舉蘭陵城降，憲聞之，自郯圍休。時延及龐萌在楚，請往救之。帝勑曰：「可直往擊郯，則蘭陵必自解。」〔六〕范曄後漢書卷一八蓋延傳李賢注

延上疏辭曰：〔七〕「臣幸得受干戈，誅逆虜，奉職未稱，久留天誅，常恐汙辱名號，不及等

倫。天下平定已後，曾無尺寸可數，不得預竹帛之編。明詔深閔，儆戒備具，每事奉循詔命，必不敢爲國之憂也。」范曄後漢書卷一八蓋延傳李賢注

龐萌還攻蓋延，〔八〕延與戰，破之。〔九〕詔書勞延曰：「龐萌一夜反叛，相去不遠，營壁不堅，殆令人齒相擊，〔一〇〕而將軍聞之，夜告臨淮、楚國，〔一一〕有不可動之節，吾甚美之。夜聞急少能若是。」御覽卷四六九

永初七年，鄧太后紹封延曾孫恢爲盧亭侯。〔一二〕范曄後漢書卷一八蓋延傳李賢注

校勘記

〔一〕蓋延　范曄後漢書卷一八有傳。又見汪文臺輯華嶠後漢書卷一。

〔二〕漁陽要陽人　此句原無，聚珍本有，御覽卷三四七引亦有，今據增補。

〔三〕以氣勢聞　此條書鈔卷一二五、類聚卷六〇亦引，字句稍略。

〔四〕斬之　范曄後漢書蓋延傳云：「光武即位，以延爲虎牙將軍。建武二年……南伐劉永，先攻拔襄邑，進取麻鄉，遂圍永於睢陽。數月，盡收野麥，夜梯其城入。永驚懼，引兵走出東門，延追擊，大破之。永棄軍走譙，延進攻，拔薛，斬其魯郡太守，而彭城、扶陽、杼秋、蕭皆降。又破永沛郡太守，斬之。」「引兵走出東門」句下李賢注云：「東觀記云：『走出魚門。』然則東門名魚門也。」

「斬其魯郡太守」句下李賢注云：「東觀記曰：『魯郡太守梁丘壽』也。」「又破永沛郡太守」句下李賢注云：「東觀記曰：『沛郡太守陳脩。』」此條即據李賢注，又酌取范書文句輯録。

〔五〕時蓋延因齋戒祠高祖廟　延屢敗劉永，平定沛、楚、臨淮，修高祖廟，置嗇夫、祝宰、樂人。延齋戒祠高祖廟即在此時，見范曄後漢書蓋延傳。

〔六〕則蘭陵必自解　范曄後漢書蓋延傳云：建武「四年春，延又擊蘇茂、周建於蘄，進與董憲戰留下，皆破之。因率平狄將軍龐萌攻西防，拔之。復追敗周建、蘇茂於彭城，茂、建亡奔董憲，董憲將賁休舉蘭陵城降。憲聞之，自郯圍休。時延及龐萌在楚，請往救之。帝勑曰：『可直往擣郯，則蘭陵必自解。』」李賢注云：「擣，擊也。東觀記作『擊』字。」是東觀漢記載蓋延請救蘭陵賁休事。今據李賢注，又酌取范書文句編定此條。

〔七〕延上疏辭曰　延輕敵深入，光武數以書相誡，所以延有此奏。見范曄後漢書蓋延傳。

〔八〕龐萌還攻蓋延　建武五年三月，平狄將軍龐萌反漢，殺楚郡太守孫萌而東附董憲。見范曄後漢書光武帝紀。

〔九〕延與戰，破之　范曄後漢書蓋延傳云：「及龐萌反，攻殺楚郡太守，引軍襲敗延，延走，北度泗水，破舟檝，壞津梁，僅而得免。」與此異。

〔一〇〕殆令人齒相擊　「齒」字下姚本、聚珍本有「欲」字，范曄後漢書蓋延傳李賢注、御覽卷三三五、通鑑卷四一胡三省注引亦有「欲」字。

〔二〕而將軍聞之，夜告臨淮、楚國　姚本、聚珍本脱「聞之」以下八字。

〔三〕鄧太后紹封延曾孫恢爲盧亭侯　范曄後漢書蓋延傳云：「建武二年，更封安平侯。……十三年，增封定食萬户。十五年，薨於位。子扶嗣。扶卒，子側嗣。永平十三年，坐與舅王平謀反，伏誅，國除。永初七年，鄧太后紹封延曾孫恢爲蘆亭侯。」李賢注云：「東觀記作『盧亭』。」此條即據李賢注，又酌取范書文句輯録。

陳　俊〔一〕

俊初調補曲陽長，上曰：「欲與君爲左右，小縣何足貪乎？」俊即拜，解印綬，上以爲安集掾。〔二〕　范曄後漢書卷一八陳俊傳李賢注

建武二年春，攻匡城賊，下四縣。〔三〕　范曄後漢書卷一八陳俊傳李賢注

光武賜陳俊絳衣三百領，以衣中堅同心之士也。　文選卷二七王粲五言詩從軍李善注

校勘記

〔一〕陳俊　字子昭，南陽西鄂人，范曄後漢書卷一八有傳。又見司馬彪續漢書卷二、華嶠後漢書卷一。

〔二〕上以爲安集掾　范曄後漢書陳俊傳云：「更始立，以宗室劉嘉爲太常將軍，俊爲長史。光武徇河北，嘉遺書薦俊，光武以爲安集掾。」

〔三〕下四縣　范曄後漢書陳俊傳云：「建武二年春，攻匡賊，下四縣。」李賢注云：「東觀記作『匡城賊』。」此條即據李賢注，又酌取范書文句輯録。

陳浮〔一〕

詔書以祝阿益濟南國，〔二〕故徙浮封蘄春侯。范曄後漢書卷一八陳俊傳李賢注

校勘記

〔一〕陳浮　陳俊之子，范曄後漢書卷一八陳俊傳略載其事。

〔二〕祝阿　建武十三年，陳俊定封爲祝阿侯，食邑祝阿。二十三年卒，子浮嗣，即徙封蘄春侯。

臧宫

臧宫，〔一〕字君翁，爲輔威將軍，〔二〕將兵擊諸郡，至中盧，屯駱越。是時公孫述將田戎、任滿與征南大將軍岑彭相距於荆門，〔三〕諸將戰，〔四〕數不利，越人謀欲畔漢附蜀。宫兵少，不足以制也。〔五〕會屬縣送委輸牛車三百餘兩至，〔六〕宫即設變，夜斷城門限，〔七〕令委輸車回轉出入，隆隆至明。越人候伺者聞車聲不絶，而門限斷，以官兵大來，〔八〕乃奉牛酒勞軍，〔九〕由是遂安。　書鈔卷一三九

臧宫，字君公，〔一〇〕以城門校尉轉左中郎將，〔一一〕征武陵蠻。　書鈔卷六三

有德之君，以樂樂民。無德之君，以樂樂身。〔一二〕　書鈔卷二九

校勘記

〔一〕臧宫　潁川郟人，范曄後漢書卷一八有傳。又見汪文臺輯華嶠後漢書卷一。

〔二〕爲輔威將軍　「輔」字原作「建」，聚珍本作「輔」，御覽卷二四〇引云：「光武以臧宫爲輔威將軍。」

今據改。范曄後漢書臧宮傳云：建武五年，「帝使太中大夫持節拜宮爲輔威將軍」。

〔三〕與征南大將軍岑彭相距於荆門　此文原作「與漢軍相距於荆門」，御覽卷四九四引作「與征南大將軍岑彭相距於荆門」，范曄後漢書臧宮傳與御覽所引同，今據改。

〔四〕諸將戰　此句御覽卷四九四引作「彭等戰」，范曄後漢書臧宮傳與御覽所引同。

〔五〕不足以制也　此句御覽卷四九四引作「力不能制」。

〔六〕會屬縣送委輸牛車三百餘兩至　此句御覽卷四九四引作「會屬縣送委輸車數百」。

〔七〕夜斷城門限　「夜」字下聚珍本有「使鋸」二字，御覽卷四九四引同。

〔八〕以官兵大來　此句聚珍本作「以漢兵大來」，御覽卷四九四引作「以漢兵大至」。

〔九〕乃奉牛酒勞軍　此句上御覽卷四九四引有「其帥」二字。

〔一〇〕公　與「翁」字通。

〔一一〕以城門校尉轉左中郎將　范曄後漢書臧宮傳載：建武十九年，單臣、傅鎮反，入據原武城，臧宮斬之。「宮還，遷城門校尉，復轉左中郎將。擊武谿賊，至江陵，降之」。

〔一二〕以樂樂身　建武二十七年，臧宮與楊虚侯馬武上書勸光武帝擊匈奴，光武帝下詔表示反對，此數語即詔中語，見范曄後漢書臧宮傳。姚本、聚珍本皆未輯此條。

耿況〔一〕

太史官曰：耿況、彭寵俱遭際會，順時承風，〔二〕列爲蕃輔，忠孝之策，千載一遇也。〔三〕

文選卷四七袁宏三國名臣序贊李善注

校勘記

〔一〕耿況　范曄後漢書無傳，耿弇傳略載其事。

〔二〕承　聚珍本作「乘」。按「承」字義長。

〔三〕千載一遇也　此條文選卷四○任昉到大司馬記室牋李善注亦引，字句較略。由此條可以知道東觀漢記原有耿況傳，今全篇散佚，此存數句乃傳後史官論贊之語。

耿弇

耿弇，〔一〕字伯昭，扶風人。更始使侍御史黄黨即封世祖爲蕭王，上在邯鄲宮，〔二〕晝卧温明殿。耿弇入造床下請間，因説曰：「今更始失政，天下可馳檄而定。今使者來欲罷兵，不可聽也。兵一罷，不可復會也。」上曰：「國家已都長安，天下大定，何用兵爲？」弇曰：「青、徐之賊，〔三〕銅馬、赤眉之屬數十輩，輩數十萬衆，皆東至海，所嚮無前，聖公不能辦也，〔四〕敗必不久。」帝起坐曰：「卿失言，我擊卿。」〔五〕弇曰：「大王哀厚弇如父子，故披赤心爲大王陳事。」上曰：「我戲卿耳。何以言之？」弇曰：「百姓患苦王莽苛刻日久，聞劉氏復興，莫不欣喜，望風從化，而去虎口就慈母，〔六〕倒戟横矢不足以喻明。〔七〕公首事，南破昆陽，敗百萬師。今復定河北，以義征伐，表善懲惡，躬自克薄以待士民，發號嚮應，望風而至。〔八〕天下至重，公可自取，無令他姓得之。」上曰：「卿若東得無爲人道之。」弇曰：「此重事，不敢爲人道也。」〔九〕 御覽卷四六一

耿弇討張步，與濟南王費邑合戰，〔一〇〕大破之，斬邑首，傳詣行在。所斷賊頭入示巨里，〔一一〕歸其親屬，外以執爲思，内臣怖之。〔一二〕 書鈔卷一三九

光武以耿弇爲建威大將軍，從攻雒陽。〔一三〕 御覽卷二四〇

張步都臨淄，〔一四〕使弟玄武將軍藍將兵守西安，去臨淄四十里，耿弇引軍營臨淄、西安之間。弇視西安城小而堅，藍兵又精，未易攻也。臨淄諸郡太守相與雜居，人不專一，其

聲雖大而虛，易攻。弇內欲攻之，告令軍中治攻具，〔一五〕後五日攻西安，復縱生口令歸。藍聞之，晨夜守城。至其日夜半，〔一六〕令軍皆食，會明，求乞攻西安，臨淄不能救也。〔一七〕弇曰：「然吾故揚言欲攻西安，今方自憂治城具，而吾攻臨淄，一日必拔，何救之有？吾得臨淄即西安孤，必復亡矣，所謂一舉而兩得者也。〔一八〕且西安城堅，精兵二萬人，攻之未可卒下，卒必多死傷。正使得其城，張藍引兵突臨淄，更强勒兵，憑城觀人虛實，吾深入敵城，〔一九〕後無轉輸，旬月之間，〔二〇〕不戰而困，諸軍不見是爾。」弇遂擊臨淄，至日中破之。張藍聞臨淄破，果將其衆亡。 御覽卷三一七

張步攻耿弇營，合戰，弇升王宮環臺望之。〔二一〕耿弇擊張步於東城，飛矢中弇股，以手中刀截之，〔二二〕軍中無知者。〔二三〕 御覽卷三七二

張步攻耿弇，時上在魯，聞弇爲步所攻，自往救之，未至，陳俊謂弇曰：「虜兵盛，可且閉營休士，〔二四〕以須上來。」弇曰：「乘輿且到，臣子當擊牛釃酒以待百官，反欲以賊虜遺君父耶？」乃出大戰，自旦及昏，復大破之。後數日，車駕至臨淄，自勞軍也。 御覽卷四一七

弇凡平城陽、琅邪、高密、膠東、東萊、北海、齊、千乘、濟南、平原、泰山、臨淄等郡。 范曄後漢書卷一九耿弇傳李賢注

耿弇追張步，步奔平壽，乃肉袒負斧鑕於軍門，而弇勒兵入據其城，樹十二郡旗鼓，〔二五〕令步兵各以郡人詣旗下，衆尚十餘萬，輜重七千餘兩，〔二六〕皆罷歸鄉里。御覽卷三四〇

耿弇少好學，習父業。常見郡試騎士，〔二七〕建旗鼓，肄馳射，〔二八〕由是好將帥之事。凡所平郡三十六，〔二九〕屠城三百，未嘗挫折。書鈔卷一一五

校勘記

〔一〕耿弇　耿況之子，范曄後漢書卷一九有傳。又見汪文臺輯謝承後漢書卷一、司馬彪續漢書卷二、袁山松後漢書。此下三句原無，聚珍本有，御覽卷三八九亦引。此三句當在傳首，今補入。

〔二〕上在邯鄲宫　此句至「天下可馳檄而定」諸句原無，而有「罷兵，耿弇曰」五字。今删去原有五字，而據御覽卷三九三所引增入「上在邯鄲宫」云云數句。聚珍本有此數句，惟「耿弇入造床下請間」句「造」字誤作「告」，又脱「因説」二字。

〔三〕之　聚珍本作「大」。

〔四〕辦　范曄後漢書耿弇傳李賢注云：「辦猶成也。」

〔五〕擊　聚珍本作「繫」。

〔六〕而　聚珍本作「如」。

〔七〕喻明　聚珍本作「明喻」。

〔八〕至　聚珍本作「止」。

〔九〕不敢爲人道也　此句下聚珍本有「上以弇爲建威大將軍」一句，不知聚珍本輯自何書。范曄後漢書耿弇傳云：「光武即位，拜弇爲建威大將軍。……建武二年，更封好畤侯。」

〔一〇〕耿弇討張步，與濟南王費邑合戰　事在建武五年。范曄後漢書張步傳云：建武「五年，步聞帝將攻之，以其將費邑爲濟南王，屯歷下。冬，建威大將軍耿弇破斬費邑，進拔臨淄」。通鑑卷四一所載較詳，其文云：「張步聞耿弇將至，使其大將軍費邑軍歷下……費邑分遣弟敢守巨里。弇進兵先脅巨里，嚴令軍中趣修攻具，宣敕諸部，後三日當悉力攻巨里城。陰緩生口，令得亡歸，以弇期告邑。邑至日，果自將精兵三萬人來救之。弇……即分三千人守巨里，自引精兵上岡阪，乘高合戰，大戰之，臨陳斬邑，既而收首級以示城中，城中兇懼。費敢悉衆亡歸張步。」後漢紀卷五所載較通鑑稍略。

〔一一〕所斷賊頭入示巨里　此句上當有「以」字。

〔一二〕外以執爲思，内臣怖之　此二句有訛誤。此條姚本、聚珍本皆未輯録。

〔一三〕從攻雒陽　此句聚珍本未輯録。范曄後漢書光武帝紀載，建武元年六月，光武帝即皇帝位，七月，以大將軍耿弇爲建威大將軍，旋遣弇率彊弩將軍陳俊軍五社津，備滎陽以東，使吴漢率十一將軍圍朱鮪於雒陽。九月，朱鮪降。

〔一四〕張步都臨淄　范曄後漢書耿弇傳云：「時張步都劇。」通鑑卷四一同。考之東觀漢記下文，范書、通鑑所載爲是。當時張步都劇，使張藍率精兵二萬守西安，諸郡太守合兵萬餘守臨淄。三城西安在西，劇縣在東，臨淄居中。耿弇先擊破臨淄，使張步與張藍隔絶，張藍大懼，引兵亡歸劇。

〔一五〕令　聚珍本作「命」。

〔一六〕其　聚珍本作「期」，與范曄後漢書耿弇傳、後漢紀卷五同。

〔一七〕會明，求乞攻西安，臨淄不能救也　「會明」二字下有脱文。後漢紀卷五云：「會明，至臨淄城，軍吏争之，以爲『攻臨淄，而西安必救；攻西安，臨淄不能救』。」通鑑卷四一云：「會明，至臨淄城，護軍荀梁争之，以爲『攻臨淄，西安必救之；攻西安，臨淄不能救，不如攻西安』。」據此可知脱文大意。

〔一八〕所謂一舉而兩得者也　此句書鈔卷一一三引作「所以擊一而得兩也」。

〔一九〕敵城　聚珍本作「重地」，范曄後漢書耿弇傳作「敵地」。

〔二〇〕月　聚珍本作「日」。

〔二一〕張步攻耿弇營，合戰，弇升王宫環臺望之　此三句原無，首句御覽卷三四五、卷四三四引，據補。

范曄後漢書耿弇傳云：張步引兵至臨淄，「直攻弇營，與劉歆等合戰，弇升王宮壞臺望之」。李賢注云：「臨淄本齊國所都，即齊王宮，中有壞臺也。東觀記作『環臺』。」「合戰，弇升王宮環臺望之」二句，係據李賢注和范書酌補。

〔二三〕以手中刀截之　此句姚本、聚珍本作「以佩刀摧之」，類聚卷六〇引同。御覽卷三四五、卷三四九、卷四三四引作「以佩刀截之」。

〔二三〕軍中　姚本、聚珍本作「左右」，類聚卷六〇，御覽卷三四五、卷三四九、卷四三四引同。

〔二四〕士　聚珍本作「事」，誤。范曄後漢書耿弇傳載陳俊言曰：「劇虜兵盛，可且閉營休士，以須上來。」

〔二五〕十　原誤作「下」，聚珍本作「十」，書鈔卷一二〇引同，范曄後漢書耿弇傳、後漢紀卷五亦皆作「十」，今據改正。

〔二六〕兩　原誤作「而」，聚珍本作「兩」，范曄後漢書耿弇傳、後漢紀卷五同，今據改正。

〔二七〕郡試　姚本作「郡尉試」，范曄後漢書耿弇傳同。聚珍本作「都尉試」。范書李賢注引漢官儀云：「歲終郡試之時，講武勒兵，因以校獵，簡其材力也。」

〔二八〕肆馳射　此句原無，姚本、聚珍本有，御覽卷三八九引亦有，今據增補。

〔二九〕三十六　姚本同，聚珍本作「四十六」，與范曄後漢書耿弇傳、通鑑卷四一相合。

耿　國

耿國，〔一〕字叔憲。〔二〕范曄後漢書卷一九耿國傳李賢注

爲大司農，曉邊事，能論議，數上便宜事，天子器之。〔三〕聚珍本

校勘記

〔一〕耿國　耿弇弟，范曄後漢書卷一九有傳。又見汪文臺輯司馬彪續漢書卷二。

〔二〕字叔憲　范曄後漢書耿國傳云：「國字叔慮。」李賢注云：「東觀記『慮』作『憲』。」此條即據此輯録。「憲」，初學記卷一二、御覽卷二三二引司馬彪續漢書皆作「慮」。

〔三〕天子器之　此條不知聚珍本輯自何書。初學記卷一二、御覽卷二三二引司馬彪續漢書皆有此條文字，字句全同。按御覽卷二三二先引東觀漢記劉據事，下文即云：「又曰：高詡字季回……又曰：羊融字子優……」其下又引續漢書李固事，然後以「又曰」形式引徵四條續漢書文字，耿國爲大司農事即爲其中的一條。疑聚珍本輯者閲讀御覽時，忽略了夾置在「又曰」中的「續漢書」三字，誤把耿國爲大司農一條繫於東觀漢記。

耿秉

耿秉與竇固出白山擊車師，〔一〕後王安得震怖，從數百騎走出門，脱帽抱馬足乞降。〔二〕書鈔卷一一七

耿秉爲征西將軍，鎮撫單于以下。〔三〕及薨，賜朱棺玉衣。〔四〕南單于舉國發哀，〔五〕剺面流血。〔六〕御覽卷三六五

耿秉性勇壯，而簡易於事軍，行常自被甲在前，休止不結營部。然遠斥候，明要誓，有警，軍陣立成，士卒皆樂爲死。〔七〕御覽卷二七九

校勘記

〔一〕耿秉　耿國之子，字伯初，范曄後漢書卷一九有傳。又見汪文臺輯司馬彪續漢書卷二、華嶠後漢書卷一。袁宏後漢紀卷一三亦略載其事。

〔二〕脱帽抱馬足乞降　此句范曄後漢書耿秉傳李賢注引作「脱帽趨抱馬蹏」。此條姚本、聚珍本皆未輯録。

〔三〕鎮撫單于以下　此句下聚珍本有「擊匈奴，封美陽侯」二句。姚本亦有此二句，聚珍本即據姚本補綴。此二句不知輯自何書。范曄後漢書耿秉傳云：「章和二年，復拜征西將軍，副車騎將軍竇憲擊北匈奴，大破之。事並見憲傳。封秉義陽侯，食邑三千户。」

〔四〕賜朱棺玉衣　此句原無，聚珍本有，書鈔卷九二、御覽卷五五一皆引，今據增補。

〔五〕南單于舉國發哀　「哀」字御覽卷三七五引同，聚珍本作「喪」，御覽卷二三九引亦作「喪」。御覽卷二七九引云：「匈奴聞秉死，舉國號哭。」

〔六〕犂　聚珍本作「剺」。按二字古通。剺，割也。　面　聚珍本作「而」，誤。

〔七〕士卒皆樂爲死　此條書鈔卷一一五、御覽卷四三四亦引，字句微異。依敍事先後，此條當置於上條「及薨」句上。

耿恭

耿恭，〔一〕字伯宗。永平中，始置西域都護、戊己校尉，乃以恭爲戊己校尉，屯後王部金蒲城。〔二〕謁者關寵爲戊己校尉，〔三〕屯前王部柳中城。恭至部，移檄烏孫，示漢威德，大昆彌以下皆歡喜，〔四〕遣使獻名馬，願遣子入侍。　書鈔卷三六匈奴破殺後王安得，〔五〕攻金蒲城，耿恭以毒藥傅矢，傳語匈奴：「漢家箭神，〔六〕中其瘡者必有異。」〔七〕因發强弩射之，虜中矢者，視瘡皆沸，〔八〕並大驚。相謂曰：「漢兵神，真可畏也。」遂解去。〔九〕　御覽卷三四九

耿恭以疏勒城傍有水，徙居之。匈奴來攻，絶其澗水。城中穿井十五丈，無水。吏士渴乏，笮馬糞汁飲之。〔一〇〕恭曰：「聞貳師將軍拔佩刀刺山而飛泉出，〔一一〕今漢德神靈，豈有窮乎！」乃正衣服，向井拜，爲吏請禱，身自率士負籠，有頃，飛泉涌出，吏士驚喜，皆稱萬歲。於是令士且勿飲，先和泥塗城，並揚示之。〔一二〕　類聚卷九，御覽卷六九、卷五四二、卷七六四，范曄後漢書卷一九耿恭傳李賢注

耿恭在疏勒，救兵不至，〔一三〕車師復叛，與匈奴共攻恭。數月，〔一四〕食盡窮困，乃煮鎧弩，〔一五〕食其筋革。恭與士衆推誠，〔一六〕共同死生，〔一七〕故無二心。　書鈔卷一一九

恭發疏勒時尚有二十六人，隨路死没，三月至敦煌，唯餘十三人。恭母先卒，及還，追行喪制，有詔使五官中郎將馬嚴齎牛酒釋服。〔一八〕　范曄後漢書卷一九耿恭傳李賢注

車師太子比特訾降。〔一九〕　范曄後漢書卷一九耿恭傳李賢注

恭坐將兵不憂軍事，肆心縱欲，飛鷹走狗，游戲道上，虜至不敢出，得詔書怨懟，徵下

獄。〔二〇〕聚珍本

耿氏自中興以後訖建安之末，大將軍九人，卿十三人，〔二一〕尚公主三人，列侯十九人，中郎將、護羌校尉及刺史、二千石數十百人，〔二二〕遂與漢興衰。御覽卷四七〇

校勘記

〔一〕耿恭　耿國弟耿廣之子，范曄後漢書卷一九有傳。又見汪文臺輯謝承後漢書卷一、司馬彪續漢書卷三。袁宏後漢紀卷一〇亦略載其事。此句至「乃以恭爲戊己校尉」諸句，原僅有「耿恭爲戊己校尉」一句，今所增改，全據御覽卷二四二所引。

〔二〕屯後王部金蒲城　「後王部」原誤作「後主部」，下「前王部」原誤作「前主部」，今皆據范曄後漢書耿恭傳改正。此下三句聚珍本未加輯録。

〔三〕關寵　原作「門寵」。范曄後漢書耿恭傳作「關寵」，御覽卷一九二引司馬彪續漢書與范書同，又續漢書五行志有「戊己校尉關寵」，是「門寵」乃「關寵」之訛，今據改正。

〔四〕歡喜　此二字及下「遣使獻名馬，願」六字原無，聚珍本有，書鈔卷六一引亦有，今據增補。

〔五〕殺　原誤作「離」，今據聚珍本、范曄後漢書耿恭傳校正。

〔六〕箭神　書鈔卷一二五引作「神箭」。

〔七〕中其瘡者必有異　書鈔卷一二五引作「其中創者必有異」。

〔八〕瘡　書鈔卷一二五引作「創」。

〔九〕遂解去　范曄後漢書耿恭傳云：「匈奴遂破殺後王安得，而攻金蒲城。恭乘城搏戰，以毒藥傅矢，傳語匈奴曰：『漢家神箭，其中瘡者必有異。』因發彊弩射之。虜中矢者，視創皆沸，遂大驚。會天暴風雨，隨雨擊之，殺傷甚衆。匈奴震怖，相謂曰：『漢兵神，真可畏也。』遂解去。」

〔一〇〕笮　壓榨。

〔一一〕貳師將軍　漢書李廣利傳云：「太初元年，以廣利爲貳師將軍，發屬國六千騎及郡國惡少年數萬人以往，期至貳師城取善馬，故號『貳師將軍』。」貳師城屬大宛，故址在今吉爾吉斯斯坦共和國西南部馬爾哈馬特。

〔一二〕並揚示之　類聚卷九引云：「耿恭爲校尉，居疏勒，匈奴來攻，城中穿井十五丈，無水。恭曰：『聞貳師將軍拔佩刀刺山而飛泉出，今漢德神靈，豈有窮乎！』乃正衣服，向井拜，爲吏請禱。有頃，井泉潰出。」御覽卷六九引云：「耿恭以疏勒城傍有水，徙居之。匈奴來攻，絶其澗水，吏笮馬糞汁飲之。」又卷五四二引云：「耿恭於疏勒城穿井十五丈不得水，恭乃正衣服，向井再拜，爲吏士禱水，身自率士輓籠，有飛泉涌出，大得水。吏士驚喜，皆稱萬歲。」又卷七六四引云：「耿恭於疏勒城穿井十五丈不得水，恭乃正衣冠，向井再拜，爲吏士禱水，身自率士負籠，有飛泉涌出，吏士驚喜，皆稱萬歲。」范曄後漢書耿恭傳李賢注引云：「恭親自挽籠，於是令士且勿飲，先和泥塗城，并揚示之。」此條即綜合以上各書所引輯成。書鈔卷八五、卷一四四亦引，字句均未超出上引各段文字。

〔一三〕救兵不至　范曄後漢書耿恭傳云：「時焉耆、龜兹攻殁都護陳睦，北虜亦圍關寵於柳中。會顯宗崩，救兵不至。」

〔一四〕數月　此句原無，姚本、聚珍本有，御覽卷四八六引亦有，今據增補。

〔一五〕乃煮鎧弩　此句上御覽卷三四八引有「士」字。

〔一六〕恭　此字原無，姚本、聚珍本有，御覽卷三四八引亦有，今據增補。

〔一七〕共　姚本、聚珍本皆無此字，御覽卷三四八引同。按無「共」字，文氣較順。

〔一八〕有詔使五官中郎將馬嚴齎牛酒釋服　范曄後漢書耿恭傳云：「建初元年，恭『發疏勒時尚有二十六人，隨路死没，三月至玉門，唯餘十三人。……恭母先卒，及還，追行喪制，有詔使五官中郎將齎牛酒釋服』。李賢於「三月至玉門」句下注云：「玉門，關名，屬敦煌郡，在今沙州。臣賢按：酒泉郡又有玉門縣，據東觀記曰『至敦煌』，明即玉門關也。」又於「五官中郎將」下注云：「據東觀記，馬嚴。」此條即據李賢注，又酌取范書文句輯録。通鑑卷四六胡三省注曾轉引李賢注「玉門，關名」云云。

〔一九〕車師太子比特訾降　范曄後漢書耿恭傳載，章帝初即位，遣征西將軍耿秉救耿恭，建初元年正月，擊車師，攻交河城，多所斬獲，匈奴驚走，「車師復降」。其下李賢引東觀漢記此語作注。

〔二〇〕徵下獄　此條不知聚珍本從何書輯出。聚珍本注云：「范書本傳，恭是時爲長水校尉，副馬防征西羌，忤防，謁者李譚奏恭以罪。」

〔二一〕大將軍九人，卿十三人　此二句姚本、聚珍本作「大將軍二人，九卿十三人」，初學記卷一八引同。按范曄後漢書耿恭傳云：「耿氏自中興已後迄建安之末，大將軍二人，將軍九人，卿十三人。」是御覽卷四七〇所引「大」字下脱「將軍二人」四字，其下「將軍九人，卿十三人」八字不誤。

〔二二〕中郎將　原脱「中」字，姚本、聚珍本有，初學記卷一八引同，今據增補。「數十百人」，姚本作「數百人」，初學記卷一八引同。聚珍本作「數十人」。按當作「數十百人」，范曄後漢書耿恭傳云：「中郎將、護羌校尉及刺史、二千石數十百人。」可證。

銚期

銚期，〔一〕字次況，〔二〕爲光武賊曹掾，從平河北。上至薊，時王郎檄書到，〔三〕薊中起兵應王郎。上趨駕出，百姓聚觀，喧呼滿道，遮路不得行。期騎馬奮戟，瞋目大呼左右曰：

「蹕。」大衆披辟。〔四〕後上即位，上笑曰：「卿欲遂蹕耶？」御覽卷六八〇

光武使鄧禹發房子兵二千人，以銚期爲偏將軍，別攻真定宋子餘賊，拔樂陽、稾、肥纍者也。〔五〕水經注卷一〇

銚期從擊王郎將兒宏、劉奉於鉅鹿下，期先登陷陣，手殺五十餘人，創中額，〔六〕攝幘復戰，〔七〕遂大破之。御覽卷三六四

銚期爲太中大夫，從到雒陽，拜爲衞尉。是時隴蜀未降，麻賦往□□屯。〔八〕上輕與期門近出。〔九〕期當車前叩頭曰：「臣聞古今之戒，變生不意，誠不願陛下微行數出。」有詔車騎罷還。〔一〇〕書鈔卷一三九

期疾病，使使者存問，加賜醫藥甚厚。其母問期當封何子？期言：「受國家恩深，常慙負，如死，不知當何以報國，何宜封子也！」上甚憐之。范曄後漢書卷二〇銚期傳李賢注

校勘記

〔一〕銚期　潁川郟人，范曄後漢書卷二〇有傳。又見汪文臺輯謝承後漢書卷一。

〔二〕字次況　原脱「字」字，「況」又誤「貺」，今據姚本、聚珍本和范曄後漢書銚期傳校正。

〔三〕時王郎檄書到　此句至「瞋目大呼左右曰」數句原作「薊中應王郎，上驚去，吏民遮道不得行，期瞋目道左曰」。初學記卷一七引云：「銚期從光武略地，時王郎檄書到，薊中起兵應王郎。上趨駕出，百姓聚觀，喧呼滿道，遮路不得行。期騎馬奮戟，瞋目大呼左右曰：『走。』衆皆披靡。」今據初學記所引增改。

〔四〕辟　姚本作「避」，書鈔卷一三〇引同。按二字古通。范曄後漢書銚期傳作「靡」，與初學記卷一七所引相合。

〔五〕拔樂陽、稾、肥纍者　「拔」字聚珍本誤作「援」。「稾」字水經注原誤引作「稾」，聚珍本不誤，今據改正。「肥纍」，水經注原引作「肥壘」，聚珍本作「肥纍」者是，今據改。范曄後漢書銚期傳云：「期爲裨將，與傅寬、吕晏俱屬鄧禹。徇傍縣，又發房子兵。禹以期爲能，獨拜偏將軍，授兵二千人，寬、晏各數百人。還言其狀，光武甚善之。使期別徇真定宋子，攻拔樂陽、稾、肥纍。」

〔六〕創　原誤作「瘡」，聚珍本作「創」，與范曄後漢書銚期傳同，今據改正。

〔七〕幘　原誤作「情」，聚珍本作「幘」，與范曄後漢書銚期傳同，今據改正。

〔八〕麻賦往□□屯　此句有脱誤，無從校正。「賦」字疑當作「賊」。

〔九〕期門　漢武帝時選拔隴西、天水、安定、北地、上郡、西河等六郡良家子組成。武帝微行遊獵，則執兵扈從，期諸殿門。其長曰僕射，屬光禄勳。范曄後漢書銚期傳李賢注云：「武帝將出，必與北地良家子期於殿門，故曰「期門」。」

〔一〇〕有詔車騎罷還　此條姚本、聚珍本皆未輯録。

王　霸〔一〕

祖父爲詔獄丞。〔二〕　范曄後漢書卷二〇王霸傳李賢注

上爲大司馬，以王霸爲功曹令史，從渡河北，賓客隨者數十人，稍稍引去，上謂霸曰：〔三〕「潁川從我者皆去，〔四〕而子獨留，始驗疾風知勁草。」　御覽卷四一八

王郎起，上在薊，郎移檄購上。上令王霸至市中募人，將以擊郎。市人皆大笑，舉手揶揄之，〔五〕霸慙而去。〔六〕　御覽卷八二七

光武發邯鄲，〔七〕晨夜馳騖，傳聞王郎兵在後，〔八〕吏士惶恐。南至下曲陽呼沲河，〔九〕導吏還言河水流澌，〔一〇〕無船，不可渡。官屬益懼，〔一一〕畏爲王郎所及。〔一二〕上不然也，遣王霸往視之，實然。王霸恐驚衆，〔一三〕雖不可渡，且臨水止，尚可爲阻，〔一四〕即還曰「冰堅可渡」。士衆大喜。上笑曰：「果妄言也。」〔一五〕比至河，河流澌已合可履。〔一六〕上令霸護渡，馬欲僵，

以囊盛沙布冰上，〔一七〕遂得渡。渡未畢軍，冰解。〔一八〕上謂霸曰：「安吾衆能濟者，卿力也。」謂官屬曰：「王霸從我勞苦，前遇冰變，權時以安吏士，是天瑞也。爲善不賞，〔一九〕無以勸後。」即日以霸爲軍正，賜爵關内侯。　御覽卷四四八

劉文及蘇茂臣於劉永，〔二〇〕上遣王霸討之。霸至，遂閉門堅守，勞賜吏士，作倡樂，〔二一〕賊懽呼，〔二二〕雨射營中，中霸前酒樽，霸安坐不動。〔二三〕　類聚卷七三

光武以王霸爲討虜將軍，〔二四〕擊董憲。〔二五〕　御覽卷二四〇

王霸爲上谷太守，脩飛狐道至平城，〔二六〕堆石布土，三百餘里。　初學記卷二四

校勘記

〔一〕王霸　字元伯，潁川潁陽人，范曄後漢書卷二〇有傳。

〔二〕詔獄　奉詔繫治罪犯之所。續漢書百官志云：「左平一人，六百石，掌平決詔獄。」

〔三〕上　原脱，依文義當有此字，聚珍本未脱，今據增補。

〔四〕去　聚珍本作「逝」，書鈔卷一九引亦作「逝」，范曄後漢書王霸傳同。

〔五〕擨　説文作「歋」，釋云：「人相笑，相歋瘉。」「擨揄」，即「歋瘉」。聚珍本作「揶揄」，御覽卷四九一引作「耶揄」，卷四九八引作「耶歈」，卷四六六引作「邪揄」，范曄後漢書王霸傳同。按字雖歧異，

皆音同字通。

〔六〕霸慙而去　御覽卷四九一引同，卷四六六引作「霸慙懅而還」，卷四九八引作「霸慙遽而返」。按「遽」乃「懅」之訛。「懅」，慙也。

〔七〕光武發邯鄲　此句姚本、聚珍本作「上從邯鄲避王郎兵」，類聚卷一〇、御覽卷八七三引同，惟「上」作「光武」。

〔八〕傳聞王郎兵在後　此句原脱誤作「傳聞後」，今據范曄後漢書王霸傳校補。

〔九〕南　此字原無，聚珍本有，御覽卷八七三引有，今據增補。

〔一〇〕言　原脱，姚本、聚珍本有，書鈔卷一三九、類聚卷一〇、御覽卷八七三引亦有此字，今據增補。

〔一一〕官屬益懼　此句聚珍本作「左右皆惶」，類聚卷一〇、御覽卷八七三引同。書鈔卷一三九引作「左右皆惶懼」。

〔一二〕畏爲王郎所及　此句原無，御覽卷八七三引有，今據增補。聚珍本亦有此句，惟無「王」字。

〔一三〕遣王霸往視之，實然，王霸恐驚衆　此三句姚本、聚珍本作「上令王霸前瞻水，霸欲如實還報，恐驚官屬」，書鈔卷一三九引同。

〔一四〕雖不可渡，且臨水止，尚可爲阻　此三句原無，姚本、聚珍本有，類聚卷一〇引亦有，今據增補。御覽卷八七三引亦有此三句，惟脱「可爲」二字。

〔一五〕言　原脱，聚珍本有，類聚卷一〇、御覽卷八七三引亦有，今據增補。

〔一六〕可履　此二字原無，書鈔卷一三九、類聚卷一〇、御覽卷八七三引有，今據增補。

〔一七〕馬欲僵，以囊盛沙布冰上　原脱上句，下句又誤作「以沙土汾冰上」，今據御覽卷八七三引校補。姚本、聚珍本作「馬欲僵，各以囊盛沙布冰上」，書鈔卷一五九引同。

〔一八〕渡未畢軍，冰解　此二句姚本、聚珍本作「渡未畢數車而冰陷」，類聚卷一〇引同，惟「車而」二字互倒。書鈔卷一三九引作「未畢數車而冰還陷」，御覽卷八七三引作「既度，未數里，冰陷也」。此二句以上事類賦卷八引作「光武自邯鄲避王郎兵，南至豐，曲陽吏言：『滹沱河流澌，無船，不可渡。』左右皆怖。上令王霸前視之，實然。霸念還言驚衆，且白曰：『冰堅可渡。』上大笑曰：『果妄言也。』比至河，冰已合，上乃渡，未畢數車冰陷也」。

〔一九〕爲善不賞　「不」字下原衍「費」字，聚珍本無，今據删。

〔二〇〕劉文及蘇茂臣於劉永　此句原脱誤爲「劉文及蘇茂易永」，今據聚珍本校正。

〔二一〕倡　原誤作「冒」，聚珍本作「倡」，御覽卷七六一引同，今據改正。

〔二二〕賊懽呼　「賊」字上原衍「賦」字，今删去。「賊」字下聚珍本有「衆」字。

〔二三〕霸安坐不動　此句原無，聚珍本有，御覽卷三九三引亦有，今據增補。御覽卷七六一引作「霸坐不動」。此條御覽卷三九三引作「上幸譙，使王霸攻周建，賊雨射城中，中霸前酒罇，霸安坐不動」。

動」。王霸攻蘇茂、周建，事在建武四年，詳見范曄後漢書王霸傳。

〔二四〕王霸爲討虜將軍　建武五年，王霸拜討虜將軍。

〔二五〕擊董憲　此條姚本、聚珍本皆未輯録。

〔二六〕王霸爲上谷太守，脩飛狐道至平城　建武九年，王霸拜上谷太守。十三年，爲防禦盧芳與匈奴、烏桓連兵擾邊，霸與杜茂治飛狐道，堆石布土，築起亭障，自代至平城三百餘里。見范曄後漢書王霸傳。

祭　遵〔一〕

上過潁陽，〔二〕祭遵以縣吏數進見，上愛其容儀，署爲門下吏。御覽卷三八九

祭遵從征河北，爲軍市令。舍中兒犯法，遵格殺之。上怒，命收遵。時主簿陳副諫曰：〔三〕「明公常欲衆軍整齊，今遵奉法不避，是教令行也。」上乃貸之，〔四〕以爲刺姦將軍。語諸將曰：「當備祭遵，吾舍中兒犯令尚殺之，必不私諸卿也。」〔五〕御覽卷二三二

祭遵爲征虜將軍，〔六〕將兵北入箕關，與弘農、厭新、柏華聚、蠻中賊合戰，〔七〕中弩矢，入口洞出，舉袖掩口，血流袖中。衆見遵傷，却退。遵呵吏士，吏士進戰，皆一擊十，大破

之。御覽卷四三四

祭遵襲略陽，〔八〕遣護軍王忠皆持鹵刀斧伐樹開道。至略陽，襲隗囂。御覽卷三四五

隗囂破，〔九〕上從長安東歸過汧，幸祭遵營，勞之，〔一〇〕士衆作黄門武樂，〔一一〕至夜御燈火。時遵有疾，〔一二〕詔賜重茵，覆以御蓋。御覽卷八七〇

時遵屯汧。〔一三〕詔書曰：「將軍連年距難，衆兵即却，復獨按部，功勞爛然。兵退無宿戒，糧食不豫具，今乃調度，恐力不堪。國家知將軍不易，亦不遺力。今送縑千匹，以賜吏士。」范曄後漢書卷二〇祭遵傳李賢注

祭遵奉公，賞賜與士卒，〔一四〕家無私財，身衣布衣韋袴，〔一五〕卧布被終身，〔一六〕夫人裳不加綵，士以此重之。〔一七〕類聚卷七〇

祭遵病薨，喪至河南，詔遣百官皆詣喪所。上車駕素服往弔，望城門舉音，遂哭而至哀慟。復幸城門，閲過喪車，〔一八〕瞻望涕泣。上親臨祠以太牢，儀如孝宣帝臨霍將軍故事。

時下宣帝臨霍將軍儀，令公卿讀視，以爲故事。范曄後漢書卷二〇祭遵傳李賢注

御覽卷五六一

祭遵薨，喪至河南，博士范升上疏曰：「遵爲將軍，取士皆用儒術，〔一九〕對酒娛樂，必雅

歌投壺。又建爲孔子立後，奏置五經大夫。雖在軍旅，心存王室，不忘俎豆，〔二〇〕可謂守死善道者也。」乃贈將軍，給侯印綬，朱輪容車，〔二一〕遣校尉發騎士四百人，被玄甲、兜鍪，兵車軍陣送葬。〔二二〕　御覽卷三五六

祭遵死後，每至朝會，上常歎曰：「安得憂國奉公之臣如祭征虜者！」〔二三〕　御覽卷六二一

上數嗟歎，衛尉銚期見上感慟，對曰：「陛下至仁，哀念祭遵不已，群臣各懷慚懼。」〔二四〕　范曄後漢書卷二〇祭遵傳李賢注

潁陽侯祭遵無子，〔二五〕國除。　御覽卷二〇一

校勘記

〔一〕祭遵　字弟孫，潁川潁陽人，范曄後漢書卷二〇有傳。又見汪文臺輯謝承後漢書卷一、司馬彪續漢書卷二、華嶠後漢書卷一。

〔二〕上過潁陽　光武破王尋等，還過潁陽，時值更始元年，王莽地皇四年。

〔三〕陳副　此二字姚本、聚珍本同，范曄後漢書祭遵傳亦作「陳副」，而御覽卷四二七引作「陳嗣」。

〔四〕貸　聚珍本同，書鈔卷三七引亦同。姚本作「貰」，書鈔卷五五、御覽卷四二七引亦作「貰」。按二字於義皆通。貸，寬免。貰，赦免。

〔五〕必不私諸卿也　御覽卷二四〇、卷八二七亦引此條中一二語。

〔六〕祭遵爲征虜將軍　建武二年春，祭遵拜征虜將軍。

〔七〕柏華聚、蠻中賊　原無「聚」字，范曄後漢書祭遵傳李賢注、通鑑卷四〇胡三省注引有，又無「中」字，聚珍本有，范書祭遵傳亦有，今據增補。　通鑑卷三二胡三省注引酈道元云：「河南新城縣，故蠻子國也，縣有鄤聚，今名蠻中。」

〔八〕祭遵襲略陽　此句御覽卷七六三引同，聚珍本未輯録。

〔九〕隗囂破　此句原無，聚珍本有，御覽卷七〇二引亦有，今據增補。

〔一〇〕勞之　此二字原無，聚珍本有，御覽卷七〇二引亦有，今據增補。

〔一一〕黄門武樂　後漢書祭遵傳王先謙集解引沈欽韓云：「黄門，即黄門鼓吹，天子所以宴樂群臣。武樂，即短簫鐃歌軍樂也。」

〔一二〕時遵有疾　此下三句原無，聚珍本有，書鈔卷一三四、御覽卷七〇二引亦有，今據增補。　此條御覽卷四七四、卷七〇八亦引，字句較略。

〔一三〕時遵屯汧　此句聚珍本改作「遵獨留汧」，其上又據范曄後漢書祭遵傳增補「公孫述遣兵救隗囂，吴漢、耿弇等悉奔還」二句。

〔一四〕賞賜與士卒　此句書鈔卷一二九引作「賞賜與士共之」。

〔一五〕韋袴　此二字原無，聚珍本有，書鈔卷一二九引亦有，今據增補。

〔一六〕終身　此二字原無，聚珍本有，書鈔卷一二九引亦有，今據增補。

〔一七〕士以此重之　此句原無，聚珍本有，書鈔卷一二九引亦有，今據增補。

〔一八〕閱過　此二字原誤作「遇」，姚本、聚珍本作「閱過」，范曄後漢書祭遵傳李賢注引同，今據改。

〔一九〕取士皆用儒術　此下五句原無，姚本、聚珍本有，類聚卷七四引亦有，今據增補。

〔二〇〕心存王室，不忘俎豆　此二句聚珍本作「不忘王室」，非原書舊貌。

〔二一〕朱輪容車　此句原無，姚本、聚珍本亦未輯録，御覽卷三五五引有，今據增補。范曄後漢書祭遵傳云：遵卒，「贈以將軍、侯印綬，朱輪容車，介士軍陳送葬」。

〔二二〕兵車軍陣送葬　此條書鈔卷一一五、類聚卷五九、御覽卷七五三、合璧事類後集卷七四、翰苑新書卷五一、范曄後漢書祭遵傳李賢注亦引，字句皆較簡略。

〔二三〕安得憂國奉公之臣如祭征虜者　此條書鈔卷一九、卷二九、卷三八，御覽卷二三九，記纂淵海卷五八亦引，字句大同小異。

〔二四〕群臣各懷慚懼　范曄後漢書祭遵傳云：「其後會朝，帝每歎曰：『安得憂國奉公之臣如祭征虜者乎！』遵之見思若此。」其下李賢即引此段文字作注。

〔二五〕潁陽侯祭遵　建武二年，祭遵封爲潁陽侯。

祭彤

祭彤，〔一〕字次孫，早孤，以至孝稱。值天下亂，野無煙火，而祭彤獨在冢側。〔二〕每賊過，見其尚幼而有志節，奇而哀之。〔三〕御覽卷五五七

祭彤爲襄賁令，〔四〕是時盜賊尚未悉平，而襄賁清静。詔書增秩一等，賜縑百疋，策書勉勵。〔五〕御覽卷八一八

祭彤爲遼東太守，〔六〕至則厲兵馬，遠斥候。彤有勇力，能貫三百斤弓，虜每犯塞，〔七〕常爲士卒先鋒，數破之。御覽卷三四七

祭彤爲遼東太守，鮮卑奉馬一疋，貂裘二領。御覽卷六九四

祭彤爲遼東守，撫夷狄以恩信，皆畏而愛之。〔八〕書鈔卷三五

祭彤爲遼東太守，彤之威聲揚於北方，胡夷皆來内附，〔九〕野無風塵，乃悉罷緣邊屯兵。

及彤卒，〔一〇〕烏桓、鮮卑追思無已，每朝京師，過彤冢拜謁，仰天號泣乃去。御覽卷二六〇

祭彤素清儉，在遼東三十年，衣無儲副。〔一一〕帝嘉其功効，賜錢百萬，〔一二〕衣服刀

劍，〔一三〕下至杯案食物，大小重沓。〔一四〕書鈔卷一三三

祭肜膂力過人，常貫三百斤弓，入爲太僕。從帝至魯，〔一五〕過孔子講堂，帝指子路室曰：「此太僕室也。〔一六〕太僕，吾之禦侮也。」〔一七〕御覽卷二三〇

校勘記

〔一〕祭肜　范曄後漢書卷二〇有傳。又見汪文臺輯司馬彪續漢書卷二。袁宏後漢紀卷一〇亦略載其事。「祭肜」二字原誤作「郙刑」，此條下同，聚珍本則誤作「郙刪」。

〔二〕家　原誤作「家」，今據范曄後漢書祭肜傳改正。

〔三〕奇而哀之　范曄後漢書祭肜傳云：「肜字次孫，早孤，以至孝見稱。遇天下亂，野無煙火，而獨在家側。每賊過，見其尚幼而有志節，皆奇而哀之。」與此大同小異。因爲聚珍本「祭肜」二字誤作「郙刪」，遂以此條文字入郙刪傳，並云郙刪時代不明，誤甚。

〔四〕祭肜　原誤作「祭彤」，以下各條同誤，皆據范曄後漢書祭肜傳改正。「肜」與「融」字通。事類賦卷一三引東觀漢記云：「祭肜貫三百斤弓。」「肜」字尚不誤。

〔五〕策書勉勵　此條書鈔卷七八亦引，字句較略。

〔六〕祭肜爲遼東太守　肜於建武十七年爲遼東太守。

〔七〕虜每犯塞　此下三句原無，聚珍本有，御覽卷四三四引亦有，今據增補。

〔八〕皆畏而愛之　此條姚本、聚珍本皆未輯録。

〔九〕胡夷　文選卷二〇陸雲大將軍讌會被命作詩李善注引同，聚珍本作「諸夷」。

〔一〇〕及彤卒　按時間順序，此下諸句當在本篇末。

〔一一〕儲副　初學記卷二〇、御覽卷七一〇、萬花谷後集卷一八引同，姚本、聚珍本作「副儲」，不知何據。

〔一二〕錢百萬　此三字原無，姚本、聚珍本有，書鈔卷一九、初學記卷二〇、六帖卷四九、御覽卷七一〇、萬花谷後集卷一八、合璧事類後集卷六引亦有此三字，今據增補。祭彤被賜，時在永平十二年。范曄後漢書祭彤傳云：永平「十二年，徵爲太僕。彤在遼東幾三十年，衣無兼副。顯宗既嘉其功，又美彤清約，拜日，賜錢百萬，馬三匹，衣被刀劍，下至居室什物，大小無不悉備」。

〔一三〕衣服刀劍　此句姚本、聚珍本作「及衣冠刀劍」。

〔一四〕沓　御覽卷七一〇引同，姚本、聚珍本作「疊」。按「沓」字義長。

〔一五〕至魯　此二字原無，姚本、聚珍本有，書鈔卷五四、御覽卷三八六引亦有，今據增補。

〔一六〕此太僕室也　此句原無，姚本、聚珍本有，書鈔卷一九、卷五四，類聚卷四九，御覽卷三八六引亦有，今據增補。

〔一七〕吾之禦侮也　尚書大傳卷二殷傳西伯戡耆云：「孔子曰：『文王得四臣，丘亦得四友焉。自吾得回也，門人加親，是非胥附與？自吾得賜也，遠方之士日至，是非奔輳與？自吾得師也，前有輝，後有光，是非先後與？自吾得由也，惡言不入於門，是非禦侮與？文王有四臣以免虎口，丘亦有四友以御侮。』」由字子路。

祭參〔一〕

鮮卑千餘騎攻肥如城，殺略吏人，祭參坐沮敗，下獄誅。〔二〕　范曄後漢書卷四和帝紀李賢注

校勘記

〔一〕祭參　祭肜子，范曄後漢書卷二〇祭肜傳略載其事。

〔二〕下獄誅　范曄後漢書和帝紀云：永元九年「八月，鮮卑寇肥如，遼東太守祭參下獄死」。

郭況

郭況謹慎，〔一〕上書，〔二〕除黃門侍郎，年十六。〔三〕　書鈔卷五八

郭況爲城門校尉。〔四〕況，皇后弟，貴重，賓客輻湊，而況恭儉謙遜，遵奉法度，不敢驕奢。〔五〕御覽卷五一五

郭況遷大鴻臚，上數幸其第，飲酒，賞賜金帛甚盛，〔六〕京師號況家爲金穴，言其貴極也。〔七〕初學記卷一八

校勘記

〔一〕郭況　真定槀人，爲光武郭皇后之弟，其事見范曄後漢書卷一〇光武郭皇后紀。

〔二〕上書　疑此二字爲衍文。范曄後漢書光武郭皇后紀云：建武元年，「帝善況小心謹慎，年始十六，拜黄門侍郎」。

〔三〕年十六　此條姚本、聚珍本皆未輯録。

〔四〕郭況爲城門校尉　建武十四年，況遷城門校尉。

〔五〕驕　聚珍本作「一」。

〔六〕飲酒，賞賜金帛甚盛　原無「飲酒，賞」三字，「飲酒」二字係據聚珍本和六帖卷七五引增補，「賞」字係據御覽卷八一〇引增補。

〔七〕言其貴極也　此句聚珍本作「言富實也」，御覽卷八一〇、事類賦卷九引作「言其富貴」。此條萬

花谷別集卷一六亦引，字句大同小異。

鄧讓〔一〕

讓夫人，光烈皇后姊也。范曄後漢書卷一七岑彭傳李賢注

校勘記

〔一〕鄧讓 范曄後漢書無傳。

孫咸〔一〕

讖曰：「孫咸征狄。」今以平狄將軍孫咸行大司馬事。咸以武名官，應圖讖云。〔二〕書鈔

校勘記

〔一〕孫咸　范曄後漢書無傳。

〔二〕應圖讖云　此條文字當是詔命中語。類聚卷四七、御覽卷二〇九、范曄後漢書景丹傳李賢注亦引，字句皆略於此。范書景丹傳云：「世祖即位，以讖文用平狄將軍孫咸行大司馬，衆咸不悅。」

蔣翊

蔣翊，〔一〕字元卿，後母憎之，伺翊寢，操斧斫之，值翊如廁。御覽卷七六三

校勘記

〔一〕蔣翊　范曄後漢書無傳。「翊」字當作「詡」。漢書王貢兩龔鮑傳云：「始隃麋郭欽，哀帝時爲丞相司直，奏免豫州牧鮑宣、京兆尹薛修等，又奏董賢，左遷盧奴令，平帝時遷南郡太守。而杜陵蔣詡元卿爲兗州刺史，亦以廉直爲名。王莽居攝，欽、詡皆以病免官，歸鄉里。」范曄後漢書楊震傳云：「父寶，習歐陽尚書。哀、平之世，隱居教授。居攝二年，與兩龔、蔣詡俱徵，遂遁逃，不知

所處。」李賢注云：「蔣詡，字元卿。」皆可證。聚珍本亦作蔣翊，以爲所處時代不詳。據漢書、范書所載，詡生活於王莽時和東漢初年，聚珍本失考。

楊正

楊正爲京兆功曹，〔一〕光武崩，京兆尹出西域，賈胡共起帷帳設祭，尹車過帳，胡牽車令拜。尹疑止車，正在前導曰：「禮，天子不食支庶，況夷狄乎！」敕壞祭，遂去。御覽卷二六四

校勘記

〔一〕楊正　不見范曄後漢書。

耿嵩

耿嵩，〔一〕字文都，鉅鹿人。履清高之節，髫童介然特立，〔二〕不隨於俗，鄉黨大人莫不敬異之。〔三〕王莽敗，盜賊起，宗族在兵中，〔四〕穀食饑貴，人民相食，〔五〕宗家數百人，升合分

糧。時嵩年十二三，宗人長少咸共推令主廩給，〔六〕莫不稱平。御覽卷四二九

校勘記

〔一〕耿嵩　不見范曄後漢書。

〔二〕髻　聚珍本作「亂」，類聚卷二二引同。

〔三〕大人　聚珍本同，類聚卷二二引作「士大夫」。

〔四〕兵　聚珍本同，類聚卷二二引作「草」。

〔五〕人民相食　此句原無，聚珍本有，書鈔卷一五八、類聚卷二二引亦有，今據增補。

〔六〕給　此字原無，聚珍本有，書鈔卷一五八、類聚卷二二引亦有，今據增補。

張重

張重，〔一〕日南計吏，形容短小，明帝問云：「何郡小吏？」答曰：「臣日南計吏，非小吏也。」御覽卷三七八

校勘記

〔一〕張重　范曄後漢書未載張重事迹。御覽卷四引後漢書云：「張重字重篤，明帝時舉孝廉。帝曰：『何郡小吏？』答曰：『臣日南吏。』帝曰：『日南郡人應向北看日。』答曰：『臣聞鴈門不見壘鴈爲門，金城郡不見積金爲郡。臣雖居日南，未嘗向北看日。』」所述張重事迹稍詳於御覽卷三七八所引。

姜詩

姜詩，〔一〕字士遊，廣漢雒人。遭值年荒，〔二〕與婦傭作養母。賊經其里，〔三〕束兵安步，云「不可驚孝子」。母好飲江水，兒常取水溺死。夫婦痛，恐母知，詐云行學，歲作衣投于江中，〔四〕俄而涌泉，出於舍側，味如江水，井旦出鯉魚一雙。〔五〕御覽卷四一一

賊經姜詩里，不敢驚孝子，致米肉而去。詩埋之。後吏譴詩，掘出示之。〔六〕書鈔卷一四五

校勘記

〔一〕姜詩　范曄後漢書卷八四有姜詩妻傳，詩事即見傳中。

〔二〕遭　聚珍本作「適」。按二字於義皆通。

〔三〕賊經其里　此句御覽卷三八九引作「赤眉賊經其里落」。

〔四〕歲　此字聚珍本重，御覽卷三八九引亦重。按當作「歲歲」。

〔五〕井旦出鯉魚一雙　「井」，御覽卷九三六引作「并」，餘同。此句姚本、聚珍本作「日生鯉一雙」。事類賦卷二九亦引作「日生鯉一雙」。

〔六〕掘出示之　此條御覽卷八六三亦引，字有訛脱。

卷十一

傳六

任光

任光，〔一〕字伯卿，初爲鄉嗇夫。〔二〕漢兵攻宛，軍人見光冠服鮮明，令解衣，將斬而奪之。會光禄勳劉賜適至，視光容貌長者，乃救全之。御覽卷六四六

扶柳縣廷掾持王郎檄詣府白光，光斬之於市。〔三〕范曄後漢書卷二一任光傳李賢注

光武平河北，任光伯卿暮入堂陽，使騎皆炬火，〔四〕天地赫然盡赤，堂陽驚怖，即夜降。御覽卷八七〇

校勘記

〔一〕任光　南陽宛人，范曄後漢書卷二一有傳。

〔二〕鄉嗇夫　續漢書百官志云：「其鄉小者，縣置嗇夫一人。主知民善惡，爲役先後，知民貧富，爲賦多少，平其差品。」

〔三〕光斬之於市　范曄後漢書任光傳云：「更始至雒陽，以光爲信都太守。及王郎起，郡國皆降之，光獨不肯，遂與都尉李忠、令萬脩、功曹阮況、五官掾郭唐等同心固守。廷掾持王郎檄詣府白光，光斬之於市，以徇百姓。」李賢注云：「東觀記扶柳縣廷掾。」此條即據李賢注，又酌取范書字句輯録。

〔四〕使　原誤作「懸」，聚珍本作「使」，今據改。范曄後漢書任光傳云：「世祖遂與光等投暮入堂陽界，使騎各持炬火。」

任隗〔一〕

任隗從羽林監遷虎賁中郎將。〔二〕　御覽卷二四一

建武八年，〔三〕始置將作大匠，自任隗始。　六帖卷七五

任隗，字仲和，拜司空。〔四〕永元初，外戚秉權，朝臣畏竦，莫敢抗省。惟隗與袁安同心合意，〔五〕數犯嚴諫，〔六〕舉竇憲并諸黨，免官爭奏。〔七〕　書鈔卷五二

屯卒，〔八〕子騰嗣。〔九〕范曄後漢書卷二一任隗傳李賢注

校勘記

〔一〕任隗 任光之子，范曄後漢書卷二一有傳。又見袁山松後漢書。袁宏後漢紀卷一三亦略載其事。

〔二〕任隗從羽林監遷虎賁中郎將 御覽卷二四一引云：「馬廖、任隗皆從羽林監遷虎賁中郎將。」輯録此條時已删去馬廖。

〔三〕建武八年 姚本同，聚珍本作「建武元年」。按此當作「建初元年」。續漢書百官志劉昭注引蔡質漢儀云：將作大匠「位次河南尹，光武中元二年省，謁者領之，章帝建初元年復置」。建初元年復置將作大匠時，即以任隗爲此官。范曄後漢書任隗傳云：「肅宗即位，雅相敬愛，數稱其行，以爲將作大匠。將作大匠自建武以來常謁者兼之，至隗乃置真焉。」此可爲確證。

〔四〕拜司空 時在章帝章和元年。

〔五〕合意 姚本、聚珍本作「畢力」，係據陳禹謨刻本書鈔。

〔六〕嚴 姚本同，聚珍本作「顔」。按「顔」字是。

〔七〕舉竇憲并諸黨，免官爭奏 此二句姚本、聚珍本皆無，與陳禹謨刻本書鈔同。

〔八〕屯　任隗之子。

〔九〕子騰嗣　范曄後漢書任隗傳云：隗「永元四年薨，子屯嗣。帝追思隗忠，擢屯爲步兵校尉，徙封西陽侯。屯卒，子勝嗣」。李賢注云：「東觀漢記『勝』作『騰』。」此條即據李賢注，又酌取范書字句輯録。

李忠

李忠，〔一〕字仲都，〔二〕父爲高密中尉，忠發兵奉世祖，〔三〕爲右將軍，封武固侯。時無綬，上自解所佩綬以賜之。　書鈔卷六四

上初至不脱衣帶，衣服垢薄，使忠解澣長襦，忠更作新袍袴鮮支小單衣襪而上之。〔四〕范曄後漢書卷二一李忠傳李賢注

上會諸將，問破賊所得物，唯李忠獨無所掠。上曰：「我欲賜之，諸君無望乎？」〔五〕即以所乘大驪馬及繡被衣物賜之。　類聚卷九三

王郎遣將攻信都，信都大姓馬寵等開城内之，收太守宗廣及李忠母妻子，皆繫獄，而令親屬招呼忠。時寵弟從忠爲校尉，忠即時召見，責數以背恩反城，因格殺之。諸將皆驚

曰：「家屬在人手中，殺其弟，何猛也！」忠曰：「若縱賊不誅，則二心也。」上聞而美之，謂忠曰：「今吾兵已成也，將軍可歸救老母妻子。」〔六〕忠曰：「蒙明公大恩，思得効命，誠不敢内顧宗親。」御覽卷四一七

病溼痺，免。〔七〕范曄後漢書卷二一李忠傳李賢注

校勘記

〔一〕李忠　東萊黄人，范曄後漢書卷二一有傳。又見汪文臺輯司馬彪續漢書卷二。

〔二〕字仲都　范曄後漢書李忠傳同，袁宏後漢紀卷五云「字仲卿」。

〔三〕父爲高密中尉，忠發兵奉世祖　此二句原無。范曄後漢書李忠傳云：「父爲高密都尉。」李賢注云：「東觀記、續漢書並云『中尉』。」「父爲高密中尉」句即據此增補。「忠發兵奉世祖」句則據書鈔卷一三一、御覽卷六八二引增補。聚珍本有此二句。「高密中尉」、「高密都尉」，當以「高密中尉」爲是。范書李忠傳李賢注云：「郡國志高密，侯國。百官志皇子封，每國傅相各一人，中尉一人，比二千石，職如郡都尉，主盜賊。高密非郡，爲『都』字者誤。」

〔四〕鮮支　原作「解支」，不成詞，姚本、聚珍本同。後漢書李忠傳王先謙集解引沈欽韓云：「『解支』當作『鮮支』。廣雅：『鮮支，絹也。』『小單衣』，蓋汗衫。」今據沈説校改。

〔五〕上曰，我欲賜之，諸君無望乎　此三句原無，御覽卷八一五引有，今據增補。聚珍本亦有此三句，「君」字下有「得」字，與范曄後漢書李忠傳同。

〔六〕老　聚珍本同，范曄後漢書李忠傳亦作「老」。初學記卷一七引作「若」。

〔七〕病溼痺，免　建武六年，李忠爲丹陽太守，十四年，三公奏課爲天下第一，遷豫章太守，忠病溼痺免官即在此時。見范曄後漢書李忠傳。

李純〔一〕

永平二年，坐純母禮殺威弟季。〔二〕　范曄後漢書卷二一李忠傳李賢注

校勘記

〔一〕李純　李忠之孫，范曄後漢書卷二一李忠傳略載其事。

〔二〕永平二年，坐純母禮殺威弟季　范曄後漢書李忠傳云：忠於「建武二年，更封中水侯。……十九年，卒，子威嗣。威卒，子純嗣。永平九年，坐母殺純叔父，國除」。一云「永平二年」，一云「永平九年」，未知孰是。熊方補後漢書年表卷三異姓諸侯載李純「永平九年，坐罪，國除。永初七

年，復封琴亭」。

邳彤

邳彤，〔一〕字偉君，〔二〕信都人也。王莽分鉅鹿爲和成郡，〔三〕居下曲陽，以彤爲卒正。更始即位，上以大司馬平河北，至曲陽，彤舉城降，爲後大將軍。御覽卷二三八

信都反爲王郎，所置信都王捕繫邳彤父弟及妻子，〔四〕使爲手書呼彤曰：「降者封爵，不降者滅族。」〔五〕彤泣報曰：「事君者不得顧家。彤親所以至今得安於信都者，劉公之恩。公事方爭國，不得復念私也。」初學記卷一七

校勘記

〔一〕邳彤　范曄後漢書卷二一有傳。

〔二〕字偉君　原作「字瑋君」，聚珍本作「字偉君」，范曄後漢書邳彤傳同，今據校改。

〔三〕王莽分鉅鹿爲和成郡　此下三句原無，而有「爲曲陽卒正」一句。范曄後漢書邳彤傳李賢注引此三句，今據增補，而删去原「爲曲陽卒正」一句。通鑑地理通釋卷七引亦有此三句，惟「和成

郡」誤爲「和戎郡」，「以彤」作「以邳彤」。范書光武帝紀李賢注僅引首句，「和成郡」亦誤作「和戎郡」。

〔四〕邳彤　原誤作「祭彤」。

〔五〕滅族　御覽卷四一七引作「族滅」，范曄後漢書邳彤傳同。

劉植〔一〕

光武以劉植爲驍騎將軍，〔二〕攻中山。御覽卷二三八

昌成侯桓公孫述，〔三〕坐與楚謀反，國除。御覽卷二〇一

校勘記

〔一〕劉植　字伯先，鉅鹿昌城人，范曄後漢書卷二一有傳。

〔二〕劉植　原誤作「劉桓」，聚珍本不誤，今據改正。

〔三〕昌成侯桓公孫述　「桓」字乃「植」字之訛，「公」字係衍文。范曄後漢書劉植傳云：「建武二年，更封植爲昌城侯。討密縣賊，戰殁。子向嗣。……卒，子述嗣，永平十五年，坐與楚王英謀反，

國除。」

劉歆

劉歆，〔一〕字細君。〔二〕 范曄後漢書卷二一劉植傳李賢注

校勘記

〔一〕劉歆　劉植從兄，范曄後漢書卷二一劉植傳略載其事。

〔二〕字細君　范曄後漢書劉植傳云：「王郎起，植與弟喜、從兄歆率宗族賓客，聚兵數千人據昌城。」李賢注云：「東觀記『喜』作『嘉』，字共仲；歆字細君也。」本條即據此輯録。

劉嘉

劉嘉，〔一〕字共仲。〔二〕 范曄後漢書卷二一劉植傳李賢注

建武九年，〔三〕以劉嘉爲驍騎將軍，〔四〕攻涿郡。 御覽卷二三八

校勘記

〔一〕劉嘉　范曄後漢書卷二一劉植傳略載其事。范書作「劉喜」。四庫全書考證云：「按此別一劉嘉，非范書宗室四王三侯之順陽懷侯嘉也。」

〔二〕字共仲　范曄後漢書劉植傳云植「弟喜」，李賢注云：「東觀記『喜』作『嘉』，字共仲。」本條即據此輯録。

〔三〕建武九年　聚珍本作「建武四年」。按范曄後漢書劉植傳云：「建武二年，更封植爲昌城侯。討密縣賊，戰殁。子向嗣。帝使喜代將植營，復爲驍騎將軍，封觀津侯。」據此，劉嘉爲驍騎將軍在建武二年。

〔四〕劉嘉　原作「劉喜」，聚珍本作「劉嘉」，今據改。

耿純

耿純於邯鄲見上，〔一〕遂自結納，獻馬及縑帛數百疋。御覽卷八一八

王郎舉尊號，欲收純，純持節與從吏夜逃出城，駐節道中，詔取行者車馬，得數十，馳

歸宋子，與從兄訢、宿、植俱詣上所在盧奴，言王郎反狀。范曄後漢書卷二一耿純傳李賢注耿純，字伯山，率宗族賓客二千餘人，皆衣縑襜褕、絳巾，奉迎上於費。〔二〕上目之，大悦。〔三〕書鈔卷一二七

耿純率宗族歸光武，時郡國多降邯鄲，純兄歸燒宗家廬舍。上以問純，純曰：「恐宗人賓客，卒有不同，〔四〕故焚燒廬舍，絶其反顧之望。」上大笑。類聚卷六四

時真定王劉揚造作讖記云：「赤九之後，瘿揚爲主。」揚病瘿，欲以惑衆。建武二年，遣純持節，行赦令於幽、冀。至真定，時揚弟臨邑侯讓及從兄紺各擁兵萬餘人，揚自恃衆强而純意安静，即從官屬詣之。揚入見純，純接以禮敬，因延請其兄弟，皆入，迺閉閤悉誅之。〔五〕范曄後漢書卷二一耿純傳李賢注

耿純，字伯山，鉅鹿人。請治一郡，盡力自效。上笑曰：「卿乃欲以治民自效。」乃拜純爲東郡太守，後坐事免。上過東郡，數千人號呼涕泣，云「願復得耿君」。上復以純爲東郡太守。御覽卷二六〇

校勘記

〔一〕耿純　范曄後漢書卷二一有傳。又見汪文臺輯司馬彪續漢書卷二。「耿純於邯鄲見上」，更始

元年十月，更始以光武行大司馬事，持節北渡河，鎮慰州郡，進至邯鄲。耿純見光武即在此時。

〔二〕費　范曄後漢書耿純傳作「育」。書鈔卷一二九，御覽卷六九三、卷八一九亦引，字句略同。

〔三〕大悅　此條與上條聚珍本連綴爲「王郎舉尊號，欲收純，純持節與從吏夜遁出城，駐節道中，詔取行者車馬數十，持歸宋子。光武自薊東南馳，純與從昆弟訢、宿、植共率宗族賓客二千餘人，皆衣縑襜褕、絳巾奉迎，詣上所在盧奴，言王郎所反之狀。上拜純爲前將軍，封耿鄉侯」。按陳禹謨刻本書鈔卷一二九引云：「王郎反，世祖自薊東南馳，耿純與從弟訢、宿、植共率宗族賓客二千餘人，皆衣縑襜褕、絳衣，奉迎牙育，拜純爲前將軍。」又卷一二七引云：「耿純率宗族賓客二千餘人，皆衣縑襜褕，絳衣絳巾，奉迎世祖，世祖拜純爲前將軍，封耿鄉侯。」很明顯，聚珍本此段文字係本范書耿純傳李賢注、陳本書鈔卷一二九和卷一二七所引兩段文字輯録，又略有改易。陳本書鈔兩段文字末皆注「補」字，即謂已據他書增補。考之范曄後漢書，可知陳本書鈔皆據范書耿純傳增補。陳本書鈔既經竄改，聚珍本所輯自然有失東觀漢記原貌。

〔四〕卒　姚本、聚珍本同，御覽卷一八一引亦同，記纂淵海卷五二引作「半」。范曄後漢書耿純傳載耿純語云：「猶恐宗人賓客半有不同心者，故燔燒屋室，絶其反顧之望。」

〔五〕迺閉閤悉誅之　范曄後漢書耿純傳云：「時真定王劉揚復造作讖記云：『赤九之後，癭揚爲主。』揚病癭，欲以惑衆，與綿曼賊交通。建武二年春，遣騎都尉陳副、游擊將軍鄧隆徵揚，揚閉城門，不内副等。乃復遣純持節，行赦令於幽、冀，所過并使慰勞王侯。密勑純曰：『劉揚若見，因而收之。』純從吏士百餘騎與副、隆會元氏，俱至真定，止傳舍。揚稱病不謁，以純真定宗室之出，遣使與純書，欲相見。純報曰：『奉使見王侯牧守，不得先詣，如欲面會，宜出傳舍。』時揚弟臨邑侯讓及從兄細各擁兵萬餘人，揚自恃衆强而純意安静，即從官屬詣之，兄弟并將輕兵在門外。揚入見純，純接以禮敬，因延請其兄弟，皆入，迺閉閤悉誅之。」李賢於「時揚弟臨邑侯讓及從兄細」下注云：「東觀記、續漢書『細』并作『紺』。」據此知東觀漢記載耿純謀誅劉揚等人事。此條即據李賢注，又酌取范書文句輯録。雖然與東觀漢記舊貌不盡相符，但亦可略得其梗概。

朱祜〔一〕

朱福，字仲先。〔二〕南陽宛人也。少孤，歸外家復陽劉氏。〔三〕上爲舂陵侯訟逋租于大司馬嚴尤，時福亦爲復陽侯訟逋租于尤，尤止車獨與上語，不視福等。上歸，戲福曰：「嚴公寧視卿耶？」〔四〕書鈔卷一三九

上復以朱祜爲護軍，〔五〕常舍止於中。祜侍醼，從容曰：「長安政亂，〔六〕公有日角之相。」〔七〕從以觀上風采。〔八〕上曰：「召刺姦收護軍！」祜由是不復言。御覽卷三六三

光武起拜朱祐建義大將軍，〔九〕賜絳八百疋。〔一〇〕御覽卷八一四

光武以朱祐爲建義將軍，攻朱鮪。御覽卷二四〇

收得所盜茂陵武帝廟衣、印、綬。〔一一〕范曄後漢書卷二二朱祐傳李賢注

封朱祜爲鬲侯，〔一二〕邑七千三百户。祜自陳功薄而國大，願受南陽五百户足矣，上不許。〔一三〕御覽卷二〇一

光武嘗與朱福共車而出，過候司隸陳崇。崇，南陽人也，與上通家。福持車在外，以爲上當自達道，今崇請之，上不説，辭出就車，崇大笑，曰：「獨我當相見，念卿不復，故不道也。」常戲狎之如是，福愈恭慎自附。〔一四〕書鈔卷一三九

上在長安時，嘗與祜共買蜜合藥。上追念之，賜祜白蜜一石，問：「何如在長安時共買蜜乎？」其親厚如此。〔一五〕范曄後漢書卷二二朱祐傳李賢注

初，光武學長安時，過朱祜，祜嘗留上，須講竟，乃談話。〔一六〕及帝登位，車駕幸祜第，〔一七〕上謂祜曰：〔一八〕「主人得無去我講乎？」祜曰：「不敢。」文選卷三八任昉爲范尚書讓吏部封侯第一表李善注

校勘記

〔一〕朱祜　范曄後漢書卷二二有傳。又見汪文臺輯司馬彪續漢書卷二。朱祜事書鈔、類聚、六帖、御覽、文選李善注、范書李賢注多有徵引,「祜」字幾乎全引作「祐」,范書朱祐傳亦作「祐」。按范書朱祐傳李賢注云:「東觀記『祐』作『福』,避安帝諱。」書鈔卷一三九即引作「福」。安帝名祜,是朱祜名當作「祜」,不應作「祐」。祜義爲福,所以東觀漢記爲避安帝諱,把「祜」改作「福」,取其同義。類聚卷五五引作「祜」,尚不誤。以下各條所引,「祜」字皆誤作「祐」,今一併改正,不再另出校記。

〔二〕字仲先　原誤作「字仲光」,類聚卷五五、御覽卷六一五引作「字仲先」,與范曄後漢書朱祐傳同,今據改正。

〔三〕少孤,歸外家復陽劉氏　此二句原無。水經注卷三〇引云:「朱祐少孤,歸外家復陽劉氏。」今據增補。「復陽」爲南陽郡屬縣,因位於大復山之陽,故名。據水經注卷三〇所載,大復山南有朱祜廟,「廟前有碑,是南陽郭苞立。又二碑,并是漢延熹中守令所造,文辭鄙拙,殆不可觀」。

〔四〕嚴公寧視卿耶　此條文字本書光武帝紀中已經輯録。但從「朱福,字仲先,南陽宛人也」諸語來看,此條又應是朱祜傳中文字。今以此條入朱祜傳,而以他書所引入光武帝紀。范曄後漢書中一事見於兩篇者頗多，東觀漢記也有同類情況。

〔五〕上復以朱祜爲護軍　光武兄劉伯升爲大司徒時，以祜爲護軍。後來光武爲大司馬，討河北，復以祜爲護軍。見范曄後漢書朱祐傳。

〔六〕政　與范曄後漢書朱祐傳同，聚珍本作「兵」，書鈔卷六四引亦作「兵」。

〔七〕日角　額骨中央部分隆起，爲帝王之相。

〔八〕從以觀上風采　此句書鈔卷六四引作「欲以觀上旨」。

〔九〕光武起拜朱祜建義大將軍　光武初即位，即以祜爲建義大將軍。見范曄後漢書光武帝紀。

〔一〇〕賜絳八百疋　范曄後漢書、後漢紀、通鑑皆不載賜絳事。下條云祜攻朱鮪，不知賜絳與攻朱鮪二事何者在先。

〔一一〕收得所盜茂陵武帝廟衣、印、綬　范曄後漢書朱祐傳云：「延岑自敗於穰，遂與秦豐將張成合，祐率征虜將軍祭遵與戰於東陽，大破之，臨陣斬成，延岑敗走歸豐。祐收得印綬九十七。」與此爲同一事，時在建武三年。

〔一二〕封朱祜爲鬲侯　祜初封安陽侯，建武二年，更封堵陽侯，十三年，定封鬲侯。見范曄後漢書朱祐傳。

〔一三〕上不許　此條類聚卷二一、御覽卷四二四、范曄後漢書朱祐傳李賢注亦引，字句稍略。

〔一四〕福愈恭慎自附　此條姚本、聚珍本皆未輯録。

〔一五〕其親厚如此　此條書鈔卷一四七，類聚卷八一，六帖卷一六，御覽卷八二八、卷八五七、卷九八四亦引，字句大同小異。

〔一六〕話　聚珍本同，姚本作「語」，類聚卷五五、御覽卷六一五引亦作「語」。

〔一七〕第　聚珍本同，姚本作「家」，類聚卷五五、御覽卷六一五引亦作「家」。

〔一八〕上謂祜曰　此句原作「問」，姚本、聚珍本作「上謂祜曰」，類聚卷五五引同，今據改。

景丹〔一〕

王莽時舉有德行、能言語、通政事、明文學之士，丹以言語爲固德侯相。〔二〕　范曄後漢書卷二二景丹傳李賢注

景丹率衆至廣阿。〔三〕上在廣阿，聞外有大兵來，登城，勒兵在西門樓。上問：「何等兵？」丹等對言：「上谷、漁陽兵。」上曰：「爲誰來乎？」對曰：「爲劉公。」即請丹入，人人勞勉，恩意甚備。〔四〕　范曄後漢書卷二二景丹傳李賢注

光武以景丹爲驃騎將軍。〔五〕　類聚卷四八

建武二年，定封景丹櫟陽侯。上謂丹曰：「今關東故王國，雖數縣，不過櫟陽萬户邑。〔六〕富貴不歸故鄉，如衣錦夜行，故以封卿。」〔七〕御覽卷二〇〇

丹從上至懷，病瘧，見上在前，〔八〕瘧發寒慄。上笑曰：「聞壯士不病瘧，今漢大將軍反病瘧邪？」使小黄門扶起，賜醫藥。還歸雒陽，病遂加。范曄後漢書卷二二景丹傳李賢注

拜弘農太守，曰：「弘農逼近京師，知將軍病，但得將軍威重，卧而鎮之可也。」〔九〕書鈔卷七五

校勘記

〔一〕景丹　字孫卿，馮翊櫟陽人，范曄後漢書卷二二有傳。又見汪文臺輯司馬彪續漢書卷二。

〔二〕丹以言語爲固德侯相　此句原無，范曄後漢書景丹傳云：「王莽時舉四科，丹以言語爲固德侯相。」李賢注云：「東觀記曰：『王莽時舉有德行、能言語、通政事、明文學之士。』」東觀漢記有「丹以言語爲固德侯相」一句，文義方完，今據范書增補。

〔三〕景丹率衆至廣阿　此句原無，御覽卷七〇八引有，今據增補。聚珍本亦有此句，惟删「景」字。據范曄後漢書景丹傳所載，更始立，遣使者徇上谷，景丹與連率耿況降，丹拜上谷長史。王郎起兵，丹與況共謀拒郎，況使丹等統兵南歸光武。

〔四〕恩意甚備　此條御覽卷三五八引作「景丹將兵詣上，上勞勉丹，出至城外兵所，下馬坐鞍旃毾毲上」。末句「上」字下姚本、御覽卷七〇八引有「設酒肉」三字，當以「上設酒肉」四字作一句讀。

〔五〕光武以景丹爲驃騎將軍　光武即位時，以丹爲驃騎將軍。

〔六〕邑　此字原脱，姚本、聚珍本有，類聚卷五一引亦有，今據增補。

〔七〕故以封卿　此條書鈔卷四七引作「景丹，櫟陽人，帝謂丹曰：『今關東，王故鄉也。富貴不歸故鄉，如衣錦夜行，故以封卿也。』」字句與御覽卷二〇〇所引稍異。

〔八〕見上在前　此句姚本作「上在前」，聚珍本作「在上前」，御覽卷七四三引亦作「在上前」。

〔九〕卧而鎮之可也　此條姚本作「景丹拜弘農太守，丹時病，帝以其舊將，欲令强起領郡事，乃夜召入，謂曰：『弘農逼近京師，知將軍病，但得將軍威重，卧以鎮之足矣。』」聚珍本首句無「景丹」二字，又無「丹時病，帝以其舊將」二句，「帝」作「上」，餘與姚本同。按姚本係據陳禹謨刻本書鈔引，陳本書鈔惟「弘農逼近京師」作「賊逼近京師」。聚珍本亦據陳本書鈔，字句又略作删削。

王梁〔一〕

光武拜王梁爲大司空，以武强爲侯國。〔二〕　水經注卷一〇王梁爲中郎將，與景丹、祭遵合擊蠻中，〔三〕破之，詔梁別北守天中關。

校勘記

〔一〕王梁　字君嚴，漁陽要陽人，范曄後漢書卷二二有傳。又見汪文臺輯司馬彪續漢書卷二、華嶠後漢書卷一。

〔二〕以武强爲侯國　原無「武强」二字，水經注卷一〇云：「衡漳又東北右合張平口故溝，上承武强淵，淵之西南水側有武强縣故治，故淵得其名焉。東觀漢記曰：『光武拜王梁爲大司空，以爲侯國。』」所引東觀漢記因承上文，「以爲侯國」句省略「武强」二字，今增補。按漢書高惠高后文功臣表載嚴不職封武强侯。兩漢時無武强縣，惠棟後漢書補注疑爲鄉亭之名。范曄後漢書王梁傳云：「世祖……即位，議選大司空，而赤伏符曰『王梁主衛作玄武』，帝以野王衛之所徙，玄武水神之名，司空水土之官也，於是擢拜梁爲大司空，封武强侯。」

〔三〕祭遵合擊蠻中　此文原誤脱爲「蔡遵合擊蠻」，今據聚珍本校正。范曄後漢書祭遵傳云：「建武二年春，拜征虜將軍，定封潁陽侯，與驃騎大將軍景丹、建義大將軍朱祐、漢忠將軍王常、騎都尉王梁、臧宫等入箕關，南擊弘農、厭新、柏華蠻中賊。」

馬成

馬成爲郟令，〔一〕上征河北，成羸衣步擔，渡河詣上。御覽卷八二九

馬成繕治亭障，〔二〕自西河至渭橋，河上至安邑，太原至井陘，中山至鄴，皆築保壁，起烽燧，十里一候。書鈔卷一一九

校勘記

〔一〕馬成　字君遷，南陽棘陽人，范曄後漢書卷二二有傳。又見汪文臺輯司馬彪續漢書卷二、華嶠後漢書卷一。「郟」，原誤作「郟」，聚珍本作「郟」，范書馬成傳同，今據改正。

〔二〕繕　御覽卷三三五引同，聚珍本作「善」，類聚卷八〇引亦作「善」。「亭障」，聚珍本作「障塞」，類聚卷八〇、御覽卷三三五引同。

劉　隆〔一〕

建武時，天下墾田多不實，詔下州郡檢覈其事，百姓嗟怨。時州郡各遣使奏事，帝見陳留吏牘上有書，視之，云「潁川、弘農可問，河南、南陽不可問」。帝詰吏由趣，吏不服，抵言於長安街得之。帝怒。時東海公年十二，在幄後言曰：「吏受郡勑，當欲以墾田相方耳。」帝曰：「即如此，何故言河南、南陽不可問？」對曰：「河南帝城，多近臣，南陽帝鄉，多近親，田宅踰制，不可爲准。」帝令虎賁詰問吏，吏首服，如顯宗言。遣謁者考實，具知姦狀。〔二〕　類聚卷一六、御覽卷一九五、卷六〇六

建武二十年，〔三〕左中郎將劉隆爲驃騎將軍，即日行大司馬事。　類聚卷四八

校勘記

〔一〕劉隆　字元伯，南陽人，范曄後漢書卷二二有傳。

〔二〕具知姦狀　類聚卷一六引云：「建武時，天下墾田不實，詔下州郡檢其事。帝見陳留牘上有書曰：『潁川、弘農可問，河南、南陽不可問。』帝詰吏由趣，吏不服，抵言於長安街得之。帝怒。時

明帝年十二，在幄後曰：「吏受郡勑，當欲以墾田相方耳。」帝曰：「即如此，河南、南陽不可問？」對曰：「河南帝城，多近臣，南陽帝鄉，多近親，田宅踰制，不可爲准。」帝令詰問，乃首服，如顯宗言。」御覽卷一九五引云：「建武時，天下墾田皆不實，詔下州郡檢實。時州郡各遣使奏事，帝見陳留史牘上有書，視之，云『潁川、弘農可問，河南、南陽不可問』。帝詰史，言於長壽街得之。」又卷六〇六引云：「時天下墾田多不以實，詔檢覆覈，百姓嗟怨。諸郡遣使，帝見陳留吏牘上有書，視之，云『潁川、弘農可問，河南、南陽不可問』。上得之，怒。時東海公年十二，在幄後言曰：『吏受郡勑，欲以墾田相方耳。』帝曰：『即如此，何故言河可問？』對曰：『河南帝城，多近臣，南陽帝鄉，多近親，田宅踰制，不可爲准。』帝令虎賁詰問吏，吏首服。遣謁者考實，具知姦狀。」此條即係綜合上述三處所引輯録。聚珍本把此事繫於明帝紀。按范曄後漢書劉隆傳云：建武「十一年，守南郡太守，歲餘，上將軍印綬。十三年，增邑，更封竟陵侯。是時天下墾田多不以實，又户口年紀互有增減。十五年，詔下州郡檢覈其事，而刺史太守多不平均，或優饒豪右，侵刻羸弱，百姓嗟怨，遮道號呼。時諸郡各遣使奏事，帝見陳留吏牘上有書，視之，云『潁川、弘農可問，河南、南陽不可問』。帝詰吏由趣，吏不肯服，抵言於長壽街上得之。帝怒。時顯宗爲東海公，年十二，在幄後言曰：『吏受郡勑，當欲以墾田相方耳。』帝曰：『即如此，何故言河南、南陽不可問？』對曰：『河南帝城，多近臣，南陽帝鄉，多近親，田宅踰制，不可爲準。』帝令虎賁將詰問吏，吏乃實首服。如顯宗對。於是遣謁者考實，具知姦狀。明年，隆坐徵下獄」。據范書可知此條文字係出劉隆傳。

〔三〕建武二十年　原誤作「永平二十五年」，聚珍本作「建武二十年」，今據改。按范曄後漢書光武帝紀載，建武二十年五月辛亥，大司馬吴漢卒，六月壬辰，左中郎將劉隆爲驃騎將軍，行大司馬事。

傅俊

傅俊從上迎擊王尋等於陽關，〔一〕漢兵反走，還汝水上，〔二〕上以手飲水，〔三〕澡盥鬚眉塵垢，〔四〕謂俊曰：「今日罷倦甚，諸卿寧憊邪？」　范曄後漢書卷二二傅俊傳李賢注

傅俊以建武二年從至河内，時漁陽未下，遣俊持節使徵宛王劉賜，迎光烈皇后于淯陽鄧奉家，時爲皇后祐落車發至宛，〔五〕迎寧平公主。〔六〕　書鈔卷一三九

校勘記

〔一〕傅俊　字子衛，潁川襄城人，范曄後漢書卷二二有傳。又見汪文臺輯華嶠後漢書卷一。「王尋等」，此三字御覽卷六三引作「王莽二公」。

〔二〕還汝水上　「還」字下御覽卷六三引有「到」字。

〔三〕上以手飲水　水經注卷二一引無「上」字，而有「於涯」二字。御覽卷六三引有「上」字，其下又有「於水岸」三字。

〔四〕澡盥鬚眉塵垢　此句水經注卷二一、御覽卷六三引作「澡頮塵垢」。

〔五〕祐落　此二字有誤。

〔六〕迎寧平公主　范曄後漢書光烈陰皇后紀云：「更始元年六月，遂納后於宛當成里，時年十九。及光武爲司隸校尉，方西之雒陽，令后歸新野。及鄧奉起兵，后兄識爲之將，后隨家屬徙淯陽，止於奉舍。光武即位，令侍中傅俊迎后，與胡陽、寧平主諸宫人俱到洛陽，以后爲貴人。」與此可以互證。

堅鐔

堅鐔，〔一〕字子皮。〔二〕　范曄後漢書卷二二堅鐔傳李賢注

光武以堅鐔爲揚化將軍。〔三〕　御覽卷二四〇

堅鐔北當董訢，〔四〕一年間道路隔絶，〔五〕糧餽不屬，鐔疏食菜羹，與士衆共之。〔六〕　書鈔

校勘記

〔一〕堅鐔　潁川襄城人，范曄後漢書卷二二有傳。

〔二〕字子皮　范曄後漢書堅鐔傳云：「堅鐔，字子伋。」李賢注云：「東觀記『伋』作『皮』。」此條即據李賢注和范書輯録。

〔三〕堅鐔爲揚化將軍　光武即位之初，即以堅鐔爲揚化將軍。

〔四〕堅鐔北當董訢　時在建武二年，事詳范曄後漢書堅鐔傳。

〔五〕一　原脱，今據范曄後漢書堅鐔傳增補。

〔六〕與士衆共之　此條陳禹謨刻本書鈔卷一一五引作「堅鐔獨孤絶，南拒鄧奉，北當董訢，一年間道路隔塞，糧饋不至，食蔬菜，與士卒共勞苦。每急輒先當矢石，身被三創，以此能全其衆。及帝征南陽，擊破訢、奉，以鐔爲左曹，常從征伐」。其下注「補」字，即謂已據他書增補。考之范曄後漢書，可知陳本書鈔增補全據范書堅鐔傳。聚珍本此條係據陳本書鈔輯録，僅删去「每急輒先當矢石」以下諸句。

馬　武〔一〕

建武六年，馬武與衆將上隴擊隗囂，身被甲兜鍪，〔二〕持戟犇擊，殺數十人，〔三〕囂追兵盡還，武中矢傷。御覽卷三五六

校勘記

〔一〕馬武　字子張，南陽湖陽人，范曄後漢書卷二二有傳。又見汪文臺輯謝承後漢書卷一、司馬彪續漢書卷二。

〔二〕身被甲兜鍪　此句聚珍本作「身被兜鍪鎧甲」。

〔三〕十　范曄後漢書馬武傳作「千」。

卷十二

傳七

竇融〔一〕

以軍功封寧武男。〔二〕　范曄後漢書卷二三竇融傳李賢注

河西太守竇融遣使獻橐駝。〔三〕　初學記卷二九

遣司馬虞封間行通書。〔四〕　范曄後漢書卷二三竇融傳李賢注

竺曾弟嬰報怨，殺屬國侯王胤等，曾慚而去郡，融承制拜曾爲武鋒將軍。〔五〕　范曄後漢書卷二三竇融傳李賢注

竇融將兵牧涼州。〔六〕　書鈔卷三二

詔封竇融曰：「行河西五郡大將軍、涼州牧、張掖屬國都尉竇融，執志忠孝，〔七〕扶微救危，仇疾反虜隗囂，率厲五郡精兵，羌胡畢集，兵不血刃，而虜土崩瓦解，功既大矣。篤意

分明，斷之不疑，吾甚嘉之。其以六安安豐、陽泉、蓼、安風凡四縣封融爲安豐侯。」〔八〕御覽卷二〇〇

竇融光武時數辭爵位，不許，〔九〕因上疏曰：「臣融年五十三，有一子，年十五，質性頑鈍，臣融朝夕教導以經藝，不得令觀天文，見讖記，誠欲令恭肅畏事，恂恂循道，〔一〇〕不願其有才能，〔一一〕何況乃當傳以連城廣土，享侯國哉！」〔一二〕他日會見，〔一三〕迎詔曰：「公欲讓職還土，〔一四〕今相見，不宜論也。」類聚卷二一

竇融嗣子穆尚内黄公主，而融弟顯親侯竇友嗣子固尚沮陽公主，〔一五〕穆長子勳尚東海恭王女。〔一六〕竇氏一公，〔一七〕兩侯，三公主，四二千石，相與並代，〔一八〕自祖至孫，官府邸第相望，〔一九〕奴婢千數，雖親戚功臣，莫與爲比。初學記卷一八

融年老，〔二〇〕子孫驕慢，乞骸骨歸第，詔許之。融卒，謁者奏穆父子自謂失勢，帝令將家屬歸本郡。〔二一〕書鈔卷三二

校勘記

〔一〕竇融　字周公，扶風平陵人，范曄後漢書卷二三有傳。又見汪文臺輯司馬彪續漢書卷二、華嶠

後漢書卷一。

〔二〕以軍功封寧武男　范曄後漢書竇融傳云：「王莽居攝中，爲强弩將軍司馬，東擊翟義，還攻槐里，以軍功封建武男。」李賢注云：「東觀記、續漢書並云『寧武男』。」本條即據此輯録。

〔三〕河西太守竇融遣使獻橐駝　此條御覽卷九〇一亦引，文字全同。范曄後漢書竇融傳云：建武「五年夏，遣長史劉鈞奉書獻馬」。與此當爲同一事。

〔四〕遣司馬虞封間行通書　范曄後漢書竇融傳云：融「復遣鈞上書曰：『……謹遣同產弟友詣闕，口陳區區。』友至高平，會囂反叛，道絶，馳還，遣司馬席封間行通書」。李賢注：「東觀記及續漢書『席』皆作『虞』字。」本條即據此輯録。聚珍本作「令弟友詣闕，道絶，馳還，遣司馬虞封間行通書」，亦據李賢注和范書輯録。

〔五〕融承制拜曾爲武鋒將軍　范曄後漢書竇融傳云：建武「七年夏，酒泉太守竺曾以弟報怨殺人而去郡，融承制拜曾爲武鋒將軍，更以辛肜代之」。其下李賢即引此段文字作注。李賢注首句原無「竺」字，又無「融承制」一句，爲使文義完足，今據范書增補。通鑑卷四二亦引此條，僅有「曾弟嬰報怨，殺屬國侯王胤等」二句。

〔六〕竇融將兵牧涼州　此句下原有「竇憲兄弟並列位，威鎮四海」二句，爲竇憲傳中語，今删去，移入竇憲傳。

〔七〕執志　聚珍本同，姚本作「允執」，書鈔卷四七引同。

〔八〕六安安豐、陽泉、蓼、安風　聚珍本無「六安」二字，范曄後漢書竇融傳同。姚本有，類聚卷五一引亦有。按六安舊爲侯國，安豐、陽泉、蓼、安風四縣皆屬六安國。「陽泉」原誤作「陽原」，「安風」原脱「風」字，姚本、聚珍本皆不誤，類聚卷五一引亦不誤，今據校正。

〔九〕不許　此句原無，聚珍本有，御覽卷四二四引亦有，今據增補。此句上聚珍本尚有「不欲傳子」一句，不知據何書所引輯録。

〔一〇〕脩　姚本、聚珍本同，御覽卷四二四引作「循」，范曄後漢書竇融傳亦作「循」。按二字於義皆通。

〔一一〕願　原誤作「顯」，聚珍本作「願」，御覽卷四二四引同，今據改正。

〔一二〕享侯國哉　此句類聚卷五一引作「享諸侯之國哉」，御覽卷二〇一引同，惟「哉」字作「也」，御覽卷四二四引作「享諸侯國哉」。

〔一三〕他日會見　此下五句原無，類聚卷五一引，今據增補。聚珍本亦有此五句，「迎詔曰」作「迎詔融曰」，餘與此同。路子復藏明抄本書鈔卷四八引此五句與聚珍本同。御覽卷二〇一亦引，字句微異。

〔一四〕公　原無，聚珍本有，御覽卷二〇一引亦有，今據增補。

〔一五〕沮陽公主　姚本、聚珍本同，御覽卷四七〇引作「涇陽公主」。按當作「涅陽公主」，范曄後漢書竇融傳云：「友子固，亦尚光武女涅陽公主。」又皇后紀載：光武帝五女，「皇女中禮，十五年封涅陽公主，適顯親侯大鴻臚竇固，肅宗尊爲長公主」。李賢注云：「涅陽，屬南陽郡。」

〔一六〕東海恭王　御覽卷四七〇引同，姚本、聚珍本皆誤作「東海公主」。范曄後漢書竇融傳云：「穆子勳，尚東海恭王彊女沘陽公主。」

〔一七〕一公　姚本同，初學記卷二四、御覽卷四七〇引亦同，聚珍本作「一王」。

〔一八〕相與並代　此句原無，初學記卷二四引有，今據增補。

〔一九〕厩　初學記卷二四引作「邸」，於義較長。

〔二〇〕融年老　此句上原有「竇融長子穆，穆子勳，并尚公主」三句，因與上重複，今删去。

〔二一〕帝令將家屬歸本郡　此條姚本、聚珍本皆未輯録。

竇固

竇固，〔一〕字孟孫，少爲黄門郎，謙讓有節操。　書鈔卷五八

中元二年，〔二〕以竇固爲中郎將，監羽林左騎。破西羌還，〔三〕是時竇氏公、侯、二千石並在朝廷，門内尚三公主，賞賜恩寵榮於當世，親戚功臣無與爲等也。　御覽卷四七〇

明帝欲征匈奴，竇固議曰：「塞外草美，馬不須穀。」類聚卷九三

竇固爲奉車都尉，〔四〕與駙馬都尉耿秉等北征匈奴，遂滅西域，開通三十六國。在邊數年，羌胡親愛之。羌胡見客，〔五〕炙肉未熟，人人長跪前割之，血流指間，進之於固，固輒爲啗，不穢賤之，是以愛之如父母也。〔六〕御覽卷四七五

竇固，字孟孫，爲衛尉，〔七〕奉兩宮宿衛。上而見重當世，仁厚恭謹；下而賑施宗族，甚有名稱。〔八〕書鈔卷五三

校勘記

〔一〕竇固　竇融弟竇友之子，范曄後漢書卷二三有傳。又見汪文臺輯司馬彪續漢書卷二。

〔二〕中元二年　原脱「二」字，聚珍本作「中元元年」。按范曄後漢書竇固傳云：「中元元年，襲父友封顯親侯。顯宗即位，遷中郎將，監羽林士。」顯宗即位時爲中元二年，此時竇固爲中郎將。今據范書增補「二」字。

〔三〕破西羌還　此爲明帝永平末年時事。按時間順序，當敍於下「竇固爲奉車都尉」云云一條之後。

〔四〕竇固爲奉車都尉　時在明帝永平十五年，見范曄後漢書明帝紀、竇固傳。

〔五〕羌胡見客　此句以下一段文字原作「炙肉未熟，人人長跪前割，血流指間，進之於固，固輒爲啗，

不穢賤也，是以親之如父」。凡與此不同處，皆據范曄後漢書竇固傳李賢注所引校改。

〔六〕是以愛之如父母也　羌胡愛竇固事書鈔卷一四五兩引，字句皆較此簡略。

〔七〕爲衛尉　章帝建初八年，代馬防爲衛尉。見范曄後漢書竇固傳。

〔八〕甚有名稱　此條書鈔卷五三兩引，另一處所引字句較此簡略。

竇憲

竇憲恃宫掖聲勢，〔一〕遂以賤直奪沁水公主園田，〔二〕公主不敢訴。後肅宗駕出過園，指以問憲，憲陰鳴不得對。〔三〕發覺，帝大怒，召憲切責曰：「今貴主尚見枉奪，何況小臣乎！」〔四〕御覽卷四八三

章帝崩，竇太后臨政，竇憲爲大將軍，食邑二萬户，弟景執金吾，瓌將作大匠、光禄勳。〔五〕初學記卷一八

竇憲作大將軍，置長史、司馬員吏官屬，位次太傅。〔六〕司馬彪續漢書百官志劉昭注

大將軍竇憲封武陽侯，〔七〕食邑二萬户，憲固辭封。詔曰：〔八〕「大將軍憲前歲出征，克

滅北狄，朝加封賞，固辭不受。舅氏舊典，並蒙爵土。〔九〕其封憲冠軍侯，邑二萬户。」御覽卷二〇一

竇憲兄弟並列位，〔一〇〕威鎮四海。書鈔卷三二

竇憲以特進見禮依三公，〔一一〕並未開封。書鈔卷五二

校勘記

〔一〕竇憲　字伯度，竇融曾孫，范曄後漢書卷二三有傳。又見汪文臺輯司馬彪續漢書卷二。

〔二〕沁水公主園田　原僅存「沁園」二字，今據聚珍本和范曄後漢書竇憲傳增補。「沁水公主」，名致，明帝女，永平三年封沁水公主，適高密侯鄧乾。

〔三〕陰嗚　聚珍本作「陰喝」，范曄後漢書竇憲傳同。按「陰嗚」、「陰喝」，義皆爲噎塞。范書李賢注云：「『喝』字『或作『嗚』』。」是李賢時范書有作「喝」者，也有作「嗚」者。

〔四〕小臣　聚珍本作「小民」，范曄後漢書竇憲傳作「小人」。

〔五〕壞將作大匠、光禄勳　此條御覽卷四七〇亦引，文字全同。

〔六〕位次太傅　范曄後漢書竇憲傳云：「舊大將軍位在三公下，置官屬依太尉。憲威權震朝廷，公卿希旨，奏憲位次太傅下，三公上；長史、司馬秩中二千石，從事中郎二人六百石，自下各有增。」

〔七〕武陽侯　原作「舞陽侯」，聚珍本作「武陽侯」，今據校改。范曄後漢書竇憲傳載，和帝永元元年，竇憲出擊匈奴，登燕然山，刻石勒功而還。「詔使中郎將持節即五原拜憲大將軍，封武陽侯，食邑二萬户」。通鑑卷四七胡三省注云：「郡國志東郡有東武陽縣，泰山郡有南武陽侯國，憲其封南武陽歟？」

〔八〕詔曰　此詔在永元二年。

〔九〕舅氏舊典，並蒙爵土　西漢時，帝舅一般皆封爲侯，故和帝詔中有此語。

〔一〇〕竇憲兄弟並列位　此句上原有「竇融將兵牧涼州」一句，爲竇融傳中語，今删去，移入竇融傳。此下二句姚本、聚珍本皆未輯録。

〔一一〕見禮　原誤倒作「禮見」，聚珍本不誤，今據改正。

竇　章〔一〕

時謂東觀爲老氏藏室。〔二〕　聚珍本

竇章女初入掖庭爲貴人，〔三〕早卒。帝追思之，詔史官樹碑頌德，帝自爲之辭。〔四〕　書鈔

校勘記

〔一〕竇章　字伯向，竇融玄孫，竇萬全少子，范曄後漢書卷二三有傳。又見汪文臺輯華嶠後漢書卷一。

〔二〕時謂東觀爲老氏藏室　此條不知聚珍本從何書輯録。范曄後漢書竇章傳云：「永初中，三輔遭羌寇，章……講讀不輟。太僕鄧康聞其名，請欲與交，章不肯往，康以此益重焉。是時學者稱東觀爲老氏臧室，道家蓬萊山，康遂薦章入東觀爲校書郎。」此條上下皆有闕文。

〔三〕女　原誤作「從母」。范曄後漢書竇章傳云：「順帝初，章女年十二，能屬文，以才貌選入掖庭，有寵，與梁皇后並爲貴人。」今據校正。

〔四〕帝自爲之辭　范曄後漢書竇章傳作「章自爲之辭」。此條聚珍本未輯録。

馬援

馬援，〔一〕字文淵，扶風茂陵人。〔二〕世説新語言語篇、御覽卷二六〇

遠祖從茂陵成懽里。〔三〕范曄後漢書卷二四馬援傳李賢注

通生賓，〔四〕宣帝時以郎持節，號使君，使君生仲，仲官至玄武司馬；仲生援。　范曄後漢書卷二四馬援傳李賢注

援三兄，〔五〕況字長平，〔六〕余字聖卿，員字季主。　范曄後漢書卷二四馬援傳李賢注

受齊詩，師事潁川滿昌。　范曄後漢書卷二四馬援傳李賢注

援以況出爲河南太守，次兩兄爲吏京師，見家用不足，乃辭況欲就邊郡畜牧。　范曄後漢書卷二四馬援傳李賢注

馬援外類倜儻簡易，而內重禮，事寡嫂，雖在閫內，〔七〕必幘然後見之也。〔八〕　書鈔卷一二七

馬援爲郡督郵，送囚至府，囚有重罪，援哀而縱之，亡命北地，遇赦留。　御覽卷六四二

馬援歎曰：「凡殖產，〔九〕貴其能施民也，〔一〇〕否則守錢奴耳。」〔一一〕乃盡散以班昆弟故舊，身衣羊裘皮袴。　書鈔卷一二九

隗囂甚重馬援，以爲綏德將軍。時公孫述稱帝，囂使援往觀之。援素與述同鄉里，相善，以爲至當握手迎如平生，而述方盛陳陛衛，〔一二〕以延援入，〔一三〕交拜禮畢，就館，更爲援製荅布單衣、交讓冠，〔一四〕會百官於宗廟，立舊交之位。述鸞旗旄騎，警蹕就車，禮甚盛，欲以援封侯，食大將軍位。〔一五〕賓客皆樂留，援曉之，因而辭歸，謂囂曰：「子陽井底鼃耳，〔一六〕

不如專意東方。」囂乃使援奉書洛陽。〔一七〕援初到，〔一八〕勑令中黄門引入，時上在宣德殿南廡下，但幘坐。上迎，笑謂之曰：「卿遨遊二帝間，見卿，使人慙。」援頓首謝曰：「當今之世，非獨君擇臣，臣亦擇君。臣與公孫述同縣，少小相善。〔一九〕臣前至蜀，述陛戟而後進臣。今臣遠來，〔二〇〕陛下何知非刺客而簡易如此？」於是上復笑曰：「卿非刺客，顧説客耳。」援乃曰：「天下反覆，自盜名字者不可勝數。今見陛下，恢廓大度，同符高祖，乃知帝王自有真也。」帝甚壯之。〔二一〕御覽卷七七八

援説囂曰：「前到朝廷，上凡十四見。開心見誠。」〔二二〕范曄後漢書卷二四馬援傳李賢注、書鈔卷九

馬援與楊廣書曰：〔二三〕「車丞相高祖園寢郎，〔二四〕一月九遷爲丞相者，知武帝恨誅衛太子，上書訟之。」文選卷三八任昉爲范尚書讓吏部封侯第一表李善注

上自征隗囂，〔二五〕至漆，諸侯多以王師之重，不宜遠入險阻，計未決。會召馬援，因説隗囂側足無所立，〔二六〕將帥土崩之勢，兵進必破之狀，於上前聚米爲山川，指畫地勢，〔二七〕上曰：「虜在吾目中矣。」〔二八〕囂衆大潰。〔二九〕御覽卷二七五

馬援爲隴西太守，〔三〇〕擊羌，中矢貫腓脛，〔三一〕上聞，賜羊三千、牛三百頭以養病。御

覽卷三七二

帝從援議，詔武威太守梁統，悉還金城客民。〔三二〕 范曄後漢書卷二四馬援傳李賢注

馬援，字文淵，扶風人。爲隴西太守，務開寬信，恩以待下，〔三三〕任吏以職，但總大體而已。賓客故人，日滿其門。諸曹時白外事，輒曰：「此丞、掾任，何足相煩。若大姓侵小民，黠羌欲旅距，〔三四〕此乃太守事耳。」 御覽卷二六〇

馬援從隴西太守遷虎賁中郎將。〔三五〕 御覽卷二四一

馬援在隴西，上書曰：「富民之本，在於食貨，宜如舊鑄五銖錢。」三府凡十三難，〔三六〕援一一解之，條奏其狀。帝從之，天下賴其便。〔三七〕 類聚卷六六

馬援自還京師，數被進見。援長七尺五寸，〔三八〕色理髮膚眉目容貌如畫。閑進對，〔三九〕尤善述前事，每言及三輔長者至閭里少年皆可觀，皇太子、諸王聞者，莫不屬耳忘倦。 御覽卷三七九

馬援擊尋陽山賊，上書曰：「除其竹木，譬如嬰兒頭多蟣蝨而剃之，蕩蕩然蟣蝨無所復依。」書奏，上大悦，出尚璽書，數日，黄門取頭蝨章持入，〔四〇〕因出小黄門頭有蝨者，皆剃之。〔四一〕 御覽卷九五一

光武以馬援爲伏波將軍。〔四二〕　御覽卷二四〇

援上書：「臣所假伏波將軍印，書『伏』字，『犬』外嚮。城皋令印，『皋』字爲『白』下『羊』；丞印『四』下『羊』；尉印『白』下『人』，『人』下『羊』。即一縣長吏，印文不同，恐天下不正者多。符印所以爲信也，所宜齊同。」薦曉古文字者，事下大司空正郡國印章。奏可。〔四三〕　范曄後漢書卷二四馬援傳李賢注

馬援好事，〔四四〕至荔浦，見冬筍名苞筍，上言：「禹貢『厥苞橘柚』，疑謂是也，其味美於春夏筍。」〔四五〕　御覽卷九六三

馬援擊交阯，〔四六〕從容謂官屬曰：「吾從弟少遊嘗哀吾慷慨多大志，曰：『士生一世，但取衣食裁足，乘下澤車，〔四七〕御款段馬，〔四八〕爲郡掾吏，守墳墓，鄉里稱爲善人，斯可矣。致求盈餘，〔四九〕但自苦耳。』當吾在浪泊、西里、烏間，〔五〇〕虜未滅之時，下潦上霧，毒氣熏蒸，〔五一〕仰視烏鳶跕跕墮水中，〔五二〕卧念少遊平生時語，何可得也！」　書鈔卷一三九

馬援與兄子嚴敦書云：〔五三〕「學龐伯高不就，〔五四〕猶爲謹勑士，所謂刻鵠不成尚類鶩者。效杜季良而不成，〔五五〕陷爲天下輕薄子，所謂畫虎不成反類狗也。」〔五六〕　御覽卷九一九

馬援平交阯，上言太守蘇定張眼視錢，〔五七〕䁥目討賊，〔五八〕怯於戰功，宜加切勑。後定

果下獄。御覽卷四九一

馬援於交阯鑄銅馬，奏曰：「臣聞行天者莫如龍，行地者莫如馬。臣援師事楊子阿。〔五九〕孝武帝時，善相馬者東門京鑄作銅馬法獻之，立馬於魯班門外，更名曰金馬門。臣既備數家骨法，以所得駱越銅，鑄以爲馬，高二尺五寸，〔六〇〕圍四尺五寸，謹獻。」詔置馬德陽殿下。類聚卷九三

馬援振旅還京師，賜衣服、酒、牀、什器，粟五百斛，侯車一乘，朝見位次隨九卿之□。〔六一〕書鈔卷一三九

馬援曰：「方今匈奴、烏桓尚擾北邊，欲自請擊之。男兒要當死於邊野，以馬革裹尸還葬耳，〔六二〕何能卧牀上在兒女子手中耶？」故人孟冀曰：「諒爲烈士，當如此矣！」〔六三〕御覽卷四三八

馬援行亭鄣，到右北平，詔書賜援鉅鹿縑三百疋。御覽卷八一八

馬援，字文淵，建武二十四年，威武將軍劉尚擊武陵五谿蠻夷，〔六四〕深入，軍沒。援因復請行。時年六十二，帝愍其老，未許之。援自請曰：「臣尚能被甲上馬。」帝令試之。援據鞍顧眄，以示可用。帝笑曰：「矍鑠哉是翁也！」〔六五〕遂遣援。御覽卷二七四

二月到武陵臨鄉。〔六六〕范曄後漢書卷二四馬援傳李賢注

校勘記

〔一〕馬援　范曄後漢書卷二四有傳。又見汪文臺輯謝承後漢書卷一、司馬彪續漢書卷二。

〔二〕扶風茂陵人　世説新語言語篇引東觀漢記云：「馬援，字文淵，茂陵人」云云。又御覽卷二六〇引云：「馬援，字文淵，扶風人」云云。此條即據二書所引輯録。

〔三〕遠祖徙茂陵成懽里　原無「遠祖」二字。范曄後漢書馬援傳云：「其先趙奢爲趙將，號曰馬服君，子孫因爲氏。武帝時，以吏二千石自邯鄲徙焉。」其下李賢注引東觀漢記「徙茂陵成懽里」一語作注。爲使文義完足，今據范書大意增補「遠祖」二字。此條姚本、聚珍本作「遠祖以吏二千石自邯鄲徙茂陵成懽里」，亦據李賢注和范書輯録。

〔四〕通　馬援曾祖，以功封重合侯，因兄馬何羅反，通受牽連被誅。

〔五〕援三兄　此句原無，姚本、聚珍本有，係據范曄後漢書馬援傳增補。爲使文義完足，今亦補入。

〔六〕長平　姚本、聚珍本作「君平」。

〔七〕閫　御覽卷六八七、文選卷四〇任昉奏彈劉整李善注引作「閨」。

〔八〕必幘然後見之也　御覽卷六八七引同，惟無「也」字。文選卷四〇任昉奏彈劉整李善注引作「必

冠然後入見」。

〔九〕凡殖産　此句姚本、聚珍本作「凡殖貨財産」，係據陳禹謨刻本書鈔，與范曄後漢書馬援傳同。

〔一〇〕民　姚本、聚珍本作「賑」，係據陳禹謨刻本書鈔，與范曄後漢書馬援傳同。

〔一一〕奴　姚本作「鹵」，聚珍本作「虜」。「鹵」、「虜」二字通。陳禹謨刻本書鈔作「虜」，與范曄後漢書馬援傳同。

〔一二〕方　聚珍本作「乃」。

〔一三〕以延　此二字聚珍本作「引」。

〔一四〕荅布　原作「都布」，書鈔卷一二八引同，聚珍本作「荅布」，范曄後漢書馬援傳作「都布」，李賢注云：「東觀漢記『都』作『荅』。」今據聚珍本和李賢注改。漢書貨殖傳云：「荅布皮革千石。」顔師古注云：「粗厚之布也。……荅者，厚重之貌。」

〔一五〕欲以援封侯，食大將軍位　此二句聚珍本作「欲授以封侯大將軍位」，范曄後漢書馬援傳同，惟「授」字下有「援」字。

〔一六〕子陽　公孫述字子陽。

〔一七〕囂乃使援奉書洛陽　時在建武四年冬。

〔一八〕援初到　此句至「但幘坐」數句原無，而有「援至，引見於宣德殿」二句。今删去原有二句，據范曄後漢書馬援傳李賢注補入「援初到」至「但幘坐」數句。聚珍本有此數句，「但」誤作「袒」。御覽卷六八七引云：「馬援初見，帝令中黄門引入，上在宣德殿南廡下，但幘坐。」與范書李賢注所引文字微異。

〔一九〕臣與公孫述同縣，少小相善　原無「同縣少小」四字，聚珍本有，御覽卷三五二引亦有，今據增補。

〔二〇〕臣　原無此字，聚珍本有，御覽卷三五二引亦有，今據增補。

〔二一〕帝甚壯之　原無此句，世説新語言語篇引有，今據增補。此條書鈔卷四、卷八、卷九，初學記卷二六，御覽卷九〇、卷六八四，事類賦卷一二亦引，字句極爲簡略。

〔二二〕開心見誠　范曄後漢書馬援傳云：「建武四年冬，囂使援奉書洛陽。……太中大夫來歙持節送援西歸隴右。……援説囂曰：『前到朝廷，上引見數十，每接讌語，自夕至旦，才明勇略，非人敵也。且開心見誠，無所隱伏，闊達多大節，略與高帝同。經學博覽，政事文辯，前世無比。』」「上引見數十」句下李賢注云：「東觀漢記曰凡十四見。」書鈔卷九引云：「開心見誠。」此條即據李賢注和書鈔卷九所引，又酌取范書文句輯録。

〔二三〕馬援與楊廣書曰　隗囂遣子恂入質於漢，援攜家屬隨恂歸洛陽。後隗囂狐疑，發兵拒漢。援爲漢謀畫滅囂，游説囂將叛囂，又爲書與囂將楊廣，使廣勸囂歸漢。見范曄後漢書馬援傳。

〔二四〕車丞相高祖園寢郎　「車丞相」即車千秋。漢書本傳云：「千秋爲高寢郎，會衛太子爲江充所譖敗，久之，千秋上急變訟太子冤，曰：『子弄父兵，罪當笞；天子之子過誤殺人，當何罪哉！臣嘗夢見一白頭翁教臣言。』是時，上頗知太子惶恐無他意，乃大感悟，召見千秋。……立拜千秋爲大鴻臚。數月，遂代劉屈氂爲丞相，封富民侯。千秋無他材能術學，又無伐閱功勞，特以一言寤意，旬月取宰相封侯。」范曄後漢書馬援傳備載援與楊廣書，然無「車丞相高祖園寢郎」云云一段文字，是被范曄所删。

〔二五〕上自征隗囂　事在建武八年。

〔二六〕因説隗囂側足無所立　「側足」五字原無。文選卷二〇曹植五言詩送應氏李善注引東觀漢記云：「馬援曰：『隗囂側足無所立。』」今據文義摘取「側足」五字補綴於此。此句聚珍本作「因説囂側足而立」。

〔二七〕於上前聚米爲山川，指畫地勢　此二句原脱「川」字、「地勢」二字，聚珍本有，今據增補。類聚卷七二引云「聚米爲山川地勢」，有「川地勢」三字，然「地」字上又脱「指畫」二字。

〔二八〕上曰，虜在吾目中矣　此二句原無，姚本、聚珍本有，類聚卷七二引亦有，今據增補。文選卷五七潘岳哀永逝文李善注引作「世祖曰：『虜在吾目中。』」

〔二九〕囂衆大潰　范曄後漢書馬援傳云：建武「八年，帝自西征囂，至漆，諸將多以王師之重，不宜遠入險阻，計冘豫未決。會召援，夜至，帝大喜，引入，具以群議質之。援因説隗囂將帥有土崩之勢，兵進有必破之狀。又於帝前聚米爲山谷，指畫形勢，開示衆軍所從道徑往來，分析曲折，昭然可曉。帝曰：『虜在吾目中矣。』明旦，遂進軍至第一，囂衆大潰」。與此可以互參。

〔三〇〕馬援爲隴西太守　時在建武十一年。

〔三一〕脛　原誤作「脤」，聚珍本作「脛」，今據改。范曄後漢書馬援傳云：「援中矢貫脛。」

〔三二〕悉還金城客民　范曄後漢書馬援傳云：「朝臣以金城破羌之西，塗遠多寇，議欲棄之。援上言，破羌以西城多完牢，易可依固，其田土肥壤，灌溉流通。如令羌在湟中，則爲害不休，不可棄也。帝然之，於是詔武威太守，令悉還金城客民。」「於是詔武威太守」句下李賢注云：「東觀記曰梁統也。」此條即據李賢注，又參酌范書輯録。

〔三三〕務開寬信，恩以待下　此二句聚珍本作「務開恩信，寬以待下」。從文義來看，聚珍本爲是。范曄後漢書馬援傳舊刻本亦作「務開寬信，恩以待下」，中華書局點校本已改作「務開恩信，寬以待下」。

〔三四〕旅距　范曄後漢書馬援傳李賢注云：「不從之貌。」王先謙集解云：「旅距，聚衆相拒耳。注非。」

〔三五〕馬援從隴西太守遷虎賁中郎將　馬援爲隴西太守六年，徵入爲虎賁中郎將。見范曄後漢書馬援傳。

〔三六〕三府凡十三難　此句至「帝從之」數句原無，范曄後漢書馬援傳云：「初，援在隴西上書，言宜如舊鑄五銖錢。事下三府，三府奏以爲未可許，事遂寑。及援還，從公府求得前奏，難十餘條，乃隨牒解釋，更具表言。帝從之，天下賴其便。」李賢注云：「東觀記曰：『凡十三難，援一一解之，條奏其狀也。』」此數句即據李賢注，又參酌范書增補。

〔三七〕天下賴其便　此條聚珍本連綴爲「在隴西上書曰：『富民之本，在於食貨，宜如舊鑄五銖錢。』天下賴其便。三府以爲未可，凡十三難，援一一解之，條奏其狀」。「天下賴其便」句不應置於「宜如舊鑄五銖錢」句下，當移在本條末。

〔三八〕援長七尺五寸　此下二句原作「爲人明白，眉目如畫」，今據范曄後漢書馬援傳李賢注引校改。類聚卷一七、永樂大典卷一九六三六引云：「馬援眉目如畫。」御覽卷三六五引云：「馬援自還京師，數被進見，爲人鬚髯眉目如畫。」

〔三九〕閑　聚珍本作「嫺」。按二字通，義爲熟練。

〔四〇〕出尚璽書，數日，黄門取頭蝨章持入　此三句原無，御覽卷五九四引，今據增補。「出尚璽書」句有訛誤。聚珍本作「出尚書，盡數日，敕黄門取頭蝨章特入」，首句、末句皆有訛誤。後漢書馬援傳王先謙集解引作「出付尚書，盡數日，敕黄門取頭蝨章持入」，「出付尚書」一句，文義可通，似無誤。

〔四一〕皆剃之　此條記纂淵海卷一〇〇、合璧事類别集卷九三亦引，字句微異。

〔四二〕光武以馬援爲伏波將軍　建武十七年，以援爲伏波將軍，南擊交阯徵側。事詳范曄後漢書馬援傳、通鑑卷四三。

〔四三〕奏可　此條書鈔卷一三一、御覽卷六八三、玉海卷八四、東漢會要卷九亦引，字句稍異。

〔四四〕好事　此二字原無，聚珍本有，御覽卷九六六引亦有，今據增補。

〔四五〕其味美於春夏筍　此條記纂淵海卷九六亦引，字句較略。

〔四六〕擊交阯　此三字原無，類聚卷九二、卷九三，御覽卷九二三，記纂淵海卷九七引有，今據增補。

〔四七〕下澤車　利於在澤間行走的短轂車。周禮冬官考工記云：「車人爲車……行澤者欲短轂，行山者欲長轂，短轂則利，長轂則安。」

〔四八〕款段　馬行遲緩貌。范曄後漢書馬援傳李賢注：「款猶緩也，言形段遲緩也。」

〔四九〕致求盈餘　此句姚本、聚珍本作「求益盈餘」，類聚卷九三引同。

〔五〇〕當吾在浪泊、西里、烏間　此句以下一段文字原無，御覽卷三九〇引有，今據增補。姚本、聚珍本亦有此段文字，又書鈔卷一五一，類聚卷二、卷九二，御覽卷一五、卷九二三，記纂淵海卷九七，文選卷二八鮑照苦熱行李善注皆引此段文字，字句互有同異。此句原脱「西」字、「烏」字。按姚本云：「吾在浪泊、西里、烏間。」聚珍本云：「吾在浪泊、西里、塢間。」書鈔卷一五一引云：「吾在浪泊、西里、塢間。」類聚卷二引云：「吾在浪泊、西里、烏閒。」今據增補「西」字、「烏」字。

四庫全書考證云：「馬援謂官屬曰：『吾在浪泊、西里、烏間。』按『烏間』，太平御覽及范書本傳俱無『烏』字。恐是地名。」考證所謂太平御覽，係指御覽卷一五。卷一五引云：「吾在浪泊、西里間。」

〔五一〕熏　類聚卷九二、御覽卷九二三、記纂淵海卷九七、文選卷二八鮑照苦熱行李善注引作「上」。

〔五二〕烏鳶　書鈔卷一五一引作「鳶飛」，范曄後漢書馬援傳作「飛鳶」。　跕跕　范書李賢注云：「墮貌也。」

〔五三〕馬援與兄子嚴敦書云　馬援兄子嚴、敦並喜譏議，交通俠客。援時在交阯，遂遺書相誡。

〔五四〕龐伯高　聚珍本作「龍伯高」，范曄後漢書馬援傳同。范書馬援傳載援書云：「龍伯高敦厚周慎，口無擇言，謙約節儉，廉公有威，吾愛之重之，願汝曹效之。」據范書馬援傳，伯高名述，京兆人，爲山都長，後擢爲零陵太守。

〔五五〕杜季良　范曄後漢書馬援傳載援書云：「杜季良豪俠好義，憂人之憂，樂人之樂，清濁無所失，父喪致客，數郡畢至，吾愛之重之，不願汝曹效也。」季良名保，京兆人，爲越騎司馬，見范書馬援傳。

〔五六〕所謂畫虎不成反類狗也　此條御覽卷七五〇亦引，字句較略。

〔五七〕蘇定　爲交阯太守，逼反交阯女子徵側，事見范曄後漢書南蠻西南夷傳。

〔五八〕 睞目　眇目細視。　討　原誤作「計」，聚珍本作「討」，今據改正。

〔五九〕 臣援師事楊子阿　此文義未完，其下當有闕文。范曄後漢書馬援傳載援表云：「臣援嘗師事子阿，受相馬骨法。」此句下當據范書增補「受相馬骨法」一句。

〔六〇〕 二　聚珍本作「三」，范曄後漢書馬援傳同。

〔六一〕 朝見位次隨九卿之□　疑「之」字下脱「列」字。此條聚珍本作「援振旅還京師，賜車一乘」。書鈔卷一一九引作「馬援振旅京師，賜車一乘」。范曄後漢書馬援傳云：建武「二十年秋，振旅還京師，軍吏經瘴疫死者十四五。賜援兵車一乘，朝見位次九卿」。

〔六二〕 墓　御覽卷四三四引同，聚珍本作「葬」。按「葬」字是，范曄後漢書馬援傳作「葬」。

〔六三〕 當　原誤作「尚」，聚珍本作「當」，范曄後漢書馬援傳同，今據改正。

〔六四〕 劉尚　原誤作「劉向」。聚珍本作「劉禹」。按類聚卷五九、御覽卷三五五引皆作「劉尚」，范曄後漢書馬援傳同。又范書光武帝紀、公孫述傳、來歙傳、祭遵傳、馬成傳、宋均傳、南蠻西南夷傳，司馬彪續漢書天文志、五行志，袁宏後漢紀卷八亦皆作「劉尚」。然范書來歙傳李賢注云：「東觀記、續漢書『尚』字並作『禹』。」

〔六五〕 矍鑠哉是翁也　范曄後漢書馬援傳同，李賢注云：「東觀記作『矆哉是翁』。」聚珍本從之。然類聚卷一八、卷五九，御覽卷三五五、卷三八三引皆作「矍鑠哉是翁也」。

〔六〕二月到武陵臨鄉　據范曄後漢書馬援傳，建武二十四年，援率軍擊武陵五谿蠻，「明年春，軍至臨鄉」。是此「二月」當在建武二十五年。

馬廖〔一〕

廖少習易經，清約沈静。援擊武谿無功，卒于師，廖不得嗣爵。　范曄後漢書卷二四馬廖傳

李賢注

馬廖、任隗皆從羽林監遷虎賁中郎將。〔二〕　御覽卷二四一

馬廖上疏長樂宫曰：〔三〕「夫改政移風，必有其本。長安語曰：『城中好高髻，〔四〕四方高一尺。城中好廣眉，四方過半額。〔五〕城中好廣袖，〔六〕四方用疋帛。』」　御覽卷三六四

司隸校尉梁松奏特進防、光、廖、廖子豫，〔七〕三家奴婢千人，〔八〕兄弟父子並受爵土，榮顯冠世，多買京師膏腴美田，作大廬，近帶城郭，妨困小民。　御覽卷八二一

校勘記

〔一〕馬廖　字敬平，馬援長子，范曄後漢書卷二四有傳。又見謝承後漢書卷一。

〔二〕馬廖、任傀皆從羽林監遷虎賁中郎將　范曄後漢書馬廖傳云：「少以父任爲郎。明德皇后既立，拜廖爲羽林左監、虎賁中郎將。」任傀　即任隗，事詳范曄後漢書本傳。

〔三〕長樂宫　此三字原無，聚珍本有，御覽卷三七三引亦有，今據增補。

〔四〕城中好高髻　此下二句原無，聚珍本有，御覽卷三七三引亦有，今據增補。

〔五〕過　聚珍本作「且」，范曄後漢書馬廖傳同。

〔六〕城中好廣袖　此下二句原無，聚珍本有，御覽卷八一八亦有，今據增補。范曄後漢書馬廖傳作「城中好大袖，四方全疋帛」。

〔七〕司隸校尉梁松奏特進防、光、廖、廖子豫　聚珍本注云：「范書梁松歿於顯宗永平四年，馬氏之敗在肅宗建初八年，於時松歿已久，此文有誤。」

〔八〕三家奴婢千人　此句原無，御覽卷五〇〇引云：「司隸校尉梁松奏特進馬防兄廖、廖子孫三家奴婢千人。」今據增補。「兄」當爲「光」之訛，「孫」當爲「豫」之訛。所謂「三家」，係指馬援子廖、防、光三家。聚珍本未輯此句。范曄後漢書馬防傳云：「防兄弟貴盛，奴婢各千人已上。」御覽卷四七〇引東觀漢記馬防傳亦云防「兄弟奴婢各千人已上」。

馬防〔一〕

永平十五年，〔二〕上始欲征匈奴，與竇固等議出兵調度，皆以爲塞外草美，可不須馬穀，〔三〕其各以。〔四〕固等將兵到燉煌，當出塞上，請馬穀。上以固言前後相違，怒不與穀。皆言按軍出塞，無穀馬故事。馬防言：「當與穀。」〔五〕上曰：「何以言之？」防對曰：「宣帝時，五將出征，按其奏言：〔六〕『匈奴候騎得漢馬矢，見其中有粟，知漢兵出，以故引去。』以是言之，馬當與穀。」上善其用意微緻，〔七〕勑下調馬穀，防遂見親近。〔八〕御覽卷八九四

馬防征西羌，〔九〕上喜防功，〔一〇〕令史官作頌，頌其功伐。書鈔卷一〇二

章帝建初三年，〔一一〕馬防爲車騎將軍、城門校尉，置掾史，位在九卿上，絕席，班同三事。〔一二〕詔封兄弟二人各六千户，防爲潁陽侯，〔一三〕特以前參醫藥，勳勞省闥，綏定西羌，〔一四〕以襄城羹亭千二百五十户增防，〔一五〕身帶三綬，寵貴至盛。〔一六〕御覽卷六八二

馬防，字公平，〔一七〕爲光禄勳，宿衛宫省。上數幸防府，賞賜飲食，行每日出。〔一八〕書鈔

大予丞鮑鄴等上作樂事，下防。防奏言：「建初二年七月鄴上言，天子食飲，必順於四時五味，而有食舉之樂。所以順天地，養神明，求福應也。今官雅樂獨有黄鍾，而食舉樂但有太簇，皆不應月律，恐傷氣類。可作十二月均，各應其月氣。公卿朝會，得聞月律，乃能感天，和氣宜應。詔下太常評焉。太常上言，作樂器直錢百四十六萬，奏寢。今明詔復下，臣防以爲可須上天之明時，因歲首之嘉月，發太簇之律，奏雅頌之音，以迎和氣。」時以作樂器費多，遂獨行十月迎氣樂也。〔一九〕隋書音樂志

馬防，字孝孫，拜執金吾，〔二〇〕性矜嚴公正，上言孝章，〔二一〕議多見用。〔二二〕書鈔卷五四

馬防子鉅，爲常從小侯，六年正月齋宫中，上欲冠鉅，夜拜爲黄門侍郎，〔二三〕御章臺下殿，陳鼎俎，自臨冠之。防兄弟奴婢各千人已上。〔二四〕御覽卷五四〇

馬防多牧馬畜，賦斂羌胡。〔二五〕帝不喜之，數加譴勑，所以禁遏甚備，由是權勢稍損，賓客亦衰。御覽卷六二七

校勘記

〔一〕馬防　馬援第三子，范曄後漢書卷二四有傳。又見華嶠後漢書卷一、張璠漢記。

〔二〕永平十五年　此句原無，聚珍本有，御覽卷八三七引亦有，今據增補。

〔三〕馬穀　聚珍本作「穀馬」，御覽卷八三七引同。

〔四〕其各以　此下有脱文，無從校補。

〔五〕當與穀　此句至「對曰」諸句原無，姚本、聚珍本亦未輯録，御覽卷八三七引，今據增補。「當」原誤作「常」，依文義校改。

〔六〕按其奏言　此句原無，御覽卷八三七引，今據增補。姚本、聚珍本作「其奏言」，類聚卷九三引同。

〔七〕徵繳　原作「徵動」，不成辭。御覽卷八三七引作「徵繳」，當是，今據改正。聚珍本作「徵至」。

〔八〕防遂見親近　此條類聚卷八五亦引，字句較簡略。

〔九〕馬防征西羌　事在章帝建初二年。

〔一〇〕喜　姚本同，聚珍本作「嘉」。

〔一一〕章帝建初三年　此句原無，姚本、聚珍本有，書鈔卷五二引亦有，今據增補。據范曄後漢書馬防傳，肅宗即位，拜防中郎將，稍遷城門校尉。建初二年，金城、隴西羌皆反，拜防行車騎將軍事，率軍擊羌。明年，詔徵防還，拜車騎將軍，城門校尉如故。

〔一二〕班同三事　此句原無，書鈔卷五二引云：「馬防，章帝建初三年，防爲車騎將軍，班同三事。」翰苑新書卷三六引云：「馬防班同三事。」今據增補。姚本有此句，聚珍本脱。水經注卷二二引云：「漢封車騎將軍馬防爲侯國，防城門校尉，位在九卿上，絶席。」字句省略頗多。

〔一三〕詔封兄弟二人各六千户，防爲潁陽侯　原無「兄弟二人各六千户，防爲」十字，姚本、聚珍本有，今據增補。范曄後漢書馬防傳云：建初「四年，封防潁陽侯，光爲許侯，兄弟二人各六千户」。此二句類聚卷五一引作「馬防兄弟三人各六千户，防爲潁陽侯」，御覽卷一九九引作「封馬防兄弟三人各六千户，爲潁陽侯」，卷四七〇引作「詔封防兄弟三人各三千户，防爲潁陽侯」，卷五一五引作「馬防兄弟二人皆各六千户」，皆有訛脱。

〔一四〕綏定西羌　原無此句，姚本、聚珍本有，類聚卷五一、御覽卷一九九引亦有，今據增補。

〔一五〕羹亭　原作「美亭」，御覽卷一九九引同。姚本、聚珍本作「羹亭」，類聚卷五一引同，今從改。水經注卷二一云：汝水又東南流徑不羹城南，其地爲亭，「東觀漢記曰：『車騎馬防以前參藥，勤勞省闥，增封侯國襄城羹亭千二百五十户。』即此亭也」。「千二百五十户」，姚本、聚珍本作「一千二百户」，類聚卷五一、御覽卷一九九引同。范曄後漢書馬防傳作「千三百五十户」。

〔一六〕身帶三綬，寵貴至盛　記纂淵海卷七一引此二句。

〔一七〕字公平　范曄後漢書馬防傳云防字江平，書鈔卷五四、御覽卷二三七、翰苑新書卷三三引東觀漢記又云防字孝孫。

〔一八〕行每日出　此句有脱誤。其下原有「上征討四方，令防居守京師，撫百姓，治宮室，起學官」數句。按書鈔卷五三下條注文云：「續漢書：『李通字次元，爲光禄勳。時上征討四方，令通居守京師，撫百姓，治宮室，起學官。』」是書鈔卷五三所引東觀漢記「上征討四方」云云，係由下條誤入，今删去不録。

〔一九〕時以作樂器費多，遂獨行十月迎氣樂也　此二句原無，范曄後漢書章帝紀李賢注引東觀漢記云：「馬防上言：『聖人作樂，所以宣氣致和，順陰陽也。臣愚以爲可因歲首發太簇之律，奏雅頌之音，以迎和氣。』時以作樂器費多，遂獨行十月迎氣樂也。」今據增補。「十月迎氣樂」，范書馬防傳作「十二月迎氣樂」。此條姚本、聚珍本皆據范書章帝紀李賢注所引輯録。玉海卷六、卷一二、卷一〇四亦引此條文字，卷六據隋書音樂志引，卷一一二所引與范書李賢注同，卷一〇四亦同李賢注，然又略有增補。

〔二〇〕拜執金吾　據范曄後漢書馬防傳，防未曾拜執金吾，其弟光曾自越騎校尉遷執金吾。

〔二一〕上言孝章　此句有訛誤。御覽卷二三七引作「上事處」，亦有誤。

〔二二〕議多見用　「議」原誤作「義」，今據御覽卷二三七、翰苑新書卷三三引改正。此條姚本作「馬防，字孝孫，拜金吾，性矜嚴公正，數言政事，多見采用」，係據陳禹謨刻本書鈔輯録。聚珍本僅取姚本末三句，首句上補「防」字。萬花谷續集卷三亦引此條，字句較略。

〔三〕黄門侍郎　原無「侍」字，初學記卷一二，御覽卷二〇一、卷四七〇引有，今據增補。

〔四〕防兄弟奴婢各千人已上　此句原無，聚珍本有，今據增補。御覽卷四七〇引有此句，僅無「防」字。此條書鈔卷五八、初學記卷一四亦引，字句大同小異。

〔五〕賦斂羌胡　書鈔卷四一僅引此一句。

馬光〔一〕

光遭母喪，哀慟感傷，形骸骨立。　范曄後漢書卷二四馬防傳李賢注

馬光，字叔山，爲衛尉，上以光謹敕畏慎，特親異之。〔二〕　書鈔卷五三

馬光，字叔山，監越騎校尉。視事，帥厲吏士，〔三〕教習有方。〔四〕時五校尉令在北軍營中，光以爲五校尉主禁兵武備，〔五〕所以宿衛兩宫，不宜在一處，表請二校尉附北宫。詔書許越騎、射聲等治北宫。〔六〕　書鈔卷六一

章帝與舅馬光詔曰：「朝送鹿膾，寧用飯也。」　御覽卷八六二

馬光，字叔山，拜太僕，視事減省諸費，歲千萬以上。　書鈔卷五四

光前坐黨附竇憲，〔七〕歸國，爲憲客奴所誣告。奴名玉當。初，竇氏有事，玉當亡，私從

光乞，不與。恨去，懷挾欲中光。官捕得玉當，因告言光與憲有惡謀，光以被誣不能自明，乃自殺。光死後，憲他奴郭扈自出證明光、憲無惡言，光子朗上書迎光喪葬舊塋，詔許之。

范曄後漢書卷二四馬防傳李賢注

校勘記

〔一〕馬光　馬援第三子，范曄後漢書卷二四馬援傳、馬防傳略載其事。

〔二〕特親異之　此條姚本、聚珍本皆未輯録。

〔三〕視事，師厲吏士　此二句原無，聚珍本有，書鈔卷六一凡四引東觀漢記馬光傳，其中兩引亦有此二句，今據增補。

〔四〕教習有方　原無此句，姚本、聚珍本有，今據增補。書鈔卷六一有一處引作「教習吾兵」。按姚本、聚珍本係據陳禹謨刻本書鈔。

〔五〕主禁兵武備　此五字原無，姚本、聚珍本有，書鈔卷六一有一處引東觀漢記亦有此五字，今據增補。

〔六〕等　姚本、聚珍本作「寺」。

〔七〕光前坐黨附竇憲　此下三句原無，范曄後漢書和帝紀李賢注引，今據增補。此三句下李賢注尚引有「乃自殺」一句，因與下文重複，今删去。據范書和帝紀，光自殺於永元六年二月。

馬客卿〔一〕

馬援子客卿，〔二〕幼而歧嶷，年六歲，能應接諸公，專對賓客。嘗有死罪亡命者來過，客卿逃匿不令人知。外若訥而内沉敏。〔三〕援甚奇之，〔四〕以爲將相器，故以客卿字焉。御覽卷三八四

校勘記

〔一〕馬客卿　馬援第四子，范曄後漢書卷二四馬援傳附載其事。客卿爲字，依史例當以名標目。因客卿名不可考，姑以字立目。袁宏後漢紀卷九云：「客卿幼而奇嶷。初，援南定百越，北征匈奴，謀議之士集於門下。客卿年六歲，能應接諸公，專對賓客。嘗有死罪亡命者，客卿逃匿之，不令人知。援甚奇之，以爲壯大必任將相，故以秦時官號字焉。」

〔二〕子　原誤作「字」，聚珍本不誤，今據改正。

〔三〕内　原脱，聚珍本有，今據增補。范曄後漢書馬援傳云：客卿「外若訥而内沉敏」。

〔四〕援　原誤作「兄」，聚珍本不誤，范曄後漢書馬援傳亦作「援」，今據改正。

馬　嚴〔一〕

余卒時，嚴七歲，依姊壻父九江連率平阿侯王述。〔二〕明年，母復終，會述失郡，居沛郡。建武三年，余外孫右扶風曹貢爲梧安侯相，迎嚴歸，養視之。至四年，叔父援從車駕東征，過梧安，乃將嚴兄弟西。嚴年十三至雒陽，留寄郎朱仲孫舍，大奴步護視之也。　范曄後漢書卷二四馬嚴傳李賢注

嚴從其故門生肆都學擊劍，習騎射。　范曄後漢書卷二四馬嚴傳李賢注

從司徒祭酒陳元受春秋左氏。〔三〕　范曄後漢書卷二四馬嚴傳李賢注

帝詔馬嚴留仁壽闥，與校書郎杜撫、班固定建武注記。〔四〕　御覽卷一八四

顯宗拜馬嚴持兵長史，將北軍五校士、羽林兵三千人，屯西河美稷，衛護南單于，聽置司馬、從事。牧守謁敬，同之將軍。敕嚴過武庫，〔五〕祭蚩尤，帝親御阿閣，〔六〕觀其士衆，時人榮之。　御覽卷五二六

馬嚴拜御史中丞，〔七〕賜冠幘衣服車馬。嚴爲司馬，職典蘭臺，外督州牧，舉劾按章，申明舊典，奉法察舉，無所迴避，百寮憚之。〔八〕 書鈔卷六二

馬嚴，字威卿，爲五官中郎將，邊境每有事，輒下嚴處便宜。上初立，汲汲欲知下情，引納嚴，勑有所聞見輒言。帝令自今以往，諸上便宜封表，遣子以往，都使詣省門，帝自勞以手書。 書鈔卷六三

馬嚴爲陳留太守。〔九〕建初中，嚴病，遣功曹史李龔奉章詣闕。上親召見龔，〔一〇〕問疾病形狀，以黄金十斤、葛縛佩刀、書刀、革帶付龔，〔一一〕賜嚴，遣太醫送方藥。〔一二〕 類聚卷六〇

校勘記

〔一〕馬嚴　字威卿，馬援兄馬余之子，范曄後漢書卷二四有傳。又見汪文臺輯司馬彪續漢書卷二。

〔二〕依姊壻父九江連率平阿侯王述　據漢書元后傳載，成帝河平二年，王譚被封爲平阿侯。譚卒，子仁嗣。仁卒，子術嗣，時爲平帝元始三年。「王述」與「王術」爲一人。范曄後漢書馬援傳云：「援兄子婿王磐子石，王莽從兄平阿侯仁之子也。」則王述當爲馬嚴姊壻之昆弟，此云姊壻父，不可據。

〔三〕從司徒祭酒陳元受春秋左氏　范曄後漢書馬嚴傳云：嚴「從平原楊太伯講學，專心墳典，能通春

秋左氏」。李賢注云：「東觀記曰從司徒祭酒陳元受之。」此條即據李賢注，又參酌范書輯録。

〔四〕與校書郎杜撫、班固定建武注記　原脱「郎」字，聚珍本未脱，今據增補。范曄後漢書馬嚴傳云：「明德皇后既立，嚴乃閉門自守，猶復慮致譏嫌，遂更徙北地，斷絶賓客。永平十五年，皇后勑使移居洛陽。顯宗召見……有詔留仁壽闥，與校書郎杜撫、班固等雜定建武注記。」此條玉海卷一六九亦引，文字微異。

〔五〕武庫　爲藏兵器之所，令一人，秩六百石。

〔六〕阿　范曄後漢書馬嚴傳李賢注云：「曲也。」

〔七〕馬嚴拜御史中丞　此句合璧事類後集卷二五、翰苑新書卷一三引作「馬嚴，字威卿，拜中丞」。范曄後漢書馬嚴傳云：「肅宗即位，徵拜侍御史中丞。」

〔八〕百寮憚之　此條姚本未輯録，聚珍本作「拜中丞，嚴舉劾按章，申明舊典，奉法察舉，無所迴避，百寮憚之」，脱漏頗多。

〔九〕馬嚴爲陳留太守　時在建初二年。

〔一〇〕親　原無，聚珍本有，御覽卷三四五、卷八一九引亦有，今據增補。

〔一一〕書刀　姚本、聚珍本作「書帶」，誤。御覽卷三四五引云：「以黄金十斤、佩刀、書刀、革帶付龑。」玉海卷一五一引云：「建初中，以佩刀、書刀賜馬嚴。」又引云：「建初中，以書刀賜馬嚴。」皆可證

「書刀」二字是。

〔三〕遣太醫送方藥　原無此句，御覽卷三四五引，今據增補。聚珍本亦有此句，句末增一「也」字。書鈔卷一九引云：「馬嚴病，并送方藥。」

馬融〔一〕

馬融與伯世書曰：〔二〕「憒憒愁思，猶不解懷。思在竹間，放狗逐麋。晚秋涉冬，大蒼出籠。〔三〕黄棘下苑，芼以乾蔡。以送餘日，兹樂而已。」御覽卷九二六

馬融才高博洽，爲通儒，教養諸生，常有千數。涿郡盧植、北海鄭玄，皆其徒也。善鼓瑟，好吹笛，達生任性，不拘儒者之節。居宇器服，多存侈飾。常坐高堂，施絳紗帳，前授生徒，後列女樂，弟子以次相傳，鮮有入其室者。〔四〕御覽卷四九三

校勘記

〔一〕馬融　字季長，馬嚴第五子，范曄後漢書卷六〇有傳。又見汪文臺輯謝承後漢書卷三、司馬彪續漢書卷四、華嶠後漢書卷二。袁宏後漢紀卷一九亦略載其事。

〔二〕伯世　謝伯世。類聚卷九一載馬融與謝伯世書。

〔三〕大蒼　謂鷹。

〔四〕鮮有入其室者　此條御覽卷八一六，記纂淵海卷四〇、卷五一亦引，字句皆較簡略。

馬　棱〔一〕

從兄毅，張掖屬國都尉。〔二〕　范曄後漢書卷二四馬棱傳李賢注

馬棱，字伯威，爲廣陵太守，郡界常有蝗蟲傷穀，穀價貴。棱有威德，奏罷鹽官，振貧羸，薄賦税，蝗蟲飛入海，化爲魚蝦。興復陂湖，增歲租十餘萬斛。〔三〕　書鈔卷七五、類聚卷一〇〇、御覽卷九四三、范曄後漢書卷二四馬棱傳李賢注

馬棱爲會稽太守，詔詰會稽車牛不務堅强，車皆以桃枝細簟。〔四〕　御覽卷七〇八

校勘記

〔一〕馬棱　馬援族孫，范曄後漢書卷二四有傳。

〔二〕從兄毅，張掖屬國都尉　范曄後漢書馬棱傳云：棱「少孤，依從兄毅共居業，恩猶同産」。李賢注

引東觀漢記云：「毅，張掖屬國都尉。」此條即據李賢注，又酌取范書「從兄」二字輯録。

〔三〕增歲租十餘萬斛　書鈔卷七五引云：「馬援爲廣陵太守，郡界常有蝗蟲傷穀，援有威德，蝗蟲飛入海，化爲魚蝦。」「援」乃「棱」字之訛。類聚卷一〇〇引云：「馬棱爲廣陵太守，郡連有蝗蟲，穀價貴。棱奏罷鹽官，振貧羸，薄賦税，蝗蟲飛入海，化爲魚蝦。」御覽卷九四三引云：「馬棱，字伯威，爲廣陵太守，奏罷鹽官，賑貧羸，薄賦税，蝗蟲飛入海，化爲魚蝦。」范曄後漢書馬棱傳李賢注引云：「棱在廣陵，蝗蟲入江海，化爲魚蝦，興彼陂湖，增歲租十餘萬斛。」此條即綜合各書所引輯録。事文類聚前集卷五，合璧事類卷二〇、別集卷八七、別集卷九四，記纂淵海卷五、卷九九，玉海卷二三亦引，字句皆較簡略。

〔四〕車皆以桃枝細簟　「枝」字下書鈔卷一三三引有「竹」字。

朱勃

朱勃，〔一〕字叔陽，〔二〕年十二能誦詩、書。常候馬援兄況。勃衣方領，能矩步，〔三〕辭言嫻雅。援裁知書，見之自失。況知其意，酌酒慰援曰：〔四〕「朱勃小器速成，智盡此耳，卒當從汝稟學，勿畏也。」勃未二十，右扶風請試守渭城宰。〔五〕及援爲將軍，封侯，而勃位不過縣

令。援後雖貴，常待以舊恩而卑侮之，勃愈自親。及援遇讒，唯勃能終焉。　御覽卷五一五

朱勃上書理援曰：「八年，車駕討隗囂，豪強略城，酋羌煞吏，〔六〕唯獨狄道爲國堅守，士民飢饉，乃噉弩煮履。〔七〕寄命漏刻。〔八〕援謀如涌泉，勢如轉圓。〔九〕救倒懸之急，存幾亡之城。〔一〇〕飛鳥跱衡，〔一一〕馬驚觸虎，物類相生，亦無不有。」　書鈔卷一五六

章帝下詔曰：「告平陵令、丞：縣人故雲陽令朱勃，建武中以伏波將軍爵土不傳，上書陳狀，不顧罪戾，懷旌善之志，有烈士之風。詩云：『無言不讎，無德不報。』其以縣見穀二千斛賜勃子若孫，勿令遠詣闕謝。」　范曄後漢書卷二四馬援傳李賢注

校勘記

〔一〕朱勃　范曄後漢書卷二四馬援傳略載其事。

〔二〕字叔陽　此句下聚珍本有「扶風平陵人」一句。

〔三〕矩步　原作「行步」，聚珍本作「矩步」，御覽卷四四二亦引作「矩步」。按當作「矩步」，范曄後漢書馬援傳即作「矩步」，李賢注：「矩步者，回旋皆中規矩。」

〔四〕酌酒慰援曰　此句上聚珍本有「乃自」二字，御覽卷四四二引同。

〔五〕試守　暫時署理某官，以試其才能。漢制，一縣之宰可試守，試守一歲，如果稱職，則可即真，食

其全俸。

〔六〕酋羌煞吏　書鈔卷一三六引同，聚珍本作「酋長殺吏」，御覽卷三四八引作「羌反殺吏」。

〔七〕噉弩煮履　御覽卷三四八引同。聚珍本作「煮履啖弩」，書鈔卷一三六引與聚珍本同。御覽卷四八六引作「啖弩煮履」。

〔八〕寄命漏刻　原無此句，聚珍本有，御覽卷四八六引亦有此句，今據增補。

〔九〕援謀如涌泉，勢如轉圓　此二句原無，御覽卷四四八、文選卷五六曹植王仲宣誄李善注引有，今據增補。聚珍本亦有此二句，惟「圓」作「規」。

〔一〇〕救倒懸之急，存幾亡之城　此二句原無，聚珍本有，御覽卷三四八引亦有此二句，與范曄後漢書馬援傳同，今據增補。

〔一一〕飛鳥跱衡　此下四句原無，聚珍本有，文選卷一四顔延之赭白馬賦李善注亦有此四句，今據增補。「衡」，聚珍本誤作「衜」。

樊重

樊重，〔一〕字君雲，世善農稼，好貨殖。〔二〕御覽卷八二二

樊重治家産業，起廬舍，高樓連閣，陂池灌注，竹木成林，六畜雜果，〔三〕檀漆桑麻，閉門成市。〔四〕類聚卷六五

樊重，字君雲，南陽人。家素富，外孫何氏兄弟争財，重耻之，以田二頃解其忿訟。〔五〕縣中稱美，推爲三老。年八十餘終。〔六〕其素所假貸人間數百萬，〔七〕遺令焚削文契。債家聞者皆慙，争往償之，諸子從勑，竟不肯受。御覽卷五九八

樊重，世祖即位，追尊樊氏，封爲壽張敬侯。書鈔卷四七

校勘記

〔一〕樊重　范曄後漢書卷三二樊宏傳、袁宏後漢紀卷七略載其事。

〔二〕好貨殖　此條類聚卷六五亦引，字句稍略。

〔三〕六畜雜果　此下二句原無，御覽卷八二七引有，今據增補。姚本、聚珍本皆未輯此下二句。

〔四〕閉門成市　初學記卷一八引云：「樊重素富，閉門成市。」

〔五〕訟　此字原無，聚珍本有，御覽卷四九一引同，今據增補。

〔六〕終　此字上御覽卷四九一引有「臨」字，以「臨終」二字作一句讀。

〔七〕素　此字原無，聚珍本有，書鈔卷一〇四、御覽卷四九一引同，今據增補。

樊宏

樊宏，〔一〕字靡卿，拜光禄大夫，位特進。〔二〕御覽卷四三〇

樊宏封長羅侯，〔三〕建武十有三年，徙都尉，〔四〕封謝侯。十五年，徙封壽張侯，薨。〔五〕書鈔卷四八

樊宏爲人謙慎，常誡其子曰：「富貴盈溢，未有能終者。天道惡滿而好謙，〔六〕前世貴戚皆明戒也。保身全己，豈不樂哉！」每當朝會，〔七〕迎期先到，俯伏待事，時至乃起。帝聞之，敕騶臨朝乃告，勿令豫到。及病困，車駕臨問其所欲言，宏頓首自陳：「無功享食大國，願還壽張，食小鄉亭。」上悲傷其言而不許。御覽卷四二三

校勘記

〔一〕樊宏　樊重長子，范曄後漢書卷三二有傳。又見汪文臺輯司馬彪續漢書卷三、華嶠後漢書卷一。

〔二〕拜光禄大夫，位特進　此爲光武帝即位時事。此下尚引有以下一段文字：「宏爲人謙慎，每當朝

會，先到，俯伏待事，時至乃起。上聞之，勑騶臨朝乃告，勿令豫到。」因與下文重複，今删去。

〔三〕樊宏封長羅侯　時在建武五年。

〔四〕徙　姚本、聚珍本作「從」。

〔五〕薨　姚本、聚珍本無此字。　據范曄後漢書樊宏傳載，宏卒於建武二十七年。

〔六〕天道惡滿而好謙　此句至「豈不樂哉」數句原無，聚珍本有，類聚卷二三引亦有，今據增補。御覽卷四五八引亦有此數句，惟「前世貴戚皆明戒也」句脱「皆」字。

〔七〕每當朝會　此句至「勿令豫到」數句原無，聚珍本有，御覽卷二四三引亦有，今據增補。御覽卷二四三引「每當朝會」句脱「當」字，「勑騶臨朝乃告」句脱「騶」字，而御覽卷四三〇引皆未脱。

樊　儵

樊儵，〔一〕字長魚，事後母至孝，〔二〕母常病癰，儵晝夜匍伏，不離左右，至爲吮癰。〔三〕御覽卷四一二

樊儵至孝，母終，上遣中黄門朝暮餐食。〔四〕文選卷五九沈約齊故安陸昭王碑文李善注

野王獻甘膠、膏餳，每作大發，〔五〕吏以爲饒利。樊儵知之，臨薨奏焉。御覽卷八五二

校勘記

〔一〕樊儵　樊宏長子，范曄後漢書卷三二有傳。又見汪文臺輯司馬彪續漢書卷三。袁宏後漢紀卷一〇亦略載其事。初學記卷一七引云：「雍儵，字長魚，事母至孝，母嘗病癰，儵晝夜匍伏，不離左右，至爲吮癰。」姚本、聚珍本把「儵」字正作「儵」，然不知改「雍」作「樊」，遂使姚本、聚珍本皆誤以樊儵、雍儵爲二人。姚本於雍儵傳注云：「范書闕。」聚珍本亦置雍儵於時代不可考之列。

〔二〕後　原脱，永樂大典卷六六二、卷一〇八一二引亦脱此字。聚珍本有，御覽卷七四二引亦有，范曄後漢書樊儵傳同，今據增補。

〔三〕癰　永樂大典卷一〇八一二引同，御覽卷七四二、永樂大典卷六六二引作「嗽」。

〔四〕上遣中黄門朝暮餐食　范曄後漢書樊儵傳云：儵「事後母至孝，及母卒，哀思過禮，毁病不支，世祖常遣中黄門朝暮送饘粥」。

〔五〕每作大發　此句范曄後漢書樊儵傳作「每輒擾人」。

樊梵

樊梵，〔一〕字文高，爲尚書郎，〔二〕每當直事，〔三〕常晨駐車待漏。〔四〕雖在閑署，冠劍不解於身。每齋祠，恐失時，乃張燈俯伏。〔五〕爲郎二十三歲，〔六〕未嘗被奏，三署服其慎重。〔七〕

御覽卷二一五

校勘記

〔一〕樊梵　樊儵第三子，范曄後漢書樊儵傳略載其事。

〔二〕尚書　此二字原脱，聚珍本有，御覽卷四三〇引亦有，今據增補。

〔三〕當　原誤作「嘗」，姚本、聚珍本作「當」，書鈔卷三六、卷六〇，類聚卷六八，御覽卷二、卷四三〇，海録碎事卷一二，文選卷五九沈約齊故安陸昭王碑文李善注引同，今據改正。

〔四〕常晨駐車待漏　原無「常晨」二字，書鈔卷六〇、玉海卷一一引同。而類聚卷六八、御覽卷二、海録碎事卷一二、文選卷五九沈約齊故安陸昭王碑文李善注引云「常晨駐車待漏」，皆有「常晨」二字，今據增補。聚珍本作「常晨駐馬待漏」，御覽卷四三〇引同。

〔五〕乃　此字原無，聚珍本有，御覽卷四三〇引亦有，今據增補。

〔六〕二十三歲　書鈔卷三六、卷六〇引作「二十歲」。按「二十三歲」是。范曄後漢書樊鯈傳云：「梵字文高，爲郎二十餘年。」

〔七〕三署　范曄後漢書和帝紀云：「元興元年春正月戊午，引三署郎召見禁中。」李賢注引漢官儀云：「三署謂五官署也，左、右署也，各置中郎將以司之。」「慎重」，聚珍本作「慎也」，書鈔卷六〇引同，而卷三六引作「重慎」。

樊　准

樊准，〔一〕字幼陵，爲州從事，〔二〕臨職公正，〔三〕不發私書，世稱冰清。〔四〕　書鈔卷三七

樊准見當世學者少懼，〔五〕先王道術陵遲，乃上疏曰：〔六〕「光武受命中興之初，〔七〕群雄擾於冀州，旌旗亂於大澤，然猶投戈講學，息馬論道。孝明皇帝尤垂意於經學，即位删定乖疑，〔八〕稽合圖讖，封師太常桓榮爲關内侯，親自制作五行章句，每享射禮畢，〔九〕正坐自講，諸儒並聽，四方欣欣。是時學者尤盛，〔一〇〕冠帶搢紳遊辟雍，觀化者以億計。」　御覽卷六一三

樊准，字幼陵，〔一一〕爲御史中丞，執憲御下，舉正非法，百僚震悚。〔一二〕　書鈔卷六二

樊准拜尚書令，沈深博雅，〔一三〕明習漢家故事。〔一四〕周密畏慎。〔一五〕書鈔卷五九

校勘記

〔一〕樊准　樊宏族曾孫，范曄後漢書卷三二有傳，「准」作「凖」。李賢注云：「『凖』或作『准』。」姚本把樊准和樊凖誤分爲二人，樊准列於卷四，樊凖列於卷七，謬甚。

〔二〕爲州從事　書鈔卷七三、御覽卷二六五引同，姚本、聚珍本作「爲別駕從事」，係據陳禹謨刻本書鈔卷七三所引輯録。

〔三〕臨職　書鈔卷七三引作「堅直」。

〔四〕世稱冰清　此句原無，姚本、聚珍本有，書鈔卷七三引同，今據增補。此條書鈔卷七七亦引，字句較爲簡略。

〔五〕懼　聚珍本作「憫」。

〔六〕乃上疏曰　鄧太后臨朝，儒學陵替，樊准乃上此疏。

〔七〕光武　此二字下聚珍本有「皇帝」二字。

〔八〕孝明皇帝尤垂意於經學，即位删定乖疑　此二句聚珍本作「孝明皇帝尤垂情古典，游意經藝，删定乖疑」。

〔九〕畢　原脱，依文義當有此字。聚珍本有，今據增補。

〔一〇〕尤　聚珍本作「大」。

〔一一〕幼陵　原誤作「初陵」，書鈔卷三六、御覽卷二二五引皆不誤，今據改正。

〔一二〕悚　書鈔卷三六、御覽卷二二五引同，姚本、聚珍本作「慄」，係據陳禹謨刻本書鈔卷三六所引輯録。

〔一三〕沈深博雅　聚珍本無此句。

〔一四〕明習漢家故事　原脱「家」字，姚本、聚珍本有，初學記卷一一、類聚卷四八引亦有，今據增補。「故」字姚本、聚珍本作「舊」，類聚卷四八引亦作「舊」，陳禹謨刻本書鈔卷五九、初學記卷一一、御覽卷二一〇引作「故」。

〔一五〕周密畏慎　此句原無，姚本、聚珍本有，類聚卷四八、御覽卷二一〇引亦有，今據增補。

陰　睦〔一〕

建武三年，〔二〕追尊貴人父睦爲宣恩侯。睦，皇后父也。書鈔卷四七

校勘記

〔一〕陰睦　南陽新野人，光烈陰皇后父，范曄後漢書卷一〇光烈陰皇后紀略載其事，「睦」字作「陸」。李賢注云：「東觀記：『有陰子公者，生子方，方生幼公，公生君孟，名睦，即后之父也。』今世本『睦』作『陸』。」

〔二〕三年　聚珍本作「二年」。據范曄後漢書光烈陰皇后紀，建武九年，下詔追尊陰陸爲宣恩哀侯。

陰識

陰識爲執金吾，〔一〕居位數十年，與賓客語，不及國家，其重慎如此。〔二〕御覽卷四三〇

陰識爲執金吾，入則造也。〔三〕書鈔卷五四

校勘記

〔一〕陰識　字次伯，陰睦長子，范曄後漢書卷三二有傳。又見汪文臺輯司馬彪續漢書卷三。袁宏後漢紀卷七亦略載其事。

〔二〕其重慎如此　此條書鈔卷五四亦引，字句稍有不同。

〔三〕入則造也　此句有脱文。姚本、聚珍本皆無此條。

陰興

陰興，〔一〕字君陵，爲期門僕射，從上出入，常操小蓋，疾風暴雨，屏翳左右，泥塗隘狹，自投車下，脱袴解履，涉淖至膝。〔二〕　御覽卷三八六

上欲封陰興，〔三〕置印綬於前，興固讓曰：「臣未有先登陷陣之功，而一家數人並蒙爵土，令天下觖望，誠不願。」〔四〕帝嘉興之讓，不奪其志。〔五〕　御覽卷四二四

陰興，字君陵，盡忠竭思，其無益於國，雖在骨肉，不以私好害公義。與張宗、鮮于褒不相善，〔六〕而知其有用，猶稱其所長而薦之。〔七〕張汜、杜禽之徒與興厚善，〔八〕以其華而少實，私貨以財，終不爲言，是以世稱其忠平。　御覽卷四二九

興夫人薨，會葬，詔使五官中郎將持節至墓賜印綬，詔追封加謚興曰鮦陽翼侯。　書鈔卷四七

初，陰氏世奉管仲之祀於邑，謂之「相君子」。至子方，以累積恩德，爲神所饗，臘日晨

炊於竈，神見，再拜受慶。時有黃羊，因以祠之。自是富殖百萬，田至七百頃。後世子孫，常以臘日奉祠竈神以黃羊。〔九〕類聚卷八〇

校勘記

〔一〕陰興　陰睦次子，范曄後漢書卷三二有傳。又見汪文臺輯司馬彪續漢書卷三。袁宏後漢紀卷七亦略載其事。

〔二〕膝　聚珍本作「踝」。

〔三〕陰興　原誤作「樊興」。

〔四〕誠不願　聚珍本未輯此句。范曄後漢書陰興傳作「至誠不願」。袁宏後漢紀卷七作「臣誠不願」。

〔五〕不奪其志　此條書鈔卷四八、類聚卷五一、御覽卷二〇一亦引，字句微異。

〔六〕與張宗、鮮于褒不相善　此句姚本、聚珍本作「與同郡張宗、上谷鮮于褒不相好」，與范曄後漢書陰興傳同。「善」原誤作「喜」，書鈔卷三七引云「與張宗、鮮于褒不相善」，今據改。

〔七〕薦　書鈔卷三七引同，姚本、聚珍本作「達」，與范曄後漢書陰興傳同。

〔八〕張汜、杜禽之徒與興厚善　書鈔卷三七引同，惟「與興」二字作「興與」。「張汜」二字上姚本、聚珍本有「友人」二字，與范曄後漢書陰興傳同。

〔九〕常以臘日奉祠竈神以黄羊　此條姚本、聚珍本皆未輯録。按風俗通義祀典篇云：「漢記：『南陽陰子方積恩好施，喜祀竈，臘日晨炊而竈神見，再拜受神，時有黄羊，因以祀之。其孫識，執金吾，封原鹿侯；興，衛尉，鮦陽侯。家凡二侯，牧守數十。其後子孫常以臘日祀竈以黄羊。』」「漢記」，即指東觀漢記。所引與類聚卷八〇略有不同。

陰傅

陰傅封隱强侯。〔一〕七年，以隱强屬西，〔二〕徙封於丹陽，爲期思侯。〔三〕　書鈔卷四八

校勘記

〔一〕陰傅　陰興第二子，范曄後漢書卷三二陰興傳略載其事。「傅」字范書作「博」。　隱强侯　姚本、聚珍本作「濦强侯」，范書同，李賢注云：「濦强，縣屬汝南郡，在濦水之北。」陰傅於永平元年封隱强侯。

〔二〕以隱强屬西　此下有闕文。

〔三〕徙封於丹陽，爲期思侯　聚珍本注云：「司馬彪郡國志濦强、期思並屬汝南郡，丹陽無期思地，此文有誤。」

中國史學基本典籍叢刊

東觀漢記校注

下

〔東漢〕劉珍等撰
吴樹平校注

中華書局

卷十三

傳八

卓茂

卓茂，〔一〕字子康，〔二〕南陽人也。文選卷三八任昉爲范尚書讓吏部封侯第一表李善注

卓茂爲丞相史，〔三〕嘗出，道中有人認茂馬者。茂問失馬幾日，〔四〕對曰：「月餘矣。」茂曰：「然此馬畜已數年。」遂解馬與之，曰：「即非所失，幸至丞相府還我。」乃步輓車去。後馬主自得馬，〔五〕慙愧詣府，叩頭謝歸焉。〔六〕類聚卷九三

卓茂，字子康，南陽人。遷密令，視民如子，口無惡言，吏民親愛而不忍欺之。民嘗有言部亭長受其米肉遺者，〔七〕茂問之曰：「亭長從汝求乎？爲汝有事屬之而受乎？」〔八〕將平居以恩意遺之乎？」民曰：「往遺之耳。」茂曰：「遺之而受，何故言耶？」民曰：「竊聞賢明之君，〔九〕使民不畏吏，吏不取民。今我畏吏，是以遺之。」茂曰：「凡人所以貴於禽獸者，以

有仁愛，知相敬事也。今鄰里尚致餽，此乃相親，況吏民乎？凡人之生，羣居雜處，故有經紀禮義以相交接。汝獨不欲修之，寧能高飛遠去，不在人間耶？亭長素爲善吏，〔一〇〕歲時遺之，禮也。」民曰：「苟如此，律何故禁之？」茂笑曰：「律設大法，禮從人情。今我以禮教汝，必無怨惡。以律治汝，何所措其手足乎？」時天下大蝗，河南二十餘縣皆被其災，獨不入密界。督郵言之，〔一一〕太守不信，自出按行，〔一二〕見乃服焉。　御覽卷二六七

守令與茂並居，久之，吏人不歸往守令。〔一三〕　范曄後漢書卷二五卓茂傳李賢注

是時王莽秉政，置大司農六部丞，勸課農桑，遷茂爲京部丞，密人老少皆涕泣隨送。〔一四〕　范曄後漢書卷二五卓茂傳李賢注

上初即位，先訪求茂，〔一五〕茂謁見，時年七十餘矣。〔一六〕建武元年詔曰：「故密令卓茂，束身自脩，執節淳固，斷斷無他，其心休休焉。夫士誠能爲人所不能爲，則名冠天下，當受天下重賞。故武王誅紂，封比干之墓，表商容之閭。今以茂爲太傅，封褒德侯，〔一七〕賜安車一乘，衣一襲，金五百斤。」〔一八〕　御覽卷二〇一

茂爲人恬蕩樂道，推實不爲華貌，行己在於清濁之間，自束髮至白首，與人未嘗有争競。　范曄後漢書卷二五卓茂傳李賢注

校勘記

〔一〕卓茂　范曄後漢書卷二五有傳。又見汪文臺輯司馬彪續漢書卷二。

〔二〕字子康　原誤作「字子容」，聚珍本作「字子康」，書鈔卷五二，御覽卷二〇六、卷二六七引亦作「字子康」，與范曄後漢書卓茂傳同，今據改正。

〔三〕丞相史　時孔光爲丞相，茂爲孔光府史。孔光爲丞相是在哀帝年間。

〔四〕茂問失馬幾日　此句御覽卷四九一引作「茂問亡馬幾時乎」。

〔五〕後馬主自得馬　此句聚珍本作「後日馬主自得其馬」，御覽卷四九一引同。

〔六〕慙愧詣府，叩頭謝歸焉　此二句原作「慙愧詣茂」，今據聚珍本、御覽卷四九一引校改。

〔七〕部亭長　即所部亭長。

〔八〕屬　讀作「囑」。

〔九〕明　范曄後漢書卓茂傳同，聚珍本作「聖」。

〔一〇〕亭長素爲善吏　此下三句原無，御覽卷八六三引，今據增補。聚珍本亦有此下三句，但連綴於上文「知相敬事也」句下。今據范曄後漢書卓茂傳置此。

〔一一〕督郵　漢制，郡監屬縣，設五部，部有督郵掾，以察諸縣。見司馬彪續漢書百官志。

〔二〕行　原誤作「幸」，聚珍本作「行」，范曄後漢書卓茂傳同，今據改正。

〔三〕吏人不歸往守令　此條上有闕文。范曄後漢書卓茂傳云：茂「遷密令……初，茂到縣，有所廢置，吏人笑之，鄰城聞者皆蚩其不能。河南郡爲置守令，茂不爲嫌，理事自若。數年，教化大行，道不拾遺」。可見此條上當有「河南郡爲置守令」一句。姚本、聚珍本已增入。聚珍本將此條連綴於上條「視民如子」句前。

〔四〕密人老少皆涕泣隨送　此條全爲范曄後漢書卓茂傳中文字，李賢於此段文字下注云：「王莽攝政，置大司農部丞十三人，人部一州，勸課農桑。今書及東觀記並言六部。」從李賢注來看，東觀漢記卓茂傳當有王莽秉政，茂爲京部丞事，今摘録范書文句編次於此。范書文句雖然未必與東觀漢記盡符，但亦不會相去太遠。

〔五〕上初即位，先訪求茂　此二句原無，御覽卷七一〇引，今據增補。「求」字下御覽引有「賢」字，係衍文，今删去。

〔六〕茂謁見，時年七十餘矣　此二句原無，御覽卷二〇六引，今據增補。御覽引原無「時」字、「矣」字，范曄後漢書卓茂傳李賢注引有，今據增補。

〔七〕褒德侯　書鈔卷四八、卷一二九，御覽卷七一〇引皆同。范曄後漢書卓茂傳作「褒德侯」，李賢注云：「東觀記、續漢書皆作『宣德侯』。」聚珍本、御覽卷二〇六引東觀漢記、書鈔卷五二引應劭漢官皆作「宣德侯」。疑東觀漢記傳本有作「褒德侯」者，也有作「宣德侯」者。

〔一八〕金五百斤　范曄後漢書卓茂傳作「絮五百斤」。似以范書爲是。此條書鈔卷一九、記纂淵海卷七一亦引，字句極略。聚珍本作「光武即位，先訪求茂，茂時年七十餘矣。詔封茂宣德侯，以茂爲太傅，賜几杖、安車一乘」。事類賦卷一四引作「光武拜密令卓茂爲太傅，封褒德侯，賜之几杖」。

魯恭

魯恭，〔一〕字仲康，扶風人。父建武初爲武陵太守，〔二〕卒官。時恭年十二，弟丕年七歲，〔三〕晝夜號踊不絕聲，郡中賻贈無所受。及歸服喪，禮過成人。耽思閉門講誦，〔四〕兄弟雙高。太尉趙喜聞魯恭志行，〔五〕每歲時遣子送米肉，辭讓不敢當。恭憐丕小，欲先就其名，〔六〕託疾不仕。郡數以禮請，謝不肯應。母强遣之，〔七〕恭不得已而行，〔八〕因留新豐教授。丕舉秀才，〔九〕恭乃始爲郡吏。〔一〇〕　御覽卷五一五

魯恭爲中牟令，宿訟許伯等争陂澤田，積年州郡不決。恭平理曲直，各退自相責讓。　文選卷五九沈約齊故安陸昭王碑文李善注

魯恭爲中牟令，時郡國螟傷稼，犬牙緣界，不入中牟。河南尹袁安聞之，疑其不實，使仁恕掾肥親往察之。〔一一〕恭隨行阡陌，俱坐桑下，有雉過止其傍，傍有童兒。親曰：「何不捕之？」兒言「雉方將鶵」。親嘿然有頃，與恭訣曰：〔一二〕「所以來者，〔一三〕欲察君之治迹耳。今蟲不犯境，此一異也。化及鳥獸，此二異也。豎子有仁心，三異也。府掾久留，〔一四〕擾賢者。」具以狀白安。〔一五〕　類聚卷一〇〇

帝時伐匈奴，魯恭上疏諫曰：〔一六〕「竊見竇憲、耿秉，銜使奉命，〔一七〕暴師於外。陛下親勞，憂在軍役，誠欲以安定邊陲，爲民除害。臣思之，未見其便。數年以來，民食不足，國無蓄積，〔一八〕盛春興發，〔一九〕擾動天下，妨廢農時，以事夷狄，非所以垂意於中國，憫念民命也。」　御覽卷四五三

魯恭上疏曰：「舉無遺策，動不失其中。」〔二〇〕　文選卷五三陸機辯亡論李善注

五月姤卦用事。〔二一〕　范曄後漢書卷二五魯恭傳李賢注

校勘記

〔一〕魯恭　范曄後漢書卷二五有傳。又見汪文臺輯司馬彪續漢書卷二、華嶠後漢書卷一。袁宏後

漢紀卷一四、卷一六亦略載其事。

〔二〕建武初　此三字原無，聚珍本有，御覽卷三八四引亦有，今據增補。范曄後漢書魯恭傳云：「恭父某，建武初爲武陵太守，卒官」。

〔三〕丕　原誤作「平」，下同，聚珍本不誤，范曄後漢書魯恭傳亦不誤，今據改。

〔四〕耽思閉門講誦　此下二句原無，聚珍本有，御覽卷四二五引亦有，今據增補。「耽思」上下脱漏二字，「耽思」與所脱二字原爲四字句，其下「閉門講誦」爲另一四字句。

〔五〕太尉趙喜聞魯恭志行　此下三句原無，聚珍本有，御覽卷八六三引亦有，今據增補。此三句御覽卷四二五引作「太尉趙喜歲時遺子送米肉，辭讓不受」，「遺」乃「遣」字之誤。「趙喜」，聚珍本作「趙憙」，范曄後漢書本傳亦作「趙憙」。按「喜」、「憙」，古今字。

〔六〕欲先就其名　此句上原衍「不」字，文義全非。聚珍本無，御覽卷四一六引亦無，今據删。范曄後漢書魯恭傳云：「恭憐丕小，欲先就其名，託疾不仕。」

〔七〕母强遣之　原脱「遣」字，聚珍本有，御覽卷四一六引亦有，今據增補。

〔八〕行　聚珍本同，御覽卷四一六引作「西」，與范曄後漢書魯恭傳相合。

〔九〕丕舉秀才　聚珍本同，御覽卷四一六引作「丕舉方正」。此句上聚珍本有「建初中」一句。范曄後漢書魯恭傳云：「建初初，丕舉方正。」聚珍本「建初中」一句，即據此改補。

〔一〇〕恭乃始爲郡吏　此條御覽卷三八四亦引，只有「禮過成人」以上諸句。

〔一一〕仁恕掾　范曄後漢書魯恭傳李賢注：「主獄，屬河南尹，見漢官儀。」

〔一二〕親嘿然有頃，與恭訣曰　原僅有「親」、「曰」二字，其他七字聚珍本有，御覽卷九一七引亦有，今據增補。「嘿」，與「默」字同，聚珍本已改作「默」。

〔一三〕所以來者　聚珍本同，文選卷三六王融永明十一年策秀才文李善注、卷五九沈約齊故安陸昭王碑文李善注引皆同，獨御覽卷九一七引作「本來考君界有無蟲耳」，似非原書舊文。

〔一四〕府掾久留　此下二句原無，聚珍本有，御覽卷九一七引亦有，今據增補。

〔一五〕具以狀白安　此句聚珍本作「因還府具以狀白安」，御覽卷九一七引同，僅無「具」字。此條類聚卷九〇亦引，文字簡略。

〔一六〕魯恭　其下原有「王」字，顯係衍文，聚珍本無，今據删。

〔一七〕衔　原作「御」，「御使」，不成詞。聚珍本作「衔」，今據改。

〔一八〕蓄　此字原脱，聚珍本有，范曄後漢書魯恭傳同，今據增補。

〔一九〕發　此字原脱，聚珍本有。范曄後漢書魯恭傳有「今乃以盛春之月，興發軍役，擾動天下」云云諸語，可見聚珍本補「發」字是正確的，今從之。

〔二〇〕動不失其中　魯恭上疏頗多，此疏不見范曄後漢書魯恭傳，又疏前後語闕，無從判斷此疏爲何時所上。此條文選卷五六曹植王仲宣誄李善注亦引，文字全同。

〔三〕五月姤卦用事 范曄後漢書魯恭傳載，和帝末年，下令麥秋得案驗薄刑，而州郡好以苛察爲政，遂以盛夏斷獄。魯恭上疏諫止。此語即爲疏中語。范書魯恭傳節録此疏，可參閱。李賢注云：「姤卦巽下乾上，初六，一陰爻生，五月之卦也。」

魯丕

魯丕，〔一〕字叔陵，專心於學，朝夕孜孜，〔二〕兼通五經，〔三〕爲當世大儒。拜趙相，〔四〕爲政尚寬惠禮讓，雖有官，不廢教授，門人常有數百，關東號曰「五經復興魯叔陵」。〔五〕 書鈔卷一〇〇

和帝召諸儒，魯丕與侍中賈逵、尚書令黄香等相難數事，〔六〕帝善丕對，罷朝，特賜官幘履襪。〔七〕 書鈔卷一三六

校勘記

〔一〕魯丕 范曄後漢書卷二五魯恭傳附有魯丕傳。汪文臺輯司馬彪續漢書卷二、袁宏後漢紀卷一

六亦略載魯丕事。

〔二〕專心於學，朝夕孜孜　原無此二句，書鈔卷六七引有，今據增補。此二句姚本、聚珍本作「性沈深好學，孳孳不倦」。按此二句非東觀漢記舊文，姚本從范曄後漢書魯丕傳中摘補，聚珍本又抄自姚本。

〔三〕兼通五經　此句下姚本、聚珍本有「以魯詩、尚書教授」。按范曄後漢書魯丕傳云：丕「兼通五經，以魯詩、尚書教授，爲當世名儒」。姚本、聚珍本所增一句，即本於此。

〔四〕拜趙相　此下五句原無，御覽卷二四八引有，今據增補。此五句姚本作「拜趙相，門生就學者百餘人」，與范曄後漢書魯丕傳全同。聚珍本「不廢教授」句脱「授」字，「門人常有數百」句與姚本同，其餘文字與御覽卷二四八所引無異。

〔五〕五經復興魯叔陵　此條書鈔卷九六兩引，御覽卷六一五亦引，文字均較簡略。

〔六〕和帝召諸儒，魯丕與侍中賈逵、尚書令黄香等相難數事　原無「尚書令黄香」五字，類聚卷七〇引有，今據增補。御覽卷六九七引有「黄香」二字，脱「尚書令」三字。「相難」，謂以經義互相問難。

〔七〕特賜官幘履韈　「特」字下御覽卷六九七引有「頒」字。范曄後漢書魯丕傳云：永元十一年，「和帝因朝會，召見諸儒，丕與侍中賈逵、尚書令黄香等相難數事，帝善丕説，罷朝，特賜冠幘履韈一襲」。事又見通鑑卷八四。姚本、聚珍本皆以此條入和帝紀，字句與此微異。

魏霸

魏伯，〔一〕字喬卿，〔二〕濟陰人也。建初中爲郎。伯孤兄弟子來候，伯以所乘車馬遣送之。歸至成皋，〔三〕郎官有乘皂蓋車者，見兄子乘車，疑而格殺之。伯聞悲淚，晝夜泣涕，生病。〔四〕　書鈔卷一三九

魏霸，字喬卿，爲鉅鹿太守，〔五〕妻子不到官舍。常念兄嫂在家勤苦，己獨專樂，〔六〕故掌服麄糲，不食魚肉之味，婦親蠶桑，服機杼，子躬耕農，與兄弟子同苦樂，不得有異。鄉里慕其行，化之。〔七〕　御覽卷五一五

魏霸爲鉅鹿太守，霸性清約質朴，爲政寬恕，正色而已，不求備於人。掾吏有過，輒私責數，不改，休罷之，終不暴揚其惡。　御覽卷二六〇

魏霸，字叔卿，爲將作大匠，〔八〕吏皆懷恩，人自竭節作業，無譴過。〔九〕　書鈔卷五四

魏霸延平元年仕爲光禄大夫，妻死，〔一〇〕長兄更爲娶妻。〔一一〕妻至官舍，〔一二〕霸笑曰：

「年老，兒子備具，何用空養他家老嫗爲？」即自入拜其妻，手奉案前跪。霸曰：〔一三〕「夫人視老夫復何中空，〔一四〕而遠失計義，〔一五〕不敢相屈。」〔一六〕即拜而出。妻慚求去，〔一七〕遂送還之。書鈔卷八五

校勘記

〔一〕魏伯　范曄後漢書卷二五有傳。又見汪文臺輯謝承後漢書卷一。袁宏後漢紀卷一四亦略載其事。「伯」，與「霸」字同。

〔二〕字喬卿　聚珍本注云：「一本作『字延年』。」御覽卷四九一引云「魏霸字延年，仕爲光禄大夫」，書鈔卷五四又引云「魏霸字叔卿」，皆不可據信。按御覽卷七一〇引云：「魏霸延平元年仕爲光禄大夫。」御覽卷四九一所引「魏霸字延年，仕爲光禄大夫」二句，疑即由東觀漢記這段文字脱誤而成。范曄後漢書魏霸傳載霸字喬卿，初學記卷一七引謝承後漢書亦載霸字喬卿，可證「喬卿」二字不誤。

〔三〕歸　聚珍本無此字。

〔四〕生病　聚珍本作「至病」，與上句連讀。

〔五〕爲鉅鹿太守　姚本、聚珍本同，書鈔卷三五、續編珠卷一引亦同，獨類聚卷二一引作「爲長史」。

〔六〕專　姚本、聚珍本作「尊」，類聚卷二一引同。按「尊」字是，初學記卷一七引謝承後漢書亦作「尊」。

〔七〕鄉里慕其行，化之　原無「之」字，語義未完，姚本、聚珍本有「之」字，初學記卷一七引謝承後漢書同，今據增補。此二句類聚卷二一引作「鄉里皆慕其化」。

〔八〕爲將作大匠　據范曄後漢書魏霸傳，霸於和帝永元十六年徵拜將作大匠。

〔九〕無譴過　此句下姚本、聚珍本有「之事」二字。

〔一〇〕魏霸延平元年仕爲光禄大夫，妻死　原無「延平元年仕爲光禄大夫」十字，姚本、聚珍本有，御覽卷七一〇引亦有，今據增補。書鈔卷一三三，御覽卷四九一、卷五四二引亦載霸仕爲光禄大夫，只是文字略異。范曄後漢書魏霸傳云：「延平元年，代尹勤爲太常。明年，以病致仕，爲光禄大夫。」是霸爲光禄大夫在延平二年，此引東觀漢記「元年」下可能有删節。

〔一一〕更　姚本、聚珍本作「伯」，書鈔卷一三三，御覽卷四九一、卷五四二、卷七一〇亦皆引作「伯」。按霸與其兄不應同名，「伯」字有誤。

〔一二〕妻　姚本、聚珍本作「送」，書鈔卷一三三，御覽卷四九一、卷五四二、卷七一〇亦皆引作「送」。

〔一三〕即自入拜其妻，手奉案前跪。霸曰　此三句姚本同。聚珍本「拜」作「辭」，書鈔卷一三三引無「霸」字，御覽卷四九一引「拜」作「辭」，無「手」字，「跪霸」作「因跪」，御覽卷五四二、卷七一〇引

「跪霸」作「因跪」，餘亦同。

〔一四〕空　聚珍本脱此字。

〔一五〕遠　聚珍本作「遂」，御覽卷四九一引亦作「遂」。

〔一六〕不敢相屈　原無此句，姚本、聚珍本有，書鈔卷一三三，御覽卷五四二、卷七一〇引亦有，今據增補。御覽卷四九一引作「不敢屈」，偶脱「相」字。

〔一七〕妻慚求去　此下二句原無，聚珍本有，御覽卷五四二引亦有，今據增補。

劉寬

劉寬遷南陽太守，〔一〕温仁多恕，吏民有過，但用蒲鞭罰之，示辱而已。〔二〕　類聚卷八二

劉寬簡略嗜酒，嘗坐客，使蒼頭市酒，迂久，〔三〕大醉而還。對客罵曰：「畜生。」寬遣人視奴，疑必自殺。〔四〕　類聚卷三五

劉寬性簡略，夫人欲試寬意，伺當朝會，裝嚴已訖，使婢奉肉羹，〔五〕翻污朝衣。婢遽收之，〔六〕寬神色不異，乃徐言：「羹爛汝手？」〔七〕　合璧事類卷五四

校勘記

〔一〕劉寬　字文饒，弘農華陰人，范曄後漢書卷二五有傳。又見汪文臺輯謝承後漢書卷一、司馬彪續漢書卷二、華嶠後漢書卷一。袁宏後漢紀卷二五，隸釋卷一一太尉劉寬碑、劉寬後碑亦略載其事。「遷南陽太守」，范書劉寬傳云：「延熹八年，徵拜尚書令，遷南陽太守，典歷三郡。」而太尉劉寬碑云寬延熹八年，「遷東海相，以德興化，澤臻民物。復遷南陽太守」。

〔二〕示辱而已　此條御覽卷九九九亦引，字句微異。

〔三〕迂久　此句原無，御覽卷四六六、卷五〇〇引有，今據增補。

〔四〕疑必自殺　此條姚本和御覽卷四六六、卷五〇〇所引與此字句大同小異。惟聚珍本較詳，全文作「寬簡略嗜酒，嘗有客，遣蒼頭市酒，迂久，大醉而還。客不堪之，駡曰：『畜産。』寬須臾遣人視奴，疑必自殺。顧左右曰：『此人也，駡言畜産，辱孰甚焉。吾懼其死也。』」與范曄後漢書劉寬傳字句大略相同，不知聚珍本據何書輯録。

〔五〕使婢奉肉羹　「使」字下書鈔卷一二九引有「侍」字，范曄後漢書劉寬傳同。

〔六〕遽　此字原無，聚珍本有，六帖卷二〇、御覽卷五〇〇引亦有，范曄後漢書劉寬傳同，今據增補。

〔七〕羹爛汝手　此條初學記卷一九、類聚卷三五、萬花谷後集卷一六亦引，字句微異。

伏湛〔一〕

上自將擊彭寵，〔二〕伏惠公諫曰：「臣聞文王享國五十，伐崇七年，而三分天下有二。至武王，四海乃賓。陛下承大亂之極，出入四年，中國未化，遠者不服，而遠征邊郡，四方聞之，莫不怪疑，願思之。」御覽卷四五三

南陽太守杜詩上疏薦伏惠公曰：〔三〕「竊見故大司徒陽都侯伏惠公自行束脩，〔四〕訖無毀玷，〔五〕篤信好學，〔六〕守死善道，經爲人師，行爲儀表，秉節持重，有不可奪。〔七〕衆賢百姓，鄉望德義。〔八〕微過斥退，久不復用，識者愍惜，儒士痛心。湛容貌堂堂，〔九〕國之光輝，智略謀慮，朝之淵藪。髫齔勵志，〔一〇〕白首不衰。實足以先後王室，名足以光示遠人。武公、莊公所以砥礪蕃屏，勸進忠信，令四方諸侯咸樂回首，仰望京師。柱石之臣，宜居輔弼，出入禁門，補闕拾遺。」〔一一〕御覽卷六三一

校勘記

〔一〕伏湛　字惠公，琅邪東武人，范曄後漢書卷二六有傳。又見汪文臺輯司馬彪續漢書卷二、袁山

松後漢書。

〔二〕上自將擊彭寵　建武二年，彭寵反漢。三年，光武帝欲自將兵擊之。時伏湛爲大司徒，上疏諫阻，遂遣耿弇擊寵。

〔三〕南陽太守杜詩上疏薦伏惠公曰　建武五年冬，光武帝征張步，伏湛留守。時蒸祭高廟，河南尹、司隸校尉於廟中争論，湛不舉奏，被免去大司徒之職。六年，徙封不其侯，遣就國，故有杜詩上疏薦伏湛事。見范曄後漢書伏湛傳。

〔四〕自行束脩　謂初入學官之時。漢代年十五左右始行束脩，入學官。

〔五〕訖　竟也。

〔六〕學　原作「死」，涉下文而誤。聚珍本作「學」，書鈔卷三三引同，與范曄後漢書伏湛傳相合，今據改正。

〔七〕秉節持重，有不可奪　此二句原無，聚珍本有，書鈔卷三三亦引，今據增補。「奪」字下當有「之志」二字，范曄後漢書伏湛傳載杜詩薦湛疏云：「秉節持重，有不可奪之志。」

〔八〕鄉　范曄後漢書伏湛傳作「仰」。

〔九〕湛容貌堂堂　此句至「宜居輔弼」句原無，聚珍本有，今據增補。其中「容貌堂堂」至「名足以光示遠人」諸句和「柱石之臣，宜居輔弼」二句，御覽卷三八九引，「武公、莊公所以砥礪蕃屏」至「仰、望京師」四句，范曄後漢書伏湛傳李賢注引。

〔一〇〕齠齔 謂童年。范曄後漢書伏湛傳作「髫髮」。

〔一一〕出入禁門，補闕拾遺 此二句原無，聚珍本有，文選卷一〇潘岳西征賦李善注亦引，今據增補。文選卷二八鮑照樂府放歌行李善注引作「出入禁門，補拾遺闕」。此條御覽卷三七九、文選卷四七袁宏三國名臣序贊李善注亦引，然皆極簡略。

伏盛

伏盛，〔一〕字伯明。范曄後漢書卷二六伏隆傳李賢注

張步遣其掾孫昱隨盛詣闕上書，獻鰒魚。〔二〕范曄後漢書卷二六伏隆傳李賢注

校勘記

〔一〕伏盛 伏湛之子，范曄後漢書卷二六有傳。「盛」，范書作「隆」，云「字伯文」。李賢注云：「東觀記『隆』作『盛』，字伯明。」按「盛」字當改作「隆」。爲避殤帝諱，修史者改「隆」作「盛」。

〔二〕張步遣其掾孫昱隨盛詣闕上書，獻鰒魚 范曄後漢書伏隆傳云：「張步遣使隨隆詣闕上書，獻鰒

魚。」李賢注云：「東觀記：步遣其掾孫昱隨之。」此條即據李賢注，又參酌范書輯録。

伏恭〔一〕

恭字叔齊，伏湛同産兄子也。范曄後漢書卷二六牟融傳李賢注

校勘記

〔一〕伏恭　范曄後漢書卷七九有傳。又見汪文臺輯華嶠後漢書卷二。

伏晨〔一〕

晨尚高平公主。范曄後漢書卷二六伏湛傳李賢注

校勘記

〔一〕伏晨　伏湛少子伏翕之孫，范曄後漢書無傳。

侯霸

侯霸，〔一〕字君房，有威重，〔二〕爲太子舍人。〔三〕書鈔卷六六

從鐘寧君受律。范曄後漢書卷二六侯霸傳李賢注

侯霸，字君房，河南密人也。〔四〕爲臨淮太守，治有能名。〔五〕及王莽之敗，霸保固自守，〔六〕卒全一郡。更始元年，遣謁者侯盛、荆州刺史費遂齎璽書徵霸，〔七〕百姓老弱相携號哭，遮使者車，或當道而卧。皆曰：「乞侯君復留朞年。」〔八〕民乃誡乳婦勿得舉子，侯君當去，必不能全。使者慮霸就徵，臨淮必亂，不敢受璽書，〔九〕而具以狀聞。〔一〇〕御覽卷二六〇

侯霸爲尚書令，〔一一〕深見任用。〔一二〕類聚卷四八

校勘記

〔一〕侯霸　范曄後漢書卷二六有傳。又見汪文臺輯司馬彪續漢書卷二、袁山松後漢書。袁宏後漢紀卷五亦略載其事。

〔二〕有威重　此句御覽卷二四六引作「爲人嚴而有威」。

〔三〕爲太子舍人　范曄後漢書侯霸傳云：「成帝時，任霸爲太子舍人。」

〔四〕河南密人也　此句原無，書鈔卷一三九引，今據增補。「河南」二字原誤作「河内」，今據范曄後漢書侯霸傳校改。漢書地理志河南有密縣。

〔五〕爲臨淮太守，治有能名　此二句姚本作「霸爲淮平大尹，政理有能名」。聚珍本同，惟無「霸」字。書鈔卷一三九引作「爲臨淮太守，郡以致治」。袁宏後漢紀卷五亦云侯霸於王莽時「爲臨淮太守」。按臨淮郡，王莽改爲淮平。范曄後漢書侯霸傳云：「後爲淮平大尹，政理有能名。」

〔六〕自　原脱，今據范曄後漢書侯霸傳增補。此句聚珍本作「霸保守臨淮」，文選卷五九沈約齊故安陸昭王碑文李善注引同。

〔七〕遣謁者侯盛、荆州刺史費遂齎璽書徵霸　此句原作「遣使徵霸」，姚本、聚珍本作「遣謁者侯盛、荆州刺史費遂齎璽書徵霸」，范曄後漢書侯霸傳李賢注引同，今據改。此句書鈔卷一三九引同，惟「齎」字作「賫」。文選卷五九沈約齊故安陸昭王碑文李善注引作「遣謁者侯盛齎璽書徵霸」。

〔八〕朞年　此二字原無，聚珍本云：「願復留霸朞年。」文選卷五九沈約齊故安陸昭王碑文李善注引同，今據增補。

〔九〕受　聚珍本作「授」，范曄後漢書侯霸傳同。按二字通。

〔一〇〕而具以狀聞　此條書鈔卷三五亦引，字句簡略。

〔二〕侯霸爲尚書令　范曄後漢書侯霸傳云：「建武四年，光武徵霸與車駕會壽春，拜尚書令。」

〔三〕深見任用　此條御覽卷二一〇亦引，文字全同。

韓歆

韓歆，〔一〕字翁君，南陽人。以從征伐有功，封扶陽侯。好直言，爲司徒，〔二〕嘗因朝會帝讀隗囂、公孫述相與書，歆曰：「亡國之君皆有才，桀、紂亦有才。」上大怒，以爲激發，免歸田里。上猶不釋，復詔就責，歆及子嬰皆自殺。御覽卷四八三

校勘記

〔一〕韓歆　范曄後漢書卷二六侯霸傳略載其事。

〔二〕爲司徒　建武十三年，從沛郡太守代侯霸爲大司徒。見范曄後漢書光武帝紀。

宋弘

上嘗問宋弘通博之士，〔一〕弘薦沛國桓譚才學洽聞，幾及楊雄、劉向父子。於是召譚拜議郎、給事中。上每讌，輒令鼓琴，好其繁聲。弘聞之，不悅，悔於薦舉。聞譚內出，正朝服坐府上，〔二〕遣吏召之。譚至，不與席而讓之曰：〔三〕「吾所以薦子者，欲令輔國家以道德，〔四〕而今數進鄭聲以亂雅樂，〔五〕非頌德忠正也。」〔六〕後大會群臣，上使譚鼓琴，見弘，失其常度。上怪而問之，弘乃離席免冠謝曰：「臣所以薦桓譚者，望能以忠正導主，而令朝廷耽悅鄭聲，〔七〕臣之罪也。」其後不復令譚給事中。〔八〕御覽卷六三一

宋弘爲司空，〔九〕常受俸得鹽豉千斛，〔一〇〕遣諸生迎取上河，令糴之。鹽賤，諸生不糴，弘怒，便遣，及其賤，悉糶賣，不與民争利。〔一一〕御覽卷八二八

宋弘嘗燕見，御坐新施屏風，圖畫列女，〔一二〕帝數顧視之。弘正容言曰：「未見好德如好色者。」上即爲撤之。時上姊胡陽公主新寡，〔一三〕上與共論朝臣，微觀其意。主曰：「宋公威容德器，群臣莫及。」上曰：「方且圖之。」後弘見上，令主坐屏風後，因謂弘曰：「諺言貴易，

交，富易妻，人情乎？」弘曰：「臣聞貧賤之交不可忘，糟糠之妻不下堂。」上顧謂主曰：「事不諧矣。」　類聚卷六九

校勘記

〔一〕上嘗問宋弘通博之士　當在建武初年宋弘爲大司空時。「宋弘」，字仲子，京兆長安人，范曄後漢書卷二六有傳。又見汪文臺輯袁山松後漢書。「通博」，書鈔卷一〇九、類聚卷四四引作「通儒」。四庫全書考證云：「按『通儒之士』，或傳寫有訛，考范書本傳作『通博之士』，太平御覽引本書與范書同，文義較妥。」

〔二〕正朝服坐府上　此句原無，聚珍本有，書鈔卷三七引亦有，今據增補。御覽卷五七七引無「正朝服」三字，而有「坐府上」三字。

〔三〕與　原誤作「舉」，聚珍本作「與」，書鈔卷三七引同，范曄後漢書宋弘傳亦作「與」，今據改正。

〔四〕德　原無此字，書鈔卷三七引有，今據增補。范曄後漢書宋弘傳載弘讓桓譚曰：「吾所以薦子者，欲令輔國家以道德也。」

〔五〕鄭聲　史記樂書云：「鄭、衛之音，亂世之音也。」漢書禮樂志云：「周室大壞，諸侯恣行，設兩觀，乘大路。陪臣管仲、季氏之屬，三歸雍徹，八佾舞廷。制度遂壞，陵夷而不反，桑間、濮上，鄭、

衛、宋、趙之聲並出，内則致疾損壽，外則亂政傷民。」顔師古注云：「鄭、衛、宋、趙諸國，亦皆有淫聲。」

〔六〕頌　聚珍本作「碩」。

〔七〕令　原誤作「今」。　耽　原誤作「欽」。皆據聚珍本改正。范曄後漢書宋弘傳載弘言云：「臣所以薦桓譚者，望能以忠正導主，而令朝廷耽悦鄭聲，臣之罪也。」

〔八〕其後不復令譚給事中　此句原無，聚珍本有，類聚卷四四引亦有，今據增補。此句御覽卷五七七引作「故不復令譚給事」。此條書鈔卷三三、事類賦卷一一亦引，字句較略。

〔九〕宋弘爲司空　原作「司空宋弘」，書鈔卷三八引作「宋弘爲司空」，今從改。

〔一〇〕常　書鈔卷三八、御覽卷四二五引作「嘗」。按二字通。

〔一一〕不與民爭利　此條姚本作「宋弘爲司空，嘗受俸得鹽，令諸生糶，諸生以賤不糶。弘怒，悉賤糶，不與民爭利」。係據書鈔卷三八所引輯録。聚珍本同，只是删去首句。

〔一二〕圖畫烈女　原脱「圖」字，姚本、聚珍本有，書鈔卷一三二、六帖卷一四、御覽卷七〇一、卷七五〇引亦有此字，今據增補。「烈」，書鈔卷一三二引同，姚本、聚珍本作「列」，六帖卷一四，御覽卷七〇一、卷七五〇引同，范曄後漢書宋弘傳亦作「列」。按二字通。

〔一三〕胡陽公主　姚本、聚珍本作「湖陽公主」，御覽卷七〇一引同，范曄後漢書宋弘傳亦同。按當作

「湖陽公主」，史書一般都作「湖陽公主」，然而也偶有作「胡陽公主」者，如范曄後漢書光烈陰皇后紀云：「光武即位，令侍中傅俊迎后，與胡陽、寧平主諸宫人俱到洛陽。」湖陽公主名黄，建武二年，封爲湖陽長公主。見范書北海靖王興傳。

馮勤

馮勤，〔一〕字偉伯，〔二〕魏郡人。曾祖父楊，宣帝時爲弘農太守，有八子，皆爲二千石，趙魏間榮之，號「萬石」焉。〔三〕兄弟形皆偉壯，唯勤祖偃長不滿七尺，〔四〕常自謂短陋，恐子孫似之，乃爲子伉娶長妻，〔五〕生勤，長八尺三寸。御覽卷三七七

偃爲黎陽令。范曄後漢書卷二六馮勤傳李賢注

馮勤初爲太守銚期功曹，有高能稱。〔六〕書鈔卷七七

魏郡太守范横上疏薦勤。范曄後漢書卷二六馮勤傳李賢注

馮勤爲郎中，給事尚書。以圖議軍糧，在事精勤，遂見親識，由是使典諸侯封事。勤差量功次輕重，〔七〕國土遠近，地勢豐薄，〔八〕不相踰越，莫不厭服焉。自是封爵之制，非勤

不定。御覽卷一九八

馮勤遷司徒。〔九〕是時三公多見罪退，上欲令以善自終，〔一〇〕乃因讌見從容戒之曰：「朱浮上不忠於君，下陵轢同列，終以中傷，放逐受誅，〔一一〕雖復追加賞賜，不足以償不訾之身。〔一二〕忠臣孝子，覽照前世，〔一三〕以爲鑒戒。〔一四〕能盡忠於國，事君無二，則爵賞光乎當世，〔一五〕功名列於不朽，〔一六〕可不勉哉！」御覽卷四五八

中元元年，車駕西幸長安，祠園陵還，勤燕見前殿盡日，歸府，因病喘逆，上使太醫療視，賞賜錢帛，遂薨。范曄後漢書卷二六馮勤傳李賢注

馮奮弟由，黄門侍郎，尚安平公主。〔一七〕范曄後漢書卷二六馮勤傳李賢注

校勘記

〔一〕馮勤　范曄後漢書卷二六有傳。

〔二〕偉伯　原誤作「衛伯」，聚珍本作「偉伯」，御覽卷二五九引同，與范曄後漢書馮勤傳相合。

〔三〕號「萬石」焉　此句姚本、聚珍本作「號爲馮萬石」，類聚卷五〇引同。書鈔卷七四引作「號曰馮萬石」。

〔四〕祖偃　原誤作「祖偃知」，聚珍本作「祖偃」，今據改正。范曄後漢書馮勤傳云：「勤祖父偃。」

〔五〕伉　原誤作「汎」，聚珍本作「伉」，范曄後漢書馮勤傳同，今據改正。

〔六〕有高能稱　此條姚本、聚珍本皆未輯録。

〔七〕勤差量功次輕重　此下七句原無，姚本、聚珍本有，類聚卷五一亦引，今據增補。

〔八〕薄　原誤作「王」，姚本、聚珍本作「薄」，范曄後漢書馮勤傳同，今據改正。

〔九〕馮勤遷司徒　建武二十七年馮勤爲司徒。見范曄後漢書光武帝紀。

〔一〇〕上欲令以善自終　此句姚本、聚珍本作「上賢勤，欲令以善自珍」。范曄後漢書馮勤傳云：「帝賢勤，欲令以善自終。」

〔一一〕終以中傷，放逐受誅　此二句姚本、聚珍本作「竟以中傷人臣，放逐遭誅」。類聚卷二三引作「竟以中傷人臣，放逐受誅」。按范曄後漢書馮勤傳載光武帝言云：「朱浮上不忠於君，下陵轢同列，竟以中傷至今，死生吉凶未可知，豈不惜哉！人臣放逐受誅，雖復追加賞賜賻祭，不足以償不訾之身。」可見此文有節删。

〔一二〕不足以償不訾之身　范曄後漢書馮勤傳李賢注云：「『訾』，量也。言無量可比之，貴重之極也。『訾』與『資』同。」

〔一三〕覽　原作「鑒」，姚本、聚珍本作「覽」，書鈔卷一八、類聚卷二三引同，范曄後漢書馮勤傳亦作「覽」，今據改。

〔一四〕鑒　姚本、聚珍本作「鏡」，書鈔卷一八、類聚卷二三引同，范曄後漢書馮勤傳亦作「鏡」。

〔一五〕光　原誤作「先」，姚本、聚珍本作「光」，類聚卷二三引同，范曄後漢書馮勤傳亦作「光」，今據改正。

〔一六〕功　此字原脱，姚本、聚珍本有此字，類聚卷二三引同，范曄後漢書馮勤傳亦有此字，今據增補。

〔一七〕尚安平公主　范曄後漢書馮勤傳云：勤中子順，尚平陽長公主，「建初八年，以順中子奮襲主爵爲平陽侯，薨，無子。永元七年，詔書復封奮兄羽林右監勁爲平陽侯，奉公主之祀。奮弟由，黄門侍郎，尚平安公主」。李賢注云：「章帝女也。臣賢按：東觀記亦云安平，皇后紀云由尚平邑公主，紀、傳不同，未知孰是。」此條即據李賢注，又酌取范書文句輯録。李賢注引作「安平」，范書作「平安公主」，亦相互有異。

郭　賀

郭賀，〔一〕字喬卿，爲荆州刺史。明帝到南陽巡守，賜三公之服，去蟾帷，使百姓見之，以彰有德。〔二〕　書鈔卷七二

校勘記

〔一〕郭賀　范曄後漢書卷二六蔡茂傳附載郭賀事迹。又見汪文臺輯謝承後漢書卷一。

〔二〕以彰有德　此條文字聚珍本作「郭賀，字喬卿，洛陽人，爲荆州刺史，百姓歌之曰：『厥德文明。』治有殊政。顯宗巡狩，賜以三公之服，黻冕之旒」。書鈔卷三六引作「郭賀爲荆州刺史，百姓歌之曰：『厥德文明。』」卷三九引作「郭賀爲荆州刺史，治有殊政。顯宗巡狩，賜以三公之服，黼冕之旒」。「黼」，即「黻」字之誤。姚本、書鈔卷三〇引皆較簡略。

趙熹

趙熹，〔一〕字伯陽，南陽宛人也。〔二〕少有節操，從兄爲人所殺，無子，熹十五，常思欲報之。乃挾兵結客，後遂往復仇。而仇家皆疾病，無相拒者。熹以因疾報殺，非仁者心，且釋之而去，顧謂仇曰：「爾曹若健，遠相避也。」後病愈，悉自縛詣熹，不與相見，後竟殺之。〔三〕御覽卷四八一

更始即位，舞陰大姓李氏擁城不下，更始遣柱天將軍李寶降之，不肯，云：「聞宛之趙

氏有孤孫憙，〔四〕信義著聞，願得降之。」更始徵憙，使詣舞陰，李氏遂降。御覽卷四二〇

趙憙爲赤眉兵所圍，〔五〕迫急，乃亡走，與友人韓仲伯等數十人，携小弱，越山出武關。仲伯以婦色美，慮有强暴者，而己受其害，欲棄之於道。憙責怒仲伯，〔六〕不聽，以泥塗仲伯婦面，〔七〕載以鹿車，身自推之。〔八〕每逢賊欲逼奪，憙輒爲求哀，〔九〕言其病，〔一〇〕以此得免。〔一一〕御覽卷四〇七

趙憙爲赤眉所迫，亡走，遇更始親屬，皆裸跣塗炭，飢困不能前。憙見之悲感，所裝縑帛資糧，悉以與之。御覽卷四一九

勑憙從騎都尉儲融受兵二百人，〔一二〕通利道路。憙白上，不願受融兵，單車馳往，度其形況。上許之。范曄後漢書卷二六趙憙傳李賢注

趙憙，〔一三〕字伯陽，爲平原太守，〔一四〕後青州大蝗，入平原界輒死，歲屢有年，百姓歌之。類聚卷五〇

建武二十六年，上延集内戚讌會，諸夫人各前言爲趙憙所濟活。〔一五〕帝甚嘉之。後徵憙入爲太僕，引見謂曰：「卿非但爲英雄所保也，婦人亦懷卿之恩。」厚加賞賜。御覽卷四七九

草創苟合，〔一六〕未有還人，蓋憙至此，請徙之令盡也。范曄後漢書卷二六趙憙傳李賢注

太尉趙憙上言宜登封岱宗，正三雍之禮。玉海卷九五

太尉趙憙以日蝕免。〔一七〕書鈔卷五一

趙憙，〔一八〕字伯陽，爲衛尉，行太尉事，〔一九〕性周密，盡心事上，内典宿衛，夙夜匪懈，恩寵甚厚。遭母憂，上疏乞身行服，〔二〇〕帝不許，〔二一〕遣使者爲釋服。〔二二〕書鈔卷五三

憙内典宿衛，外幹宰職，正身立朝，未嘗懈惰。及帝崩，復典喪事，再奉大行，禮事修舉。肅宗即位，進爲太傅。〔二三〕聚珍本

詔云：「行太尉事衛尉趙憙，〔二四〕三葉在位，〔二五〕爲國元老，其以憙爲太傅。」時年八十，而心力克壯，繼母在，〔二六〕朝夕瞻省，傍無几杖，言不稱老，達練事體，明解朝章，雖無謇直之風，屢有補闕之益。〔二七〕初學記卷一一

趙憙奮迅行伍。〔二八〕文選卷一〇潘岳西征賦李善注

校勘記

〔一〕趙憙　范曄後漢書卷二六有傳。又見汪文臺輯司馬彪續漢書卷二。袁宏後漢紀卷八亦略載其

事。「憙」，原作「喜」，本條下文同，姚本、聚珍本作「憙」，他書或引作「憙」，或引作「喜」。按當以「憙」字爲是。

〔二〕南陽宛人　原脱「陽」字。范曄後漢書趙憙傳云：「南陽宛人也。」今據增補。

〔三〕後竟殺之　此條類聚卷三三亦引，字句稍略。

〔四〕憙　原作「喜」，本條下文同。

〔五〕趙憙爲赤眉兵所圍　據范曄後漢書趙憙傳記載，更始拜憙爲五威偏將軍，以功拜中郎將，封勇功侯。更始敗，憙爲赤眉兵所圍。「憙」，原作「喜」，本條下文同。

〔六〕憙責怒仲伯　原作「喜怒」，聚珍本作「憙責怒仲伯」，今從改。御覽卷三八〇引與聚珍本同，惟「憙」字作「喜」。

〔七〕仲伯　原脱「伯」字。此二字聚珍本作「其」，御覽卷三八〇引同。

〔八〕自　此字原脱，聚珍本有，御覽卷三八〇引同，范曄後漢書趙憙傳亦有此字，今據增補。

〔九〕輒爲求哀　此四字原無，聚珍本有，御覽卷三八〇引亦有此四字，今據增補。

〔一〇〕其　此字原脱，聚珍本有，御覽卷三八〇引亦有此字，今據增補。

〔一一〕以此得免　范曄後漢書趙憙傳同，聚珍本作「遂脱」，御覽卷三八〇引同。

〔一二〕勑憙從騎都尉儲融受兵二百人　范曄後漢書趙憙傳云：「時江南未賓，道路不通，以憙守簡陽侯相。憙不肯受兵，單車馳之簡陽。」其下李賢引「勑憙」云云作注。此句上姚本有「帝以憙守簡陽侯相」一句，聚珍本有「光武以憙守簡陽侯相」一句，皆係酌取范書文字增補。

〔三〕憙　原作「喜」。

〔四〕爲平原太守　此句下姚本、聚珍本有「於是擢舉義行，誅鋤姦惡」二句。按書鈔卷七六引東觀漢記云：「趙君憙爲平原太守，百姓歌之。」陳禹謨刻本書鈔卷七六此條已改引後漢書，有「於是擢舉義行，誅鋤姦惡」二句，與今本范曄後漢書趙憙傳相合。姚本、聚珍本「於是」云云二句，係據陳本書鈔或范書增補。

〔五〕憙　原作「喜」，本條下文同。

〔六〕草創苟合　范曄後漢書趙憙傳云：建武「二十七年，拜太尉，賜爵關内侯。時南單于稱臣，烏桓、鮮卑並來入朝，帝令憙典邊事，思爲長久規。憙上復緣邊諸郡，幽、并二州由是而定」。其下李賢引「草創苟合」云云作注。按范書光武帝紀載，建武十五年二月，徙鴈門、代郡、上谷三郡民，置常山關、居庸關以東。二十年，省五原郡，徙其吏人置河東。二十五年，南單于臣服於漢，遣子入侍。烏桓大人率衆内屬。二十六年，遣中郎將段郴授南單于璽綬，令入居雲中。至此，原來先後被遷徙的雲中、五原、朔方、北地、定襄、鴈門、上谷、代八郡民，亦令歸還本土，並使謁者帶領弛刑徒修理城郭。但返回邊郡的人並不多。所謂「草創苟合，未有還人」，就是指這種情況來説的。二十七年，趙憙上奏復緣邊諸郡八郡民才又徙還本土。

〔一七〕太尉趙憙以日蝕免　此句聚珍本作「拜太尉，以日蝕免」。注云：「范書本傳，建武二十七年拜太尉，明帝永平三年，坐考中山相薛脩不實免，非因日蝕也。且以災異策免三公，自安帝時徐防始，光武時未有此，此文疑誤。」

〔一八〕憙　原作「喜」。

〔一九〕行太尉事　此句原無，書鈔卷五三別處引此條有此句，今據增補。據范曄後漢書趙憙傳載，明帝永平三年春，憙坐考中山相薛脩不實免，同年冬代竇融爲衛尉。八年，代虞延行太尉事。

〔二〇〕遭母憂，上疏乞身行服　此二句原作「母歿，故乞身行服」。書鈔卷九三引作「遭母憂，上疏乞身行喪」。今參酌書鈔卷九三所引校改。此二句姚本、聚珍本作「母歿，乞身行服」。

〔二一〕帝　姚本、聚珍本作「顯宗」，書鈔卷九三引同。

〔二二〕遣使者爲釋服　此句原無，書鈔卷九三引有，今據增補。姚本、聚珍本亦有此句，只是無「者」字，此句下又有「賞賜恩寵甚渥」一句。陳禹謨刻本書鈔卷九三引云：「遣使者爲釋服，賞賜恩寵甚渥。」可見姚本、聚珍本係據陳本書鈔輯録，又偶脱「者」字。

〔二三〕進爲太傅　此條不知聚珍本從何書輯録，文字與范曄後漢書趙憙傳全同。

〔二四〕衛尉　此二字原無，類聚卷四六引有，今據增補。「憙」，原作「喜」，本條下文同。

〔三五〕葉　類聚卷四六、合璧事類後集卷一一引作「世」。

〔三六〕繼母在　此句下合璧事類後集卷一一引有「堂」字。

〔三七〕屢有補闕之益　此條姚本、聚珍本作「詔曰：『行太尉事趙憙，三葉在位，爲國元老，其以憙爲太傅。』」「時年八十」以下各句漏輯。御覽卷二〇六亦引此條，字句與姚本、聚珍本略同。

〔三八〕趙憙奮迅行伍　聚珍本將此句編於傳首「趙憙，字伯陽」二句下。四庫全書考證云：「此條永樂大典及姚本無之，當是序中語。」

牟融

牟融，〔一〕字子優，遷大司農，居職修治，又善論議，朝廷皆服其能。帝數嗟歎，以爲才堪宰相。〔二〕　唐類函卷四七

校勘記

〔一〕牟融　北海安丘人，范曄後漢書卷二六有傳。又見汪文臺輯司馬彪續漢書卷二。袁宏後漢紀卷一〇亦略載其事。

〔三〕以爲才堪宰相　此條姚本全同。書鈔卷五四引作「牟融，字子優，爲大司農，性明達，朝廷稱爲名卿」。書鈔卷三六、類聚卷四九、初學記卷一二、六帖卷七五、萬花谷别集卷八、記纂淵海卷三一、合璧事類後集卷三三、卷三五、翰苑新書卷二一、卷二二亦皆引此條，字句與書鈔卷五四所引大同小異。聚珍本作「牟融，字子優，遷大司農，性明達，居職修治，又善論議，朝廷稱爲名卿。帝數嗟歎，以爲才堪宰相」。内容詳於諸書所引，係綜合各書所引連綴而成。御覽卷二三二引云：「羊融，字子優，爲大司農，性明達，稱爲名卿。」「羊融」即「牟融」之訛，聚珍本輯者不加細考，遂以羊融另立一傳，輯入此條文字，編於不明時代的人物之列，大誤。

韋彪

韋彪上議曰：〔一〕「二千石皆以選出京師，剖符典千里。」〔二〕　文選卷二九嵇康雜詩李善注

校勘記

〔一〕韋彪　字孟達，扶風平陵人，范曄後漢書卷二六有傳。又見汪文臺輯謝承後漢書卷一、華嶠後漢書卷一。袁宏後漢紀卷一一亦略載其事。據范書載，建初中，韋彪爲大鴻臚，當時上書言事

者，大多認爲郡國貢舉率非功次，吏事日壞，咎在州郡，有詔下公卿朝臣議。韋彪上議，認爲貢舉關鍵「在於選二千石，二千石賢，則貢舉皆得其人矣」。文選李善注所引韋彪議中二語，已被范書節删。

〔二〕剖符典千里　此條文選卷五七潘岳馬汧督誄李善注亦引，文字與此全同。

韋豹

韋豹，〔一〕字季明。數年辟公府，〔二〕輒以事去。司徒劉愷辟之，謂曰：「卿輕人，好去就，故爵位不踰。〔三〕今歲垂盡，當辟御史，意在相薦，子其留乎？」豹曰：「犬馬齒衰，〔四〕豈敢久待。薦之私，〔五〕非所敢當。」遂跣而起，愷追之，遥去不顧。〔六〕御覽卷六三一

校勘記

〔一〕韋豹　韋彪族子，范曄後漢書卷二六韋彪傳附載其事。

〔二〕數年辟公府　聚珍本無「年」字。按「年」字係衍文，范曄後漢書韋彪傳無此字。下文云：「卿輕人，好去就。」正承「數辟公府」爲言。

〔三〕踰　聚珍本同，范曄後漢書韋彪傳作「蹐」。

〔四〕犬　聚珍本作「夫」。按「犬」字是，范曄後漢書韋彪傳作「犬」。

〔五〕薦之私　從上下句來看，此當四字爲句。聚珍本「薦」上有「論」字，於義不通，必是誤字。范曄後漢書韋彪傳載韋豹言云：「犬馬齒衰……不堪久待，選薦之私，非所敢當。」是「薦」字上脱「選」字。

〔六〕遥　聚珍本同，范曄後漢書韋彪傳作「徑」，於義較長。

桓虞

桓虞，〔一〕字伯春，〔二〕時遷尚書僕射，〔三〕據法斷事，周密平正，以爲能，擢爲南陽太守。〔四〕　書鈔卷五九

校勘記

〔一〕桓虞　范曄後漢書無傳。袁宏後漢紀卷一一略載其事。

〔二〕字伯春　范曄後漢書章帝紀章和元年李賢注：「桓虞，字仲春，馮翊萬年人。」建初四年注亦云

「字仲春」。又袁宏後漢紀卷一一亦云：「虞字仲春。」

〔三〕時遷尚書僕射　陳禹謨刻本書鈔無「時」字，姚本、聚珍本亦無「時」字。此句上聚珍本有「馮翊萬年人」一句，疑是據上引范書李賢注增入。

〔四〕擢爲南陽太守　范曄後漢書章帝紀云：建初四年五月甲戌，「南陽太守桓虞爲司徒」。據此，桓虞擢爲南陽太守當在建初四年前。

趙勤

趙勤，〔一〕字益卿，〔二〕劉賜姊子。勤童幼有志操，往來賜家，國租適到，時勤在旁，賜指錢示勤曰：「拜，乞汝三十萬。」〔三〕勤曰：「拜而得錢，非義所取。」終不肯拜。〔四〕　御覽卷八三五

趙勤，字孟卿，南陽棘人。〔五〕明達好學，介然特立。太守駱珍召署曹吏，至掾督郵。太守桓虞下車，葉令雍霸及新野令皆不遵法，乃署勤督郵，〔六〕到葉見霸，不問縣事，但高談清論以激厲之，霸即陳責解印綬去。〔七〕勤還入新野界，令聞霸已去，遣吏奏記陳罪，復還印綬去。虞乃歎曰：「善吏如良鷹矣，下鞲即中。」〔八〕　御覽卷二五三

趙勤，南陽人，太守桓虞召爲功曹，〔九〕委以郡事。嘗有重客過，欲託一士，令爲曹吏。

虞曰：「我有賢功曹趙勤，當與議之。」潛於內中聽，〔一〇〕虞乃問勤，勤對曰：「恐未合，衆客曰止，〔一一〕止，勿復道。」〔一二〕御覽卷二六四

校勘記

〔一〕趙勤　范曄後漢書未見。

〔二〕字益卿　姚本、聚珍本同，御覽卷二五三引作「字孟卿」。

〔三〕乞　給與。　三十　姚本同，事類賦卷一〇引亦同。聚珍本作「二十」。

〔四〕終不肯拜　此句下聚珍本注云：「此段一本作『勤少孤，嘗從人貸錢。或以錢示勤曰：「汝起拜，即與汝。」勤曰：「拜汝得錢非義。」終不肯拜』。」所謂「一本」，即指姚本。姚本輯有這段文字。此條書鈔卷八五引作「勤少孤，往來劉賜家，賜指錢示勤曰：『汝起拜賜汝。』勤曰：『拜而得錢，非義所取。』終不肯拜」。

〔五〕棘　南陽郡無棘縣，當作「棘陽」。

〔六〕署　原誤作「復」，姚本、聚珍本作「署」，書鈔卷七七引同，今據改。

〔七〕陳責　當作「自責」。姚本、聚珍本無，書鈔卷七七引亦無此二字。

〔八〕下輔即中　此條御覽卷九二六、事類賦卷一八、文選卷二八鮑照東武吟李善注亦引，文字疏略。

「鞲」，臂套，以皮爲之。

〔九〕功曹　即郡守下的功曹史，主要掌管人事，也與聞一郡政務。漢代縣也置功曹。

〔一〇〕聽　與「廳」字通。

〔一一〕衆客　據上文，當作「重客」。

〔一二〕勿復道　此條書鈔卷三四、卷七七亦引，僅有前四句，文字微異。

王阜

王阜，〔一〕字世公，蜀郡人。少好經學，年十一，辭父母，欲出精廬。〔二〕以尚少，〔三〕不見聽。後阜竊書誦盡，日辭，欲之犍爲定生學經，取錢二千、〔四〕布二端去。母追求到武陽北男謁舍家得阜，將還。後歲餘，白父升曰：「令我出學仕宦，〔五〕儻至到今，毋乘跛馬車。」升憐其言，聽之定所受韓詩，年七十爲食侍謀，童子傳授業，聲聞鄉里。〔六〕　書鈔卷一三九

王阜，字世公，爲重泉令，政治肅清，舉縣畏憚，〔七〕吏民向化，鸞鳥集止學宫。〔八〕阜使校官掾長涉疊爲張雅樂，〔九〕擊磬，鳥舉足垂翼，應聲而舞，〔一〇〕翾翔復上縣庭屋，〔一一〕十餘日乃去。〔一二〕　御覽卷二六七

王阜爲益州太守，邊郡吏多放縱。阜以法繩正吏民，不敢犯禁，政教清静，百姓安業，時有神馬見滇河中，〔一三〕甘露降，芝草生，〔一四〕白烏見，連有瑞應。世謂其持法平，政寬慈，〔一五〕惠化所致。〔一六〕御覽卷二六〇

王阜爲益州太守，大將軍竇憲貴盛，以絳罽襜褕與阜，阜不受。〔一七〕嘗移書益州，取六百萬。阜疑有奸詐，以狀上。憲遣奴騶帳下吏李文迎錢，〔一八〕阜以詔書未報，距不與文。積二十餘日，詔書報，給文以錢市馬。御覽卷八三五

校勘記

〔一〕王阜　范曄後漢書無傳，西南夷傳略載其事，但「阜」字作「追」。其事又見汪文臺輯謝承後漢書卷五、華陽國志先賢士女總讚。

〔二〕父　孔廣陶校注本書鈔無此字，但明正德竹東書舍抄本、結一廬藏舊抄本等皆有「父」字。聚珍本和文選卷三八任昉爲范始興作求立太宰碑表李善注引亦有「父」字，今據增補。　精廬　亦稱「精舍」，集生徒講學之所。

〔三〕以尚少　孔廣陶校注本書鈔原誤倒爲「尚以少」，明正德竹東書舍抄本、結一廬抄本等尚不誤，今從之。此句聚珍本作「以少」，文選卷三八任昉爲范始興作求立太宰碑表李善注作「以尚幼」。

〔四〕取 聚珍本作「擕」。

〔五〕令 聚珍本作「今」。按「令」字是。

〔六〕年七十爲食侍謀，童子傳授業，聲聞鄉里 聚珍本注云：「此段文義難明。」按前二句有訛脱，文義大致是説王阜以少年傳授生徒。「七十」當作「十七」。陳禹謨刻本書鈔卷一三九引謝承後漢書云：「王阜幼好經學，年十一，辭父母，欲出就學，父母以阜少不允。阜竊書負篋，乘跛馬車，從安定受韓詩。年十七經業大就，聲聞鄉里。」辭雖與東觀漢記多所不同，但「七十」二字足可據此得到糾正。

〔七〕政治肅清，舉縣畏憚 此二句原無，聚珍本有，書鈔卷七八引亦有，今據增補。

〔八〕鸞鳥集止學宫 聚珍本有巴異傳，輯有以下一段文字：「巴異爲重泉令，吏民向化，鸞鳥止學宫。」「巴異」即「王阜」之訛。輯者不察，遂誤以爲東漢有巴異一人。

〔九〕阜使校官掾長涉疊爲張雅樂 此句字有舛誤。縣令屬官没有以「校官掾」爲稱者。六帖卷九四、合璧事類別集卷六二引作「授官椽」，亦誤。漢無「長涉」，「涉」或是「沙」字之訛。姚本作「阜使官掾沙疊爲張雅樂」，聚珍本作「阜使五官掾長沙疊爲張雅樂」，書鈔卷七八，類聚卷九〇、卷九九引作「阜使掾汝疊爲張雅樂」，御覽卷九一六引作「阜使掾沙疊爲樂」，孰是孰非，不能確考。

〔一〇〕應聲而舞 此句合璧事類別集卷六三引作「應樂聲而飛舞」。

〔一二〕翾　姚本、聚珍本同，書鈔卷七八、類聚卷九九皆引作「翱」。

〔一三〕十餘日乃去　此條書鈔卷三五、卷一〇八，初學記卷一六，御覽卷五七六，記纂淵海卷七八，合璧事類外集卷一四亦引，字句較此簡略。

〔一四〕時有神馬見滇河中　原無此句，書鈔卷七五引有，今據增補。此句聚珍本作「神馬四出滇河中」，類聚卷五〇引作「神馬四出鎮河中」，是聚珍本據類聚，又校正了「鎮」字之訛。

〔一五〕芝草生　原無此句，聚珍本亦無，書鈔卷七五引有，今據增補。

〔一六〕世謂其持法平，政寬慈　此二句姚本、聚珍本作「世謂其用法平正寬慈」，類聚卷五〇引同。

〔一七〕惠化所致　「惠」字原誤作「有」，聚珍本、類聚卷五〇引尚不誤，今據改。此條稽瑞引作「章帝元和二年，王阜爲益州牧，白烏見」，字句極略。

〔一八〕以絳罽襜褕與阜，阜不受　此二句原無，聚珍本、御覽卷六九三引有，今據增補。

〔一九〕遣　原誤作「追」。聚珍本作「遣」，甚是，今據改。

宋楊〔一〕

宋義後有宋昌。〔二〕史記卷一〇孝文本紀索隱

安帝永寧元年，〔三〕遣大鴻臚持節至墓賜印綬，追封當陽侯。〔四〕書鈔卷四七

校勘記

〔一〕宋楊　「楊」字姚本同，聚珍本作「揚」，書鈔卷四七引作「陽」。范曄後漢書卷五五清河孝王慶傳略載宋楊事。

〔二〕宋義後有宋昌　范曄後漢書清河孝王慶傳云：「清河孝王慶，母宋貴人。貴人，宋昌八世孫，扶風平陵人也。父楊，以恭孝稱於鄉閭，不應州郡之命。」據此可知宋楊爲宋昌七世孫。此條姚本、聚珍本皆未輯録。

〔三〕永寧元年　姚本同，聚珍本作「永寧二年」。

〔四〕追封當陽侯　據范曄後漢書清河孝王慶傳記載，殤帝死後，慶子祜嗣立，是爲安帝。安帝追謚宋貴人曰敬隱后，追封宋楊爲當陽侯，謚穆。

卷十四

傳九

宣秉

宣秉建武元年拜御史中丞，〔一〕上特詔御史中丞與司隸校尉、尚書令會同並專席而坐，故京師號曰「三獨坐」。〔二〕 御覽卷二二五

校勘記

〔一〕宣秉　字巨公，馮翊雲陽人，范曄後漢書卷二七有傳。又見汪文臺輯司馬彪續漢書卷二。袁宏後漢紀卷六亦略載其事。

〔二〕故京師號曰「三獨坐」　此條書鈔卷六一、卷一三三，類聚卷六九，御覽卷七〇九亦引，文字微異。

宣彪

宣彪官至玄菟太守。〔一〕范曄後漢書卷二七宣秉傳李賢注

校勘記

〔一〕宣彪 事附見范曄後漢書卷二七宣秉傳。

張湛

張湛，〔一〕字子孝，右扶風人。以篤行純淑，鄉里歸德，雖居幽室闇處，自整頓，〔二〕三輔以爲儀表。御覽卷四〇三

張湛爲馮翊，〔三〕見府寺門即下。主簿進曰：「位尊德重，不宜自輕。」湛曰：「禮，下公門，〔四〕何謂輕哉？」類聚卷二一

張湛爲光禄勳，〔五〕帝臨朝，或有惰容，湛輒諫其失。常乘白馬，上每見湛，輒言「白馬

生且復諫矣」。〔六〕 類聚卷九三

張湛，字子孝，爲光禄大夫，〔七〕數正諫威儀不如法度者。湛常乘白馬，上有異政，輒言「白馬生且復諫矣」。〔八〕 書鈔卷五六

張湛，字子孝，爲太子太傅，及郭后廢，〔九〕因稱疾不朝，〔一〇〕拜太中大夫，病居中東門候舍，〔一一〕故時人號中東門君。帝數存問賞賜。後大司徒戴涉被誅，〔一二〕帝强起湛以代之。至朝堂，遺失溲，〔一三〕因自陳疾篤，不能復任朝事，遂罷之。〔一四〕 御覽卷二四四

校勘記

〔一〕張湛　范曄後漢書卷二七有傳。又見汪文臺輯司馬彪續漢書卷二。袁宏後漢紀卷七亦略載其事。

〔二〕自整頓　「自」字上聚珍本有「必」字。按當有「必」字，范曄後漢書張湛傳云：「居處幽室，必自修整。」

〔三〕張湛　原誤作「張堪」。張堪，字君游，南陽宛人，未曾爲馮翊。而張湛於建武初年爲左馮翊，見范曄後漢書本傳、袁宏後漢紀卷七。此條下文「湛」字原亦誤作「堪」，今一併校正。

〔四〕禮，下公門　禮記曲禮云：「大夫士下公門，式路馬。」鄭玄注：「皆廣敬也。」

〔五〕張湛爲光禄勳　建武五年，張湛爲光禄勳。見范曄後漢書本傳。

〔六〕輒言白馬生且復諫矣　此條御覽卷八九四亦引，文字全同。

〔七〕爲光禄大夫　建武七年，張湛爲光禄大夫。見范曄後漢書本傳。

〔八〕輒言白馬生且復諫矣　此條類聚卷二四、卷四九，御覽卷二四三亦引，字句稍略。

〔九〕郭后　名聖通，建武二年，立爲皇后。十七年，廢爲中山王太后。見范曄後漢書光武郭皇后紀。

〔一〇〕不朝　此二字原無，書鈔卷六五引有此二字，今據增補。

〔一一〕中東門候舍　范曄後漢書張湛傳李賢注云：「漢官儀曰：『洛陽十二門，東面三門，最北門名上東門，次南曰中東門。每門校尉一人，秩二千石；司馬一人，秩千石；候一人，秩六百石。』『候舍』，蓋候之所居。」

〔一二〕大司徒戴涉被誅　建武十五年，戴涉爲大司徒。二十年，下獄死。見范曄後漢書光武帝紀。

〔一三〕遺失溲　「溲」字下聚珍本有「便」字，范曄後漢書張湛傳同。

〔一四〕遂罷之　此條書鈔卷五六亦引，字句較略。

王丹

王丹，〔一〕字仲回，京兆人也。每歲農時，載酒肴，便於田頭大樹下飲食勸勉之，因留其餘酒肴而去。范曄後漢書卷二七王丹傳李賢注

王丹閭里有喪憂，輒度其資用，教之儉約，因爲其制日定葬，其親喪不過留殯一月，其下以輕重爲差。御覽卷五五三

王丹資性清白，疾惡豪强。〔二〕時河南太守同郡陳遵，關西之大俠也。其友人喪親，遵爲護喪事，〔三〕賻助甚豐。〔四〕丹乃懷縑一疋，陳之於主人前，曰：「如丹此縑，出自機杼。」遵聞而有慙色。御覽卷八一八

更始時，遵爲大司馬護軍，出使匈奴，過辭於丹。〔五〕丹曰：「俱遭世反覆，〔六〕唯我二人爲天地所遺。〔七〕今子當之絶域，無以相贈，贈子以不拜。」遂揖而別，遵甚悦之。〔八〕范曄後漢書卷二七王丹傳李賢注

鄧禹平三輔，糧乏，王丹上麥二千斛。禹高其節義，表丹領左馮翊。〔九〕御覽卷八三八

王丹爲太子少傅，蹇蹇正直。〔一〇〕翰苑新書卷二八

司徒侯霸欲與王丹定交，〔一一〕丹被徵，霸遣子昱往。〔一二〕昱道遇丹，拜於車下，丹答之。昱曰：「家公欲與君投分，何爲拜子孫耶？」丹曰：「君房有是言，〔一三〕王丹未之許。」〔一四〕御覽卷五四二

王丹子有同門生喪親，家在中山，白丹欲往奔慰。結侶將行，丹怒撻之五十，〔一五〕令寄縑二匹以祠焉。〔一六〕或問其故，丹曰：「交道之難，未易言也。」御覽卷八一八

王丹，字仲回，初有薦士於丹者，丹選舉之，而後所舉者陷罪，丹免，〔一七〕客慚自絶。〔一八〕俄而徵丹復爲太子太傅，乃呼客見之，謂曰：「何量丹之薄？」不爲設食以罰之，〔一九〕相待如舊。御覽卷六三一

校勘記

〔一〕王丹　范曄後漢書卷二七有傳。又見汪文臺輯司馬彪續漢書卷二。袁宏後漢紀卷五亦略載其事。

此下四句原無，御覽卷四三一引云：「王丹，字仲因，每歲農時，輒載酒肴於田間，候勤者與而勞之。」「仲因」乃「仲回」之訛。今據增補「王丹，字仲回」、「每歲農時」三句。「京兆人也」一句，係據御覽卷四九一增補。聚珍本有此四句。

〔二〕資性清白，疾惡豪强　此二句聚珍本連綴在首條「京兆人也」句下，敘事次序舛亂。此二句是概括語，下即敘述「資性清白，疾惡豪强」的具體事例，文理自當如此。御覽卷四九一引與此相同，范曄後漢書王丹傳敘事次序亦與此相同。

〔三〕遵爲護喪事　「遵」字下記纂淵海卷五八引有「親」字。

〔四〕豐　記纂淵海卷五八引作「厚」。

〔五〕過辭於丹　此條初學記卷一八兩引，一引此句下有「臨訣」二字。

〔六〕俱遭世反覆　「世」字原脱，類聚卷二九、御覽卷五四二、合璧事類續集卷四六引有，今據增補。聚珍本作「時」，與御覽卷四七八引同。此條初學記卷一八兩引，一引此句作「俱遭時變」。

〔七〕地　此字原脱，聚珍本有，初學記卷一八，類聚卷二九，御覽卷四七八、卷五四二，合璧事類續集卷四六引亦有，今據增補。

〔八〕遵甚悦之　此條書鈔卷八五、六帖卷三四、鳴沙石室古籍叢殘所收古類書亦引，文字較簡。

〔九〕表丹領左馮翊　范曄後漢書王丹傳云：「禹表丹領左馮翊，稱疾不視事，免歸。後徵爲太子少傅。」

〔一〇〕蹇蹇正直　此條合璧事類後集卷四五亦引，字有訛誤。姚本、聚珍本皆未輯録。

〔一一〕司徒侯霸欲與王丹定交　此句原舛誤爲「司徒侯覆欲王丹者定交」，聚珍本作「司徒侯霸欲與王丹定交」，書鈔卷八五引作「侯霸欲與王丹定交」，今據以釐正。

〔一二〕往　聚珍本作「候」，書鈔卷八五亦引作「候」，范曄後漢書王丹傳同。

〔一三〕君房　侯霸字。

〔一四〕王丹　書鈔卷八五引作「我」。

〔一五〕丹怒撻之五十　此句原作「丹怒而撻之」，今據范曄後漢書王丹傳李賢注引校改。

〔一六〕今寄縑二匹以祠焉　此句原無「二匹」二字。范曄後漢書王丹傳李賢注引作「寄帛二匹以祠焉」，今據增補「二匹」二字。

〔一七〕丹免　聚珍本作「丹坐免」。

〔一八〕慙　原誤作「暫」，聚珍本不誤，今據改。范曄後漢書王丹傳亦作「慙」。

〔一九〕設食　范曄後漢書王丹傳同，聚珍本作「設席食」。

陳遵

陳遵破匈奴，〔一〕詔賜駮犀劍。〔二〕　書鈔卷一二二

校勘記

〔一〕陳遵　字孟公，杜陵人，漢書卷九二有傳。范曄後漢書卷二七王丹傳、本書王丹傳皆略載其事。

〔二〕詔賜駮犀劍　「駮犀劍」三字原誤作「駭犀劍」，姚本作「駮犀劍」，陳禹謨刻本書鈔同，今據改正。按范曄後漢書馮石傳云：石「爲安帝所寵。帝嘗幸其府，留飲十許日，賜駮犀具劍、佩刀、紫艾綬、玉玦各一」。可證字當作「駮」。「駮犀劍」，即以斑犀爲裝飾的劍。此條編珠卷二引作「光武賜陳導駭犀劍」，御覽卷三四二引作「光武有駭犀之劍，以賜陳遵」，所引皆有訛誤。聚珍本有陳導傳，輯有「光武賜陳導駭犀劍」一條文字。「陳導」即「陳遵」之訛。

王良

王良，〔一〕字仲子，〔二〕東海人。少清高。爲大司徒司直，〔三〕在位恭儉，妻子不入官舍，布被瓦器。時司徒吏鮑恢以事到東海，〔四〕過候其家，〔五〕而良妻布裙徒跣曳柴，〔六〕從田中歸。恢告曰：「我司徒吏也，〔七〕故來受書，〔八〕欲見夫人。」妻曰：「妾是也。」恢乃下拜，歎息而還。〔九〕御覽卷四三一王良以疾歸，一歲復徵，至滎陽，疾篤，不任進道，乃過其友人。友人不肯見，曰：「不有忠言奇謀而取大位，何其往來屑屑不憚煩也！」〔一〇〕遂拒之。良慙，自後連徵，輒稱疾。〔一一〕 類聚卷七五

校勘記

〔一〕王良　范曄後漢書卷二七有傳。又見汪文臺輯司馬彪續漢書卷二。袁宏後漢紀卷六亦略載其事。

〔二〕字仲子　此下三句原無，聚珍本有，御覽卷四一〇引亦有，今據增補。

〔三〕司直　司馬彪續漢書百官志云：「世祖即位，以武帝故事，置司直，居丞相府，助督録諸州，建武十八年省也。」

〔四〕司徒吏　聚珍本同，姚本作「司徒史」，類聚卷七〇亦引作「司徒史」，與范曄後漢書王良傳相合。司徒屬官有長史一人，令史及御屬三十六人。當時鮑恢爲長史還是令史，不詳。范書王良傳載，建武六年，王良代宣秉爲大司徒司直。袁宏後漢紀卷六作「司徒掾」。

〔五〕過　原無此字，姚本、聚珍本有，類聚卷七〇引亦有，今據增補。

〔六〕徒跣　此二字原無，姚本、聚珍本有，書鈔卷一二九、御覽卷六九六、范曄後漢書王良傳李賢注

引亦有，今據增補。

〔七〕司徒吏　姚本、聚珍本同，類聚卷七〇引亦同，范曄後漢書王良傳作「司徒史」。袁宏後漢紀卷六作「司徒掾」。

〔八〕受　原作「授」，姚本、聚珍本作「受」，類聚卷七〇亦引作「受」，今據改。

〔九〕歎息而還　此條御覽卷七〇七亦引，文字較簡略。

〔一〇〕屑屑　忙碌不安定貌。

〔一一〕輒稱疾　此條御覽卷四一〇引，文字微異。永樂大典卷二〇三一一亦引，字句全同。

杜林

杜林於河西得漆書古文尚書經一卷，〔一〕每遭困厄，握抱此經。〔二〕　御覽卷六一九

杜林寄隗囂地，〔三〕終不降志辱身，至簪蒿席草，不食其粟。〔四〕囂乃出令曰：〔五〕「杜伯山天子所不能臣，諸侯所不能友，蓋伯夷、叔齊耻食周粟。今且從師友之位，〔六〕須道開通，使順其志。」林雖拘於囂，而終不屈節。建武六年，弟成物故，囂乃聽林持喪東歸。既遣而悔，追令刺客楊賢於隴坻遮殺之。賢見林身推鹿車，〔七〕載致弟喪，〔八〕乃歎曰：「當今之世，

誰能行義？我雖小人，何忍殺義士。」因亡去。御覽卷七七五

杜林，字伯山，扶風人。爲侍御史。〔九〕先與鄭興同寓隴右，乃薦之。上乃徵興爲太中大夫。御覽卷六三一

杜林上疏曰：〔一〇〕「臣聞營河、雒以爲民，刻肌膚以爲刑，封疆畫界以建諸侯，井田什一以供國用，三代之所同。及至漢興，因時宜，趨時務，省煩苛，取實事，不苟貪高亢之論。是以去土中之京師，就關內之遠都。除肉刑之重律，用髡鉗之輕法。郡縣不置世祿之家，農人三十而稅一。〔一一〕政卑易行，禮簡易從。民無愚智，〔一二〕思仰漢德，樂承漢祀。基業特起，不因緣堯。堯遠於漢，民不曉信，言提其耳，終不悅諭。后稷近於周，民戶知之，世據以興，基由其祚，本與漢異。郊祀高帝，誠從民望，得萬國之歡心，天下福應，莫大於此。民奉種祀，且猶世主，不失先俗。群臣僉薦鮌，考績不成，九載乃殛。宗廟至重，衆心難違，不可卒改。詩云：『不愆不忘，率由舊章。』明當尊用祖宗之故文章也。宜如舊制，以解天下之惑，合於易之所謂『先天而天不違，後天而奉天時』義。方軍師在外，祭可且如元年郊祭故事。」司馬彪續漢書祭祀志劉昭注

建武八年間，郡國比大水，〔一三〕涌泉盈溢。杜林以爲倉卒時兵擅權作威，張氏雖皆降

散，〔一四〕猶尚有遺脱，長吏制御無術，令得復熾，元元侵陵之所致也。上疏曰：「臣聞先王無二道，明聖用而治。見惡如農夫之務去草焉，芟夷蘊崇之，絶其本根，勿使能殖，畏其易也。古今通道，傳其法於有根。狼子野心，奔馬善驚。成王深知其終卒之患，故以殷氏六族分伯禽，七族分康叔，懷姓九宗分唐叔，撿押其姦宄，又遷其餘於成周，舊地雜俗，旦夕拘録，所以挫其强御之力，詘其驕恣之節也。及漢初興，上稽舊章，合符重規，徙齊諸田，楚昭、屈、景，燕，趙，韓，魏之後，以稍弱六國强宗。邑里無營利之家，野澤無兼并之民，萬里之統，海内賴安。後輒因衰麤之痛，脅以送終之義，故遂相率而陪園陵，無反顧之心。追觀往法，政皆神道設教，强幹弱枝，本支百世之要也。是以皆永享康寧之福，無怵惕之憂，繼嗣承業，恭己而治，蓋此助也。其被災害民輕薄無累重者，兩府遣吏護送饒穀之郡。或懼死亡，卒爲傭賃，亦所以消散其口，救贍全其性命也。昔魯隱有賢行，將致國於桓公，乃留連貪位，不能早退。況草創兵長，卒無德能，直以擾亂，乘時擅權，作威玉食，狙猱之意，徼幸之望，曼延無足，張步之計是也。小民負縣官不過身死，負兵家滅門殄世。陛下昭然獨見成敗之端，或屬諸侯官府，元元少得舉首仰視，而尚遺脱，二千石失制御之道，令得復昌熾從横。比年大雨，水潦暴長，涌泉盈溢，災壞城郭官寺，吏民廬舍，潰徙離處，潰成坑坎。臣聞水，陰類也。易卦『地上有水比』，言性不相害，故曰樂也。而猥相毀墊淪失，常敗百姓安居。殆陰下相爲蠹賊，有小大勝負不齊，均不得其所，侵陵之象也。詩云：『畏天之威，于時保之。』唯陛下留神明察，往來懼思，天下幸甚。」 司馬彪續漢書五行志劉昭注

杜林，字伯山，遷大司徒司直。〔一五〕百僚知林以明德用，甚尊憚之。 書鈔卷六二

杜林，字伯山，〔一六〕爲光祿勳，〔一七〕周密敬慎，選舉稱平，郎有好學，輒見誘進。 書鈔卷

五三

杜林，字伯山，與馬援同鄉里，〔一八〕素相親厚。援從南方還，時林馬適死，援令子持馬一匹遺林，曰：「朋友有車馬之饋，可具以備乏。」林受之。居數月，林遣子奉書曰：「將軍內施九族，外有賓客，〔一九〕望恩者多。林父子兩人食列卿祿，常有盈，今送錢五萬。」援受之，謂子曰：「人當以此爲法，是伯山所以勝我也。」〔二〇〕 御覽卷八九四

王又以師數加饋遺，〔二一〕林不敢受，常辭以道上稟假有餘，苦以車重，無所置之。 范曄後漢書卷二七杜林傳李賢注

杜林代張純爲大司空，〔二二〕務於無爲。〔二三〕 類聚卷四七

校勘記

〔一〕杜林　范曄後漢書卷二七有傳。又見汪文臺輯司馬彪續漢書卷二。

〔二〕握抱此經　此條書鈔卷一〇一亦引，字句較略。

〔三〕杜林寄隗囂地「地」字原脱，姚本、聚珍本有，御覽卷九九七、范曄後漢書杜林傳李賢注引亦有此字，今據增補。此下二句事類賦卷一六引作「杜林寄隗囂而終不屈節」。

〔四〕至簪蒿席草，不食其粟　此二句原竄至下文「杜伯山天子所不能臣」句下，今據姚本、聚珍本和御覽卷九九七、范曄後漢書杜林傳李賢注所引校正。文選卷五九任昉劉先生夫人墓誌李善注引云：「梁統與杜林書曰：『君非隗囂，不降志辱身，至簪蒿席草，不食其粟。』」以「至簪蒿席草」云云爲梁統與杜林書中語，與此不同。

〔五〕囂　原無此字，據文義當有「囂」字，聚珍本有，今據增補。

〔六〕令　聚珍本同，范曄後漢書杜林傳作「今」。

〔七〕鹿車　一種小車。御覽卷七七五引風俗通義云：「鹿車窄小，裁容一鹿也。或云樂車，乘牛馬者，剉斬飲飼達曙，今乘此雖爲勞極，然入傳舍，偃卧無憂，故曰樂車。無牛馬而能行者，獨一人所致耳。」

〔八〕弟　御覽卷四二〇引同，范曄後漢書杜林傳亦同，聚珍本作「成」。

〔九〕爲侍御史　原脱「侍」字，姚本、聚珍本有，類聚卷五三引亦有此字，范曄後漢書杜林傳同，今據增補。

〔一〇〕杜林上疏曰　司馬彪續漢書祭祀志云：建武「七年五月，詔三公曰：『漢當郊堯。其與卿大夫、博士議。』」杜林認爲漢業特起，功不緣堯，遂上此疏。范曄後漢書杜林傳亦載此事。

〔一一〕税　姚本、聚珍本作「取」。

〔一二〕民無　姚本作「無有」，聚珍本作「人無」，范曄後漢書杜林傳李賢注引同。

〔一三〕比　聚珍本作「七」，誤。

〔一四〕張氏雖皆降散　「張氏」謂張步。建武初，步據有齊地，後光武帝討步，步降，封爲安丘侯，與家屬居洛陽。八年夏，步携妻子逃奔臨淮，與弟弘、藍欲招其舊部，乘船入海，被琅邪太守陳俊追殺。事詳范曄後漢書張步傳。

〔一五〕大司徒司直　司馬彪續漢書百官志云：「世祖即位，以武帝故事，置司直，居丞相府，助督録諸州，建武十八年省也。」

〔一六〕字伯山　原誤作「字仲子」。

〔一七〕爲光禄勳　建武十一年，杜林代郭憲爲光禄勳。見范曄後漢書杜林傳。

〔一八〕同　原脱此字，聚珍本有，范曄後漢書杜林傳李賢注引亦有此字，今據增補。

〔一九〕有　事類賦卷二一引作「存」。按二字於義皆通。「存」，恤養。

〔二〇〕是伯山所以勝我也　此條類聚卷六六、御覽卷八三五亦引，字句大同小異。

〔二一〕王又以師數加饋遺　建武十九年，皇太子彊廢爲東海王，以杜林爲王傅。此所謂「王」，即指東海王彊。此句姚本、聚珍本作「王以師故數加饋遺」，其上又有「林爲東海王傅」一句。二本所增，係據范曄後漢書杜林傳。

〔二二〕杜林代張純爲大司空　此文有誤。據范曄後漢書光武帝紀，建武二十二年冬十月，大司空朱浮免，光禄勳杜林爲大司空。二十三年秋八月，杜林卒。冬十月，太僕張純爲大司空。又杜林傳云：「建武二十二年，「代朱浮爲大司空」。張純傳云：建武「二十三年，代杜林爲大司空」。與光武帝紀相合。

〔二三〕務於無爲　此條御覽卷二〇八亦引，字句全同。

郭丹

郭丹，〔一〕字少卿，南陽人。累世千石，父稚爲丹買田宅居業。丹爲司徒，〔二〕視事五

年，薨。賜送甚寵，〔三〕百官會朝，詔問丹家，時宗正劉匡對曰：「郭丹爲三公，典牧州郡，田畝不增。」御覽卷八二一

郭丹從師長安，買符入函谷關，〔四〕乃慨然歎曰：「丹不乘使者車，終不出關。」既至京師，常爲都講，諸儒咸欽重之。〔五〕更始二年，三公舉丹賢能，徵爲諫議大夫，持節使歸南陽，安集受降。丹自去家十有二年，〔六〕果乘高車出關，如其志。〔七〕書鈔卷一三九

郭丹爲更始諫議大夫，使南陽，安集受降。更始敗，〔八〕丹無所歸節傳，以弊布纏裹節，如擔負狀，晝伏夜行，求謁更始妻子，奉還節傳，因歸鄉里。書鈔卷一三〇

郭丹爲郡功曹，薦陰亶、程胡、魯歆自代。太守杜詩曰：「古者卿士讓位，今功曹稽古經，〔九〕可爲至德。編署黄堂，〔一〇〕以爲後法。」〔一一〕御覽卷二六四

郭丹師事公孫昌，敬重，常持蒲編席，人異之。〔一二〕御覽卷七〇九

郭丹爲司徒，在朝名清廉公正。〔一三〕類聚卷四七

校勘記

〔一〕郭丹　范曄後漢書卷二七有傳。又見汪文臺輯謝承後漢書卷一。袁宏後漢紀卷九亦略載

其事。

〔二〕丹爲司徒　此下各句當在郭丹傳篇末。

〔三〕賜送甚寵　此下二句原無，路子復藏明抄本、徐氏明抄本、五川居士藏明抄本、傅增湘藏明抄本、清四録堂抄本書鈔卷三八引皆有此二句，今據增補。

〔四〕符　書鈔卷四〇、卷五六，初學記卷一二，御覽卷二二三、卷七七三引同。御覽卷七七八引作「傳」，卷八二八引作「繻」。按「傳」即符信，「繻」亦爲符信。漢書終軍傳記載：「初，軍從濟南當詣博士，步入關，關吏予軍繻。軍問：『以此何爲？』吏曰：『爲復傳，還當以合符。』軍曰：『大丈夫西游，終不復傳還。』棄繻而去。」顔師古注引張晏云：「繻，符也。書帛裂而分之，若券契矣。」又引蘇林云：「繻，帛邊也。舊關出入皆以傳。傳煩，因裂繻頭合以爲符信也。」漢代關符制度大略如此。

〔五〕欽　范曄後漢書郭丹傳作「敬」。

〔六〕丹自去家十有二年　御覽卷七七八引同，范曄後漢書郭丹傳亦同，書鈔卷四〇引僅無「有」字，聚珍本無「丹」、「有」二字。而書鈔卷五六引作「自去家十有三年」，姚本和初學記卷一二、御覽卷二二三引作「自去家十三年」。

〔七〕如其志　此條合璧事類别集卷八引作「郭丹初之長安，過宛，從宛人陳兆買入關符，以入函谷關。既入，封符乞人，曰：「不乘使車不出關。」丹自入關後，十二年不歸，後如關，竟如本志」。六帖卷九、類聚卷六所引與合璧事類别集卷八文字稍有不同，初學記卷七、范曄後漢書郭丹傳李賢注所引較爲簡略。「陳兆」，六帖卷九引同，類聚卷六、范曄後漢書郭丹傳李賢注皆引作「陳洮」，聚珍本亦作「陳洮」。

〔八〕更始敗　此下二句御覽卷六八一引作「更始敗，諸將軍悉歸上，普獲封爵，丹無所歸節傳」，聚珍本同，惟「獲」字作「賜」。

〔九〕今功曹稽古經　「稽」字下聚珍本有「含」字，文選卷四六任昉王文憲集序李善注引同。按史記周本紀正義引括地志云：「詩云：『虞、芮質厥成。』毛萇云：『虞、芮之君相與争田，久而不平，乃相謂曰：「西伯仁人，盍往質焉。」乃相與朝周。入其境，則耕者讓畔，行者讓路。入其邑，男女異路，斑白不提挈。入其朝，士讓爲大夫，大夫讓爲卿。二國君相謂曰：「我等小人，不可履君子之庭。」乃相讓所争地以爲閒原。』」杜詩説郭丹「稽古經」，即指此。

〔一〇〕黄堂　太守處理公務之所。

〔一一〕以爲後法　六帖卷七七也引有以上一段文字，但較此簡略。

〔一二〕常持蒲編席　人異之　此二句聚珍本作「常待重編席，顯異之」。按「常」與「嘗」字通。古人席地而坐，蒲席厚軟，「持蒲編席」，表示敬重。「重編席」，即雙層的席子。用這種席子相待，也是敬重的表示。

〔一三〕在朝名清廉公正　此條御覽卷二〇七亦引。書鈔卷三八、卷五二引僅無「名」字，餘全同。

吴良

吴良，〔一〕字大儀，齊國臨淄人，以清白方正稱於鄉里。爲郡議曹掾，正旦掾入賀，〔二〕太守門下掾王望前言曰：「齊郡敗亂，遭離盜賊，人民飢餓，不聞雞鳴狗吠之音。〔三〕明府視事五年，土地開闢，盜賊滅息，五穀豐熟，家給人足。今日歲首，誠上雅壽。」掾皆稱萬歲。〔四〕良跪曰：〔五〕「門下掾佞諂，〔六〕明府無受其觴。〔七〕盜賊未弭，〔八〕人民困乏，〔九〕不能家給人足。於今議曹掾尚無袴，〔一〇〕寧爲家給人足耶？」望曰：〔一一〕「議曹惰窳，自無袴，寧足爲不家給人足邪？」太守曰：「此生言是。」遂不舉觴，賜鰒魚百枚。宴罷，〔一二〕教署功曹，良恥以言受官，不拜。　御覽卷四二七

良習大夏侯尚書。〔一三〕　范曄後漢書卷二七吴良傳李賢注

吴良以清白方正稱，東平王蒼辟爲西曹掾，數諫正蒼，多善策。蒼上表薦良。　御覽卷

二四九

東平王蒼薦吏吴良，〔一四〕上以章示公卿，曰：「前見良頭鬚皎然，〔一五〕衣冠甚偉，求賢助國，宰相之職，蕭何薦韓信，〔一六〕設壇即拜，不復考試，以良爲議郎。」〔一七〕御覽卷六三一

永平中，車駕出，信陽侯陰就干車騎，突鹵簿。車府令齊國徐匡鈎就車，〔一八〕收奴送獄。〔一九〕詔書遣匡，自繫。〔二〇〕吴良上書言：「信陽侯驕慢，干突車騎，〔二一〕無人臣禮，大不敬，〔二二〕匡執法守正而下獄，臣恐政化由是墮矣。」〔二三〕於是詔出匡，左遷即丘長。〔二四〕書鈔卷五五

吴良爲司徒長史，以清白方正稱。〔二五〕書鈔卷三七

校勘記

〔一〕吴良 范曄後漢書卷二七有傳。

〔二〕正旦掾入賀 此句姚本、聚珍本作「歲旦與掾吏入賀」，書鈔卷三七、御覽卷二六四皆引作「歲旦與掾史入賀」，范曄後漢書吴良傳同。此「掾」指郡中諸曹掾史。

〔三〕狗 姚本、聚珍本和范曄後漢書吴良傳李賢注引皆作「犬」。

〔四〕掾 姚本和御覽卷五三九、范曄後漢書吴良傳李賢注引作「掾史」，聚珍本作「掾吏」。

〔五〕良跪曰　此句書鈔卷一二九，御覽卷五三九、卷九三八引同，姚本、聚珍本和范曄後漢書吴良傳李賢注引皆作「良時跪曰」，書鈔卷三七引作「良終於下坐勃然作進曰」，御覽卷二六四引作「良於下席勃然進曰」。

〔六〕門下掾佞諂　此句御覽卷五三九、范曄後漢書吴良傳李賢注引皆同，姚本、聚珍本作「門下掾諂佞」，書鈔卷一二九引作「門下掾侮諂」。御覽卷九三八引作「門下侯諂」，字有訛脱。書鈔卷三七引作「望，佞邪之人，欺諂無狀」，御覽卷二六四引同，僅無「望」字。按以上諸書所引，字句間有異同，似以書鈔卷三七所引接近原貌。

〔七〕明府無受其觴　此句書鈔卷三七、御覽卷二六四皆引作「願勿受其觴」。

〔八〕弭　書鈔卷一二九引同，姚本、聚珍本作「盡」，御覽卷五三九、范曄後漢書吴良傳李賢注亦引作「盡」。

〔九〕民　御覽卷五三九引同，姚本、聚珍本和范曄後漢書吴良傳李賢注引作「庶」。

〔一〇〕於今議曹掾尚無袴　此句姚本、聚珍本和范曄後漢書吴良傳李賢注引作「今良曹掾，尚無袴」，書鈔卷一二九引同，僅無「良」字，御覽卷五三九引亦同，僅無「今」字。

〔一一〕望曰　此下四句原無，姚本、聚珍本和范曄後漢書吴良傳李賢注引有，今據增補。

〔一二〕宴罷　此下四句御覽卷二六四引作「宴罷，轉良爲功曹，耻以言受進，終不肯謁」。書鈔卷三七引「耻」字上有「良」字，末句無「肯」字，餘與御覽卷二六四引同。聚珍本無「宴罷」二字，「耻」字上有「良」字，餘與御覽引全同。御覽卷九三八引作「教署功曹，良耻以言受官，遂不肯謁」。

〔一三〕良習大夏侯尚書　此句聚珍本在上條「爲郡議曹掾」句前。按范曄後漢書吴良傳載東平王劉蒼上疏薦吴良云：「躬儉安貧，白首一節，又治尚書，學通師法。」此處李賢注引東觀漢記「良習大夏侯尚書」一句。據此，「良習」云云也可能是劉蒼疏中之語。

〔一四〕東平王蒼薦吏吴良　「蒼」字下書鈔卷五六引有「上疏」二字。

〔一五〕前見良頭鬢皎然　此下四句原無，聚珍本有，又御覽卷三七四引云：「吴良爲東平王所薦，詔曰：『前見良頭鬢皎然，衣冠甚偉，求賢助國，宰相之職，今以良爲議郎。』」今據增補。范曄後漢書吴良傳載顯宗語，與此略同。

〔一六〕薦　書鈔卷五六引作「舉」。

〔一七〕以良爲議郎　「以」字上聚珍本和書鈔卷五六、御覽卷三七四引有「今」字，范曄後漢書吴良傳同，當據增補。此條類聚卷五三亦引，字有脱漏。

〔一八〕鉤　范曄後漢書吴良傳李賢注云：「留也。」王先謙集解引惠棟云：「王幼學云：『古兵有鉤有鑲，引來曰鉤，推去曰鑲。』」

〔一九〕收奴送獄　此句聚珍本作「收御者送獄」，范曄後漢書吴良傳同。書鈔卷三七、御覽卷二三〇引作「收送獄」。按此句當以聚珍本爲是。

〔二〇〕自繫　此句有脱字。聚珍本作「匡自繫獄」，范曄後漢書吴良傳同。書鈔卷三七引作「自繫獄」，御覽卷二三〇引作「自繫不出」。

〔二一〕干突車騎　此句原無，御覽卷二三〇引有，今據增補。

〔二二〕大不敬　此句原無，御覽卷二三〇引有，今據增補。

〔二三〕臣恐政化由是墮矣　此句聚珍本作「恐政化由是而墜」，書鈔卷三七引作「恐政化由是而隳矣」，御覽卷二三〇引作「臣恐陛下政化由是隳矣」。范曄後漢書吴良傳作「臣恐聖化由是而弛」。文字雖異，意思相同。

〔二四〕即丘　縣名，屬東海郡。書鈔卷三七引作「昴丘」，誤。按范曄後漢書吴良傳載：「帝雖赦匡，猶左轉良爲即丘長。」是左遷者爲吴良，而不是徐匡，「左遷即丘長」句上有脱文。

〔二五〕以清白方正稱　此條書鈔卷六八、御覽卷二〇九亦引。

承宮

承宮，〔一〕字少子，琅邪姑幕人。〔二〕少孤，年八歲，人令牧豕。〔三〕鄉里徐子盛明春秋經，授諸生數百人。宮過其廬下，見諸生講誦，好之，因棄猪而聽經。〔四〕猪主怪不還，行索，見宮，〔五〕欲笞之。〔六〕門下生共禁止，因留精舍門下，〔七〕拾薪，〔八〕執苦數年，〔九〕遂通經。御覽卷九〇三

承宮遭王莽篡位，天下擾攘，盜賊並起，宮遂避世漢中。建武四年，將妻子之華陰山谷，〔一〇〕耕種禾黍，臨熟，人就認之，宮悉推與而去，由是顯名。類聚卷二一

永平中，徵承宮爲博士，遷左中郎將。〔一一〕數納忠諫，論議切直，名播匈奴。時單于遣使求欲得見宮，詔勑宮自整飾。宮對曰：「夷狄炫名，非識實也。臣狀醜，不可以示遠，宜選長大威容者。」帝乃以大鴻臚魏應代之。御覽卷三八二

校勘記

〔一〕承宮　范曄後漢書卷二七有傳。又見汪文臺輯謝承後漢書卷一、司馬彪續漢書卷三。袁宏後漢紀卷一〇亦略載其事。

〔二〕姑幕　二字原無，聚珍本有，御覽卷三八四引作「姑蘇」，字雖然訛誤，然而可證原書有「姑幕」二字，今據增補。范曄後漢書承宮傳云：宮「琅邪姑幕人也」。

〔三〕人令牧豕　此句姚本、聚珍本和類聚卷六四、御覽卷三八四引皆作「爲人牧猪」。

〔四〕棄　御覽卷三八四引同，御覽卷六一一、范曄後漢書承宫傳李賢注引續漢書亦作「棄」。姚本、聚珍本作「忘」，類聚卷六四引作「亡」。按三字於義皆通。

〔五〕行索，見宫　此二句類聚卷六四引作「行求索，見宫」，文氣較順。御覽卷三八四引作「來索，見宫」，「來」乃「求」字之訛。姚本、聚珍本作「行求索，見生」，「生」乃「宫」字之訛。

〔六〕之　原無此字，姚本、聚珍本有，類聚卷六四、御覽卷三八四引亦有，今據增補。

〔七〕精舍　精廬，學舍。

〔八〕拾薪　聚珍本作「樵薪」，御覽卷三八四引同。

〔九〕執苦數年　范曄後漢書承宫傳、御覽卷六一一引續漢書同。聚珍本作「執苦數十年」。

〔一〇〕華陰山谷　姚本、聚珍本同，御覽卷四二四、卷八二二引亦同。類聚卷八五引作「蒙陰山谷」，范曄後漢書承宫傳作「蒙陰山」。按華陰爲弘農郡屬縣，在華山之北。蒙陰爲泰山郡屬縣，境内有蒙山。

〔一一〕左中郎將　原脱「將」字，聚珍本有，范曄後漢書承宫傳亦有此字，今據增補。左中郎將，隸屬光禄勳，秩比二千石，主左署郎。

鄭均

鄭均，〔一〕字仲虞，任城人也。治尚書，好黄老，澹泊無欲，清静自守，不慕遊宦。兄仲，爲縣游徼，頗受禮遺。均數諫止，不聽，即脱身出作。〔二〕歲餘，得數萬錢，歸以與兄，曰：「錢盡可復得，爲坐吏贓，終身捐棄。」兄感其語，遂爲廉潔，稱清白吏。〔三〕　御覽卷五一五

均失兄，養孤兄子甚篤，〔四〕已冠娶，出令別居，並門，盡推財與之，使得一尊其母，然後隨護視振給之。　范曄後漢書卷二七鄭均傳李賢注

鄭均，字仲虞，拜侍御史，引見極問，乃上封事。上甚悦，賜車馬衣服。〔五〕　書鈔卷六二

均遣子英奉章詣闕，〔六〕詔召見英，問均所苦，賜以冠幘錢布。　范曄後漢書卷二七鄭均傳李賢注

賜羊一頭，〔七〕酒二斗，終其身。　范曄後漢書卷二七鄭均傳李賢注

鄭均，字仲虞，爲尚書，淡泊無欲。章帝東巡，過任城，乃幸均舍，敕賜尚書禄，以終其身，〔八〕故時人號爲「白衣尚書」。　書鈔卷六〇

校勘記

〔一〕鄭均　范曄後漢書卷二七有傳。又見汪文臺輯謝承後漢書卷一。

〔二〕作　原無此字，姚本、聚珍本有，類聚卷六六、御覽卷八三五引亦有，今據增補。有「作」字，於義較長。

〔三〕稱清白吏　此條范曄後漢書鄭均傳李賢注亦引，然僅有「兄仲」二句。

〔四〕均失兄，養孤兄子甚篤　御覽卷五一二引作「鄭均好義篤實，事寡嫂，收兒，恩禮甚至」。「收兒」句有脱文，疑當作「收孤兒」。

〔五〕上甚悦，賜車馬衣服　書鈔卷六二另引東觀漢記無此二句，而有「月餘，遷尚書」二句。此條姚本、聚珍本皆未加輯録。

〔六〕均遣子英奉章詣闕　此句上姚本有「均屢辟不詣，公車特徵，再遷尚書，肅宗敬重之，後以病告歸」五句，聚珍本「再遷尚書」一句作「月餘，遷尚書」，其上又有「拜侍御史」一句，餘與姚本同。按姚本、聚珍本增出的文字似據范曄後漢書鄭均傳删補，爲使文義完整，置於此句之上。

〔七〕終其身　此條上姚本、聚珍本有「元和元年，與毛義」七字。按范曄後漢書鄭均傳云：「元和元年，詔告廬江太守、東平相曰：『議郎鄭均，束脩安貧，恭儉節整，前在機密，及病致仕，守善貞固，黄髮不怠。又前安邑令毛義，躬履遜讓……其賜均、義穀各千斛，常以八月長吏存問，賜羊酒，顯兹異行。」明年，帝東巡過任城，乃幸均舍，敕賜尚書禄，以終其身。」由此可以看出范書李賢注所引大意。姚本、聚珍本所增七字，係撮取范書大意綴補。

〔八〕以終其身　原無此句，姚本、聚珍本有，鳴沙石室古籍叢殘古類書、類聚卷四八、御覽卷二一二引亦皆有此句，今據增補。

趙温〔一〕

趙典兄子温，〔二〕初爲京兆郡丞，〔三〕歎曰：「大丈夫生當雄飛，安能雌伏！」〔四〕遂棄官而去。後官至三公。〔五〕御覽卷二五三

校勘記

〔一〕趙温　字子柔，蜀郡成都人，范曄後漢書卷二七趙典傳略載其事。又見汪文臺輯謝承後漢書卷一、華陽國志卷一巴志。

〔二〕趙典兄子温　聚珍本無此句，而有「趙温，字子柔，蜀郡成都人」三句。此句六帖卷四一引作「趙

温子柔」，「温」字下脱「字」字。

〔三〕初爲京兆郡丞　姚本無「郡」字，陳禹謨刻本書鈔卷三二、唐類函卷六三引同。孔廣陶校注本書鈔卷三二、六帖卷四一引有「郡」字。按兩漢時人皆不稱京兆爲郡，此「郡」字當係衍文。

〔四〕大丈夫生當雄飛，安能雌伏　書敍指南卷一一飢寒貧賤下云：「賤貧曰雌伏。」即本此。其下注云：「東觀記趙温。」

〔五〕後官至三公　范曄後漢書趙典傳云：「典兄子謙，謙弟温，相繼爲三公。……温字子柔，初爲京兆丞，歎曰：『大丈夫當雄飛，安能雌伏！』遂棄官去。……獻帝西遷都，爲侍中，同輿輦至長安，封江南亭侯，代楊彪爲司空，免，頃之，復爲司徒，録尚書事。」據獻帝紀，初平四年，太常趙温代楊彪爲司空，旋免。興平元年，由衛尉爲司徒，録尚書事，建安十三年免。

桓譚

桓譚，〔一〕字君山，〔二〕少好學，徧治五經，能文，有絶才，喜非毁俗儒，由是多見排抑。哀、平時，位不過郎。書鈔卷一〇〇

光武即位，拜議郎。〔三〕文選卷五劉峻辯命論李善注

中家子爲之保役，〔四〕受計上疏，趨走俯伏，譬若臣僕，坐而分利。〔五〕范曄後漢書卷二八桓譚傳李賢注

賈人多通侈靡之物，羅紈綺繡，雜綵玩好，以淫人耳目，而竭盡其財。是爲下樹奢媒而置貧本也。求人之儉約富足，何可得乎？夫俗難卒變，而人不可暴化。宜抑其路，使之稍自衰焉。范曄後漢書卷二八桓譚傳李賢注

矯稱孔丘，爲讖記以誤人主。〔六〕范曄後漢書卷二八桓譚傳李賢注

桓譚譏訕圖讖，〔七〕有詔會議靈臺所處，〔八〕上謂桓譚曰：「天下事吾欲以讖決之，〔九〕何如？」譚默然良久，曰：「臣不讀讖。」上問其故，譚復極言讖之非經。上大怒，曰：「桓譚非聖無法，將下斬之。」譚叩頭流血，良久得解。由是失旨，〔一〇〕遂不復轉遷，出爲六安郡丞。之官，意忽忽不樂，道病卒，時年七十餘。御覽卷四八三

光武讀之，敕言卷大，令皆別爲上下，凡二十九篇。〔一一〕范曄後漢書卷二八桓譚傳李賢注

琴道未畢，但有發首一章。〔一二〕范曄後漢書卷二八桓譚傳李賢注

桓譚，字君山，沛人。章帝元和中，行巡狩，至沛，令使者祠譚冢，鄉里以爲榮。〔一三〕御覽卷五二六

校勘記

〔一〕桓譚　范曄後漢書卷二八有傳。又見汪文臺輯謝承後漢書卷一。袁宏後漢紀卷四亦略載其事。

〔二〕字君山　此下三句原無，文選卷五四劉峻辯命論李善注引，今據增補。

〔三〕拜議郎　此條文字之下原引有詔會雲臺，桓譚非讖事，爲避免與下文重複，今删去。

〔四〕中家　貲産爲中等之家。

〔五〕坐而分利　桓譚拜議郎，上疏陳時政所宜。此條文字與下條文字皆爲疏中語。此疏范曄後漢書桓譚傳載之較詳。

〔六〕爲讖記以誤人主　光武帝信讖，多以決嫌疑。桓譚上疏抨擊讖記，此段文字即疏中語。

〔七〕桓譚譏訕圖讖　原無此句，聚珍本有，書鈔卷九六兩引亦有此句，今據增補。

〔八〕處　原無此字，姚本、聚珍本有，書鈔卷七七、御覽卷二五三引亦有，今據增補。

〔九〕以　原脱此字，聚珍本有，書鈔卷七七、卷九六，文選卷五四劉峻辯命論李善注亦有，今據增補。

〔一〇〕由是失旨　此下諸句原無，僅有「出爲六安郡丞」一句。文選卷五四劉峻辯命論李善注引云：「譚叩頭流血，乃貰，由是失旨，遂不復轉遷，出補六安太守丞。之官，意不樂，道病卒。」書鈔卷七七引云：「帝怒，出爲六安郡丞，意不樂，道病卒。」御覽卷二二五三引云：「……上大怒曰：『桓譚非聖無法，將下斬之。』譚叩頭流血，良久乃得解。出爲六安郡丞。意忽忽不樂，病卒，時年七十餘。」今據三書所引增補。

〔二〕凡二十九篇　范曄後漢書桓譚傳云：「初，譚著書言當世行事二十九篇，號曰新論，上書獻之，世祖善焉。」其下李善引此條文字作注。聚珍本已摘取范書文字補於此條文字之上，以使文義完整可讀。據李賢注，新論諸目次第爲一本造，二王霸，三求輔，四言體，五見徵，六譴非，七啓寤，八袪蔽，九正經，十識通，十一離事，十二道賦，十三辨惑，十四述策，十五閔友，十六琴道。本造、述策、閔友、琴道各一篇，其餘分爲上下兩篇，總計二十八篇。大概在新論原本中，本造、述策、閔友三目中有一目分爲上下兩篇。

〔三〕但有發首一章　此條玉海卷一一〇亦引，文字全同。

〔三〕鄉里以爲榮　此條類聚卷三八亦引，文字略有不同。

馮　衍〔一〕

其先上黨潞人，曾祖父奉世徙杜陵。　范曄後漢書卷二八馮衍傳李賢注

野王生座，襲父爵爲關内侯，座生衍。范曄後漢書卷二八馮衍傳李賢注

馮衍説吴漢曰：〔二〕「得道之兵，鼓不振塵。」文選卷一〇潘岳西征賦李善注

衍更始時爲偏將軍，與鮑永相善。更始即敗，固守不以時下。建武初，爲揚化大將軍掾，辟鄧禹府，數奏記於禹，陳政言事。〔三〕曰：「衍聞明君不惡切慤之言，以測幽冥之論；忠臣不顧争引之患，以達萬機之變。是故君臣兩興，功名兼立，銘勒金石，令問不忘。今衍幸逢寬明之日，將值危言之時，〔四〕豈敢拱默避罪，而不竭其誠哉！伏念天下離王莽之害久矣。始自東郡之師，〔五〕繼以西海之役，〔六〕巴、蜀没於南夷，〔七〕緣邊破於北狄，〔八〕遠征萬里，暴兵累年，禍挐未解，兵連不息，刑法彌深，賦斂愈重。衆彊之黨，横擊於外，百僚之臣，貪殘於内，元元無聊，飢寒並臻，父子流亡，夫婦離散，廬落丘墟，田疇蕪穢，疾疫大興，災異蜂起。於是江湖之上，海岱之濱，風騰波涌，更相駘藉，〔九〕四垂之人，肝腦塗地，死亡之數，不啻太半，殃咎之毒，痛入骨髓，匹夫僮婦，咸懷怨怒。皇帝以聖德威靈，龍興鳳舉，率宛、葉之衆，將散亂之兵，歃血昆陽，長驅武關，破百萬之陣，摧九虎之軍，〔一〇〕雷震四海，席卷天下，攘除禍亂，誅滅無道，一朞之間，海内大定。繼高祖之休烈，修文、武之絶業，社稷復存，炎精更輝，〔一一〕德冠往初，功無與二。天下自以去亡新，就聖漢，當蒙其福而賴其

願。樹恩布德，易以周洽，其猶順驚風而飛鴻毛也。然而諸將虜掠，逆倫絶理，殺人父子，妻人婦女，燔其室屋，略其財産，飢者毛食，〔一二〕寒者裸跣，冤結失望，無所歸命。今大將軍以明淑之德，秉大使之權，統三軍之政，存撫并州之人，惠愛之誠，加乎百姓，高世之聲，聞乎群士，故其延頸企踵而望者，非特一人也。且大將軍之事，豈得珪璧其行，束修其心而已哉？〔一三〕將定國家之大業，成天地之元功也。昔周宣中興之主，齊桓霸彊之君耳，猶有申伯、召虎、夷吾、吉甫攘其蟊賊，安其疆宇。況乎萬里之漢，明帝復興，而大將軍爲之梁棟，此誠不可以忽也。且衍聞之，兵久則力屈，人愁則變生。今邯鄲之賊未滅，〔一四〕真定之際復擾，〔一五〕而大將軍所部不過百里，守城不休，戰軍不息，兵革雲翔，百姓震駭，奈何自怠，不爲深憂？夫并州之地，東帶石陘關，〔一六〕北逼彊胡，年穀獨熟，人庶多資，斯四戰之地，攻守之場也。如其不虞，何以待之？故曰『德不素積，人不爲用。備不豫具，難以應卒』。今生人之命，縣於將軍，將軍所杖，必須良才，宜改易非任，更選賢能。夫十室之邑，必有忠信。無謂無賢，路有聖人。〔一七〕審得其人，以承大將軍之明，雖則山澤之人，無不感德，思樂爲用矣。然後簡精鋭之卒，發屯守之士，三軍既整，甲兵已具，相其土地之饒，觀其水泉之利，制屯田之術，習戰射之教，則威風遠暢，人安其業矣。若鎮太原，撫上黨，收百姓之歡心，樹名賢之良佐，天下無變，則足以顯聲譽，一朝有事，則可以建大功。惟大將軍開日月之明，發深淵之慮，監六經之論，觀孫、吴之策，省群議之是非，詳衆士之白黑，以超周南之迹，垂甘棠之風，令夫功烈施於千載，富貴傳於無窮。伊、望之策，何以加兹。」范曄後漢書卷二八馮衍傳李賢注

西歸故里。〔一八〕 書鈔卷三二

款子喬於中野兮，遇伯成而定慮。〔一九〕 范曄後漢書卷二八馮衍傳李賢注

伏朱樓而四望兮，采三奇之華靈。〔二〇〕 范曄後漢書卷二八馮衍傳李賢注

揵八枳而爲籬兮，築蕙若而爲室。〔二一〕 范曄後漢書卷二八馮衍傳李賢注

馮敬通廢於家，娶北地任氏女爲妻，〔二二〕忌不得畜媵妾，兒女常自操井臼也。 文選卷三八任昉爲范尚書讓吏部封侯第一表李善注

馮敬通少有淑儻之志，明帝以爲衍材過其實，〔二三〕抑而不用，遂埳壈失志，〔二四〕以壽終於家。 文選卷五四劉峻辯命論李善注

校勘記

〔一〕馮衍　字敬通，京兆杜陵人，范曄後漢書卷二八有傳。又見汪文臺輯華嶠後漢書卷一。

〔二〕馮衍説吴漢曰　原脱「説」字，聚珍本有，今據增補。聚珍本注云：「范書，更始二年，吴漢爲大將軍，斬更始幽州牧苗曾，衍時爲更始立漢將軍。」

〔三〕陳政言事　范曄後漢書馮衍傳云：「更始二年，遣尚書僕射鮑永行大將軍事，安集北方。衍因以計説永曰：『衍聞明君不惡切慤之言，以測幽冥之論』」云云。李賢引東觀漢記「衍更始時爲偏將軍」至「陳政言事」一段文字作注，李賢注又云：「自『明君』以下，皆是諫鄧禹之詞，非勸鮑永之説，不知何據，有此乖違。」從此注來看，范書馮衍傳所載「衍聞明君不惡切慤之言」云云，在李賢看到的東觀漢記傳本中，係爲馮衍諫鄧禹之詞。下面所輯馮衍諫詞，就是根據李賢注從范書中輯録的。聚珍本亦輯有馮衍諫詞。而姚本馮衍傳未輯，注云：「相其詞義，説永爲近。」文選卷一一王逸魯靈光殿賦李善注引云：「馮衍説鮑永曰：『社稷復存，炎精更輝。』」又卷五九王巾頭陁寺碑文李善注引云：「馮衍説鮑永曰：『衍珪璧其行，束修其心。』」與姚本注文相合。

〔四〕危言之時　謂有道之時。「危」，正也。或云高也。論語憲問云：「子曰：『邦有道，危言危行。』」

〔五〕東郡之師　王莽居攝二年，東郡太守翟義起兵於東郡討莽，莽遣孫建、王邑等八將軍擊義。事詳漢書王莽傳、翟義傳。

〔六〕西海之役　漢書王莽傳云：居攝元年，「西羌龐恬、傅幡等怨莽奪其地作西海郡，反攻西海太守程永，永奔走。莽誅永，遣護羌校尉竇況擊之」。

〔七〕巴、蜀没於南夷　漢書西南夷傳云：「王莽篡位，改漢制，貶鉤町王以爲侯。王邯怨恨，牂柯大尹周欽詐殺邯。邯弟承攻殺欽，州郡擊之，不能服。三邊蠻夷愁擾盡反，復殺益州大尹程隆。莽遣平蠻將軍馮茂發巴、蜀、犍爲吏士，賦斂取足於民，以擊益州。出入三年，疾疫死者什七，巴、蜀騷動。莽徵茂還，誅之。更遣寧始將軍廉丹與庸部牧史熊大發天水、隴西騎士，廣漢、巴、蜀、犍爲吏民十萬人，轉輸者合二十萬人，擊之。始至，頗斬首數千，其後軍糧前後不相及，士卒飢疫，三歲餘死者數萬。而粵嶲蠻夷任貴亦殺太守枚根，自立爲邛穀王。」

〔八〕緣邊破於北狄　漢書匈奴傳云：王莽始建國三年，烏珠留單于「遣左骨都侯、右伊秩訾王呼盧訾及左賢王樂將兵入雲中益壽塞，大殺吏民。……是後，單于歷告左右部都尉、諸邊王，入塞寇盜，大輩萬餘，中輩數千，少者數百，殺鴈門、朔方太守、都尉，略吏民畜産不可勝數，緣邊虛耗」。

〔九〕駘藉　猶言踐踏。史記天官書云：「兵相駘藉，不可勝數。」漢書天文志作「跆藉」，是「駘」與「跆」通。

〔一〇〕摧九虎之軍　王莽地皇四年，下江兵鄧曄、于匡攻武關，莽拜將軍九人，皆以「虎」爲號，號曰「九虎」，率軍拒曄、匡。後六虎敗走，其中二虎自殺，四虎逃亡；三虎郭欽、陳翬、成重收散卒，保京師倉。事詳漢書王莽傳。

〔一一〕炎精　謂火德。漢代一些學者根據五德終始説，認爲漢承堯後，以火德而王。

〔二〕毛　草也。四庫全書考證云：「衍集作『無』。」

〔三〕豈得珪璧其行，束修其心而已哉　范曄後漢書馮衍傳李賢注云：「言當恢廓規摹，不可空自清絜，徒約束修身而已。」

〔四〕邯鄲之賊　謂王郎。

〔五〕真定之際復擾　謂真定王劉揚起兵附王郎事。更始元年，更始以光武帝行大司馬事，北定河北時，王郎起兵，據邯鄲，自立爲天子。當時真定王劉揚起兵以附王郎，衆十餘萬。見范曄後漢書劉植傳。

〔六〕東帶石陘關　范曄後漢書馮衍傳原作「東帶名關」。李賢注云：「東觀記作『石陘關』。」今據校改。

〔七〕無謂無賢，路有聖人　范曄後漢書馮衍傳無此二句，李賢注引東觀漢記有。

〔八〕西歸故里　此條姚本、聚珍本皆未輯録。范曄後漢書馮衍傳云：「衛尉陰興、新陽侯陰就以外戚貴顯，深敬重衍，衍遂與之交結，由是爲諸王所聘請，尋爲司隸從事。帝懲西京外戚賓客，故皆以法繩之，大者抵死徙，其餘至貶黜。衍由此得罪，嘗自詣獄，有詔赦不問。西歸故郡，閉門自保，不敢復與親故通。」

〔九〕款子喬於中野兮，遇伯成而定慮　范曄後漢書馮衍傳載，建武末年，衍上書自陳，仍不被起用。

衍不得志，撰顯志賦以明己志。賦見范書。其中有二句云：「款子高於中野兮，遇伯成而定慮。」李賢注云：「莊子曰：『伯成子高，唐虞時爲諸侯，至禹爲天子，乃去而耕。禹往見之，曰：「堯理天下，吾子立爲諸侯。堯授舜，舜授予，子去而耕，其故何也？」子高曰：「昔堯理天下，至公無私，不賞而人勸，不罰而人畏。今子賞而不勸，罰而不威，德自此衰，刑自此作。夫子盍行，無留吾事。」耕而不顧。』『款』，誠也。真人即謂子高。……東觀記『高』字作『喬』，謂仙人王子喬也，義亦通。」此條即據李賢注，又酌取范書文句輯録。

〔二〇〕伏朱樓而四望兮，采三奇之華靈　范曄後漢書馮衍傳載衍顯志賦云：「伏朱樓而四望兮，采三秀之華英。」李賢注云：「前書曰：『仙人好樓居。』故云『伏朱樓而四望』也。楚詞曰：『采三秀於山間。』王逸曰：『謂芝草也。』東觀記及衍集『秀』字作『奇』，『英』字作『靈』。按下云『食五芝之茂英』，此若是『芝』，不宜重説，但不知三奇是何草也。范改『奇』爲『秀』，恐失之矣。」此條即據李賢注，又酌取范書文句輯録。

〔二一〕揵八枳而爲籬兮，築蕙若而爲室　范曄後漢書馮衍傳載衍顯志賦云：「揵六枳而爲籬兮，築蕙若而爲室。」李賢注云：「『揵』，立也。『枳』，芬木也。晏子曰：『江南爲橘，江北爲枳。』枳之爲木，芳而多刺，可以爲籬。此云『六枳』，東觀記作『八枳』。按周書小開篇曰：『嗚呼！汝何敬非時？何擇非德？德枳維大人，大人枳維公，公枳維卿，卿枳維大夫，大夫枳維士，登登皇皇，君枳維國，國枳維都，都枳維邑，邑枳維家，家枳維欲無疆。』言上下相維，遞爲藩蔽也。其數有八，與東觀記同，此爲六。」此條即據李賢注，又酌取范書文句輯録。

〔二二〕娶北地任氏女爲妻　范曄後漢書馮衍傳李賢注引衍集載衍妻事甚詳。

〔二三〕材　文選卷一六江淹恨賦李善注引作「才」。按二字同。

〔二四〕埳壈　不遇貌。

馮豹

馮豹，〔一〕字仲文，後母惡之，嘗因豹夜卧，引刀斫之，正值其起，〔二〕中被獲免。御覽卷七〇七

馮豹，字仲文，好儒學，以詩傳教授，〔三〕鄉里爲之語曰：「道德斌斌馮仲文。」御覽卷六一四

馮豹每奏事未報，常服省閤下，〔四〕或從昏至明。天子默使小黄門持被覆之，曰：「勿驚之。」御覽卷七〇七

豹爲武威太守，視事二年，河西稱之。〔五〕聚珍本

校勘記

〔一〕馮豹　馮衍子，范曄後漢書卷二八有傳。又見汪文臺輯華嶠後漢書卷一。

〔二〕正值其起　此句聚珍本作「豹正起」。

〔三〕以詩傳教授　范曄後漢書馮豹傳云：「長好儒學，以詩、春秋教麗山下。」書鈔卷九七引此上數句，文字全同。

〔四〕省閤　聚珍本作「省門」。按「省閤」二字是。范曄後漢書馮豹傳云：「舉孝廉，拜尚書郎，忠勤不懈。每奏事未報，常俯伏省閤，或從昏至明。」

〔五〕河西稱之　此條不知聚珍本從何書輯録。范曄後漢書馮豹傳云：「和帝初，數言邊事，奏置戊己校尉，城郭諸國復率舊職。遷武威太守，視事二年，河西稱之，復徵入爲尚書。」

田邑〔一〕

邑，馮翊蓮芍人也。其先齊諸田，父豐，爲王莽著威將軍。邑有大節，涉學藝，能善屬文。〔二〕

范曄後漢書卷二八馮衍傳李賢注

田邑，字伯玉，爲上黨太守。時更始遣鮑永、馮衍屯太原，永、衍恐其先降，説之曰：「晏嬰臨盟，擬以曲戟，不易其辭。」〔三〕　御覽卷三五二

鄧禹使積弩將軍馮愔將兵擊邑，愔悉得邑母弟妻子。〔四〕　范曄後漢書卷二八馮衍傳李賢注

遣騎都尉弓里游、諫大夫何叔武，〔五〕即拜邑爲上黨太守。　范曄後漢書卷二八馮衍傳李賢注

衍與邑素誓刎頸，俱受重任。〔六〕　范曄後漢書卷二八馮衍傳李賢注

邑書曰：〔七〕「愚聞丈夫不釋故而改圖，哲士不徼幸而出危。今君長故主敗不能死，〔八〕新帝立不肯降，擁衆而據壁，欲襲六國之從。與邑同事一朝，内爲刎頸之盟，興兵背畔，攻取涅城。破君長之國，壞父母之鄉，首難結怨，輕弄凶器。人心難知，何意君長當爲此計。昔者韓信將兵，無敵天下，功不世出，略不再見，威執項羽，名出高帝，不知天時，就烹於漢。智伯分國，即有三晉，欲大無已，身死地分，頭爲飲器。〔九〕君長銜命出征，擁帶徒士，上黨阸不能救，河東畔不能取，朝有顛沛之憂，國有分崩之禍，上無仇牧之節，〔一〇〕下無不占之志。〔一一〕天之所壞，人不能支。君長將兵不與韓信同日而論，威行得衆不及智伯萬分之半，不見天時，不知厭足。欲明人臣之義，當先知故主之未然；欲貪天下之利，宜及新主之未爲。今故主已敗，新主既成，四海爲羅網，天下爲敵人，舉足遇害，動摇觸患，履深泉之薄

冰不爲號，〔一二〕涉千鈞之發機不知懼，何如其知也？ 絶鮑氏之姓，廢子都之業，誦堯之言，服桀之行，悲夫命也。 張舒内行邪孽，不遵孝友，疏其父族，外附妻黨，已收三族，將行其法。能逃不自詣者舒也，能夷舒宗者予也。」永、邑遂結怨焉。 范曄後漢書卷二八馮衍傳李賢注

爲漁陽太守，未到官，道病，徵還，爲諫議大夫，病卒。 范曄後漢書卷二八馮衍傳李賢注

邑年三十，歷卿大夫，號歸罷，〔一三〕厭事，少所嗜欲。〔一四〕 史記卷八高祖本紀索隱

校勘記

〔一〕田邑　范曄後漢書無傳，其事略見范書卷二八馮衍傳。

〔二〕能善屬文　此句下尚有「爲漁陽太守，未到官，道病，徵還，爲諫議大夫，病卒」數句，已移後。

〔三〕晏嬰臨盟，擬以曲戟，不易其辭　晏子春秋内篇雜上云：「崔杼既弑莊公而立景公，杼與慶封相之，刼諸將軍大夫及顯士庶人於太宫之坎上，令無得不盟者。爲壇三仞，埳其下，以甲千列環其内外，盟者皆脱劍而入。維晏子不肯，崔杼許之。有敢不盟者，戟拘其頸，劍承其心，令自盟曰：『不與崔、慶而與公室者，受其不祥。言不疾，指不至血者死。』所殺七人。次及晏子，晏子奉桮血，仰天歎曰：『嗚呼！崔子爲無道，而弑其君，不與公室而與崔、慶者，受此不祥。』俛而飲血。崔子謂晏子曰：『子變子言，則齊國吾與子共之；子不變子言，戟既在脰，劍既在心，維子圖之

也。』晏子曰：『劫吾以刃，而失其志，非勇也；回吾以利，而倍其君，非義也。崔子！子獨不爲夫詩乎！詩云：「莫莫葛虆，施于條枝。愷愷君子，求福不回。」今嬰且可以回而求福乎？曲刃鉤之，直兵推之，嬰不革矣。』崔杼將殺之，或曰：『不可，子以子之君無道而殺之，今其臣有道之士也，又從而殺之，不可以爲教矣。』崔子遂舍之。」又見新序義勇篇。

〔四〕愔悉得邑母弟妻子　范曄後漢書馮衍傳云：「及世祖即位，遣宗正劉延攻天井關，與田邑連戰十餘合，延不得進。邑迎母弟妻子，爲延所獲。」與此所載不同。

〔五〕遣騎都尉弓里游、諫大夫何叔武　范曄後漢書馮衍傳云：「邑聞更始敗，乃遣使詣洛陽獻璧馬，即拜爲上黨太守。」其下李賢引此文作注。此句上姚本、聚珍本有「後邑聞更始敗，乃歸世祖，世祖」十二字，係據范書馮衍傳文義增補。

〔六〕俱受重任　謂馮衍與田邑俱受更始重任。

〔七〕邑書曰　更始死後，田邑降於光武帝，拜上黨太守。馮衍忿邑背叛，遺書邑責之。邑報書於衍，勸衍降，衍不從。當時訛傳更始隨赤眉在北方，衍信之，與鮑永屯兵界休，移書上黨，云更始在雍。鮑永遣弟升及子壻張舒誘降涅城。張舒家在上黨，邑悉繫之，又爲此書勸永降。事詳范曄後漢書馮衍傳。

〔八〕君長　鮑永字。

〔九〕頭爲飲器　通鑑卷一載：「三家分智氏之田，趙襄子漆智伯之頭，以爲飲器。」

〔一〇〕仇牧之節　春秋莊公十二年云：「秋八月甲午，宋萬弑其君捷及其大夫仇牧。」公羊傳云：「萬嘗與莊公戰，獲乎莊公。莊公歸，散舍諸宮中，數月然後歸之。歸反，爲大夫於宋。與閔公博，婦人皆在側。萬曰：『甚矣，魯侯之淑、魯侯之美也！天下諸侯宜爲君者，唯魯侯爾。』閔公矜此婦人，妒其言。顧曰：『此虜也。爾虜焉故？魯侯之美惡乎至？』萬怒，搏閔公，絶其脰。仇牧聞君弑，趨而至，遇之於門，手劍而叱之。萬臂摋仇牧，碎其首，齒著乎門闔。仇牧可謂不畏彊禦矣。」又見新序義勇篇。

〔一一〕不占之志　新序義勇篇云：「齊崔杼弑莊公也，有陳不占者，聞君難，將赴之。比去，餐則失匕，上車失軾。御者曰：『怯如是，去有益乎？』不占曰：『死君，義也；無勇，私也。不以私害公。』遂往，聞戰鬬之聲，恐駭而死。人曰『不占可謂仁者之勇也』。」

〔一二〕泉　聚珍本作「淵」。按當作「淵」，後人避唐高祖李淵諱，改作「泉」。

〔一三〕號歸　與「告歸」義同。

〔一四〕少所嗜欲　范曄後漢書馮衍傳載田邑報馮衍書云：「邑年三十，歷任卿士，性少嗜慾，情厭事爲。」字句相近。

申屠剛

申屠剛，〔一〕字巨卿，扶風人。性剛直忠正，志節抗厲，常慕史鰌、汲黯之爲人。〔二〕涉獵書記，果於行義。元始中，舉賢良對策：「昔周公豫防禍首，〔三〕先遣伯禽守封於魯，離斷至親，以義割恩，使已尊寵，不加其後。」言甚切直。建武初，徵拜侍御史，遷尚書令，謇謇多直言，〔四〕無所屈撓。時隴蜀未平，上嘗欲近出，剛諫上不聽，剛以頭軔乘輿車輪，〔五〕馬不得前。〔六〕御覽卷四二七

校勘記

〔一〕申屠剛　范曄後漢書卷二九有傳。又見汪文臺輯司馬彪續漢書卷三、華嶠後漢書卷一。袁宏後漢紀卷七亦略載其事。

〔二〕史鰌　字子魚，春秋時衛大夫。韓詩外傳卷七載：「昔者衛大夫史魚病且死，謂其子曰：『我數言蘧伯玉之賢而不能進，彌子瑕不肖而不能退。爲人臣生不能進賢而退不肖，死不當治喪正堂，殯我於室足矣。』衛君問其故，其子以父言聞。君造然召蘧伯玉而貴之，而退彌子瑕，徙殯於

正堂，成禮而後去。生以身諫，死以尸諫，可謂直矣。」賈子新書胎教篇、新序雜事篇亦載此事。論語衛靈公篇云：「子曰：『直哉史魚！邦有道，如矢；邦無道，如矢。』」汲黯字長孺，漢武帝時官主爵都尉，任氣節，行修潔，直言敢諫，事詳漢書本傳。

〔三〕昔周公豫防禍首　此下六句原無，范曄後漢書申屠剛傳李賢注引有，今據增補。

〔四〕言　原脱此字，姚本、聚珍本有，書鈔卷三七、類聚卷四八、御覽卷二一〇引亦有，今據增補。

〔五〕軔　阻止車輪轉動的木頭，車起時要撤去此木。這裏指申屠剛以頭充軔，阻止車輪轉動。

〔六〕馬不得前　此條合璧事類後集卷二五亦引，文字較簡略。

鮑永

鮑永，〔一〕字君長，上黨人也。少有志操，治歐陽尚書，〔二〕事後母至孝，妻嘗於母前叱狗，而永即去之。〔三〕初學記卷一七

鮑永爲郡功曹，時有稱侍中止傳舍者，太守趙興欲出謁。永以不宜出，當車拔佩刀，興因還。後數日，詔書下捕之，果矯稱使者，由是知名。〔四〕御覽卷二六四

鮑永，字君長，拜僕射，行將軍事，〔五〕將兵安集河東。永好文德，雖行將軍，常衣皁襜

褕，〔六〕路稱鮑尚書兵馬。〔七〕　初學記卷一一

時永得置偏裨將五人。〔八〕　范曄後漢書卷二八馮衍傳李賢注

光武即位，遣諫議大夫儲大伯持節徵永詣行在所。永疑不從，乃收繫大伯，封大伯所持節於晉陽傳舍壁中，〔九〕遣信人馳至長安。　范曄後漢書卷二九鮑永傳李賢注

永遣升及舒等謀使營尉李匡先反涅城，〔一〇〕開門内兵，殺其縣長馮晏，立故謁者祝回爲涅長。　范曄後漢書卷二八馮衍傳李賢注

昔更始以鮑永行大將軍，更始没，永與馮欽共罷兵，幅巾以居，降於上。　書鈔卷二七

上謂鮑永曰：「我攻懷三日兵不下，關東畏卿，且將故人往。」即拜永諫大夫。至懷，謂太守曰：「足下所以堅不下者，未知孰是也。今聖主即位，天下以定，不降何待？」即開城降。永説下懷，〔一一〕上大喜，與永對食。　御覽卷四六七

賜洛陽上商里宅。　范曄後漢書卷二九鮑永傳李賢注

鮑永，字君長，爲魯郡太守。時彭豐等不肯降。後孔子闕里無故荆棘自闢，從講室掃除至孔里。永異之，召郡府丞謂曰：「方今阨急而闕里無故自滌，意豈夫子欲令太守大行饗，〔一二〕誅無狀也？」〔一三〕乃修學校禮，請豐等會，手格殺之。　御覽卷一五七

鮑永爲司隸校尉，〔一四〕時趙王良從上送中郎將來歙喪還，〔一五〕入夏城門中，〔一六〕與五官將軍相逢，〔一七〕道迫，良怒，召門候岑尊，叩頭馬前。永劾奏良曰：「今月二十七日，〔一八〕車駕臨故中郎將來歙喪還，車駕過，須臾趙王良從後到，與右中郎將張邯相逢城門中，道迫狹，叱邯旋車，又召門候岑尊詰責，使前走數十步。按良諸侯藩臣，蒙恩入侍，知尊帝城門候吏六百石，〔一九〕而肆意加怒，令叩頭都道，奔走馬頭前，〔二〇〕無藩臣之禮，大不敬也。」御覽卷二五〇

鮑永爲司隸校尉，矜嚴公正，平陵鮑恢爲從事，〔二一〕恢亦抗直不避强禦。〔二二〕詔曰：「貴戚且斂手，〔二三〕以避二鮑。」〔二四〕御覽卷二六五

鮑永，字君長，爲司隸校尉，行縣到京兆霸陵，過更始冢，引車入陌，欲下，從事諫止之。永曰：「親北面事人，何忍車過其墓。〔二五〕雖以獲罪，司隸不辭也。」〔二六〕遂下車，哭盡哀。西至右扶風，〔二七〕椎牛上苟諫冢。〔二八〕上聞之，〔二九〕問公卿曰：「奉使如此，何如？」時太中大夫張堪對曰：「仁者百行之宗，忠者禮義之主也。〔三〇〕仁不遺舊，忠不忘君，行之高者也。」上悅。御覽卷四二〇

詔書迎下永曰：〔三一〕「君晨夜冒犯霜露，精神亦已勞矣。以君帷幄近臣，其以永爲兗州牧。」范曄後漢書卷二九鮑永傳李賢注

校勘記

〔一〕鮑永　范曄後漢書卷二九有傳。又見汪文臺輯謝承後漢書卷一、司馬彪續漢書卷三。

〔二〕治歐陽尚書　此句原無，姚本、聚珍本亦未輯録。類聚卷九四引有此句，今據增補。范曄後漢書鮑永傳作「習歐陽尚書」。

〔三〕而永即去之　此條六帖卷二〇、御覽卷四一一、永樂大典卷一〇八一三亦引，字句稍略。

〔四〕由是知名　此條書鈔卷七七亦引，字句簡略。

〔五〕拜僕射，行將軍事　范曄後漢書鮑永傳云：「更始二年徵，再遷尚書僕射，行大將軍事，持節將兵，安集河東、并州、朔部，得自置偏裨，輒行軍法。」

〔六〕常衣皁襜褕　此句原作「常皁襜」，御覽卷二一一引同。姚本、聚珍本作「常衣皁襜褕」，范曄後漢書鮑永傳李賢注引同，今據校改。

〔七〕馬　原無此字，御覽卷二一一引同。姚本、聚珍本有此字，范曄後漢書鮑永傳李賢注引同，今據增補。

〔八〕時永得置偏裨將五人　范曄後漢書馮衍傳云：「永既素重衍，爲且受使得自置偏裨，乃以衍爲立漢將軍。」其下李賢引此句作注。當時鮑永行大將軍事，得自置偏裨將。

〔九〕封大伯所持節於晉陽傳舍壁中　范曄後漢書鮑永傳李賢注僅引此下二句，其上「光武即位」云云四句，係據范書鮑永傳增補，以使文義完足。

〔一〇〕永遣升及舒等謀使營尉李匡先反涅城　范曄後漢書馮衍傳云：「及世祖即位，遣宗正劉延攻天井關，與田邑連戰十餘合，延不得進。……後邑聞更始敗，乃遣使詣洛陽獻璧馬，即拜爲上黨太守。因遣使者招永、衍，永、衍等疑不肯降。……或訛言更始隨赤眉在北，永、衍信之，故屯兵界休，方移書上黨，云皇帝在雍，以惑百姓。永遣弟升及子壻張舒誘降涅城。」其下李賢引「永遣升及舒等」云云作注。李賢注原無「永遣」二字，今據范書增補，以使文義完足。姚本增「鮑永遣」三字，聚珍本增「永遣」二字。

〔一一〕永説下懷　此句原無，聚珍本有，范曄後漢書鮑永傳李賢注引亦有，今據增補。通鑑卷四〇載：建武二年，「鮑永、馮衍審知更始已亡，乃發喪，出儲大伯等，封上印綬，悉罷兵，幅巾詣河内」。通鑑考異云：「鮑永傳稱『永等降於河内，時攻懷未拔，帝謂永曰：「我攻懷三日而城不下，關東畏服卿，可且將故人自往城下譬之。」即拜永諫議大夫。至懷，乃説更始河内太守，於是開城而降』。按光武未都洛陽以前屢幸懷，又祠高祖於懷宮，并無更始河内太守據懷事。本紀亦無攻懷一節。按田邑書稱『主亡一歲，莫知所定』。則永、衍之降必在此年。而帝紀光武此年不曾幸河内，但有幸脩武事。然則永、衍實降於脩武。脩武，亦河内縣也。其稱降懷等事，當是史誤，故皆略之。」

〔一二〕意　聚珍本無此字。

〔一三〕誅無狀也　范曄後漢書鮑永傳載永言云：「方今危急而闕里自開，斯豈夫子欲令太守行禮，助吾誅無道邪？」「也」與「邪」通。

〔一四〕鮑永爲司隸校尉　建武十一年，鮑永爲司隸校尉。見范曄後漢書鮑永傳。

〔一五〕趙王良從上送中郎將來歙喪還　范曄後漢書來歙傳載，建武十一年，來歙擊公孫述，遇刺身亡。光武帝「使太中大夫贈歙中郎將、征羌侯印綬，謚曰節侯，謁者護喪事。喪還洛陽，乘輿縞素臨弔送葬。」與此可以互相印證。「趙王良」，光武帝叔父，事詳范書本傳。

〔一六〕夏城門　洛陽伽藍記序云：洛陽「北面有二門，西頭曰大夏門，漢曰夏門，魏晉曰大夏門」。

〔一七〕五官將軍　後漢書鮑永傳王先謙集解引劉攽云：「五官無將軍之稱，蓋『軍』字本是『車』字。」中華書局點校本後漢書鮑永傳李賢注亦引東觀漢記此文，已改「軍」作「車」。

〔一八〕今月二十七日　據通鑑卷四二所載，「今月」當指六月。

〔一九〕知尊帝城門候吏六百石　此句上聚珍本有「宜」字。「門」字下原有「使」字，從文義看，應爲衍文，聚珍本無此字，今據删。

〔二〇〕奔　此字原無，聚珍本有，范曄後漢書鮑永傳李賢注引亦有此字，今據增補。

〔二一〕平陵鮑恢爲從事　此句聚珍本作「以平陵鮑恢爲都官從事」。范曄後漢書鮑永傳云：「永爲司隸校尉，「乃辟扶風鮑恢爲都官從事」。

〔二二〕恢亦抗直不避强禦　原無「不避强禦」四字。此句聚珍本作「並伉直不避强禦」，書鈔卷三七引作「並抗直不避强禦」，今據增補「不避强禦」四字。

〔二三〕貴戚且斂手　「且」字下聚珍本有「當」字。范曄後漢書鮑永傳云：「貴戚且宜斂手。」

〔二四〕以避二鮑　此句下聚珍本有「其見憚如此」一句，范曄後漢書鮑永傳同。

〔二五〕何忍車　此三字原無，聚珍本有，初學記卷一七、御覽卷四一八引亦有，今據增補。

〔二六〕辭　御覽卷四一八引同。聚珍本作「避」，范曄後漢書鮑永傳同，初學記卷一七引作「辟」。按「避」、「辟」二字古通。

〔二七〕西　范曄後漢書鮑永傳同。聚珍本作「而」，御覽卷四一八引同。

〔二八〕椎　原誤作「推」，御覽卷四一八引同誤。聚珍本作「椎」，范曄後漢書鮑永傳同，今據改正。「苟諫」，鮑永父宣，哀帝時任司隸校尉，爲王莽所殺。永爲郡功曹，王莽欲滅宣子孫，都尉路平望風承旨，欲加害於永。苟諫爲太守，以永爲吏，常置府中，加以保護。苟諫卒，永送諫喪至扶風。事詳范書鮑永傳。

〔二九〕聞之　此二字原脱，聚珍本有，初學記卷一七、御覽卷四一八引亦有此二字，今據增補。

〔三〇〕主　原誤作「至」。聚珍本作「主」，御覽卷四一八引同，范曄後漢書鮑永傳亦作「主」，今據改正。

〔三一〕詔書迎下永曰　范曄後漢書鮑永傳云：「後大司徒韓歆坐事，永固請之不得，以此忤帝意，出爲東海相。坐度田不實，被徵，諸郡守多下獄。永至成皐，詔書逆拜爲兗州牧，便道之官。」其下李賢引「詔書迎下永曰」云云作注。此句上姚本、聚珍本皆有「永以度田不實，被徵」二句，係取范書文字增補。

鮑　昱

鮑昱爲泚陽長，〔一〕縣人趙堅殺人繫獄，〔二〕其父母詣昱，自言年七十餘唯有一子，適新娶，今繫獄當死，長無種類，涕泣求哀。昱憐其言，令將妻入獄，解械止宿，遂任身有子。范曄後漢書卷二九鮑昱傳李賢注

光武二十三年，太尉鮑昱兼衛尉。〔三〕類聚卷四九

鮑昱，字文淵，拜司隸校尉，〔四〕詔昱詣尚書，使封胡降檄。上遣小黄門問昱有所怪不？對曰：「臣聞故事通官不著姓，又當司徒露布，〔五〕怪使司隸而著姓也。」帝報曰：「吾欲令天下知忠臣之子復爲司隸。」御覽卷四一八

時司徒辭訟久者至十數年，〔六〕比例輕重，非其事類，錯雜難知。昱奏定辭訟七卷，〔七〕決事都目八卷，以齊同法令，息遏人訟也。范曄後漢書卷二九鮑昱傳李賢注

校勘記

〔一〕鮑昱爲沘陽長　此句原無，今據御覽卷六四三引增補。「鮑昱」，鮑永子，范曄後漢書卷二九有傳，云字文泉，而御覽卷四一八引東觀漢記云字文淵，書鈔卷六一引續漢書云昱字守文。按「文淵」二字是，爲避唐高祖李淵諱，「淵」字改作「泉」。汪文臺輯司馬彪續漢書卷三、袁宏後漢紀卷一一亦略載其事。「沘陽」，御覽引作「泚陽」，聚珍本云「鮑昱，字文淵，泚陽長」，亦作「泚陽」。按「泚陽」乃「沘陽」之訛。東漢縣無泚陽，而有沘陽，或作「比陽」，屬南陽郡，因地處比水之陽，故名，故治所在今河南泌陽縣。范書鮑昱傳云昱「爲沘陽長」，字尚不誤。

〔二〕縣人　原作「沘陽人」，今從御覽卷六四三引改。聚珍本作「邑人」。

〔三〕太尉鮑昱兼衛尉　此條御覽卷二三〇引同。按范曄後漢書、袁宏後漢紀皆不載昱爲太尉和衛尉，疑此文有誤。

〔四〕拜司隸校尉　光武帝中元元年，鮑昱拜司隸校尉，見范曄後漢書鮑昱傳。

〔五〕故事通官不著姓，又當司徒露布　范曄後漢書鮑昱傳李賢注引漢官儀云：「群臣上書，公卿校尉

諸將不言姓。凡制書皆璽封，尚書令重封。唯赦贖令司徒印，露布州郡。」

〔六〕時司徒辭訟久者至十數年　「時」，玉海卷六五引作「建初中」。明帝永平十七年，鮑昱爲司徒，見范曄後漢書鮑昱傳。

〔七〕辭訟七卷　玉海卷六五引作「辭訟比七卷」。

郅惲

郅惲，〔一〕字君章，上書諫王莽，令就臣位。莽大怒，即收繫惲。難即害之，〔二〕使黄門脅導惲，令爲狂疾惚恍，不自知所言。惲曰：「所言皆天文，非狂人所造作。」御覽卷七三九

郅惲之友董子張父及叔爲鄉里盛氏一時所殘害，〔三〕子張病困將終，惲往候子張。〔四〕子張視惲，歔欷不能言，〔五〕惲曰：「吾知子不悲天命長短，而痛二父讎不復也。」子張但目擊而已。〔六〕惲即將客遮仇人，取其頭以示子張，子張悳，氣因絶。〔七〕惲見令，以狀首。令應之遲，趨出詣獄。令跣追之，不及，即自入獄謝惲，〔八〕拔刃自嚮以要惲曰：「子不從我出，敢不以死明心乎！」惲遂出。御覽卷四七三

汝南太守歐陽歙召郅惲爲功曹，〔九〕汝南舊俗，十月饗會，百里内皆齎牛酒到府飲讌。時

臨饗禮畢，歆教曰：〔一〇〕「西部督郵繇延，〔一一〕天資忠貞，不嚴而治。今與衆儒共論延功，顯之于朝。」〔一二〕惲於下座愀然前曰：「案延資性貪邪，外方内員，朋黨搆姦，罔上害民。明府以惡爲善，〔一三〕以直從曲，此既無君，又復無臣。〔一四〕惲敢奉觥。」歆色慙，不知所爲。門下掾鄭敬進曰：「君明臣直，功曹言切，明府德也。」歆意少解，曰：「實歆罪也。」御覽卷二六四

郅惲，字君章，汝南人也。鄭次都隱於弋陽山中。惲即去，從次都止，漁釣甚娱，留數十日。惲喟然歎曰：「天生俊士，以爲民也。鳥獸不可與同群，子從我爲伊尹乎？將爲許、巢而去堯、舜也？」〔一五〕次都曰：「吾年耄矣，安得從子？子勉正性命，勿勞神以害生。」告別而去。惲客於江夏，郡舉孝廉爲郎。〔一六〕文選卷四二應璩與從弟君苗君胄書李善注

郅惲爲上東城門候。〔一七〕上嘗夜出，還，〔一八〕拒關，詔開門欲入，惲不納。上令從門間識面。惲曰：「火明遼遠。」〔一九〕惲遂不開。〔二〇〕明日，惲上書曰：「昔文王不敢盤于遊田，以萬民惟憂。而陛下遠獵山林，以夜繼晝，其如社稷宗廟何？誠小臣所竊憂也。」由是上特重之。御覽卷四五三

郅惲爲長沙，〔二一〕長沙有義士古初，遭父喪未葬，鄰人火起，及初舍。棺不可移，初冒火伏棺上，會火滅。〔二二〕御覽卷五五一

坐前長沙太守張禁多受遺送千萬，〔二三〕以惲不推劾，故左遷芒長。〔二四〕范曄後漢書卷二九郅惲傳李賢注

芒守丞韓龔受大盜丁仲錢，阿擁之，加笞八百，不死，入見惲，稱仲健。惲怒，以所杖鐵杖捶龔。龔出怨懟，遂殺仲，惲故坐免。范曄後漢書卷二九郅惲傳李賢注

校勘記

〔一〕郅惲　范曄後漢書卷二九有傳。又見汪文臺輯華嶠後漢書卷一。袁宏後漢紀卷七、風俗通義過譽篇亦略載其事。

〔二〕難即害之　范曄後漢書郅惲傳載，惲上書王莽，引經據讖，勸説王莽下就臣位。王莽劾以大逆，收繫詔獄。但由於郅惲據經讖，所以不便立刻害之。

〔三〕叔　姚本、聚珍本作「叔父」，御覽卷五一二、范曄後漢書郅惲傳李賢注引同。

〔四〕往候子張　原作「往候張」，姚本作「候子張」，類聚卷三三引同，今據增「子」字。聚珍本作「往候之」，御覽卷四〇七、卷五一二引同。御覽四八一引作「候之」。下文「取其頭以示子張，子張憙」二句，原亦脱「子」字。

〔五〕不能言　此三字原無，姚本、聚珍本有，類聚卷三三，御覽卷四〇七、卷四八一引同，今據增補。

范曄後漢書郅惲傳亦有此三字。

〔六〕子張但目擊而已　此句原無，聚珍本有，御覽卷四〇七引同，今據增補。范曄後漢書郅惲傳亦有此句。

〔七〕子張悳，氣因絶　此二句姚本、聚珍本作「子張見而氣絶」，類聚卷三三，御覽卷四〇七、卷四八一引同，范曄後漢書郅惲傳亦同。御覽卷五一二引作「子張見之，悲喜，因絶」。

〔八〕惲　聚珍本作「之」。

〔九〕汝南太守歐陽歙　光武帝建武七年繼寇恂任汝南太守，見范曄後漢書歐陽歙傳。

〔一〇〕教　諭告之詞，其義與「令」同。文選傅亮爲宋公修張良廟教李善注：「秦法，諸公王稱教。教者，教示於人也。」漢代郡中下令謂之「教」。

〔一一〕西部督郵　督郵爲郡之佐吏，掌管監察屬縣，考課殿最，分東、南、西、北、中部，統稱五部督郵。

〔一二〕朝　漢代郡守府寺亦可稱「朝」。范曄後漢書法真傳云：真「性恬静寡欲，不交人間事。太守請見之，真乃幅巾詣謁。太守曰：『……太守虚薄，欲以功曹相屈，光贊本朝，何如？』」風俗通義十反篇安定太守胡伊條云：「郡以伊爲主簿，迎新太守，曰：『我是宰士，何可委質於二朝乎！』」皆稱郡守治所爲「朝」。

〔一三〕明府　范曄後漢書張湛傳李賢注：「郡守所居四府。明府者，尊高之稱。」漢人又有明公、明使君、明太子之稱，加「明」字，以示尊崇。

〔一四〕此既無君，又復無臣　漢代制度，郡縣可以自辟屬吏，地位與古代的陪臣相類似，所以太守於功曹，得蒙君父之稱。

〔一五〕許、巢　「許」指許由，莊子讓王篇云：「堯以天下讓許由，許由不受。」潛夫論交際篇云：「許由讓其帝位。」「巢」指「巢父」，皇甫謐高士傳卷上云：「巢父者，堯時隱人也。山居不營世利，年老，以樹爲巢而寢其上，故時人號曰巢父。」堯以天下相讓，不受。

〔一六〕郡舉孝廉爲郎　此條文選卷六〇任昉齊竟陵文宣王行狀李善注亦引，文字極簡。

〔一七〕上東城門　洛陽伽藍記序云：洛陽「東面有三門，北頭第一門曰建春門，漢曰上東門，阮籍詩曰『步出上東門』是也。」太平寰宇記卷三云：「上東門，洛陽東面門也。」

〔一八〕上嘗夜出，還　此二句水經注卷一六引作「光武嘗出夜還」。太平寰宇記卷三引作「光武夜還」。

〔一九〕惲曰：「火明遼遠」　此二句原無，水經注卷一六引有，今據增補。范曄後漢書郅惲傳云：惲「爲上東城門候。帝嘗出獵，車駕夜還，惲拒關不開。帝令從者見面於門間。惲曰：『火明遼遠。』遂不受詔」。

〔二〇〕惲遂不開　此句水經注卷一六引作「遂拒不開」，太平寰宇記卷三引作「惲不納」。

〔二一〕郅惲爲長沙　此句原無，類聚卷八〇、合璧事類外集卷五五引有，今據增補。「爲長沙」，即爲長沙太守。

〔三〕會火滅　此句姚本作「俄而火滅」，類聚卷二〇引同。聚珍本作「會火滅」，合璧事類外集卷五五引同。此句下聚珍本又有「以爲孝感所致云」一句。御覽卷八六八、記纂淵海卷五引作「火乃滅」。姚本、聚珍本皆立有「古初」一目，只收録此條文字。范曄後漢書郅惲傳載：「惲再遷長沙太守。先是長沙有孝子古初，遭父喪未葬，鄰人失火，初匍匐柩上，以身扞火，火爲之滅。惲甄異之，以爲首舉。」可見此條文字當入郅惲傳，今依范書編次。

〔三〕坐前長沙太守張禁多受遺送千萬　此承上文郅惲爲長沙太守爲言。

〔四〕芒長　原無此二字，聚珍本有，與范曄後漢書郅惲傳相合，今據增補。

蘇竟

蘇竟與劉歆子恭書曰：〔一〕「前世以磨研編簡之才，與國師公從事出入者硯耳。」〔二〕書鈔卷一〇四

校勘記

〔一〕蘇竟　范曄後漢書卷三〇有傳。　子恭　此二字上聚珍本有「兄」字，當據增補。按漢書董仲舒傳贊云：「向曾孫龔。」恭與龔爲一人。范曄後漢書蘇竟傳云：「初，延岑護軍鄧仲況擁兵據南陽陰縣爲寇，而劉歆兄子龔爲其謀主。竟時在南陽，與龔書曉之。」李賢注：「前書及三輔決録并云向曾孫，今言歆兄子，則不同也。」

〔二〕與國師公從事出入者硯耳　此句聚珍本作「與國右史公從事出者惟硯也」，類聚卷五八引作「與國右史公從事出入」。按王莽時劉歆爲國師，「國右史公」即「國師公」之誤。「者硯耳」三字當係衍文，范曄後漢書蘇竟傳無。

郭　伋

郭伋爲潁川太守，〔一〕辭去之官，〔二〕光武詔曰：「郡得賢能太守，去帝城不遠，河潤九里，〔三〕冀京師并蒙其福也。」御覽卷二六〇

郭伋，字細侯，河南人也。在并州素結恩德，〔四〕行部到西河美稷，有童兒數百，各騎竹

馬，於道次迎拜。〔五〕伋問曰：「兒曹何自遠來？」對曰：「聞使君到，喜，故迎。」〔六〕諸兒復送到郭外，〔七〕問「使君何日當還」。伋語別駕從事計日告之。〔八〕行部還入美稷界，先期一日。伋念負諸童兒，〔九〕遂止于野亭，須期乃入。〔一〇〕御覽卷二五六

郭伋爲并州，伋知盧芳夙賊，〔一一〕難卒以力制，常嚴烽候，明購賞，以結寇心。御覽卷三三五

校勘記

〔一〕郭伋　范曄後漢書卷三一有傳。又見汪文臺輯司馬彪續漢書卷三、華嶠後漢書卷一、張璠漢記。

〔二〕辭去之官　此下二句聚珍本作「召見辭謁，帝勞之曰」，文選卷六〇任昉齊竟陵文宣王行狀李善注引同。范曄後漢書郭伋傳亦作「召見」云云八字。

〔三〕河　原誤作「何」，聚珍本作「河」，書鈔卷一一、文選卷六〇任昉齊竟陵文宣王行狀李善注引同，今據改。范曄後漢書郭伋傳李賢注引莊子云：「河潤九里，澤及三族。」

〔四〕在并州素結恩德　此句下聚珍本有「老小相攜道路」一句。據范曄後漢書郭伋傳，建武十一年，省朔方刺史屬并州，以伋爲并州牧。

〔五〕於道次　原無此三字，聚珍本有，御覽卷四六七引同，今據增補。

〔六〕聞使君到，喜，故迎　此三句聚珍本作「聞使君始到，喜，故奉迎」。御覽卷四六七引作「聞使君到，喜，故來奉迎」。

〔七〕到　聚珍本作「出」。

〔八〕語　原誤作「曰」，御覽卷二六三引作「語」，今據改。聚珍本作「使」，似依文義校改。

〔九〕伋念負諸童兒　此句聚珍本作「伋謂違信」。

〔一〇〕須期乃入　水經注卷三引云：「郭伋，字細侯，爲并州牧。前在州素有恩德，老小相携道路。行部到西河美稷，數百小兒各騎竹馬迎拜。伋問兒曹何自遠來，曰：『聞使君到，喜，故迎。』伋謝而發去。諸兒復送郭外，問『使君何日還』。伋計日告之。及還，先期一日，念小兒，即止野亭，須期至乃往。」字句稍略於此。事又見史通暗惑篇。

〔一一〕夙　此字原無，聚珍本有，類聚卷八〇引亦有，今據增補。

杜詩

杜詩，〔一〕字君公。建武元年，杜詩爲侍御史，安集洛陽。時將軍蕭廣放縱兵士，暴横

民間。〔二〕詩勑曉不改，遂格殺廣，還以狀聞。上召見，賜以棨戟，〔三〕復使之河東，誅降逆賊楊異等。御覽卷六八一

杜詩，字君公，爲南陽太守，〔四〕性節儉而治清平，以誅暴立威信，善於計略，省愛民役。造作水排，〔五〕鑄爲農器，用力省，見功多。時人方於召信臣，故南陽人爲之語：「前有召父，後有杜母。」〔六〕御覽卷二六〇

南陽太守杜詩坐遣客爲弟報仇，被徵，會病卒，喪無所歸，詔使持喪郡國邸，賻絹千疋。〔七〕御覽卷八一七

校勘記

〔一〕杜詩　此下二句原無，聚珍本有，書鈔卷三六引亦有，今據增補。杜詩，范曄後漢書卷三一有傳。又見汪文臺輯謝承後漢書卷一、張璠漢記。

〔二〕暴横　聚珍本作「猝暴」。

〔三〕棨戟　范曄後漢書杜詩傳李賢注引漢雜事云：「漢制，假棨戟以代斧鉞。」古今注卷上云：「棨戟，殳之遺象也。詩所謂『伯也執殳，爲王前驅』。殳，前驅之器也，以木爲之，後世滋僞，無復典刑，以赤油韜之，亦謂之油戟，亦謂之棨戟。」

〔四〕爲南陽太守 光武帝建武七年，杜詩由汝南都尉遷南陽太守，見范曄後漢書杜詩傳。

〔五〕水排 范曄後漢書杜詩傳李賢注：「冶鑄者爲排以吹炭，今激水以鼓之也。『排』當作『橐』，古字通用也。」箋注倭名類聚抄卷五云：「『韛』，東觀漢記作『排』。則知『韛』，俗『排』字。」

〔六〕後有杜母 此條書鈔卷三六亦引，文字極爲簡略。

〔七〕千疋 范曄後漢書杜詩傳同，聚珍本作「七千疋」，不知何據。「七」字疑爲衍文。

孔奮

竇融請孔奮署議曹掾，〔一〕守姑臧長。天下擾亂，唯西河獨安，而姑臧稱爲富邑，通貨胡羌，市日四合，〔二〕每居縣者，不盈數日，〔三〕輒致豐積。御覽卷八二七

孔奮，字君魚，右扶風茂陵人。守姑臧長。七年，〔四〕詔書以爲奮在姑臧治有絶迹，賜爵關内侯。奮素孝，供養至謹，在姑臧唯老母極膳，妻子飯食葱芥，時人笑之。或嘲奮曰：「置脂膏中，不能自潤。」而奮不改其操。〔五〕御覽卷二六七

孔奮爲武都郡丞，時郡爲隗囂餘黨所攻，〔六〕殺太守，得奮妻子。奮追賊，賊推奮妻子於軍前。奮年五十，惟有一子，不顧，遂擒賊，而其子見屠。帝嘉其忠，遷武都太守。御覽

孔奮篤於骨肉，弟奇在雒陽爲諸生，分祿奉以供給其糧用，四時送衣，下至脂燭，每有所食甘美，輒分減以遺奇。〔七〕御覽卷四一六

校勘記

〔一〕孔奮　范曄後漢書卷三一有傳。又見汪文臺輯司馬彪續漢書卷三、華嶠後漢書卷一。光武帝建武五年，河西大將軍竇融署孔奮爲議曹掾，見范書孔奮傳。

〔二〕市日四合　周禮地官司市云：「大市日昃而市，百族爲主。朝市朝時而市，商賈爲主。夕市夕時而市，販夫販婦爲主。」是古代集市一日三合。此云「市日四合」，足見其人貨殷繁。

〔三〕數日　聚珍本作「數月」，與范曄後漢書孔奮傳相合。按當作「數月」。

〔四〕七年　范曄後漢書孔奮傳云：建武「八年，賜爵關内侯」。

〔五〕而奮不改其操　此條文字聚珍本作「奮在姑臧四年，財物不增，惟老母極膳，妻子但菜食。或嘲奮曰：『直脂膏中，亦不能自潤。』而奮不改其操。詔書以奮在姑臧治有絶迹，賜爵關内侯」。書鈔卷三八引作「孔奮，字君魚，右扶風人。爲姑臧長，老母珍膳，妻子但食葱菜，爲衆所笑，謂之弱劣。嘲奮曰：『置脂膏中，不能自潤。』而奮不改其操也」。御覽卷九七七引作「孔奮，字君魚，

爲姑臧長，時天下亂，河西獨安。前長居官數月，輒致貲產。奮在姑臧四歲，財物不增，唯老母極膳，妻子但食葱菜。或嘲奮曰：『置脂膏中，不能不潤。』」又類聚卷八三、御覽卷四二五亦引，文字互有異同。按御覽卷二六七所引敍事次序與范曄後漢書孔奮傳相同，而聚珍本連綴失次，不可據。

〔六〕時郡爲隗囂餘黨所攻　「時」字下原有「在」字，文義扞格難通。按范曄後漢書孔奮傳云：「奮除武都郡丞。時隴西餘賊隗茂等夜攻府舍，殘殺郡守，賊畏奮追急，乃執其妻子，欲以爲質。奮年已五十，唯有一子，終不顧望，遂窮力討之。……賊窘懼逼急，乃推奮妻子以置軍前，冀當退却，而擊之愈厲，遂禽滅茂等，奮妻子亦爲所殺。世祖下詔褒美，拜爲武都太守」。所敍事極爲清楚。今參酌范書删「在」字，文義始通。聚珍本作「妻時在郡，爲隗囂餘黨所攻殺，太守得奮妻子」。雖然增補「妻」字，與下文連讀，義亦不可解，聚珍本不足爲據。

〔七〕輒分減以遺奇　此條初學記卷一七、御覽卷五一五、續編珠卷一亦引，文字稍有不同。

張堪

張堪，〔一〕字君遊，年六歲，〔二〕受業長安，治梁丘易，才美而高，京師號曰「聖童」。御覽張堪爲蜀郡，〔三〕公孫述遣擊之。堪有同心之士三千人，相謂曰：「張君養我曹，爲今日也。」乃選習水軍三百人，〔四〕遂斬竹爲箄渡水，餘人擊蜀，〔五〕遂免大難。〔六〕 書鈔卷一三八

張堪，字君遊，南陽人。試守蜀郡，與吴漢并力討公孫述，遂破蜀。漢先遣堪入成都，〔七〕鎮撫吏民。時珍寶珠玉委積無數，堪録簿上官，秋毫無所取。〔八〕 書鈔卷三八

堪字君游，南陽人，去蜀郡乘折轅車，白布被囊。 書鈔卷三八

張堪，字君遊，試守蜀郡太守，遷漁陽太守，有惠政，〔九〕開治稻田八千餘頃，教民種田，〔一〇〕百姓以殷富。〔一一〕童謡歌云：「桑無附枝，麥穗兩岐。張君爲政，樂不可支。」〔一二〕視事八年，匈奴不敢犯塞。〔一三〕 類聚卷五〇

光武詔曰：「平陽丞李善稱故令范遷於張堪，〔一四〕令人面熱汗出，其賜堪家雜繒百疋，以表廉吏。」〔一五〕 御覽卷三八七

上嘗召見諸郡計吏，問其風土，及前後守令能否。蜀郡計掾樊顯進曰：「漁陽太守張堪昔在蜀，其仁以惠下，威能討姦。前公孫述破時，珍寶山積，捲握之物，足富十世，而堪去職之日，乘折轅車，布被囊而已。」上聞歎息。以顯陳堪行有效，即除魚復令。〔一六〕

類聚卷七〇

校勘記

〔一〕張堪　范曄後漢書卷三一有傳。又見汪文臺輯司馬彪續漢書卷三、華嶠後漢書卷一。袁宏後漢紀卷六亦略載其事。

〔二〕年六歲　聚珍本同，范曄後漢書張堪傳作「年十六」。

〔三〕張堪爲蜀郡　此句姚本、聚珍本作「堪守蜀郡」。聚珍本注云：「范書本傳不載堪爲蜀守。」按范曄後漢書張堪傳云：「世祖……即位，中郎將來歙薦堪，召拜郎中，三遷爲謁者。使送委輸縑帛，并領騎七千匹，詣大司馬吴漢伐公孫述，在道追拜蜀郡太守。」聚珍本誤注。此句御覽卷七七一引作「張堪爲陪義長」。

〔四〕習　姚本同，聚珍本作「擇」。

〔五〕餘人擊蜀　姚本、聚珍本無此句。

〔六〕大　姚本、聚珍本無此字。

〔七〕堪　原無此字，姚本、聚珍本有，今據增補。

〔八〕秋毫無所取　此句上原有「稱」字，顯係衍文。姚本、聚珍本無此字，今據删。

〔九〕有惠政　原無此句，聚珍本有，書鈔卷三五引亦有，今據增補。

〔一〇〕教民種田　姚本同，聚珍本作「教民種作」，書鈔卷三五兩引亦作「教民種作」，編珠卷四，類聚卷一九、卷八五，御覽卷二六〇、卷八三八，文選卷三六王融永明十一年策秀才文李善注引作「勸民耕種」，初學記卷二七、御覽卷四六五引作「勸人耕種」。

〔一一〕以殷富　「以」字下編珠卷四，初學記卷二七，類聚卷一九、卷八五，御覽卷四六五、卷八三八，文選卷三六王融永明十一年策秀才文李善注引皆有「致」字，當據增補。

〔一二〕支　原作「爲」，姚本同，聚珍本作「支」，編珠卷四，書鈔卷三五，類聚卷八五，御覽卷二六〇、卷四六五、卷八三八，文選卷三六王融永明十一年策秀才文李善注皆引作「支」。按「支」字是，與上文「岐」字韻相協，范曄後漢書張堪傳亦作「支」，今據校改。

〔一三〕匈奴不敢犯塞　此條書鈔卷三九亦引，文字較此簡略。

〔一四〕丞　聚珍本誤作「稱」。

〔一五〕以表廉吏　此事范曄後漢書張堪傳未載，就此條文字内容來看，也無從確定年代。聚珍本繫於張堪傳末。

〔一六〕以顯陳堪行有效，即除魚復令　此二句原無，書鈔卷七九引云：「上常召見諸郡計吏，問太守誰最能者，及蜀郡計掾樊顯，進曰：『張堪仁惠清廉，無與爲比。』上以顯陳堪行有效，即除魚復令。」今據增補。姚本、聚珍本作「以顯陳堪行有效，即除漁陽令」。按「魚復令」三字是，范曄後漢書張堪傳云：「拜顯爲魚復長。」李賢注：「魚復，縣，屬巴郡。」又按姚本、聚珍本立有樊顯一目，繫以此條文字。據范曄後漢書，此條文字當在張堪傳中，今從范書編排。此條文字書鈔卷三九引作「張堪，世祖召見諸郡計吏，問前後太守能否。蜀郡計掾樊顯曰：『張堪昔在蜀，其仁足惠下，威能討姦。』」卷一三九亦引，字句大同小異。

廉范

廉范，〔一〕字叔度，京兆人也。父客死蜀漢，〔二〕范與客步負喪歸。〔三〕至葭萌，舡觸石破没，范持棺柩，遂俱沈溺。衆傷其義，鉤求得之，僅免於死。太守張穆持筒中布數篋與范，〔四〕范曰：「石生堅，蘭生香，前後相違，不忍行也。」遂不受。御覽卷四一二

廉范爲雲中太守，始到，烽火日通。故事，虜出度五千人，〔五〕乃移書旁郡求助。吏白今虜兵度出五千，請移警檄。范不聽，遂選精兵，自將出至近縣，令老弱城守而追之。類聚卷八〇

廉范，字叔度，爲蜀郡太守。成都邑宇逼側，〔六〕舊制，禁民夜作以防火，而更相隱蔽，

燒者日日相屬。范乃毀削前令，但嚴使儲水，百姓爲便。乃歌之云：「廉叔度，來何暮？不禁火，民安堵。昔無襦，今五袴。」〔七〕類聚卷五〇

廉范爲蜀郡守，令民不禁火，百姓皆喜，家得其願，時生子皆以廉爲名者千。御覽卷三六二

肅宗崩，〔八〕廉范奔赴敬陵。時廬江郡嚴麟奉章弔國，〔九〕俱會於路。麟乘小車，塗深馬死，不能自進。范見而愍然，命從騎下馬與之，不告而去。麟事畢，不知馬所歸，緣路訪之。或謂麟曰：「故蜀郡太守廉叔度，好賙人窮，今奔國喪，當是耳。」麟亦素聞范名，以爲然，即牽馬造門，謝而歸之。世伏其好義。御覽卷四二〇

校勘記

〔一〕廉范　范曄後漢書卷三一有傳。又見汪文臺輯司馬彪續漢書卷三、華嶠後漢書卷一。袁宏後漢紀卷九亦略載其事。

〔二〕父　御覽卷五五〇引同，聚珍本作「祖父」。按「父」字是。范曄後漢書廉范傳云：「范父遭喪亂，客死於蜀漢，范遂流寓西州。西州平，歸鄉里。年十五，辭母西迎父喪。」所述極爲明確。范祖父丹，爲王莽所倚重，率軍與赤眉交戰，敗死無疆，事見范曄後漢書劉玄劉盆子傳、馮衍傳，丹絶

無「客死蜀漢」之事。袁宏後漢紀卷九亦云：「范字叔度，杜陵人。祖父丹，王莽時爲大司馬。范父遭亂，客死於蜀。」

〔三〕范與客步負喪歸　「范」字下聚珍本有「年十五」三字。按御覽卷四二五引有「廉范年十五至蜀迎祖母喪」一句，卷八二〇引同，惟「至」字作「入」，是知原書有「年十五」三字，當據增補。

〔四〕太守張穆持筒中布數篋與范　此下各句原無，聚珍本有，御覽卷四二五、卷八二〇引亦有，今據增補。

〔五〕度　估計。

〔六〕成都邑宇逼側　此句至「百姓爲便」各句姚本、聚珍本全同，類聚卷八〇引作「成都地迫屋狹，百姓夜作，以供衣食。又禁火，民復弊之，失火者日屬。范令夜作，但使儲水，百姓皆悦」。「弊」字誤，當作「蔽」。事類賦卷八引作「成都地迫屋狹，百姓夜作，以供衣食。又禁火，民覆蔽之，失火者日屬。范放令夜作，但使儲水，百姓皆悦」。御覽卷八六八引與類聚大體相同。

〔七〕昔無襦，今五袴　此二句姚本、聚珍本同，事類賦卷八引亦同。徐氏明抄本書鈔卷三九引作「生平無一襦，今有五袴」。蔣光煦藏清抄本書鈔卷三九引作「平生無衣襦，今有五袴」。御覽卷四六五引作「平生無襦，今五袴」，范曄後漢書廉范傳同，書鈔卷一二九引亦與御覽同，僅「五」字誤作「乃」。御覽卷八六八引作「昔日無襦，今五袴」。此條書鈔卷三五、類聚卷一九、御覽卷六九五亦引，文字節删較多。

〔八〕肅宗崩　范曄後漢書廉范傳同。聚珍本作「章和二年，帝崩」，書鈔卷一三九引同。

〔九〕時廬江郡嚴麟奉章弔國　此句至「不能自進」一段文字，姚本、類聚卷九三引大同小異，范曄後漢書廉范傳所載也大體相同。聚珍本作「還入城，見道中有諸生乘小車馬頓死泥中，諸生立旁，不能自進。時范問爲誰，所從來。生曰廬江太守掾嚴麟爲太守奉章來弔」。所引内容稍詳。書鈔卷一三九引作「還入城，見道中有諸生乘小車，馬預死泥中，諸生立旁。時范問爲誰，所從來，生曰廬江太守掾嚴麟，爲太守奉章來弔」。「預」乃「頓」之訛。聚珍本即從書鈔中輯出，並參考御覽卷四二〇所引補入「不能自進」一句。

王　堂

王堂爲汝南太守，〔一〕教掾吏曰：「其憲章朝右，委功曹陳蕃。」〔二〕聚珍本

校勘記

〔一〕王堂　字敬伯，廣漢郪人，范曄後漢書卷三一有傳。又見汪文臺輯張璠漢記。

〔二〕委功曹陳蕃　此條不知聚珍本從何書輯録。文選卷二五盧諶贈劉琨李善注引張璠漢記字句與此全同。范曄後漢書王堂傳云：王堂「遷汝南太守，搜才禮士，不苟自專，乃教掾史曰：『古人勞於求賢，逸於任使，故能化清於上，事緝於下。其憲章朝右，簡覈才職，委功曹陳蕃。匡政理務，拾遺補闕，任主簿應嗣。庶循名責實，察言觀效焉。』」

卷十五

傳十

朱浮

朱浮與彭寵書，〔一〕責之曰：「伯通自伐，〔二〕以爲功高天下。往時遼東有豕，生子白頭，〔三〕異而獻之。行至河東，見群豕皆白，懷慙而還。若以子之功，論於朝廷，則爲遼東豕也。」初學記卷二九

上不征彭寵，〔四〕朱浮上疏切諫曰：「連年距守，吏士疲勞，甲胄生蟣蝨，弓弩不得弛，上下相率焦心，大兵冀蒙救護生活之恩。陛下輒忘之於河北，誠不知所以然。」御覽卷三五六

朱浮上疏曰：「陛下率禮無違。」〔五〕文選卷四張衡南都賦李善注

朱浮爲大司空，〔六〕坐賣國恩，〔七〕以爲威福。書鈔卷五二

校勘記

〔一〕朱浮　字叔元，沛國蕭人，范曄後漢書卷三三有傳。又見汪文臺輯司馬彪續漢書卷三。「朱浮與彭寵書」，建武初年，光武帝拜浮爲大將軍幽州牧，寵爲漁陽太守，二人不協，嫌怨積深，寵舉兵攻浮，浮遂與寵書責之。范書朱浮傳載其書云：「蓋聞知者順時而謀，愚者逆理而動，常竊悲京城太叔以不知足而無賢輔，卒自棄於鄭也。伯通以名字典郡，有佐命之功，臨人親職，愛惜倉庫，而浮秉征伐之任，欲權時救急，二者皆爲國耳。即疑浮相譖，何不詣闕自陳，而爲族滅之計乎？朝廷之於伯通，恩亦厚矣，委以大郡，任以威武，事有柱石之寄，情同子孫之親。匹夫媵母尚能致命一餐，豈有身帶三綬，職典大邦，而不顧恩義，生心外畔者乎！伯通與吏人語，何以爲顏？行步拜起，何以爲容？坐卧念之，何以爲心？引鏡窺影，何施眉目？舉措建功，何以爲人？惜乎棄休令之嘉名，造梟鴟之逆謀，捐傳世之慶祚，招破敗之重災，高論堯舜之道，不忍桀、紂之性，生爲世笑，死爲愚鬼，不亦哀乎！伯通與耿俠遊俱起佐命，同被國恩。俠遊謙讓，屢有降挹之言；而伯通自伐，以爲功高天下。往時遼東有豕，生子白頭，異而獻之，行至河東，見群豕皆白，懷慚而還。若以子之功論於朝廷，則爲遼東豕也。今乃愚妄，自比六國。六國之時，其勢各盛，廓土數千里，勝兵將百萬，故能據國相持，多歷年世。今天下幾里，列郡幾城，柰何以區區漁陽而結怨天子？此猶河濱之人捧土以塞孟津，多見其不知量也！方今天下適定，海内願安，士無賢不肖，皆樂立名於世。而伯通獨中風狂走，自捐盛時，内聽驕婦之失計，外信讒邪之諛言，長爲群后惡法，永爲功臣鑒戒，豈不誤哉！定海内者無私讎，勿以前事自誤，願留意顧老母幼弟。凡舉事無爲親厚者所痛，而爲見讎者所快。」文選卷四一亦載此書，李善注云：「東觀漢記亦載此書，大意雖同，辭旨全别，蓋録事者取舍有詳略矣。」

〔二〕伯通自伐　文選卷四〇任昉到大司馬記室牋李善注引朱浮與彭寵書，僅有此下二句。「伯通」，彭寵字。

〔三〕子　原脱，聚珍本有，御覽卷九〇三、記纂淵海卷九八引亦有此字，今據增補。

〔四〕上不征彭寵　此句原誤作「上征鼓寵」，今據聚珍本改正。據范曄後漢書朱浮傳記載，彭寵舉兵攻浮叛漢，涿郡太守張豐亦舉兵反。光武帝未能親自將兵擊討，只遣游擊將軍鄧隆暗中助浮。

〔五〕陛下率禮無違　范曄後漢書朱浮傳云：「舊制，州牧奏二千石長吏不任位者，事皆先下三公，三公遣掾史案驗，然後黜退。帝時用明察，不復委任三府，而權歸刺舉之吏。浮復上疏曰：『陛下清明履約，率禮無違，自宗室諸王、外家后親，皆奉遵繩墨，無黨勢之名』」云云。

〔六〕朱浮爲大司空　建武二十年，朱浮代竇融爲大司空。二十二年，坐賣弄國恩免。見范曄後漢書朱浮傳。

〔七〕坐　姚本、聚珍本無此字。

馮魴〔一〕

其先魏之別封曰華侯，華侯孫長卿食采馮城，因以氏焉。魴父名楊。范曄後漢書卷三三馮魴傳李賢注

馮魴爲司空，〔二〕坐免隴西太守鄧融免官。書鈔卷五二

明帝詔曰：「馮魴以忠孝典禁兵，〔三〕出入八年，數進忠言直諫，其還故爵爲楊邑侯，賜以玉玦。」〔四〕編珠卷三

永平十五年，上行幸諸國，勑魴車駕發後，將緹騎宿玄武門複道上，領南宮吏士，保給牀席，子孫得到魴所。詔曰：「南宮複道多惡風寒，左右老人居之且病痱。〔五〕内者多取帷帳，東西完塞諸窗，望令緻密。」〔六〕書鈔卷一一七，范曄後漢書馮魴傳李賢注，御覽卷六九九、卷七四二

馮魴，字孝孫，父子兄弟並帶青紫，三世侍中。〔七〕書鈔卷五八

校勘記

〔一〕馮魴　南陽湖陽人，范曄後漢書卷三三有傳。又見汪文臺輯謝承後漢書卷一、司馬彪續漢書卷三。

〔二〕馮魴爲司空　「馮魴」二字原作「馮猶」。陳禹謨刻本書鈔、唐類函卷三六引作「馮模」，姚本、聚珍本同，皆以馮魴、馮模分爲兩傳。姚本注云：「范書闕。」聚珍本亦認爲馮模時代不可考。按「馮猶」、「馮模」皆「馮魴」之訛。范曄後漢書馮魴傳云：光武帝「中元元年，從東封岱宗，行衛尉事。還，代張純爲司空。……永平四年，坐考隴西太守鄧融，聽任姦吏，策免」。

〔三〕典禁兵　原脱「禁」字，書鈔卷一二八引有此字，今據增補。范曄後漢書馮魴傳云：永平「七年，代陰嵩爲執金吾」。「典禁兵」即指此。

〔四〕賜以玉玦　此條御覽卷六九二、玉海卷九〇亦引，字句稍略。據范曄後漢書馮魴傳載，光武帝中元二年，馮魴封爲楊邑鄉侯。明帝永平四年，坐考隴西太守鄧融，聽任姦吏，策免，削爵土。十四年，明帝下詔復故爵土。

〔五〕痱　史記魏其武安侯列傳云：「病痱。」索隱云：「痱音肥，風病也。」

〔六〕望令緻密　書鈔卷一一七引云：「馮魴，永平十五年，上行幸諸國，敕魴車駕發後，將緹騎宿玄武門。」范曄後漢書馮魴傳李賢注引云：「敕魴車駕發後，將緹騎宿玄武門複道上，領南宫吏士，保給牀席，子孫得到魴所。」御覽卷六九九引云：「馮魴，永平中，上行幸諸國，敕魴車駕發後，將緹騎宿玄武門複道上，詔：『南宫複道多惡風寒，老人居之且病痱苦，内者多取帷帳，東西竟塞諸窗，望令致密。』」又卷七四二引云：「明帝行幸諸國，敕執金吾馮魴將緹騎宿玄武門複道上，詔曰：『複道多風寒，左右老人且病痱。多取帷帳，東西完塞窗，皆令緻密。』」此條即綜合各書所引輯録。御覽卷三〇〇、玉海卷一三七亦引，字句皆較簡略。

〔七〕三世侍中　「世」字姚本、聚珍本作「代」。此條初學記卷一二、御覽卷二一九亦引，字句全同。

馮石〔一〕

馮魴孫石，襲母公主封獲嘉侯，爲侍中，稍遷衛尉，能取悦當世，爲安帝所寵。帝嘗幸其府，留飲十餘日，〔二〕賜駮犀具劍、佩刀、紫艾綬、玉玦各一。〔三〕　書鈔卷一三一

校勘記

〔一〕馮石　馮魴子馮柱次子，范曄後漢書卷三三馮魴傳略載其事。

〔二〕餘　姚本、聚珍本作「許」，係據陳禹謨刻本書鈔。書鈔卷一二二、御覽卷三四二、事類賦卷一三引作「數」。

〔三〕駮犀具劍　「駮」原作「駿」，誤。姚本、聚珍本作「駮」，御覽卷三四二引同，今據改正。范曄後漢書馮魴傳亦作「駮」，李賢注云：「以班犀飾劍也。」以「班」釋「駮」，益證字當作「駮」。

虞延

虞延，〔一〕陳留人。〔二〕光武東巡，過小黄，〔三〕高帝母昭靈后園陵在焉。延爲部督郵，〔四〕詔呼引見，問園陵之事。〔五〕延占拜可觀，〔六〕其園陵樹蘖皆諳其數，俎豆犧牲，頗曉其禮。帝善之，勑延從駕到魯。還經封丘，城門下小，不容羽蓋。上怒，使撻侍御史。延因陛見引咎，以爲罪在督郵。上詔曰：「以陳留督郵虞延故，貸御史罪。」〔七〕御覽卷二五三

虞延字子大，陳留人。孝明帝時，有新野功曹鄧寅，〔八〕以外戚小侯每豫朝會，而容姿趨步，有出於衆。顯宗目之，〔九〕顧左右曰：「朕之儀貌，豈若此人！」特賜輿馬衣服。〔一〇〕延以寅雖有容儀而無實行，未嘗加禮。上乃詔令自稱南陽功曹詣闕，〔一一〕拜郎中，遷玄武司馬。寅在職不服父喪，帝聞，乃歎曰：「『知人則哲，惟帝難之。』信哉斯言！」以延爲明。〔一二〕

御覽卷四四二

校勘記

〔一〕虞延　范曄後漢書卷三三有傳。又見汪文臺輯謝承後漢書卷一、司馬彪續漢書卷三。袁宏後漢紀卷九亦略載其事。

〔二〕陳留人　此下三句御覽卷三八九引作「陳留人，爲都督郵，世祖聞而奇之，二十年東巡，路過小黄」。「都督郵」當作「部督郵」。部督郵爲郡之佐吏，負責監察屬縣，考課殿最，分東、南、西、北、中部，稱爲五部督郵。

〔三〕小黄　汪文臺輯謝承後漢書卷一云「光武巡狩至外黄」。按「小黄」不誤，爲陳留郡屬縣。范曄後漢書虞延傳李賢注引漢官儀注云：「高帝母起兵時死小黄北，後爲作陵廟於小黄。」又引陳留風俗傳云：「沛公起兵野戰，喪皇妣於黄鄉。天下平，乃使使者梓宫招魂幽野，有丹蛇在水，自洗濯，入於梓宫，其浴處仍有遺髮，故謚曰昭靈夫人，因作園陵、寢殿、司馬門、鐘簴、衛守。」

〔四〕部都郵　書鈔卷七七引同，姚本、范曄後漢書亦作「部都郵」。御覽卷三七九引無「部」字，聚珍本作「郡」。據袁宏後漢紀記載，虞延當時爲南部督郵。

〔五〕問園陵之事　此句下御覽卷三七九、卷三八九引有「進止從容」一句。

〔六〕占拜可觀　范曄後漢書虞延傳同，書鈔卷七七引作「瞻拜可觀」，御覽卷三七九、卷三八九引作「跪拜可觀」，卷四三二引作「占對可觀」，文字雖異，義皆可通。

〔七〕貸　范曄後漢書虞延傳作「貰」。按「貸」，寬免。「貰」，與「赦」字通。二字義相近。御覽卷三八九引有如下一段文字：「俎豆犧牲，頗曉其禮，帝善之，勑延從駕西盡郡界，賜錢及劍帶佩刀還郡。」據范曄後漢書虞延傳，「延從駕」以下十六字當在「貸御史罪」句下。

〔八〕孝明帝時，有新野功曹鄧寅　此二句御覽卷二六四引作「永平初，新野功曹鄧寅」。「鄧寅」，范曄後漢書虞延傳作「鄧衍」。

〔九〕顯宗　此二字御覽卷二六四引作「上」。

〔一〇〕衣服　原誤作「之服」，聚珍本作「衣服」，御覽卷二六四引同，范曄後漢書虞延傳亦同，今據改正。

〔一一〕上乃詔令自稱南陽功曹詣闕　此句原無，御覽卷二六四引有，今據增補。聚珍本亦有此句，但無「詔」字。范曄後漢書虞延傳云：「延以衍雖有容儀而無實行，未嘗加禮。帝既異之，乃詔令自稱南陽功曹詣闕。既到，拜郎中，遷玄武司馬。」又李賢注引謝承後漢書云：「延知衍華不副實，行不配容，積三年不用，於是上乃自勑衍稱南陽功曹詣闕。」

〔一二〕以延爲明　聚珍本無此句，而有「寅聞慙而退」一句。御覽卷二六四引亦無此句，而有「寅聞而慙退」一句。范曄後漢書虞延傳云：「衍慙而退，由是以延爲明。」

鄭　弘〔一〕

會稽鄭弘爲鄒縣令，〔二〕魯春雨霜，鄒穀獨無災。　書鈔卷三五

太尉鄭弘，以日蝕免。〔三〕　書鈔卷三五

校勘記

〔一〕鄭弘　字巨君，會稽山陰人，范曄後漢書卷三三有傳。又見汪文臺輯謝承後漢書卷一。袁宏後漢紀卷一二亦略載其事。

〔二〕會稽鄭弘爲鄒縣令　此句聚珍本作「會稽鄭弘字巨君，爲鄒縣令」。

〔三〕太尉鄭弘，以日蝕免　書鈔卷五一引云：「太尉張酺、鄭洪、徐防、趙喜、隨延、寵桓，並以日蝕免。」「鄭洪」係「鄭弘」之訛。此二句即據書鈔所引輯録。聚珍本作「爲太尉，以日食免」。據范曄後漢書鄭弘傳，元和元年，代鄧彪爲太尉，後爲竇憲迫害去官，不言以日蝕免。章帝紀云元和三年「太尉鄭弘免」，亦不言以日蝕免。袁宏後漢紀卷一二亦未言以日蝕免。

梁統〔一〕

其先與秦同祖，出於伯益，别封於梁。　范曄後漢書卷三四梁統傳李賢注

橋子溥，〔二〕溥子延，以明軍謀特除西域司馬。延生統。　范曄後漢書卷三四梁統傳李賢注

元帝初元五年，〔三〕輕殊死刑三十四事，哀帝建平元年，輕殊死刑八十一事，其四十二事手殺人者減死一等。　范曄後漢書卷三四梁統傳李賢注

五帝有流殛放殺之誅，〔四〕三王有大辟刻肌之法，是以五帝、三王之刑，除殘去亂。鞭扑不可弛於家，〔五〕刑罰不可廢於國，征伐不可偃於天下，用之有本末，行之有逆順耳。　書鈔卷四三

統對尚書狀曰：〔六〕「元壽二年，三輔盜賊群輩並起，至燔燒茂陵都邑，煙火見未央宫，前代所未嘗有。其後隴西新興，北地任横、任崖，西河漕況，越州度郡，萬里交結，或從遠方，四面會合，遂攻取庫兵，劫略吏人，國家開封侯之科，以軍法追捕，僅能破散也。」　范曄後漢書卷三四梁統傳李賢注

校勘記

〔一〕梁統　字仲寧，安定烏氏人，范曄後漢書卷三四有傳。又見司馬彪續漢書卷三。

〔二〕橋子溥　范曄後漢書梁統傳云：「統高祖父子都，自河東遷居北地，子都子橋。」其下李賢引東觀漢記「橋子溥」云云作注。此句上姚本、聚珍本已據范書增補「統高祖父子都，自河東遷居北地，子都子橋」三句。

〔三〕元帝初元五年　范曄後漢書梁統傳云：「統在朝廷，數陳便宜。以爲法令既輕，下姦不勝，宜重刑罰，以遵舊典，乃上疏。」此即疏中語。范書載梁統疏，此下諸句作「臣竊見元哀二帝輕死之刑以一百二十三事，手殺人者減死一等」。四庫全書考證云：「考范書所載減輕條目，其數與原文不合，蓋緣元帝所輕三十四事，范書未曾統計耳，賴本書載統疏原文，可訂其訛。」

〔四〕五帝有流殛放殺之誅　此文與上文同爲梁統疏中語。「殺」，聚珍本作「竄」。按陳禹謨刻本書鈔卷四三、唐類函卷七八引皆作「殺」，范曄後漢書梁統傳亦作「殺」，無作「竄」者。姚本此條全脱。聚珍本作「竄」，純係輯者臆改。

〔五〕鞭扑不可弛於家　此下五句原無，聚珍本有，唐類函卷七八引，今據增補。

〔六〕統對尚書狀曰　梁統上疏建議重刑罰，議者以爲不可施行。統又上言，表示「願得召見，若對尚書近臣，口陳其要」。光武帝令尚書問狀，故有統對尚書狀一事。

梁竦〔一〕

彼仲尼之佐魯兮，〔二〕先嚴斷而後弘衍。雖離讒以嗚邑兮，卒暴誅於兩觀。〔三〕殷伊尹之協德兮，〔四〕暨太甲而俱寧。豈齊量其幾微兮，徒信己以榮名。雖呑刀以奉命兮，〔五〕抉目眦於門閭。吴荒萌其已殖兮，可信顔於王廬？〔六〕圖往鏡來兮，關北在篇。〔七〕君名既泯没兮，〔八〕後辟亦然。屈平濯德兮，絜顯芬香。句踐罪種兮，越嗣不長。〔九〕重耳忽推兮，六卿卒强。〔一〇〕趙殞鳴犢兮，秦人入疆。〔一一〕樂毅奔趙兮，燕亦是喪。〔一二〕武安賜命兮，昭以不王。〔一三〕蒙宗不幸兮，長平顛荒。〔一四〕范父乞身兮，楚項不昌。〔一五〕何爾生不先後兮，推洪勳以遐邁。服荔裳如朱紱兮，騁鸞路於犇瀨。歷蒼梧之崇丘兮，宗虞氏之俊乂。臨衆瀆之神林兮，東敕職於蓬碣。祖聖道而垂典兮，褒忠孝以爲珍。既匡救而不得兮，必殞命而後仁。惟賈傅其違指兮，〔一六〕何楊生之欺真。〔一七〕彼皇麟之高舉兮，熙太清之悠悠。臨岷川以愴恨兮，〔一八〕指丹海以爲期。〔一九〕范曄後漢書卷三四梁統傳李賢注

校勘記

〔一〕梁竦　字叔敬，梁統子，范曄後漢書卷三四有傳。又見汪文臺輯謝承後漢書卷一、司馬彪續漢書卷三。

〔二〕彼仲尼之佐魯兮　范曄後漢書梁竦傳云：竦「坐兄松事，與弟恭俱徙九真。既徂南土，歷江、湖，濟沅、湘，感悼子胥、屈原以非辜沈身，乃作悼騷賦，繫玄石而沈之」。此下即悼騷賦中文字。史記孔子世家云：「定公十四年，孔子年五十六，由大司寇行攝相事。」「仲尼之佐魯」，即謂此。

〔三〕雖離讒以嗚邑兮，卒暴誅於兩觀　「離」，遭也。「嗚邑」，二字或作「嗚唈」，嗚咽也。「暴誅於兩觀」，指誅少正卯事。劉子心隱篇云：「少正卯在魯，與孔子同時，孔子門人三盈三虛。」説苑指武篇云：「孔子爲魯司寇，七月而誅少正卯於東觀之下。」袁宏後漢紀卷一二元和二年載鄭弘對章帝之語云：「竇憲，姦臣也，有少正卯之行，未被兩觀之誅。」

〔四〕伊尹　姚本、聚珍本誤作「伊周」。

〔五〕雖吞刀以奉命兮　「雖」字聚珍本注云：「疑作『胥』。」四庫全書考證云：「按竦賦本以悼子胥、屈原，此句正用伍員事也。『雖』字疑是『胥』字之訛。」聚珍本注、考證所疑近是。史記伍子胥列傳載：吴王夫差信太宰嚭之讒，「乃使使賜伍子胥屬鏤之劍，曰：『子以此死。』伍子胥仰天歎曰：

『嗟乎！讒臣嚭爲亂矣，王乃反誅我。我令若父霸。自若未立時，諸公子争立，我以死争之於先王，幾不得立。若既得立，欲分吴國予我，我顧不敢望也。然今若聽諛臣言以殺長者。』乃告其舍人曰：『必樹吾墓上以梓，令可以爲器；而抉吾眼縣吴東門之上，以觀越寇之入滅吴也。』乃自剄死」。

〔六〕信 與「伸」字通。 王廬 指吴王闔廬，爲吴王夫差之父。

〔七〕關北在篇 此句文義不明，字有訛誤。「北」字姚本作一方格，表示脱一字。

〔八〕君名既泯没兮 「名」字下姚本、聚珍本皆有「其」字。

〔九〕句踐罪種兮，越嗣不長 越王句踐平吴，横行江、淮，號稱霸王。句踐謀臣范蠡認爲越王「可與共患難，不可與共樂」，遂離開越國。而句踐另一謀臣大夫種則稱病不朝。有人讒種欲作亂，句踐乃賜種劍，迫令自殺。種遂自殺。種卒後，越王七傳至無彊，被楚所殺，越從此敗散。事詳史記越王句踐世家。

〔一〇〕重耳忽推兮，六卿卒强 重耳以獻公驪姬之亂出亡，後歸晉得立，是爲晉文公。晉文公賞從亡者及功臣，以趙衰爲原大夫，居原，任國政；以魏武子襲魏氏之後，列爲大夫，治於魏；又封賞司空季子、狐偃等，從亡者介子推未能得到封賞。介子推認爲：「獻公子九人，唯君在矣。惠、懷無親，外内棄之；天未絶晉，必得有主，主晉祀者，非君而誰？天實開之，二三子以爲己力，不亦誣乎？竊人之財，猶曰是盜，況貪天之功以爲己力乎？下冒其罪，上賞其姦，上下相蒙，難與處矣！」遂隱居不出。晉至昭公時，六卿趙、魏、韓、范、中行、智氏勢盛，公室卑微。此所云「重耳忽推」，即指忽視介子推之言，封賞趙衰、魏武子等，導致後來六卿之强。事見史記晉世家、趙世家、魏世家。

〔二〕趙殞鳴犢兮，秦人入疆　「鳴犢」，即竇鳴犢。史記孔子世家云：「孔子既不得用於衛，將西見趙簡子。至於河而聞竇鳴犢、舜華之死也，臨河而歎曰：『美哉水，洋洋乎！丘之不濟此，命也夫！』子貢趨而進曰：『敢問何謂也？』孔子曰：『竇鳴犢、舜華，晉國之賢大夫也。趙簡子未得志之時，須此兩人而後從政；及其已得志，殺之乃從政。丘聞之也，刳胎殺夭則麒麟不至郊，竭澤涸漁則蛟龍不合陰陽，覆巢毁卵則鳳皇不翔。何則？君子諱傷其類也。夫鳥獸之於不義也尚知辟之，而況乎丘哉！』」是鳴犢曾輔佐趙簡子，趙簡子從政後殺之。「趙殞鳴犢」即謂此。「秦人入疆」，指趙王遷時秦兵入邯鄲，趙亡。

〔三〕樂毅奔趙兮，燕亦是喪　燕王噲時，齊兵入燕，攻破燕國，燕王噲死，燕昭王嗣立。昭王卑身厚幣以招賢者，樂毅自魏往，昭王二十八年，爲燕上將軍，與秦、楚、三晉合謀伐齊，齊兵敗。燕軍攻入齊都臨淄，齊城不下者獨聊、莒、即墨。昭王卒，子惠王立，因與樂毅有隙，不加信任，使騎劫代樂毅爲將，樂毅亡走趙。齊田單以即墨擊敗燕軍，騎劫死，燕兵引歸，齊悉復得其故城，此後燕國力衰敗。事見史記燕召公世家。

〔一三〕武安賜命兮，昭以不王　「武安」，即白起。白起事秦昭王，以功封武安君。武安君晚年與昭王相應侯范雎有隙。昭王四十八年，使五大夫王陵攻趙邯鄲，少利。四十九年正月，發兵佐陵，陵戰不善。昭王欲使武安君代陵爲將，武安君稱病不肯行。昭王使王齕代陵，圍邯鄲，不能拔。楚又使春申君和信陵君將兵攻秦，秦軍多有亡失。昭王、應侯欲起用武安君，武安君遂稱病篤。於是昭王免武安君爲士伍。諸侯軍急攻秦軍，秦軍屢次敗退。昭王使人遣武安君，不得留咸陽。武安君既行，出咸陽西門十里，至杜郵，昭王與應侯群臣議曰：「白起之遷，其意尚怏怏不服，有餘言。」昭王乃使使者賜之劍，令自裁，武安君遂自殺，此即所謂「武安賜命」。武安君死後，王齕未能攻拔邯鄲，引兵而去。「昭以不王」，即謂此。事詳史記白起王翦列傳、秦本紀。

〔一四〕蒙宗不幸兮，長平顛荒　「蒙宗」，猶言「蒙氏」，指蒙恬、蒙毅。秦始皇尊寵蒙氏，蒙恬任外事，多年統兵在外，居上郡，威震匈奴；蒙毅在内位至上卿，出則驂乘，入則御前。始皇死，胡亥、趙高處死蒙恬、蒙毅。「蒙宗不幸」，即指此。事詳史記蒙恬列傳。「長平顛荒」，指秦二世胡亥被趙高、閻樂困殺於望夷宮。因望夷宮在長陵西北長平觀道東故亭處，故云「長平顛荒」。事詳史記秦始皇本紀。

〔一五〕范父乞身兮，楚項不昌　「范父」，謂范增，項羽謀士，羽尊之爲「亞父」。楚、漢相争時，劉邦采用陳平之計，離間項羽、范增。項羽對范增發生懷疑，范增怒曰：「天下事大定矣，君王自爲之。願賜骸骨歸卒伍。」項羽許之。范增離開項羽，未至彭城，疽發背而死。范增死後，項羽所建立的楚政權日漸衰弱，終於被劉邦所滅。事詳史記項羽本紀。

〔一六〕賈傅其違指兮　「賈傅」，指賈誼，誼先後爲長沙王太傅、梁懷王太傅。賈誼建議文帝改正朔，易服色，法制度，定官名，興禮樂，又草具諸事儀法，色尚黄，數用五，悉更秦法。因遭到大臣的反對，文帝未能采納其議。後來誼又上疏言諸侯地連數郡，當稍削其地，文帝亦未能采納。「違指」之言當即指此。事詳史記、漢書賈誼本傳。

〔一七〕楊生之欺真　「楊生」，指楊雄。王莽篡漢，建立新朝，雄曾事莽。在東漢人看來，劉漢爲「真」，新莽爲「僞」。因雄事莽，故云「欺真」。

〔一八〕岷川　即岷水，出自蜀境，古人視爲江水正源。

〔一九〕指丹海以爲期　「丹海」，川名，拾遺記卷一云：「舜葬蒼梧之野，有鳥如雀，丹州而來，吐五色之氣……常遊丹海之際，時來蒼梧之野。」又名丹淵，漢書律曆志云：唐帝「讓天下於虞，使子朱處於丹淵爲諸侯」。此句下聚珍本尚有以下一段文字：「永元九年，制詔三公、大鴻臚曰：『夫孝莫大於尊尊親親，其義一也。追命外祖，以篤親親。其追封謚皇太后父竦爲褒親愍侯，好爵顯服，以慰母心。』」姚本亦有此文，然「永元九年」誤作「永和元年」。據書鈔卷四七所引，此文出和帝紀，今編入和帝紀。

梁　商〔一〕

商少持韓詩，兼讀衆書傳記，天資聰敏，昭達萬情。舉措動作，直推雅性，務在誠實，不爲華飾。孝友著於閭閾，明信結於友朋。其在朝廷，儼恪矜嚴，威而不猛。退食私館，接賓待客，寬和肅敬。憂人之憂，樂人之樂，皆若在己。輕財貨，不爲蓄積，故衣裘裁足卒歲，奴婢車馬供用而已。朝廷由是敬憚委任焉。　范曄後漢書卷三四梁商傳李賢注

梁商，字伯夏，安定烏氏人。〔二〕常曰：「多藏厚亡，爲子孫累。」每租奉到及兩宮賞賜，便置中門外，未嘗入藏，悉分與昆弟中外。〔三〕　御覽卷五一五

梁商，〔四〕饑年穀貴，有餓餒，輒遣蒼頭以車載米鹽菜錢，〔五〕於四城散乞貧民。〔六〕　書鈔卷三九

梁商上書曰：「猥復超起宿德。」〔七〕　文選卷四二應璩與侍郎曹長思書李善注

商病篤，敕子冀等曰：「吾以不德，享受多福，生無以輔益朝庭，死必耗費帑藏，衣衾飯唅玉匣珠貝之屬，何益朽骨。百僚勞擾，紛華道路，祇增塵垢。雖云禮制，亦有權時。方

今邊郡不寧，〔八〕盜賊未息，豈宜重爲國損。氣絶之後，載至冢舍，即時殯斂。斂以時服，皆以故衣，無更裁制。殯已開冢，冢開即葬。祭食如前，〔九〕無用三牲。孝子善述父志，不宜違我言也。」〔一〇〕聚珍本

梁商薨，給賜東園轜車、朱壽器、銀鏤、黄金玉匣。〔一一〕書鈔卷九二

初，帝作誄曰：「孰云忠侯，〔一二〕不聞其音。背去國家，都兹玄陰。幽居冥冥，靡所且窮。」范曄後漢書卷三四梁商傳李賢注

梁商朝廷敬憚，其委任自前世外戚見禮過尊顯所未曾有。〔一三〕商門無駐馬請謁之賓，謙虚抑損，九命彌恭，漢興已來，妃后之家亦無商比。御覽卷四二三

校勘記

〔一〕梁商　梁竦次子梁雍之子，范曄後漢書卷三四有傳。又見汪文臺輯謝承後漢書卷一、司馬彪續漢書卷三。

〔二〕安定烏氏人　四庫全書考證云：「考史家體例，凡子孫附於祖父傳者，但於祖父傳中書明爲某地人，後此更不復載。此條當是梁統傳文，後來采摘東觀漢記者移入商傳。」

〔三〕悉分與昆弟中外　此條記纂淵海卷四八亦引，字句微異。

〔四〕梁商　原誤作「梁高」，姚本同誤，並立梁高傳。按范曄後漢書無梁高，「梁高」乃「梁商」之訛。商輕財好施，此所載事與商行迹相符。聚珍本把此條輯入梁商傳，甚是。

〔五〕鹽　姚本、聚珍本無此字。

〔六〕於四城散乞貧民　此句姚本、聚珍本作「於四城外給與貧民」。

〔七〕猥復超起宿德　此句文義不明，當有脱誤。

〔八〕郡　姚本作「境」，范曄後漢書梁商傳同。

〔九〕前　姚本同，范曄後漢書梁商傳作「存」。

〔一〇〕不宜違我言也　此條不知聚珍本從何書輯録。

〔一一〕朱壽器　原作「壽朱器」，姚本、聚珍本作「朱壽器」，初學記卷一四、御覽卷五五一引同，今據改。「匣」，原作「櫃」，姚本、聚珍本作「匣」，初學記卷一四、御覽卷五五一引同，今據改。范曄後漢書梁商傳云：「賜以東園朱壽器、銀鏤、黄腸、玉匣、什物二十八種。」

〔一二〕忠侯　永建元年，梁商襲父封乘氏侯，卒賜謚忠侯。見范曄後漢書梁商傳。

〔一三〕其委任自前世外戚見禮過尊顯所未曾有　此有訛誤，似當作「其委任禮過尊顯，前世外戚所未曾有」。聚珍本作「其委任自前世外戚禮遇所未曾有」。

梁冀〔一〕

父商獻美人支通期於順帝。〔二〕范曄後漢書卷三四梁冀傳李賢注

梁冀僭侈，作平上輧車。〔三〕事類賦卷一六

永昌太守鑄黄金之蛇獻之冀，益州刺史種暠發其事。大將軍夫人躬先率禮，淑慎其身，超號爲開封君，即大將軍梁冀妻也。〔四〕聚珍本

校勘記

〔一〕梁冀　字伯卓，梁商長子，范曄後漢書卷三四有傳。又見汪文臺輯謝承後漢書卷一、司馬彪續漢書卷三、華嶠後漢書卷一、張璠漢記。

〔二〕父商獻美人支通期於順帝　范曄後漢書梁冀傳云：「初，父商獻美人友通期於順帝，通期有微過，帝以歸商，商不敢留而出嫁之，冀即遣客盗還通期。」李賢注云：「東觀記『友』作『支』。」此條即據李賢注，又酌取范書文句輯録。

〔三〕作平上輧車　此條上聚珍本尚有以下一段文字：「梁冀拜步兵校尉，上書：『列校之職，上應天

工，下厭群望，實非愚臣所宜。』」姚本亦輯有此段文字。按二本係據陳禹謨刻本書鈔卷六一輯録。據孔廣陶校注本書鈔和御覽卷二四二所引，「梁冀」當作「梁不疑」。今於梁冀傳中不録此條，而輯入梁不疑傳。

〔四〕即大將軍梁冀妻也　此條不知聚珍本從何書輯録。「永昌太守鑄黄金之蛇獻之冀，益州刺史种暠發其事」爲一事，「大將軍夫人躬先率禮」云云又爲一事，二事不相關涉，聚珍本當從兩處輯録。聚珍本注云：「『大將軍夫人』以下十九字當是詔策之詞，『即大將軍梁冀妻也』句恐爲後人加注，而節録者誤作正文。又范書本傳，冀妻孫壽封襄城君。梁商傳：夫人陰氏薨，追號開封君。此以號開封君者爲冀妻，疑亦有誤。」

梁不疑

梁不疑拜步兵校尉，〔一〕上書曰：「列校之職，上應天工，下厭群望，〔二〕實非過少所宜任也。」書鈔卷六一

校勘記

〔一〕梁不疑　梁商次子，范曄後漢書無傳，梁冀傳略載其事。又見汪文臺輯謝承後漢書卷一、司馬彪續漢書卷三。

〔二〕群　原作「郡」，御覽卷二四二引作「群」，今據改。

張純

張純，〔一〕字伯仁，建武初，先詣闕，封武始侯。〔二〕　文選卷三八任昉爲蕭揚州薦士表李善注

張純，字伯仁，爲太中大夫，〔三〕在朝廷累世，明習故事。建武初定，舊典多缺，每有疑義，輒以訪問，以斷是非，一日或數四引見。〔四〕　書鈔卷五六

張純，字伯仁，爲虎賁中郎將，純素重慎周密，時上封事，輒削去草。　御覽卷四三〇

張純，字伯仁，爲大司空，〔五〕務於無爲。〔六〕　書鈔卷五二

張純，字伯仁。建武二十六年，純奏議云：「三年一祫，五年一禘。禘之爲言諦，諦定昭穆尊卑之義也。禘祭以夏四月。夏者陽氣在上，陰氣在下，故正尊卑之義也。祫祭以

冬十月。〔七〕冬者五穀成熟，時備禮成，〔八〕骨肉合聚飲食也。」〔九〕書鈔卷九〇

子奮，字穉通。兄根，常被病。純病困，勑家丞翕曰：〔一〇〕「吾無功於時，猥蒙爵土，身死之後，勿議傳國之事。」純薨，大行移書問嗣，翕上書奮。中元二年，詔書封奮。奮上書曰：「根不病，哀臣小稱病，令翕立後。臣時在河南冢廬，臣見純前告翕語，自以兄弟不當蒙爵土之恩，願下有司。」帝以奮違詔，收下獄，奮乃襲封。奮既嗣爵，謙儉節約，閨門和平。〔一一〕文選卷三八任昉爲蕭揚州薦士表李善注、書鈔卷四八、類聚卷五一、御覽卷五一五

校勘記

〔一〕張純　京兆杜陵人，范曄後漢書卷三五有傳。又見汪文臺輯司馬彪續漢書卷三。袁宏後漢紀卷八亦略載其事。

〔二〕封武始侯　此句下尚有「子奮，字穉通」云云一段文字，已移置於後。

〔三〕爲太中大夫　建武五年張純爲太中大夫。見范曄後漢書張純傳。

〔四〕或數四引見　此條唐類函卷五〇引作「張純，字伯仁，爲太中大夫，在朝累世，明習故事。建武初，舊典多闕，每有疑議，輒以訪純，自郊廟婚冠喪紀禮儀多所正定，一日或數四引見」。姚本即據唐類函所引輯録，字句全同。聚珍本亦同，僅删「張純，字伯仁」五字。

〔五〕爲大司空　建武二十三年，代杜林爲大司空。見范曄後漢書張純傳。

〔六〕務於無爲　此條姚本、聚珍本皆未輯録。

〔七〕祫祭以冬十月　原誤作「禘祭以冬十二月」。范曄後漢書張純傳載純奏議云：「祫祭以冬十月。」今據改正。

〔八〕時　范曄後漢書張純傳所載純奏議作「物」。

〔九〕骨肉合聚飲食也　此條陳禹謨刻本書鈔卷九〇引云：「建武二十六年，詔純曰：『禘、祫之祭，不行已久矣，宜據經典，詳爲其制。』純奏曰：『禮三年一祫，五年一禘。春秋傳曰：「大祫者何？合祭也。」毁廟及未毁廟之主皆登，合食乎太祖，五年而再殷。漢舊制三年一祫，毁廟主合食高廟，存廟主未嘗合祭。元始五年，諸王公列侯廟會，始爲禘祭。又前十八年親幸長安，亦行此禮。禘之爲言諦，諦定昭穆尊卑之義也。禘祭以夏四月，夏者陽氣在上，陰氣在下，故正尊卑之義也。祫祭以冬十月，冬者五穀成熟，物備禮成，故合聚飲食也。斯典之廢，於兹八年，謂可如禮施行，以時定議。』帝從之，自是禘、祫遂定。」其下注「補」字，即謂已據他書增補。查范曄後漢書張純傳，可知陳本書鈔係據范書張純傳增補。姚本、聚珍本皆從陳本書鈔輯録。

〔一〇〕家丞翕　范曄後漢書張純傳李賢注云：「東觀記曰家丞名歙。」

〔一一〕閨門和平　文選卷三八任昉爲蕭揚州薦士表李善注引云：「子奮，字穉通。兄根，常被病。純病困，勑家丞翕：『司空無功，爵不當傳嗣。』純薨，大行移書問嗣，翕上書奪，詔封奮。奮上書曰：『根不病，哀臣小稱病，今翕移臣。』」「奪」字乃「奮」字之誤。書鈔卷四八引云：「純臨死，謂家人曰：『吾無功於時，猥蒙爵土，身死之後，勿議傳國之事。』」類聚卷五一引云：「張純臨終，謂家丞曰：『吾無功於時，猥蒙爵土，身死之後，勿議傳國爵。』子奮，上詔奮嗣爵，奮稱純遺旨，固不肯受。帝以奮違詔，收下獄，奮乃襲封。」御覽卷五一五引云：「張純封武始侯，有子根、奮。及純病，敕家丞翕曰：『無功於國，猥蒙大恩，爵不當及于後嗣。』純薨，大行移書問嗣，奮。中元二年，詔書封奮。奮上書曰：『不病，哀臣小稱疾，令翕立後。臣時在河南冢廬，臣見純前告翕語，自以兄弟不當蒙襲爵之恩，願下有司。』詔不聽。奮既嗣爵，謙儉節約，閨門和平。」「大行移書問嗣，奮」，「奮」字上脱「翕上書」三字。此條即綜合各書所引輯録。

曹褒

曹褒，〔一〕字叔通，篤學有大度，〔二〕常慕叔孫通爲漢禮儀，晝夜研精沉思，〔三〕寢則懷鉛筆，行則誦文書。〔四〕當其念至，忽忘所之。〔五〕　事類賦卷一五

褒篤學有大度，舉孝廉，拜車府令。　書鈔卷五五

曹褒在射聲，〔六〕營舍有停棺不葬百餘所，褒親自履行，問其意故。吏對曰：「此等多是建武以來絶無後者。」褒愴然，爲買空地，悉葬其無主者，設祭以祀之。遷城門校尉、將作大匠。〔七〕時疾疫，褒巡行病徒，〔八〕爲致醫藥，經理饘粥，多蒙濟活。〔九〕御覽卷四一九

曹褒爲河内太守，〔一〇〕時旱，春至六月無雨，穀貴，百姓頗流離。褒到，省吏職，〔一一〕退去貪殘，屢得澍雨。其秋大熟，百姓給足，流民皆還。〔一二〕御覽卷一一

校勘記

〔一〕曹褒　范曄後漢書卷三五有傳。又見汪文臺輯司馬彪續漢書卷三。袁宏後漢紀卷一二亦略載其事。

〔二〕有大度　此三字原無，書鈔卷五五引有，今據增補。

〔三〕研精　此二字原無，書鈔卷一〇四引有，今據增補。

〔四〕文書　書鈔卷九八、類聚卷五五引作「詩書」。

〔五〕忽忘所之　此條書鈔卷九七兩次引徵，字句較略。

〔六〕射聲　即射聲校尉，掌宿衛兵，秩比二千石。據范曄後漢書曹褒傳，褒於永元四年遷此官。

〔七〕遷城門校尉、將作大匠　此句原無「城門校尉」四字，聚珍本有，書鈔卷三九引亦有，今據增補。

按范曄後漢書曹褒傳亦云褒由射聲校尉「遷城門校尉、將作大匠」。

〔八〕褒巡行病徒　此下四句聚珍本作「褒愍哀病徒，親自省治，醫藥饘粥，多蒙濟活」。書鈔卷三九引作「愍哀病徒，親自省致，醫藥粥糜，好者知感」。聚珍本是綜合書鈔、御覽所引而成，個別文字又作了校改。

〔九〕多蒙濟活　此條御覽卷八五九亦引，字句疏略。

〔一〇〕曹褒爲河内太守　據范曄後漢書曹褒傳，褒在永元七年爲河内太守。

〔一一〕省吏職　此句當是四字句，與以下幾句文例相同。范曄後漢書曹褒傳作「省吏并職」，當據補「并」字。

〔一二〕流民皆還　「民」字范曄後漢書曹褒傳作「冗」，誤。此條姚本、聚珍本漏輯。

鄭興

鄭興從博士金子嚴爲左氏春秋。〔一〕范曄後漢書卷三六鄭興傳李賢注

光武帝問郊記事，鄭興曰：「臣不爲讖。」上曰：「卿之不學，非之耶？」興曰：「臣於書有所未學，無所非之也。」〔二〕書鈔卷九六

校勘記

〔一〕鄭興　字少贛，河南開封人，范曄後漢書卷三六有傳。又見汪文臺輯謝承後漢書卷一、司馬彪續漢書卷三、華嶠後漢書卷一。袁宏後漢紀卷六亦略載其事。

〔二〕無所非之也　此條姚本、聚珍本皆未輯録。

鄭衆

鄭衆，〔一〕字仲師，建武中，太子及山陽王因虎賁將梁松請衆，〔二〕欲爲通引籍，〔三〕賂遺縑帛，衆悉辭不受，謂松曰：「太子儲君，無外交義，漢有舊防，諸王不宜通賓客。」松諷以長者難逆。衆曰：「犯禁觸罪，不如守法而死。」太子及王皆奇之。〔四〕　書鈔卷三七

廬江獻鼎，詔召鄭衆問齊桓公之鼎在柏寢臺，見何書？　春秋左氏有鼎事幾？　衆對狀，除爲郎中。〔五〕　御覽卷七五六

永平八年，〔六〕匈奴遣使求和親，上遣鄭衆持節使匈奴。衆素剛烈，至北庭，虜欲令拜，衆不爲屈。單于大怒，圍守閉之，不與水火，欲脅服衆，衆拔刃自誓，〔七〕單于恐而止。　御覽

卷四三八

永平中，遣鄭衆使北匈奴，衆因上書言：「臣前奉使，不爲匈奴拜，單于恚恨，〔八〕故兵圍臣。〔九〕今復銜命，必凌折臣。臣誠不忍將大漢節對氈裘獨拜。〔一〇〕如令匈奴遂能服臣，將有損大漢之强。」上不聽，衆不得已，既行，後果爲匈奴所殺。〔一一〕 類聚卷六八

校勘記

〔一〕鄭衆 范曄後漢書卷三六有傳。又見汪文臺輯司馬彪續漢書卷三、華嶠後漢書卷一。袁宏後漢紀卷一四亦略載其事。

〔二〕虎賁將 聚珍本作「虎賁中郎將」，與范曄後漢書鄭衆傳同。

〔三〕欲爲通引籍 此句聚珍本作「欲爲通籍」，御覽卷四二七引同。范曄後漢書鄭衆傳作「欲爲通義，引籍出入殿中」。

〔四〕太子及王皆奇之 聚珍本脱此句。

〔五〕除爲郎中 此條事類賦卷一六、玉海卷八八亦引，文字微異。

〔六〕永平 原誤作「永和」。永平爲明帝年號，永和爲順帝年號。鄭衆卒於章帝建初八年，没有活到順帝時期，「永和」二字必誤。聚珍本作「永平」，與范曄後漢書鄭衆傳合，今據改正。

〔七〕衆拔刃自誓　原無「衆」字。此句姚本、聚珍本作「衆拔刀自誓」，書鈔卷四〇引作「衆按刀自誓」，今據補「衆」字。

〔八〕恚恨　原誤作「悉恨」，姚本同誤。御覽卷六八一引作「恚恨」，與范曄後漢書鄭衆傳同，今據校改。聚珍本作「恚怒」。

〔九〕故兵圍臣　此句姚本、聚珍本作「放兵圍臣」，御覽卷六八一引作「遣兵圍臣」，范曄後漢書鄭衆傳作「故遣兵圍臣」。按范書當是東觀漢記舊文。

〔一〇〕獨　此字原無，書敍指南卷一九引亦無此字，聚珍本有，御覽卷三四一、卷六八一，記纂淵海卷四九引亦有，今據增補。

〔一一〕後果爲匈奴所殺　此句疑爲類聚作者妄加。據范曄後漢書鄭衆傳記載，衆被迫北使匈奴，在路途上連續上書，有詔追還，拘繫廷尉，會赦歸家。建初六年，代鄧彪爲大司農，八年卒官。書鈔卷五四兩引華嶠後漢書，亦言鄭衆爲大司農。是衆非爲匈奴所殺，而卒於任大司農時期。

范升

范升，〔一〕字辨卿，遷博士，每有大議，輒見訪問。　書鈔卷六七

校勘記

〔一〕范升　范曄後漢書卷三六有傳。

陳元

陳元上疏曰：〔一〕「抉瑕擿釁，掩其弘美。」〔二〕　文選卷二五傳咸贈何劭王濟李善注

光武興立左氏，而桓譚、衛宏並共毁訾，故中道而廢。〔三〕　聚珍本

校勘記

〔一〕陳元　范曄後漢書卷三六有傳。又見汪文臺輯華嶠後漢書卷一。四庫全書考證云：「陳元傳，按此傳姚本前後兩見，一編王綝傳後，一編尹勤傳後，并訛賀玄，永樂大典同。」

〔二〕掩其弘美　陳元習左氏春秋，光武帝建武初，議立左氏傳博士，范升奏以爲左氏傳淺末，不宜立。陳元詣闕上疏辯之。范曄後漢書陳元傳詳載其事。此二句即疏中語。

〔三〕故中道而廢　此條聚珍本輯録，不知摘自何書。

賈逵

賈逵，〔一〕字景伯，能講左氏及五經本文，以大小夏侯尚書教授。長八尺二寸，〔二〕諸儒爲之語曰：「問事不休賈長頭。」御覽卷六一五

明帝永平十七年，〔三〕神雀五色翔集京師，帝以問臨邑侯劉復，〔四〕不能對，薦賈逵博物。〔五〕對曰：「昔武王修父之業，鸑鷟鳴於岐山，〔六〕宣帝威懷戎狄，神雀仍集，〔七〕此降胡之徵也。」〔八〕帝召賈逵，〔九〕勑蘭臺給筆札，使作神雀頌。〔一〇〕稽瑞

建初元年，賈逵入北宮虎觀、南宮雲臺，〔一一〕使出左氏大義，書奏，上嘉之，賜布五百疋、衣一襲。〔一二〕御覽卷八二〇

賈逵，字景伯，拜侍中。〔一三〕逵在朝侍帷幄，兼領秘書近署，甚見納用。書鈔卷五八

校勘記

〔一〕賈逵　范曄後漢書卷三六有傳。又見汪文臺輯謝承後漢書卷一、司馬彪續漢書卷三、華嶠後漢

書卷二。袁宏後漢紀卷一二亦略載其事。

〔二〕長八尺二寸　此句原無，聚珍本把此句置於「字景伯」之下。御覽卷三七七引云：「賈逵長八尺二寸，京師爲之語曰：『問事不休賈長頭。』」范曄後漢書賈逵傳云：「逵悉傳父業，弱冠能誦左氏傳及五經本文，以大夏侯尚書教授……身長八尺二寸，諸儒爲之語曰：『問事不休賈長頭。』」是此句當在「諸儒爲之語曰」句上。

〔三〕永平十七年　類聚卷九九、御覽卷九二二、事類賦卷一九誤引作「永安十七年」，姚本同誤。聚珍本尚不誤。玉海卷六〇云：「賈逵傳：『顯宗永平中，有神爵集宮殿官府，冠羽有五采色，帝異之，以問臨邑侯劉復，復不能對，薦逵博學多識，帝乃召逵問之。……因勑蘭臺給筆札，使作神雀頌。』」「顯宗永平中」句下注：「東觀記永平十四年。」可見王應麟所看到的東觀漢記「永平十七年」作「永平十四年」。

〔四〕臨邑侯　原誤作「瑞邑侯」。劉復爲劉興之子，建武三十年封臨邑侯，見范曄後漢書北海靖王興傳。賈逵傳亦作「臨邑侯」，今據改正。

〔五〕賈逵　原脱「逵」字。

〔六〕鸑鷟鳴於岐山　范曄後漢書賈逵傳李賢注云：「鸑鷟，鳳之别名也。周大夫内史過對周惠王曰：『周之興也，鸑鷟鳴於岐山。』事見國語也。」

〔七〕仍 頻也。

〔八〕此降胡之徵也 原脱「胡之徵也」四字，文義未完，據范曄後漢書賈逵傳當有此四字，今據增補。李賢注云：「宣帝時神雀再見，改爲年號，後匈奴降服，呼韓入朝也。」

〔九〕帝召賈逵 此下三句原無，書鈔卷一〇四引有，今據增補。

〔一〇〕使作神雀頌 此條御覽卷九二二、事類賦卷一九引作「永安十七年，公卿以神雀五色翔集京師，奉觴上壽，令賈逵作神雀頌」。

〔一一〕虎觀 當作「白虎觀」。范曄後漢書賈逵傳云：「建初元年，詔逵入講北宫白虎觀、南宫雲臺。」

〔一二〕賜布五百疋、衣一襲 此條文選卷三九江淹詣建平王上書李善注、卷五四劉峻辯命論李善注亦引，文字較爲簡略。

〔一三〕拜侍中 此句以下四句姚本、聚珍本作「拜侍中，領騎都尉，内備帷幄，兼領秘書近署，甚見信用」，與范曄後漢書賈逵傳無一字之别。疑姚本係據范書增改，而聚珍本又移用姚本文字。

司馬均〔一〕

争曲直者，輒言：「敢祝少賓乎？」心不直者，終不敢祝也。〔二〕 范曄後漢書卷三六賈逵傳李賢注

校勘記

〔一〕司馬均　其事略載范曄後漢書卷三六賈逵傳，又見汪文臺輯謝承後漢書卷八。

〔二〕終不敢祝也　范曄後漢書賈逵傳云：「逵薦東萊司馬均、陳國汝郁，帝即徵之，並蒙優禮。均字少賓，安貧好學，隱居教授，不應辟命。信誠行乎州里，鄉人有所計争，輒令祝少賓，不直者終無敢言。」其下李賢即引東觀漢記此條文字作注。姚本、聚珍本在此條文字前據范書增入「司馬均，字少賓，東萊人，隱居教授，誠信行乎州里，鄉人有」二十二字。

汝郁

汝郁，〔一〕字叔異，陳國人。年五歲，母病，不能飲食，郁常抱持啼泣，〔二〕亦不肯飲食。母憐之，强爲餐飯，欺言已愈。郁察母親色不平，〔三〕輒復不食。宗親共奇異之，因字曰「異」。〔四〕　御覽卷四一二

汝郁再徵，載病詣公車，〔五〕尚書勑郁自力受拜。郁乘輂白衣詣止車門，〔六〕臺遣兩當關扶郁，〔七〕入拜郎中。　文選卷四三嵇康與山巨源絶交書李善注

校勘記

〔一〕汝郁　范曄後漢書卷三六賈逵傳略載其事。又見汪文臺輯司馬彪續漢書卷五。

〔二〕常抱持啼泣　此五字原無，姚本、聚珍本有，范曄後漢書賈逵傳李賢注引亦有，今據增補。初學記卷一七引脱「泣」字，有前四字。

〔三〕母親色　初學記卷一七、類林卷一引作「母顔色」，「親」乃「顔」之誤。姚本、聚珍本作「母色」，類聚卷七二引同。　不　初學記卷一七引同，姚本、聚珍本作「未」，類聚卷七二引亦作「未」。

〔四〕因字曰「異」　聚珍本脱此句。此條御覽卷五一五、卷八四七亦引，文字較簡略。

〔五〕公車　范曄後漢書丁鴻傳李賢注：「署名，公車所在，因以名。諸待詔者，皆居以待命。」又光武帝紀李賢注引漢官儀云：「公車掌殿司馬門，天下上事及徵召皆總領之。」

〔六〕止車門　聚珍本同。疑當作「公車門」。

〔七〕當闕　謂守門者。

張霸

張霸，〔一〕字伯饒，蜀郡成都人。年數歲，有所噉，必先讓父母，鄉里號曰「張曾子」。九歲通春秋，〔二〕復欲進業，父母語「汝小何能多曰」。〔三〕 御覽卷四一二

張霸，字伯饒，以樊儵删嚴氏公羊春秋猶多繁詞，〔四〕乃減爲二十萬言，更名張氏之學。 書鈔卷一〇一

張霸博覽五經，孫林、劉固等並慕之，市宅其傍以就學。〔五〕 書鈔卷九六

校勘記

〔一〕張霸　范曄後漢書卷三六有傳。又見汪文臺輯謝承後漢書卷二、司馬彪續漢書卷三。

〔二〕九歲　聚珍本同，范曄後漢書張霸傳作「七歲」。

〔三〕汝小何能多曰　字有脱誤。聚珍本作「汝小何能多少」，字亦有誤。按范曄後漢書張霸傳云：「七歲通春秋，復欲進餘經，父母曰『汝小未能也』，霸曰『我饒爲之』，故字曰『饒』焉。」據此，東觀漢記「汝小」六字當作「汝小何能，霸曰」，其下又有脱漏。

〔四〕樊鯈　原作「樊儵」，姚本、聚珍本作「樊鯈」，御覽卷六一〇引同。按「鯈」字是。范曄後漢書樊宏傳附載樊鯈事，名作「鯈」，並云字長魚。鯈爲魚名，以「鯈」爲名，與字長魚義相關連，這正符合古人名與字的一般規律。

〔五〕市宅其傍以就學　此條書鈔卷九六兩次徵引。范曄後漢書張霸傳亦載此事。姚本、聚珍本皆未輯録。

張楷

張楷，〔一〕字公超，隱居弘農山中，學者隨之，所居成市，後華陰山南遂有公超市。〔二〕

書鈔卷九六

校勘記

〔一〕張楷　范曄後漢書卷三六張霸傳後附有張楷傳。汪文臺輯謝承後漢書卷二、華嶠後漢書卷一亦略載其事。

〔二〕後華陰山南遂有公超市　此條姚本、聚珍本皆未輯録。

桓榮

桓榮，〔一〕字春卿，沛郡龍亢人也。榮本齊桓公後。〔二〕桓公作伯，支庶用其謚立族命氏焉。少學長安，治歐陽尚書，事博士朱普，貧窶無資，〔三〕常客傭以自給，精力不倦，十五年不闚家。〔四〕 御覽卷四八四

桓榮勤學，講論不怠。〔五〕 書鈔卷九七

桓榮拜議郎，入侍太子，每朝會，輒令榮於公卿前敷奏經書，帝稱善，曰：「得卿幾晚。」〔六〕 初學記卷二一

歐陽尚書博士缺，上欲用桓榮，榮叩頭讓曰：〔七〕「臣經術淺薄，不如同門生郎中彭閎、揚州從事臯弘。」帝曰：「俞，往，女諧。」〔八〕因拜榮爲博士，引閎爲議郎。〔九〕車駕幸太學，會諸博士論難於前，榮被服儒衣，温恭有藴藉，明經義，每以禮讓相厭，〔一〇〕不以辭長人，儒者莫之及，特爲加賞賜。又詔諸生雅吹擊磬，盡日乃罷。〔一一〕 御覽卷四二四

桓榮爲博士，入會庭中，詔賜奇菓，受者皆懷之，榮獨舉手奉以拜。帝笑指之曰：〔一二〕

「此真儒生也。」愈見敬厚。御覽卷三九一

桓榮常寢病，〔一三〕太子朝夕遣中人問疾，賜以帷帳奴婢，曰：「如有不諱，無憂家室也。」後病愈，入復侍講。類聚卷六八

建安二十八年，大會百官，詔問誰可傅太子者。群臣承意，皆言太子舅執金吾陰識可。博士張佚正色曰：「今陛下立太子，爲陰氏乎？爲天下乎？即爲陰氏，則陰侯可，爲天下，則固宜用天下之賢才。」上稱善，曰：「欲置傅者，以輔太子也。今博士不難正朕，況太子乎！」即拜爲太子太傅。〔一四〕御覽卷二四四

建武二十八年，〔一五〕以桓榮爲少傅，賜以輜車乘馬。榮大會諸生，陳車馬印綬，曰：「今日所蒙，〔一六〕稽古之力也，可不勉乎！」御覽卷二四四

太子執報桓榮書曰：「君慎疾加餐，重愛玉體。」〔一七〕文選卷二四曹植又贈丁儀王粲李善注

初，桓榮遭倉卒困厄時，嘗與族人桓元卿俱捃拾，投閑輒誦詩。〔一八〕元卿謂榮曰：「卿但盡氣爾，當安復施用時乎？」〔一九〕榮笑而不應。後榮爲太常，元卿來候榮，榮諸弟子謂曰：〔二〇〕「平生笑君盡氣，今何如？」元卿曰：「我農民，安能預知此。」御覽卷三九一

顯宗即位，尊桓榮以師禮。常幸太常府，令榮坐東面，設几杖，會百官驃騎將軍東平

王蒼以下、榮門生數百人，天子親自執業，時執經生避位發難，〔二一〕上謙曰「太師在是」。即罷，悉以太官供具賜太常家，其恩禮如此。永平二年，辟雍初成，拜榮爲五更。〔二二〕每大射養老禮畢，上輒引榮及弟子升堂，執經自爲下説。〔二三〕御覽卷四〇四

明帝詔曰：「五更沛國桓榮，以尚書輔朕十有餘年，〔二四〕詩云：〔二五〕『日就月將，示我顯德行。』其賜爵關内侯，食邑五千户。」〔二六〕書鈔卷四八

校勘記

〔一〕桓榮　范曄後漢書卷三七有傳。又見汪文臺輯司馬彪續漢書卷三、華嶠後漢書卷一。袁宏後漢紀卷九亦略載其事。

〔二〕榮本齊桓公後　此下三句原無，范曄後漢書桓榮傳李賢注引，就文理來看，此下三句當置於此。聚珍本即如此連綴。又此句下原引有「也」字，據上下文氣，不當有此字，聚珍本已删，今從之。

〔三〕資　原脱此字，聚珍本有，與范曄後漢書桓榮傳同，今據增補。

〔四〕十五年不闚家　此條文選卷三八任昉爲范尚書讓吏部封侯第一表李善注引作「桓榮字春卿，沛國人也。治歐陽尚書，事九江朱文剛，窮極師道，賜榮爵關内侯」。據漢書儒林傳，朱普字公文，李善注引作「朱文剛」，誤。

〔五〕講論不怠　從敍事文理來看，此條應在上條「少學長安」句前。

〔六〕曰：得卿幾晚　此五字原無，類聚卷四六引云：「桓榮授皇太子經，每朝，令榮於公卿前説經。上曰：『得卿幾晚。』因除博士。」今據補。此條書鈔卷六七引作「桓榮授皇太子經，每朝會，輒令榮於公卿前説經」。又御覽卷六一五亦引，文字與初學記卷二一引全同。

〔七〕榮　原脱，姚本、聚珍本有，類聚卷二一引亦有，今據增補。

〔八〕俞，往，女諧　范曄後漢書桓榮傳李賢注：「『俞』，然也。然其所舉，敕令往，言汝能和諧此官。」

〔九〕引閎爲議郎　范曄後漢書桓榮傳云：「引閎、弘爲議郎。」

〔一〇〕每以禮讓相厭　「禮」字下原衍「義」字，聚珍本無，與范曄後漢書桓榮傳相合，今據删。「厭」，服也。

〔一一〕盡日乃罷　此句下尚有「榮卒，子郁當襲爵，上書讓於兄子汎，顯宗不許，不得已受封，而悉以租入與之。帝以郁先師子，有禮讓，甚見親厚」一段文字，因與桓郁傳重出，今删去。此條文選卷五〇范曄逸民傳論李善注亦引，字句極爲簡略。杜工部草堂詩箋卷一贈比部蕭郎中十兄亦引，僅有「桓榮温恭有藴藉」一句。

〔一二〕指　原誤作「止」，聚珍本作「指」，與范曄後漢書桓榮傳同，今據改正。

〔一三〕常　姚本、聚珍本作「嘗」。按二字通。

〔一四〕即拜爲太子太傅　此條爲桓榮傳中文字，范曄後漢書桓榮傳亦載此事，字句幾乎全然相同。范書於「即拜爲太子太傅」句下云：「而以榮爲少傅，賜以輜車、乘馬。榮大會諸生，陳其車馬、印綬，曰：『今日所蒙，稽古之力也，可不勉哉！』」姚本未輯録此條文字，聚珍本另立張佚傳，以此條文字列置其中。

〔一五〕建武　原誤作「建興」，聚珍本不誤，今據改正。

〔一六〕今日所蒙　聚珍本同，六帖卷七五、記纂淵海卷三三引作「今日之榮」。

〔一七〕重愛玉體　據范曄後漢書桓榮傳載，桓榮爲太子少傅，以太子經學成畢，上疏歸道，故太子報書。此即書中語。此條聚珍本連綴於上條之前，據范書桓榮傳當置於此。

〔一八〕投閑輒誦詩　此句姚本作「投閒輒誦」，書鈔卷九七引同。聚珍本作「投間輒誦詩」，御覽卷八二四引作「投閑輒講」。

〔一九〕安復　聚珍本同，御覽卷八二四引作「復有」。

〔二〇〕榮諸弟子謂曰　原脱「榮」字、「弟」字，聚珍本有，范曄後漢書桓榮傳李賢注引亦有，今據增補。

〔二一〕時執經生避位發難　此下二句原作「每言『太師在是』」，今據范曄後漢書桓榮傳李賢注引校改。

〔二二〕五更　禮記文王世子云：「遂設三老五更，群老之席位焉。」鄭玄注：「三老五更各一人也，皆年老更事致仕者也，天子以父兄養之，示天下之孝悌也。」漢書禮樂志云：「養三老五更於辟雍。」

范曄後漢書明帝紀云：永平二年「冬十月壬子，幸辟雍，初行養老禮。詔曰：『……令月元日，復踐辟雍。尊事三老，兄事五更，安車輭輪，供綏執綬。……』」此時三老爲李躬，五更即桓榮。

〔三〕執經自爲下説　「下説」二字聚珍本作「辯説」。范曄後漢書桓榮傳李賢注：「『下説』謂下語而講説之也。」此條翰苑新書卷二一引作「桓榮爲太常，上幸太常府，榮東面坐，設九賓會。後爲五更禄終厥身」。初學記卷一八、類聚卷四九、御覽卷六一五、續編珠卷一亦引，文字較簡略。

〔四〕輔　姚本、聚珍本作「授」，范曄後漢書桓榮傳李賢注引同。范曄後漢書明帝紀永平二年載明帝詔，字亦作「授」。書鈔卷六七引作「教」。書鈔卷六七所引已輯入明帝紀。

〔五〕詩云　此下三句原無，而有「示我以德行」一句。姚本、聚珍本作「詩云」三句，范曄後漢書桓榮傳李賢注引同，今據改。

〔六〕五千户　姚本、聚珍本作「五百户」，而范曄後漢書明帝紀、桓榮傳作「五千户」，書鈔卷六七引同。此條書鈔卷一二亦引，字句疏略。

桓郁〔一〕

桓榮卒，子郁當襲爵，讓於兄子，顯宗不許，不得已受封，而悉以租入與之。〔二〕類聚卷

五一

永平十四年爲議郎，〔三〕遷侍中。　范曄後漢書卷三七桓郁傳李賢注

上謂郁曰：〔四〕「卿經及先師，致復文雅。」其冬，上親於辟雍自講所制五行章句已，復令郁説一篇。上謂郁曰：「我爲孔子，卿爲子夏，起予者商也。」又問郁曰：「子幾人能傳學？」郁曰：「臣子皆未能傳學，孤兄子一人學方起。」〔五〕上曰：「努力教之，有起者即白之。」〔六〕
范曄後漢書卷三七桓郁傳李賢注

皇太子賜郁鞍馬、刀劍，郁乃上疏皇太子曰：「伏見太子體性自然，包含今古，謙謙允恭，天下共見。郁父子受恩，無以明益，夙夜慙懼，誠思自竭。愚以爲太子上當合聖心，下當卓絶於衆，宜思遠慮，以光朝廷。」〔七〕　范曄後漢書卷三七桓郁傳李賢注

和帝永元三年，〔八〕西謁園陵，桓郁兼羽林中郎將從，〔九〕賜馬二匹，〔一〇〕并鞍勒、防汗。〔一一〕　御覽卷三五九

桓榮子郁，以明經復爲太常。〔一二〕　類聚卷四九

校勘記

〔一〕桓郁　范曄後漢書卷三七有傳。又見汪文臺輯華嶠後漢書卷一。袁宏後漢紀卷九亦略載

其事。

〔二〕而悉以租入與之　此條御覽卷五一二亦引，文字與此全同。

〔三〕永平十四年爲議郎　此句上聚珍本有「上以郁先師子，有禮讓，甚見親厚，郁以」十五字，是據范曄後漢書桓郁傳增入。

〔四〕上謂郁曰　此句上聚珍本有「上自制五家要説章句，令郁校定於宣明殿」二句，是據范曄後漢書桓郁傳增入。

〔五〕孤兄子一人學方起　四庫全書考證云：「考李賢范書桓榮傳注引華嶠書云：『榮長子雍早卒。』范書郁傳云：『榮卒，郁當襲爵，讓於兄子汎。』則郁所謂『學方起』者，當指汎言。」

〔六〕有起者即白之　此條御覽卷六一五，玉海卷二六、卷二八、卷一五九亦引，字句較爲簡略。

〔七〕以光朝廷　范曄後漢書桓榮傳云：「永平十五年，入授皇太子經，遷越騎校尉，詔敕太子、諸王各奉賀致禮。郁數進忠言，多見采納。」其下李賢即引此條文字作注。

〔八〕永元三年　姚本、聚珍本作「永元二年」，初學記卷二二引作「永元元年」，皆誤。據范曄後漢書和帝紀，和帝於永元三年「冬十月癸未，行幸長安」。「十一月癸卯，祠高廟，遂有事十一陵」。下文所云「西謁園陵」事即指此。永元元年、二年皆無西謁園陵之舉。

〔九〕從　姚本、聚珍本無此字，初學記卷二二引亦無此字。

〔一〇〕賜馬二匹　此句上姚本、聚珍本有「上」字，初學記卷二二引亦有「上」字。

〔一一〕防汗　即鞈，革製的胸甲，當心著之，可以禦矢。

〔一三〕以明經復爲太常　此條原作「桓榮爲太常，上幸太常府，榮東面坐，設九賓會。子郁，以明經復爲太常」。「設九賓會」以上諸句是桓榮傳中文字，爲免重複，今删去。據范曄後漢書桓郁傳，和帝永元四年，郁代丁鴻爲太常。

桓焉

桓焉爲太傅，〔一〕以母憂自乞解職，聽以大夫行喪。踰年，使賜牛酒，〔二〕奪服，即拜光禄大夫，遷太常。書鈔卷九三

校勘記

〔一〕桓焉　桓郁第三子，范曄後漢書卷三七有傳。又見汪文臺輯華嶠後漢書卷一。

〔二〕使賜　姚本、聚珍本作「詔使賜」，御覽卷五四六引作「詔賜」。

桓典

桓典，〔一〕字公雅，舉孝廉爲郎中。居無幾，國相王吉以罪被誅，〔二〕故人親戚莫敢至者。典獨棄官收斂歸葬，服喪三年，負土成墳，爲立祠堂，盡禮而去。御覽卷四二〇

桓典爲御史，是時宦者執政，典無所迴避，常乘驄馬，京師畏憚，爲之語曰：「行行且止，避驄馬御史。」〔三〕類聚卷九三

校勘記

〔一〕桓典　桓焉中子桓順之子，范曄後漢書卷三七有傳。又見汪文臺輯司馬彪續漢書卷三、華嶠後漢書卷一。

〔二〕國相　指沛國相。

〔三〕避驄馬御史　此條御覽卷八九四亦引，文字稍異。

桓鸞〔一〕

鸞父良，龍舒侯相。范曄後漢書卷三七桓鸞傳李賢注

鸞貞亮之性，著乎幼沖。學覽六經，莫不貫綜。推財孤寡，分賄友朋。泰於待賢，狹於養己。常著大布緼袍，糲食醋餐。范曄後漢書卷三七桓鸞傳李賢注

除陳留巳吾長，旬月閒遷河内汲令。范曄後漢書卷三七桓鸞傳李賢注

校勘記

〔一〕桓鸞　桓焉弟桓良之子，范曄後漢書卷三七有傳。

桓礹〔一〕

礹到吴郡，〔二〕揚州刺史劉繇振給穀食衣服所乏者，〔三〕悉不受。後東適會稽，住止山陰縣故魯相鍾離意舍，太守王朗餉給糧食、布帛、牛羊，一無所留。臨去之際，屋中尺寸之

物，悉疏付主人，纖微不漏。移居揚州從事屈豫室中，中庭橘樹一株，遇實熟，乃以竹藩樹四面，風吹落兩實，以繩繫著樹枝。每當危亡之急，其志彌固，賓客從者皆肅其行。范曄後漢書卷三七桓礹傳李賢注

校勘記

〔一〕桓礹　范曄後漢書卷三七有傳。又見汪文臺輯謝承後漢書卷二。范書云：「曄字文林，一名嚴。」李賢注「東觀記『嚴』作『礹』」。

〔二〕礹到吴郡　此句上聚珍本有「桓礹，字文林，尤修志介，一餐不受於人，不應辟命，初平中，天下亂」數句，係摘范曄後漢書桓曄傳文句增補。

〔三〕劉繇　姚本同，聚珍本作「劉孫」，誤。劉繇，字正禮，爲揚州刺史，范曄後漢書獻帝紀、許劭傳、陶謙傳、袁術傳、劉寵傳均有記載。

丁綝

綝字幼春，〔一〕定陵人也。伉健有武略。范曄後漢書卷一七馮異傳李賢注

丁綝從上渡河，拜河南太守。〔二〕及封功臣，上令各言所樂，謂綝曰：「諸將皆欲縣，子獨求鄉，何也？」綝曰：「昔孫叔敖敕其子，受封必求磽确之地。〔三〕今綝能薄功微，得鄉厚矣。」上從之，封爲定陵新安鄉侯，食五千户。〔四〕後徙封陵陽侯。類聚卷五一

校勘記

〔一〕丁綝　范曄後漢書卷三七丁鴻傳略載其事。

〔二〕拜河南太守　原無此句，聚珍本有，御覽卷二〇一引同，今據增補。范曄後漢書丁鴻傳載，建武元年，丁綝拜河南太守。

〔三〕磽确　瘠薄之地。呂氏春秋異寶篇云：「孫叔敖疾，將死，戒其子曰：『王數封我矣，吾不受也。爲我死，王則封汝，必無受利地。楚、越之間有寢之丘者，而名甚惡。荆人畏鬼，而越人信機。可長有者，其唯此也。』孫叔敖死，王果以美地封其子，而子辭，請寢之丘，故至今不失。」事又見列子説符篇、淮南子人間訓。

〔四〕食五千户　原無此句，聚珍本有，今據增補。御覽卷二〇一引亦有此句，只是脱「五」字。范曄後漢書丁鴻傳云：丁綝「封定陵新安鄉侯，食邑五千户」。

丁鴻

丁鴻年十三，〔一〕從桓榮受歐陽尚書，三年而明章句，善論難，爲都講，〔二〕遂篤志精鋭，布衣荷擔，不遠千里。御覽卷三八四

丁鴻父綝，從征伐，鴻獨與弟盛居，憐盛幼少而共寒苦。及綝卒，鴻當襲封，上書讓國於盛，書不報。既葬，乃挂衰絰於冢廬而去，〔三〕留書與盛曰：「鴻貪經書，不顧恩義，弱而隨師，生不供養，死不飯唅，皇天祖禰，並不祐助，身被大病，不任茅土。前上疾狀，願辭爵章不報。迫於當封，謹自放棄。」〔四〕御覽卷五一五

丁鴻讓國於弟盛，逃去。鴻初與九江人鮑駿同事桓榮，甚相友善。及鴻亡，駿遇於東海，陽狂不識駿。駿乃止而讓之曰：「今子以兄弟私恩而絶父不滅之基，可謂智乎？」鴻感愴，〔五〕垂涕歎息，乃還就國。御覽卷七三九

丁鴻，字孝公，〔六〕兼射聲校尉。〔七〕肅宗召鴻與太常樓望、少府成封、屯騎校尉桓郁、衛士令賈逵等論定五經同異於白虎觀，〔八〕鴻最明，諸人稱之。上歎嗟其才，〔九〕號之曰「殿中

無雙丁孝公」，賜錢二十萬。〔一〇〕 書鈔卷六一

元和二年，車駕東巡狩，鴻以少府從。上奏曰：「臣聞古之帝王，統治天下，五載巡狩，至于岱宗，柴祭於天，望秩山川，協時月正日，同斗斛權衡，使人不爭。陛下尊履蒸蒸，奉承弘業，祀五帝於明堂，配以光武，二祖四宗，咸有告祀。瞻望太山，嘉澤降澍，柴祭之日，白氣上升，與燎煙合，黃鵠群翔，所謂神人以和，答響之休符也。」上善焉。 范曄後漢書卷三七丁鴻傳李賢注

以廬江郡爲六安國，徙封爲馬亭侯。〔一一〕 范曄後漢書卷三七丁鴻傳李賢注

永元四年，〔一二〕司徒丁鴻兼衛尉。 類聚卷四九，

日蝕，司徒丁鴻上疏曰：〔一三〕「臣聞春秋日蝕三十六，而弒君三十六，〔一四〕變不空生。夫帝王不宜以重器假人，觀古及漢傾危之禍，靡不由世位擅寵之家。伏見大將軍，〔一五〕刺史二千石初除謁辭，求通待報，雖奉璽書，受臺勑，不敢去，至數十日。背公室，向私門，此乃上威損，下權盛。〔一六〕外附之臣，〔一七〕依託權門，諂諛以求容媚，宜誅之。」 御覽卷四五三

鴻薨，子湛嗣。湛卒，子浮嗣。浮卒，子夔嗣。〔一八〕 范曄後漢書卷三七丁鴻傳李賢注

校勘記

〔一〕丁鴻　范曄後漢書卷三七有傳。又見汪文臺輯司馬彪續漢書卷三、華嶠後漢書卷一。袁宏後漢紀卷一三亦略載其事。

〔二〕都講　主持講學之人。范曄後漢書侯霸傳云：霸「師事九江太守房元，治穀梁春秋，爲元都講」。

〔三〕冢　原誤作「家」，聚珍本作「冢」。書鈔卷四八兩引，一引作「冢」，御覽卷二〇一引亦作「冢」，今據改。

〔四〕棄　聚珍本脱此字。

〔五〕愴　聚珍本同，文選卷三八任昉爲褚諮議蓁讓兄襲封表李善注引作「悟」，與范曄後漢書丁鴻傳同。

〔六〕字孝公　文選卷三八任昉爲褚諮議蓁讓兄襲封表李善注引作「字季公」，不可信。范曄後漢書丁鴻傳作「字孝公」。

〔七〕兼射聲校尉　和帝永元十年，丁鴻被徵詣公車，不久拜侍中。十三年，以侍中兼射聲校尉，見范曄後漢書丁鴻傳。

〔八〕肅宗召鴻與太常樓望、少府成封、屯騎校尉桓郁、衛士令賈逵等論定五經同異於白虎觀　此句書鈔卷六一原引作「肅宗召鴻與諸儒桓郁、賈逵等論定五經同異於白虎觀」，范曄後漢書丁鴻傳李賢注，玉海卷四二、卷一六六引作「與太常樓望、少府成封、屯騎校尉桓郁、衛士令賈逵等集議」。此句即據諸書所引合校而成。

〔九〕上歎嗟其才　此下諸句書鈔卷六一原引作「帝數嗟歎曰：『殿中無雙丁孝公。』」今據范曄後漢書丁鴻傳李賢注引增改。

〔一〇〕賜錢二十萬　此條聚珍本作「兼射聲校尉。肅宗詔與太常樓望、少府成封、屯騎校尉桓郁、衛士令賈逵等集議五經同異於白虎觀，使五官中郎將魏應主承制問難，侍中淳于恭奏上，上親稱制臨決。上嗟歎鴻才，號之曰『殿中無雙丁孝公』，賜錢二十萬」。所增字句，與范曄後漢書丁鴻傳大體相同。

〔一一〕徙封爲馬亭侯　范曄後漢書丁鴻傳云：「元和三年，徙封馬亭鄉侯。」李賢注：東觀漢記云「『以廬江爲六安國』，所以徙封爲馬亭侯」。此條文字即據此酌定。姚本、聚珍本作「元和三年，以廬江郡爲六安國，徙封鴻爲馬亭侯」。也是據范書和李賢注增改。

〔一二〕永元四年　原作「永元二年」，御覽卷二三〇引作「永元三年」，皆誤。范曄後漢書丁鴻傳云：「永元四年，代袁安爲司徒。是時竇太后臨政，憲兄弟各擅威權。鴻因日食，上封事……書奏十餘日，帝以鴻行太尉兼衛尉，屯南、北宮。於是收大將軍印綬，憲及諸弟皆自殺。」今據校正。范書和帝紀載永元四年閏三月，太常丁鴻爲司徒，可見鴻兼衛尉不可能在永元四年以前。

〔一三〕日蝕，司徒丁鴻上疏曰　范曄後漢書和帝紀載，永元四年閏三月，太常丁鴻爲司徒，六月戊戌朔，日食。丁鴻上疏當在此月。

〔一四〕弑　原誤作「殺」，聚珍本作「弑」，范曄後漢書丁鴻傳同，今據改。　三十六　聚珍本同，范書作「三十二」。李賢注云：「劉向上書云：『弑君三十六。』今據春秋與劉向同，而東觀及續漢、范氏諸本皆云『三十二』，蓋誤也。」是東觀漢記原文作「三十二」。

〔一五〕伏見大將軍　此下有脱文。范曄後漢書丁鴻傳載鴻疏云：「今大將軍雖欲敕身自約，不敢僭差，然而天下遠近皆惶怖承旨，刺史二千石初除謁辭，求通待報，雖奉符璽，受臺敕，不敢便去，久者至數十日。」由此可以看出，所脱文字爲「雖欲」至「承旨」二十一字。

〔一六〕下權盛　據范曄後漢書丁鴻傳，此句下删削頗多，其中有「閒者月滿先節，過望不虧，此臣驕溢背君，事功獨行也」諸句，李賢注云：「『月滿先節』，謂未及望而滿也。東觀記作『先節』，俗本作『失節』，字之誤也。」可見東觀漢記原有「閒者月滿先節」諸語，御覽卷四五三引時删去。

〔一七〕外附之臣　謂背離公室，攀附私家的臣屬。

〔一八〕子夔嗣　范曄後漢書丁鴻傳云：永元「六年，鴻薨，賜贈有加常禮。子湛嗣。湛卒，子浮嗣。浮卒，子夏嗣」。李賢注云：「東觀記及續漢書『夏』字作『夔』也。」此條文字即綜合范書和李賢注輯出。姚本、聚珍本同。

楊喬

楊喬曰：〔一〕「臣伏念二千石，〔二〕典牧千里。」文選卷三八張悛爲吴令謝詢求爲諸孫置守冢人表李善注

校勘記

〔一〕楊喬　會稽烏傷人。聚珍本以爲時代不可考。按范曄後漢書楊琁傳云：「兄喬，爲尚書，容儀偉麗，數上言政事。桓帝愛其才貌，詔妻以公主。喬固辭不聽，遂閉口不食，七日而死。」又循吏孟嘗傳云：「桓帝時，尚書同郡楊喬上書薦嘗。」是楊喬爲桓帝時人。

〔二〕念　聚珍本作「見」。

毛義

廬江毛義，性恭儉謙約，〔二〕少時家貧，以孝行稱。〔三〕南陽張奉慕其名，〔四〕往候之。坐有頃，府檄適至，以義守令。〔五〕義奉而入白母，〔六〕喜動顔色。書鈔卷一〇三

校勘記

〔一〕毛義　范曄後漢書卷三九劉趙淳于江劉周趙列傳序、袁宏後漢紀卷一一略載其事。又見汪文臺輯謝承後漢書卷七、華嶠後漢書卷一。

〔二〕性恭儉謙約　原無此句，聚珍本有，御覽卷五九七引亦有，今據增補。

〔三〕以孝行稱　此句下聚珍本有「爲安陽尉」一句。按范曄後漢書劉趙淳于江劉周趙列傳序李賢注引云：「義爲安陽尉，府檄到，當守令。」通鑑卷四六胡三省注引云：「義爲安陽尉，府檄至。」聚珍本所增即據此。

〔四〕名　御覽卷五九七引同，姚本、聚珍本作「義」，類聚卷五八引亦作「義」。

〔五〕以義守令　「守」，攝代。「令」，縣令。通鑑卷四六章帝元和元年載：「南陽張奉慕義名，往候之，

坐定而府檄適至，以義守安陽令。」是以毛義攝代安陽縣令。

〔六〕奉 姚本、聚珍本作「奉檄」，類聚卷五八引同，御覽卷五九七引作「攝檄」。

薛苞

汝南薛苞，〔一〕字孟嘗，喪母，以至孝聞。父娶後妻而憎苞，分出，〔二〕日夜號泣，不能去，至被毆杖。不得已，廬於舍外，旦入而洒掃。父怒，又逐之。乃廬於里門，晨昏不廢。積歲餘，父母慙而還之。御覽卷四九一

校勘記

〔一〕薛苞 范曄後漢書無傳，劉平等人傳序略載其事，「苞」字作「包」。其事又見袁宏後漢紀卷一一。

〔二〕分出 范曄後漢書劉平等人傳序作「分出之」。

劉平

劉平，〔一〕字公子，楚郡人。更始時，天下亂，平弟仲爲賊所殺。其後賊忽然而至，平扶侍其母，奔走逃難，抱仲遺腹女而棄其子。母欲還取之，平不聽，曰：「力不能兩活，仲不可以絶類。」遂去不顧，與母俱匿野澤中。平朝出求食，逢餓賊，〔二〕將烹之，叩頭曰：「今旦爲老母求菜，〔三〕老母待歸爲命，願得歸，食母畢，還就。」因涕泣，〔四〕賊哀而遣之。平還，食母訖，因白曰：「屬與賊期，義不可欺。」遂還詣賊。衆皆大驚，相謂曰：「常聞烈士，〔五〕今乃見之。去矣，吾不忍食子。」於是得全。平既免脱，〔六〕乃摭菽得三升豆，以謝賊恩。御覽卷四二〇

劉平，字公子，以仁孝著聞，永平三年爲宗正。〔七〕書鈔卷五三

校勘記

〔一〕劉平　范曄後漢書卷三九有傳。又見汪文臺輯謝承後漢書卷二、司馬彪續漢書卷三、華嶠後漢書卷一。袁宏後漢紀卷九亦略載其事。

〔二〕逢餓賊　范曄後漢書劉平傳同，聚珍本作「爲餓賊所得」。

〔三〕今旦爲老母求菜　劉平語聚珍本作「今旦爲老母求菜，老母飢，少氣，待歸爲命。願得歸，飯母畢，還就死」。類聚卷八五引作「老母飢，少氣力，待平爲命。願得還，飯食母，馳來就死」。御覽卷八四一引與類聚卷八五引同，僅無「力」字、「食」字。按劉平語中「母待歸爲命」一句，當從范曄後漢書劉平傳作「母待曠爲命」。劉平初名曠。

〔四〕因涕泣　類聚卷八五引作「涕泣發於肝膽」。

〔五〕常　聚珍本作「嘗」。按二字通。

〔六〕平既免脱　此下三句原無，今據御覽卷八四一引增補。聚珍本有此三句，僅無「脱」字。類聚卷八五引作「乃摭三升豆，以謝賊恩」。

〔七〕永平三年爲宗正　此句下姚本、聚珍本尚有「數薦達名士承宫、郇恁等」一句。范曄後漢書劉平傳有此句，疑聚珍本據范書增補。此條初學記卷一二、御覽卷二三〇、合璧事類後集卷二三、翰苑新書卷二二亦引，文字略同。又六帖卷七五、卷七七亦引，「宗正」二字皆誤爲「祭酒」。

趙孝

趙孝父爲田禾將軍，〔一〕孝嘗從長安來，欲止亭。亭長難之，言有貴客過，掃灑，不欲穢汙地，良久乃聽止。吏因問曰：「田禾將軍子從長安來何時發？〔二〕幾日至？」孝曰：「尋到矣。」御覽卷一九四

趙孝爲郎，每告歸，往來常白衣步擔，過道上郵亭，但稱書生，寄止於亭門塾。〔三〕御覽卷一八五

趙孝，字長平，沛國蘄人。王莽時，天下亂，人相食，孝弟禮爲餓賊所得，孝聞，即自縛詣賊，曰：「禮久餓羸瘦，不如孝肥。」餓賊大驚，並放之。〔四〕初學記卷一七

趙孝，字長平，建武初，天下新定，穀食尚少，孝得穀，炊將熟，〔五〕令弟禮夫妻使出，〔六〕比還，孝夫妻共茹蔬菜，〔七〕禮夫妻來歸，告言已食，輒獨飯之。積久，禮心怪疑，後掩伺見之，亦不肯復出，〔八〕遂共蔬食，兄弟怡怡，鄉里歸德。〔九〕御覽卷八四七

校勘記

〔一〕趙孝　范曄後漢書卷三九有傳。又見汪文臺輯謝承後漢書卷二、華嶠後漢書卷一。袁宏後漢紀卷九亦略載其事。

〔二〕田禾將軍　原脱「禾」字，今據上文增補。田禾將軍　王莽時置此將軍，掌管北邊屯田之事。

〔三〕寄止於亭門塾　以上两條聚珍本作「趙孝，字長平，沛國蘄人，父爲田禾將軍。孝爲郎，歸告，每往來，常白衣步擔。嘗從長安來，過直上郵亭，亭長難之，告有貴客過，灑掃」。其下「不欲穢汙地」云云諸句與御覽卷一九四引同，而「田禾將軍子」句「禾」字未脱。

〔四〕並放之　此條類聚卷二一、續編珠卷一亦引，字句大同小異。

〔五〕將　原脱，姚本、聚珍本有，書鈔卷一四三、初學記卷一七，御覽卷四一六、卷五一五、卷八三七引皆有此字，今據增補。

〔六〕使出　姚本、初學記卷一七引同，御覽卷四一六、卷五一五、卷八三七引皆無「使」字。聚珍本作「俱出外」，類林卷一引同。

〔七〕比還，孝夫妻共茹蔬菜　此下五句聚珍本作「孝夫婦共蔬食，比禮夫妻歸，即曰『我已食訖』，以穀飯獨與之」。姚本和初學記卷一七、御覽卷八三七引與御覽卷八四七引同，惟「茹蔬菜」三字作「蔬食茹菜」。按「蔬食茹菜」四字當爲原書舊貌，書鈔卷一四三引東觀漢記趙孝事，標目即作「蔬食茹菜」。又御覽卷四一六、卷五一五引各句次序亦與御覽卷八四七引同，只是個别文字歧異。

〔八〕亦不肯復出　「肯復」二字原作「肯後」，御覽卷八三七引作「復肯」，可知「肯後」乃「肯復」之訛，今改正。此句聚珍本和御覽卷五一五引作「亦不肯食」，御覽卷四一六引同，惟無「亦」字。

〔九〕鄉里歸德　此條陳禹謨刻本書鈔卷一四三引作「趙孝，字長平，建武初，天下新定，穀食貴。孝得穀，炊將熟，時弟他出，至莫始回，孝待之同飯，雖蔬食茹菜，兄弟怡怡」。所述與他處所引略有不同。此句下聚珍本尚有以下一段文字：「孝辟太尉府，顯宗聞其行，官至長樂衛尉，弟禮爲御史中丞。帝嘉其篤行，寵異之，詔禮十日就長樂衛尉府，太官送供具，相對盡歡。數年，禮卒，令孝從官屬送喪歸也。」此段文字不知從何書輯出，范曄後漢書趙孝傳、書鈔卷五三引華嶠後漢書、袁宏後漢紀卷九亦載有相類内容，字句間有異同。

魏譚

魏譚，〔一〕字少聞，〔二〕王莽末，政亂，盗賊起，人民相食。譚爲夷所得，〔三〕等輩數十皆縛束，當稍就噉。見譚貌謹勑，獨放，令主炊養。有夷長公哀譚，〔四〕謂曰：「汝曹皆當以次死，哀縱汝，急宜去。」〔五〕譚不肯去，叩頭曰：「我常爲諸君主炊養，〔六〕食馨肉肌香，餘皆菜食，羸瘦，肉腥臊不可食，願先等輩死。」長公義之，即相謂此兒有義，可哀縱也。賊遂皆放之，數十人皆得脱。御覽卷四二〇

魏譚有一孤兄子，年一二歲，常自養視，遭饑饉，分升合以相生活。〔七〕譚時有一女，生裁數月，念無穀食，終不能兩全，棄其女，養活兄子，州郡高其義。御覽卷五一二

校勘記

〔一〕魏譚　范曄後漢書卷三九趙孝傳附有魏譚傳。

〔二〕少聞　聚珍本作「少間」，范曄後漢書趙孝傳附魏譚傳作「少閒」。按「間」與「閒」，二字同。此下聚珍本有「琅邪人」一句。

〔三〕夷　聚珍本作「賊」，下同。

〔四〕夷長公　范曄後漢書趙孝傳附魏譚傳云：「賊有夷長公。」李賢注：「夷，姓也。」按「夷」疑指少數民族，「長公」似爲夷族下級頭目之稱。

〔五〕急宜去　此句聚珍本作「急從此去」，范曄後漢書趙孝傳附魏譚傳同。

〔六〕常　聚珍本作「嘗」。按二字通。

〔七〕生　聚珍本作「存」。

倪萌

倪萌，〔一〕字子明，齊國臨淄人也。仁孝敦篤，不好榮貴，常勤身田農。遭歲倉卒，兵革並起，人民餧餓相啖，與兄俱出城采蔬，爲赤眉賊所得，欲殺啖之。萌詣賊叩頭言：〔二〕「兄年老羸瘠，不如萌肥健，願代兄。」賊義而不啖，命歸求豆來贖兄。〔三〕萌歸不能得豆，復自縛詣賊，賊遂放之。〔四〕初學記卷一七

校勘記

〔一〕倪萌　范曄後漢書卷三九趙孝傳後附載其事。「倪」字范書作「兒」，二字同。

〔二〕萌　此字原無，姚本、聚珍本同。御覽卷三七八、卷八四一引有，今據增補。

〔三〕命歸求豆來贖兄　此下諸句原無，聚珍本有，御覽卷八四一引亦有，今據增補。

〔四〕賊遂放之　此條續編珠卷一亦引，字句與初學記卷一七引同。

王琳

汝南王琳字巨尉，〔一〕年十餘，喪父母，遭大亂，百姓奔逃，唯琳兄弟獨守冡廬。〔二〕弟季出，遇赤眉賊，將爲餔。琳自縛，請先季死，賊矜而放之。類聚卷二一

校勘記

〔一〕汝南王琳字巨尉　此句原僅有「王琳」二字，聚珍本有「汝南」、「字巨尉」五字，御覽卷四一六、卷四二〇引同，今據增補。王琳，范曄後漢書卷三九趙孝傳後附載其事。

〔二〕冡　原作「家」，聚珍本作「冡」。按「冡」字是，范曄後漢書趙孝傳後載王琳事云：「琳兄弟獨守塚廬，號泣不絶。」「塚」與「冡」，二字同。

淳于恭

淳于恭以謙儉推讓爲節，〔一〕家有山田橡樹，人有盜取之者，恭助爲收拾。載之歸，乃

知是恭。其盜還橡，〔二〕恭不受。〔三〕類聚卷二一

淳于恭，字孟孫，北海淳于人。以謙儉推讓爲節，人有刈恭禾者，〔四〕恭見之，〔五〕念其愧，因伏草中，至去乃起。恭家井在門外，上有盆，鄰里牧牛兒爭飲牛。〔六〕恭惡其爭，多置器其上，〔七〕爲預汲水滿之。小兒復爭，恭各語其家父母，父母乃禁怒之，里落皆化而不爭。御覽卷四〇三

淳于恭養兄崇孤兒，教誨學問，時不如意輒呼責，〔八〕數以捶自擊其脛，欲以感之。兒慙負，不敢復有過。〔九〕御覽卷五一二

校勘記

〔一〕淳于恭　姓淳于，名恭。范曄後漢書卷三九有傳。又見汪文臺輯司馬彪續漢書卷三。

〔二〕橡　亦稱橡子，即櫟實，可食。范曄後漢書李恂傳記載，恂免官後，「徙新安關下，拾橡實以自資」。

〔三〕恭不受　此句下原有「人又有盜刈恭禾者，恭見之，念其愧，因伏草中，至去乃起」數句，爲避免與下條重出，今删去。此條御覽卷四二四、卷四九一亦引，文字大同小異。

〔四〕者　此字原無，姚本、聚珍本有，類聚卷八五，御覽卷四二四、卷四九一引亦有此字，今據增補。

〔五〕恭　此字原無，姚本、聚珍本有，類聚卷八五，御覽卷四二四、卷四九一、卷八三九引亦有此字，今據增補。

〔六〕兒　此字聚珍本作「而」，誤。

〔七〕多置器其上　事類賦卷八引云：「淳于恭家井在門所，鄰兒飲牛，恭惡不净，多置器在井上。」字句多所删改。

〔八〕呼　此字原作「平」，於此無義，必是誤字。聚珍本作「呼」，當是。「呼」字殘破，舛誤爲「平」。今依聚珍本校正。

〔九〕不敢復有過　此條聚珍本置於上條「至去乃起」句下。按以上三條記述了淳于恭的四件事情，一爲恭助盜椽者，二爲伏草中不見盜禾者，三爲置器井旁，不令牧牛兒争，這些舉動使得「里落皆化而不争」。四爲教誨兒子事，與以上三事不爲一類，在東觀漢記中，教誨兒子事當在以上三事之後。范曄後漢書淳于恭傳云：恭「家有山田果樹，人或侵盜，輒助爲收采。又見偷刈禾者，恭念其愧，因伏草中，盜去乃起，里落化之。王莽末，歲飢兵起，恭兄崇將爲盜所亨，恭請代，得俱免。後崇卒，恭養孤幼，教誨學問，有不如法，輒反用杖自箠，以感悟之，兒慙而改過」。由此也可看出，「里落化之」以上爲一類内容，以下爲另一類内容。東觀漢記所記恭教誨兒子事當序在「里落皆化而不争」句後，聚珍本連綴於第三事之前，舛亂失次。

江革

江革，〔一〕字次翁，〔二〕客東海下邳，傭賃以養父母。下邳知其孝，市買輒與好善者，〔三〕雖無錢，任貰與之。御覽卷八二七

江革專心養母，幅巾屣屩。〔四〕文選卷四三孔稚珪北山移文李善注

江革母年八十，革不欲摇動之，常自居轅内輓車，不用牛馬。〔五〕書鈔卷一四一

永平中，江革爲五官中郎將，每朝會，〔六〕帝詔使虎賁迎送扶掖。〔七〕革每進拜，上輒自禮之。〔八〕小有疾，〔九〕輒太官送食，寵遇甚厚。京師貴戚衛尉順陽侯馬廖、侍中竇憲等各奉書致禮遺革，〔一〇〕終不發書，無所當受，〔一一〕上以此重之。〔一二〕御覽卷四七四

校勘記

〔一〕江革　范曄後漢書卷三九有傳。又見汪文臺輯謝承後漢書卷二、華嶠後漢書卷一。袁宏後漢紀卷一一亦略載其事。

〔二〕字次翁　此句原無，聚珍本有，御覽卷二四一引江革拜五官中郎將事有「江革，字次翁」之文，今

據增補「字次翁」一句。

〔三〕買　聚珍本作「賈」。

〔四〕幅巾屣屩　「屣屩」，聚珍本作「屣履」，文選卷二一顔延年秋胡詩李善注引同。此條杜工部草堂詩箋卷八引作「江革養母，幅巾屣履」。

〔五〕不用牛馬　此條御覽卷七七五亦引，文字稍有不同。

〔六〕每朝會　原無「每」字，姚本、聚珍本有，御覽卷二四一引亦有，今據增補。此句書鈔卷六三引作「每有朝會」，亦有「每」字。

〔七〕迎送扶掖　原脱「送」字，御覽卷三六九引有，今據增補。此四字姚本、聚珍本作「扶持」二字，書鈔卷六三、御覽卷二四一引同。

〔八〕上輒自禮之　此句姚本、聚珍本作「恒自禮焉」。書鈔卷六三引作「常自禮之」，孔廣陶書鈔注云：「『恒』作『常』，係唐人轉寫避穆宗諱也。」御覽卷二四一引作「帝自禮之」。

〔九〕小有疾　此下三句姚本作「時有疾不會，輒敕大臣送餼膳，恩寵莫與爲比」。「臣」字當作「官」。聚珍本「臣」作「官」，「餼膳」作「餐餼」，餘與姚本同。書鈔卷六三引與聚珍本全同。

〔一〇〕賓憲　其下姚本、聚珍本有「慕其行」三字，與范曄後漢書江革傳相合。

〔一一〕當　姚本、聚珍本作「報」，范曄後漢書江革傳亦作「報」。

〔三〕上以此重之　此句姚本、聚珍本作「帝聞而益善之」，范曄後漢書江革傳同。

劉般

劉般，〔一〕字伯興，〔二〕兼屯騎校尉。〔三〕時五校官顯職閑，〔四〕府寺寬敞，輿服光麗，伎巧畢給，故多宗室肺腑居之。御覽卷二四二

劉般字伯興，〔五〕爲太僕，在朝盡節，〔六〕夙夜不怠。書鈔卷五四

劉般字伯興，遷宗正，〔七〕在朝廷竭忠盡節，勤身憂國，〔八〕夙夜不怠，數納嘉謀，州郡便宜，〔九〕清净畏慎，受職修治，振施宗族。御覽卷二三〇

校勘記

〔一〕劉般　原作「劉磐」。書鈔卷五三、卷五四、卷六一，初學記卷一二，六帖卷七五、卷七七，御覽卷二三〇皆引劉般事迹片段，字皆作「劉般」，姚本、聚珍本亦作「劉般」，今從之。劉般，范曄後漢書卷三九有傳。又見汪文臺輯華嶠後漢書卷一。

〔二〕字伯興　原作「字仲興」，書鈔卷六一引劉般爲屯騎校尉事，亦云「字仲興」，皆誤。初學記卷一

二、御覽卷二三〇引劉般爲宗正事，皆云「字伯興」，與聚珍本合，范曄後漢書劉般傳亦云「字伯興」，今據改。

〔三〕兼屯騎校尉　范曄後漢書劉般傳載：「永平……十年，徵般行執金吾事，從至南陽，還爲朝侯。明年，兼屯騎校尉。」

〔四〕五校　范曄後漢書劉般傳同。書鈔卷六一引作「五校尉」，聚珍本同。按有無「尉」字，均無妨文義。五校尉，指屯騎校尉、越騎校尉、步兵校尉、長水校尉、射聲校尉。司馬彪續漢書百官志劉昭注云：「大駕鹵簿，五校在前，各有鼓吹一部。」

〔五〕伯興　原誤作「興伯」。

〔六〕在朝盡節　此句姚本、聚珍本作「在朝竭忠盡節」，初學記卷一二引東觀漢記云：「劉般字伯興，代名忠孝，在朝竭忠盡節。建初元年，拜爲宗正。」據此，此句上又有「世名忠孝」一句。初學記「代」字原作「世」，避唐太宗李世民諱改。六帖卷七五、卷七七引亦有「代名忠孝」一句。

〔七〕遷宗正　此句姚本、聚珍本作「建初元年，拜爲宗正」。與初學記卷一二所引全同。按范曄後漢書劉般傳云：「建初二年，遷宗正。」

〔八〕勤身憂國　此句姚本、聚珍本作「憂勤國事」，書鈔卷五三引作「勤憂國事」，字異而義同。

〔九〕州郡便宜　此下四句姚本、聚珍本無。

劉愷

劉愷，〔一〕字伯豫，以當襲父般爵，〔二〕讓與弟憲，遁逃避封。〔三〕久之，章和中，〔四〕有司奏請絶國，上美其義，特優加之，〔五〕愷猶不出。有司復奏之，侍中賈逵上書曰：「孔子稱『能以禮讓爲國，於從政乎何有』。」和帝納之，下詔曰：〔六〕「故居巢侯劉般嗣子愷，當襲父般爵，而稱父遺意，致國弟憲，遁亡七年，所守彌固。蓋王法崇善，成人之美。其聽憲嗣爵。」乃徵愷，拜爲郎，稍遷侍中。愷之入朝，在位者莫不仰其風行。御覽卷四二四

校勘記

〔一〕劉愷　范曄後漢書卷三九劉般傳附有劉愷傳。又見汪文臺輯華嶠後漢書卷一。書鈔卷四八引有此條，首云「東觀漢記劉愷傳云」，可知東觀漢記有劉愷傳。

〔二〕以當襲父般爵　此句下聚珍本有「封居巢侯」一句，御覽卷二〇一引亦有此句，但作「居崇侯」。按「居巢侯」是，東漢有居巢縣，屬廬江郡。據范曄後漢書劉般傳，般於建武九年封菑丘侯，後徙封杼秋侯，永平元年又徙爲居巢侯。

〔三〕遁逃避封　「遁」字原脱，聚珍本、御覽卷五一五引皆有「遁」字，范曄後漢書劉般傳附劉愷傳同，今據增補。

〔四〕久之，章和中　此二句原無，聚珍本有，御覽卷五一五引亦有此二句，范曄後漢書劉般傳附劉愷傳同，今據增補。

〔五〕加　御覽卷五一五引同，此字誤。聚珍本作「嘉」。「加」乃「嘉」的殘破字。范曄後漢書劉般傳附劉愷傳作「假」，於義亦通。

〔六〕下詔　原誤倒作「詔下」，聚珍本作「下詔」，范曄後漢書劉般傳附劉愷傳同，今據改。

蔡順〔一〕

蔡君仲，汝南人。王莽亂，人相食。君仲取桑椹，赤黑異器。賊問所以，君仲云：「黑與母，赤自食。」賊義之，遺鹽二斗，〔二〕受而不食。〔三〕　御覽卷九五五

校勘記

〔一〕蔡順　字君仲，范曄後漢書卷三九周磐傳附載其事。

〔二〕斗　事類賦卷二五引作「升」。

〔三〕受而不食　此條類聚卷八八亦引，字句略簡。

趙咨

趙咨，〔一〕字文楚，東郡燕人，大司農陳奇舉咨至孝，〔二〕躬率子孫耕農爲養。盜嘗夜往劫之，咨恐母驚懼，乃先至門迎盜，因請爲設食，謝曰：「老母八十，疾病須養，居貧無儲，〔三〕乞少置衣糧，〔四〕妻子餘物無所惜。」〔五〕諸盜皆慚歎，跪曰：「所犯無狀，干暴賢者。」言畢奔走。類聚卷二〇

校勘記

〔一〕趙咨　范曄後漢書卷三九有傳。

〔二〕字文楚，東郡燕人，大司農陳奇舉咨至孝　此三句原僅有「至孝」二字，今據御覽卷四一一引增補。

〔三〕無儲　此二字原無，聚珍本有，御覽卷四一一引亦有，今據增補。

〔四〕少　原無此字，聚珍本有，御覽卷四一二引亦有，今據增補。范曄後漢書趙咨傳載咨言云：「老母八十，疾病須養，居貧，朝夕無儲，乞少置衣糧。」

〔五〕妻子餘物無所惜　此句御覽卷四一二引作「妻子餘物，一無所請」，與范曄後漢書趙咨傳同。

卷十六

傳十一

班彪

班彪避地河西，〔一〕大將軍竇融以爲從事，深敬待，〔二〕後接以師友之道。〔三〕御覽卷二六五

校勘記

〔一〕班彪　范曄後漢書卷四〇有傳。　河西　原誤作「河南」，聚珍本作「河西」，書鈔卷三四引同，今據改正。班彪二十多歲時，三輔大亂，當時隗囂擁衆天水，欲逐鹿天下。班彪避難從之，著王命論，闡明天命歸漢，想感悟隗囂。囂不悟，於是，班彪避地河西。事見范書。

〔二〕深敬待　此句聚珍本作「深相敬愛」，范曄後漢書班彪傳作「深敬待之」。

〔三〕後　聚珍本無此字，書鈔卷三四引作「數」。按依文義當無「後」字，范曄後漢書班彪傳即無

此字。

班固

班固，〔一〕字孟堅，年九歲，能屬文誦詩賦。及長，遂博貫載籍，九流百家之言，無不窮究。學無常師，不爲章句，舉大義而已。〔二〕性寬和容衆，不以才能高人，諸儒以此慕之。 御覽卷三八四

時人有上言班固私改作史記，詔下京兆收繫。固弟超詣闕上書，具陳固不敢妄作，但續父所記述漢事。〔三〕 史略卷二

班固徵詣校書，除蘭臺令史，遷爲郎，典校秘書，令卒前所續史記也。〔四〕 初學記卷二一

固數入讀書禁中，〔五〕每行巡狩，輒獻賦頌。〔六〕 類聚卷五六

校勘記

〔一〕班固 范曄後漢書卷四〇有傳。又見汪文臺輯謝承後漢書卷二、司馬彪續漢書卷三、華嶠後漢書卷一。袁宏後漢紀卷一三亦略載其事。

〔二〕舉　原脱此字，聚珍本有，與范曄後漢書班固傳相合，今據增補。

〔三〕但續父所記述漢事　此條初學記卷二一、御覽卷六○三亦引。

〔四〕令卒前所續史記也　「令」字下原衍「史」字，聚珍本無，今據删。

〔五〕固數入讀書禁中　此句前原有「班固，字孟堅，九歲能作賦頌」三句，爲避免與上文重複，今删去。

〔六〕輒獻賦頌　此條書鈔卷一○二、御覽卷六○二亦引，文字略異。

班超

班超，〔一〕字仲升，〔二〕扶風平陵人，徐令彪之子也。爲人大志，不脩細節。然内孝謹，居家常執勤苦，不耻勞辱。有口辯，而涉獵書傳。〔三〕　御覽卷四六三

超持公羊春秋，多所窺覽。　范曄後漢書卷四七班超傳

班超，字仲升，家貧，恒爲官傭寫書，〔四〕嘗輟書投筆歎曰：「大丈夫當效傅介子、張騫立功異域，以取封侯，安能久事筆硯乎！」〔五〕　御覽卷八二九

班超行詣相者，相者曰：〔六〕「祭酒，〔七〕布衣諸生耳，而當封侯萬里之外。」超問其狀。

相者指曰：「生鸛領虎頸，飛而食肉，此萬里侯相也。」〔八〕 御覽卷七二九

永平中，竇固擊匈奴，班超爲假司馬，將兵别擊伊吾，戰於蒲類海，多斬首虜。固又遣與從事郭恂俱使西域，鄯善王廣禮敬甚備，後更疏懈。超謂其官屬曰：「寧覺廣志意薄乎？此必有北虜使來也。」召侍胡，詐之曰：「匈奴使來數日？安在？」侍胡具服。超悉會其吏士三十六人，酒酣，激怒曰：「不探虎穴，不得虎子。當今之計，獨有因夜以火攻虜，使彼不知我多少，必大震怖，可殄盡。鄯善破膽，功成事立也。」衆曰：「善。」遂將吏士往奔虜營。超手格殺三人，斬得匈奴節使屋賴帶、副使比離支首及節。〔九〕明日乃還告郭恂，恂大驚，既而色動。超知其意，舉手曰：「掾雖不行，班超何心獨擅之乎？」恂乃悦。鄯善一國震怖。竇固具上超功，並求更選使使西域。〔一〇〕帝壯超，詔固曰：「吏如班超，何故不遣而選乎？今以超爲軍司馬，令遂前功。」固欲益其兵，超曰：「願得本所從三十餘人，足以備有虞，多益爲重煩。」〔一一〕 御覽卷四三四

班超使西域，于闐王廣德，〔一二〕超至，禮意甚疏。其俗信巫，巫言：〔一三〕「神怒何故向漢？漢使有騧馬，急求取以祠我。」廣德就超請馬，超許之，而令巫自來取馬。有頃，巫至，超即斬其首送廣德，因辭讓之。 御覽卷七三四

班超上疏曰：「臣乘聖漢威神，出萬死之志，〔一四〕冀效鉛刀一割之用。」〔一五〕　文選卷二一左思詠史李善注

建初八年，拜班超爲將兵長史，〔一六〕假鼓吹幢麾。　書鈔卷一三〇

疏勒王忠説康居王借兵，還據頓中。〔一七〕　范曄後漢書卷四七班超傳李賢注

班超討焉耆王廣，廣遣其左將北鞬支奉迎超，〔一八〕賜而遣。焉耆國有葦橋之險，廣乃絶橋，不欲令漢軍入國。超更從他道渡。　御覽卷七三

班超定西域五十餘國，〔一九〕其以漢中郡南鄭之西鄉户千封超爲定遠侯。〔二〇〕　范曄後漢書卷四七班超傳李賢注

班超自以久在絶域，年老思土，上疏曰：「臣常恐年衰，奄忽僵仆。不敢望到酒泉郡，但願生入玉門關。」　御覽卷三八三

時安息遣使獻大爵、師子，超遣子勇隨入塞。〔二一〕　范曄後漢書卷四七班超傳李賢注

班超在西域三十一歲。還洛陽，拜爲射聲校尉。　御覽卷二四二

班超爲都護，以任尚代超。尚謂超曰：「君在外國三十餘年，而小人猥承君後，宜有以誨之。」超曰：「塞外吏士，本非孝子順孫，皆以過罪徙補邊。而蠻夷懷鳥獸之心，難禁易

敗。〔二二〕今君性嚴急，水清無大魚，察政不得下和。〔二三〕宜陽爲簡易，寬小過，摠大綱而已。」〔二四〕

〔二四〕類聚卷二三

校勘記

〔一〕班超　范曄後漢書卷四七有傳。又見汪文臺輯謝承後漢書卷二、司馬彪續漢書卷三、華嶠後漢書卷一、張璠漢記。袁宏後漢紀卷一〇亦略載其事。

〔二〕字仲升　原誤作「字仲叔」，姚本、聚珍本不誤，書鈔卷四七，御覽卷六〇五、卷六一四、卷八二九引亦不誤，今據改正。

〔三〕而涉獵書傳　此條御覽卷四三一亦引，文字節删頗多。

〔四〕恒　書鈔卷一〇四引作「常」。

〔五〕安能久事筆硯乎　此句文選卷三八任昉爲蕭揚州薦士表李善注引作「安久筆耕乎」，李注又云：「東觀漢記『耕』或爲『研』。」此條姚本作「班超孝謹家貧，嘗爲官傭書以供養，久勞苦，嘗輟業投筆嘆曰：『大丈夫無他志略，猶當效傅介子、張騫立功異域，以取封侯，安能久事筆研間乎！』」聚珍本與上文連綴時删「班超孝謹」四字，又「嘗」作「恒」，餘與姚本同。按二本所輯是據陳禹謨刻本書鈔卷一〇一所引，陳本此條末注「補」字，即謂字句已利用他書增補。以范曄後漢書班超傳相校，即可發現陳禹謨增補係據范書。此條書鈔卷一〇一引徵一次，卷一〇四引徵兩次，又初學記卷二一，御覽卷六〇五、卷六一四，類林卷一四，事類賦卷一五亦引，文字間有異同。

〔六〕行詣相者，相者曰　此七字姚本、聚珍本作「行詣相者，曰」五字，類聚卷七五引同。御覽卷三六九引作「常行遇見相工，工謂超曰」十字。

〔七〕祭酒　范曄後漢書班超傳李賢注：「一坐所尊，則先祭酒。今稱祭酒，相尊敬之詞也。」

〔八〕此萬里侯相也　此條文選卷三八任昉爲范尚書讓吏部封侯第一表李善注亦引，字句甚簡。

〔九〕斬得匈奴節使屋賴帶、副使比離支首及節　此句原作「斬其使」，今據范曄後漢書班超傳李賢注引改。聚珍本已據范書李賢注校改。

〔一〇〕使使　原誤作「彼」。聚珍本作「使使」，與范曄後漢書班超傳相合，今據改正。

〔一一〕煩　聚珍本作「累」。

〔一二〕于闐王廣德　此下有脱文。范曄後漢書班超傳云：「是時于寘王廣德新攻破莎車，遂雄張南道，而匈奴遣使監護其國。超既西，先至于寘，廣德禮意甚疏。」由此可知脱文大意。

〔一三〕巫言　原脱「巫」字，聚珍本有，范曄後漢書班超傳同，今據增補。

〔一四〕出萬死之志　原無此句，聚珍本有，御覽卷三四五引亦有，今據增補。

〔一五〕冀效鉛刀一割之用　「效」字聚珍本作「立」，御覽卷三四五、文選卷二七王粲從軍行李善注引亦作「立」。章帝建初三年，班超意欲平定西域諸國，上疏請兵。此即疏中語。此疏范曄後漢書班超傳記載較詳。

〔一六〕拜　姚本、聚珍本作「稱」，類聚卷六八亦引作「稱」。按「稱」字誤。范曄後漢書班超傳云：建初「八年，拜超爲將兵長史，假鼓吹幢麾」。

〔一七〕還據頓中　范曄後漢書班超傳云：疏勒王忠「説康居王借兵，還據損中，密與龜兹謀，遣使詐降於超。超内知其姦而外僞許之。忠大喜，即從輕騎詣超。超密勒兵待之，爲供張設樂。酒行，乃叱吏縛忠斬之」。李賢注：「東觀記作『頓中』，續漢及華嶠書并作『損中』，本或作『植』，未知孰是也。」由此可知東觀漢記有班超斬疏勒王忠事。今參酌范書和李賢注所引，列此二句，以供參考。通鑑卷四七胡三省注又曾轉引李賢注。

〔一八〕北鞬支　原誤作「比鞬友」，聚珍本不誤，今據改正。范曄後漢書班超傳作「北鞬支」。

〔一九〕班超定西域五十餘國　此句原無，類聚卷五一、御覽卷二〇〇引有，今據增補。

〔二〇〕其以漢中郡南鄭之西鄉户千封超爲定遠侯　此句爲和帝永元七年詔中語。此條書鈔卷四七、通鑑卷四八胡三省注亦引，文字不盡相同。

〔二一〕超遣子勇隨入塞　此條通鑑卷四八胡三省注亦引，文字全同。

〔二二〕禁　姚本、聚珍本同，范曄後漢書班超傳作「養」。

〔三〕察政不得下和　「不」字下原衍「及」字，姚本、聚珍本無，與范曄後漢書班超傳相合，今據刪。

〔四〕摠大綱而已　此條聚珍本繫於上條之前。據范曄後漢書班超傳，此爲傳末追述之詞，今從范書置於傳尾。

班始

班始尚清河孝王女陰城公主，〔一〕陰城公主名賢得。〔二〕范曄後漢書卷六順帝紀李賢注

校勘記

〔一〕班始　班超長子班雄之子，范曄後漢書卷四七班超傳附載其事。「班始尚清河孝王女陰城公主」，原無此句，爲使文義明白，摘引范書增補。

〔二〕賢得　司馬彪續漢書天文志作「堅得」。

第五倫〔一〕

時米石萬錢，〔二〕人相食，倫獨收養孤兄子、外孫，分糧共食，死生相守，鄉里以此賢之。范曄後漢書卷四一第五倫傳李賢注

第五倫爲鄉嗇夫，平徭役，理怨滯，得民之歡心。〔三〕書鈔卷七九

倫步擔往候之，〔四〕留十餘日，將倫上堂，令妻子出相對，以屬託焉。范曄後漢書卷四一第五倫傳李賢注

第五倫自度仕宦牢落，〔五〕遂將家屬客河東，變易姓名，自稱王伯齊，常與奴載鹽北至太原販賣，每所止客舍，〔六〕去輒爲糞除，〔七〕道上號曰道士，〔八〕開門請求，不復責舍宿直。〔九〕御覽卷一九五

第五倫，〔一〇〕字伯魚，京兆尹閻興召爲主簿。時長安市未有秩，又鑄錢官姦軌所集，無能整齊理之者。興署倫督鑄錢掾，領長安市。平銓衡，正斗斛。〔一一〕其後小人爭訟，〔一二〕皆云「第五掾所平，市無姦枉」。范曄後漢書卷四一第五倫傳李賢注

第五倫每見光武詔書，常歎曰：「此聖主也，當何由一得見快矣。」〔一三〕等輩笑之曰：

「汝三皇時人也，說將尚不下，安能動萬乘主耶？」〔一四〕倫曰：「未遇知己，道不同故耳。」〔一五〕　御覽卷五九三

諸王當歸國，詔書選三署郎補王家長吏，〔一六〕除倫爲淮陽王醫工長。時輩除者多，綬盡，但假印，倫請於王，王賜之綬。　御覽卷六八二

上問第五倫曰：「聞卿爲吏搥妻父，不過從兄飯，寧有之也？」倫對曰：「臣三娶妻皆無父。臣生遭飢擾攘，〔一七〕米石萬錢，不敢妄過人飯。」　御覽卷四八六

光武問第五倫曰：「聞卿爲市掾，人有遺卿母一笥餅，卿從外來見之，奪母飼，探口中餅出之，〔一八〕有之乎？」倫對曰：「實無此，衆人以臣愚蔽，故爲出此言耳。」〔一九〕　御覽卷八六〇

第五倫性節儉，作會稽郡，〔二〇〕雖爲二千石，卧布被，自養馬，妻炊爨，受俸禄常求赤米，與小吏受等，財留一月俸，〔二一〕餘皆賤糶與民飢羸者。〔二二〕　類聚卷七二

第五倫爲會稽守，爲事徵，〔二三〕百姓攀轅扣馬呼曰：「捨我何之！」第五倫密委去。百姓聞之，乘船追之，交錯水中，其得民心如此。〔二四〕　類聚卷七一

第五倫爲會稽太守，免官歸田里，躬與奴共發株棘田種麥，〔二五〕不交通人物。　御覽

第五倫爲司空，奉公不撓，言議果決，〔二六〕無所依違，諸子諫止，輒叱之。每上封自作草，不復示掾吏。或民奏記言便宜，便封上。〔二七〕後自陳老病，〔二八〕以二千石禄俸終厥身。御覽卷四五三

去年伏誅者，〔二九〕刺史一人，太守三人，減死罪二人，凡六人。范曄後漢書卷四一第五倫傳李賢注

校勘記

〔一〕第五倫　范曄後漢書卷四一有傳。又見汪文臺輯謝承後漢書卷二、司馬彪續漢書卷三、華嶠後漢書卷一。袁宏後漢紀卷一〇、風俗通義怪神篇會稽俗多淫祀條亦略載其事。

〔二〕時米石萬錢　此句上聚珍本有「第五倫，字伯魚，京兆長陵人，修行清白。王莽末，盜賊起」六句。按范曄後漢書第五倫傳云：「第五倫，字伯魚，京兆長陵人也。其先齊諸田，諸田徙園陵者多，故以次第爲氏。倫少介然有義行。王莽末，盜賊起，宗族閭里爭往附之。」又御覽卷四二五引續漢書云：「第五倫，字伯魚，京兆長陵人。倫修行清白，嘗召見，上曰：『聞卿爲吏不過從弟兄飯，寧有之耶？』」聚珍本所增六句，疑爲斟酌後漢諸史補綴，然亦大體得東觀漢記舊貌。

〔三〕得民之歡心　此條姚本、聚珍本皆無。

〔四〕倫步擔往候之　「之」字聚珍本作「鮮于裦」，非原書之舊。范曄後漢書第五倫傳云：「倫始以營長詣郡尹鮮于裦，裦見而異之，署爲吏。後裦坐事左轉高唐令，臨去，握倫臂訣曰：『恨相知晚。』」其下李賢引東觀漢記「倫步擔」云云作注。與范書對照閲讀，此條文義甚明，無煩改字。

〔五〕牢落　茫茫然無着落。

〔六〕止　姚本、聚珍本作「至」。

〔七〕糞除　范曄後漢書第五倫傳李賢注：「猶埽除也。」

〔八〕道上　姚本、聚珍本同，范曄後漢書第五倫傳作「陌上」。「陌上」猶言街上。

〔九〕不復責舍宿直　此條文選卷六左思魏都賦李善注亦引，然僅有首句。

〔一〇〕第五倫　此下三句原無，御覽卷四二九引有，今據增補。

〔一一〕平銓衡，正斗斛　此二句原脱。書鈔卷三七引云：「倫爲督鑄錢掾，領長安市。倫平詮衡，正斗斛，市無阿枉，百姓悦服。」「詮」乃「銓」之訛。又御覽卷四二九引云：「第五倫，字伯魚，京兆尹閻興召爲主簿。時長安鑄錢多姦巧，乃署倫爲督鑄錢掾，領長安市長。倫平銓衡，正斗斛，市無阿枉，百姓悦服。」御覽卷八二七引云：「京兆尹閻興召第五倫署督鑄掾，領長安市，平銓衡，正斗，其後小民争訟，輒云『第五掾平，市無姦枉欺詐之巧』。」「斗」字下脱「斛」字。今據補「平銓衡，正斗斛」二句。

〔一二〕人　姚本同，聚珍本作「民」。

〔一三〕快　聚珍本作「決」，范曄後漢書第五倫傳亦作「決」。按二字義雖不同，然於此皆可通。「快」，言其心情暢快。「決」，猶今言見分曉。

〔一四〕説將尚不下，安能動萬乘主耶　「下」、「安」二字原脱，文義不可曉。聚珍本有此二字，范曄後漢書第五倫傳同，今據增補。「將」，謂郡守。漢代郡守爲一郡長官，除了負責全郡政務外，也握有軍權，故郡守亦可以「將」相稱。范書第五倫傳李賢注引華嶠後漢書云：「蓋延代鮮于褒爲馮翊，多非法。倫數切諫，延恨之，故滯不得舉。」「説將尚不下」即謂此。

〔一五〕同　原誤作「可」。聚珍本作「同」，范曄後漢書第五倫傳同，今據改。此條書鈔卷一〇三亦引，較此簡略。

〔一六〕長吏　原作「長史」。按此所云「長吏」，即指淮陽王醫工長。醫工長，主管醫藥之事，與禮樂長、衛士長、永巷長、祠祀長皆爲王國長吏，秩比四百石。聚珍本作「長吏」，尚不誤，今據改。范曄後漢書第五倫傳云：「建武二十七年，舉孝廉，補淮陽國醫工長，隨王之國。」

〔一七〕臣生遭飢擾攘　此句聚珍本作「臣生遭飢饉」，范曄後漢書第五倫傳作「少遭飢亂」。

〔一八〕探口中餅出之　原脱「之」字，書鈔卷一三五、初學記卷二六、御覽卷七一一引皆有此字，今據增補。光武帝諸語姚本作「聞卿爲市掾，有人遺卿母一笥餅，知從外來，奪之，母遂探口餅出之，有諸」。聚珍本惟「知從」上有「卿」字，餘與姚本同。

〔一九〕故爲出此言耳　此條書鈔卷一四四亦引，較此疏略。

〔二〇〕作會稽郡　謂爲會稽郡太守。

〔二一〕財　與「纔」字通。「纔」字今已簡化爲「才」。

〔二二〕餘皆賤糶與民飢羸者　此條御覽卷二六〇引作「第五倫，字伯魚，爲會稽太守，性節儉，雖身居二千石位，常蔬食布衣，妻自炊爨」。卷四三一引作「第五倫性節儉，雖爲二千石，常衣布，躬坐養馬，妻炊爨飲食，受俸禄常取赤米」。文字稍異。此條書鈔卷三八、卷一一九，御覽卷六九五亦引，較爲簡略。

〔二三〕爲事徵　據范曄後漢書第五倫傳，事在永平五年。

〔二四〕其得民心如此　此條書鈔卷三五引作「第五倫爲會稽守，代到，百姓攀車」。御覽卷二六〇引作「初代到當發，百姓老小闐府門，攀車叩馬啼呼曰：『捨我何之！』其得人心見愛如此」。

〔二五〕躬與奴共發株棘田種麥　此句原作「身自耕種」。御覽卷八三八引云：「第五倫免歸田，躬與奴共發株棘田種麥」。今據改。此條聚珍本作「倫免官歸田里，不交通人物，躬與奴共發棘田種麥」。各句次序與御覽所引不同，文字微異。

〔二六〕言議果決　原作「言事」二字，類聚卷四七、御覽卷二〇八引同。書鈔卷五二、御覽卷二〇八皆引作「言議果決」，今據改。

〔二七〕便封上　聚珍本作「便上封」。按當作「便封上」。范曄後漢書第五倫傳云：「吏上奏記及便宜者，亦并封上。」可證。

〔二八〕後自陳老病　此下二句原無，聚珍本亦漏輯。御覽卷二〇八引有，今據增補。

〔二九〕去年伏誅者　此下一段文字因李賢注所引過於簡略，致使文義不甚明確。范曄後漢書第五倫傳載倫於章帝時上疏褒美時政云：「陛下即位，躬天然之德，體晏晏之姿，以寬弘臨下，出入四年，前歲誅刺史、二千石貪殘者六人。斯皆明聖所鑒，非群下所及。」「去年伏誅者」云云，或即第五倫疏中語，而范書略有改易。

玄　賀

玄賀遷鄴令，〔一〕政教大行。〔二〕　書鈔卷七八

玄賀，字文和，〔三〕遷九江太守，行縣持乾糒，但就温湯而已。遷沛相，臨發日，〔四〕百姓扶車叩馬，啼泣隨之。　書鈔卷七六

校勘記

〔一〕玄賀　原作「元賀」。聚珍本作「玄賀」，書鈔卷一四七引同，今從改。姚本作「賀玄」，御覽卷八六〇引亦作「賀玄」，二字誤倒。玄賀，范曄後漢書無傳，第五倫傳言及其事。

〔二〕教　姚本、聚珍本作「化」。

〔三〕字文和　聚珍本作「字文弘」，書鈔卷一四七、御覽卷八六〇引同。按華陽國志卷一二益梁寧三州先漢以來士女目録云：「政事，大司農玄賀，字文和，宕渠人也。」

〔四〕遷沛相，臨發日　聚珍本無此二句，而有「臨去日」一句。「沛相」，當謂沛國之相。後漢侯國無以「沛」爲名者，「沛」字有誤。

鍾離意

鍾離意辟大司徒侯霸府，〔一〕詔部送徒詣河内，時冬寒，徒病不能行。路過弘農，意輒移屬縣使作徒衣，縣不得已與之，而上書言狀，意亦具以聞。上得奏，以見霸，〔二〕曰：「君所使掾何乃仁於用心？誠良吏也！」〔三〕御覽卷四一九意在堂邑，爲政愛利，輕刑慎罰，撫循百姓如赤子。初到縣，市無屋，意出奉錢帥人作屋。人齎茅竹或持材木，争起趨作，〔四〕浹日而成。〔五〕功作既畢，爲解土，〔六〕祝曰：「興功役者令，百姓無事。如有禍祟，令自當之。」人皆大悦。　范曄後漢書卷四一鍾離意傳李賢注

顯宗時，鍾離意爲尚書，交趾太守坐贓千金，徵還伏法，詔以資物班賜群臣。〔七〕意得珠璣，悉以委地，而不拜賜。上怪問其故。對曰：「臣聞孔子忍渴於盜泉之水，曾參迴車於勝母之閭，〔八〕惡其名也。〔九〕此贓穢之寶，〔一〇〕誠不敢拜受。」帝嗟嘆曰：「清乎尚書之言！」乃更以庫錢三十萬賜之。　類聚卷八四

顯宗時，詔賜降胡縑，尚書案事，誤以十爲百。上見司農上簿，大怒，召郎將笞之。鍾離意因叩頭曰：「過誤之失，常人所容。若以懈慢爲愆，則臣位大，罪重，郎位小，罪輕，咎皆在臣，臣當先坐。」乃解衣就笞，〔一一〕帝意乃解。　御覽卷八一八

明帝欲起北宫，〔一二〕尚書僕射鍾離意上書諫，出爲魯相。後起德陽殿，殿成，百官大會，上謂公卿曰：「鍾離尚書若在，不得成此殿。」〔一三〕　類聚卷六二

校勘記

〔一〕鍾離意　字子阿，范曄後漢書卷四一有傳。又見汪文臺輯謝承後漢書卷二、司馬彪續漢書卷

三、華嶠後漢書卷一。

〔二〕見　聚珍本同。范曄後漢書鍾離意傳亦作「見」，王先謙集解引顧炎武云：「『見』當作『視』，古『示』字作『視』，謂以意奏示霸也。」按「見」字不誤，「見」者，示也。

〔三〕誠良吏也　此條書鈔卷一二九亦引，字句較此簡略。

〔四〕起　姚本、聚珍本作「赴」，御覽卷二六七引亦作「赴」。「赴」字義長。

〔五〕浹日而成　「浹」原誤作「決」，姚本、聚珍本亦誤。御覽卷一八一引作「浹」，甚是，今據改。國語楚語下云：「遠不過三月，近不過浹日。」韋昭注：「浹日，十日也。」此句御覽卷二六七引作「不日而成」。

〔六〕解土　姚本、聚珍本同，御覽卷二六七引亦同，而卷一八一引作「民士」。按「解土」、「民士」，於義皆通。如作「民士」，則連下句讀。

〔七〕資　御覽卷八〇二引同，姚本、聚珍本作「貲」。按二字同。班　事類賦卷九引作「頒」。

〔八〕孔子忍渴於盜泉之水，曾參迴車於勝母之閭　「閭」原誤作「間」，姚本、聚珍本作「閭」，御覽卷八〇二，記纂淵海卷四九、卷五〇亦皆引作「閭」，今據改。説苑談叢篇云：「邑名勝母，曾子不入，水名盜泉，孔子不飲，醜其聲也。」論衡問孔篇云：「孔子不飲盜泉之水，曾子不入勝母之閭，避惡去汙，不以義恥辱名也。」劉晝新論鄙名篇云：「水名盜泉，尼父不漱，邑名朝歌，顔淵不舍，里名勝母，曾子還軔。」而淮南子説山訓云「曾子立孝，不過勝母之閭……曾子立廉，不飲盜泉」，所記與此不同。據司馬彪續漢書郡國志所載，魯國卞縣有盜泉。

〔九〕其 事類賦卷九引作「惡」。

〔一〇〕實 姚本同，范曄後漢書鍾離意傳亦同。聚珍本作「物」，六帖卷七、御覽卷八〇二、事類賦卷九、合璧事類外集卷六三亦皆引作「物」。

〔一一〕笞 聚珍本作「格」，范曄後漢書鍾離意傳亦作「格」。

〔一二〕明帝欲起北宮 范曄後漢書鍾離意傳載：「永平三年夏旱，而大起北宮。」明帝紀永平三年載：「是歲，起北宮及諸官府。」

〔一三〕不得成此殿 此條御覽卷一七五亦引，文字全同。

宋均

宋均爲九江太守，〔一〕有唐山神祠，嫁娶皆取民間男女，百姓患之，長吏莫敢改焉。均乃移書曰：「自今已去，當爲唐山娶巫家女。」其後乃絶。〔二〕 書鈔卷三九

宋均爲九江太守，建武中，山陽、楚郡多蝗蜚，南到九江，輒東西别去，由是名稱。 類

聚卷一〇〇

永平七年，宋均徵爲尚書令，忠正直言，數納策謀，每駮議，未嘗不合上意。類聚卷四八

校勘記

〔一〕宋均　字叔庠，南陽安衆人，范曄後漢書卷四一有傳。又見汪文臺輯謝承後漢書卷二、司馬彪續漢書卷三、華嶠後漢書卷一。袁宏後漢紀卷九亦略載其事。

〔二〕其後乃絶　此條唐類函卷六七所録書鈔引作「宋均，字叔庠，爲九江太守，有兩山，名曰唐、后山，有神祠，衆至共爲嫁娶，皆取百姓男女，不復要娶巫家女，百姓患之，長吏莫敢改之。均乃移書曰：『自今已去，當爲山娶巫家女。』其後乃絶」。姚本、聚珍本與唐類函全同。按風俗通義怪神篇九江逡遒有唐居山條亦載宋均廢絶爲唐、居二山之神娶婦事。

朱暉

朱暉，〔一〕字文季，南陽宛人。其先宋微子之後也，〔二〕以國氏姓。〔三〕周衰，諸侯滅宋，犇碭，易姓爲朱，後徙于宛。范曄後漢書卷四三朱暉傳李賢注

暉外祖父孔休，以德行稱於代。〔四〕　范曄後漢書卷四三朱暉傳李賢注

朱暉，字文季，南陽人。暉早孤，有氣決。年十三，莽敗，天下亂，與外氏家屬從田間奔入宛城。〔五〕道遇群賊，賊操兵弩欲裸奪婦女衣物。〔六〕昆弟賓客皆惶迫，伏地莫敢動。暉拔劍前曰：「財物皆可取，諸母衣不可得。今日朱暉死日也！」賊見其小，〔七〕壯其志，笑曰：「童子内刀。」遂舍之。　御覽卷四三四

朱暉爲郡督郵，太守阮況當嫁女，欲買暉婢，不與。〔八〕及況卒，暉送金三斤。〔九〕人問其故，暉曰：「前不與婢者，恐以財貨汙府君耳。今重送者，以明己心也。」　御覽卷五〇〇

驃騎將軍東平王蒼辟朱暉爲掾，正月旦，將軍當奉璧賀。故事，少府給璧。時陰就爲少府，吏甚驕慢，求不可得。暉遥見就主簿持璧，謂曰：「我數聞璧，〔一〇〕未嘗見，借觀之。」主簿授暉，暉授令史。〔一一〕主簿遽白，就曰：「朱掾義士，勿求之。」蒼罷朝，謂暉曰：「掾自視孰與藺相如？」　類聚卷八四

朱暉，字文季，再遷臨淮太守。暉好節概，有所拔用，皆厲行之士。表善黜惡，抑强絶邪，〔一二〕歲常豐熟。〔一三〕吏民畏愛，〔一四〕爲之歌曰：〔一五〕「强直自遂，南陽朱季。吏畏其威，民懷其惠。」〔一六〕　御覽卷二六〇

建武十六年，四方牛大疫，臨淮獨不疫，〔一七〕鄰郡人多牽牛入界。〔一八〕范曄後漢書卷四三朱暉傳李賢注

坐考長吏囚死獄中，〔一九〕州奏免官。〔二〇〕范曄後漢書卷四三朱暉傳李賢注

朱暉同縣張堪有名德，每與相見，常接以友道。暉以堪宿望盛名，〔二一〕未敢安之。堪至把暉臂曰：「欲以妻子託朱生。」〔二二〕暉舉手不敢答。堪後仕爲漁陽太守，暉自爲臨淮太守，絶相聞見。堪後物故，〔二三〕時南陽飢，堪妻子貧窮，暉乃自往候視，見其困厄，〔二四〕分所有以賑給之。歲送穀五十斛，〔二五〕帛五匹以爲常。〔二六〕御覽卷四〇七

校勘記

〔一〕朱暉　范曄後漢書卷四三有傳。袁宏後漢紀卷一二亦略載其事。此下三句原無，御覽卷四二七引朱暉爲臨淮太守事，開頭有此三句，今據增補。又聚珍本、御覽卷四三四引亦有此三句，僅無「宛」字。

〔二〕其先宋微子之後也　「其先」二字急就篇卷一王應麟補注、姓氏急就篇卷上引皆同。姚本、聚珍本作「暉之先」，二本乃輯者所改，以求文義明白。

〔三〕姓　姚本、聚珍本皆有此字，急就篇卷一王應麟補注、姓氏急就篇卷上引皆無此字。

〔四〕代　當作「世」。「代」字乃後人避唐太宗李世民諱改。

〔五〕外氏　聚珍本同，姚本作「舅母」，書鈔卷一二三、御覽卷三四五引亦作「舅母」。

〔六〕倮　姚本無此字，書鈔卷一二三、御覽卷三四五引亦無此字。聚珍本作「裸」，與「倮」字同。

〔七〕見　聚珍本作「義」。

〔八〕不與　此句姚本作「暉不與」，類聚卷三五引同。聚珍本作「暉不敢與」，范曄後漢書朱暉傳李賢注引同。

〔九〕暉送金三斤　姚本、類聚卷三五引同，聚珍本、范曄後漢書朱暉傳李賢注引作「暉送其家金三斤」。

〔一〇〕數　范曄後漢書朱暉傳同，姚本、聚珍本作「素」。

〔一一〕令史　原誤作「令使」，姚本、聚珍本作「令史」，范曄後漢書朱暉傳、袁宏後漢紀卷一一同，今據改。

〔一二〕表善黜惡，抑强絶邪　此二句原無，聚珍本有，御覽卷四二七引亦有，今據增補。

〔一三〕歲常豐熟　原無此句，聚珍本有，御覽卷四六五引亦有，今據增補。

〔一四〕吏民畏愛　類聚卷五〇引同，范曄後漢書朱暉傳亦同。聚珍本作「吏民畏而愛之」，書鈔卷七四引與聚珍本同。御覽卷四二七引作「吏民懷而愛之」，「懷」字雖然於義可通，但非原書之舊，作

「畏」方與吏民所歌相合。

〔一五〕爲　原誤作「謂」。聚珍本作「爲」，類聚卷五〇、御覽卷四六五亦皆引作「爲」，今據改。

〔一六〕民懷其惠　此條書鈔卷三六引徵兩次，卷三九引徵一次，皆極疏略。

〔一七〕疫　原無此字，姚本、聚珍本有，書鈔卷七五引亦有，今據增補。

〔一八〕鄰郡人多牽牛入界　「界」字姚本、聚珍本同，書鈔卷七五引作「境」。此條書鈔卷三五亦引，字句簡略。

〔一九〕坐考長吏囚死獄中　此句上姚本、聚珍本有「暉爲守數年」一句，係輯者爲上下文義完足而增入。

〔二〇〕州奏免官　此條文字御覽卷四六亦引，字句全同。

〔二一〕宿望盛名　聚珍本作「宿成名德」，文選卷五五劉峻廣絶交論李善注引與聚珍本同。

〔二二〕欲　文選卷四〇謝朓拜中軍記室辭隋王牋李善注引作「願」。

〔二三〕堪後物故　此句原無，聚珍本有，文選卷五五劉峻廣絶交論李善注亦引有此句，今據增補。「物故」，亡故。漢書蘇武傳顔師古注：「物故謂死也，言其同於鬼物而故也。一説不欲斥言，但云其所服用之物皆已故耳。」

〔二四〕見其困厄　原脱「見」、「厄」二字，聚珍本有，文選卷五五劉峻廣絶交論李善注引亦有，今據增補。

〔二五〕歲送穀五十斛　此下二句聚珍本有，文選卷五五劉峻廣絶交論李善注引亦有，今據增補。

〔二六〕帛五匹以爲常　此條文選卷四七袁宏三國名臣序贊李善注亦引，文字極爲簡略。

樂恢

樂恢，〔一〕字伯奇，父親，爲縣吏，有罪，令欲殺之。恢年十一，常伏寺東門外凍地，晝夜啼泣，令乃出親。　御覽卷四八八

京兆尹張恂召恢，署户曹史。　范曄後漢書卷四三樂恢傳李賢注

竇憲出征匈奴，恢上書諫曰：〔二〕「春秋之義，王者不理夷狄。得其地不可墾發，得其人無益於政，故明王之於夷狄，羈縻而已。孔子曰：『遠人不服，則修文德以來之。』以漢之盛，不務修舜、禹、周公之德，而無故興干戈，動兵革，以求無用之物，臣誠惑之！」　范曄後漢書卷四三樂恢傳李賢注

校勘記

〔一〕樂恢　范曄後漢書卷四三有傳。又見汪文臺輯司馬彪續漢書卷三、華嶠後漢書卷一。袁宏後漢紀卷一三亦略載其事。

〔二〕竇憲出征匈奴，恢上書諫曰　范曄後漢書樂恢傳載：恢「徵拜議郎，會車騎將軍竇憲出征匈奴，恢數上書諫争，朝廷稱其忠」。其下李賢注云：「東觀記載恢所上書諫曰：春秋之義」云云。今爲使文義完整可讀，據范書增入上句，下句采李賢注，並删「所」字。

何敞〔一〕

何脩生成，爲漢膠東相；成生果，爲太中大夫；果生比干，爲丹陽都尉；比干生壽，蜀郡太守；壽生顯，京輔都尉；顯生鄢，光禄大夫；鄢生寵，濟南都尉；寵生敞。范曄後漢書卷四三何敞傳李賢注

比干遷廷尉正，〔二〕張湯爲廷尉，以殘酷見任，增飾法律，比干常争之，〔三〕存者千數。〔四〕御覽卷二三一

高譚等百八十五人推財相讓。〔五〕范曄後漢書卷四三何敞傳李賢注

校勘記

〔一〕何敞　范曄後漢書卷四三有傳。又見汪文臺輯華嶠後漢書卷一。

〔二〕比干遷廷尉正　此句上原有「何敞字」三字。按何敞字文高，爲比干五世孫，此三字有誤，今删去。廷尉正爲廷尉的主要員吏，秩六百石。

〔三〕比干　原誤作「敞」。聚珍本不誤，書鈔卷五五引亦不誤，今據改。「常」，原作「嘗」。聚珍本作「常」，書鈔卷五五引同。按「嘗」字古時可寫作「常」，「常常」、「經常」之「常」，不可寫作「嘗」，今據聚珍本和書鈔卷五五所引改作「常」。

〔四〕存者千數　此條聚珍本連綴在上條「爲丹陽都尉」句下，合於文理。

〔五〕高譚等百八十五人推財相讓　范曄後漢書何敞傳載：敞「遷汝南太守……在職以寬和爲政……是以郡中無怨聲，百姓化其恩禮。其出居者，皆歸養其父母，追行喪服，推財相讓者二百許人」。其下李賢引此語作注。

鄧彪

鄧彪，〔一〕字智伯，〔二〕南陽人也。父邯，世祖中興，從征伐，以功封鄳侯。〔三〕彪少修孝行，厲志清高，與同郡宗武伯、翟敬伯、陳綏伯、張弟伯同志好，〔四〕齊名，稱「南陽五伯」。彪以嫡長爲世子，邯薨，彪當嗣爵，讓國與異母弟鳳。明帝高其節，詔書聽許鳳襲爵，彪仕州郡。御覽卷五一五

鄧彪，字智伯，爲太尉，在位清白，以廉謹率下。〔五〕書鈔卷五一

鄧彪，字智伯，劉寵、王龔及李修皆以病免，〔六〕賜彪比二千石俸終厥身。書鈔卷五一

賜羊一頭，酒二石。〔七〕范曄後漢書卷四四鄧彪傳李賢注

校勘記

〔一〕鄧彪　范曄後漢書卷四四有傳。又見汪文臺輯司馬彪續漢書卷三、華嶠後漢書卷一。袁宏後漢紀卷一二亦略載其事。

〔二〕智伯　二字原誤倒，書鈔卷三八、卷五一，類聚卷四六，御覽卷二〇七皆引作「智伯」，范曄後漢

書鄧彪傳、袁宏後漢紀卷一二同，今據乙正。

〔三〕鄳侯　原誤作「鄿侯」。聚珍本作「鄳侯」，范曄後漢書鄧彪傳同，今據改。鄳爲縣，屬江夏郡，見司馬彪續漢書郡國志。

〔四〕同郡　姚本同，范曄後漢書鄧彪傳李賢注引亦同。聚珍本作「東郡」，誤，讀下文自明。

〔五〕以廉謹率下　「謹」字姚本、聚珍本作「讓」，書鈔卷三八、御覽卷二〇七亦皆引作「讓」。書鈔卷五一孔廣陶校注云：「本鈔改『謹』者，宋人傳鈔改避濮安懿王諱也。」以上一段文字類聚卷四六亦引，字句有删節。此句下姚本、聚珍本有「爲百僚式，視事四年，以疾乞骸骨，賜策罷，贈錢三十萬，所在以二千石俸終其身」六句，不知輯自何書。范曄後漢書鄧彪傳云：「彪在位清白，爲百僚式。視事四年，以疾乞骸骨。元和元年，賜策罷，贈錢三十萬，在所以二千石奉終其身。」疑姚本、聚珍本所增六句即本於范書。

〔六〕劉寵參、王龔及李修皆以病免　「劉寵參」，不見范曄後漢書。「王龔」，安帝時爲司隸校尉，遷汝南太守，順帝時歷官太僕、太常、司空、太尉等官。事詳范曄後漢書本傳。「李修」，安帝時爲光禄勳，遷太尉，見范曄後漢書安帝紀。鄧彪卒於和帝永元五年，與王龔、李修拜官並不同時，王、李二人的「病免」與鄧彪賜俸毫無關涉，此句必是竄亂文字，當删去。

〔七〕賜羊一頭，酒二石　范曄後漢書鄧彪傳云：「元和元年，賜策罷，贈錢三十萬，在所以二千石奉終其身。又詔太常四時致宗廟之胙，河南尹遣丞保問，常以八月旦奉羊、酒。」其下李賢引此文作注。

張況〔一〕

況遷涿郡太守，時年八十，不任兵馬，上疏乞身，詔許之。後詔問起居何如，子歆對曰：「如故。」詔曰：「家人居不足贍，且以一縣自養。」復以況爲常山關長。會赤眉攻關城，況出戰死，上甚哀之。范曄後漢書卷四四張禹傳李賢注

校勘記

〔一〕張況　趙國襄國人，張禹祖父，范曄後漢書卷四四張禹傳略載其事。

張歆〔一〕

歆守皐長，〔二〕有報父仇賊自出，歆召囚詣閤，曰：「欲自受其辭。」即入，解械飲食，便發

遣，遂棄官亡命，〔三〕逢赦出，由是鄉里服其高義。范曄後漢書卷四四張禹傳李賢注

歆爲相時，〔四〕王新歸國，賓客放縱，干亂法禁，歆將令尉入宫搜捕，王白上，歆坐左遷爲汲令，卒官。范曄後漢書卷四四張禹傳李賢注

校勘記

〔一〕張歆　張況之子，范曄後漢書卷四四張禹傳略載其事。

〔二〕歆守皋長　此句御覽卷二六六引作「張歆守平皋長」。

〔三〕遂棄官亡命　范曄後漢書張禹傳云：「父歆，初以報仇逃亡。」與此不同。

〔四〕歆爲相時　據范曄後漢書張禹傳，歆仕爲淮陽相。

張禹〔一〕

禹好學，習歐陽尚書，事太常桓榮，惡衣食。范曄後漢書卷四四張禹傳李賢注

張禹，字伯達，作九府吏，〔二〕爲廷尉府北曹吏，〔三〕斷獄處事執平，〔四〕爲京師所稱。明帝以其明達法理，〔五〕有張釋之風，超遷非次，拜廷尉。書鈔卷五三

坡水廣二十里，〔六〕徑且百里，在道西，其東有田可萬頃。〔七〕　范曄後漢書卷四四張禹傳李賢注

禹巡行守舍，止大樹下，食糒乾飯屑飲水而已。〔八〕後年，鄰國貧人來歸之者，茅屋草廬千户，屠酤成市。墾田千餘頃，〔九〕得穀百萬餘斛。　范曄後漢書卷四四張禹傳李賢注

閏當從行縣，從書佐假車馬什物。禹聞之，令直符責問，閏具以實對。禹以宰士惶恐首實，令自致徐獄。〔一〇〕　范曄後漢書卷四四張禹傳李賢注

和帝南巡祠園廟，張禹以太尉留守北宮，〔一一〕太官朝夕送食，賜閹登具物，除子男盛爲郎。〔一二〕　范曄後漢書卷四四張禹傳李賢注

張禹爲太傅，録尚書事，〔一三〕鄧太后以殤帝初育，欲令重臣居禁內，乃詔禹與三公絶席。〔一四〕　類聚卷六九

校勘記

〔一〕張禹　張歆之子，范曄後漢書卷四四有傳。又見汪文臺輯司馬彪續漢書卷三。

〔二〕作九府吏　姚本、聚珍本皆無此句。

〔三〕爲廷尉府北曹吏　此句姚本作「永平六年，張禹爲廷尉府北曹吏」，聚珍本無「張」字，餘與姚本同。

〔四〕斷獄　姚本、聚珍本皆無此二字。

〔五〕明　原無此字，姚本、聚珍本有，今據增補。

〔六〕坡　與「陂」字同。

〔七〕其東有田可萬頃　此條文義未完。范曄後漢書張禹傳云：「元和……三年，遷下邳相，徐縣北界有蒲陽坡，傍多良田，而堙廢莫修。禹爲開水門，通引灌溉，遂成孰田數百頃。勸率吏民，假與種糧，親自勉勞，遂大收穀實。」在「徐縣北界有蒲陽坡」句下李賢即引此條文字作注。姚本、聚珍本已據范書增補，此條首句上補「徐縣北界有蒲陽坡」一句，末句下補「禹爲開水門，通引灌溉，率吏民，假與種糧」四句。此條玉海卷二三亦引，字句微異。

〔八〕乾飯屑　此三字原無，姚本、聚珍本有，御覽卷八六〇、晏元獻公類要卷二〇引亦有，今據增補。

〔九〕墾田千餘頃　姚本同，聚珍本「田」下有「四」字。按不當有「四」字，范曄後漢書張禹傳云：「後歲至墾田千餘頃。」可證。晏元獻公類要卷二〇引無「四」字。

〔一〇〕令自致徐獄　范曄後漢書張禹傳云：禹「遷下邳相……功曹史戴閏，故太尉掾也，權動郡內。有小譴，禹令自致徐獄，然後正其法」。與此可以互證。

〔一〕和帝南巡祠園廟，張禹以太尉留守北宮　此二句原作「禹留守北宮」，今據御覽卷二五二引增改。永元十五年，和帝南巡祠園廟，禹以太尉兼衛尉留守。見范曄後漢書張禹傳。

〔二〕除子男盛爲郎　此條合璧事類後集卷七一亦引，字句較爲簡略。

〔三〕録尚書事　原脱「録」、「事」二字，聚珍本有，范曄後漢書張禹傳同，今據增補。

〔四〕乃詔禹與三公絶席　聚珍本作「乃詔禹舍宮中，給帷帳牀褥，大官朝夕進食，五日一歸府，每朝見，特贊，與三公絶席」，與范曄後漢書張禹傳全同，疑聚珍本據范書增補。此條御覽卷七〇九亦引，文字與類聚卷六九所引無異。

徐防

徐防，〔一〕字謁卿，舉孝廉，周密畏慎，臺閣典職十年，奉事三世，未嘗有過者也。〔二〕書鈔卷六〇

防上疏曰：「試論語本文章句，但通度，勿以射策。冀令學者務本，有所一心，專精師門，思核經意，事得其實，道得其真。於此弘廣經術，尊重聖業，有益於化。雖從來久，六經衰微，學問寖淺，誠宜反本，改矯其失。」范曄後漢書卷四四徐防傳李賢注

京師淫雨，郡國被水災，比州湮没，死者以千數。災異數降。西羌反叛，殺略人吏。蟊賊傷稼穡。防比上書自陳過咎，遂策免。〔三〕范曄後漢書卷四四徐防傳李賢注

以日食免。〔四〕書鈔卷五一

校勘記

〔一〕徐防　范曄後漢書卷四四有傳。又見汪文臺輯謝承後漢書卷二、華嶠後漢書卷一。

〔二〕未嘗有過者也　姚本未輯徐防事，聚珍本雖加輯録，但脱漏此條。范曄後漢書徐防傳云：「永平中，舉孝廉，除爲郎。防體貌矜嚴，占對可觀，顯宗異之，特補尚書郎。職典樞機，周密畏慎，奉事二帝，未嘗有過。」與東觀漢記事同詞異。

〔三〕遂策免　指被免去太尉之職。據范曄後漢書安帝紀載，永初元年九月庚午，太尉徐防免。徐防傳云：「延平元年，遷太尉。……安帝即位，以定策封龍鄉侯，食邑千一百户。其年以災異寇賊策免，就國。凡三公以災異策免，始自防也。」

〔四〕以日食免　范曄後漢書和李賢注引東觀漢記皆言徐防以災異策免，書鈔卷二二引謝承後漢書，類聚卷四六、御覽卷二〇七引華嶠後漢書也都説徐防以災異寇賊策免。書鈔卷五一云「以日食免」，未必可信。

張敏[一]

今君所苦未瘳，[二]有司奏君年體衰羸，郊廟禮儀仍有曠廢。鼎足之任不可以缺，重以職事留君。其上司空印綬。范曄後漢書卷四四張敏傳李賢注

校勘記

〔一〕張敏　字伯達，河間鄚人，范曄後漢書卷四四有傳。

〔二〕今君所苦未瘳　范曄後漢書張敏傳云：「永初元年，徵拜司空，在位奉法而已。視事三歲，以病乞身，不聽。六年春，行大射禮，陪位頓仆，乃策罷之。」此即罷敏策文。此句上姚本有「敏以行大射禮陪位頓仆，策曰」二句，聚珍本有「張敏以行大射禮陪位頓仆，乃策曰」二句，皆係撮取范書文句增補。

胡廣

胡廣爲太傅，〔一〕總録尚書事。時年八十，而心力克壯。繼母在堂，朝夕瞻省，傍無几杖，言不稱老。〔二〕達練事體，明解朝章。雖無謇直之風，屢有補闕之益。御覽卷二〇六

校勘記

〔一〕胡廣　字伯始，南郡華容人，范曄後漢書卷四四有傳。又見汪文臺輯謝承後漢書卷二、司馬彪續漢書卷三。袁宏後漢紀卷二三，蔡中郎文集卷四太傅安樂鄉文恭侯胡公碑、二胡公碑亦略載其事。　爲太傅　據范書靈帝紀，建寧元年九月，中常侍曹節矯詔誅太傅陳蕃等，以司徒胡廣爲太傅，録尚書事。熹平元年卒。

〔二〕言不稱老　禮記曲禮云：「夫爲人子者，出必告，反必面，所遊必有常，所習必有業，恒言不稱老。」

袁安

袁安爲尹十餘年，〔一〕政令公平，未嘗以贓罪鞫人。常嘆曰：「凡士之學，高欲望宰相，下及牧守，錮人於聖代，〔二〕尹不忍爲也。」文選卷六〇任昉齊竟陵文宣王行狀李善注

和帝始加元服，〔三〕時太后詔袁安爲賓，賜束帛、乘馬。〔四〕范曄後華書卷四和帝紀李賢注

袁安爲司徒，每朝會，憂念王室，未嘗不流涕也。〔五〕書鈔卷五二

校勘記

〔一〕袁安　范曄後漢書卷四五有傳。又見汪文臺輯司馬彪續漢書卷三、華嶠後漢書卷一。希古樓金石萃編卷六有漢司徒袁安碑，所載事與范書袁安傳不盡相合。范書記載，永平十三年，楚王英謀爲逆。明年，袁安拜楚郡太守。歲餘，徵爲河南尹。建初八年，遷爲太僕。據此推算，袁安爲河南尹十一二年。范書云「在職十年」，是舉其成數。

〔二〕代　聚珍本同，范曄後漢書袁安傳作「世」。按當作「世」，「代」字乃後人避唐太宗李世民諱改。

〔三〕元服　漢書昭帝紀顏師古注：「元，首也。冠者首之所著，故曰元服。」

〔四〕賜束帛、乘馬　范曄後漢書和帝紀云：永元「三年春正月甲子，皇帝加元服」。李賢注引東觀漢記云：「時太后詔袁安爲賓，賜束帛、乘馬。」此條即據李賢注，又參酌范書輯録。

〔五〕未嘗不流涕也　此條類聚卷四七、御覽卷二〇七亦引。

張酺〔一〕

充與光武同門學，〔二〕光武即位，求問充，充已死。　范曄後漢書卷四五張酺傳李賢注

永平九年，〔三〕詔爲四姓小侯開學，置五經師，張酺以明經授於南宮。　山堂考索卷二二

太子家時爲奢侈物，〔四〕未嘗不正諫，甚見重焉。　范曄後漢書卷四五張酺傳李賢注

顯宗以張酺受皇太子業，甚得輔導之體，章帝即位，出拜東郡太守，〔五〕賜錢三十萬。〔六〕元和二年，東巡狩，幸東郡，引酺及門生并郡掾吏並會庭中。帝先備弟子之儀，使酺講尚書一篇，時使尚書令王鮪與酺相難，〔七〕上甚欣悦，然後修君臣之禮，賞賜殊特。　御覽卷四〇四

酺爲東郡太守，下車擢賢後，擊豪强，賞賜分明，郡中肅然。〔八〕　書鈔卷七四

青從此除步兵司馬。　酺傷青不遂，復舉其子孝廉。〔九〕　范曄後漢書卷四五張酺傳李賢注

酺爲東郡太守，罰斷勇義。〔一〇〕遷魏郡太守，百姓垂涕送之盈道。〔一一〕書鈔卷七六

和帝初，張酺下言：「臣聞王者法天，熒惑奏事太微，故州牧刺史入奏事，所以通下問，知外事也。數十年以來，重其道歸煩撓，故時止勿奏事，今因以爲故事。臣以爲刺史視事滿歲，〔一二〕可令奏事如舊典，問州中風俗，恐好惡過所道，〔一三〕事所聞見，考課衆職，下章所告及所自舉有意者，賞異之。其尤無狀，逆詔書，行罪法，冀敕戒其餘，令各敬慎所職，于以衰滅貪邪便佞。」玉海卷六一

張酺遷河南尹，京師肅然。〔一四〕翰苑新書卷四二

張酺拜太尉，章帝詔射聲校尉曹褒案漢舊儀制漢禮，酺以爲褒制禮非禎祥之特達，有似異端之術，上疏曰：「褒不被刑誅，無以絶毁實亂道之路。」文選卷四六任昉王文憲集序李善注

張酺，〔一五〕字孟侯，爲太尉，父尚在，酺每遷轉，乃一到雒。父來，適會正臘，公卿罷朝，俱賀歲，奉酒上酺父壽，極欣醼，〔一六〕莫不嘉其榮也。御覽卷二〇七

以日蝕免。〔一七〕書鈔卷五一

校勘記

〔一〕張酺　范曄後漢書卷四五有傳。又見汪文臺輯謝承後漢書卷二、華嶠後漢書卷一、張璠漢記。

袁宏後漢紀卷一四亦略載其事。

〔二〕充與光武同門學　此句上姚本有「酺祖父」三字，聚珍本有「張酺，字孟侯，祖父」七字，皆是據范曄後漢書張酺傳增補，以使文義完整可讀。

〔三〕九年　初學記卷二一引誤作「元年」。聚珍本云：「永平九年，詔爲四姓小侯開學，置五經師，酺以尚書授於南宮。」本書明帝紀亦載永平九年，詔爲四姓小侯置學。又范曄後漢書張酺傳云：「永平九年，顯宗爲四姓小侯開學於南宮，置五經師。酺以尚書教授，數講於御前。」

〔四〕太子家時爲奢侈物　此句上聚珍本有「令入授皇太子」一句。范曄後漢書張酺傳云：「酺爲人質直，守經義，每侍講閒隙，數有匡正之辭，以嚴見憚。」李賢於其下引東觀漢記「太子家時爲奢侈物」云云作注。

〔五〕太守　二字原無，聚珍本有，御覽卷四七四引亦有，今據增補。

〔六〕賜錢三十萬　原無此句，聚珍本有。書鈔卷一九引云：「張酺爲東郡守，賜錢三十萬。」按范曄後漢書張酺傳載，張酺爲東郡太守，不願之郡，有詔賜裝錢三十萬。書鈔所引「賜錢三十萬」一句，聚珍本補於「出拜東郡太守」句下是正確的，今從之。

〔七〕時使尚書令王鮪與酺相難　此下二句原無，范曄後漢書張酺傳李賢注引有，今據增補。

〔八〕郡中肅然　此條聚珍本連綴於上條「賜錢三十萬」句下，與范曄後漢書張酺傳所敍次序相合。

〔九〕復舉其子孝廉　范曄後漢書張酺傳載，東郡郡吏王青的祖父翁，因反王莽死事，父隆於建武中爲保護郡都尉死難，青亦被矢貫咽。張酺「上疏薦青三世死節，宜蒙顯異。奏下三公，由此爲司空所辟」。其下李賢即引此條東觀漢記文字作注。此條文字因節删過多，文義未能完足。聚珍本斟酌范書，在此條文字上增補了「郡吏王青，三世死節」二句，並把此條連綴於上條「郡中肅然」句下。

〔一〇〕勇義　聚珍本同，姚本作「義勇」。

〔一一〕盈道　姚本無此二字，聚珍本作「滿道」。

〔一二〕臣　此字下聚珍本有「愚」字，玉海卷一三一引亦有「愚」字。

〔一三〕恐好惡過所道　原無此句以下一段文字，聚珍本有，今據增補。

〔一四〕京師肅然　此條姚本、聚珍本皆未輯録。合璧事類後集卷七一引有這一段文字。

〔一五〕酺　原誤作「輔」，下同。類聚卷四六引同誤。

〔一六〕極欣醼　姚本、聚珍本作「極歡」，類聚卷四六引同。

〔一七〕以日蝕免　范曄後漢書張酺傳載，張酺廷叱司隸校尉晏稱，司徒呂蓋奏酺有失禮儀，因被策免，與東觀漢記記載不同。范書和帝紀云：永元五年「十一月乙丑，太僕張酺爲太尉」，十二年「秋七月辛亥朔，日有食之。九月戊午，太尉張酺免」。日食與張酺被免相去兩個月，二事不相關涉。

韓稜

韓稜，〔一〕字伯師，潁川人也。爲下邳令，視事未朞，〔二〕吏民愛慕，時鄰縣皆雹傷稼，唯下邳界獨無。〔三〕 御覽卷二六七

韓稜爲功曹，〔四〕性直甚畏。〔五〕太守葛興風病，稜陰代其政，扶持二年。〔六〕 書鈔卷三四

韓稜遷南陽太守，下車表行義，拔幽滯，權豪懾伏。 書鈔卷七四

校勘記

〔一〕韓稜 范曄後漢書卷四五有傳。袁宏後漢紀卷一四亦略載其事。

〔二〕朞 姚本、聚珍本同，書鈔卷七八、御覽卷一四引亦同。初學記卷二、六帖卷二引作「周」。

〔三〕唯下邳界獨無 此條書鈔卷三五亦引，文字較簡略。

〔四〕韓稜爲功曹 范曄後漢書韓稜傳、袁宏後漢紀卷一四亦云稜爲郡功曹，而風俗通義過譽篇云稜爲郡主簿。漢代郡吏，功曹與主簿均爲要職，地位在諸曹之右，當時往往相提並論。范曄後漢書王渙傳云：太守陳寵「入爲大司農，和帝問曰：『在郡何以爲理？』寵頓首謝曰：『臣任功曹王

涣以簡賢選能，主簿鐔顯拾遺補闕，臣奉宣詔書而已。」帝大悦。」

〔五〕甚畏　字有訛誤，疑當作「慎畏」。

〔六〕扶持二年　此條姚本、聚珍本皆未輯録。

周　榮

周榮，〔一〕字平孫，〔二〕爲尚書令，在納言，管機密，盡心奉職，夙夜不怠。〔三〕　書鈔卷五九

校勘記

〔一〕周榮　范曄後漢書卷四五有傳。

〔二〕字平孫　姚本、聚珍本無此句。

〔三〕夙夜不怠　此條書鈔卷三六亦引，文字較此簡略。

郭躬

郭躬家世掌法，〔一〕務在寬平。章和元年，〔二〕赦天下繫囚在四月丙子以前減死罪一等，勿笞，詣金城，而文不及亡命未發覺者。〔三〕躬上封事曰：「伏惟天恩莫不蕩宥，〔四〕死罪以下並蒙更生，而亡命捕得獨不沾澤。臣以爲赦前犯死罪而繫在赦後者，可皆勿笞詣金城，以全民命，有益於邊。」〔五〕上善之，即下詔赦焉。御覽卷六五二

校勘記

〔一〕郭躬　字仲孫，潁川陽翟人，范曄後漢書卷四六有傳。又見汪文臺輯司馬彪續漢書卷三。袁宏後漢紀卷一二亦略載其事。

〔二〕元年　二字原無，聚珍本有，初學記卷二〇引亦有此二字，范曄後漢書郭躬傳同，今據增補。有「元年」二字，下文「四月丙子」才有所承。

〔三〕未發覺者　此四字原無，聚珍本有，初學記卷二〇引亦有此四字，范曄後漢書郭躬傳同，今據增補。

〔四〕天　原誤作「大」，初學記卷二〇引同誤。聚珍本作「天」，范曄後漢書郭躬傳同，今據改。

〔五〕有益於邊　原無「有」、「於」二字，聚珍本有，初學記卷二〇引亦有此二字，范曄後漢書郭躬傳同，今據增補。

趙興

司隸校尉下邳趙興不恤諱忌，〔一〕每入官舍，輒更繕修館宇，移穿改築，故犯妖禁，而家人爵禄，益用豐熾，官至潁川太守。子峻，太傅，以才器稱。孫安世，魯相。三葉皆爲司隸，時稱其盛。〔二〕聚珍本

校勘記

〔一〕趙興　范曄後漢書卷四六郭躬傳附載其事。

〔二〕時稱其盛　此條不知聚珍本輯自何書。范曄後漢書郭躬傳所記趙興事與此文字大同小異。

陳寵

陳寵曾祖父咸，〔一〕成、哀間以明律令爲侍御史。〔二〕王莽篡位，父子相將歸鄉里，閉門不出入，乃收家中律令文書壁藏之，以俟聖主。〔三〕咸常勑戒子孫，爲人議法，當依輕者，雖有百金之利，無與人重。〔四〕故世謂陳氏持法寬。御覽卷六三七

陳寵辟司徒鮑昱府。掾屬專尚交遊，以不肯親事爲高。寵常非之，獨勤以物務。〔五〕御覽卷四三一

陳寵，字昭公，沛人，爲尚書。寵性純淑，〔六〕周密重愼，時所表薦，輒自手書削草，〔七〕人莫得知。常言人臣之義，苦不畏愼。自在樞機，謝遣門人，不復教授，絶知友之路。〔八〕御覽卷四三〇

明帝時決獄多近於重，尚書陳寵上疏諫曰：「先王之政，賞不僭，刑不濫，與其不得已，寧僭，故古賢君歎相重式者，〔九〕重刑之至也。」御覽卷四五三

陳寵，字昭公，沛國人也。轉廣漢太守，先是雒陽城南，每陰雨，〔一〇〕常有哭聲聞於府中，寵使案行。昔歲倉卒時，骸骨不葬者多，寵乃勑縣葬埋，由是即絶也。文選卷六〇謝惠連祭

古冢文李善注

陳寵爲廷尉，〔一〕有疑獄，輒手筆作議，所活者甚多。〔二〕　類聚卷四九

校勘記

〔一〕陳寵　范曄後漢書卷四六有傳。又見汪文臺輯謝承後漢書卷二、華嶠後漢書卷一、張璠漢記。袁宏後漢紀卷一五亦略載其事。

〔二〕成、哀　類聚卷五四引同，范曄後漢書陳寵傳云咸「成、哀間以律令爲尚書」。姚本、聚珍本作「哀、平」，書鈔卷六二兩引、御覽卷二二七引皆與姚本、聚珍本同。

〔三〕聖主　姚本、聚珍本同，御覽卷二二二引亦同，類聚卷五四引作「明王」。

〔四〕無與人重　此句御覽卷二二七引同，姚本作「慎毋與人重」，聚珍本作「慎毋與人重比」，書鈔卷六二、類聚卷五四引作「無與人重比」，書鈔卷六二又一處引作「無與人重議」。

〔五〕以　聚珍本作「心」，范曄後漢書陳寵傳同。按「心」字義長。

〔六〕純淑　二字原無，姚本、聚珍本有，類聚卷五三、御覽卷六三一引亦有，今據增補。

〔七〕削草　二字原無，姚本、聚珍本有，類聚卷五三、御覽卷六三一引亦有，今據增補。漢代書寫材料主要使用竹簡，「削草」即謂把寫在竹簡上的草稿用刀刮削掉。

〔八〕絶知友之路　此條翰苑新書卷一四亦引，文字簡略。

〔九〕故古賢君歎相重式者　此句有舛誤，聚珍本作「故古賢君相歎息重戒者」。

〔一〇〕雨　原無此字，聚珍本有，御覽卷三七五引亦有，今據增補。

〔一一〕陳寵爲廷尉　和帝永元六年，陳寵代郭躬爲廷尉，見范曄後漢書陳寵傳。

〔一二〕所活者甚多　此條書鈔卷三九、御覽卷二三一亦引，字句稍有不同。

陳忠

陳忠爲尚書令，〔一〕數進忠言，辭旨弘麗，〔二〕前後所奏，悉條於宫上閣，〔三〕以爲故事。御覽卷二一〇

陳忠上疏稱：「語曰：『迎新千里遠，〔四〕送故不出門。』」〔五〕御覽卷四九五

校勘記

〔一〕陳忠　范曄後漢書卷四六陳寵傳後附陳忠傳。

〔二〕辭旨弘麗　此句聚珍本作「辭采鴻麗」。

〔三〕悉條於宮上閣　此句有舛誤，「上」字當在「條」字下，「宮」當作「官」。聚珍本作「悉上於官閣」。

〔四〕遠　此字原無，聚珍本同。記纂淵海卷四三引東觀漢記「迎新千里遠，送故不出門」二語，今據增補「遠」字。

〔五〕送故不出門　「故」字聚珍本作「舊」。陳忠此疏不知何時所上，范曄後漢書陳忠傳未載。

尹勤

尹勤治韓詩，〔一〕事薛漢。身牧豕，事親至孝，無有交遊，門生荆棘。〔二〕　類聚卷八九

校勘記

〔一〕尹勤　范曄後漢書無傳，陳寵傳略載其事。聚珍本於「勤」字下增入「字叔梁，南陽人」六字。按范書云：陳寵爲司空，「在位三年薨，以太常南陽尹勤代爲司空。勤字叔梁」。聚珍本所增六字即據此。

〔二〕門生荆棘　此條御覽卷九五九亦引，僅無「事薛漢」一句，餘全同。

梁諷

梁諷征匈奴，〔一〕屯北軍于邊，〔二〕告以大漢威靈，〔三〕招之。匈奴畏感，奔馳來南。〔四〕諷輒爲幡信，〔五〕遣詣大營，〔六〕前後萬餘人，相屬于道。〔七〕書鈔卷一二〇

校勘記

〔一〕梁諷　范曄後漢書卷二三竇憲傳、卷四七梁慬傳略載其事。「梁諷」二字下聚珍本有「北地弋居人」一句。梁諷爲梁慬之父，范書梁慬傳云慬「北地弋居人」，聚珍本所增即據此。

〔二〕北　姚本、聚珍本無此字。

〔三〕告　姚本、聚珍本無此字。按如無「告」字，則「以大漢威靈」句當與「招之」句連讀。

〔四〕南　姚本、聚珍本作「降」。按「降」字是。

〔五〕幡信　姚本、聚珍本作「信幡」。姚本按云：「信幡，意如今之令箭。」

〔六〕遣詣大營　此句姚本、聚珍本作「遣還營」。

〔七〕相屬于道　原無此句，姚本、聚珍本有，今據增補。

何熙

何熙，〔一〕字子温，〔二〕身長八尺，體貌魁梧，與人絶異。和帝偉其貌，特拜謁者。熙能爲威容，贊拜殿中，聲動左右。爲御史中丞，群僚憚之。〔三〕聚珍本

校勘記

〔一〕何熙　范曄後漢書梁慬傳後附載其事。又見汪文臺輯華嶠後漢書卷一。

〔二〕字子温　原脱「子」字，書鈔卷六二引有，今據增補。

〔三〕群僚憚之　此條姚本作「何熙，字曰温，爲御史中丞，群僚憚之」。書鈔卷六二引作「何熙，字子温，爲御史中丞，群僚憚之」。范曄後漢書梁慬傳云：「何熙，字孟孫，陳國人。少有大志。永元中，爲謁者。身長八尺五寸，善爲威容，贊拜殿中，音動左右。和帝偉之，擢爲御史中丞，歷司隸校尉、大司農。」可見聚珍本所輯，既不是根據姚本和書鈔，也不是根據范書，當另有所本。聚珍本在「何熙字」三字下注云：「此下原闕一字。」是聚珍本所據書引東觀漢記脱漏「子」字。

應順

應順，〔一〕字仲華，汝南人。〔二〕少與同郡許敬善。敬家貧親老，無子，爲敬去妻更娶。御覽卷四〇七

應順，〔三〕字仲華，爲東平相，〔四〕事後母至孝，精誠感應，梓樹生廳前屋上，徙置府庭，繁茂長大。〔五〕御覽卷五一一

校勘記

〔一〕應順　范曄後漢書卷四八應奉傳略載其事。

〔二〕汝南人　聚珍本作「汝南南頓人」，「南頓」二字疑據范曄後漢書應奉傳增補。

〔三〕順　原誤作「慎」。

〔四〕爲東平相　范曄後漢書陳寵傳云：「東平相應順守正不阿。」李賢注：「東平王蒼孫敞之相也。」

〔五〕繁茂長大　書鈔卷七五引東觀漢記韋順傳云：「轉東平相，賞罰必信，有柿樹生廳，屈從庭中，遂茂。順至孝，行感於天地生也。」字句與御覽卷五一一所引稍異。韋順傳乃「應順傳」之訛。活

字本書鈔作「應順傳」，甚是。姚本有韋順傳，此條文字輯作「韋順轉東平相，賞罰必信，有柿樹生廳屋上，徙庭中，遂茂。至孝行感於天地生也」。「韋順」未能正作「應順」。范曄後漢書應奉傳李賢注引華嶠書云：「仲華少給事郡縣，爲吏清公，不發私書。舉孝廉，尚書郎轉右丞，遷冀州刺史，廉直無私。遷東平相，賞罰必信，吏不敢犯。有梓樹生於廳事室上，事後母至孝，衆以爲孝感之應。」

應奉

應奉爲武陵太守，〔一〕興學校，舉側陋，政稱遠彌。〔二〕聚珍本

校勘記

〔一〕應奉　范曄後漢書卷四八有傳。又見汪文臺輯謝承後漢書卷一、司馬彪續漢書卷三、華嶠後漢書卷一、袁山松後漢書。

〔二〕政稱遠彌　此條姚本無，聚珍本有，不知輯自何書。范曄後漢書應奉傳云：「武陵蠻詹山等四千餘人反叛，執縣令，屯結連年。詔下公卿議，四府舉奉才堪將帥。永興元年，拜武陵太守。到官

尉納，山等皆悉降散。於是興學校，舉仄陋，政稱變俗。」由此看來，此條有節删。

應劭

應劭，〔一〕字仲遠，〔二〕汝南南頓人。父奉，司隸校尉。劭少便篤學，博覽多聞。〔三〕姚本

校勘記

〔一〕應劭　范曄後漢書卷四八應奉傳後附有應劭傳。又見汪文臺輯謝承後漢書卷二、司馬彪續漢書卷三、華嶠後漢書卷一。

〔二〕字仲遠　范曄後漢書應劭傳同，李賢注：「謝承書、應氏譜并云『字仲遠』，續漢書文士傳作『仲援』，漢官儀又作『仲瑗』，未知孰是。」按王先謙後漢書集解引惠棟説，云太尉劉寬碑碑陰有「故吏南頓應劭仲瑗」一句。劉寬，范曄後漢書有傳，卒於中平二年。碑文所記當無誤。水經注卷二東阿縣下有應仲瑗，文心雕龍議對篇有「仲瑗博古，而銓貫有敍」之語，應劭字亦作「仲瑗」，與劉寬碑相吻合。

〔三〕博覽多聞　此條聚珍本亦有輯録，惟闕「汝南南頓人」一句。姚本、聚珍本輯自何書，不詳。

李恂

李恂遭父母喪，〔一〕六年躬自負土樹柏，常住冢下。〔二〕類聚卷八八

李恂爲兗州刺史，〔三〕所種小麥、胡蒜，悉付從事，一無所留，清約率下，常席羊皮，卧布被，食不二味。〔四〕御覽卷二五六

爲張掖太守，有威重名。時大將軍竇憲將兵屯武威，天下州郡遠近莫不修禮遺。恂奉公不阿，爲憲所奏免，復徵爲西域副校尉。西域殷富，多珍寶，諸國侍子及督使賈胡數遺恂奴婢、宛馬、金銀、香罽之屬，〔五〕一無所受。〔六〕聚珍本

李恂爲武威太守，後坐事免，無田宅財産，居山澤，結草爲廬。御覽卷一八一

李恂餉遺無所受，處新安關下，〔七〕拾橡實爲食。〔八〕類聚卷六

校勘記

〔一〕李恂　范曄後漢書卷五一有傳。又見汪文臺輯司馬彪續漢書卷三。

〔二〕常住冢下　此條事類賦卷二五引，文字全同。御覽卷九五四、合璧事類別集卷四九亦引，文字略有不同。

〔三〕李恂爲兗州刺史　據范曄後漢書李恂傳，恂爲兗州刺史在章帝時。

〔四〕卧布被，食不二味　原無「卧」字，類林卷四引有，今據補入。又無「食不二味」句，聚珍本有，書鈔卷三八、御覽卷四三一引亦有，今據增補。此條書鈔卷七二、類聚卷四九、御覽卷九七七、合璧事類後集卷六六、翰苑新書卷四六亦引，文字大同小異。

〔五〕督使賈胡　范曄後漢書李恂傳李賢注：「督使，主蕃國之使也。賈胡，胡之商賈也。」

〔六〕無所受　此條輯自聚珍本，聚珍本又輯自何書，不詳。范曄後漢書李恂傳亦有此段文字。

〔七〕新安關　即函谷關，漢武帝時徙函谷關於新安。

〔八〕拾橡實爲食　范曄後漢書李恂傳載此事云：恂「遷武威太守。後坐事免，步歸鄉里，潛居山澤，結草爲廬，獨與諸生織席自給。會西羌反畔，恂到田舍，爲所執獲。羌素聞其名，放遣之。恂因詣洛陽謝。時歲荒，司空張敏、司徒魯恭等各遣子饋糧，悉無所受。徙居新安關下，拾橡實以自資」。「橡」，即櫟實，又稱橡子，可充食料。

龐參

龐參，〔一〕字仲達，拜漢陽太守。郡民任棠者，有奇節，參到，先候之。棠不與言，但以薤一本，〔二〕水一杯，置户屏前，自抱孫兒伏於户下。參思其微意，良久曰：「棠是欲曉太守也。水者，欲吾清也。拔大本薤，欲吾擊强宗也。抱兒當户，欲吾開門恤孤也。」於是歎息而還。參在職，果能抑豪助弱，以惠政得民。文選卷五九沈約齊故安陸昭王碑文李善注

龐參爲太尉，〔三〕以災異策免。〔四〕書鈔卷五一

校勘記

〔一〕龐參　河南緱氏人，范曄後漢書卷五一有傳。

〔二〕但以薤一本　「一」字下范曄後漢書龐參傳有「大」字。據下文，當有此字。

〔三〕龐參　原誤作「寵三」。

〔四〕以災異策免　此句原誤作「災異策之中免」，今據聚珍本校改。范曄後漢書龐參傳云：「尚書僕射虞詡薦參有宰相器能，以爲太尉，録尚書事。……後參夫人疾前妻子，投於井而殺之。參素

於洛陽令祝良不平，良聞之，率吏卒入太尉府案實其事，乃上參罪，遂因災異策免。」

祝良

祝良爲洛陽令，〔一〕常侍樊豐妻殺侍婢置井中，良收其妻殺之。〔二〕御覽卷五〇〇

校勘記

〔一〕祝良　范曄後漢書卷五一龐參傳略載其事。又見汪文臺輯謝承後漢書卷七。范書龐參傳李賢注引謝承後漢書云：「良字邵平，長沙人。聰明博學有才幹，以廉平見稱。」

〔二〕良收其妻殺之　類聚卷三五引謝承後漢書亦載此事。

陳龜

陳龜爲五原太守，〔一〕後卒，〔二〕西域胡夷，并、涼民庶，咸爲舉哀，弔祭其墓。〔三〕聚珍本

校勘記

〔一〕陳龜　字叔珍，上黨泫氏人，范曄後漢書卷五一有傳。又見汪文臺輯謝承後漢書卷二。爲五原太守　范書陳龜傳云：「永建中，舉孝廉，五遷五原太守。」

〔二〕後卒　范曄後漢書陳龜傳云：「大將軍梁冀與龜有隙……冀暴虐日甚，龜上疏言其罪狀，請誅之。帝不省，自知必爲冀所害，不食七日而死。」

〔三〕弔祭其墓　此條不知聚珍本從何書輯録。

巢堪

巢堪爲司空，〔一〕十四年，〔二〕自乞上印綬，〔三〕賜千石俸終其身。〔四〕　書鈔卷五二

校勘記

〔一〕巢堪爲司空　「堪」字下聚珍本有「字次朗，太山南城人」二句。范曄後漢書和帝紀李賢注：「堪字次朗，太山南城人。」聚珍本「字次朗」二句即據此增補。巢堪，范曄後漢書無傳。

〔二〕十四年　指和帝永元十四年。據范曄後漢書和帝紀記載，巢堪於永元十年，由太常拜司空，十四年免。

〔三〕自乞上印綬　此句六帖卷七一引作「歸印綬」。

〔四〕終其身　此三字聚珍本無，六帖卷七一引亦無。

鄭璩

鄭璩，〔一〕字平卿，黎陽人也。〔二〕建初五年，〔三〕辟司徒府，拜侍御史，上疏曰：「臣斗筲之小吏，擢在察視之官，職任過分，當剌邪矯枉。」詔書示官府曰：「璩盡節剛正，〔四〕亦何陵遲之有。賜璩素六十匹。」由是顯名，轉司隸校尉。〔五〕　書鈔卷六二

鄭璩爲漢陽太守，〔六〕以嚴刻見稱。　書鈔卷七五

校勘記

〔一〕鄭璩　范曄後漢書無傳。「璩」字姚本、聚珍本同，類聚卷八五、御覽卷八一四、范曄後漢書張酺傳李賢注引皆作「據」。范書梁竦傳、張酺傳述及鄭璩事，亦作「據」。

〔二〕黎陽人也　原無此句，姚本、聚珍本有，范曄後漢書張酺傳李賢注引有，今據增補。

〔三〕建初五年　此下二句原無，聚珍本有，御覽卷八一四引亦有，今據增補。

〔四〕盡節剛正　姚本、聚珍本同，類聚卷八五引作「守正盡節」。

〔五〕轉司隸校尉　原無此句，聚珍本有。范曄後漢書張酺傳李賢注引云：「據字平卿，黎陽人也。爲侍御史，轉司隸校尉。」據文理，「轉司隸校尉」句應在「由是顯名」句下，今補入。此條書鈔卷六二又引徵一次，字句疏略。

〔六〕鄭璩爲漢陽太守　范曄後漢書梁竦傳載：竦「有三男三女，肅宗納其二女，皆爲貴人。小貴人生和帝，竇皇后養以爲子，而竦家私相慶。後諸竇聞之，恐梁氏得志，終爲己害，建初八年，遂譖殺二貴人，而陷竦等以惡逆。詔使漢陽太守鄭據傳考竦罪，死獄中。」據此，鄭璩爲漢陽太守是在建初八年前後。

張表

張表，〔一〕字公儀，奉之子也。〔二〕遭父喪，疾病曠年，目無所見，耳無所聞。服闋，醫藥救療，歷歲乃瘳。每彈琴惻愴不能成聲，見酒肉未嘗不泣，宗人親厚節會飲食宴，爲其不

復設樂。〔三〕御覽卷四一二

校勘記

〔一〕張表　范曄後漢書未載其事。

〔二〕奉　范曄後漢書劉趙淳于江劉周傳序略載其事，言「中興，廬江毛義少節，家貧，以孝行稱。南陽人張奉慕其名，往候之」。由此可知，奉籍南陽，生活在光武帝時期。

〔三〕爲其不復設樂　此句聚珍本作「爲表不設樂」。

卷十七

傳十二

崔篆

崔篆王莽時爲郡文學，〔一〕以明經徵詣公車。太保甄豐舉爲步兵校尉，篆辭曰：「吾聞伐國不問仁人，戰陣不訪儒士。此舉奚至哉？」遂投劾歸。〔二〕御覽卷二四二

崔篆爲建新大尹，〔三〕篆歎曰：「吾生值澆、羿之君，上有老母，下有兄弟，安得獨潔己而危所生哉？」乃單車到官，稱疾，三年不視事行縣。〔四〕門下掾倪敞諫，篆乃强起班春。〔五〕所至之縣，獄犴填滿。篆垂涕曰：「嗟乎！刑罰不中，乃陷民於穽。此皆何罪，而至於是乎！」〔六〕遂平理，所出二千餘人。掾吏叩頭諫曰：「誠仁者之心，然獨爲君子，將有悔乎！」篆曰：「邾文公不以一人易其身，〔七〕君子謂之知命。如煞一大尹贖二千人，〔八〕蓋所願也。」遂稱疾去。御覽卷六四三

校勘記

〔一〕崔篆　范曄後漢書卷五二崔駰傳附載其事。史通古今正史篇載：桓帝時，崔寔等於「儒林傳入崔篆諸人」，又作「順帝功臣孫程、郭願及鄭衆、蔡倫等傳」。可見東觀漢記有崔篆傳，而范書删之。

〔二〕遂投劾歸　此條書鈔卷三二、記纂淵海卷五七亦引，字句較爲簡略。

〔三〕建新　王莽改千乘郡爲建新。　大尹　即郡守，王莽改稱大尹。

〔四〕行縣　司馬彪續漢書百官志云：「凡郡國皆掌治民，進賢勸功，決訟檢姦。常以春行所主縣，勸民農桑，振救乏絶。」

〔五〕班春　范曄後漢書崔駰傳李賢注：「班布春令。」

〔六〕而至　此二字原無，聚珍本有，御覽卷六四三引亦有此二字，今據增補。

〔七〕邾文公不以一人易其身　左傳文公十三年載：「邾文公卜遷於繹。史曰：『利於民而不利於君。』邾子曰：『苟利於民，孤之利也。天生民而樹之君，以利之也。民既利矣，孤必與焉。』……遂遷於繹。五月，邾文公卒。君子曰：『知命。』」

〔八〕一　此字原無，聚珍本有，御覽卷四一九引亦有此字，今據增補。

崔駰〔一〕

竇憲爲車騎將軍，辟崔駰爲掾。憲府貴重，掾屬三十人，皆故刺史、二千石，唯駰以處士年少擢在其間。憲擅權驕恣，駰數諫之。及出征匈奴，道路愈多不法，駰爲主簿，前後奏記數十，指切長短。憲不能容，稍疏之，因察駰高第，出爲長岑長。〔二〕駰自以遠去，不得意，遂不之官而歸，卒于家。御覽卷四五三

校勘記

〔一〕崔駰　字亭伯，涿郡安平人，范曄後漢書卷五二有傳。又見汪文臺輯華嶠後漢書卷一、袁山松後漢書。袁宏後漢紀卷一二亦略載其事。

〔二〕長岑　原脱「長」字，聚珍本有，與范曄後漢書崔駰傳相合，今據增補。長岑，樂浪郡屬縣。

崔瑗

崔瑗愛士，〔一〕好賓客，盛修殽膳，殫極滋味，不問餘産。御覽卷四〇五

校勘記

〔一〕崔瑗　范曄後漢書卷五二有傳。又見汪文臺輯謝承後漢書卷三、華嶠後漢書卷一。

崔寔

崔寔爲五原太守，〔一〕時不種麻，不紡績。寔到官，勸種麻，命工伐木作機，以教民紡績。〔二〕書鈔卷七四

校勘記

〔一〕崔寔　范曄後漢書卷五二有傳。又見汪文臺輯謝承後漢書卷三、華嶠後漢書卷一。

〔二〕以教民紡績 此條姚本作「崔寔爲五原太守，五原土宜麻桑，而俗不知紡績，民冬月無衣，積細草而卧其中，見吏則衣草而出。寔至官，勸種麻，命工伐木作機紡車，教民紡績」。聚珍本惟「俗」字作「民」，餘與姚本同。

申屠蟠〔一〕

申屠蟠同郡緱氏女玉爲父報讎，殺夫氏之黨，吏執玉以告外黃令梁配，〔二〕欲論殺玉。蟠時年十五，爲諸生，〔三〕進諫曰：「玉之節義，足以感無恥之孫，激忍辱之子。不遭明時，當表旌廬墓，況在清聽，而不加哀矜！」配善其言，乃爲讞得減死論。〔四〕鄉人稱美之。御覽卷四八一

校勘記

〔一〕申屠蟠 字子龍，陳留外黃人，范曄後漢書卷五三有傳。又見汪文臺輯謝承後漢書卷三、司馬彪續漢書卷四、華嶠後漢書卷一。袁宏後漢紀卷二五亦略載其事。

〔二〕吏執玉以告外黃令梁配 范曄後漢書申屠蟠傳李賢注引續漢書云：「同縣大女緱玉爲從父報

仇，殺夫之從母兄李士，姑執玉以告吏。」

〔三〕諸生　原誤作「書生」，范曄後漢書申屠蟠傳作「諸生」，今據改正。

〔四〕讞　請也。

閔貢

閔貢，〔一〕字仲叔，太原人也。恬静養神，〔二〕弗役於物。與周黨相友，黨每過仲叔，共唅菽飲水，〔三〕無菜茹。類聚卷八五

閔仲叔，太原人也，與周黨友，嘗遺其生蒜，〔四〕仲叔歎曰：「我欲省煩耳。」受而不食。類聚卷八五

司徒侯霸辟閔仲叔，〔五〕到，〔六〕與相見，勞問之，不及政事。仲叔曰：「始被明公辟，且喜且懼。及奉見明公，喜懼皆去。所望明公問屬何以爲政，美俗成化，令蒸庶得所。〔七〕以仲叔爲不足耶，不當辟也。如以爲任用而不使臣之，〔八〕則爲失人，是以喜懼皆去。」便辭而出。〔九〕御覽卷二〇九

閔仲叔居安邑，老病家貧，不能買肉，〔一〇〕日買一片猪肝，屠者或不肯爲斷。安邑令候

之，問諸子何飯食，對曰：「但食猪肝，屠者或不肯與之。」〔一一〕令出勑市吏，後買輒得。仲叔怪問之，〔一二〕其子道狀，乃歎曰：「閔仲叔豈以口腹累安邑耶？」遂去之沛。〔一三〕御覽卷四八四

校勘記

〔一〕閔貢　此下二句原作「閔仲叔」，聚珍本作「閔貢，字仲叔」，文選卷四二應璩與侍郎曹長思書李善注引同，今據增補。閔貢，范曄後漢書卷五三周黄徐姜申屠傳序、袁宏後漢紀卷五略載其事。又見汪文臺輯謝承後漢書卷七、謝沈後漢書。

〔二〕恬静養神　此下二句原無，聚珍本有，御覽卷四〇七引亦有，今據增補。

〔三〕唅　姚本、聚珍本作「啜」。按此字御覽卷八四一、合璧事類別集卷五八引同，御覽卷四〇七、文選卷四二應璩與侍郎曹長思書李善注引作「含」。「含」，與「唅」字同。范曄後漢書周黄徐姜申屠傳序亦作「含」。各書未見作「啜」字者。姚本、聚珍本作「啜」，無據。

〔四〕生蒜　原作「生麻」，姚本、聚珍本同，御覽卷八四一引亦作「生麻」。按下文云「受而不食」，「生麻」不可食，二字必有誤。范曄後漢書周黄徐姜申屠傳序云：黨「遺以生蒜，受而不食」。李賢注引皇甫謐高士傳云：「黨見仲叔食無菜，遺之生蒜。仲叔曰：『我欲省煩耳，今更作煩邪？』受而不食。」可證「生麻」乃「生蒜」之訛，今改正。

〔五〕司徒侯霸辟閔仲叔　書鈔卷六八兩引此條，一引此句下有「爲屬」二字。

〔六〕到　姚本作「留」，書鈔卷六八兩引，一引同，一引作「引」。如作「留」或「引」，則應與下句連讀。

〔七〕令蒸庶得所　此句原無，聚珍本亦無。書鈔卷六八引有，今據增補。姚本有此句，但誤作「令日廉得所」。

〔八〕臣　原誤作「陳」，聚珍本作「臣」，今據改。

〔九〕便辭而出　此句聚珍本同，姚本作「遂以辭出自劾」。

〔一〇〕不能買肉　此句姚本、聚珍本作「不能得錢買肉」，類聚卷九四引同。

〔一一〕者　原無此字，姚本、聚珍本有，類聚卷九四，御覽卷三八三、卷四二五、卷八二八引亦有此字，今據增補。

〔一二〕之　原無此字，范曄後漢書周黄徐姜申屠傳序有，今據增補。

〔一三〕遂去之沛　此條初學記卷二六，御覽卷八二七、卷八六三，類林卷一三亦引，字句較爲簡略。

荀恁

荀恁，〔一〕字君大，鴈門人也。永平中，驃騎將軍東平憲王蒼辟恁，署祭酒，敬禮焉。後朝會，上戲之曰：「先帝徵君不奉，〔二〕驃騎辟反來，何也？」對曰：「先帝秉德惠下，臣故不來。驃騎將軍執法檢下，臣故不敢不來。」〔三〕　文選卷六〇齊竟陵文宣王行狀李善注

校勘記

〔一〕荀恁　姚本作「郇恁」，書鈔卷三四引亦作「郇恁」。范曄後漢書卷五三周黃徐姜申屠傳序載荀恁事迹，字作「荀恁」，而劉平傳又作「郇恁」。「荀恁」至「敬禮焉」一段文字，書鈔卷六九引無，而有「東平王蒼爲驃騎，開東閤，延賢士，薦鴻門，郇恁隱居教授，辟爲祭酒」數句。

〔二〕奉　字誤，當作「來」，二字形近易誤。范曄後漢書周黃徐姜申屠傳序作「至」。

〔三〕臣故不敢不來　此條聚珍本作「郇恁，字君大，鴈門人也。隱居教授，東平憲王蒼爲驃騎，開東閤，延賢士，辟恁，署爲祭酒，敬禮焉。後朝會，明帝戲之曰：『先帝徵君不來，驃騎辟君而來，何也？』恁曰：『先君秉德以惠下，臣可以禮進退。驃騎執法御臣，臣懼法而至。』月餘遂去官。」文字詳於文卷選六〇所引。

馮良

南陽馮良少作縣吏，〔一〕恥在廝役，因壞車殺馬，毀裂衣冠。主撻之。從杜撫學。妻子見車有死馬，謂爲盜賊所害。良志行高潔，約禮者也。〔二〕書鈔卷七七

校勘記

〔一〕馮良　范曄後漢書卷五三周燮傳、袁宏後漢紀卷一七略載其事。范書云良字君郎，袁紀云良字君卿。

〔二〕約禮者也　此有脱誤。范曄後漢書周燮傳云：良「志行高整，非禮不動」。袁宏後漢紀卷一七云：良「雖處幽闇，必自整頓，非禮不動」。此條唐類函卷六〇引作「馮良少作縣吏，恥在廝役，因壞車殺馬，毀裂衣冠，從杜撫學」。姚本同。聚珍本「馮良少作縣吏」句作「馮良字君郎，南陽人，少作縣吏」，餘亦與唐類函所引同。此條陳禹謨刻本書鈔引作「馮良少作縣吏，耻在廝役」，多有脱漏。

楊震

楊震，〔一〕字伯起，少好學，〔二〕受歐陽尚書於太常桓郁，〔三〕明經博覽，無不窮究。諸儒爲之語曰：「關西孔子楊伯起。」御覽卷六一二

楊震，字伯起，弘農人。性公廉，不受私謁，子孫常蔬食步行，故舊長者或欲令爲開産業，震不肯，曰：「使後世稱爲清白吏子孫，以此遺之，不亦厚乎！」爲東萊太守，道經昌邑，邑令王密故所舉茂才，夜懷金十斤以遺震。震曰：「故人知君，君不知故人，何也？」密曰：「夜無知者。」震曰：「天知，神知，何謂無知？」〔四〕御覽卷四二五

楊震爲太尉，性忠誠，〔五〕每陳諫諍，中常侍樊豐等譖之，收印綬，歸本郡。震到洛陽都亭，顧謂子及門生曰：「吾蒙恩居上司，姦臣狡猾而不能誅，嬖人傾亂而不能禁，〔六〕帑藏空虛，賞賜不節，而不能塞，何面以見日月。」遂仰鴆而死。書鈔卷五一

校勘記

〔一〕楊震　范曄後漢書卷五四有傳。又見汪文臺輯謝承後漢書卷三、司馬彪續漢書卷四、華嶠後漢

書卷一、袁山松後漢書。袁宏後漢紀卷一七、隸釋卷一二太尉楊震碑亦略載其事。

〔二〕少好學　此句原無，御覽卷四九五引有「少學」二字。范曄後漢書楊震傳云：「震少好學，受歐陽尚書於太常桓郁。」是「少學」二字當作「少好學」三字，今據補入。

〔三〕太常　此二字原無，御覽卷四九五引有，范曄後漢書楊震傳同，今據增補。

〔四〕何謂無知　此條書鈔卷三七、卷三八亦引，字句簡略。

〔五〕性忠誠　此句原無，姚本、聚珍本有，初學記卷一一引亦有此句，今據增補。

〔六〕嬖人　姚本、聚珍本作「寵嬖」，初學記卷一一引同。范曄後漢書楊震傳載震言云：「疾姦臣狡猾而不能誅，惡嬖女傾亂而不能禁。」

楊秉

楊秉諫桓帝曰：〔一〕「王者至尊，出入有常，警蹕而行，清室而止。」〔二〕御覽卷六八〇

校勘記

〔一〕楊秉　字叔節，楊震中子，范曄後漢書卷五四有傳。又見汪文臺輯司馬彪續漢書卷四。袁宏後

漢紀卷二二、蔡中郎文集卷三司空楊秉碑亦略載其事。

〔二〕清室而止　姚本、聚珍本皆未輯此句。此條書鈔卷一三〇亦引，字句稍有不同。范曄後漢書楊秉傳云：「桓帝即位，以明尚書徵入勸講，拜太中大夫、左中郎將，遷侍中、尚書。帝時微行，私過幸河南尹梁胤府舍。是日大風拔樹，晝昏，秉因上疏諫曰：『……王者至尊，出入有常，警蹕而行，静室而止。……』」

楊　賜〔一〕

光和中，有虹蜺晝降嘉德殿，上引楊賜等入金商門崇德署，〔二〕問以祥異。對曰：「按春秋讖曰：『天投蜺，天下怨，〔三〕海内亂。』加四百之期，象見吉凶，聖人則之。〔四〕今妾媵嬖人閹尹之徒，共專國朝，欺罔日月。而今縉紳之徒委伏畎畝，口誦堯、舜之言，身蹈絶俗之行，亡捐溝壑，〔五〕不見逮及，冠履倒易，陵谷代處。」御覽卷四五三

楊賜，字伯獻，代劉郃爲司徒，〔六〕帝欲造畢圭靈昆苑，賜上疏諫曰：「竊聞使者並規度城南民田，〔七〕欲以爲苑。昔先王造囿，裁足以脩三驅之禮，薪萊芻牧，皆悉往焉。先帝之制，左開鴻池，右作上林，不奢不約，以合禮中。今猥規郊城之地，以爲苑囿，廣壞田園，廢

居民，畜禽獸，殆非所謂保赤子之義。」御覽卷四五三

楊賜以病罷。〔八〕居無何，拜太常，詔賜御府衣一襲，自所服冠幘綬，玉壺革帶，金錯鉤珮。〔九〕初學記卷二〇

校勘記

〔一〕楊賜　楊秉之子，范曄後漢書卷五四有傳。又見汪文臺輯司馬彪續漢書卷四。袁宏後漢紀卷二五，蔡中郎文集卷三漢太尉楊公碑、文烈侯楊公碑亦略載其事。

〔二〕上引楊賜等入金商門崇德署　時楊賜爲光禄大夫。「崇德署」三字原無，聚珍本有，御覽卷八七八引亦有，范曄後漢書楊賜傳同，今據增補。後漢書楊賜傳王先謙集解引蔡邕集云：「光和元年七月十日，詔書尺一，召光禄大夫楊賜，諫議大夫馬日磾，議郎張華、蔡邕，太史令單颺詣金商門，引入崇德殿署内南辟幃中爲都坐，漏入未盡三刻，中常侍育陽侯曹節、冠軍侯王甫從東省出就都坐。東西十門，劉寵、龐訓北面，賜南面，日磾、華、邕西面，受詔書各一通，尺一木板草兩。常侍又諭旨：『朝廷以災異憂懼，特旨密問政事所變改施行，務令分明。』賜等稱臣再拜受詔，起就坐，又人各二處，給筆硯爲對。」可與此互證。

〔三〕天下怨　此三字原作「恐」，今據聚珍本和范曄後漢書楊賜傳校改。御覽卷八七八引作「天下

恐」，僅「恐」字有誤。

〔四〕加四百之期，象見吉凶，聖人則之　范曄後漢書楊賜傳載賜對云：「……案春秋讖曰：『天投蜺，天下怨，海内亂。』加四百之期，亦復垂及。昔虹貫牛山，管仲諫桓公無近妃宫。易曰：『天垂象，見吉凶，聖人則之。』……」是此文多有刪節。「加四百之期」，謂漢祚終於四百年。范書獻帝紀贊云：「終我四百。」李賢注引春秋演孔圖云：「劉四百歲之際，褒漢王輔，皇王以期，有名不就。」可見當時讖書有漢祚以四百年爲期之説。

〔五〕亡　范曄後漢書楊賜傳作「棄」。

〔六〕代劉郃爲司徒　據范曄後漢書靈帝紀，楊賜兩爲司徒，熹平五年，從光禄大夫代袁隗爲司徒，明年免。光和二年，司徒劉郃下獄死，賜從光禄勳爲司徒，四年免。

〔七〕竊聞使者並規度城南民田　「並」字下范曄後漢書楊賜傳有「出」字。

〔八〕楊賜以病罷　謂光和四年罷司徒官。

〔九〕金錯鈎珮　此條書鈔卷一九、類聚卷六七、御覽卷六九六、萬花谷後集卷一八、玉海卷九〇亦引，字句互有同異。

張綱〔一〕

梁冀作平上軿車，侍御史張綱獨埋輪於洛陽都亭，〔二〕曰：「豺狼當路，安問狐狸！」遂奏冀。御覽卷七七三

校勘記

〔一〕張綱　字文紀，犍爲武陽人，范曄後漢書卷五六有傳。又見汪文臺輯謝承後漢書卷三、司馬彪續漢書卷四。

〔二〕侍御史張綱獨埋輪於洛陽都亭　順帝漢安元年八月，遣杜喬、周舉、郭遵、馮羨、欒巴、周栩、劉班、張綱八使巡行風俗，舉實臧否。七使皆受命之部，獨張綱埋其車輪於洛陽都亭，上書奏劾梁冀。事見范曄後漢書順帝紀、張綱傳。

陳球

陳球遷繁陽令，〔一〕清高不動。〔二〕姚本

陳球爲零陵，州兵朱蓋等反。球城守，弦大木爲弓，羽矛爲矢，引機發之，射千餘步，斬蓋等。〔三〕事類賦卷一三

校勘記

〔一〕陳球　字伯真，下邳淮浦人，范曄後漢書卷五六有傳。又見汪文臺輯謝承後漢書卷三、司馬彪續漢書卷四、張璠漢記。　遷　聚珍本作「爲」。

〔二〕清高不動　此條不知姚本從何書輯録。陳禹謨刻本書鈔卷七八、唐類函卷六〇引續漢書與此條文字全同，疑此條出續漢書，姚本誤輯，而聚珍本又據姚本輯録。范曄後漢書陳球傳云：「陽嘉中，舉孝廉，稍遷繁陽令。時魏郡太守諷縣求納貨賄，球不與之，太守怒而撾督郵，欲令逐球。督郵不肯，曰：『魏郡十五城，獨繁陽有異政，今受命逐之，將致議於天下矣。』太守乃止。」隸釋卷一〇太尉陳球碑云：「換東城門候，虔恭職司，夙夜匪解。遷繁陽令，寬以□□温。」可與此相證。

〔三〕斬蓋等　范曄後漢書陳球傳云：球「辟公府，舉高第，拜侍御史。是時桂陽黠賊李研等群聚寇鈔，陸梁荆部，州郡懦弱，不能禁，太尉楊秉表球爲零陵太守。球到，設方略，朞月間，賊虜消散。而州兵朱蓋等反，與桂陽賊胡蘭數萬人轉攻零陵。零陵下溼，編木爲城，不可守備，郡中惶恐。掾史白遣家避難，球怒曰：『太守分國虎符，受任一邦，豈顧妻孥而沮國威重乎？復言者斬！』乃悉内吏人老弱，與共城守，弦大木爲弓，羽矛爲矢，引機發之，遠射千餘步，多所殺傷。賊復激流灌城，球輒於内因地勢反決水淹賊。相拒十餘日，不能下。會中郎將度尚將救兵至，球募士卒，與尚共破斬朱蓋等」。所述情節較詳，事類賦所引東觀漢記當有節删。

杜安

杜安，〔一〕字伯夷，〔二〕貴戚慕其名，或遺其書，〔三〕安不發，悉壁藏之。後捕貴戚賓客，安開壁出書，〔四〕而封如故，由是不罹其患。　御覽卷四三〇

校勘記

〔一〕杜安　范曄後漢書卷五七杜根傳略載其事。

〔二〕字伯夷　此句下聚珍本有「潁川定陵人」一句，係據范曄後漢書杜根傳增補。

〔三〕其　聚珍本同。按原本作「之」。范曄後漢書杜根傳云：「京師貴戚慕其名，或遺之書。」同書樂恢傳李賢注引華嶠後漢書與范書同。

〔四〕開　原誤作「聞」，聚珍本作「開」，今據改。范曄後漢書杜根傳，又樂恢傳李賢注引華嶠後漢書亦皆作「開」。

杜　根〔一〕

和熹鄧后臨朝，權在外戚。杜根以安帝年長，宜親政事，乃與同時郎上書直諫。〔二〕太后大怒，收執根等，令盛以縑囊，〔三〕於殿上撲殺之。執法者以根知名，語行事人使不加力，既而載出城外，根得蘇。太后使人檢視，遂詐死，三日，目中生蛆，因得逃竄也。及鄧氏誅，〔四〕根方歸，徵拜侍御史。〔五〕　御覽卷四九四

校勘記

〔一〕杜根　字伯堅，潁川定陵人，范曄後漢書卷五七有傳。

〔二〕同時　范曄後漢書杜根傳同，聚珍本作「同舍」。

〔三〕縑　原誤作「嫌」。聚珍本作「縑」，范曄後漢書杜根傳同，今據改。

〔四〕及鄧氏誅　此下三句原無，聚珍本有，御覽卷四八三引亦有，今據增補。

〔五〕徵拜侍御史　此條御覽卷三六六亦引，文字簡略。

李雲

白馬令李雲。〔一〕桓帝誅大將軍梁冀，而中常侍單超等五人皆以誅冀功並封列侯。又立掖庭民女亳氏爲皇后，數月間，后家封四人，〔二〕賞賜巨萬。時地數震裂，衆災頻降。雲素剛，憂國，乃露布上書，〔三〕移副三府，〔四〕曰：「孔子曰：『帝者，諦也。』〔五〕今官位錯亂，小人諂進，財貨公行，政令日損，〔六〕是帝欲不諦乎？」帝得奏，震怒，下有司送雲黄門北寺獄。御覽卷四五三

白馬令李雲坐直諫繫獄，弘農五官掾杜衆傷其忠直獲罪，上書願與雲俱得死，遂俱死獄中。御覽卷二六四

校勘記

〔一〕李雲　字行祖，甘陵人，范曄後漢書卷五七有傳。

〔二〕后家封四人　范曄後漢書李雲傳李賢注云：「時封后兄康爲比陽侯，弟統昆陽侯，統從兄會安陽侯，統弟秉爲淯陽侯。」

〔三〕露布　不加封檢，公開宣露。

〔四〕副　此字原脱，聚珍本有，范曄後漢書李雲傳亦有此字，今據增補。「副」即副本。

〔五〕帝者，諦也　獨斷卷上云：「帝者，諦也，能行天道，事天審諦。」風俗通義皇霸篇五帝條云：「帝者任德設刑以則象之。言其能行天道，舉錯審諦。」御覽卷七六引漢官儀云：「帝者德象天地，言其能行天道，舉錯審諦，父天母地，爲天下主。」范曄後漢書李雲傳李賢注引春秋運斗樞云：「五帝修名立功，修德成化，統調陰陽，招類使神，故稱帝。帝之言諦也。」又引鄭玄注云：「審諦於物也。」初學記卷九、御覽卷七六引春秋元命包，又禮記玉藻正義、明堂位正義引孝經援神契，並云「帝者，諦也」。可見以「諦」釋「帝」，是漢人的一種普遍觀念。

〔六〕令　范曄後漢書李雲傳作「化」。

蔡邕

蔡邕，〔一〕詔問有黑氣墮温明殿東庭中，如車蓋，騰起奮迅，五色，有頭，體長十餘丈，形似龍，似虹蜺。邕對：「虹著於天，而降施於庭，以臣所聞，則所謂天投蜺者也。」〔二〕 聚珍本

虹晝見御座殿庭前，〔三〕色青赤。上引邕問之，對曰：「虹蜺，小女子之祥。」〔四〕 聚珍本

蔡邕徙朔方，〔五〕上書求還，續成十志。〔六〕 初學記卷二一

校勘記

〔一〕蔡邕 字伯喈，陳留圉人，范曄後漢書卷六〇有傳。又見汪文臺輯謝承後漢書卷三、司馬彪續漢書卷四、華嶠後漢書卷二、張璠漢記。袁宏後漢紀卷二七亦略載其事。

〔二〕則所謂天投蜺者也 此條不知聚珍本從何書輯録。范曄後漢書靈帝紀光和元年載：「六月丁丑，有黑氣墮所御温德殿庭中。」李賢注引東觀漢記云：「墮所御温明殿庭中，如車蓋隆起，奮迅，五色，有頭，體長十餘丈，形貌似龍。」字句略於聚珍本所輯。御覽卷一四引名臣蔡邕奏云：「詔曰：『有黑氣墮温殿東庭中，如車蓋，騰起奮迅，五色，有頭，體長十餘丈，形似龍，占者以虹

蜺對。』「虹著於天，而降於庭，以臣之聞，則天所投虹者也。』」字句有脱漏。疑聚珍本即據范書靈帝紀李賢注所引東觀漢記和御覽卷一四所引名臣奏輯録，字句又稍有校改。司馬彪續漢書五行志云：「靈帝光和元年六月丁丑，有黑氣墮北宫温明殿東庭中，黑如車蓋，起奮訊，身五色，有頭，體長十餘丈，形貌似龍。上問蔡邕，對曰：『所謂天投蜺者也。……』」

〔三〕虹晝見御座殿庭前　范曄後漢書靈帝紀光和元年載：「秋七月壬子，青虹見御座玉堂後殿庭中。」李賢注云：「洛陽宫殿名，南宫有玉堂前、後殿。」而楊賜傳云：「光和元年，有虹蜺晝降於嘉德殿前。」

〔四〕小女子之祥　此條不知聚珍本從何書輯録。御覽卷一四引張璠漢記云：「靈帝光和元年，虹晝見御座殿庭前，色青赤。上引蔡邕問之，對曰：『虹蜺，小女子之祥。』」疑聚珍本誤以漢記文字輯入東觀漢記。

〔五〕蔡邕徙朔方　光和元年，虹蜺晝降御座殿庭前，靈帝召邕等入崇德殿，使中常侍曹節、王甫就問災異起因和消除災異的措施。邕「披露失得，指陳政要」，觸犯了曹節等權貴人物，獲罪，與家屬髡鉗徙朔方。事詳范曄後漢書蔡邕傳、楊賜傳。

〔六〕續成十志　范曄後漢書蔡邕傳云：「邕前在東觀，與盧植、韓説等撰補後漢記，會遭事流離，不及得成，因上書自陳，奏其所著十意。」李賢注云：「猶前書十志也。邕别傳曰：『邕昔作漢記十意，未及奏上，遭事流離，因上書自陳曰：「臣既到徙所，乘塞守烽，職在候望，憂怖焦灼，無心能復操筆成草，致章闕廷。誠知聖朝不責臣謝，但懷愚心有所不竟。臣自在布衣，常以爲漢書十志下盡王莽而止，光武以來唯記紀傳，無續志者。臣所事師故太傅胡廣，知臣頗識其門户，略以所有舊事與臣。雖未備悉，粗見首尾，積累思惟，二十餘年。不在其位，非外史庶人所得擅述。天誘其衷，得備著作郎，建言十志皆當撰録。會臣被罪，逐放邊野，恐所懷隨軀朽腐，抱恨黄泉，遂不設施，謹先顛踣，科條諸志，臣欲删定者一，所當接續者四，前志所無臣欲著者五，及經典群書所宜捃摭，本奏詔書所當依據，分别首目，并書章左，惟陛下留神省察。臣謹因臨戎長霍圉封上。」[二]有律曆意第一，禮意第二，樂意第三，郊祀意第四，天文意第五，車服意第六。」史通稱邕於熹平中作「朝會、車服二志」，是十意中又有朝會意。今十意中可考者僅七篇，其餘三篇已無從得知。

左　雄[一]

劉據爲大司農，以職事被譴，召詣尚書，將加捶撻。尚書左雄諫帝曰：「九卿位亞三公，行則鳴玉。[二]孝明永平始加撲罰，非古制也。」帝從之，卿於是始免撲捶。御覽卷二三二

校勘記

〔一〕左雄　字伯豪，南陽涅陽人，范曄後漢書卷六一有傳。又見汪文臺輯謝承後漢書卷三、司馬彪續漢書卷四。

〔二〕行則鳴玉　禮記玉藻云：「公侯佩山玄玉而朱組綬，大夫佩水蒼玉而緇組綬。」

周舉

周舉，〔一〕字宣光，姿貌短陋，而博學洽聞，爲儒者所宗，京師語曰：「五經縱横周宣光也。」〔二〕御覽卷六一五

校勘記

〔一〕周舉　汝南汝陽人，范曄後漢書卷六一有傳。又見汪文臺輯司馬彪續漢書卷四、張璠漢記。袁宏後漢紀卷一九亦略載其事。

〔二〕也　聚珍本無此字，范曄後漢書周舉傳、袁宏後漢紀卷一九同。

黄香

黄香，〔一〕字文强，〔二〕江夏安陸人。〔三〕父況爲郡五官掾。〔四〕劉設教令署香門下孝子，〔五〕數占見。況舉孝廉，貧無奴僕，香躬親勤苦，〔六〕盡心供養，冬無袴被，而親極滋味。暑即扇牀枕，寒即以身温席。〔七〕書鈔卷一二九

黄香，字文强，江夏安陸人。年九歲，失母，思慕憔悴，殆不免喪，鄉人稱其至孝。年十二，博覽傳記。京師號曰「日下無雙，江夏黄香」。〔八〕御覽卷三八四

黄香，字文强，年十二，家業虚貧，衣食不贍，舅龍鄉侯爲作衣被，不受。御覽卷五二一

章帝詔黄香令詣東觀，讀所未嘗見書，謂諸生曰：「此日下無雙，江夏黄童也。」〔九〕御覽卷六一六

章帝賜黄香淮南、孟子各一通。〔一〇〕書鈔卷一〇一

黄香爲郎，召詣安福殿，賜錢三萬，黄白葛各一端。〔一一〕御覽卷八一九

黄香知古今，記群書無不涉獵，〔一二〕兼好圖讖天官星氣鍾律曆筭，〔一三〕窮極道術。京

師號曰「天下無雙，江夏黄童」。國士瞻重，〔一四〕京師貴戚慕其聲名，更饋衣物。拜尚書郎。御覽卷二一五

黄香，字文强，拜尚書郎，數陳得失，賞賜常增異同位。時車駕居南宫，尚書新成，詔賜演什物。以香父在，賜卧几、靈壽杖。〔一五〕書鈔卷六〇

黄香爲尚書郎，嘗獨止宿臺上，晝夜不離省闥，上聞善之。〔一六〕御覽卷二一五

黄香拜左丞，〔一七〕功滿當遷，和帝留，〔一八〕增秩。書鈔卷六〇

黄香上疏曰：「以錐刀小用，蒙見宿留。」〔一九〕文選卷三七曹植求自試表李善注

黄香爲尚書，曉習邊事，每行軍調度，動得事中。〔二〇〕上知其勤，數加賞賜。御覽卷二七八

黄香爲尚書令，〔二一〕上愛其才，每朝臺閣，遂見尊重。香之勤力憂公，畏慎周密，每用奏議，所建畫未嘗流布。然執事平法，常持輕類，全活非一。書鈔卷五九

黄香，字文强，遷魏郡太守，〔二二〕俗每交代，〔二三〕添設儲峙輒數千萬。香未入界，移敕悉出所設什器。及到，頗有，即徹去。到官之日，不祭竈求福，閉門絶客。書鈔卷三八

校勘記

〔一〕黄香　范曄後漢書卷八〇有傳。又見汪文臺輯謝承後漢書卷五、司馬彪續漢書卷五。

〔二〕字文强　學林卷七扇枕條云：「范曄後漢書「香本傳字文彊」，而東觀漢記字文孺。嘗觀諸史所引東觀漢記，其言亦有無倫義而不可取信者，蓋當時所記，多出於風傳，如西京雜記、李肇國史補類，未必皆可信。而後之作史者往往多取而編入史中，不能不招瑕也」。他書所引東觀漢記皆云黄香字文强，學林作者王觀國所見東觀漢記作「文孺」，字有訛誤，不足爲據。

〔三〕江夏安陸人　此句原無，御覽卷二六四、卷三八四引有，今據增補。

〔四〕掾　原脱此字，書鈔卷七七引有，今據增補。漢代制度，郡置五官掾，署功曹及諸曹事，爲郡主要員吏之一。

〔五〕劉設教令署香門下孝子　此句脱誤較多。范曄後漢書黄香傳云：香「年九歲，失母，思慕憔悴，殆不免喪，鄉人稱其至孝。年十二，太守劉護聞而召之，署門下孝子，甚見愛敬」。由是可以推知此句大意。

〔六〕躬親勤苦　書鈔卷七七引作「躬勤勞苦」，初學記卷一七、類聚卷二〇、卷六九、御覽卷七〇九引作「躬執勤苦」，御覽卷二六四引作「躬勤左右」。

〔七〕暑即扇牀枕，寒即以身温席　此二句原無，姚本有，類聚卷二〇引亦有，今據增補。又書鈔卷一三三，初學記卷一七，類聚卷六九，御覽卷二六四、卷四一二、卷七〇二、卷七〇七、卷七〇九，類林卷一、卷一三，合璧事類外集卷五一亦引，文字互有異同。鳴沙石室古籍叢殘所收古類書引作「冬温席，恐其寒，夏扇枕，恐其熱」，字句多有改易。此條聚珍本據各書引徵連綴爲「黄香，字文彊，江夏安陸人也。父況，舉孝廉，爲郡五官掾，貧無奴僕，香躬執勤苦，盡心供養，冬無被袴，而親極滋味，暑即扇牀枕，寒即以身温席」。事類賦卷一四引作「黄香至孝，夏以扇侍於親側」。學林卷七扇枕條云：「後漢黄香傳不載扇枕事，陶淵明作孝士傳贊曰：『黄香九歲失母，事父竭力以致孝養，暑月則扇牀枕。』李瀚蒙求曰：『黄香扇枕。』注蒙求者引東觀漢記曰：『黄香事母至孝，暑月扇枕。』在淵明傳則云『事父』，在東觀漢記則云『事母』，世患無所質證。觀國按：後漢書黄香傳：『年九歲失母，思慕憔悴，殆不免喪，鄉人稱其至孝。年十二，太守劉護聞而召之，署門下孝子。香家貧，内無僕妾，躬執苦勤，盡心奉養，遂博學經典。』蓋本傳先云『九歲失母』，後云『年十二，太守召爲門下孝子，家貧，盡心奉養』則香猶有父在而盡心奉養也，然則香爲父扇枕可知矣。」

〔八〕日下無雙，江夏黄香　此二句御覽卷四九五引作「天下無雙，江夏黄童」。

〔九〕江夏黄童也　此條書鈔卷九八、類聚卷五五、鳴沙石室古籍叢殘所收古類書亦引，文字大同小異。

〔一〇〕章帝賜黄香淮南、孟子各一通　此條聚珍本連綴於上條之前，有失原書舊貌。書鈔卷一九引云：「黄香詣東觀，賜淮南、孟子。」可見黄香獲賜淮南子、孟子二書是在詔許入東觀讀書之後。

〔一一〕黄白葛各一端　「葛」，聚珍本作「絺」。此條杜工部草堂詩箋補遺卷三送段功曹歸廣州引作「黄香爲郎，召詣安福殿，賜白葛各一端」。文句有删節，「賜」字下又脱「黄」字。

〔一二〕記　此字上或下脱漏一字。御覽卷六一二引謝承後漢書無此字。

〔一三〕好　姚本、聚珍本作「明」，初學記卷一一引同。

〔一四〕國士瞻重　此句原無，姚本、聚珍本有，初學記卷一一引同，今據增補。

〔一五〕賜卧几、靈壽杖　此條聚珍本僅輯「以香父尚在，賜卧几、靈壽杖」二句。按御覽卷七一〇引云：「黄香爲尚書郎，以香父尚在，賜卧几、靈壽杖。」可見聚珍本是據御覽輯録。此條書鈔卷一九亦引，文字極簡略。

〔一六〕上聞善之　此條書鈔卷三六、卷六〇亦引，文字微異。聚珍本把此條文字連綴於上條之前，與原書不符。范曄後漢書黄香傳云：「後召詣安福殿言政事，拜尚書郎，數陳得失，賞賚增加。常獨止宿臺上，晝夜不離省闥，帝聞善之。」由是可知，陳得失，被賞賜在前，止宿臺上，不離省闥在後。

〔一七〕黄香拜左丞　事在和帝永元四年，見范曄後漢書黄香傳。

〔一八〕和帝留　晏元獻公類要卷一四引同。聚珍本作「詔書留」。

〔一九〕蒙見宿留　此條文選卷三七曹植求通親親表李善注亦引。

〔二〇〕中　聚珍本作「理」。

〔二一〕黄香爲尚書令　和帝永元六年，黄香遷尚書令，見范曄後漢書黄香傳。此下四句聚珍本無。

〔二二〕遷魏郡太守　事在殤帝延平元年，見范曄後漢書黄香傳。

〔二三〕俗每交代　此句姚本、聚珍本作「俗每太守將交代」。

黄瓊

黄瓊，〔一〕字世英，以德行高妙，公車徵拜議郎，〔二〕豐之職也。〔三〕　書鈔卷五六

校勘記

〔一〕黄瓊　范曄後漢書卷六一有傳。袁宏後漢紀卷二二亦略載其事。

〔二〕公車徵拜議郎　范曄後漢書黄瓊傳載：「永建中，公卿多薦瓊者，於是與會稽賀純、廣漢楊厚俱

公車徵。……瓊至，即拜議郎，稍遷尚書僕射。」

〔三〕豐之職也　此句字有衍誤，永樂大典卷二七二七引無「之」字。姚本、聚珍本皆未輯録此句。

黄琬

黄琬，〔一〕字子琰，江夏安陸人。琬少失父，曾祖香，祖瓊，並有高名。〔二〕姚本

校勘記

〔一〕黄琬　范曄後漢書卷六一有傳。袁宏後漢紀卷二七亦略載其事。

〔二〕並有高名　此條又見聚珍本，惟無「江夏安陸人」一句。二本輯自何書，不詳。

李固

李固，〔一〕字子堅，漢中南鄭人也，司徒郃之子。固貌狀有奇表，鼎角匿犀，足履龜文。〔二〕少好學，常步行隨師，不遠千里。御覽卷七二九

校勘記

〔一〕李固　范曄後漢書卷六三有傳。又見汪文臺輯謝承後漢書卷三、司馬彪續漢書卷四、張璠漢記。

〔二〕鼎角匿犀，足履龜文　范曄後漢書李固傳李賢注云：「鼎角者，頂有骨如鼎足也。匿犀，伏犀也。謂骨當額上入髮際隱起也。足履龜文者二千石，見相書。」

陳寔

陳寔在鄉閭，〔一〕平心率物。有盜夜入其室，止於梁上。寔命子孫訓之曰：「不善之人未必本不慈，習與性成，如梁上君子是也。」盜驚，自投地。寔徐譬之曰：「視君狀貌，不似惡人，宜深克己反善，然當由貧，今遺絹二疋。」自是一縣無復盜竊。〔二〕記纂淵海卷六〇

校勘記

〔一〕陳寔　字仲弓，潁川許人，范曄後漢書卷六二有傳。又見汪文臺輯謝承後漢書卷三、司馬彪續

漢書卷四、華嶠後漢書卷二。袁宏後漢紀卷二三略載其事。蔡中郎文集卷二有文範先生陳仲弓銘，二陳太丘碑，隸釋卷一八有太丘長陳寔壇碑，隸續卷一九有司空掾陳寔殘碑，亦皆載録其事。

〔二〕自是一縣無復盜竊　范曄後漢書陳寔傳云：「寔在鄉閭，平心率物。……時歲荒民儉，有盜夜入其室，止於梁上。寔陰見，乃起自整拂，呼命子孫，正色訓之曰：『夫人不可不勉。不善之人未必本惡，習以性成，遂至於此，梁上君子者是矣！』盜大驚，自投於地，稽顙歸罪。寔徐譬之曰：『視君狀貌，不似惡人，宜深剋己反善。然此當由貧困。』令遺絹二匹。自是一縣無復盜竊。」與此大同小異。

吴祐

吴祐，〔一〕字季英，陳留長垣人。父恢，爲南海太守。祐年十二，恢欲殺青簡以寫經書，祐諫曰：「今大人踰越五嶺，遠在海濱，其俗舊多珍怪。此書若成，則載之兼兩。昔馬援以薏苡興謗，〔二〕王陽以衣囊邀名。〔三〕嫌疑之間，誠先賢所慎也。」恢乃止，撫其首曰：「吴氏世不乏季子矣。」〔四〕　御覽卷三八四吴祐年二十喪父獨居，家無擔石，而不受贍遺。常牧豕於長垣澤中，行吟經書。遇父故人，謂之曰：「卿二千石子，而杖鞭牧豕，縱子無恥，奈君父何？」祐辭謝而已，守志如初。〔五〕　類聚卷九四

公沙穆來遊太學，無資糧，乃變服客傭，爲吴祐賃舂。祐與語，大驚，遂共定交於杵臼之間。〔六〕　御覽卷八二九

吴祐，字季英，陳留人。遷膠東侯相，〔七〕政唯仁簡，以身率物。民有相爭訴者，輒閉閤自責，然後科其所訟，〔八〕以道譬之。或身到閭里，重相和解。自是之後，争隙省息，吏民不欺。　御覽卷二四八

校勘記

〔一〕吴祐　范曄後漢書卷六四有傳。又見汪文臺輯司馬彪續漢書卷四、袁山松後漢書、張璠漢記。袁宏後漢紀卷二一亦略載其事。

〔二〕昔馬援以薏苡興謗　范曄後漢書馬援傳云：「援在交阯，常餌薏苡實，用能輕身省慾，以勝瘴氣。南方薏苡實大，援欲以爲種，軍還，載之一車。時人以爲南土珍怪，權貴皆望之。援時方有寵，故莫以聞。及卒後，有上書譖之者，以爲前所載還，皆明珠文犀。馬武與於陵侯侯昱等，皆以章

言其狀，帝益怒。援妻孥惶懼，不敢以喪還舊塋，裁買城西數畝地槀葬而已，賓客故人莫敢弔會。」李賢注引神農本草經云：「薏苡味甘，微寒，主風溼痺下氣，除筋骨邪氣，久服輕身益氣。」

〔三〕王陽以衣囊邀名　「王」字原誤作「其」，聚珍本作「王」，與范曄後漢書吳祐傳同，今據改正。王吉字子陽，漢書藝文志云：「傳齊論者，昌邑中尉王吉、少府宋畸、御史大夫貢禹、尚書令五鹿充宗、膠東庸生，唯王陽名家。」顏師古注云：「王吉字子陽，故謂之王陽。」漢書王吉傳云：吉「好車馬衣服，其自奉養極爲鮮明，而亡金銀錦繡之物。及遷徙去處，所載不過囊衣，不畜積餘財。去位家居，亦布衣疏食。天下服其廉而怪其奢，故俗傳『王陽能作黄金』」。風俗通義正失篇王陽能鑄黄金條亦載此事。

〔四〕季子　謂季札。

〔五〕守志如初　此條初學記卷二九亦引，字句稍略。

〔六〕遂共定交於杵臼之間　此條御覽卷七六二亦引，字句微異。

〔七〕遷膠東侯相　原無「侯」字，御覽卷四一九引有此字，今據增補。范曄後漢書吳祐傳云：「祐以光禄四行遷膠東侯相。」

〔八〕然後科其所訟　此句御覽卷四一九引作「然後斷其訟」。

任尚

任尚編草爲船，〔一〕置于簰上以渡河，掩擊羌胡。書鈔卷一三八

校勘記

〔一〕任尚　范曄後漢書無傳，其事散見安帝紀、西羌傳等篇。

張耽〔一〕

耽將吏兵，繩索相懸，上通天山。〔二〕范曄後漢書卷六順帝紀李賢注

校勘記

〔一〕張耽　范曄後漢書無傳。

〔二〕上通天山　范曄後漢書順帝紀永和六年載：「使匈奴中郎將張耽大破烏桓、羌胡於天山。」其下

李賢引此文作注。

朱遂

中山相朱遂到官，〔一〕不出奉祠北嶽。詔曰：「災暴緣類，符驗不虛，政失厥中，狼災爲應，至乃殘食孩幼，朝廷愍悼，思惟咎徵，博訪其故。山嶽尊靈，國所望秩，而遂比不奉祠，怠慢廢典，不務懇惻，淫刑放濫，害加孕婦，毒流未生，感和致災。其詳思改救，追復所失。有不遵憲，舉正以聞。」〔二〕 司馬彪續漢書五行志劉昭注

校勘記

〔一〕朱遂 不見范曄後漢書。

〔二〕舉正以聞 司馬彪續漢書五行志云：「順帝陽嘉元年十月中，望都蒲陰狼殺童兒九十七人。時李固對策，引京房易傳曰：『君將無道，害將及人，去之深山以全身，厥妖狼食人。』陛下覺寤，比求隱滯，故狼災息。」其下劉昭引此條文字作注。

張奐

張奐，〔一〕字然明，爲安定屬國都尉。〔二〕羌離湳上奐馬二十匹，〔三〕奐召主簿張祁入，於羌前以酒酹地曰：「使馬如羊，〔四〕不以入廄。使金如粟，不得入懷。」盡還不受。類聚卷九三

張奐，使匈奴中郎將，〔五〕時休屠各及朔方烏桓並同反叛，〔六〕遂燒度遼將軍門，〔七〕引屯赤坑，〔八〕煙火相望。兵衆大恐，各欲亡去。奐安坐帷中，與弟子誦書自若，〔九〕軍士稍安。〔一〇〕初學記卷一八

桓帝時，〔一一〕張奐爲武威太守，〔一二〕其妻懷孕，夢見帶奐印綬，登樓而歌。乃訊之於占者，曰：「必生男，復臨兹邦，〔一三〕命終此樓。」既而生猛，〔一四〕以建安中爲武威太守，〔一五〕殺刺史邯鄲商，州兵圍之急，猛耻見擒，乃登樓自焚而死。御覽卷三六〇

校勘記

〔一〕張奐　敦煌淵泉人，范曄後漢書卷六五有傳。又見汪文臺輯謝承後漢書卷四、司馬彪續漢書卷

四、華嶠後漢書卷二。袁宏後漢紀卷二二亦略載其事。

〔二〕爲安定屬國都尉　桓帝永壽元年，張奐爲安定屬國都尉。見范曄後漢書張奐傳。

〔三〕羌離湳上奐馬二十四　范曄後漢書張奐傳云：「羌豪帥感奐恩德，上馬二十四，先零酋長又遺金鐻八枚。」故下文有「使金如粟」之語。此句下當有遺金鐻事，今脱去。

〔四〕如羊　與下文「如粟」，皆以喻多。

〔五〕使匈奴中郎將　原無「中郎將」三字，姚本、聚珍本同。書鈔卷一三二、御覽卷七〇〇引有，今據增補。據范曄後漢書張奐傳，奐由安定屬國都尉遷使匈奴中郎將。

〔六〕時休屠各及朔方烏桓並同反叛　原無「時」字、「各」字，御覽卷七〇〇引有，書鈔卷一三二引亦有「各」字，今據增補。范曄後漢書張奐傳與此文字全同。

〔七〕遂燒度遼將軍門　范曄後漢書張奐傳李賢注：「時度遼將軍屯五原。」

〔八〕引屯赤坑　此句姚本、聚珍本作「列屯赤地」，書鈔卷一三二、初學記卷二五引同。按「引屯赤坑」句不誤，范曄後漢書張奐傳作「引屯赤阬」。「坑」、「阬」二字同。

〔九〕誦書　書鈔卷一三二引作「講論」，御覽卷七〇〇引作「講書」。

〔一〇〕軍士稍安　此條萬花谷後集卷一六、合璧事類卷三三亦引，字句大同小異。

〔一一〕桓帝時　此句原無，御覽卷三九九引有，今據增補。

〔二〕張奐爲武威太守　范曄後漢書張奐傳云：「延熹元年，鮮卑寇邊，奐率南單于擊之，斬首數百級。明年，梁冀被誅，奐以故吏免官禁錮。……在家四歲，復拜武威太守。」

〔三〕茲　御覽卷三九九引作「此」。

〔四〕生猛　御覽卷三九九引作「生子猛」。

〔五〕以建安中爲武威太守　此句以下御覽卷三九九引作「建安中爲武威太守，前郡守邯鄲商爲猛所殺，據郡反，爲韓遂所攻。自知必死，乃登樓自燒而終」。

段　熲

段熲，〔一〕字紀明，有文武智略。竇讒等聚衆爲亂，〔二〕詔遣中郎將有文武者，尹頌時表用熲。其日拜熲，授節劍佩刀衣裳車馬束帛，將平陽騎。熲到所，設施方略，糾舉通急，行古司馬兵法、孫吳之術，旬月群盜悉破。〔三〕書鈔卷六三

段熲破羌，〔四〕明年春，餘羌復與繞河大寇張掖。〔五〕熲下馬大戰，〔六〕力盡，虜亦引退。〔七〕且追且戰，晝夜相攻，〔八〕割肉食雪，四十餘日。書鈔卷一五二

段熲上疏曰：「先零東羌討之難破，降爲上策，戰爲下計。」〔一〇〕文選卷五六陸倕石闕銘李善注

太后詔云：「此以慰种光、馬賢等亡魂也。」〔一一〕范曄後漢書卷六五段熲傳李賢注

熲復追羌出橋門谷。〔一二〕范曄後漢書卷六五段熲傳李賢注

段熲曰：「張奐事勢相反，〔一三〕遂懷猜恨。」文選卷二八鮑照白頭吟李善注

段熲起於徒中，爲并州刺史，有功，徵還京師。熲乘輕車，介士鼓吹，曲蓋朱旗，馬騎五萬餘匹，〔一四〕殷天蔽日，鉦鐸金鼓，雷振動地，連騎繼迹，彌數十里。〔一五〕御覽卷三三八

段熲滅羌，詔賜錢十萬，〔一六〕七尺絳襜褕一具。〔一七〕書鈔卷一二九

段熲滅羌，詔賜熲赤幘大冠一具。〔一八〕御覽卷六八四

段熲上書曰：「又掠得羌侯君長金印四十三，銅印三十一，錫印一枚，及長史、司馬、涉頭、長燕、鳥校、棚水塞尉印五枚，紫綬三十八，〔一九〕艾綬二十八，〔二〇〕黄綬二枚，皆簿入也。〔二一〕書鈔卷一三一

校勘記

〔一〕段熲　武威姑臧人，范曄後漢書卷六五有傳。

〔二〕竇讒　此二字有誤，據范曄後漢書段熲傳當作「東郭竇、公孫舉」。

〔三〕旬月群盜悉破　此條陳禹謨刻本書鈔卷六三引作「段熲有文武智略，時竇公、孫舉等聚衆三萬人爲亂，遣兵討之，連年不克。桓帝詔公卿選將有文武者，司徒尹訟薦熲，乃拜爲中郎將。熲到，設施方略，旬月群賊悉破」。姚本即據陳本書鈔輯録，惟首句「段熲」下有「字紀明」三字。聚珍本亦有「字紀明」三字，「竇公、孫舉」改作「東郭竇、公孫舉」，與范曄後漢書段熲傳相合。又「群賊」作「群盜」，餘與陳本書鈔同。

〔四〕段熲破羌　「羌」字下姚本有一方格，聚珍本有「胡」字，與陳禹謨刻本書鈔同。范曄後漢書段熲傳云：「延熹二年，遷護羌校尉。會燒當、燒何、當煎、勒姐等八種羌寇隴西、金城塞，熲將兵及湟中義從羌萬二千騎出湟谷，擊破之。追討南度河，使軍吏田晏、夏育募先登，懸索相引，復戰於羅亭，大破之，斬其酋豪以下二千級，獲生口萬餘人，虜皆奔走。」

〔五〕餘羌復與繞河大寇張掖　此句姚本、聚珍本作「餘羌復寇張掖」，與陳禹謨刻本書鈔同。「繞河」，當作「燒何」，范曄後漢書段熲傳云：「延熹三年春，「餘羌復與燒何大豪寇張掖」。

〔六〕熲下馬大戰　「熲」字下姚本、聚珍本有「自」字，與陳禹謨刻本書鈔同。

〔七〕虜　姚本同，陳禹謨刻本作「鹵」，字與「虜」通。聚珍本改作「羌」。

〔八〕斬　姚本、聚珍本無此字，與陳禹謨刻本書鈔同。

〔九〕晝夜相攻　此下三句姚本、聚珍本作「晝夜兼行，食雪四十餘日」，與陳禹謨刻本書鈔同。

〔一〇〕戰爲下計　據范曄後漢書段熲傳所載，「東羌先零等自覆没征西將軍馬賢後，朝廷不能討，遂數寇擾三輔」。桓帝詔問段熲方略，熲遂上疏深斥招降之謬，認爲東羌先零等「狼子野心，難以恩納，勢窮雖服，兵去復動。唯當長矛挾脅，白刃加頸耳」。此所引當非熲語。

〔一一〕此以慰种光、馬賢等亡魂也　據范曄後漢書段熲傳載，靈帝建寧元年春，段熲將兵萬餘人，從彭陽直指高平，與先零諸種戰於逢義山，大破之，斬首八千餘級，獲牛馬羊二十八萬頭。時竇太后臨朝，下詔褒美熲功，此其詔中語。「种光」，事不詳，當是擊諸羌戰殁者。「馬賢」，范書西羌傳云：順帝永和「五年夏，且凍、傅難種羌等遂反叛，攻金城，與西塞及湟中雜種羌胡大寇三輔，殺害長吏。……於是發京師近郡及諸州兵討之，拜馬賢爲征西將軍……且凍分遣種人寇武都，燒隴關，掠苑馬。六年春，馬賢將五六千騎擊之，到射姑山，賢軍敗，賢及二子皆戰殁」。

〔一二〕熲復追羌出橋門谷　范曄後漢書段熲傳云：建寧元年「夏，熲復追羌出橋門，至走馬水上」。李賢注引東觀漢記云：「段熲傳曰出橋門谷也」，此條即據李賢注，又參考范書輯録。通鑑卷五六云：「段熲將輕兵追羌，出橋門。」胡三省注云：「據東觀記，橋門，谷名。水經注云：『橋門，即橋山之長城門也。』」

〔一三〕張奐事勢相反　建寧元年夏，段熲復敗諸羌，當時張奐上言：「東羌雖破，餘種難盡，熲性輕果，慮負敗難常。宜且以恩降，可無後悔。」詔書下熲，熲上奏辨之。此下二句爲其奏中語。見范曄後漢書段熲傳。

〔一四〕馬騎五萬餘匹　此句原作「騎馬」二字，姚本同。聚珍本作「馬騎五萬餘匹」，御覽卷三〇〇引同，今據增改。書鈔卷一三四引作「馬騎五萬匹」。

〔一五〕連騎繼迹，彌數十里　此二句書鈔卷七二引作「連騎從徒，彌數十里」，御覽卷二五四引作「連騎相繼數十里」。此條書鈔卷一二一，類聚卷五〇、卷六八，玉海卷八三，文選卷五七潘岳馬汧督誄李善注亦引，字句較略。

〔一六〕十萬　姚本同，御覽卷六九三引亦同。聚珍本作「千萬」。

〔一七〕具　姚本同，聚珍本作「領」，御覽卷六九三引亦作「領」。

〔一八〕詔賜熲赤幘大冠一具　此條御覽卷六八七、事類賦卷一二、玉海卷八一亦引。

〔一九〕三十八　御覽卷六八二引作「十七」。

〔二〇〕艾綬二十八　此句原無，御覽卷六八二引有，今據增補。

〔二一〕皆簿入　姚本、聚珍本同，御覽卷六八三引亦同，而卷六八二引作「皆入簿」。

陳蕃

陳蕃，〔一〕字仲舉，爲光禄勳，上疏切諫曰：「鄙諺云『盜不過五女門』，以女能貧家也。今後宮之女數千，食肉衣綺，豈不貧困乎！」〔二〕書鈔卷五三

校勘記

〔一〕陳蕃　汝南平輿人，范曄後漢書卷六六有傳。又見汪文臺輯謝承後漢書卷四、司馬彪續漢書卷四、袁山松後漢書。

〔二〕困　姚本脱，聚珍本作「國」。按「國」字是。上言「貧家」，此言「貧國」，文正相對。范曄後漢書陳蕃傳云：蕃「遷光禄勳。時封賞踰制，内寵猥盛，蕃乃上疏諫曰：『……鄙諺言「盜不過五女門」，以女貧家也。今後宮之女，豈不貧國乎！……』」

王允

尚書令王允奏曰：〔一〕「太史令王立説孝經六隱事，能消却姦邪，常以良日。」〔二〕允與立入，爲獻帝誦孝經一章，以杖二竹簟畫九宫其上，隨日時而出入焉。〔三〕及允被害，乃不復行也。御覽卷七〇八

校勘記

〔一〕王允　字子師，太原祁人，范曄後漢書卷六六有傳。又見汪文臺輯謝承後漢書卷四、華嶠後漢書卷二、袁山松後漢書、張璠漢記。袁宏後漢紀卷二七亦略載其事。

〔二〕日　原誤作「月」，聚珍本不誤，今據改正。

〔三〕而出　此二字原無，聚珍本有，今據增補。

李膺〔一〕

李元禮，祖父修，安帝時，生子亮、叔、訓、秀，號「四龍」，皆爲牧守。〔二〕　翰苑新書卷四六

李膺爲蜀郡太守，〔三〕蜀之珍玩，不入於門，益州紀其政化。〔四〕　聚珍本

校勘記

〔一〕李膺　字元禮，潁川襄城人，范曄後漢書卷六七有傳。又見汪文臺輯謝承後漢書卷四、司馬彪續漢書卷五、華嶠後漢書卷二、謝沈後漢書、袁山松後漢書、張璠漢記。袁宏後漢紀卷二一亦略載其事。

〔二〕皆爲牧守　此條合璧事類後集卷六六亦引，字句全同。

〔三〕李膺爲蜀郡太守　「李膺」原誤作「李庸」。據范曄後漢書李膺傳，膺爲漁陽太守，尋轉蜀郡太守。

〔四〕益州紀其政化　此條不知聚珍本從何書輯録。范曄後漢書李膺傳李賢注引謝承後漢書云：膺「出補蜀郡太守，修庠序，設條教，明法令，威恩并行。蜀之珍玩，不入於門。益州紀其政化，朝

廷舉能理劇，轉烏桓校尉」。

郭泰

童子魏照求入事郭泰，〔一〕供給灑掃。泰曰：「當精義講書，何來相近？」照曰：「經師易獲，人師難遭，欲以素絲之質，附近朱藍。」〔二〕　事類賦卷一〇

校勘記

〔一〕郭泰　字林宗，范曄後漢書卷六八有傳。又見汪文臺輯謝承後漢書卷四、司馬彪續漢書卷五、袁山松後漢書。袁宏後漢紀卷二三亦略載其事。

〔二〕附近朱藍　此條事類賦卷一〇引出「漢記」，當即指東觀漢記。姚本、聚珍本皆未輯録此條。袁宏後漢紀卷二三載郭泰事云：「童子魏昭求入其房，供給灑掃。泰曰：『年少當精義書，曷爲求近我乎？』昭曰：『蓋聞經師易遇，人師難遭，故欲以素絲之質，附近朱藍耳。』泰美其言，聽與共止。」可與此相證。「年少當精義書」句，「義」字下脱「講」字。

荀曇

荀曇，〔一〕字元智，潁川潁陰人，爲廣陵太守，正身疾惡。其兄昱爲沛相，乃相與共除閹黨。後昱與大將軍竇武謀誅中官，與李膺俱死，曇亦禁錮終身。〔二〕聚珍本

校勘記

〔一〕荀曇　范曄後漢書卷六二荀淑傳略載其事。

〔二〕曇亦禁錮終身　此條不知聚珍本輯自何書。

劉祐

劉祐爲河東太守，〔一〕時屬縣令長率多中官子弟，百姓患之。祐到，摧其權强，平理冤結，政爲三河表。〔二〕聚珍本

校勘記

〔一〕劉祐　字伯祖，中山安國人，范曄後漢書卷六七有傳。又見汪文臺輯謝承後漢書卷四。

〔二〕政爲三河表　此條不知聚珍本從何書輯録。范曄後漢書劉祐傳云：「遷祐河東太守。時屬縣令長率多中官子弟，百姓患之。祐到，黜其權强，平理冤結，政爲三河表。」字句與此大略相同。「三河」，指河東、河内、河南。

宗　資

汝南太守宗資等，〔一〕任用善士，朱紫區别。文選卷五五劉峻廣絶交論李善注

校勘記

〔一〕宗資　范曄後漢書無傳，黨錮傳李賢注引謝承後漢書云：「宗資，字叔都，南陽安衆人也。家世爲漢將相名臣。祖父均，自有傳。資少在京師，學孟氏易、歐陽尚書。舉孝廉，拜議郎，補御史中丞、汝南太守。署范滂爲功曹，委任政事，推功於滂，不伐其美。任善之名，聞於海内。」汪文

臺輯司馬彪續漢書卷五亦略載宗資事迹。

符融

符融妻亡，〔一〕貧無殯斂，鄉人欲爲具棺服，融不肯受，曰：「古之亡者，棄之中野。唯妻子可以行志，但土埋藏而已。」〔二〕御覽卷四八四

校勘記

〔一〕符融　字偉明，陳留浚儀人，范曄後漢書卷六八有傳。又見汪文臺輯謝承後漢書卷七。

〔二〕但土埋藏而已　范曄後漢書符融傳李賢注引謝承後漢書云：「潁川張元祖，志行士也，來存融，弔其妻亡，知其如此，謂言『足下欲尚古道，非不清妙；且禮設棺槨，制杖章，孔子曰「吾從周」』。便推所乘羸牛車，命融以給殯，融受而不辭。」

韓卓

韓卓，〔一〕臘日奴竊食祭其母，卓義其心，即日免之。〔二〕類聚卷三五

校勘記

〔一〕韓卓　范曄後漢書卷四八應劭傳、卷六八符融傳略載其事。又見汪文臺輯司馬彪續漢書卷五、袁山松後漢書。此句下聚珍本有「字子助，陳留人」二句。據范書符融傳，融爲陳留人，韓卓與融同郡，曾爲融所薦舉。李賢注引袁山松後漢書云：「卓字子助。」

〔二〕即日免之　此條御覽卷五〇〇亦引，字句稍異。

孔融

孔融上書曰：〔一〕「先帝褒厚老臣，懼其隕越，是故扶接助其氣力。三公刺掖，近爲憂之，非警戒也。云備大臣，非其類也。」〔二〕聚珍本

校勘記

〔一〕孔融　字文舉，魯國人，范曄後漢書卷七〇有傳。又見汪文臺輯司馬彪續漢書卷五、張璠漢記。袁宏後漢紀卷三〇，三國志崔琰傳裴松之注引九州春秋、魏氏春秋、世語等亦略載其事。

〔二〕非其類也　此條不知聚珍本從何書輯録。

皇甫嵩

皇甫嵩上言，〔一〕四姓權右，〔二〕咸各斂手也。文選卷四〇沈約奏彈王源李善注

校勘記

〔一〕皇甫嵩　字義真，安定朝那人，范曄後漢書卷七一有傳。又見汪文臺輯謝承後漢書卷四、司馬彪續漢書卷五、華嶠後漢書卷二、袁山松後漢書、張璠漢記。袁宏後漢紀卷二七亦略載其事。

〔二〕四姓　明帝時外戚樊氏、郭氏、陰氏、馬氏。皇甫嵩是靈帝時人，此「四姓」泛指外戚。

袁紹〔一〕

賓客所歸，傾心折節。〔二〕書鈔卷三四

士無貧賤，與之抗禮。書鈔卷三四

校勘記

〔一〕袁紹　字本初，汝南汝陽人，范曄後漢書卷七四、三國志卷六有傳。姚本、聚珍本皆無袁紹傳。

〔二〕傾心折節　范曄後漢書袁紹傳云：「紹有姿貌威容，愛士養名。既累世台司，賓客所歸，加傾心折節，莫不爭赴其庭，士無貧賤，與之抗禮。」

吕布

吕布以奮威將軍如三事。〔一〕書鈔卷五二

校勘記

〔一〕呂布　字奉先，五原九原人，范曄後漢書卷七五、三國志卷七皆有傳。　以奮威將軍如三事　呂布刺殺董卓，王允以布爲奮威將軍，假節，儀同三司。事見范書和三國志呂布傳。

丘騰〔一〕

騰知罪法深大，懷挾姦巧，稽留道路，下獄死。〔二〕　范曄後漢書卷六沖帝紀李賢注

校勘記

〔一〕丘騰　范曄後漢書無傳。

〔二〕下獄死　范曄後漢書沖帝紀建康元年九月載：「己未，九江太守丘騰有罪，下獄死。」

韓昭〔一〕

强賦一億五千萬，檻車徵下獄。〔二〕 范曄後漢書卷六質帝紀李賢注

校勘記

〔一〕韓昭 范曄後漢書無傳。

〔二〕檻車徵下獄 范曄後漢書質帝紀永憙元年載：「冬十一月己丑，南陽太守韓昭坐贓下獄死。」其下李賢引此條文字作注。

趙序〔一〕

取錢縑三百七十五萬。〔二〕 范曄後漢書卷六質帝紀李賢注

校勘記

〔一〕趙序　范曄後漢書無傳。

〔二〕取錢縑三百七十五萬　范曄後漢書質帝紀永憙元年十一月載：「丙午，中郎將滕撫擊廣陵賊張嬰，破之。丁未，中郎將趙序坐事棄市。」其下李賢引此條文字作注。通鑑卷五二胡三省注亦引此條文字。按范書滕撫傳云：「建康元年，九江范容、周生等相聚反亂，屯聚歷陽。……明年，廣陵賊張嬰等復聚衆數千人反，據廣陵。朝廷博求將帥，三公舉撫有文武才，拜爲九江都尉，與中郎將趙序助馮緄合州郡兵數萬人共討之。……拜撫中郎將，督揚徐二州事。撫復進擊張嬰，斬獲千餘人。趙序坐畏懦不進，詐增首級，徵還棄市。」與東觀漢記所載趙序死因有所不同。

韋毅

韋毅爲陳留太守，〔一〕桓帝延熹九年，坐臧自殺。〔二〕　聚珍本

校勘記

〔一〕韋毅　范曄後漢書無傳。

〔二〕坐贓自殺　此條不知聚珍本從何書輯録。范曄後漢書桓帝紀延熹九年三月載：「陳留太守韋毅坐贓自殺。」

周珌

周珌，〔一〕豫州刺史慎之子也。〔二〕　范曄後漢書卷九獻帝紀李賢注

校勘記

〔一〕周珌　「珌」或作「毖」，范曄後漢書無傳。范書董卓傳稱「吏部尚書漢陽周珌」，三國志許靖傳稱「董卓秉政，以漢陽周毖爲吏部尚書」，皆以珌爲漢陽人。而范書董卓傳李賢注云：「英雄記『珌』作『毖』，字仲遠，武威人。」三國志董卓傳裴松之注引英雄記亦云：「毖字仲遠，武威人。」

〔二〕豫州刺史慎之子也　范曄後漢書獻帝紀初平元年二月載：「庚辰，董卓殺城門校尉伍瓊、督軍校

尉周珌。」其下李賢引此條文字作注。

郭　汜〔一〕

獻帝幸弘農，郭汜日擄掠百官，婦女有美髮者，皆斷取之。〔二〕　聚珍本

校勘記

〔一〕郭汜　其事散見范曄後漢書獻帝紀、董卓傳等篇，三國志董卓傳等篇亦略載其事。范書董卓傳李賢注引劉艾獻帝紀云：「汜，張掖人。」三國志董卓傳裴松之注引英雄記云：「汜，張掖人，一名多。」

〔二〕皆斷取之　此條不知聚珍本從何書輯録。

卷十八

傳十三

衛颯

衛颯爲桂陽太守，〔一〕鑿山通道，列亭置驛。〔二〕六帖卷九

視事十年，徵還。〔三〕颯到即引見，賜食於前。從吏二人，賜冠幘，錢人五千。范曄後漢書卷七六衛颯傳李賢注

校勘記

〔一〕衛颯　范曄後漢書卷七六有傳。又見汪文臺輯華嶠後漢書卷二。

〔二〕列亭置驛　此條初學記卷二四亦引，僅個別文字有異。

〔三〕視事十年，徵還　此二句原無，是據范曄後漢書衛颯傳增補。姚本、聚珍本有此二句。據范書，

衞颯於光武帝建武二十五年被徵詣京師，欲以爲少府，因被疾未拜，以桂陽太守歸家。

茨充〔一〕

充字子河，宛人也。初舉孝廉，之京師，同侶馬死，充到前亭，輒舍車持馬還相迎，鄉里號之曰「一馬兩車茨子河」。〔二〕　范曄後漢書卷七六衞颯傳李賢注

茨充爲桂陽太守，〔三〕俗不種桑，無蠶織絲麻之利，類皆以麻枲頭緼著衣，民墮窳，少麄履，〔四〕盛冬皆以火燎。〔五〕充令屬縣教民益種桑柘，養蠶桑織履，復令種紵麻，數年之間，人賴其利，〔六〕衣履温煖。〔七〕　御覽卷八二三

元和中，荆州刺史上言：「臣行部入長沙界，觀者皆徒跣。臣問御佐曰：『人無履亦苦之否？』御佐對曰：『十二月盛寒時并多剖裂血出，燃火燎之，春温或膿潰。建武中，桂陽太守茨充教人種桑蠶，人得其利，至今江南頗知桑蠶織履，皆充之化也。』」　范曄後漢書卷七六衞颯傳李賢注

校勘記

〔一〕茨充　范曄後漢書卷七六衞颯傳附載其事。又見汪文臺輯謝承後漢書卷八，但「茨充」誤作「范

充」。

〔二〕鄉里號之曰「一馬兩車茨子河」　此條書鈔卷一三九引作「茨充舉孝廉，之京師，道殺一馬，不能煩，不服假賃，充到前亭，輒舍車持馬還相迎，鄉里號之曰『一馬兩車茨子河』」。字句頗多歧異。「煩」字有誤，「服」當作「復」。

〔三〕茨充　原訛作「范充」，書鈔卷三九引不誤，今據改。

〔四〕䴦　即「麤」字。方言卷四云：「屝、屨、麤，履也。……南楚江沔總謂之麤。」釋名釋衣服云：「荆州人曰䴦，絲、麻、韋、草，皆同名也。」「䴦」與「麤」字同。

〔五〕盛冬皆以火燎　此句下聚珍本有「足多剖裂」一句。

〔六〕人賴其利　「賴」字原誤作「剌」，永樂大典卷一三一九四引同誤，聚珍本不誤。此句書鈔卷三九引作「大賴其利」。「賴」字亦不誤，今據校正。

〔七〕衣履温煖　水經注卷三九引云：「茨充，字子何，爲桂陽太守，民惰懶，少麤履，足多剖裂。充教作履。今江南知織履，皆充之教也。」此係括引。「子何」乃「子河」之誤。齊民要術序云：「茨充爲桂陽令，俗不種桑，無蠶織絲麻之利，類皆以麻枲頭貯衣。民惰窳，少麤履，足多剖裂血出，盛冬皆然火燎炙。充教民益種桑柘，養蠶織履，復令種紵麻，數年之間，大賴其利，衣履温暖。今江南知桑蠶織履，皆充之教也。」賈思勰所述疑即出東觀漢記。「桂陽令」三字有誤，當作「桂陽太守」，范曄後漢書云茨充繼衛颯之後任桂陽太守。如果爲令，則不能有「充令屬縣」之事。

任延

任延，〔一〕字長孫，南陽宛人。〔二〕更始拜爲會稽西部都尉，〔三〕年十九，迎吏見其少，皆驚。及到，澹泊無爲，下車遣吏以中牢具祠延陵季子。時天下新定，道路不通，〔四〕諸避世江南者皆未還，會稽多士。延到，皆禮之，聘請高行俊乂董子儀、嚴子陵等，待以師友之禮。行縣所到，輒使勞孝子，崇禮養善如此。建武之初，上書言：「臣贇拜不由王庭，願收骸骨。」詔書徵延，民攀持轂涕泣。　御覽卷二四一

九真俗燒草種田。〔五〕　范曄後漢書卷七六任延傳李賢注

任延除細陽令，〔六〕每至歲時伏臘，輒休遣繫囚徒，各使歸家，並感其恩德，應期而還。有囚於家被病，自載詣獄，既至而死，延率掾吏殯於門外，百姓悦之。　御覽卷四三〇

爲武威太守，河西舊少雨澤，延乃置水官吏，修理溝渠，皆蒙其利益。〔七〕　聚珍本

校勘記

〔一〕任延　范曄後漢書卷七六有傳。又見汪文臺輯司馬彪續漢書卷五。

〔二〕陽　此字原脱，聚珍本有，與范曄後漢書任延傳相合，今據增補。

〔三〕會稽　此二字原無，姚本、聚珍本有，書鈔卷六三兩引皆同，今據增補。范曄後漢書任延傳云：「更始元年，以延爲大司馬屬，拜會稽都尉。」

〔四〕道路不通　此句至「輒使勞孝子」一段文字姚本作「道路未通，避亂江南者皆未還中土，會稽頗稱多士。延到乃聘請高行如董子儀、嚴子陵等，敬待以師友之禮，掾吏貧者輒分俸禄以賑給之。省諸卒，令耕公田，以周窮急。每時行縣，輒使慰勉孝子，就餐飯之」。聚珍本惟「聘請高行」下有「俊乂」二字，係摘自御覽卷二四一所引，餘與姚本同。姚本、聚珍本此段文字是從陳禹謨刻本書鈔卷三七所引輯録，陳本書鈔於此段文字末尾注曰「補」，就是説已經根據他書作了增補。以范曄後漢書任延傳與陳本書鈔進行對勘，即可發現，陳禹謨所作的增補全部抄自范書，這種情況，陳本書鈔頗爲常見。姚本、聚珍本又依陳本書鈔輯録，有失東觀漢記舊貌。

〔五〕九真俗燒草種田　姚本無此條，聚珍本把此條編入地理志。按范曄後漢書任延傳云：「建武初，延上書願乞骸骨，歸拜王庭。詔徵爲九真太守。……九真俗以射獵爲業，不知牛耕。」其下李賢引此語作注。此語當出自東觀漢記任延傳。

〔六〕細陽　聚珍本作「睢陽」，范曄後漢書任延傳同。

〔七〕皆蒙其利益　此條不知聚珍本輯自何書。除首句外，文字與范曄後漢書任延傳全同。

王景〔一〕

建初八年，王景爲廬江太守，乃教民種桑養蠶。書鈔卷三九

遷廬江太守，人不知牛耕，東有孫叔敖芍陂，景到，脩起蕪廢，教用犁耕，農人墾闢。〔二〕書鈔卷七四

王景治俊儀，賜山海經、河渠書。書鈔卷一九

校勘記

〔一〕王景　范曄後漢書卷七六有傳。

〔二〕農人墾闢　姚本、聚珍本皆未輯録此條。

秦彭

秦彭，〔一〕字國平，〔二〕爲開陽城門候。〔三〕後拜潁川太守，老弱攀車，啼號填道。〔四〕文選卷五九沈約齊故安陸昭王碑文李善注

秦彭遷山陽太守，時山陽新遭地動後，飢旱穀貴，米石七八萬，百姓窮困。彭下車經營勞來，爲民四誡，〔五〕以定父母夫妻兄弟長幼之序，〔六〕擇民能率衆者，〔七〕以爲鄉三老，選鄉三老爲縣三老，令與長吏參職，崇儒雅，貴庠序，上德化，〔八〕春秋饗射，升降揖讓，〔九〕務禮示民，吏民畏愛，不敢欺犯。御覽卷二六〇

秦彭，字伯平，爲山陽太守。郡人江伯欲嫁寡姊，姊不嫁，乃引鐮自割。〔一〇〕御覽卷七六四、六帖卷一九

轉潁川太守，〔一一〕鳳皇、騏驎、嘉禾、甘露之瑞集於郡境。元、成間宗族五人同爲二千石，故號爲「萬石秦氏」。〔一二〕御覽卷二六〇

校勘記

〔一〕秦彭　范曄後漢書卷七六有傳。又見汪文臺輯失名氏後漢書。

〔二〕字國平　聚珍本同。按秦彭字伯平，「國」乃「伯」字之訛。六帖卷一九引云「秦彭字伯平」，御覽卷二六〇引云「秦彭字伯本」，「本」字雖係誤字，然「伯」字尚未失原書之舊。范曄後漢書秦彭傳、汪文臺輯失名氏後漢書亦皆云「秦彭字伯平」。

〔三〕爲開陽城門候　范曄後漢書秦彭傳云：「彭同産女弟，顯宗時入掖庭爲貴人，有寵。永平七年，以彭貴人兄，隨四姓小侯擢爲開陽城門候。」李賢注：「續漢志：『城門候一人，六百石。』開陽，城南面東頭第一門也。」

〔四〕啼號填道　此條記纂淵海卷六四亦引，文字微異。

〔五〕爲民四誡　聚珍本作「爲民設四誡」。范曄後漢書秦彭傳作「乃爲人設四誡」，聚珍本「設」字即據范書增補。

〔六〕以定父母夫妻兄弟長幼之序　「定」字原脱。此句聚珍本作「以定父母妻子長幼之序」，范曄後漢書秦彭傳作「以定六親長幼之禮」，今據增補「定」字。

〔七〕者　此字原脱，聚珍本有，今據增補。

〔八〕上德化　此句下聚珍本有「不任刑名」一句。按御覽卷二六〇另一處引云：「秦彭，字伯本，爲山陽太守，以禮訓民，不任刑名，崇好儒雅，百姓懷之，莫敢欺犯。」聚珍本「不任刑名」一句即據此增補。此段文字全是撮述大意，「不任刑名」一句未必是原書舊貌。

〔九〕升　原誤作「外」，聚珍本作「升」，今據改。

〔一〇〕乃引鐮自割　御覽卷七六四引云：「山陽郡人江伯欲嫁姊，姊引鐮欲自割。」六帖卷一九引云：「秦彭，字伯平，爲山陽太守。欲嫁寡妹，妹不嫁，乃引鐮自害。」此條綜合二書所引輯録。汪文臺輯失名氏後漢書載：「秦彭，字伯平，爲山陽太守。民江伯欲嫁寡姊，姊乃引鐮自割，伯因前救姊，觸鐮傷姊，遂亡。縣正論法。彭曰：『救無惡志也。』乃輕罪之。」可見六帖節删過多，竟使文義乖失。聚珍本據御覽輯録，置於列女傳中，在鮑宣妻之後，竄亂失次。

〔一一〕轉潁川太守　此句上原引有「秦彭，字伯本」至「莫敢欺犯」八句，詳見本篇注〔八〕。爲避免與上面「秦彭遷山陽太守」一條重複，今删去。

〔一二〕故號爲「萬石秦氏」　此條書鈔卷七五兩引，但都只有前二句，文字也略有出入。

王　渙

王渙除河内温令，〔一〕商賈露宿，人開門卧。人爲作謡曰：「王稚子代，未有平徭役。」〔二〕百姓喜。御覽卷四六五

王渙爲洛陽令，盜賊發，不得遠走，〔三〕或藏溝渠，或伏甕下。渙以方略取之，皆稱神

明。〔四〕 御覽卷七五八

王渙爲洛陽令，馬市正數從賣羹飯家乞貸，〔五〕不得輒毆罵之。至忿，煞正。捕得，〔六〕渙問知事實，便諷吏解遣。 御覽卷八六一

校勘記

〔一〕王渙 字稚子，廣漢郪人，范曄後漢書卷七六有傳。又見汪文臺輯司馬彪續漢書卷五。袁宏後漢紀卷一四亦略載其事。

〔二〕王稚子代，未有平徭役 此二句義不明，必有舛誤。

〔三〕得 聚珍本無此字。

〔四〕皆稱神明 此條姚本作「王渙與洛陽令，方略捕賊，賊乃藏大甕中，悉擒獲」。字句有脱誤。

〔五〕馬市正 馬市長吏。司馬彪續漢書百官志「雒陽市長」劉昭注引漢官云：「市長一人，秩四百石。丞一人，二百石。……又有櫬櫂丞，三百石，别治中水官，主水渠，在馬市東。」是知馬市在洛陽與櫬櫂署相近。馬市常爲行刑之所。范曄後漢書靈帝紀中平元年載：「冬十月，皇甫嵩與黄巾賊戰於廣宗，獲張角弟梁。角先死，乃戮其屍。」李賢注云：「發棺斷頭，傳送馬市。」司馬彪續漢書天文志載：「孝順永建二年……定遠侯班始尚陰城公主堅得，鬬争殺堅得，坐腰斬馬市，同産

皆棄市。」

〔六〕至忿，煞正，捕得　聚珍本脱此三句，致使文義難解。

董宣

董宣爲洛陽令，〔一〕擊持豪强，〔二〕在縣五年，七十四卒官。詔遣使者臨視，唯布被覆屍，妻子對哭，有大麥數斛，〔三〕家無餘財。上歎曰：「董宣死乃知貧耳！」　御覽卷二六九

校勘記

〔一〕董宣　范曄後漢書卷七七有傳。又見汪文臺輯謝承後漢書卷五、司馬彪續漢書卷五。

〔二〕擊持　聚珍本作「擊搏」。按當作「擊搏」，范曄後漢書董宣傳云：宣「搏擊豪彊，莫不震慄」。

〔三〕有大麥數斛　原無此句，聚珍本同，御覽卷八三八引有，今據增補。

樊曄

樊曄與世祖有舊，〔一〕世祖嘗於新野坐文書事被拘，時曄爲市吏，餽餌一笥，上德之。後拜爲河東都尉，〔二〕臨發之官，引見雲臺，賜御食衣被。上嘲曄曰：「一笥餌得都尉，何如？」曄頓首曰：「小臣蒙恩，特見拔擢，陛下不忘往舊，臣得竭死自效。」御覽卷二四一

樊曄爲天水郡，〔三〕其政嚴猛，好申、韓之術，善惡立斷，〔四〕不假下以權，道路不敢相盜，〔五〕商人行旅以錢物聚於大道旁，〔六〕曰：「以付樊父。」〔七〕後還其物如故。道不拾遺。〔八〕涼州爲之語曰：〔九〕「遊子常苦貧，力子天所富。〔一〇〕寧見乳虎穴，〔一一〕不入冀府寺。〔一二〕大笑期必死，〔一三〕忿怒或見置。嗟我樊府君，安可再遭值。」〔一四〕御覽卷二六二

校勘記

〔一〕樊曄　范曄後漢書卷七七有傳。又見汪文臺輯張璠漢記。

〔二〕都尉　原脱「都」字，聚珍本有，書鈔卷一一九、卷六三，御覽卷八六〇引亦有，今據增補。

〔三〕樊曄爲天水郡　此句書鈔卷七五兩引皆作「樊曄拜天水太守」。

〔四〕善惡立斷　原無此句，姚本、聚珍本同，書鈔卷七五兩引此條，其中一引有此句，今據增補。范曄後漢書樊曄傳云：「拜曄爲天水太守，政嚴猛，好申、韓法，善惡立斷。」

〔五〕道路不敢相盜　此句下聚珍本有「人有犯其禁者，率不生出獄，吏人及羌胡畏之。道不拾遺」諸句，與范曄後漢書樊曄傳全同。

〔六〕商人行旅以錢物聚於大道旁　原脱「聚」字，今據文義增補。此句姚本、聚珍本作「行旅至夜，聚衣裝道旁」，與范曄後漢書樊曄傳同。

〔七〕樊父　姚本、聚珍本作「樊公」，與范曄後漢書樊曄傳同。

〔八〕道不拾遺　姚本、聚珍本無此句。

〔九〕語　姚本、聚珍本作「歌」，書鈔卷七五引同，范曄後漢書樊曄傳亦作「歌」。

〔一〇〕遊子常苦貧，力子天所富　姚本、聚珍本無此二句，范曄後漢書樊曄傳有。「力子」，李賢注云：「勤力之子。」

〔一一〕乳虎　産乳之虎。虎産乳育子時期，爲護其子，搏噬更加凶猛，故以「乳虎」爲喻。

〔一二〕冀　天水郡治所。樊曄爲天水太守，居此縣。　府　原誤作「城」，姚本、聚珍本作「府」，范曄後漢書樊曄傳亦作「府」，今據改正。

〔一三〕大笑期必死　此下二句原無，姚本、聚珍本有，書鈔卷七五引亦有，范曄後漢書樊曄傳同，今據增補。

〔四〕安可再遭值 此條書鈔卷三六亦引，文字極疏略。

李章

李章爲千乘太守，〔一〕坐誅斬盜賊過濫，徵下獄免。〔二〕聚珍本

校勘記

〔一〕李章 范曄後漢書卷七七有傳。

〔二〕徵下獄免 此條不知聚珍本從何書輯録，字句與范曄後漢書李章傳同。

周紆

周紆遷齊相，〔一〕政治嚴酷，專任刑法。〔二〕書鈔卷七五

周紆爲渤海太守，赦令詔書到門不出，夜遣吏到屬縣盡決罪行刑。〔三〕坐徵詣廷尉，繫

獄數日，免歸。家貧，無以自賑贍，〔四〕身築塹以自給食。〔五〕章帝知，憐之，後以爲郎。　御覽卷四八四

周紆，字文通，遷召陵侯相。廷掾擅行威殺人，〔六〕斷手足，立寺門。〔七〕紆便往察。〔八〕　書鈔卷七八

周紆爲洛陽令，見吏問大姓。吏曰：「南許里諸李。」紆厲聲曰：「本問貴戚放横若馬、竇等。」〔九〕　書鈔卷三六

校勘記

〔一〕周紆　范曄後漢書卷七七有傳。

〔二〕專任刑法　此條姚本、聚珍本均未輯録。

〔三〕盡　原誤作「書」，聚珍本作「盡」。按范曄後漢書周紆傳云：「建初中，爲勃海太守。每赦令到郡，輒隱閉不出，先遣使屬縣盡決刑罪，乃出詔書。坐徵詣廷尉，免歸。」可證「盡」字是，今據改。

〔四〕賑　聚珍本無此字。

〔五〕塹　聚珍本作「墼」，御覽卷七六七引作「塹」。按「墼」字是，范曄後漢書周紆傳作「墼」。「墼」，磚坯。　自　原無此字，聚珍本有，御覽卷七六七引同，今據增補。

〔六〕廷掾　司馬彪續漢書百官志云：縣「諸曹略如郡員，五官爲廷掾，監鄉五部，春夏爲勸農掾，秋冬爲制度掾」。

〔七〕寺　左傳隱公七年孔穎達疏引風俗通義云：「寺，司也，庭有法度，令官所止，皆曰寺。」范曄後漢書張湛傳李賢注：「寺者，嗣也，理事之吏嗣續於其中也。」通鑑卷四三胡三省注：「寺，司也。諸官府所止皆曰寺。」

〔八〕便往察　此條姚本、聚珍本皆未輯録。范曄後漢書周紆傳載此事云：紆「遷召陵侯相，廷掾憚紆嚴明，欲損其威，乃晨取死人斷手足，立寺門。紆聞，便往至死人邊，若與死人共語狀。陰察視口眼有稻芒，乃密問守門人曰：『悉誰載藁入城者？』門者對：『唯有廷掾耳。』又問鈴下：『外頗有疑令與死人語者不？』對曰：『廷掾疑君。』乃收廷掾考問，具服『不殺人，取道邊死人』。後人莫敢欺者」。

〔九〕本問貴戚放横若馬、竇等　此條姚本、聚珍本皆未輯録。范曄後漢書周紆傳載此事云：紆「徵拜洛陽令，下車，先問大姓主名，吏數閭里豪彊以對。紆厲聲怒曰：『本問貴戚若馬、竇等輩，豈能知如此賣菜傭乎？』」

陽球

陽球，〔一〕字方正，爲司隸校尉，〔二〕詣闕謝恩，表言常侍王甫罪過，奔車收送詔獄，自臨考之，父子皆死於杖下。乃磔甫屍，署曰「賊臣王甫」。於是權門惶怖，莫不雀目鼠步，京師肅然。曹節見甫屍，乃收淚入言球罪，帝徙爲衛尉。球叩頭曰：「願假臣一月，必令豺狼鴟梟，悉服其辜。」〔三〕唐類函卷五六

校勘記

〔一〕陽球　漁陽泉州人，范曄後漢書卷七七有傳。又見汪文臺輯謝承後漢書卷五、司馬彪續漢書卷五、華嶠後漢書卷二。袁宏後漢紀卷二四亦略載其事。

〔二〕爲司隸校尉　范曄後漢書陽球傳云：「光和二年，遷爲司隸校尉。」

〔三〕悉服其辜　此條姚本全同，聚珍本「詣闕」下有「上書」二字，「惶怖」下有「股慄」二字，餘與此同。此條孔廣陶校注本書鈔卷六一引作「陽球，字方正，爲司隸校尉，詣闕上書謝恩，表言常侍王甫罪過，奔車收送詔獄，自臨考之，死以杖下。權門惶怖服悚，莫不雀目鼠步，京師肅然」。「以」字

當作「於」，「服悚」當作「股慄」。陳禹謨刻本書鈔卷六一引作「陽球爲司隸校尉，詣闕謝恩，表云常侍王甫罪過，奔車收送詔獄，自臨考之，死於杖下。權門惶怖，莫不雀目鼠步，京師肅然」。

鄭衆

鄭衆，〔一〕字季産，爲人謹敏有心。永平中，初給事太子家。肅宗即位，拜小黄門，遷中常侍。和帝初，竇太后秉政，兄大將軍憲等並竊威權，朝臣上下莫不附之，而衆獨一心王室，不事豪黨，帝親信焉。及憲兄弟圖作不軌，衆遂首謀誅之，以功遷大長秋。〔二〕聚珍本

校勘記

〔一〕鄭衆　范曄後漢書卷七八有傳。袁宏後漢紀卷一〇亦略載其事。據史通古今正史篇，東觀漢記鄭衆傳爲桓帝時崔寔、曹壽、延篤等人所撰作。

〔二〕以功遷大長秋　此條聚珍本輯録，不知摘自何書。字句與范曄後漢書鄭衆傳大同小異。

蔡倫

蔡倫，〔一〕字敬仲，〔二〕爲中常侍，有才學，盡忠重慎，每至休沐，〔三〕輒閉門絶賓客，曝體田野。御覽卷四三〇

黄門蔡倫，字敬仲，典作上方，造意用樹皮及敝布、魚網作紙，〔四〕奏上，〔五〕帝善其能，自是莫不用，天下咸稱蔡侯紙也。〔六〕唐類函卷一〇七

倫典上方，作紙，〔七〕用故麻造者謂之麻紙，用木皮名穀紙，用故魚網名網紙。〔八〕事物紀原卷八

校勘記

〔一〕蔡倫　桂陽人，范曄後漢書卷七八有傳。據史通古今正史篇，東觀漢記蔡倫傳爲桓帝時崔寔、曹壽、延篤等人所作。

〔二〕字敬仲　此句下聚珍本有「桂陽人」一句。

〔三〕沐　原作「下」，爲「沐」之殘破字，聚珍本作「沐」，范曄後漢書蔡倫傳同，今據改正。

〔四〕造意用樹皮及敝布、魚網作紙　聚珍本注云：「一本作『倫典尚方，作紙，用故麻名麻紙，木皮名穀紙，魚網名網紙』。」按此所云「一本」，不知爲何本。陳禹謨刻本書鈔卷一○四引輿服志云：「蔡侯紙，用故麻名麻紙，木皮名穀紙，故漁網名網紙。」御覽卷六○五引董巴記云：「東京有蔡侯紙，即倫也。用故麻名麻紙，木皮名穀紙，用故魚網作紙名網紙也。」事物紀原卷八引荆州記云：「漢順帝時，蔡倫始以魚網造紙。」又引王隱晉書云：「魏太和六年，張揖云：『古之素帛，依書長短，隨事截繙，枚數重沓，名番紙，故從糸。後漢蔡倫以故布擣剉作之，故字從巾。』」

〔五〕奏上　此句姚本同，聚珍本作「元興元年奏上之」，與范曄後漢書蔡倫傳同。

〔六〕天下咸稱蔡侯紙也　孔廣陶校注本書鈔卷一○四引云：「蔡倫典作尚方，作紙。」初學記卷二一引云：「黄門蔡倫典作尚方，作紙，所謂蔡侯紙是也。」又引云：「倫典作尚方，作紙。」類聚卷五八引云：「黄門蔡倫，典作上方，作紙，所謂蔡侯紙也。」御覽卷六○五、事類賦卷一五引與類聚同，惟「上」字作「尚」。各書所引，皆略於此。

〔七〕紙　原誤作「納」。

〔八〕用故魚網名網紙　此條與上條文句略有重複，因大部分文句不同，而且内容較爲重要，所以對此條文字與上條文字重複的地方未作節删。

孫程〔一〕

北新城人，衛康叔之胄孫林父之後。〔二〕范曄後漢書卷七八宦者孫程傳李賢注

孫程爲中黄門，安帝崩，初，江京等譖誣太子，廢爲濟陰王，居西鍾下，徵北鄉侯爲嗣。〔三〕程等十八人殺江京、閻顯等，立濟陰王爲帝，以功封程爲浮陽侯，萬户。御覽卷二〇一

中黄門孫程謀誅江京，後程於盛化門外與馬國等相見，詐謂國曰：「天子與我棗脯，與若棗者，早成之。」〔四〕乃與國等共爲謀立順帝。御覽卷九六五

孫程與王康等斬江京等，迎立濟陰王，是爲順帝。閻顯弟景爲衛尉，從省中還外府，收兵至盛德門。尚書郭鎮率直宿羽林出，逢景，景因斫鎮，不中。鎮劍擊景墮車，左右以戟叉其胸，禽之，送廷尉。御覽卷三五二

封中黄門王康華容侯，王國爲酈侯。〔五〕御覽卷二〇一

校勘記

〔一〕孫程　字稚卿，范曄後漢書卷七八有傳。又見汪文臺輯司馬彪續漢書卷五。據史通古今正史篇，東觀漢記孫程傳爲桓帝時崔寔、曹壽、延篤等人所撰。

〔二〕衛康叔之胄孫林父之後　范曄後漢書孫程傳李賢注云：「東觀自此已下十九人，與程同功者皆敍其所承本系。蓋當時史官懼程等威權，故曲爲文飾。」由此可知，東觀漢記具載與程同功者十八人。據范書孫程傳，此十八人當爲中黄門王康、黄龍、彭愷、孟叔、李建、王成、張賢、史汎、馬國、王道、李元、楊佗、陳予、趙封、李剛、魏猛、苗光，長樂太官丞王國。

〔三〕徵北鄉侯爲嗣　范曄後漢書順帝紀載：「孝順皇帝諱保，安帝之子也。……永寧元年，立爲皇太子。延光三年，安帝乳母王聖、大長秋江京、中常侍樊豐譖太子乳母王男、厨監邴吉，殺之，太子數爲歎息。王聖等懼有後禍，遂與豐、京共搆陷太子，太子坐廢爲濟陰王。明年三月，安帝崩，北鄉侯立。……及北鄉侯薨，車騎將軍閻顯及江京，與中常侍劉安、陳達等白太后，秘不發喪，而更徵立諸國王子，乃閉宫門，屯兵自守。……中黄門孫程等十九人共斬江京、劉安、陳達等，迎濟陰王於德陽殿西鍾下，即皇帝位。」事又見孫程傳。據此，「徵北鄉侯爲嗣」一句上當有闕文。

〔四〕早成之　此句上事類賦卷二六引有「使」字。

〔五〕爲鄺侯　此上五條聚珍本連綴爲「孫程，字稚卿，北新城人，衛康叔之胄孫林父之後。爲中黄門，安帝崩，初，江京等譖誣太子，廢爲濟陰王，居西鍾下，徵北鄉侯爲嗣。程謀誅江京於盛化門外，與馬國等相見，詐謂馬國曰：『天子與我棗脯，與若棗者，使早成之。』程等十八人收斬江京、閻顯等，迎立濟陰王，是爲順帝。閻顯弟景爲衛尉，從省中還外府，收兵至盛德門。尚書郭鎮率直宿羽林出，逢景，景因斫鎮，不中。鎮劍擊景墮車，左右以戟叉其胸，禽之，送廷尉。以功封程爲浮陽侯，萬户。又封中黄門王康華容侯、王國鄺侯」。首二句係據范曄後漢書孫程傳增補，其餘諸句亦間有增改。

苗　光〔一〕

程賦棗脯，又分與光，〔二〕曰：「以爲信，今暮其當著矣。」漏盡，光爲尚席直事通燈，解劍置外，持燈入章臺門，程等適入。光走出門，欲取劍，王康呼還，光不應。光得劍，欲還入，門已閉，光便守宜秋門，會李閏來，出光，因與俱迎濟陰王幸南宫雲臺。詔書録功臣，令康疏名，康詐疏光入章臺門。光謂康曰：「緩急有問者當相證也。」詔書封光東阿侯，食邑四千户，未受符策，光心不自安，詣黄門令自告。有司奏康、光欺詐主上，詔書勿問，遂封東阿侯，邑千户。范曄後漢書卷七八孫程傳李賢注

校勘記

〔一〕苗光　范曄後漢書無傳，其事略見孫程傳。

〔二〕程賦棗脯，又分與光　可參閲本書孫程傳。

郭願〔一〕

校勘記

〔一〕郭願　不見范曄後漢書，事迹不詳。史通古今正史篇稱其爲「順帝功臣」，知其爲順帝時人。東觀漢記有郭願傳，桓帝時由崔寔、曹壽、延篤等人所作，亦見史通古今正史篇。余嘉錫四庫提要辨證卷五認爲「郭願」乃「郭鎮」之誤。郭鎮於安帝延光中爲尚書，及誅江京，郭鎮率羽林士擊殺衛尉閻景，封定潁侯，順帝永建四年卒，范書郭躬傳附載其事。姚本、聚珍本皆未收此目。

曹節

曹節上書曰：〔一〕「功薄賞厚，誠有踧踖也。」〔二〕 文選卷四〇阮籍爲鄭沖勸晉王牋李善注

校勘記

〔一〕曹節 字漢豐，南陽新野人，范曄後漢書卷七八有傳。又見汪文臺輯謝承後漢書卷五。

〔二〕誠有踧踖也 聚珍本注云：「此書未知何時所上，要是濫賞時僞讓之辭。」

劉昆

劉昆，〔一〕字桓公，少治施氏易，篤志好經學。〔二〕 書鈔卷九七

劉昆教授弟子恒五百餘人，每春秋饗射，常備列典儀，以素木瓠葉爲俎豆。 御覽卷七五九

劉昆，字桓公，以明經徵拜爲光禄勳，〔三〕授皇太子及諸王小侯五十人經。昆老退位，

以二千石禄終其身。御覽卷二二九

校勘記

〔一〕劉昆　范曄後漢書卷七九有傳。又見汪文臺輯謝承後漢書卷五、司馬彪續漢書卷五。

〔二〕志　姚本、聚珍本無此字。

〔三〕以明經徵拜　原無此五字，聚珍本同。書鈔卷五三引有，今據增補。

劉軼

劉軼，〔一〕字君文，永平中，以易生，〔二〕爲中庶子，入侍講。書鈔卷六六

校勘記

〔一〕劉軼　劉昆之子，范曄後漢書卷七九劉昆傳後略載其事。

〔二〕以易生　此三字姚本、聚珍本皆無。按此三字有脱誤，無從校正。

洼丹

洼丹，〔一〕字子玉，傳孟氏易，〔二〕作通論七卷，世傳之，〔三〕號洼君通論。 書鈔卷九九

校勘記

〔一〕洼丹 范曄後漢書卷七九有傳。

〔二〕傳孟氏易 此句上姚本、聚珍本有「世」字。

〔三〕傳 御覽卷六〇九引同，姚本、聚珍本作「重」。

觟陽鴻

觟陽鴻，〔一〕字孟孫，〔二〕爲世名儒，永平拜少府。 書鈔卷五四

校勘記

〔一〕鮭陽鴻　范曄後漢書卷七九洼丹傳後附鮭陽鴻事。李賢注：「姓鮭陽，名鴻也。『鮭』，音胡瓦反。其字從『角』字，或作『鮭』。從『魚』者，音胡佳反。」牟融傳即作「鮭陽鴻」。

〔二〕字孟孫　此句下聚珍本有「中山人」一句，姚本無。范曄後漢書洼丹傳稱「時中山鮭陽鴻」，是鴻爲中山人。

楊政

楊政，〔一〕字子行，〔二〕治梁丘易，與京兆祁聖元同好，俱名善説經書。〔三〕京師號曰：「説經硜硜楊子行，〔四〕論難幡幡祁聖元。」〔五〕　書鈔卷九八

楊政，字子行，師事博士范升。建武中，范升爲太常丞，爲去妻所誣告，坐事繫獄，當伏重罪。政以車駕出時伏道邊，抱升子持車叩頭。武騎虎賁恐驚馬，引弓射之，不去。旄頭以戟叉政，傷胸前。政遂涕泣求哀，上即尺一出升。〔六〕　御覽御三五二

楊政，字子行，京兆人。嘗過楊虚侯馬武，武稱疾見政，對机邊牀卧，〔七〕欲令政拜牀

下。政入户，前排武，徑上牀坐。武恨，〔八〕語言不懌。政把武手責之曰：〔九〕「卿蒙國恩，備位藩臣，不思求賢助國，〔一〇〕而驕天下英俊，今日摇者刀入脅。」〔一一〕左右大驚，以爲見劫，操兵滿側，政顔色自若。會信陽侯至，責數武，令爲朋友。其果勇敢折，皆此類也。御覽卷四三四

校勘記

〔一〕楊政　范曄後漢書卷七九有傳。又見汪文臺輯司馬彪續漢書卷五。

〔二〕字子行　此句下聚珍本有「京兆人」一句，姚本無。按據御覽卷四三四引當有此句。

〔三〕説經書　三字姚本、聚珍本同，書鈔卷九六、卷一〇〇皆引作「談説」。

〔四〕硜硜　書鈔卷九六、卷一〇〇引同，姚本、聚珍本作「鏗鏗」，御覽卷六一五引亦作「鏗鏗」。按「硜硜」，狀聲之詞，用以形容擊石之聲果勁。「鏗鏗」，也是狀聲之詞，多用來形容金屬器樂撞擊聲，這裏是比喻説理明確有力。

〔五〕幡幡　書鈔卷九六、卷一〇〇引同。聚珍本作「僠僠」，御覽卷六一五引亦作「僠僠」。按「幡」、「僠」，皆與「番」字通。「番番」，形容辭鋒勇健。

〔六〕尺一　即謂詔版。范曄後漢書陳蕃傳載蕃疏云：「尺一選舉，委尚書三公。」李賢注：「尺一謂板

長尺一，以寫詔書也。」

〔七〕對机邊牀卧　「對」字上原衍「去」字，今删。此句姚本、聚珍本作「對几據牀」，初學記卷一、御覽卷四〇七引同。按「机」，與「几」字同。

〔八〕恨　御覽卷三九三、卷四〇七引同，姚本、聚珍本作「帳」，初學記卷一八亦引作「帳」。按「恨」字於義稍長。

〔九〕政把武手責之曰　此句姚本、聚珍本作「因把臂責之曰」，初學記卷一八引作「政因把臂責之曰」。御覽卷四〇七引與初學記同，惟「臂」上有「武」字。

〔一〇〕助　當作「報」。姚本、聚珍本作「報」，初學記卷一，御覽卷三九三、卷四〇七引亦皆作「報」。

〔一一〕摇者　此有脱誤。聚珍本作「摇動者」，范曄後漢書楊政傳作「動者」。從文義看，「摇」下或脱「動」字，或「摇」乃「動」字之訛。

歐陽歙

歐陽歙，〔一〕其先和伯從伏生受尚書，至于歙七世，皆爲博士，敦於經學，恭儉好禮。

御覽卷二三六

歐陽歙爲汝南太守，〔二〕策用賢俊，〔三〕吏民從化。書鈔卷七五

大司徒歐陽歙坐在汝南贓罪死獄中，〔四〕歙掾陳元上書追訟之，言甚切至，帝乃賜棺木，贈賻三千疋。御覽卷五五一

校勘記

〔一〕歐陽歙　字正思，樂安千乘人，范曄後漢書卷七九有傳。風俗通義過譽篇亦略載其事。

〔二〕歐陽歙爲汝南太守　范曄後漢書歐陽歙傳云：「世祖即位，始爲河南尹，封被陽侯。建武五年，坐事免官。明年，拜揚州牧，遷汝南太守。」

〔三〕策　姚本、聚珍本作「推」，二本係據陳禹謨刻本書鈔輯録。

〔四〕大司徒歐陽歙坐在汝南贓罪死獄中　建武十五年春正月，歐陽歙除大司徒，同年十一月坐贓罪下獄死。見范曄後漢書光武帝紀。

戴憑

戴憑爲侍中，〔一〕數進見問得失。上謂憑曰：「侍中當匡輔國政，勿有隱情。」憑對曰：

「陛下嚴。」曰：「朕何用嚴？」憑曰：「伏見前太尉西曹掾蔣遵，清亮忠孝，學通古今，陛下納膚受之訴，〔二〕遂致禁錮，世以是爲嚴。」〔三〕上怒曰：「汝南子欲復黨乎？」〔四〕憑出，〔五〕自繫廷尉，詔出引見，憑謝曰：「臣無謇諤之節，而有狂瞽之言，不能以尸伏諫，偷生苟活，誠慚聖朝。」上即敕尚書解遵禁錮，拜憑虎賁中郎將，以侍中兼領之。〔六〕 御覽卷四二七

戴憑，字次仲，爲侍中，正旦朝賀，百僚畢會，帝令群臣能說經者更相難詰，義有不通輒奪其席以益通者，憑遂重坐五十餘席。〔七〕故京師爲之語曰：「解經不窮戴侍中。」〔八〕 御覽卷二一九

校勘記

〔一〕戴憑　范曄後漢書卷七九有傳。又見汪文臺輯謝承後漢書卷五。

〔二〕膚受之訴　猶如在人皮膚之外，未得事物實情的訴詞。論語顏淵云：「子張問明。子曰：『浸潤之譖，膚受之訴，不行焉，可謂明也已矣。浸潤之譖，膚受之訴，不行焉，可謂遠也已矣。』」

〔三〕以　原誤作「於」，聚珍本作「以」，御覽卷四八三引亦作「以」，今據改正。

〔四〕汝南子　謂戴憑，憑爲汝南人。

〔五〕憑出　此下三句原無，聚珍本有，御覽卷四八三引亦有，今據增補。

〔六〕以侍中兼領之　此條文選卷四七袁宏三國名臣序贊李善注亦引，字句疏略。

〔七〕遂　歲華紀麗卷一引作「乃」。

〔八〕解經不窮戴侍中　此條書鈔卷一五五，類聚卷四，六帖卷四，御覽卷二九、卷四九五，類林卷一三，事類賦卷四，萬花谷前集卷四，合璧事類卷一五，翰苑新書卷六四亦引，文字略有異同。

牟長

牟長，〔一〕字君高，少篤學，治歐陽尚書，諸生著録前後萬人。建武十四年，徵爲中散大夫。御覽卷二四三

牟長，字君高，建武中拜少府，太子中庶子王巽尚書比爲長所侵，〔二〕詔敕巽曰：〔三〕「少府大儒，不失法度。」其見優如此。書鈔卷五四

校勘記

〔一〕牟長　范曄後漢書卷七九有傳。

〔二〕太子中庶子王巽尚書比爲長所侵　姚本、聚珍本無此句。句中「尚書」二字或衍或誤。

〔三〕敕異　此二字姚本、聚珍本無。

尹敏

尹敏爲大司空掾，〔一〕上以敏博通，令校圖讖。〔二〕書鈔卷九六

尹敏與班彪相厚，〔三〕每相與談，常晏暮不食，〔四〕晝即至冥，夜即徹旦。〔五〕彪曰：「相與久語，爲俗人所怪，然鍾子期死，伯牙破琴，曷爲陶陶哉！」文選卷五五劉峻廣絶交論李善注

尹敏遷長陵令，永平五年，詔書捕男子周慮。慮素有名字，〔六〕與敏善，過候敏，敏坐繫免官。出乃歎曰：「瘖聾之徒，真世之有道者也，何謂察察而遇斯禍也！」〔七〕御覽卷七四〇

孔鮒藏尚書、孝經、論語於夫子舊堂壁中。〔八〕漢書卷三〇藝文志顔師古注

校勘記

〔一〕尹敏　字幼季，南陽堵陽人，范曄後漢書卷七九有傳。又見汪文臺輯謝承後漢書卷五、司馬彪續漢書卷五。

〔二〕令校圖讖　此條姚本作「尹敏拜大司空府，上以敏博通經記，令校圖讖。敏對曰：『讖書非聖人

所作，其中多近鄙别字，頗類世俗之辭，恐疑誤後生。」與陳禹謨刻本書鈔卷九六對勘，即可知姚本輯自陳本書鈔。陳本書鈔於此條文字末注「補」字，顯然已據他書增補。校以范曄後漢書尹敏傳，又可知陳禹謨增補全據范書。聚珍本與姚本同，僅「尹敏拜大司空府」作「辟大司空府」，其上又有「尹敏，字幼季，拜郎中」三句。

〔三〕相厚　姚本、聚珍本作「親善」，與范曄後漢書尹敏傳同。書鈔卷九八、卷一三三，初學記卷一八，類聚卷六九，御覽卷四〇七、卷六一七，續編珠卷一皆引作「相厚」，御覽卷七一〇引作「相友」。

〔四〕常晏暮不食　此句姚本、聚珍本作「常日旰忘食」，書鈔卷九八、卷一三三，類聚卷六九引作「常屏案不食」，初學記卷一八、御覽卷四〇七引作「常對案不食」，御覽卷七一〇引作「輒屏案不食」。

〔五〕夜即徹旦　原無「即」字，初學記卷一八，御覽卷四〇七、卷六一七引有，今據增補。此句姚本、聚珍本作「夜則達旦」，書鈔卷九八引同。

〔六〕名字　聚珍本同，范曄後漢書尹敏傳作「名稱」。按范書二字是，當據校正。

〔七〕何謂察察而遇斯禍也　此條文字聚珍本連綴於上條之前，今據范曄後漢書尹敏傳記事先後排列。

〔八〕孔鮒藏尚書、孝經、論語於夫子舊堂壁中　此條姚本、聚珍本皆未輯録。漢書藝文志云：「易曰：『河出圖，雒出書，聖人則之。』故書之所起遠矣，至孔子纂焉。」顔師古注云：「家語云：『孔騰，字子襄，畏秦法峻急，藏尚書、孝經、論語於夫子舊堂壁中。』而漢記尹敏傳云孔鮒所藏。二説不同，未知孰是。」「漢記」即東觀漢記。此條即據顔師古注輯録，文字雖然未必與東觀漢記盡合，但内容當大體如此。

高詡

高詡，〔一〕字季回，以儒學徵，拜大司農，在朝以清白方正稱。〔二〕　初學記卷一二

校勘記

〔一〕高詡　范曄後漢書卷七九有傳。

〔二〕在朝以清白方正稱　此條書鈔卷三八、卷五四，類聚卷四九，六帖卷七五，御覽卷二三二，合璧事類後集卷三五，翰苑新書卷二三亦引，文字大同小異。

魏應

魏應，〔一〕字君伯，〔二〕遷五官中郎將。〔三〕諸儒於白虎觀講論五經同異，應專掌問難。〔四〕

書鈔卷六三

校勘記

〔一〕魏應　范曄後漢書卷七九有傳。

〔二〕字君伯　此句下聚珍本有「任城人」一句。據范曄後漢書魏應傳，應爲任城人。

〔三〕遷　唐類函卷五五載書鈔所引東觀漢記作「拜」，姚本、聚珍本同。

〔四〕應專掌問難　此句唐類函卷五五載書鈔所引東觀漢記作「使應專掌難問」，姚本、聚珍本同。

薛漢

薛漢，〔一〕字子公，〔二〕才高名遠，兼通書傳，無不昭覽，推道術尤精，教授常數百弟子，

自遠方至者著爲録。〔三〕　書鈔卷六七

校勘記

〔一〕薛漢　范曄後漢書卷七九有傳。

〔二〕字子公　范曄後漢書薛漢傳云「字公子」，廉范傳李賢注亦云「漢字公子」。此句下聚珍本有「淮陽人」一句，姚本無。按范曄後漢書薛漢傳載，漢为淮陽人。

〔三〕録　册籍。

召馴

召馴，〔一〕字伯春，以志行稱，鄉里號之曰「德行恂恂召伯春」。以明經有智讓，能講論，拜議郎。章和中爲光禄勳。〔二〕　書鈔卷五六

校勘記

〔一〕召馴　范曄後漢書卷七九有傳。御覽卷二二九引作「邵訓」。永樂大典卷二七二七誤引作「占

馴」。

〔三〕章和中爲光禄勳　此句原無，御覽卷二二九引有，今據增補。

周　澤

周澤少修高節，〔一〕耿介特立，好學問，治嚴氏春秋，門徒數百人，隱居山野，不汲汲於時俗。拜太常，果敢，數有直言，朝廷嘉其清廉。〔二〕御覽卷二二八

澤字穉都，少修高節。建武十六年，以耿介辟大司馬府，〔三〕署議曹祭酒。書鈔卷六九

周澤爲澠池令，〔四〕克身儉約，妻子自親釜竈。〔五〕類聚卷八〇

北地太守廖信貪污下獄，詔以信田宅奴婢錢財賜廉吏太常周澤。〔六〕光禄易堪。〔七〕書鈔卷三八

澤敬宗廟，常病在齋舍，〔八〕妻子憐其老病，窺問所苦。澤大怒，收妻詣獄，因自劾。〔九〕書鈔卷三七

校勘記

〔一〕周澤　范曄後漢書卷七九有傳。又見汪文臺輯司馬彪續漢書卷五。

〔二〕朝廷嘉其清廉　書鈔卷五三亦引有以上一段文字，字句與此微異。

〔三〕辟　原誤作「避」，今據范曄後漢書周澤傳改正。

〔四〕周澤爲澠池令　據范曄後漢書周澤傳和諸書所引東觀漢記，周澤建武十六年辟大司馬府，署議曹祭酒。中元元年遷澠池令，永平五年遷右中郎將，十年拜太常。東觀漢記所載周澤事當依此爲序。

〔五〕妻子自親釜竈　書鈔卷七八亦引有以上一段文字，字句較此簡略。

〔六〕太常周澤　原誤作「太守周繹」。據范曄後漢書周澤傳，周澤曾官太常，而未任太守。聚珍本作「太常周澤」，字尚不誤。

〔七〕光禄易堪　范曄後漢書周澤傳附載孫堪事迹云：「堪字子稺，河南緱氏人也。明經學，有志操，清白貞正，愛士大夫，然一毫未嘗取於人，以節介氣勇自行。……永平十一年，拜光禄勳。堪清廉，果於從政，數有直言，多見納用。……堪行類於澤，故京師號曰『二稺』。」萬花谷後集卷一一引東觀漢記亦略載孫堪事迹。書鈔此條列於「廉潔」類中，文末可能述及周澤、孫堪皆清廉於時，並號「二稺」，後來僅殘存「光禄易堪」四字。這四字，當是「光禄孫堪」之訛。

〔八〕常　書鈔卷九〇引司馬彪續漢書作「嘗」。按二字同。

〔九〕因自劾　此條姚本、聚珍本皆無。

孫堪

孫堪，〔一〕字子穉，〔二〕爲光禄勳，以清廉稱，與周澤相類。澤字穉都，〔三〕京師號之爲「二穉」。〔四〕御覽卷二二九

校勘記

〔一〕孫堪　書鈔卷五三引同，萬花谷後集卷一一引作「孫湛」，姚本亦作「孫湛」，皆誤。孫堪，范曄後漢書周澤傳附載其事。

〔二〕子穉　原誤作「子雅」，書鈔卷五三引亦誤。今據范曄後漢書周澤傳改正。

〔三〕穉都　原誤作「雅都」。范曄後漢書周澤傳云：「周澤字穉都。」書鈔卷六九引東觀漢記周澤傳云：「澤字穉都。」今據改。

〔四〕二穉　原誤作「二雅」。萬花谷後集卷一一引亦誤。周澤字穉都，孫堪字子穉，故云「二穉」。范曄後漢書周澤傳云：「堪行類於澤，故京師號曰『二穉』。」

甄宇

甄宇，〔一〕字長文，治嚴氏春秋，持學精微，以白衣教授，常數百人。〔二〕 書鈔卷九六

甄宇，北海人，建武中，爲青州從事，〔三〕徵拜博士。每臘，詔書賜博士羊，人一頭，〔四〕羊有大小肥瘦。時博士祭酒議欲殺羊，稱分其肉。宇曰：「不可。」又欲投鉤，復恥之。宇因先自取其最瘦者，由是不復有爭訟。後召會，詔問瘦羊甄博士，京師因以號之。〔五〕 類聚卷九四

甄宇，字長文，拜太子少傅，清静少欲，〔六〕常稱老氏知足之分也。 書鈔卷六五

甄宇，字長文，〔七〕子晉，晉子承，〔八〕周澤董魯平叔，〔九〕叔子軼，並以儒學拜議郎。 書鈔卷五六

校勘記

〔一〕甄宇　范曄後漢書卷七九有傳。

〔二〕常數百人　此條書鈔卷九六另又引徵一次，文字稍略。

〔三〕青州　原無「青」字，姚本、聚珍本有，類聚卷五、御覽卷三三、事文類聚前集卷一二、合璧事類别集卷八三引亦有，今據增補。

〔四〕人一頭　原無此句，姚本、聚珍本有，書鈔卷一五五、類聚卷五、事文類聚前集卷一一二、合璧事類别集卷八三引亦有，今據增補。

〔五〕京師因以號之　此條歲華紀麗卷四，御覽卷二三六、卷九〇二，事類賦卷二二，萬花谷後集卷一一，玉海卷九九，范曄後漢書甄宇傳李賢注亦引，字句均略於此。

〔六〕静　姚本、聚珍本作「净」，書鈔卷三六亦引作「净」。

〔七〕字長文　原脱「長文」二字。永樂大典卷二七二七引作「字子普」。

〔八〕子晉，晉子丞　此二句永樂大典卷二七二七引作「普傳子承」，聚珍本引作「宇傳子晉，晉傳子承」。范曄後漢書甄宇傳云：甄宇「傳業子普，普傳子承」。

〔九〕周澤董魯平叔　此六字永樂大典卷二七二七引同，聚珍本亦同。按此處字有訛脱，無從校正。

张　玄

張玄，〔一〕字居真，〔二〕專意經書，方其講論時，〔三〕至不食終日，忽然如不飢渴者也。書

鈔卷九八

張玄，字君夏，其學兼通數家。〔四〕書鈔卷六七

校勘記

〔一〕張玄　范曄後漢書卷七九有傳。

〔二〕字居真　姚本一作「字君夏」，一作「字居真」，按語云：「玄不應有二字，『居』類『君』，『真』類『夏』，傳寫誤耳。」聚珍本作「字君夏」，與范曄後漢書張玄傳同。

〔三〕論　姚本、聚珍本作「問」。

〔四〕其學兼通數家　此句上姚本、聚珍本有「爲博士」一句。據范曄後漢書張玄傳記載，張玄曾爲顔氏春秋博士。

李育

李育，〔一〕字元春，爲侍中。時章帝西謁園陵，育陪乘，問舊事，育輒對，由是見重。〔二〕

書鈔卷五八

校勘記

〔一〕李育　范曄後漢書卷七九有傳。

〔二〕由是見重　此條書鈔卷五八兩引，字句全同。

杜篤

杜篤，〔一〕字季雅，客居美陽，與美陽令遊，〔二〕數從之請託，〔三〕不諧，頗相恨。令怒，收篤送京師。會大司馬吴漢薨，世祖詔諸儒誄之。篤於獄中爲誄，辭最高。帝美之，賜帛免刑。御覽卷五九六

杜篤仕郡文學掾，以目疾，二十餘年不窺京師。篤外高祖破羌將軍辛武賢，以武略稱。篤常歎曰：「杜氏文明善政，而篤不任爲吏。辛氏秉義經武，而篤又怯於事。外内五世，至篤衰矣！」〔四〕御覽卷四九九

校勘記

〔一〕杜篤　范曄後漢書卷八〇有傳。

〔二〕遊　姚本、聚珍本作「交遊」，書鈔卷一〇二引同，而卷一〇〇引作「交」。

〔三〕之　姚本、聚珍本無此字，書鈔卷一〇二引同。

〔四〕至篤衰矣　此條御覽卷七四〇亦引，内容多有闕略。

高彪

高彪除郎中，〔一〕校書東觀。後遷外黄令，畫彪形像，以勸學者。〔二〕　聚珍本

校勘記

〔一〕高彪　字義方，吴郡無錫人，范曄後漢書卷八〇有傳。又見汪文臺輯謝承後漢書卷五。隸釋卷一〇外黄令高彪碑亦略載其事。

〔二〕以勸學者　此條不知聚珍本輯自何書。范曄後漢書高彪傳云：「郡舉孝廉，試經第一，除郎中，

校書東觀，數奏賦、頌、奇文，因事諷諫，靈帝異之。……後遷外黄令，帝勑同僚臨送，祖於上東門，詔東觀畫彪像，以勸學者。」

李業

公孫述欲徵李業爲博士，〔一〕業固不起，〔二〕乃遣人持鴆，不起便賜藥，業乃飲鴆而死。御覽卷九二七

校勘記

〔一〕李業　范曄後漢書卷八一有傳。又見汪文臺輯司馬彪續漢書卷五。　爲博士　此三字聚珍本脱。

〔二〕固　原誤作「故」，聚珍本作「固」，與范曄後漢書李業傳同，今據改正。

劉茂

劉茂，〔一〕字子衛，〔二〕爲郡門下掾，〔三〕赤眉攻太原，茂負太守孫福踰牆出，藏城西門下空穴中，〔三〕擔穀給福及妻子百餘日，福表爲議郎。　書鈔卷一五八

校勘記

〔一〕劉茂　范曄後漢書卷八一有傳。據劉茂傳所載，茂於建武二年爲郡門下掾。

〔二〕字子衛　此三字原脱，永樂大典卷二一七二七引有，聚珍本亦有此句，今據增補。范曄後漢書劉茂傳云：「劉茂，字子衛。」

〔三〕城　原作「地」，於義不通。永樂大典卷二一七二七引作「城」，聚珍本亦作「城」，今據改。

所輔

所輔，〔一〕平原人，爲縣門下小吏。縣令劉雄爲賊所攻，欲以矛刺雄，輔前叩頭，以身代

雄。賊等遂戟刺輔，貫心洞背即死。東郡太守捕得賊，具以狀上，詔書傷痛之。〔二〕御覽卷三七六

校勘記

〔一〕所輔　范曄後漢書無傳。「所」原誤作「許」，聚珍本作「所」，今據改。

〔二〕詔書傷痛之　范曄後漢書劉茂傳云：「永初二年，劇賊畢豪等入平原界，縣令劉雄將吏士乘船追之。至厭次河，與賊合戰。雄敗，執雄，以矛刺之。時小吏所輔前叩頭求哀，願以身代雄。豪等縱雄而刺輔，貫心洞背即死。東郡太守捕得豪等，具以狀上。詔書追傷之，賜錢二十萬，除父爲郎中。」

温序

温序，〔一〕字次房，遷護羌校尉，〔二〕行部，〔三〕爲隗囂别將苟宇所拘劫。〔四〕宇謂序曰：「子若與我并威同力，天下可圖也。」序素有氣力，大怒，叱宇等曰：「虜何敢迫脅漢將！」因以節撾殺數人。賊衆争欲殺之，宇止之曰：〔五〕「此義士也，可賜以劍。」序受劍，銜鬚於口，〔六〕

顧左右曰：「既爲賊所迫殺，〔七〕無令鬚汙土。」遂伏劍而死。御覽卷四三八

校勘記

〔一〕温序　范曄後漢書卷八一有傳。

〔二〕還護羌校尉　原無此句，御覽卷六八一引有，今據增補。聚珍本亦有此句，作「爲護羌校尉」，御覽卷四三四引同。范曄後漢書温序傳載：建武「六年，拜謁者，還護羌校尉」。通鑑卷四二建武八年載：「校尉太原温序爲囂將苟宇所獲。」通鑑考異云：「按序傳及袁紀皆稱『序爲護羌校尉』。檢西羌傳，九年方置此官，牛邯爲之。又云：『邯卒，職省。』則序無緣作『護羌』，今但云『校尉』。」

〔三〕行部　原無此句，聚珍本有，御覽卷四三四引亦有，今據增補。

〔四〕拘　原無此字，聚珍本有，御覽卷四三四、卷六八一引亦有此字，今據增補。范曄後漢書温序傳載：「序行部至襄武，爲隗囂別將苟宇所拘劫。」

〔五〕之　原無此字，聚珍本同，御覽卷四三四引有，今據增補。

〔六〕於口　原無此二字，聚珍本有，御覽卷四三四、卷六八一引亦有此二字，今據增補。

〔七〕既爲　原無此二字，聚珍本有，御覽卷六八一引亦有此二字，今據增補。

索盧放

索盧放，〔一〕字君陽，東郡人。署門下掾。更始時，使者督行郡國，太守有事，當斬。放前對曰：「方今天下苦王氏之虐政，戴仰漢德。傳車所過，未聞恩澤，而斬郡守，恐天下惶懼，各自疑也。使有功不如使有過。」遂解衣而前，願代太守斬，使者義而赦之，由是顯名。御覽卷四二〇

校勘記

〔一〕索盧放　姓索盧，名放，范曄後漢書卷八一有傳。

李善

李善，〔一〕字次孫，南陽人，本同縣李元蒼頭。〔二〕建武中疫疾，元家相繼死没，唯孤兒續始生數旬，而有資財千萬。諸奴婢私共計議，欲謀殺續，分財産。善乃潛負續逃亡，隱山

陽瑕丘界中，親自哺養，乳爲生湩。〔三〕續孩抱，奉之不異長君，有事輒長跪請白，然後行之。閭里感其行，皆相率修義。續年十歲，善與歸本縣，修理舊業，告奴婢於長吏，悉收殺之。時鍾離意爲瑕丘令，上書薦善行狀。御覽卷四二〇

校勘記

〔一〕李善　范曄後漢書卷八一有傳。又見汪文臺輯謝承後漢書卷五。

〔二〕蒼頭　漢代私家奴隸。漢書鮑宣傳云：「蒼頭廬兒皆用致富，非天意也。」顏師古注引孟康云：「漢名奴爲『蒼頭』，非純黑，以別於良人也。」

〔三〕湩　此字原脱，聚珍本有，范曄後漢書李善傳、御覽卷三七一引謝承後漢書亦皆有此字，今據增補。按「湩」，乳汁。

周嘉

周嘉仕郡爲主簿，〔一〕王莽末，群賊入汝陽城，嘉從太守何敞討賊，敞爲流矢所中，〔二〕嘉謂賊衆曰：〔三〕「卿曹皆民隸也，豈有還害其君者耶？」嘉請以死贖君命，因仰天號泣。賊

於是相視曰：「此義士也。」給其車馬，遣送之。〔四〕御覽卷二六五

校勘記

〔一〕周嘉　范曄後漢書卷八一有傳。「嘉」原誤作「喜」，下同，今皆改正。永樂大典卷一四六〇八引不誤，聚珍本亦不誤。

〔二〕敞　此字原脱，范曄後漢書周嘉傳有，今據增補。

〔三〕嘉　此字原脱，據范曄後漢書周嘉傳當有「嘉」字，今增補。

〔四〕遣送之　此條聚珍本作「周嘉仕郡爲主簿，王莽末，群賊入汝陽城，嘉從太守何敞討賊，敞爲流矢所中，賊圍繞數十重。嘉乃擁敞，以身扞之，呵賊曰：『卿曹皆人隸也。爲賊既逆，豈有還害其君者耶？』嘉請以死贖君命，因仰天號泣。群賊於是相視曰：『此義士也。』給車馬，遣送之。爲零陵太守，視事七年，卒。零陵頌其遺愛，吏民爲立祠焉」。字句詳於御覽卷二六五所引。永樂大典卷一四六〇八引「遣送之」句以上一段文字。「爲零陵太守」云云不知聚珍本輯自何書。

李充

李充兄弟六人，〔一〕出入更衣，家貧親老，充妻勸異居。充使醲酒，會親戚，充啓其母曰：「此婦勸異居，不可奉祭祀，請去之。」遂叱出其婦。〔二〕御覽卷四一二

魯平爲陳留太守，請充署功曹。充不受，平怒，乃援充以捐溝中，用謫署都亭長。〔三〕

聚珍本

校勘記

〔一〕李充　字大遜，陳留人，范曄後漢書卷八一有傳。又見汪文臺輯謝承後漢書卷六、司馬彪續漢書卷五。

〔二〕出　永樂大典卷一〇八一四引同，聚珍本作「去」。

〔三〕因謫署都亭長　此條不知聚珍本輯自何書。范曄後漢書李充傳載此事云：「李充，字大遜，陳留人也。……太守魯平請署功曹，不就。平怒，乃援充以捐溝中，因謫署縣都亭長。」「都亭」，城内之亭。

范丹

范丹，〔一〕字史雲，爲萊蕪長，遭黨錮事，推鹿車，載妻子，捃拾自資，有時絶糧，丹言貌無改，閭里歌之曰：「甑中生塵范史雲，釜中生魚范萊蕪。」御覽卷四六五

校勘記

〔一〕范丹　范曄後漢書卷八一范冉傳云：「范冉，字史雲，陳留外黄人也。」李賢注：「『冉』或作『丹』。」范冉傳李賢注引袁山松後漢書作「冉」，符融傳李賢注引謝承後漢書亦作「冉」。按字當作「丹」，初學記卷二〇，類聚卷六、卷二九，御覽卷四二五、卷六三四、卷七二五、卷七五七，文選卷三六任昉宣德皇后令李善注引謝承後漢書皆作「丹」。又初學記卷一八、類聚卷三五、御覽卷四八四引亦皆作「丹」。范丹卒後，謚曰貞節先生。蔡中郎文集卷二貞節先生陳留范史雲銘作「丹」，可爲最確鑿的證據。

劉翊

劉翊爲汝南太守，〔一〕舉郡人許靖計吏，察孝廉，除尚書郎，典選舉。〔二〕聚珍本

校勘記

〔一〕劉翊　字子相，潁川潁陰人，范曄後漢書卷八一有傳。又見汪文臺輯謝承後漢書卷六。爲汝南太守　范書劉翊傳失載。

〔二〕典選舉　此條不知聚珍本從何書輯録。三國志許靖傳云：「許靖，字文休，汝南平輿人。……潁川劉翊爲汝南太守，乃舉靖計吏，察孝廉，除尚書郎，典選舉。」

郭鳳

郭鳳，〔一〕字君張，〔二〕善説災異，吉凶占應。病，先自知死日，豫令弟子市棺斂具，至其日，如言卒。御覽卷五五一

校勘記

〔一〕郭鳳　范曄後漢書無傳，卷八二謝夷吾傳略載其事。

〔二〕字君張　此句下聚珍本有「勃海人」一句。范曄後漢書謝夷吾傳云：「時博士勃海郭鳳亦好圖讖。」此即聚珍本增句所本。

郭玉

郭玉者，〔一〕廣漢人也。學方診之伎。和帝奇異之，乃試令嬖臣美手腕者與女子雜處帷中，使玉各診一手。玉言：「左陽脈，右陰脈，有男女，疾若異人。〔二〕臣異其故。」帝歎稱善。〔三〕聚珍本

校勘記

〔一〕郭玉　范曄後漢書卷八二有傳。

〔二〕疾　范曄後漢書郭玉傳作「狀」。

〔三〕帝歎稱善　此條不知聚珍本輯自何書。

逢萌

逢萌，〔一〕字子康，北海人。少有大節，志意抗厲，家貧，給事爲縣亭長。尉過迎拜，問事微久。尉去，舉楯撾地，〔二〕嘆曰：「大丈夫安能爲人役耶？」遂去學問。御覽卷二六九

莽居攝，子宇諫莽，而莽殺之。逢萌謂其友人曰：「三綱絶矣！不去，禍將及人。」即解冠掛東門而去。〔三〕御覽卷六八四

逢萌素明陰陽，知莽將敗，携家屬於遼東，乃首戴盆盎，〔四〕哭於市，言曰：「新乎新乎！」〔五〕遂潛藏。〔六〕御覽卷四八七

逢萌隱琅琊之勞山，非禮不動，聚落化之。北海太守遣吏奉謁，萌不諾。〔七〕太守遣吏捕之，民相率以石擿吏，皆流血奔走。御覽卷三七五

逢萌被徵上道，迷不知東西，云：「朝所徵我者，爲聰明叡智，有益於政，方面不知，安能濟政？」即駕而歸。〔八〕類聚卷六四

校勘記

〔一〕逢萌　范曄後漢書卷八三有傳。又見汪文臺輯司馬彪續漢書卷五。袁宏後漢紀卷五亦略載其事。

〔二〕楯　原作「舉」，聚珍本作「楯」，御覽卷三五七、記纂淵海卷四八引亦作「楯」，今據改。范曄後漢書逢萌傳云：「時尉行過亭，萌候迎拜謁，既而擲楯歎曰。」可證「楯」字是。據漢官儀和續漢書百官志所載，亭長承望都尉，課徼巡，負責逐捕盜賊，平常設備五兵，即弓弩、戟、楯、刀劍、甲鎧。所以尉過亭時，逢萌執楯以見。「撾」，御覽卷三五七、記纂淵海卷四八引作「擿」。

〔三〕即解冠掛東門而去　此句姚本同，事類賦卷一二引亦同。聚珍本作「解冠挂東都城門，歸」，與范曄後漢書逢萌傳同。李賢注：「漢宮殿名：『東都門，今名青門也。』前書音義：『長安東郭城北頭第一門。』」此句下聚珍本尚有「將家浮海，客於遼東」二句，疑據范書增補。

〔四〕盆盎　聚珍本作「盌器」，御覽卷八五五引同。范曄後漢書逢萌傳作「瓦盎」。

〔五〕新乎新乎　范曄後漢書逢萌傳同，李賢注：「王莽爲新都侯，及篡，號新室，故哭之。」聚珍本作「辛乎辛乎」，御覽卷八五五引作「辛乎」。按「辛乎辛乎」，於義亦通。「辛」與「新」音同，暗指王莽新室。

〔六〕遂潛藏　此句下聚珍本有「不見」二字。御覽卷八五五引作「因潛藏不見」。

〔七〕諾　聚珍本作「答」，與范曄後漢書逢萌傳同。

〔八〕即駕而歸　此條御覽卷一九五亦引，文字全同。

周黨

周黨，〔一〕字伯況，太原人。至長安遊學。初，鄉佐發黨徭道，〔二〕嘗衆中辱黨父，〔三〕黨懷之。後讀春秋，聞復讎之義，〔四〕便輟講而還，〔五〕與鄉佐剋日交刃。鄉佐多從兵往，〔六〕使鄉佐先拔刀，然後與相擊。黨爲其所傷，〔七〕困頓。鄉佐服其義勇，〔八〕輿歸養之，〔九〕數日方蘇，〔一〇〕既悟而去。整身修志，州里稱其高也。御覽卷四八一

建武中，徵周黨，黨著短布單衣，穀皮幓頭，〔一一〕待見尚書。欲令更服，黨曰：「朝廷本以是故徵之，安可復更。」遂以見，自陳願守所志，〔一二〕上聽之。御覽卷六八八

博士范升奏曰：「伏見太原周黨、東海王良、山陽王成，使者三到，乃肯就車，脱衣解履，〔一三〕升於華轂，〔一四〕陛見帝庭，〔一五〕偃蹇慠慢，逡巡進退，臣願與並論靈臺之下。」御覽卷四九八

校勘記

〔一〕周黨　范曄後漢書卷八三有傳。袁宏後漢紀卷五、風俗通義過譽篇亦略載其事。

〔二〕鄉佐　漢制，十里一鄉，鄉有鄉佐，主管徵收賦稅。　發黨徭道　此四字原無，聚珍本有，御覽卷四九六引亦有，今據增補。

〔三〕嘗衆中辱黨父　此句聚珍本作「於人中辱之」，御覽卷四九六引同。按范曄後漢書周黨傳云：「初，鄉佐嘗衆中辱黨，黨久懷之。」風俗通義過譽篇云：「太原周黨伯況，少爲鄉佐發黨過於人中辱之。」是被鄉佐所辱者爲黨，非黨父。「父」字或爲衍文，或爲「久」字之訛。

〔四〕後讀春秋，聞復讎之義　春秋莊公四年云：「紀侯大去其國。」公羊傳云：「大去者何？滅也。孰滅之？齊滅之。曷爲不言齊滅之？爲襄公諱也。春秋爲賢者諱。何賢乎襄公？復讎也。何讎爾？遠祖也。哀公（襄公九世祖不辰）亨乎周，紀侯譖之。以襄公之爲於此焉者，事祖禰之心盡矣。盡者何？襄公將復讎乎紀，卜之曰：『師喪分焉。』『寡人死之，不爲不吉也。』遠祖者幾世乎？九世矣。九世猶可以復讎乎？雖百世可也。」此即春秋復讎之義。

〔五〕便　原誤作「更」，今據范曄後漢書周黨傳校正。

〔六〕鄉佐多從兵往　此下三句原無，聚珍本有，御覽卷四九六引亦有，今據增補。

〔七〕黨爲其所傷　此下聚珍本只有「鄉佐服其義勇」一句，其餘各句皆未輯録。「傷」原誤作「復」，今據范曄後漢書周黨傳校正。

〔八〕鄉佐服其義勇　原脱「其」、「勇」二字，聚珍本有，御覽卷四九六引亦有，今據增補。

〔九〕輿　原誤作「與」。范曄後漢書周黨傳云：「鄉佐服其義，輿歸養之。」風俗通義過譽篇云：「佐服其義勇，簻輿養之。」今據校正。

〔一〇〕日　原誤作「月」，范曄後漢書周黨傳、風俗通義過譽篇作「日」，今據校正。

〔一一〕幓頭　聚珍本同。范曄後漢書周黨傳、袁宏後漢紀卷五作「綃頭」。范書周黨傳李賢注：「以穀樹皮爲綃頭也。」又向栩傳李賢注云：「説文：『綃，生絲也，從糸肖聲。』音消。按此字當作『幧』，音此消反，其字從『巾』。古詩云：『少年見羅敷，脱巾著幧頭。』鄭玄注儀禮云：『如今著幓頭，自項中而前，交額上，却繞髻也。』」

〔一二〕願守所志　「守」字下原衍「之」字，聚珍本無，與范曄後漢書周黨傳、袁宏後漢紀卷五相合，今據删。

〔一三〕東海王良、山陽王成，使者三到，乃肯就車，脱衣　此十八字原無，聚珍本有，御覽卷六九八引亦有，今據增補。「王成」，御覽卷六九八誤引作「王戎」。

〔一四〕於　原無此字，聚珍本有，御覽卷六九八引亦有，今據增補。

〔五〕陛見帝庭　「陛」字下原衍「下」字，聚珍本、范曄後漢書周黨傳皆無此字，今據删。

王霸

王霸，〔一〕建武初，連徵不至。霸安貧賤，居常茅屋蓬户，藜藿不厭。然樂道不怠，以壽終。御覽卷一八一

校勘記

〔一〕王霸　字仲儒，太原廣武人，范曄後漢書卷八三有傳。袁宏後漢紀卷五亦略載其事。

嚴光

嚴光，〔一〕字子陵，耕於富春山，〔二〕後人名其釣處爲嚴陵瀨。初學記卷八

光武與子陵有舊，及登位，望之。陵隱於孤亭山，垂釣爲業。時主天文者奏每日出常有客星同流。帝曰：「嚴子陵耳。」訪得之，陵不受封。太平寰宇記卷九五

校勘記

〔一〕嚴光　范曄後漢書卷八三有傳。又見汪文臺輯失名氏後漢書。

〔二〕山　此字原無，聚珍本有，萬花谷後集卷六引亦有，今據增補。

井丹

井丹，〔一〕字大春，〔二〕通五經，時人謂之語曰：「五經紛綸井大春。」御覽卷六一五

陰就要井丹，就起，左右進輦矣，曰：「吾聞桀、紂駕人車，〔三〕豈此邪？」就令去輦。〔四〕書鈔卷一四〇

校勘記

〔一〕井丹　范曄後漢書卷八三有傳。袁宏後漢紀卷七亦略載其事。

〔二〕字大春　「字」字下原衍「之」字，聚珍本無，與范曄後漢書井丹傳相合，今據删。

〔三〕桀、紂駕人車　范曄後漢書井丹傳無「紂」字。李賢注引帝王紀云：「桀以人駕車。」

〔四〕就令去輂　姚本未輯井丹事。聚珍本雖有井丹一目，但此條未能輯録。

梁鴻

梁鴻少孤，〔一〕以童幼詣太學受業，〔二〕治禮、詩、春秋，常獨坐止，〔三〕不與人同食。比舍先炊已，〔四〕呼鴻及熱釜炊。鴻曰：「童子鴻不因人熱者也。」滅竈更燃火。〔五〕　御覽卷四二五

梁鴻家貧而尚節，博覽無不通，畢乃牧豕於上林苑中，〔六〕曾誤遺火，延及他舍，乃尋訪燒者，問所失，〔七〕悉以豕償之；其主猶以爲少，鴻曰：「無他財，願以身居作。」主人許，因爲執勤不懈。耆老見鴻非恒人，乃共責讓主人，而稱鴻長者，於是始敬異，悉還其豕。鴻不受，乃去。　類聚卷九四

梁鴻初與京邑蕭友善約不爲陪臣，及友爲郡吏，〔八〕鴻以書責之而去。　御覽卷四一〇

梁鴻鄉里孟氏女，〔九〕容貌醜而有節操，多求之，不肯。父母問其所欲，曰：「得賢壻如梁鴻者。」鴻聞之，乃求之。〔一〇〕梁鴻妻椎髻，着布衣，操作具而前。鴻大喜曰：「此真梁鴻妻也，能奉我矣。」字之曰德曜，名孟光。〔一一〕　類聚卷六七

梁鴻乃將妻之霸陵山中，耕耘織作，以供衣食，彈琴誦書，〔一二〕以娛其志。御覽卷八二二

梁鴻將之會稽，作詩曰：「維季春兮華色，〔一三〕麥含金兮方秀。」〔一四〕類聚卷三

梁鴻適吳，依大家臯伯通廡下，〔一五〕爲人賃舂。每歸，〔一六〕妻爲具食，不敢於鴻前仰視，舉案齊眉。伯通異之，〔一七〕曰：「彼傭賃能使妻敬之如此，非凡人也。」類聚卷六九

梁鴻常閉户吟咏書記，遂潛思著書十餘篇。〔一八〕御覽卷三九二

梁鴻病困，〔一九〕與高伯通及會稽士大夫語曰：「昔延陵季子葬於嬴博之間，不歸其鄉，慎勿聽妻子持尸柩去。」終後伯通等爲求葬處，有要離冢高燥，衆人曰：「要離，古烈士，今伯鸞亦清高，令相近。」遂葬要離冢旁，子孫歸扶風。御覽卷五五三

校勘記

〔一〕梁鴻　范曄後漢書卷八三有傳。袁宏後漢紀卷一一亦略載其事。

〔二〕以童幼詣太學受業　此下二句原無，姚本、聚珍本有，類聚卷七二引同，今據增補。御覽卷八四七引亦有此二句，惟「禮、詩」作「詩、禮」。

〔三〕坐　原無此字，姚本、聚珍本有，類聚卷七二引亦有，今據增補。

〔四〕比舍　聚珍本同，御覽卷七五七引作「同房」。

〔五〕滅竈更燃火　此條書鈔卷一四三、永樂大典卷一四九一二亦引，字句較簡略。

〔六〕牧豕於上林苑中　姚本按云：「東漢高賢居貧多牧豕者，如吴祐、孫期、尹勤輩，豈皆學公孫丞相耶？無詆爲牧猪奴也。」

〔七〕問所失　此句姚本、聚珍本作「問所失財物」，類聚卷八〇、御覽卷八六八引作「問所燒財物」。

〔八〕友　據上文當作「友善」。

〔九〕鄉里　原誤作「鄉皇」，聚珍本不誤，今據改。　孟氏　袁宏後漢紀卷一一作「趙氏」。

〔一〇〕乃求之　此句下原有「女布襦裾，鴻曰：此真梁鴻妻也」三句。此三句係節引，删削頗多。今全删去，以御覽卷三七三所引三十五字補之。

〔一一〕名孟光　原無「名」字，聚珍本有，汲古閣刻本和武英殿刻本范曄後漢書亦有「名」字，今據增補。惠棟後漢書補注引田藝蘅説謂「孟」字衍。中華書局點校本范曄後漢書校勘記云：「張森楷校勘記謂本傳作孟氏女，復名『孟光』，則『孟孟光』矣，非詞也，據此可見孟光確姓趙氏。今按：御覽五百二及袁紀均無『名』字，不成文理，疑本作『字之曰德曜，名光』，後人習見『孟光』字，妄改『名』字爲『孟』耳。」御覽卷三八三引云孟氏女「名光」，可證有「名」字是，又「孟」字爲衍文。此條御覽卷四六七、卷六九五亦引，文字簡略。御覽卷三八二引與此出入較大，今録全文如下，以供參考：「梁鴻同郡孟氏，其女名光，狀貌醜而黑，力能舉石臼，擇而不嫁，至年三十，鴻聞而聘之。」御覽卷三七八、記纂淵海卷八一、合璧事類卷三〇引與御覽卷三八二引相類，文字節删較多。

〔一二〕誦書　聚珍本作「誦詩」。按字皆不誤，范曄後漢書梁鴻傳云「誦詩書」。

〔一三〕華色　姚本、聚珍本作「華皁」。按「華皁」二字是，與范曄後漢書梁鴻傳合。

〔一四〕含金　姚本、聚珍本同，范曄後漢書梁鴻傳作「含含」。按「含金」二字是。姚本按云：「此鴻避地居齊、魯，將適吳而作也。詩一章二十六句，詞調和平，不落楚騷窠臼。吳郡順帝時始分，故本書作『會稽』。」

〔一五〕皐伯通　或作「高伯通」。　廡　堂邊的廊屋。

〔一六〕每歸　原無此句，聚珍本有，御覽卷三六五、卷七一〇引亦有，今據增補。此句御覽卷八二九引作「爲事歸」。

〔一七〕伯通異之　姚本同，聚珍本作「伯通察而異之」，御覽卷八二九引與聚珍本同。

〔一八〕遂潛思著書十餘篇　此條類聚卷一九亦引，但僅有首句。

〔一九〕梁鴻病困　此句上書鈔卷九二引有「梁鴻，字伯鸞，扶風人，隱於會稽」數句。「困」，范曄後漢書梁鴻傳同，聚珍本作「因」。按二字於義均通。如作「因」，則應屬下句讀。

高鳳

高鳳，〔一〕南陽人，〔二〕誦讀晝夜不絶聲。〔三〕妻嘗之田，曝麥於庭，以竿授鳳，令護雞。鳳受竿誦經如故，〔四〕天大雷，暴雨流淹。〔五〕鳳留意在經史，忽不視麥，麥隨水漂去。〔六〕類聚卷八五

鄉里有爭財，持兵而鬬，鳳往解之，不已，乃脱巾請曰：「仁義遜讓，奈何棄之！」爭者感之，收兵謝罪。〔七〕聚珍本

高鳳，字文通，南陽人也。鳳年老，執志不倦，〔八〕聲名著聞。太守連召請，恐不得免，自言鳳本巫家，不應爲吏，又與寡嫂詐訟田，遂不仕。文選卷四〇任昉奏彈劉整李善注

校勘記

〔一〕高鳳　范曄後漢書卷八三有傳。又見汪文臺輯謝承後漢書卷六、司馬彪續漢書卷五。

〔二〕南陽人　姚本、聚珍本同，御覽卷八三八引作「南陽苑人」。按「苑」當作「葉」，南陽郡無苑縣，而有葉縣，范曄後漢書高鳳傳正作「葉」。御覽卷六一一引謝承後漢書云高鳳「南陽蔡人」，「蔡」字

亦「葉」字之誤。

〔三〕聲　原無此字，姚本、聚珍本同。書鈔卷九七、卷九八，類聚卷五五，御覽卷六一六引皆有「聲」字，今據增補。

〔四〕鳳　原無此字，姚本、聚珍本有，御覽卷六一六、卷八三八亦有「鳳」字，今據增補。

〔五〕流淹　姚本、聚珍本作「淹没」，御覽卷八三八引作「流潦」。按「流潦」二字於義較長。

〔六〕麥隨水漂去　此條類聚卷五五、合璧事類别集卷五八亦引，文字疏略。

〔七〕收兵謝罪　此條姚本無，聚珍本有，不知輯自何書。范曄後漢書高鳳傳云：「鄰里有争財者，持兵而鬬。鳳往解之，不已，乃脱巾叩頭，固請曰：『仁義遜讓，奈何棄之！』於是争財者懷感，投兵謝罪。」

〔八〕執志不倦　原無此句，聚珍本有，御覽卷七三四引亦有，今據增補。

鮑宣妻

鮑宣之妻，〔一〕桓氏女，字少君。宣嘗就少君父學，父奇其清苦，〔二〕以女妻之，資送甚盛。〔三〕宣不悦，〔四〕謂妻曰：「少君生而嬌富，〔五〕習美飾，而吾貧賤，〔六〕不敢當禮。」妻曰：「大人以先生修德守約，故使賤妾侍執巾櫛。既奉君子，唯命是從。」宣笑曰：〔七〕「能如是，乃吾志也。」乃悉歸侍御服飾，更著短布裳，與宣共挽鹿車歸鄉里。〔八〕拜姑禮畢，提甕出汲，修行婦道，鄉邦稱之。　書鈔卷一二九

校勘記

〔一〕鮑宣之妻　范曄後漢書卷八四有傳。

〔二〕父　此字原無，姚本、聚珍本有，陳禹謨刻本書鈔、御覽卷六九六、唐類函卷一六九引亦有此字，今據增補。

〔三〕資送甚盛　此句姚本、聚珍本作「裝送甚盛」，御覽卷六九六，記纂淵海卷四〇、卷八一，唐類函卷一六九引同。陳禹謨刻本書鈔引作「裝送資賄甚盛」，與范曄後漢書鮑宣妻傳同。陳本書鈔此條末注云「補」，即謂字句已據他書增補。此句所增文字，係據范書。

〔四〕不悦　此二字原無，姚本、聚珍本有，陳禹謨刻本書鈔、唐類函卷一六九引亦有此二字，今據增補。

〔五〕嬌富　此二字姚本作「富驕」，陳禹謨刻本書鈔、御覽卷六九六、記纂淵海卷八一、唐類函卷一六九引同，范曄後漢書鮑宣妻傳亦同。聚珍本作「驕富」。

〔六〕而　此字原無，聚珍本有，御覽卷六九六、記纂淵海卷八一引亦有，今據增補。范曄後漢書鮑宣妻傳載宣言云：「少君生富驕，習美飾，而吾實貧賤，不敢當禮。」

〔七〕宣笑曰　此下三句姚本、聚珍本皆未輯録。

〔八〕與宣共挽鹿車歸鄉里　此下五句原無，姚本、聚珍本有，陳禹謨刻本書鈔、唐類函卷一六九引亦有，范曄後漢書鮑宣妻傳所載同，今據增補。

龐淯母

酒泉龐淯母者，〔一〕趙氏之女，字娥。父爲同縣人所殺，而娥兄弟三人，俱疾物故。讎乃喜而自賀，以爲莫己報也。娥陰懷感憤，乃潛備刀兵，常推車以候讎家，〔二〕十餘年不能得。後遇於都亭，刺殺之，因詣縣自首，曰：「父讎已報，請就刑戮。」禄福長尹嘉義之，〔三〕解印綬欲與俱亡。娥不肯去，曰：「怨塞身死，妾之明分。結罪治獄，君之常理。何敢苟生，以枉公法。」後遇赦得免。州郡表其閭。太常張奂嘉歎，以束帛禮之。〔四〕　御覽卷四八一

校勘記

〔一〕龐淯母　范曄後漢書卷八四有傳。

〔二〕推車　范曄後漢書龐淯母傳作「帷車」。按「帷車」二字近於情理。既「潛備刀兵」，又「帷車」以隱身，便於襲殺讎家。

〔三〕禄福　原作「福富」，誤。司馬彪續漢書郡國志載酒泉郡有屬縣福禄，亦誤。漢書地理志酒泉郡載：「禄福，呼蠶水出南羌中，東北至會水入羌谷。莽曰顯德。」三國志魏書龐淯傳載趙娥爲父復讎事，亦作「禄福」，曹全碑有「拜酒泉禄福長」之語，皆可證作「禄福」爲是。長　漢制，大縣置令，小縣置長。尹嘉　原作「尹喜」，誤。范書龐淯母傳、三國志魏書龐淯傳皆作「尹嘉」，今據改正。

〔四〕以束帛禮之　此條姚本、聚珍本皆未輯録。龐淯母復讎事，三國志魏書龐淯傳裴松之注引皇甫謐列女傳述之頗詳，今録之如下：「酒泉烈女龐娥親者，表氏龐子夏之妻，禄福趙君安之女也。君安爲同縣李壽所殺，娥親有男弟三人，皆欲報讎，壽深以爲備。會遭災疫，三人皆死。壽聞大喜，請會宗族，共相慶賀，云：『趙氏彊壯已盡，唯有女弱，何足復憂！』防備懈弛。娥親子淯出行，聞壽此言，還以啓娥親。娥親既素有報讎之心，及聞壽言，感激愈深，愴然隕涕曰：『李壽，汝莫喜也，終不活汝！戴履天地，爲吾門户，吾三子之羞也。焉知娥親不手刃殺汝，而自儌倖邪？」陰市名刀，挾長持短，晝夜哀酸，志在殺壽。壽爲人凶豪，聞娥親之言，更乘馬帶刀，鄉人皆畏憚之。比鄰有徐氏婦，憂娥親不能制，恐逆見中害，每諫止之，曰：「李壽，男子也，凶惡有素，如今備衞在身。趙雖有猛烈之志，而彊弱不敵，邂逅不制，則爲重受禍於壽，絶滅門户，痛辱不輕也。願詳舉動，爲門户之計。」娥親曰：「父母之讎，不同天地共日月者也。李壽不死，娥親視息世間，活復何求！今雖三弟早死，門户泯絶，而娥親猶在，豈可假手於人哉！若以卿心況我，則李壽不可得殺；論我之心，壽必爲我所殺明矣。」夜數磨礪所持刀訖，扼腕切齒，悲涕長歎，家人及鄰里咸共笑之。娥親謂左右曰：「卿等笑我，直以我女弱不能殺壽故也。要當以壽頸血污此刀刃，令汝輩見之。」遂棄家事，乘鹿車伺壽。至光和二年二月上旬，以白日清時，於都亭之前，與壽相遇，便下車扣壽馬，叱之。壽驚愕，迴馬欲走，娥親奮刀斫之，并傷其馬。馬驚，壽擠道邊溝中。娥親尋復就地斫之，探中樹蘭，折所持刀。壽被創未死，娥親因前欲取壽所佩刀殺壽，壽護刀瞋目大呼，跳梁而起。娥親乃挺身奮手，左抵其額，右樁其喉，反覆盤旋，應手而倒。遂拔其刀以截壽頭，持詣都亭，歸罪有司，徐步詣獄，辭顏不變。時禄福長漢陽尹嘉不忍論娥親，即解印綬去官，弛法縱之。娥親曰：「讎塞身死，妾之明分也。治獄制刑，君之常典也。何敢貪生以枉官法？」鄉人聞之，傾城奔往，觀者如堵焉，莫不爲之悲喜慷慨嗟歎也。守尉不敢公縱，陰語使去，以便宜自匿。娥親抗聲大言曰：「枉法逃死，非妾本心。今讎人已雪，死則妾分，乞得歸法以全國體。雖復萬死，於娥親畢足，不敢貪生爲明廷負也。」尉故不聽所執，娥親復言曰：「匹婦雖微，猶知憲制。殺人之罪，法所不縱。今既犯之，義無可逃。乞就刑戮，隕身朝市，肅明王法，娥親之願也。」辭氣愈厲，面無懼色。尉知其難奪，彊載還家。涼州刺史周洪、酒泉太守劉班等並共表上，稱其烈義，刊石立碑，顯其門閭。太常弘農張奂貴尚所履，以束帛二十端禮之。海内聞之者，莫不改容贊善，高大其義。故黄門侍郎安定梁寬追述娥親，爲其作傳。玄晏先生以爲父母之讎，不與共天地，蓋男子之所爲也。而娥親以女弱之微，念父辱之酷痛，感讎黨之凶言，奮劍仇頸，人馬俱摧，塞亡父之怨魂，雪三弟之永恨，近古以來，未之有也。詩云「修我戈矛，與子同仇」，娥親之謂也。」

卷十九

傳十四

蔣疊

蔣疊，〔一〕字伯重，爲太僕，久在臺閣，文雅通達，明故事，在九卿位，〔二〕數言便宜，奏議可觀。書鈔卷五四

校勘記

〔一〕蔣疊　范曄後漢書未載，不知爲何時人。

〔二〕位　此字原脱，姚本、聚珍本有，結一廬舊藏本、百衲本、陳禹謨刻本書鈔亦皆有「位」字，唐類函卷四七引同，今據增補。

丁邯

丁邯高節，〔一〕正直不撓，舉孝廉爲卿。〔二〕　書鈔卷七九

校勘記

〔一〕丁邯　范曄後漢書未載。聚珍本注云：「司馬書劉昭注引趙岐三輔決録注云：『邯字叔春，京兆陽陵人。』」

〔二〕爲卿　姚本、聚珍本無此二字。

須誦

須誦爲郡主簿，〔一〕獲罪詣獄，引械自椓口，口出齒，獲免。　書鈔卷七三

校勘記

〔一〕須誦　范曄後漢書未載，不知爲何時人。　爲郡主簿　此四字與下句「獲罪」二字原無，姚本、

聚珍本有，陳禹謨刻本書鈔引同，今據增補。

周行

周行爲涇令，〔一〕下車嚴峻，貴戚跼蹐，〔二〕京師肅清。　書鈔卷七八

校勘記

〔一〕周行　范曄後漢書未載，不知爲何時人。　爲涇令　涇縣屬丹陽郡，「爲涇令」與下文「京師肅清」毫無關涉，其下當有闕文。

〔二〕跼蹐　原誤作「跼迹」，姚本、聚珍本作「跼蹐」，陳禹謨刻本書鈔同，今據改正。「跼蹐」，恐懼貌。

劉訓〔一〕

訓字平叔，〔二〕拜車府令，〔三〕其夏東州郡國相驚，〔四〕有賊轉至京師，吏民驚，皆奔城郭上。〔五〕訓即夜詣省，欲令將禁兵據門以禦之。〔六〕　書鈔卷五五

校勘記

〔一〕劉訓　范曄後漢書未載，不知爲何時人。

〔二〕字平叔　此三字姚本、聚珍本無，陳禹謨刻本書鈔、唐類函卷四七引同。

〔三〕車府令　漢書百官公卿表云：「太僕，秦官，掌輿馬，有兩丞。屬官有大廄、未央、家馬三令，各五丞一尉。又車府、路軨、騎馬、駿馬四令丞。」續漢書百官志云：「車府令一人，六百石。主乘輿諸車。丞一人。」

〔四〕其夏　此二字姚本、聚珍本作「時」，陳禹謨刻本書鈔、唐類函卷四七引同。州　此字原誤刻爲「周」，姚本、聚珍本作「州」，書鈔其他刻本、抄本皆不誤，今據改正。

〔五〕上　姚本、聚珍本無此字，唐類函卷四七引同，而陳禹謨刻本書鈔有此字。

〔六〕禁　姚本、聚珍本作「近」，陳禹謨刻本書鈔、唐類函卷四七引同。

梁福〔一〕

司部災蝗，〔二〕臺召三府驅之。司空掾梁福曰：「普天之下，莫非王土，不審使臣驅蝗何

之？災蝗當以德消，不聞驅逐。」時號福爲直掾。類聚卷一〇〇

校勘記

〔一〕梁福　范曄後漢書未載，不知爲何時人。

〔二〕司部　即司隸校尉部。

范康

范康爲司隸校尉，〔一〕務大綱，性節儉，常卧布被。〔二〕聚珍本

校勘記

〔一〕范康　范曄後漢書未載，不知爲何時人。

〔二〕常卧布被　此條不知聚珍本從何書輯録。

宗慶

宗慶，〔一〕字叔平，爲長沙太守，民養子者三千餘人，男女皆以「宗」爲名。御覽卷二六〇

校勘記

〔一〕宗慶 范曄後漢書未載，不知爲何時人。

喜夷

喜夷爲壽陽令，〔一〕蝗入輒死。書鈔卷三五

校勘記

〔一〕喜夷 范曄後漢書未載，不知爲何時人。

卜福

卜福爲廷尉，〔一〕執謙求退，上以爲太中大夫。書鈔卷五三

校勘記

〔一〕卜福 范曄後漢書未載，不知爲何時人。

翟歆

翟歆，〔一〕字敬子，父于，以功封臨沮侯。歆當嗣爵，以母年老國遠，上書辭讓，詔許，乃賜關内侯。御覽卷二〇一

校勘記

〔一〕翟歆 范曄後漢書未載，不知爲何時人。

魏成

魏成曾孫純坐訐訕，〔一〕國除。御覽卷二〇一

校勘記

〔一〕魏成　范曄後漢書未載，不知爲何時人。　孫　此字原脱，聚珍本有，今據增補。

畢尋

利取侯畢尋玄孫守姦人妻，〔一〕國除。御覽卷二〇一

校勘記

〔一〕畢尋　范曄後漢書未載，不知爲何時人。

段普

首鄉侯段普曾孫勝坐殺婢，〔一〕國除。御覽卷二〇一

校勘記

〔一〕段普　范曄後漢書未載，不知爲何時人。

邢崇

夕陽侯邢崇孫之爲賊所盜，〔一〕亡印綬，國除。御覽卷二〇一

校勘記

〔一〕邢崇　范曄後漢書未載，不知爲何時人。

陰猛

陰猛好學温良，〔一〕稱於儒林，以郎遷爲太祝令。〔二〕御覽卷二二九

陰猛以博通古今爲太史令。〔三〕御覽卷二三五

校勘記

〔一〕陰猛　范曄後漢書未載，不知爲何時人。

〔二〕以郎遷爲太祝令　聚珍本無「以郎遷」三字。此條玉海卷一二三引作「陰猛好學温良，以郎遷太祝令」。

〔三〕爲　聚珍本作「遷」。

張意

張意拜驃騎將軍，〔一〕討東甌，備水戰之具，一戰大破，所向無前。御覽卷二三八

校勘記

〔一〕張意　范曄後漢書未載，不知爲何時人。

沈豐

沈豐，〔一〕字聖達，爲零陵太守，爲政愼刑重殺，罪法辭訟，初不歷獄，嫌疑不決，一斷於口，鞭杖不舉，市無刑戮。僚友有過，初不暴揚，有奇謀異略，輒爲談述，曰：「太守所不及也。」到官一年，甘露降，芝草生。御覽卷二六〇

校勘記

〔一〕沈豐　范曄後漢書未載，不知爲何時人。

蕭彪

蕭彪，〔一〕字伯文，京兆杜陵人，累官巴郡太守，父老，乞供養。父有賓客，輒立屏風後，應受使命。父嗜餅，每自買進之。御覽卷四一二

校勘記

〔一〕蕭彪 范曄後漢書未載，不知爲何時人。

陳囂

陳囂，〔一〕字君期，明韓詩，時語曰：「關東說詩陳君期。」御覽卷六一五

校勘記

〔一〕陳囂 范曄後漢書未載，不知爲何時人。

卷二十

傳十五

匈奴南單于

匈奴南單于列傳。〔一〕 范曄後漢書卷八九南匈奴傳李賢注

單于比，匈奴頭曼十八代孫。〔二〕 范曄後漢書卷八九南匈奴傳李賢注

十二月癸丑，匈奴始分爲南北單于。〔三〕 范曄後漢書卷八九南匈奴傳李賢注

建成二十五年，南單于遣左賢王擊北單于，〔四〕北單于震怖，却地千餘里。十三年中工官作櫓車成，可駕數牛，嘗送塞上。議者見車巧，相謂曰：「讖言漢九世當却夷千里，寧謂此邪？」〔五〕聖人之文，〔六〕與天券契。及胡隤懷，〔七〕數月而卑。〔八〕 書鈔卷一三九

建武二十六年，南單于遣使獻駱駝二頭，文馬十匹。〔九〕 初學記卷二〇

建武中，南單于來朝，賜御食及橙、橘、龍眼、荔支。〔一〇〕 御覽卷九七一

賜鹿蠡王玉具劍，〔一一〕羽蓋車一駟，中郎將持節衛護焉。〔一二〕范曄後漢書卷四和帝紀李賢注南單于上書獻橐駝。單于歲祭三龍祠，走馬鬭橐駝，以爲樂事。〔一三〕御覽卷九〇一帝遣單于，〔一四〕饗賜作樂百戲，上幸離宫臨觀。〔一五〕類聚卷六二

校勘記

〔一〕匈奴南單于列傳　范曄後漢書南匈奴傳篇題下李賢注云：「前書直言匈奴傳，不言南北，今稱「南」者，明其爲北生義也。以南單于向化尤深，故舉其順者以冠之。東觀記稱匈奴南單于列傳，范曄因去其『單于』二字。」此條即據李賢注輯録。史通古今正史篇敍東觀漢記撰修經過云：「伏無忌與諫議大夫黄景作諸王、王子、功臣、恩澤侯表，南單于、西羌傳。」

〔二〕單于比，匈奴頭曼十八代孫　范曄後漢書南匈奴傳李賢注云：「頭曼即冒頓單于父，自頭曼單于至比，父子相承十代，以單于相傳乃十八代也。」

〔三〕十二月癸丑，匈奴始分爲南北單于　此條玉海卷一五二亦引，字句全同。范曄後漢書南匈奴傳云：「建武二十二年，單于輿死，子左賢王烏達鞮侯立爲單于。復死，弟左賢王蒲奴立爲單于。比不得立，既懷憤恨。……比密遣漢人郭衡奉匈奴地圖，二十三年，詣西河太守求内附。……二十四年春，八部大人共議立比爲呼韓邪單于，以其大父嘗依漢得安，故欲襲其號。於是款五

原塞，願永爲蕃蔽，扞禦北虜。帝用五官中郎將耿國議，乃許之。其冬，比自立爲呼韓邪單于」。於是始有南北單于之分。其下李賢引此條文字作注。

〔四〕建武二十五年，南單于遣左賢王擊北單于　范曄後漢書光武帝紀建武二十五年云：「南單于遣使詣闕貢獻，奉蕃稱臣。又遣其左賢王擊破北匈奴，却地千餘里。」

〔五〕寧謂此邪　范曄後漢書南匈奴傳云：建武二十五年春，南單于比「遣弟左賢王莫將兵萬餘人擊北單于弟薁鞬左賢王，生獲之。又破北單于帳下，並得其衆合萬餘人，馬七千匹、牛羊萬頭。北單于震怖，却地千里。初，帝造戰車，可駕數牛，上作樓櫓，置於塞上，以拒匈奴。時人見者或相謂曰：『讖言漢九世當却北狄地千里，豈謂此邪？』」可與此相證。

〔六〕聖人之文　此下四句范曄後漢書南匈奴傳無。

〔七〕懷　字誤，疑當作「壞」。

〔八〕數月而卑　此條姚本、聚珍本皆未輯録。

〔九〕文馬十四　此條萬花谷後集卷一八亦引，字句全同。范曄後漢書南匈奴傳云：建武二十六年，南單于比「遣使上書，獻駱駝二頭，文馬十匹」。「文馬」，謂馬體毛色有文彩者。

〔一〇〕南單于來朝，賜御食及橙、橘、龍眼、荔支　此條類聚卷八七、御覽卷九六六、卷九七一、事類賦卷二七、記纂淵海卷九二、合璧事類卷四〇亦引，字句稍略。范曄後漢書南匈奴傳建武二十六年載：「單于歲盡輒遣奉奏，送侍子入朝，中郎將從事一人將領詣闕。漢遣謁者送前侍子還單于庭，交會道路。元正朝賀，拜祠陵廟畢，漢乃遣單于使，令謁者將送，賜綵繒千匹，錦四端，金十斤，太官御食醬及橙、橘、龍眼、荔支。」未言南單于來朝，此文有誤。

〔一〕賜鹿蠡王玉具劍　原無「鹿蠡王」三字，書鈔卷一一九引云：「賜鹿蠡王羽車一駟。」今據增補。聚珍本作「谷蠡王」。

〔二〕中郎將持節衛護焉　范曄後漢書和帝紀永元四年載：「春正月，北匈奴右谷蠡王於除鞬自立爲單于，款塞乞降。遣大將軍左校尉耿夔授璽綬。」其下李賢引此文作注。

〔三〕以爲樂事　此條姚本全未輯録，聚珍本僅輯有首句。初學記卷二九、六帖卷九七、合璧事類別集卷七六亦引此條文字，字句稍略。范曄後漢書南匈奴傳云：「匈奴俗，歲有三龍祠，常以正月、五月、九月戊日祭天神。南單于既内附，兼祠漢帝，因會諸部，議國事，走馬及駱駝爲樂。」

〔四〕遣　原誤作「遺」，聚珍本不誤，今據改正。

〔五〕上幸離宫臨觀　范曄後漢書南匈奴傳云：「呼蘭若尸逐就單于兜樓儲先在京師，漢安二年立之。天子臨軒，大鴻臚持節拜授璽綬，引上殿。賜青蓋駕駟、鼓車、安車、駙馬騎、玉具刀劍、什物，給綵布二千匹。賜單于閼氏以下金錦錯雜具，軿車馬二乘。遣行中郎將持節護送單于歸南庭。詔太常、大鴻臚與諸國侍子於廣陽城門外祖會，饗賜作樂，角抵百戲。順帝幸胡桃宫臨觀之。」

莋都夷〔一〕

朱酺，〔二〕明帝時爲益州刺史，移書屬郡，喻以聖德，白狼王等百餘國重譯來庭，歌詩三章，酺獻之。〔三〕御覽卷五七〇

遠夷樂德歌詩曰：堤官隗構，大漢是治。魏冒踰糟。與天合意。罔驛劉脾，吏譯平端。旁莫支留。不從我來。徵衣隨旅，聞風向化。知唐桑艾。所見奇異。邪毗𫄨𬙋，多賜繒布。推潭僕遠。甘美酒食。拓拒蘇便，昌樂肉飛。局後仍離。屈申悉備。僂讓龍洞，蠻夷貧薄。莫支度由。無所報嗣。陽雒僧鱗，願主長壽。莫穉角存。子孫昌熾。

遠夷慕德歌詩曰：僂讓皮尼，蠻夷所處。且交陵悟。日入之部。繩動隨旅，慕義向化。路旦揀雒。歸日出主。聖德渡諾，聖德深恩。魏菌度洗。與人富厚。綜邪流藩，冬多霜雪。莋邪尋螺。夏多和雨。藐潯瀘灕，寒温時適。菌補邪推。部人多有。辟危歸險，涉危歷險。莫受萬柳。不遠萬里。術疊附德，去俗歸德。仍路孳摸。心歸慈母。

遠夷懷德歌詩曰：荒服之儀，荒服之外。犂籍憐憐。土地墝埆。阻蘇邪犂，食肉衣皮。莫碭麤沐。不見鹽穀。罔驛傳微，吏譯傳風。是漢夜拒。大漢安樂。蹤優路仁，攜負歸仁。雷折險龍。觸冒險陜。倫狼藏幢，高

山岐峻。扶路側祿。緣崖磻石。息落服淫，木薄發家。理歷髭雒。百宿到洛。捕苣菌毗，父子同賜。懷稾匹漏。懷抱匹帛。傳室呼敕，傳告種人。陵陽臣僕。長願臣僕。〔四〕范曄後漢書卷八六西南夷莋都夷傳

校勘記

〔一〕莋都夷　范曄後漢書卷八六有傳。

〔二〕朱酺　范曄後漢書西南夷莋都夷傳作「朱輔」。李賢注云：「東觀記『輔』作『酺』，梁國寧陵人也。」

〔三〕酺獻之　聚珍本有朱酺傳，輯録有此條文字。按范曄後漢書西南夷莋都夷傳云：「永平中，益州刺史梁國朱輔，好立功名，慷慨有大略。在州數歲，宣示漢德，威懷遠夷。自汶山以西，前世所不至，正朔所未加。白狼、槃木、唐菆等百餘國，户百三十餘萬，口六百萬以上，舉種奉貢，稱爲臣僕。輔上疏曰：『臣聞詩云：「彼徂者岐，有夷之行。」傳曰：「岐道雖僻，而人不遠。」詩人誦詠，以爲符驗。今白狼王唐菆等慕化歸義，作詩三章。路經邛來大山零高坂，峭危峻險，百倍岐道。繈負老幼，若歸慈母。遠夷之語，辭意難正。草木異種，鳥獸殊類。有犍爲郡掾田恭與之習狎，頗曉其言，臣輒令訊其風俗，譯其辭語。今遣從事史李陵與恭護送詣闕，并上其樂詩。昔在聖

帝，舞四夷之樂。今之所上，庶備其一。』帝嘉之，事下史官，録其歌焉。」則此條文字當入西南夷莋都夷傳。

〔四〕長願臣僕　此條玉海卷一五二亦引，字句微異。范曄後漢書西南夷莋都夷傳載，永平中，益州刺史朱輔上莋都夷所作詩三章，范書載有全文。李賢於詩三章前注云：「東觀記載其歌，并載夷人本語，並重譯訓詁爲華言，今范史所載者是也。今録東觀夷言，以爲此注也。」可見東觀漢記亦録有詩三章。這裏所輯即據范書。范書所載詩三章，先記華言，下注夷語。從李賢注看來，東觀漢記似乎先記夷語，再重譯爲華言。聚珍本即如此輯録，今從之。

西羌〔一〕

西羌祖爰劍爲秦所奴隸，而亡藏巖穴中，見焚，有影象如虎，爲蔽火，得不死。諸羌以爲神，推以爲豪。〔二〕　御覽卷三八八

護羌竇林奏使，〔三〕羌顛岸降，詣林，林欲以爲功效，奏言大豪。後顛岸兄顛吾復詣林，林言其第一豪。問事狀，林對前後兩屈。林以誣罔詣獄。上不忍誅，免官。後涼州刺史奏林贓罪，復收繫羽林監，遂死獄中。〔四〕　文選卷二〇潘岳四言詩關中李善注

羌什長鞏便。〔五〕文選卷五七潘岳馬汧督誄李善注

金城、隴西卑湳、勒姐種羌反，出塞外。〔六〕文選卷二〇潘岳四言詩關中李善注

校勘記

〔一〕西羌　范曄後漢書卷八七有傳。又見汪文臺輯司馬彪續漢書卷五。據史通古今正史篇所載，侍中伏無忌與諫議大夫黄景撰東觀漢記西羌傳。

〔二〕推以爲豪　范曄後漢書西羌傳云：「羌無弋爰劍者，秦厲公時爲秦所拘執，以爲奴隸。不知爰劍何戎之別也。後得亡歸，而秦人追之急，藏於巖穴中得免。羌人云爰劍初藏穴中，秦人焚之，有景象如虎，爲其蔽火，得以不死。……諸羌見爰劍被焚不死，怪其神，共畏事之，推以爲豪。」

〔三〕護羌竇林奉使　「護羌」二字下脱「校尉」二字。竇林曾爲護羌校尉，詳下注。

〔四〕遂死獄中　范曄後漢書西羌傳云：「永平元年，復遣中郎將竇固、捕虜將軍馬武等擊滇吾於西邯，大破之。……以謁者竇林領護羌校尉，居狄道。林爲諸羌所信，而滇岸遂詣林降。林爲下吏所欺，謬奏上滇岸以爲大豪，承制封爲歸義侯，加號漢大都尉。明年，滇吾復降，林復奏其第一豪，與俱詣闕獻見。帝怪一種兩豪，疑其非實，以事詰林。林辭窘，乃僞對曰：『滇岸即滇吾，隴西語不正耳。』帝窮驗知之，怒而免林官。會涼州刺史又奏林臧罪，遂下獄死。」明帝紀永平二

年載：「十二月，護羌校尉竇林下獄死。」

〔五〕羌什長鞏便　聚珍本注云：「此上下文闕。」

〔六〕金城、隴西卑湳、勒姐種羌反，出塞外　范曄後漢書西羌傳云：「肅宗建初元年，安夷縣吏略妻卑湳種羌婦，吏爲其夫所殺，安夷長宗延追之出塞，種人恐見誅，遂共殺延，而與勒姐及吾良二種相結爲寇。隴西太守孫純遣從事李睦及金城兵會和羅谷，與卑湳等戰，斬首虜數百人。復拜故度遼將軍吴棠領護羌校尉，居安夷。二年夏，迷吾遂與諸衆聚兵，欲叛出塞。金城太守郝崇追之，戰於荔谷，崇兵大敗，崇輕騎得脱，死者二千餘人。」

西　域〔一〕

永元十三年，〔二〕安息王獻條支大雀。〔三〕此雀卵大如甕。〔四〕　類聚卷九二

校勘記

〔一〕西域　范曄後漢書卷八八有傳。又見汪文臺輯司馬彪續漢書卷五。

〔二〕永元十三年　姚本、聚珍本作「永元二年」，御覽卷九二二引作「永祚元年」，皆有訛誤。范曄後

漢書西域傳載安息國云：「和帝永元……十三年，安息王滿屈復獻師子及條支大鳥，時謂之安息雀。」和帝紀永元十三年載：「冬十一月，安息國遣使獻師子及條支大雀。」

〔三〕條支大雀　范曄後漢書和帝紀李賢注引郭義恭廣志云：「大雀頸及身膺蹄都似橐駝，舉頭高八九尺，張翅丈餘，食大麥，其卵如甕，即今之駝鳥也。」

〔四〕此雀卵大如甕　此句原無，姚本、聚珍本有，今據增補。不知二本從何書輯録。姚本此句下尚有「又永和九年，永昌獻象牙、熊子」二句，亦不知輯自何書。順帝永和只有六年，此云「九年」，誤。

卷二十一

載記〔一〕

王常〔二〕

其先鄠人，常父博，成、哀間轉客潁川舞陽，因家焉。范曄後漢書卷一五王常傳李賢注

以常行南陽太守事，〔三〕誅不從命，封拜有功。范曄後漢書卷一五王常傳李賢注

上於大會中指王常謂群臣曰：「此家率下江諸將輔翼漢室，心如金石，真忠臣也。」是日遷常爲漢忠將軍。〔四〕初學記卷一七

率騎都尉王霸共平沛郡賊苗虛。〔五〕范曄後漢書卷一五王常傳李賢注

王常爲横野大將軍，〔六〕位次與諸將絶席。〔七〕書鈔卷一三三

山桑侯王常孫廣坐楚事，國除。〔八〕御覽卷二〇一

校勘記

〔一〕載記　史通題目篇云：「東觀以平林、下江諸人列爲載記。」

〔二〕王常　字顔卿，潁川舞陽人，范曄後漢書卷一五有傳。又見汪文臺輯司馬彪續漢書卷二。據范書王常傳載：「王莽末，亡命江夏。久之，與王鳳、王匡等起兵雲杜緑林中，聚衆數萬人，以常爲偏裨，攻傍縣。後與成丹、張卬別入南郡藍口，號下江兵。」王常屬下江，在東觀漢記中當載在載記。

〔三〕以常行南陽太守事　此句原無，范曄後漢書王常傳云：「更始西都長安，以常行南陽太守事，令專命誅賞。」今據增補。

〔四〕是日遷常爲漢忠將軍　「忠」原誤作「中」，聚珍本作「忠」，類聚卷二〇引同，今據改。此條御覽卷二四〇、卷四一八亦引，文字大同小異。

〔五〕率騎都尉王霸共平沛郡賊苗虚　范曄後漢書王常傳云：建武五年，「率騎都尉王霸共平沛郡賊」。李賢注云：「東觀記曰沛郡賊苗虚也。」本條即據此輯録。

〔六〕王常爲横野大將軍　此爲建武七年事，見范曄後漢書王常傳。

〔七〕絶席　獨坐一席，以示地位尊顯。御史大夫、尚書令、司隸校尉皆專席。此條類聚卷六九、御覽卷七〇九亦引。

〔八〕國除　事在永平十四年。

劉盆子〔一〕

赤眉欲立宗室，以木札書符曰「上將軍」，與兩空札置笥中，大集會三老、從事，令劉盆子等三人居中央，一人奉符，以年次探之。盆子最幼，探得將軍，三老等皆稱臣。〔二〕　聚珍本

劉盆子年十五，被髮徒跣，卒見衆拜，〔三〕恐懼啼泣。〔四〕從劉俠卿居，爲盆子制朱絳單衣、半頭赤幘、直綦履。〔五〕盆子朝夕朝，俠卿禮之。數祠城陽景王，使盆子乘軍中鮮車大火馬，〔六〕至祠所，盆子時欲出從牧兒，俠卿怒止之。軍入左馮翊，至長安舍，盆子乘白蓋小車，有尚書一人，亦小車絳袍衣裳相隨，軍中皆笑。諸牧兒共呼車曰：「盆子在中。」時欲驅出，前車不肯避也。　書鈔卷一三九

使盆子乘車入長安，時掖庭中宫女猶有數百千人，自更始敗後，幽閉殿内，拔庭中蘆菔根，〔七〕捕池魚而食之。〔八〕　聚珍本

更始死後，赤眉轉從南山下，號稱百萬衆。盆子乘王者車，駕三馬，從數百騎，罷歌吹者廩食，〔九〕棄其數車道中，侍從者稍落。〔一〇〕書鈔卷一三九

劉盆子兄式侯旦請上曰：〔一一〕「盆子將百萬衆降，陛下何以待之？」上曰：「待君以不死耳。」書鈔卷一一九

劉盆子將丞相以下二十餘萬人詣宜陽降，〔一二〕奉高皇帝璽綬，〔一三〕詔以屬城門校尉，賊皆輸鎧甲兵弩矢矰，積城西門，〔一四〕適與熊耳山等。〔一五〕書鈔卷一一九

校勘記

〔一〕劉盆子　太山式人，城陽景王章之後，范曄後漢書卷一一有傳。又見汪文臺輯司馬彪續漢書卷二、袁山松後漢書。

〔二〕三老等皆稱臣　此條不知聚珍本從何書輯録。范曄後漢書劉盆子傳云：樊崇等「欲立帝，求軍中景王後者，得七十餘人，唯盆子與茂及前西安侯劉孝最爲近屬。崇等議曰：『聞古天子將兵稱上將軍。』乃書札爲符曰『上將軍』，又以兩空札置笥中，遂於鄭北設壇場，祠城陽景王。諸三老、從事皆大會陛下，列盆子等三人居中立，以年次探札。盆子最幼，後探得符，諸將乃皆稱臣拜」。與此大同小異。

〔三〕劉盆子年十五，被髮徒跣，卒見衆拜　原無上二句，「卒見衆拜」作「盆子見衆拜」，今據聚珍本和御覽卷三七三所引增改。此三句御覽卷四八八引作「劉盆子字于，季十五，被髮徒跣，卒見衆拜」，字有訛誤。「卒」，與「猝」字同。

〔四〕懼　御覽卷三七三、卷四八八引作「怖」。

〔五〕爲盆子　聚珍本作「俠卿爲」。

〔六〕使盆子乘軍中鮮車大火馬　此句至「前車不肯避也」一段文字聚珍本無。

〔七〕拔　范曄後漢書劉盆子傳、御覽卷四八六引袁山松後漢書皆作「掘」。

〔八〕捕池魚而食之　此條不知聚珍本從何書輯録。字句與范曄後漢書劉盆子傳微異。

〔九〕罷歌吹者廩食　「吹」字下原有「之」字，係衍文，今删去。

〔一〇〕侍從者稍落　此條姚本、聚珍本皆未輯録。范曄後漢書劉盆子傳云：「建武二年……赤眉貪財物，復出大掠。城中糧食盡，遂收載珍寶，因大縱火燒宫室，引兵而西。過祠南郊，車甲兵馬最爲猛盛，衆號百萬。盆子乘王車，駕三馬，從數百騎，乃自南山轉掠城邑。」可與此相參證。

〔一一〕劉盆子兄式侯且請上曰　此句姚本、聚珍本作「赤眉遇光武軍，驚震不知所爲，乃遣劉恭乞降曰」，係據陳禹謨刻本書鈔輯録，與范曄後漢書劉盆子傳文字全同。「式侯」，劉恭，劉盆子兄，隨樊崇等降更始時，封爲式侯。見范書劉盆子傳。

〔二〕劉盆子將丞相以下二十餘萬人詣宜陽降　原無「二十餘萬人詣宜陽」八字，初學記卷二二引云：「劉盆子與丞相已下二十餘萬人詣宜陽降。」御覽卷三五五引云：「劉盆子與丞相二十萬人詣宜陽降。」今據增補。此句姚本作「劉盆子及丞相徐宣以下二十餘萬人肉袒降」，聚珍本同，惟删「劉」字。

〔三〕奉高皇帝璽綬　「帝」字下姚本、聚珍本有「傳國」二字，陳禹謨刻本書鈔卷一一九引同。

〔四〕賊皆輸鎧甲兵弩矢矰，積城西門　此二句姚本、聚珍本作「賊皆輸鎧仗，積兵甲宜陽城西」，陳禹謨刻本書鈔卷一一九引同，惟「仗」字作「甲」。

〔五〕適　姚本、聚珍本無此字，陳禹謨刻本書鈔卷一一九引同。初學記卷二二，御覽卷三三九、卷三五五皆引作「高」。御覽卷四二、事類賦卷七引作「積」。等　初學記卷二二，御覽卷四二、卷三三九、卷三五五引同。姚本、聚珍本作「齊」，陳禹謨刻本書鈔卷一一九引亦作「齊」。

樊崇

樊崇，〔一〕字細君。范曄後漢書卷一一劉盆子傳李賢注

王莽天鳳五年，〔二〕樊崇起兵於莒。〔三〕御覽卷三六五

崇同郡東莞人逄安，字少子，東海臨沂人徐宣，字驕穉，謝禄，字子奇，及楊音各起兵，合數萬人，復引從崇。〔四〕范曄後漢書卷一一劉盆子傳李賢注

樊崇欲與王莽戰，恐其衆與莽兵亂，乃皆朱其眉，以相識别，由是號曰赤眉。文選卷一〇潘岳西征賦李善注

赤眉入安定、北地。至陽城，逢大雪，士多凍死。〔五〕書鈔卷一五二

光武作飛宝箭以攻赤眉。〔六〕文選卷一六潘岳閑居賦李善注

赤眉平後，百姓飢餓，人相食，黄金一斤易豆五升。〔七〕御覽卷八四一

校勘記

〔一〕樊崇　琅邪人，其事見范曄後漢書卷一一劉盆子傳。

〔二〕王莽天鳳五年　此句聚珍本未輯録。

〔三〕樊崇起兵於莒　此句下尚有「恐其衆與莽兵亂，乃皆朱其眉，由是號曰赤眉」三句，因與下複出，今删去。

〔四〕復引從崇　范曄後漢書劉盆子傳云：「崇同郡人逄安，東海人徐宣、謝禄、楊音各起兵，合數萬人，復引從崇。」李賢注云：「東觀記曰逄，音龐。徐宣字驕穉，謝禄字子奇，皆東海臨沂人。」此

條即據李賢注，又酌取范書文句輯録。通鑑卷三九胡三省引「東觀記曰逄，音龐」二句作注。王應麟急就篇補注引「東觀記：徐宣字驕稺」二句作注。四庫全書考證云：「考前漢書王莽傳，赤眉力子都、樊崇等起於琅邪，本書不載子都名，當是闕佚。」

〔五〕士多凍死　「士」字下聚珍本有「卒」字，陳禹謨刻本書鈔同。范曄後漢書劉盆子傳云：赤眉「自南山轉掠城邑，與更始將軍嚴春戰於郿，破春，殺之，遂入安定、北地。至陽城、番須中，逢大雪，坑谷皆滿，士多凍死」。與此爲同一事。

〔六〕光武作飛寅箭以攻赤眉　此條玉海卷一五〇亦引，僅無「以」字。「飛寅」，箭名。文選卷一六潘岳閑居賦李善注引方言云：「凡箭三鐮，謂之羊頭。三鐮六尺，謂之飛寅。」

〔七〕升　聚珍本作「斗」。袁宏後漢紀卷四建武三年云：「豪傑往往屯聚，多者萬人，少者數千人，轉相攻擊，百姓飢餓，黄金一斤五斗穀。」則「升」字當作「斗」。

吕母

海曲有吕母者，〔一〕子爲縣吏，〔二〕犯小罪，宰論殺之。吕母怨宰，密聚客，規以報仇。母家素豐，貲産數百萬，乃益釀醇酒，買刀劍衣服。少年來沽者，皆貰與之，視其乏者，輒假衣裘，〔三〕不問多少。少年欲相與償之，吕母泣曰：「縣宰枉殺吾子，欲爲報怨耳，諸君寧肯哀之乎！」少年許諾，相聚得數十百人，〔四〕因與吕母入海，自稱將軍，遂破海曲，執縣宰殺之，以祭其子冢也。〔五〕御覽卷四八一

賓客徐次子等自號「搤虎」。〔六〕范曄後漢書卷一一劉盆子傳李賢注

校勘記

〔一〕吕母　其事見范曄後漢書卷一一劉盆子傳。

〔二〕子爲縣吏　范曄後漢書劉盆子傳李賢注引續漢書云：「吕母子名育，爲游徼，犯罪。」

〔三〕裘　姚本、聚珍本作「裝」，類聚卷三三引同。范曄後漢書劉盆子傳作「裳」。

〔四〕數十百人　范曄後漢書劉盆子傳同。姚本、聚珍本作「數百人」，類聚卷三三引亦作「數百人」。

〔五〕以祭其子冢也　此條姚本、聚珍本係據類聚卷三三所引輯録，字句較此簡略。

〔六〕賓客徐次子等自號「搤虎」　范曄後漢書劉盆子傳云：吕母欲爲子報仇，「少年壯其意，又素受恩，皆許諾。其中勇士自號猛虎，遂相聚得數十百人」。其下李賢引此句作注。李賢注又云：「搤，音於責反，力可搤虎，言其勇也。今爲『猛』字，『搤』與『猛』相類也。」

隗囂

隗囂，〔一〕字季孟，天水人也。〔二〕御覽卷四八〇

隗囂既立，〔三〕便聘平陵方望爲軍師。〔四〕望至，説囂曰：「足下欲承天順民，輔漢而起，今立者乃在南陽，〔五〕王莽尚據長安，雖欲以漢爲名，其實無所受命，將何以見信於衆？宜急立高廟，稱臣奉祠，所謂『神道設教』，〔六〕求助民神者也。且禮有損益，質文無常。削地開兆，茅茨土階，以致其肅敬。〔七〕雖未備物，神明其舍諸。」囂從其言。」御覽卷四六一

以王莽篡逆，〔八〕復漢之祚，乃立高祖、太宗之廟，稱臣執事，史奉璧而告。〔九〕祝畢，有司穿坎於庭，割牲而盟。御覽卷四八〇

光武與隗囂書曰：〔一〇〕「蒼蠅之飛，不過三數步，〔一一〕托驥之尾，得以絶群。」御覽卷九四四

隗囂將王元説囂曰：〔一二〕「昔更始西都，四方響應，天下喁喁，謂之太平，一旦壞敗。今南有子陽，北有文伯，江湖海岱，王公十數，而欲牽儒生之説，棄千乘之基，計之不可者也。今天水完富，〔一三〕士馬最强，北取西河，東收三輔，案秦舊迹，表裏山河，元請以一丸泥爲大

王東封函谷關，此萬世一時也。若計不及此，且畜養士馬，據隘自守，曠日持久，以待四方之變，圖王不成，其弊猶足以霸。」囂然其計。〔一四〕 類聚卷二五

杜林先去，餘稍稍相隨，東詣京師。〔一五〕 范曄後漢書卷一三隗囂傳李賢注

隗囂，故宰相府掾吏，〔一六〕善爲文書，每上書移檄，士大夫莫不諷誦之也。〔一七〕 書鈔卷一〇三

光武賜隗囂書曰：〔一八〕「吾年已三十餘，〔一九〕在兵中十歲，所更非一，厭浮語虛辭耳。」〔二〇〕 文選卷四二魏文帝與吳質書李善注

漢圍隗囂，〔二一〕囂窮困。其大將王捷登城呼漢軍曰：〔二二〕「爲隗王城守者，皆必死無二心，願諸軍亟罷，請自殺以明之。」遂刎頸而死。 御覽卷四三八

時民饑饉，乃噉弩煮履。〔二三〕 聚珍本

建武九年正月，〔二四〕隗囂病餓，〔二五〕出城餐糗糒，〔二六〕腹脹恚憤而死。 書鈔卷一四七

隗囂負隴城之固，納王元之說，雖遣子春卿入質，猶持兩端。世祖於是稍黜其禮，正君臣之義。〔二七〕 御覽卷四八〇

校勘記

〔一〕隗囂　范曄後漢書卷一三有傳。又見汪文臺輯司馬彪續漢書卷二。

〔二〕天水人也　此句下尚有「以王莽篡逆，復漢之祚」云云數句，已按敍事先後移至下文。

〔三〕隗囂既立　謂囂爲上將軍。范曄後漢書隗囂傳載：「季父崔，素豪俠，能得衆。聞更始立而莽兵連敗，於是乃與兄義及上邽人楊廣、冀人周宗謀起兵應漢。……聚衆數千人，攻平襄，殺莽鎮戎大尹。崔、廣等以爲舉事宜立主以一衆心，咸謂囂素有名，好經書，遂共推爲上將軍。」

〔四〕便聘平陵方望爲軍師　「便」字姚本、聚珍本作「使」，類聚卷二五引同。「師」字原作「帥」，姚本、聚珍本作「師」，類聚卷二五引同，今據改。范曄後漢書隗囂傳云：「囂既立，遣使聘請平陵人方望，以爲軍師。」

〔五〕輔漢而起，今立者乃在南陽　「起今」二字原誤倒作「今起」，姚本、聚珍本作「起今」，類聚卷二五引同，今據乙正。

〔六〕神道設教　易觀卦彖辭云：「聖人以神道設教，而天下服矣。」

〔七〕以致其肅敬　此句上原有「陛下」二字，係衍文。囂時爲上將軍，方望不得以「陛下」相稱。上文稱「足下」，與囂身份相埒。聚珍本無此二字，范曄後漢書隗囂傳同，今據删。

〔八〕以王莽篡逆　此當與上條連讀，所敍事相承。

〔九〕史奉璧而告　范曄後漢書隗囂傳云：囂從方望之言，「遂立廟邑東，祀高祖、太宗、世宗。囂等皆稱臣執事，史奉璧而告」。李賢注云：「史，祝史也。璧者，所以祀神也。」

〔一〇〕光武與隗囂書　建武三年，囂上書詣闕，光武帝以殊禮相待。當時陳倉人吕鮪擁衆數萬，與公孫述相通，擊三輔。囂遣兵佐征西大將軍馮異擊之，吕鮪敗走，光武帝即報以手書。見范曄後漢書隗囂傳。

〔一一〕三數步　聚珍本同，記纂淵海卷一〇〇引作「十步」，范曄後漢書隗囂傳作「數步」。

〔一二〕隗囂將王元説囂　建武五年，光武帝遣來歙勸囂遣子入侍，於是囂遣長子恂隨歙詣闕。而囂將王元以爲天下成敗未可知，不願專心事漢，故説囂「據隘自守」，「以待四方之變」。事見范曄後漢書隗囂傳。

〔一三〕完　原誤作「見」，姚本、聚珍本作「完」，御覽卷四六一引同，范曄後漢書隗囂傳亦作「完」，今據改正。

〔一四〕囂然其計　此條初學記卷七、類聚卷六、六帖卷九、御覽卷七四、記纂淵海卷四三、合璧事類卷八亦引，字句較簡略。

〔一五〕東詣京師　范曄後漢書隗囂傳云：「囂心然元計，雖遣子入質，猶負其險阸，欲專方面。於是游士長者,稍稍去之。」其下李賢引此條文字作注。

〔一六〕故宰相府掾吏　姚本、聚珍本無「相」字,類聚卷五八引同。

〔一七〕士大夫莫不諷誦之也　范曄後漢書隗囂傳云:建武「六年,關東悉平。帝積苦兵間,以囂子内侍,公孫述遠據邊陲,乃謂諸將曰:『且當置此兩子於度外耳。』因數騰書隴、蜀,告示禍福。囂賓客、掾史多文學生,每所上事,當世士大夫皆諷誦之,故帝有所辭答,尤加意焉」。與此條所述略有不同。

〔一八〕光武賜隗囂書　建武六年,公孫述攻南郡,光武帝詔囂從天水伐蜀,囂不從命,而使王元侵三輔。光武帝遂使來歙賜隗囂書。事詳范曄後漢書隗囂傳。

〔一九〕吾年已三十餘　此句范曄後漢書隗囂傳作「吾年垂四十」。

〔二〇〕厭浮語虚辭耳　此句下聚珍本有如下一條文字:「岑彭與吴漢圍囂於西城,勑彭書曰:『西城若下,便可將兵南擊蜀虜。人苦不知足,既平隴,復望蜀。每一發兵,頭鬚爲白。』」姚本隗囂傳亦收此條。按此條文字不當入隗囂傳,而應入岑彭傳,范曄後漢書岑彭傳載光武帝勑彭書。

〔二一〕漢圍隗囂　建武八年,吴漢與岑彭圍隗囂於西城。范曄後漢書岑彭傳、吴漢傳、隗囂傳皆載此事。

〔二二〕其大將王捷登城呼漢軍曰　據范曄後漢書隗囂傳,當時隗囂大將王捷在戎丘。

〔二三〕乃噉弩煮履　此條不知聚珍本從何書輯録。

〔二四〕建武九年正月　此句原無，聚珍本有，御覽卷四八六引亦有，今據增補。

〔二五〕病餓　姚本、聚珍本作「病且餓」，與陳禹謨刻本書鈔同。范曄後漢書隗囂傳亦作「病且餓」。

〔二六〕糗　原無此字，姚本、聚珍本有，御覽卷四八六、卷八六〇引亦有，今據增補。

〔二七〕正君臣之義　聚珍本注云：「此六句當是序中語。」

王　元〔一〕

元，杜陵人。范曄後漢書卷一三隗囂傳李賢注

校勘記

〔一〕王元　范曄後漢書無傳。據范書光武帝紀和隗囂傳所載，元字惠孟，爲隗囂大將軍。建武九年，隗囂死。十年，元奔蜀，爲公孫述將。十一年，降漢。初拜上蔡令，遷東平相，坐墾田不實，下獄死。

公孫述

公孫述，〔一〕字子陽，扶風茂陵人。其先武帝時，以吏二千石自無鹽徙焉。　范曄後漢書卷一三公孫述傳李賢注

成帝末，述父仁爲侍御史，任爲太子舍人，稍加秩爲郎焉。　范曄後漢書卷一三公孫述傳李賢注

公孫述補清水長，太守以其能，使兼治五縣政。〔二〕　書鈔卷七八

初，副以漢中亭長聚衆降成，自稱輔漢將軍。〔三〕　范曄後漢書卷一三公孫述傳李賢注

蜀郡功曹李熊説公孫述曰：「方今四海波蕩，匹夫横議。將軍割據千里，地方十城，若奮發盛德，以投天隙，霸王之業成矣。宜改名號，以鎮百姓。」述曰：「吾亦慮之，公言起我意。」於是自立爲蜀王。熊復説述曰：「今山東飢饉，人民相食，兵所屠滅，〔四〕城邑丘墟。蜀地沃野千里，土壤膏腴，果實所生，無穀而飽。女工之業，覆衣天下。名材竹幹，不可勝用。又有魚鹽銀銅之利，浮水轉漕之便。北據漢中，杜褒、斜之塗，東守巴郡，拒扞關之口，地方數千里，戰士不下百萬。見利則出兵而略地，〔五〕無利則堅守而力農。東下漢水以

竊秦地，南順江流以震荆、揚，所謂用天因地，成功之資也。君有爲之聲，聞於天下，而名號未定，志士狐疑，宜即大位，使遠人有所依歸。」述遂自立爲天子。〔六〕御覽卷四六一

公孫述夢有人語之曰：「八厶子系，十二爲期。」覺，語其妻，對曰：「朝聞道，夕死尚可，況十二乎！」御覽卷四〇〇

公孫述，有龍出其府殿中，夜有光耀，述以爲符瑞，因稱尊號，改元曰龍興。御覽卷九二九

公孫述造十層赤樓也。御覽卷一七六

公孫述自言手文有奇瑞，〔七〕數移書中國。上賜述書曰：「瑞應手掌成文，亦非吾所知。」御覽卷三七〇

光武與述書曰：〔八〕「承赤者，黄也；姓當塗，其名高也。」范曄後漢書卷一三公孫述傳李賢注

荆邯見東方漸平，〔九〕兵且西向，説公孫述曰：「兵者，帝王之大器，古今所不能廢也。〔一〇〕昔秦失其守，豪桀並起，漢祖無前人之迹，立錐之地，於戰陣之中，〔一一〕躬自奮擊，兵破身困數矣。然軍敗復合，創愈復戰，何則？死而功成，踰於却就於滅亡。〔一二〕臣之愚計，以爲宜及天下之望未絶，豪桀尚可招誘，急以此時發國内精兵，令田戎據江南之會，倚

巫山之固，築壘堅守，〔一三〕傳檄吴、楚，長沙已南必隨風而靡。令延岑出漢中，定三輔，天水、隴西拱手自服。如此，海内震摇，冀有大利。今東帝無尺寸之柄，〔一四〕驅烏合之衆，跨馬陷敵，所向輒平。不亟乘時與之分功，而坐談武王之説，是效隗囂欲爲西伯也。」述然邯言，欲悉發北軍屯士及山東客兵，使延岑、田戎分出兩道，與漢中諸將合兵并勢。蜀人及弟光以爲不宜空國千里之外，決成敗於一舉，固争之，述乃止。御覽卷四六一

隗囂敗，公孫述懼，欲安其衆。成都郭外有秦時舊倉，改名白帝倉，自王莽以來常空。述詐使人言白帝倉出穀如山陵，百姓空市里往觀之。述乃大會群臣，問曰：「白帝倉出穀乎？」皆對言「無」。述曰：「訛言不可信，道隗王破者復如此矣。」御覽卷四九四

漢兵守成都，〔一五〕公孫述謂延岑曰：「事當奈何？」岑曰：「男兒當死中求生，可坐窮乎！財物易聚耳，不宜有愛。」述乃悉散金帛，募敢死士五千餘人，以配岑於市橋，〔一六〕僞建旗幟，鳴鼓挑戰，而潛遣奇兵出吴漢軍後，襲擊破漢。漢墮水，緣馬尾得出。御覽卷三四一

校勘記

〔一〕公孫述　范曄後漢書卷一三有傳。又見汪文臺輯司馬彪續漢書卷二。據范曄後漢書班固傳、

史通古今正史篇記載，在東觀漢記中，公孫述列入載記。此下三句原無，聚珍本有，范曄後漢書公孫述傳同，據本書體例亦當有此三句，今據增補。

〔二〕使兼治五縣政　此條姚本、聚珍本皆未輯録。「兼」，原誤作「廉」，范曄後漢書公孫述傳云：「述補清水長……太守以其能，使兼攝五縣。」今據校改。

〔三〕自稱輔漢將軍　范曄後漢書公孫述傳云：「及更始立，豪傑各起其縣以應漢，南陽人宗成自稱虎牙將軍，入略漢中。……成等至成都，虜掠暴横，述意惡之。……述於是使人詐稱漢使者自東方來，假述輔漢將軍、蜀郡太守兼益州牧印綬。乃選精兵千餘人，西擊成等。比至成都，衆數千人，遂攻成，大破之。成將垣副殺成，以其衆降。」其下李賢引此條文字作注。此句下姚本、聚珍本有「述攻成，大破之，副殺成降」三句，係括取范書大意增補。

〔四〕屠　原誤作「屬」，聚珍本作「屠」，范曄後漢書公孫述傳同，今據改正。

〔五〕則　此字原脱，聚珍本有此字，類聚卷二五引同，范曄後漢書公孫述傳亦有此字，今據增補。補「則」字，方與下句文例一致。

〔六〕述遂自立爲天子　按敘事順序，此句當在下文「公孫述，有龍出其府殿中，夜有光耀，述以爲符瑞，因稱尊號」諸句之下。

〔七〕公孫述自言手文有奇瑞　范曄後漢書公孫述傳云：「有龍出其府殿中，夜有光耀，述以爲符瑞，因刻其掌，文曰『公孫帝』。」

〔八〕光武與述書　此與上條所載光武帝賜述書當爲同一事。范曄後漢書公孫述傳云：「述亦好符命鬼神瑞應之事，妄引讖記。……引録運法云：『廢昌帝，立公孫。』……又自言手文有奇，及得龍興之瑞，數移書中國，冀以感動衆心。帝患之，乃與述書曰：『圖讖言「公孫」，即宣帝也。代漢者當塗高，君豈高之身邪？……』」其下李賢引「光武與述書曰」云云作注。

〔九〕荆邯見東方漸平　原脱「見」字。此句聚珍本作「平陵人荆邯以東方漸平」，范曄後漢書公孫述傳作「述騎都尉平陵人荆邯見東方將平」，今據補「見」字。

〔一〇〕古今所不能廢也　「所」字下原有「有」字，係衍文，聚珍本無，范曄後漢書公孫述傳亦無此字，今據删。

〔一一〕於戰陣之中　「於」字上范曄後漢書公孫述傳有「起」字，於義較長。

〔一二〕踰於却就於滅亡　此句范曄後漢書公孫述傳同，聚珍本作「愈於坐而滅亡」。

〔一三〕堅守　聚珍本作「守堅」。按「堅守」二字義長，范曄後漢書公孫述傳作「堅守」。

〔一四〕今東帝無尺寸之柄　此句以下一段文字原無，聚珍本有，今據增補。此段文字不知聚珍本輯自何書，字句與范曄後漢書公孫述傳全同。「今東帝無尺寸之柄」云云，與上荆邯説公孫述之言並非一時。據范書所載，「荆邯見東方將平，兵且西向」，遂説公孫述擊漢。公孫述徵求群臣意見，博士吳柱曰：「昔武王伐殷，先觀兵孟津，八百諸侯不期同辭，然猶還師以待天命。未聞無左右之助，而欲出師千里之外，以廣封疆者也。」於是荆邯對以「今東帝無尺寸之柄」云云。

〔一五〕漢兵守成都　范曄後漢書公孫述傳云：建武十二年「九月，吳漢又破斬其大司徒謝豐、執金吾袁吉，漢兵遂守成都」。

〔一六〕市橋　范曄後漢書公孫述傳李賢注云：「市橋即七星之一橋也。李膺益州記曰：『沖星橋，舊市橋也，在今成都縣西南四里。』」

延岑〔一〕

築陽縣人。范曄後漢書卷一三公孫述傳李賢注

延岑上光武皮襜褕，〔二〕宿下邑亭。亭長白言「睢陽賊衣絳罽襜，今宿客疑是」，乃發卒來，岑臥不動，吏謝去。御覽卷六九三

校勘記

〔一〕延岑　范曄後漢書無傳，公孫述傳載其事云：建武「五年，延岑、田戎爲漢兵所敗，皆亡入蜀。

岑字叔牙，南陽人。始起據漢中，又擁兵關西，所在破散，走至南陽，略有數縣。戎，汝南人。初起兵夷陵，轉寇郡縣，衆數萬人。岑、戎並與秦豐合，豐俱以女妻之。及豐敗，故二人皆降於述」。

〔三〕延岑上光武皮襜褕　此句聚珍本作「岑衣虎皮襜褕」。從文義來看，當以聚珍本爲是。

田戎

田戎，〔一〕西平人，與同郡人陳義客夷陵，爲群盜。更始元年，義、戎將兵陷夷陵，陳義自稱黎丘大將軍，戎自稱埽地大將軍。〔二〕范曄後漢書卷一七岑彭傳李賢注

戎至期日，灼龜卜降，兆中坼，遂止不降。〔三〕范曄後漢書卷一七岑彭傳李賢注

校勘記

〔一〕田戎　范曄後漢書無傳，其事散見光武帝紀、公孫述傳、岑彭傳等篇。

〔二〕戎自稱埽地大將軍　范曄後漢書岑彭傳云：「建武三年，岑彭率三將軍南擊秦豐，秦豐敗走，「秦豐相趙京舉宜城降，拜爲成漢將軍，與彭共圍豐於黎丘。時田戎擁衆夷陵」。其下李賢即引此

條文字作注。李賢注又引襄陽耆舊記云田戎又自號周成王，陳義又自稱臨江王。

〔三〕遂止不降　范曄後漢書岑彭傳載：建武四年，田戎聞秦豐被漢兵所圍，「乃留辛臣守夷陵，自將兵沿江泝沔止黎丘，刻期日當降，而辛臣於後盜戎珍寶，從間道先降於彭，而以書招戎。戎疑必賣己，遂不敢降」。其下李賢即引此條文字作注。

卷二十二

散句〔一〕

主不稽古，無以承天。〔二〕書鈔卷九

喜右學。〔三〕書鈔卷一二

允恭玄默。書鈔卷一五

保樂洽壽。書鈔卷一五

四方樂業。書鈔卷一五

吏民懽悦。〔四〕書鈔卷一六

問三老。書鈔卷一六

鴻胤奉統。書鈔卷一七

賜及妻子。書鈔卷一九

特賜御□。書鈔卷一九

賜食於前。書鈔卷一九

賜所乘驪馬。書鈔卷一九

感念沾襟。書鈔卷一九

配乾作合。書鈔卷二三

龜筮並從。書鈔卷二三

内攝時政，外懷狄戎。書鈔卷二三

婉孋慈孝。〔五〕書鈔卷二四

内無忌克之心，不以舊惡介意。書鈔卷二四

以匡主上。書鈔卷二四

弘策授親。書鈔卷二四

有母儀之節。〔六〕書鈔卷二四

婉順慈孝，體性慈□。〔七〕書鈔卷二四

躬執饋饌。書鈔卷二四

親奉定省，不避暑寒。書鈔卷二四

不親毉，〔八〕泣流離。書鈔卷二四

哭聲不絶，飲不入口。書鈔卷二四

敬養盡於奉，存哀慎刑。〔九〕書鈔卷二四

疏食骨立。〔一〇〕書鈔卷二四

素食竟期。書鈔卷二四

□年白首，未嘗不愴然泣涕。書鈔卷二四

由禮。書鈔卷二四

動與禮合。書鈔卷二四

少而明達。書鈔卷二五

聰叡天資。書鈔卷二五

周密畏慎。書鈔卷二五

原事得情。書鈔卷二五

時有所問，對無遺失。書鈔卷二五

有所不安，明陳其故。書鈔卷二五

謙讓日崇。〔一一〕書鈔卷二五

膳不求珍。書鈔卷二五

論寢徹旦。書鈔卷二五

戟士收尚書。書鈔卷二六

未曾私語。書鈔卷二六

無令干亂吏治。〔一二〕書鈔卷二六

外戚戰慄，百寮肅然。書鈔卷二六

聽言視論，摘發其要。書鈔卷二六

甲夜占書，丁夜盡筆。書鈔卷二六

賜金蓋車。〔一三〕書鈔卷二六

容儀照曜絶異。〔一四〕書鈔卷二六

令色卓絶。書鈔卷二六

傾亂。書鈔卷二六

徙居雲臺。〔一五〕　書鈔卷二六

丁明爲大司馬，〔一六〕頗害董賢寵，及丞相王嘉死，明甚憐之。上重賢，〔一七〕欲極其位，恨明如此，遂冊免明，上印綬還第。〔一八〕　書鈔卷三二

止行過肅名趙李時銓不卒，陳義子問以舊事。〔一九〕　書鈔卷七七

少好黄老，常步擔求師也。　書鈔卷九七

易於泰山之壓雞卵，輕於駟馬之載鴻毛。　書鈔卷一一七

詔曰：「三輔皆好彈，一大老三官從旁舉身曰：〔二〇〕『噫嘻哉！』」〔二一〕　書鈔卷一二四

後漢有南宮、北宮、胡桃宮。〔二二〕　初學記卷二四

霍光薨，賜繡被百領。〔二三〕　聚珍本

大恩。　六帖卷四八

詔書令功臣家各自記功狀，〔二四〕不得自增加，以變時事。或自道先祖形貌表相，無益事實。復曰齒長一寸，龍顔虎口，奇毛異骨，形容極變，亦非詔書之所知也。　御覽卷三六三

楊雄好著書，而口吃不能劇談。　御覽卷四六四

許皇后父廣漢，爲宦者丞。上官桀謀反時，廣漢部索，其殿中廬有索長數尺可以縛人

者數千枚，滿一篋緘封。廣漢索不得，他吏往得之。廣漢坐論爲鬼薪，輸掖庭，後爲暴室嗇夫。〔二五〕 御覽卷七六六

蟻封穴户，大雨將至。 海録碎事卷一

孝明皇帝九子，七王不載母氏。〔二六〕 范曄後漢書卷五〇孝明八王傳李賢注

建武，光武年號也。永平，孝明年號也。〔二七〕 文選卷一班固東都賦李善注

和帝年號永初。 文選卷九曹昭東征賦李善注

太史官曰：栗駭蓬轉，〔二八〕因遇際會。 文選卷一〇潘岳西征賦李善注

西巡，幸長安。司馬相如上疏曰：「夫清道而後行，猶時有銜橛之變。」〔二九〕 文選卷一〇潘岳西征賦李善注

耕或爲研。 文選卷三八任昉爲蕭揚州薦士表李善注

北虜遣使和親。 文選卷四三丘遲與陳伯之書李善注

太史官曰：明主勞神，忠臣畢力。〔三〇〕 文選卷四九干寶晉紀總論李善注

詔曰：「吏安其職，民樂其業。」〔三一〕 文選卷四九干寶晉紀總論李善注

使先登偵之，言虜欲去。〔三二〕 文選卷五七潘岳馬汧督誄李善注

元始元年，拜王舜爲太保。〔三三〕　姚本

銅馬賊帥東山荒禿、上淮況等，大彤渠帥樊重，尤來渠帥樊崇，五校賊帥高扈，檀鄉賊帥董次仲，五樓賊帥張文，富平賊帥徐少，獲索賊帥古師郎等。〔三四〕　范曄後漢書卷一光武帝紀李賢注

岸賓上議：〔三五〕「二千石皆以選出，刻符典千里。」　杜工部草堂詩箋補遺卷二一將赴成都草堂途中有作先寄嚴鄭公五首箋注

太尉張酺、鄭洪、徐防、趙喜、隨延、寵桓，並以日蝕免。〔三六〕　書鈔卷五一

侍御史、東平相格班。〔三七〕　通鑑卷一八二胡三省注

終利恭。〔三八〕　廣韻卷一

雖誇譀，猶令人熱。〔三九〕　廣韻卷四

校勘記

〔一〕散句　凡本書散文碎句，無篇可歸者，皆編入本篇。

〔二〕無以承天　此條至「感念沾襟」條，皆載書鈔帝王部。

〔三〕右　陳禹謨刻本書鈔、嚴可均校明黑格抄本書鈔作「古」，唐類函卷二五引亦作「古」。

〔四〕吏民懽悦　唐類函卷二一六引作「懽悦吏民」。

〔五〕婉孌慈孝　此條至「有所不安，明陳其故」條，皆爲書鈔后妃部引「漢記」或「漢紀」中語。東觀漢記，書鈔中有時稱「漢記」，有時亦稱「漢紀」。書鈔后妃部所稱「漢記」或「漢紀」，當即指東觀漢記。

〔六〕有母儀之節　范曄後漢書光武郭皇后紀云：「光武郭皇后諱聖通，真定槀人也。爲郡著姓。父昌……娶真定恭王女，號郭主，生后及子況。郭主雖王家女，而好禮節儉，有母儀之德。」疑此句即出東觀漢記光武郭皇后傳。

〔七〕體性慈□　脱文明正德戊寅抄本書鈔作「愛」，路子復藏明抄本書鈔作「惠」，唐類函卷二一八引同。

〔八〕毉　與「醫」字同。

〔九〕敬養盡於奉，存哀慎刑　此二句有訛誤，無從引校。

〔一〇〕疏食骨立　范曄後漢書和熹鄧皇后紀云：「和熹鄧皇后諱綏，太傅禹之孫也。父訓，護羌校尉。……永元四年，當以選入，會訓卒，后晝夜號泣，終三年不食鹽菜，憔悴毁容，親人不識之。」御覽卷三七八引東觀漢記云：「和熹鄧后自遭大憂，及新野君仍喪，諸兄常悲傷思慕，羸瘦骨立，不能自勝。」此語與和熹鄧皇后事相類。

〔一一〕謙讓日崇　此條至「未曾私語」條皆在書鈔后妃部。

〔一二〕無令干亂吏治　此條至「徙居雲臺」條，書鈔后妃部引爲「漢記」或「漢紀」中語。此「漢記」或「漢紀」，當即東觀漢記。

〔一三〕賜金蓋車　范曄後漢書和熹鄧皇后紀載，和帝卒，殤帝立，尊鄧皇后爲太后。太后於和帝葬後，命賜周貴人、馮貴人王青蓋車，不知與此是否爲一事。

〔一四〕容儀照曜絶異　范曄後漢書和熹鄧皇后紀云：「后長七尺二寸，姿顔姝麗，絶異於衆，左右皆驚。」此句或出東觀漢記和熹鄧皇后傳。

〔一五〕徙居雲臺　范曄後漢書桓思竇皇后紀載：桓帝卒，竇皇后爲太后。「時太后父大將軍武謀誅宦官，而中常侍曹節等矯詔殺武，遷太后於南宫雲臺，家屬徙比景」。此句似爲東觀漢記桓思竇皇后傳中語。

〔一六〕丁明爲大司馬　此句姚本、聚珍本作「丁明代傅喜爲大司馬」，唐類函卷六三引同。

〔一七〕上重賢　「上」字下姚本、聚珍本有「寖」字，唐類函卷六三引同。「寖」，益也。

〔一八〕上印綬還第　此條所載事見漢書董賢傳，東觀漢記當引及。

〔一九〕陳義子問以舊事　此條脱訛嚴重，無從校正。

〔二〇〕三官　姚本、聚珍本皆無此二字，陳禹謨刻本書鈔同。

〔二一〕嘻嘻哉　此句姚本、聚珍本作「噫唏哉」，陳禹謨刻本書鈔同。聚珍本注云：「此見虞世南北堂書鈔，未知何帝詔文。」

〔二二〕後漢有南宫、北宫、胡桃宫　東觀漢記作者不得有「後漢」之語。此爲後人據東觀漢記追記後漢事。

〔二三〕賜繡被百領　聚珍本注云此條「見北堂書鈔」。具體見於何卷，不詳。

〔二四〕詔書令功臣家各自記功狀　不知此爲何帝詔書，范曄後漢書、袁宏後漢紀皆失載。從内容來看，此詔書可能出自東漢初期。

〔二五〕後爲暴室嗇夫　此條文字出漢書孝宣許皇后傳，東觀漢記作者亦或引及。

〔二六〕孝明皇帝九子，七王不載母氏　此非東觀漢記舊文，而是略述原書内容。范曄後漢書孝明八王傳云：「孝明皇帝九子：賈貴人生章帝，陰貴人生梁節王暢，餘七王本書不載母氏。」李賢注云：「本書謂東觀記也。」此二句即據李賢注，又參酌范書文句輯録。由於此二句不是東觀漢記舊文，不便編於孝明八王傳中，故置於散句篇，以供參考。

〔二七〕孝明年號也　此條與下條「和帝年號永初」，皆非東觀漢記舊文，當是後人據東觀漢記記事之語。

〔二八〕栗駭　原誤作「票駭」，聚珍本尚不誤，今據改正。高士奇天禄識餘云：「東觀書曰『栗駭蓬轉』，言栗房秋熟，驚躍而出也。」

〔二九〕猶時有銜橛之變　漢書司馬相如傳云：「嘗從上至長楊獵，是時天子方好自擊熊豕，馳逐野獸，相如因上疏諫。其辭曰：『……且夫清道而後行，中路而馳，猶時有銜橛之變。……』」顏師古注云：「橛謂車之鉤心也。銜橛之變，言馬銜或斷，鉤心或出，則致傾敗以傷人也。」

〔三〇〕忠臣畢力　此條文選卷一〇潘岳西征賦李善注引作「太史曰：忠臣畢力」。

〔三一〕民樂其業　此不知爲何帝詔文。

〔三二〕言虜欲去　此句下原有「然偵，廉視也」二句，當係李善注釋之語，不是東觀漢記中的文字，今刪去。

〔三三〕拜王舜爲太保　此條不知姚本從何書輯録。聚珍本據姚本輯録此條，並注云：「此見班書王莽傳。舜，莽從弟。本書載此，當是徵引及之也。」

〔三四〕獲索賊帥古師郎等　此條通鑑卷三九胡三省注亦引，文字全同。

〔三五〕岸賓　此二字有誤。姚本、聚珍本皆不載岸賓之議。

〔三六〕太尉張酺、鄭洪、徐防、趙喜、隨延、寵桓，並以日蝕免　「鄭洪」乃「鄭弘」之訛，「趙喜」當作「趙憙」，「隨延」乃「施延」之訛。張酺、鄭弘、徐防、趙憙、施延爲太尉，以日蝕免事已分别輯入各人傳中。「寵桓」二字有誤，疑當作「朱寵、桓焉」，據范曄後漢書順帝紀，朱寵於永建元年爲太尉，二年「秋七月甲戌朔，日有食之。壬午，太尉朱寵、司徒朱倀罷」。永和五年，桓焉爲太尉，漢安元年「冬十月辛未，太尉桓焉、司徒劉壽免」。

〔三七〕侍御史、東平相格班　通鑑卷一八二胡三省注云：「姓苑：『格姓，允格之後。東觀漢記有侍御史、東平相格班。』」此條即據胡三省注所引姓苑輯録。通鑑卷二〇四胡三省注引姓譜，亦載「格姓」云云三句。又廣韻卷五陌第二〇「格」字下注云：「東觀漢記有侍御史、東平相格班。」此條姚本、聚珍本皆未輯録。

〔三八〕終利恭　廣韻卷一東第一「終」字下注云：「東觀漢記有終利恭。」此條姚本、聚珍本皆未輯録。

〔三九〕猶令人熱　廣韻卷四闞第五四「譀」字下注云：「誇誕。東觀漢記曰：『雖誇譀，猶令人熱。』」此條姚本、聚珍本皆未輯録。

補遺〔一〕

凡歷所革，〔二〕以變律呂，相生至六十也。〔三〕　文選卷五六陸倕新刻漏銘李善注

前漢志但載十二律，不及六十。〔四〕　宋書律曆志上

凡陽生陰曰下，陰生陽曰上。〔五〕　漢書卷二一律曆志上晉灼注

候鍾律，權土炭，冬至陽氣應，黄鍾通，土炭輕而衡仰，夏至陰氣應，蕤賓通，土炭重而衡低。進退先後，五日之中。〔六〕　史記卷二七天官書集解引晉灼注

玉衡長八尺，孔徑一寸，下端望之以視星宿。並縣璣以象天，而以衡望之。轉璣窺衡以知星宿。璣徑八尺，圓二尺五寸而强。〔七〕　山堂考索

言天體者有三家：一曰周髀，二曰宣夜，三曰渾天。宣夜之學絶無師法。周髀數術具存，考驗天狀，多所違失，故史官不用。唯渾天者近得其情，今史官所用候臺銅儀，則其法也。立八尺圓體之度，而具天地之象，以正黄道，以察發斂，以行日月，以步五緯。精微深妙，萬世不易之道也。官有其器而無本書，前志亦闕而不論。臣求其舊文，連年不得。在

東觀，以治律未竟，未及成書。案略求索，竊不自量，卒欲寢伏儀下，思惟精意，案度成數，扶以文義，潤以道術，著成篇章。罪惡無狀，投界有北，灰滅雨絶，世路無由。宜博問群臣，下及巖穴，知渾天之意者，使述其義，以裨天文志，撰建武以來星變彗孛占驗著明者續其後。〔八〕 司馬彪續漢書卷一〇天文志上劉昭注

宗廟迭毁議奏，國家大體，班固録漢書，乃置韋賢傳末。臣以問胡廣，廣以爲實宜在郊祀志，去中鬼神仙道之語，取賢傳宗廟事置其中，既合孝明旨，又使祀事以類相從。〔九〕 司馬彪續漢書卷九祭祀志下劉昭注

孝明立世祖廟，以明再受命祖有功之義，後嗣遵儉，不復改立，皆藏主其中。聖明所制，一王之法也。自執事之吏，下至學士，莫能知其所以兩廟之意，誠宜具録本事。建武乙未、元和丙寅詔書，下宗廟儀及齋令，宜入郊祀志，永爲典式。〔一〇〕 司馬彪續漢書卷九祭祀志下劉昭注

國家舊章，而幽僻藏蔽，莫之得見。〔一一〕 司馬彪續漢書卷二九輿服志上劉昭注

永平初，詔書下車服制度，中宫皇太子親服重繒厚練，浣已復御，率下以儉化起機。諸侯王以下至于士庶，嫁娶被服，各有秩品。當傳萬世，揚光聖德。臣以爲宜集舊事儀注

本奏，以成志也。〔一二〕司馬彪續漢書卷三〇輿服志下劉昭注

俗人失其名，故名冕爲平天冠，〔一三〕五時副車曰五帝，鸞旗曰雞翹，〔一四〕耕根曰三蓋，〔一五〕旗皆非一。〔一六〕御覽卷七七三

校勘記

〔一〕補遺　本書成稿後，筆者又發現了東觀漢記的一些佚文，今作爲補遺部分，彙集於諸卷之末。

〔二〕歷　聚珍本作「律」，嚴可均全後漢文卷七〇亦作「律」。按當以「律」字爲是。

〔三〕相生至六十也　此條爲文選卷五六陸倕新刻漏銘李善注引「蔡邕律曆志」之文。卷五已輯録，但據聚珍本，又注云「不知聚珍本從何書輯録」，誤，當以此爲正。

〔四〕不及六十　宋書律曆志上云：「蔡邕從朔方上書，云前漢志但載十二律，不及六十。」蔡邕之言當出律曆志。宋書所引只是括引大意。

〔五〕陰生陽曰上　據漢書律曆志上晉灼注所引，此條文字出蔡邕律曆志。

〔六〕五日之中　據史記天官書集解晉灼注所引，此條文字出蔡邕律曆志。

〔七〕圓二尺五寸而强　「二尺五寸」當作「二丈五尺」。此條轉引自顧櫰三補後漢書藝文志卷三。據顧櫰三注，此條出「山堂考索引蔡邕律曆志」。

〔八〕撰建武以來星變彗孛占驗著明者續其後　據司馬彪續漢書天文志上劉昭注所引，此條文字出蔡邕表志。所謂表志，就是蔡邕徙處朔方時奏上的十志。從此條所述内容來看，當是蔡邕天文志中的文字。初學記卷一載「蔡邕天文志言天體者三，一曰周髀，二曰宣夜，三曰渾天」。漢書律曆志上顔師古注引晉灼説云：「蔡邕天文志『渾天名察發斂，以行日月，以步五緯』。」所引皆略於此。本書卷五只列天文志一目，注云「此志全佚，未見他書徵引」，不確。又引四庫全書考證之説，斷定表志不是蔡邕之志，顯然有誤，當以此爲準。

〔九〕又使祀事以類相從　據司馬彪續漢書祭祀志下劉昭注所引，此條出蔡邕表志，觀其内容，當是蔡邕郊祀志之文。

〔一〇〕永爲典式　據司馬彪續漢書祭祀志下劉昭注所引，此條出蔡邕表志。從内容來看，當屬蔡邕郊祀志。

〔一一〕莫之得見　司馬彪續漢書輿服志上云：「乘輿大駕，公卿奉引，太僕御，大將軍參乘。屬車八十一乘，備千乘萬騎。西都行祠天郊，甘泉備之。官有其注，名曰甘泉鹵簿。」其下劉昭引此條蔡邕表志之文作注，從内容來看，當出蔡邕車服志。

〔一二〕以成志也　此條司馬彪續漢書輿服志下劉昭注引爲蔡邕表志之文。從所述内容來看，當出蔡邕車服志。

〔一三〕名冕爲平天冠　司馬彪續漢書輿服志下云：「冕冠，垂旒，前後邃延，玉藻。……冕皆廣七寸，長尺二寸，前圓後方，朱緑裏，玄上，前垂四寸，後垂三寸，係白玉珠爲十二旒，以其綬采色爲組纓。三公諸侯七旒，青玉爲珠；卿大夫五旒，黑玉爲珠。皆有前無後，各以其綬采色爲組纓，旁垂黈纊。郊天地，宗祀，明堂，則冠之。」劉昭引蔡邕説注云：「鄙人不識，謂之平天冠。」

〔一四〕鸞旗曰雞翹　文選張衡東京賦李善注引蔡邕車服志云：「鸞旗，俗人名曰雞翹。」

〔一五〕耕根曰三蓋　司馬彪續漢書輿服志上云：「耕車……有三蓋，一曰芝車，置轙耒耜之箙，上親耕所乘也。」文選張衡東京賦薛綜注云：「農輿三蓋，所謂耕根車也。」

〔一六〕旗皆非一　此條爲御覽卷七七三引「蔡邕車服志」之文。司馬彪續漢書輿服志上載乘輿、金根、安車、立車之制，其下劉昭注引蔡邕表志云：「以文義不著之故，俗人多失其名。五時副車曰五帝車，鸞旗曰雞翹，耕根曰三蓋，其比非一也。」與御覽所引文字稍有不同。

附録

劉知幾史通古今正史篇

……在漢中興，明帝始詔班固與睢陽令陳宗、長陵令尹敏、司隸從事孟異作世祖本紀，並撰功臣及新市、平林、公孫述事，作列傳、載記二十八篇。自是以來，春秋考紀亦以煥炳，而忠臣義士莫之撰勒。於是又詔史官謁者僕射劉珍及諫議大夫李尤雜作記，表，名臣、節士、儒林、外戚諸傳，起自光武，訖乎永初。事業垂竟而珍、尤繼卒。復命侍中伏無忌與諫議大夫黄景作諸王、王子、功臣、恩澤侯表，南單于、西羌傳，地理志。至元嘉元年，復令太中大夫邊韶、大軍營司馬崔寔、議郎朱穆、曹壽雜作孝穆、崇二皇及順烈皇后傳，又增外戚傳入安思等后，儒林傳入崔篆諸人。寔、壽又與議郎延篤雜作百官表，順帝功臣孫程、郭願及鄭衆、蔡倫等傳。凡百十有四篇，號曰漢記。熹平中，光禄大夫馬日磾，議郎蔡邕、楊彪、盧植著作東觀，接續紀傳之可成者，而邕别作朝會、車服二志。後坐事徙朔方，上書求還，續成十志。會董卓作亂，大駕西遷，史臣廢棄，舊文散佚。及在許都，楊彪頗存注記。至於名賢君子，自永初已下闕續。魏黄初中，唯著先賢表，故漢記殘缺，至晉無成。

蔡邕别傳（范曄後漢書蔡邕傳李賢注引）

邕昔作漢記十意，未及奏上，遭事流離，因上書自陳曰：「臣既到徙所，乘塞守烽，職在候望，憂怖焦灼，無心能復操筆成草，致章闕廷。誠知聖朝不責臣謝，但懷愚心有所不竟。臣自在布衣，常以爲漢書十志下盡王莽而止，光武已來唯記紀傳，無續志者。臣所事師故太傅胡廣，知臣頗識其門户，略以所有舊事與臣。雖未備悉，粗見首尾，積累思惟，二十餘年。不在其位，非外史庶人所得擅述。天誘其衷，得備著作郎，建言十志皆當撰録。會臣被罪，逐放邊野，恐所懷隨軀朽腐，抱恨黄泉，遂不設施，謹先顛踣，科條諸志，臣欲删定者一，所當接續者四，前志所無臣欲著者五，及經典群書（所）宜捃摭，本奏詔書所當依據，分别首目，並書章左，惟陛下留神省察。臣謹因臨戎長霍圉封上。」有律曆意第一，禮意第二，樂意第三，郊祀意第四，天文意第五，車服意第六。

馬端臨文獻通考經籍考二十二

東觀漢記十卷。

陳氏曰：「漢謁者僕射劉珍、校書郎劉騊駼等撰。初，班固在顯宗朝嘗撰世祖本紀、功臣列傳、載記二十八篇。至永初中，珍、騊駼等著作東觀，撰集漢記。其後蔡植、蔡邕、馬日磾等皆嘗補續。唐藝文志著録者一百二十卷，今所存者，惟吴漢、賈復、耿弇、寇恂、馮異、祭遵及景丹、蓋延八人列傳而已，其卷第凡十，而闕第七、八二卷，未知果當時之遺否也。」

羅鄂州序曰：「顧聞之上蔡任淡文源曰：『淡家舊有東觀漢記四十三卷，丙子渡江，亡去。後得蜀本，錯誤殆不可讀，用秘閣本讎校，删著爲八篇。洎見唐諸儒所引，參之以袁宏後漢紀、范曄後漢書，粗爲全具，其疑以待博洽君子。』按顯宗命班固爲蘭臺令史，遷爲郎，撰光武功臣、平林、新市、公孫述事，作列傳、載記二十八篇。永寧元年，太后又詔劉珍與劉騊駼作建武以來名臣傳。今此記所存，皆建武事，豈固及珍、騊駼所述邪？其文間類前漢書，又傳後所題有『太史官曰』，有『序曰』者，此班、劉之所爲分也。然固與珍傳不載成書卷目，隋書經籍志稱劉珍所撰漢記百四十三卷，新、舊唐書經籍藝文志皆百二十七卷，吴兢所藏與官書卷同，劉知幾所有僅百十四篇，本朝歐陽公嘗欲求於海外，後復散亡，今所存才此耳，豈不惜哉！然後漢成書，自劉珍、謝承、薛瑩、司馬彪、華嶠、謝忱、袁崧、劉義慶、蕭子顯凡九家，唯華嶠專述漢記，逮范曄總載諸家而成書，亦以華嶠爲主，後之欲考漢記者，於范氏之書猶有取焉。文源之言既然，願以爲此書乃漢世史臣親記見聞，而袁、范出魏、晉後，以世揆之，不得爲此。觀高密侯一傳，而綱領見矣。書雖不全，當共存録，因刻板於江夏郡，篇中往往有唐武后時字，不欲輒改。」

姚之駰後漢書補逸東觀漢記序

東觀，後漢藏圖書之所也。學者號稱道家蓬萊，其清華爲最，故馬融、竇章、蔡邕輩皆於此乎校書。崔子玉東觀箴曰：「洋洋東觀，古之史官。左書君事，右記其言。」蓋無論君舉必書，即禮制災祥，以暨名臣言行，罔不畢載。自明帝詔班固、陳宗、尹敏、孟異作世祖本紀及建武時功臣列傳，後有劉珍、李尤雜作建武以後至永初間紀傳，又命伏無忌、黄景作諸王、王子、恩澤侯，並單于、西羌，地理志，又邊韶、崔寔、朱穆、曹壽作皇后外戚傳、百官表及順帝功臣傳，成百一十四篇，號曰漢記，此後漢史之權輿也。熹平中，馬日磾、蔡邕、楊彪、盧植續爲東觀漢記，而東觀之書於是乎成焉。今兹所傳，半爲蔚宗所采入。顧蔚宗頗多闕略及互異者，大約世祖、顯宗兩朝事迹爲煩。光和以後，本無記也。典午時以司馬遷史記、班固漢書及東觀記爲三史，隋、唐以後乃漸遺逸。然披其枝葉，尋厥根荄，東觀記，其後漢諸書之鼻祖乎！爰捃拾群籍，裒爲八卷，雖殘缺失序，聊以見大凡云。

四庫全書總目東觀漢記提要

東觀漢記二十四卷，永樂大典本。案東觀漢記，隋書經籍志稱長水校尉劉珍等撰。今考之范書，珍未嘗爲長水校尉，且此書創始在明帝時，不可題珍等居首。案范書班固傳云：「明帝始詔班固與睢陽令陳宗、長陵令尹敏、司隸從事孟異共成世祖本紀，固又撰功臣、平林、新市、公孫述事，作列傳、載紀二十八篇。」此漢記之初創也。劉知幾史通古今正史篇云：「安帝詔史官謁者僕射劉珍、諫議大夫李尤雜作紀，表，名臣、節士、儒林、外戚諸傳，起建武，訖永初。」范書劉珍傳亦稱鄧太后詔珍與劉騊駼作建武以來名臣傳，此漢記之初續也。史通又云：「珍、尤繼卒，復命侍中伏無忌與諫議大夫黄景作諸王、王子、功臣、恩澤侯表，與單于、西羌傳，地理志。元嘉元年，復令大中大夫邊韶、大軍營司馬崔寔、議郎朱穆、曹壽雜作孝穆、崇二皇及順烈皇后傳，又增外戚傳入安思等后，儒林傳入崔篆諸人。寔、壽又與議郎延篤雜作百官表，順帝功臣孫程、郭願、鄭衆、蔡倫等傳，凡百十有四篇，號曰漢記。」范書伏湛傳亦云：「元嘉中，桓帝詔伏無忌與黄景、崔寔等共撰漢記。」延篤傳亦稱篤與朱穆、邊韶共著作東觀，此漢記之再續也。蓋至是而史體粗備，乃肇有漢記之名。史通又云：「熹平中，光禄大夫馬日磾，議郎蔡邕、楊彪、盧植著作東觀，接續紀傳之可成者，而邕别有朝會、車服二志。後坐事徙朔方，上書求還，續成十志。董卓作亂，舊文散逸，及在許都，楊彪頗存注紀。」案范書蔡邕傳：「邕在東觀，與盧植、韓説等撰補後漢記，所作靈紀及十意，又補諸列傳四十二篇，因李傕之亂，多不存。」盧植傳亦稱熹平中，植與邕、説並在東觀補續漢記。又劉昭補注司馬書引袁崧書云：「劉洪與蔡邕共述律曆紀。」又引謝承書云：「胡廣博綜舊儀，蔡邕因以爲志。」又引謝沈書云：「蔡邕引中興以來所修者爲祭祀志。」章懷太子范書注稱邕上書云：「臣科條諸志，所欲删定者一，所當接續者四，前志所無，臣欲著者五。」此漢記之三續也。其稱東觀者，後漢書注引雒陽宫殿名云：「南宫有東觀。」范書竇章傳云：「永初中，學者稱東觀爲老氏藏室、道家蓬萊山。」蓋東漢初，著述在蘭臺，至章、和以後，圖籍盛於東觀，修史者皆在是焉，故以名書。隋志稱書凡一百四十三卷，而新、舊唐書志則云一百二十六卷，又録一卷，蓋唐時已有闕佚。隋志又稱是書起光武，訖靈帝，今考列傳之文，間紀及獻帝時事，蓋楊彪所補也。晉時以此書與史記、漢書爲三史，人多習之，故六朝及初唐人隸事釋書，類多徵引。自唐章懷太子集諸儒注范書，盛行於代，此書遂微。北宋時尚有殘本四十三卷，趙希弁讀書附志、邵博聞見後録並稱其書乃高麗所獻，蓋已罕得。南宋中興書目則止存鄧禹、吴漢、賈復、耿弇、寇恂、馮異、祭遵、景丹、蓋延九傳，共八卷，有蜀中刊本流傳，而錯誤不可讀。上蔡任浟始以秘閣本讎校，羅願爲序行之，刻版於江夏。又陳振孫書録解題稱其所見本，卷第凡十二，而闕第七、第八二卷。卷數雖似稍多，而核其列傳之數，亦止九篇，則固無異於書目所載也。自元以來，此書已佚，永樂大典於鄧、吴、賈、耿諸韻中並無漢記一語，則所謂九篇者，明初即已不存矣。本朝姚之駰撰後漢書補逸，曾蒐集遺文，析爲八卷。然所采只據劉昭續漢書十志補注、後漢書注、虞世南北堂書鈔、歐陽詢藝文類聚、徐堅初學記五書，又往往掇拾不盡，挂漏殊多。今謹據姚本舊文，以永樂大典各韻所載，參考諸書，補其闕逸，所增者幾十之六。其書久無刻版，傳寫多訛，姚本隨文鈔録，謬戾百出。且漢記目録雖佚，而紀、表、志、傳、載記諸體例，史通及各書所載，梗概尚一一可尋。姚本不加考證，隨意標題，割裂顛倒，不可殫數。今悉加釐正，分爲帝紀三卷、年表一卷、志一卷、列傳十七卷、載記一卷。其篇第無可考者，别爲佚文一卷，而以漢紀與范書異同附録於末，雖殘珪斷璧，零落不完，而古澤斑斕，罔非瑰寶。書中所載，如章帝之詔增修群祀，杜林之議郊祀，東平王蒼之議廟舞，並一朝大典，而范書均不詳載其文。他如張順預起義之謀，王常贊昆陽之策，楊政之嚴正，趙勤之潔清，亦復概從闕如，殊爲疎略，惟賴兹殘笈，讀史者尚有所稽，則其有資考證，良非淺鮮，尤不可不亟爲表章矣。

余嘉錫四庫提要辨證卷五别史類

東觀漢記二十四卷。案東觀漢記，隋書經籍志稱長水校尉劉珍等撰。今考之范書，珍未嘗爲長水校尉。且此書創始在明帝時，不可題珍等居首。案范書班固傳云：「明帝始詔班固與睢陽令陳宗、長陵令尹敏、司隸從事孟異共成世祖本紀。固又撰功臣、平林、新市、公孫述事，作列傳、載記二十八篇。」此漢記之初創也。劉知幾史通古今正史篇云：「安帝詔史官謁者僕射劉珍、諫議大夫李尤雜作紀，表，名臣、節士、儒林、外戚諸傳，起建武，訖永初。」范書劉珍傳亦稱鄧太后詔珍與劉騊駼作建武以來名臣傳，此漢記之初續也。

嘉錫案：嘗考隋書經籍志著録之例，其所注撰人，大率沿用舊本，題其著書時之官，故有一人所著書而前後署銜不同者。此書既題長水校尉劉珍等撰，必其在東觀作漢記之時，正居是官耳。考范曄書文苑傳云：「劉珍永初中爲謁者僕射，鄧太后詔使與校書劉騊駼、馬融及五經博士校定東觀五經、諸子傳記、百家藝術。永寧元年，太后又詔珍與騊駼作建武以來名臣傳。遷侍中、越騎校尉。」案漢制，謁者僕射，僅比千石，五校尉則皆比二千石。其位次之序，首屯騎，次越騎，次步兵，次長水，次射聲。見續漢書百官志。前漢有八校尉，後漢省并其三。劉珍蓋以謁者僕射入東觀校書，遂受詔撰漢記，旋遷長水校尉。書成之後，始轉爲越騎耳。本傳不言長水之遷者，以其居此官不久，略之也。此當據隋志以補范書，不當執范書以疑隋志。提要謂珍未嘗爲長水校尉，不免刻舟求劍矣。至於此書始創於班固，而隋志獨以珍等居首者，蓋亦有説。班固傳云：「有人上書顯宗，告固私改作國史者，而郡亦上其書。顯宗甚奇之，召詣校書部，除蘭臺令史，與前睢陽令陳宗、長陵令尹敏、司隸從事孟異，共成世祖本紀。遷爲郎，典校秘書。固又撰功臣、平林、新市、公孫述事，作列傳、載記二十八篇，奏之。」史通古今正史篇則謂明帝詔固等作之。余嘗推究其事，蓋明帝見固所作漢書而奇之，知其有著作之才，因思先帝之功業，不可無紀述，遂詔固與陳宗等作爲本紀。又因以及諸功臣，與所平服之群雄，以彰世祖之威德。東平王蒼傳云：「帝以所作光武本紀示蒼，蒼因上光武受命中興頌。」以固等所撰而謂之自作，或者帝慎重其事，亦嘗有所點定於其間。可見帝之所留意，獨在於本紀，其列傳自二十八篇之外，皆不復作。雖有草創之功，猶未足爲建武一朝之完史也。且其著作之地在蘭臺及仁壽闥，見馬嚴傳。不在東觀。其書或稱漢史，北海靖王興傳。或稱建武注記，馬嚴傳。尚未定名爲漢記。後來雖編入劉珍等所作書中，此猶班固於太初以前全同太史，未聞有於漢書之下追題馬遷之名者，何獨怪東觀漢記之不題班固耶？及夫劉珍等之奉詔著書也，其地已移於東觀，其書有紀，有表，有名臣、節士、案范書北海靖王傳云：「平望侯毅與劉珍著中興以下名臣列士傳。」疑史通所謂節士，即列士也。儒林、外戚諸傳，至是始具國史之形。蓋鄧太后意嫌班固所作并建武一代事蹟亦未全，其命珍等作漢記，實責以整齊舊聞。故珍等撰成上進時，自當并固等所作苞入其中，珍等亦必有所删潤，非直録之而已。李尤傳云：「召詣東觀。安帝時爲諫大夫，受詔與劉珍俱撰漢記。」漢記之名蓋始於此。吴志韋曜傳載華覈上疏救曜曰：「昔班固作漢書，文辭典雅。後劉珍、劉毅等作漢記，遠不及固，敍傳尤劣。」隋志正史類小序亦云：「先是，明帝召固爲蘭臺令史，與陳宗等共成光武帝紀。擢固爲郎，典校秘書。固撰後漢事，作列傳、載記二十八篇。其後劉珍、劉毅、劉陶、案劉陶，後漢書有傳，不言其入東觀，此當是劉騊駼之誤。伏無忌等相次著述東觀，謂之漢記。」其言明白如此。然則著述東觀，實自珍等始。漢記之稱劉珍等撰，蓋漢人舊本所題如此，故自三國至唐，相承無異詞。提要乃謂不可以珍等爲首，詎當改漢人之舊題，以未入東觀之班固爲首耶？且提要此篇所舉漢記撰人姓名，僅以史通正史篇爲主，并後漢書及史通他篇亦檢閲未周，故不能完備。范書北海靖王興傳齊武王縯子，附縯傳後。云：「興子復爲臨邑侯。復好學，能文章，永平中與班固、賈逵共述漢史。」案賈逵曾與修漢史，僅見於此。而張澍養素堂集卷二十書東觀漢記後乃曰：「和帝永和時中郎將賈逵，與諫議大夫李尤共撰，安帝永寧時，賈逵又與尚書令劉陶、謁者僕射劉珍、平望侯劉毅共撰。」不知所據何書，俟更詳考。馬嚴傳援兄子云：「有詔留嚴仁壽闥，與校書郎杜撫、班固等雜定建武注記。」本書卷十馬嚴傳略同，亦見御覽卷一百八十四引東觀漢記。史通覈才篇亦引傅玄云：「觀孟堅漢書，實命代奇作，及與陳宗、尹敏、杜撫、馬嚴撰中興紀傳，案杜撫在儒林傳内，不言曾與班固共定注記。其文曾不足觀。」是與班固等共成紀傳者，尚有劉復、賈逵、馬嚴、杜撫四人也。北海靖王興傳又云：「復子騊駼及從兄平望侯毅，並有才學，永寧中鄧太后召毅及騊駼入東觀，與謁者僕射劉珍著中興以下名臣列士傳。」按劉毅，文苑傳有傳，不言入東觀撰漢記。史通史官建置篇云：「按劉、曹二史皆當代所撰，能成其事者，蓋惟劉珍、蔡邕、王沈、魚豢之徒耳，而舊史載其同作，非止一家，如王逸、阮籍，亦預其列。」考范書文苑傳不言逸曾著作東觀，但云「元初中舉上計吏，爲校書郎」而已。知幾所謂舊史，蓋指謝承、司馬彪等書言之，然則與劉珍等俱撰漢記者，又有劉毅、王逸二人。逸事雖不甚著，而華覈及隋志固以珍、毅並舉，此皆提要所未詳者也。玉海卷四十六云：「安帝永初、永寧間劉珍、騊駼、張衡、李尤等撰集爲漢記。」則於史通所舉諸人外，又增出張衡。案衡本傳云：「永初中劉珍、劉騊駼等著作東觀，撰集漢記，因定漢家禮儀，上言請衡參論其事，會病卒，而衡常歎息，欲終成之。及爲侍中，上疏請得專事東觀，收檢遺文，畢力補綴。書數上，竟不聽。及後之著述，多不詳典，時人以爲恨。」是珍等雖嘗請衡參論，而以珍等旋卒，中輟不行。衡雖自請補綴，亦不見聽，故時人以其不得秉史筆爲恨。史通覈才篇曰：「以張衡之文，而不閑於史。」正以衡未嘗修史，猶之陳壽不常綴文也。章懷注載衡表自稱「臣仰幹史職」者，謂太史令耳，本傳前已稱太史令爲史職。非謂史官之職。及至元嘉中伏無忌等奉詔撰集，則衡死已久矣，衡卒於永和四年，下距元嘉凡六年。玉海之說非也。

史通又云珍、尤繼卒，復命侍中伏無忌與諫議大夫黃景作諸王、王子、功臣、恩澤侯表與單于、西羌傳，地理志。元嘉元年，復令太中大夫邊韶、大軍營司馬崔寔、議郎朱穆、曹壽雜作孝穆、崇二皇及順烈皇后傳，又增外戚傳入安思等后，儒林傳入崔篆諸人。寔、壽又與議郎延篤雜作百官表、順帝功臣孫程、郭願、鄭衆、蔡倫等傳，凡百十有四篇，號曰漢記。范書伏湛傳亦云元嘉中桓帝詔伏無忌與黃景、崔寔等共撰漢記。延篤傳亦稱篤與朱穆、邊韶共著作東觀，此漢記之再續也。蓋至是而史體粗備，乃肇有漢記之名。

案史通正史篇云：「伏無忌與黃景作南單于、西羌傳。」南單于者，南匈奴單于也。提要引作「與單于」，蓋館臣筆誤耳。殿本閣本皆作「與」，知非手民之誤。史通又云：「復令太中大夫邊韶、大軍營司馬崔寔、議郎朱穆、曹壽，雜作孝穆、崇二皇及順烈皇后傳。」大軍營司馬官名，殊不經見。考之范書崔寔傳云：「召拜議郎，遷大將軍冀司馬，與邊韶、延篤著作東觀。」蓋史通傳刻，脱一「將」字，淺人因不知冀爲大將軍之名，遂妄改爲「營」，提要但知循文照録，而不知覺也。至於浦起龍通釋謂「孝穆、崇二皇」五字傳寫訛脱，當作獻穆、孝崇二皇后，則又非是。黃叔琳訓故補不言有訛脱。獻穆皇后乃曹操之女，獻帝之后，薨於魏景初元年，崔寔等死已久矣，安得爲之作傳乎？考桓帝紀云：「本初元年閏月，即皇帝位。九月，追尊皇祖河間孝王曰孝穆皇，皇考蠡吾侯曰孝崇皇。」以其位號出於追尊，故皇而不帝，且不作紀而作傳也。起龍不知此事，而欲輕改舊文，妄孰甚焉！史通又云：「寔、壽又與議郎延篤雜作百官表、順帝功臣孫程、郭願及鄭衆、蔡倫等傳。」按順帝即位時，宦官以功封侯者十九人，姓名具見范書宦者孫程傳，無郭願其人，此蓋郭鎮之誤。鎮延光中安帝末爲尚書，及誅江京，鎮率羽林士擊殺衛尉閻景，封定潁侯，事迹附見郭躬傳。鎮，躬弟子。蓋順帝時功臣甚衆，有宦者，有士人，不可勝數，故舉孫程、郭鎮二人，以概其餘耳。提要又不知其誤，而反於鄭衆、蔡倫之上删去一「及」字，則似衆、倫二人亦順帝功臣矣。衆卒於安帝元初元年，倫卒於鄧太后崩後，蓋安帝之建光元年。何其不思之甚哉！又考范書鄧禹傳云：「閶妻耿氏有節操，鄧閶，禹之孫。養河南尹豹子嗣爲閶後，耿氏教之書學，遂以通博稱。永壽中與伏無忌、延篤著書東觀，官至屯騎校尉。」玉海及張澍書後中均有鄧嗣，蓋本於此。是與伏無忌等同著書者，又有鄧嗣，史通偶遺其名，提要亦不能補也。史通所謂凡百十有四篇者，謂合安帝永初中劉珍、李尤等之所撰，珍於永初中撰集漢記，見張衡傳。及桓帝元嘉中伏無忌、黃景、無忌、景及崔寔於元嘉中奉詔，見伏湛傳。邊韶、崔寔、朱穆、曹壽、延篤等之所作，共得百十有四篇耳。其中兼有蔡邕、楊彪之作，說詳於後。益以班固等所撰之二十八篇，加目録一篇，新唐志有録一篇。正如隋志著録一百四十三卷之數。古書多以一篇爲一卷。知幾生於初唐，故其所見之本，與隋志無以異也。所謂「號曰漢記」者，總一百四十二篇言之也。漢記之名，永初中已有之，提要誤以爲邊韶、崔寔、延篤等所作爲百十有四篇，故謂至是乃肇有漢記之名，其實史通之意，並不如此。姚振宗補後漢藝文志卷二所考，勝於提要，而言之未甚詳明，故更考之如右。所説庸有相合者，振宗云史通謂元嘉時邊韶等著作以後，綜其書爲百十四篇，號曰漢記。漢記之名，實定於安帝時。而非襲取之也，覽者當自知之。

史通又云：「熹平中，光禄大夫馬日磾，議郎蔡邕、楊彪、盧植著作東觀，接續紀傳之可成者，而邕别有朝會、車服二志。後坐事徙朔方，上書求還，續成十志。董卓作亂，舊文散逸，及在許都，楊彪頗存注紀。」案范書蔡邕傳：「邕在東觀，與盧植、韓説等撰補後漢記，所作靈紀及十志，又補諸列傳四十二篇，因李傕之亂，多不存。」盧植傳亦稱熹平中，植與邕、説並在東觀補續漢記。又劉昭補注司馬書引袁崧書云：「劉洪與蔡邕共述律曆紀。」又引謝承書云：「胡廣博綜舊儀，蔡邕因以爲志。」又引謝沈書云：「蔡邕引中興以來所修者爲祭祀志。」章懷太子范書注稱邕上書云：「臣科條諸志，所欲删定者一，所當接續者四，前志所無，臣欲著者五。」此漢記之三續也。

案史通原文續成十志下云：「會董卓作亂西遷，史臣廢棄，舊文散逸。及在許都，明本無「及」字，此從通釋。楊彪頗存注記，至於名賢君子，自永初以下闕續。魏黄初中，唯著先賢表，故漢記殘缺，至晉無成。」所謂董卓作亂西遷者，謂初平元年三月卓挾獻帝遷都長安時也。隋書牛弘傳云：「孝獻徙都，吏民擾亂，圖書縑帛，皆取爲帷囊，所載而西，裁七十餘乘，屬西京大亂，一時燔蕩。」經籍志序所言董卓之亂云云，即本於此，惟改西京爲兩京，非是。蔡邕所著漢記之散逸，蓋由於此。邕本傳云：「其撰集漢事，未見録以繼後史，適作靈紀及十志，又補諸列傳四十二篇，因李傕之亂湮没，多不存。」案初平三年五月，興平二年三月、十一月，皆有李傕之亂。董卓傳言傕、汜共追乘輿，大戰弘農東澗，董承、楊奉軍敗，輜重御物，符策典籍，略無所遺，事在興平二年十一月。據獻帝紀。此遷都長安後圖書之又一厄也。蔡邕所著，或散於此時，亦未可知。史通所言，與後漢書年月不同，情狀亦異。知幾蓋别有所本，今亦莫詳其孰是，要之皆在建安以前耳。邕及楊彪所著，知幾似皆未見其書，故並不言篇數，與敍班固、劉珍等異。然靈帝紀即邕所作，而隋志云：「東觀漢記一百四十三卷，起光武記注至靈帝。」則靈紀尚存，邕所奏上十志之章，劉昭律曆志注載其全篇，不遺一字。在本志末。邕雖有「分别首目，并書章左」之言，實未録其篇目。而章懷注邕傳節録其文，末忽多出「有律曆志第一、禮志第二、樂志第三、郊祀志第四、天文志第五、車服志第六」二十九字，王先謙以爲乃章懷就當時所有者言之，非邕書辭，是也。見集解卷六十下校補。知幾與章懷同時，不應所見本有異。然則邕所作紀志，並未全亡，當時雖爲王允所惡，未見録以繼後史，而隋、唐之際，則其殘篇已編入漢記矣。今聚珍本有靈帝紀及律曆志、禮志、樂志、郊祀志、車服志，獨天文志全闕耳。楊彪所注記，知幾未言其有所亡佚。北堂書鈔卷三十四引有東觀漢記袁紹傳原無「傳」字，凡二條：一條言「賓客所歸，傾心折節」，一條言「士無貧賤，與之抗禮」。今本無紹傳。及今本王允、孔融、蔡邕等傳，必出彪手無疑。知幾不容不見，而竟不言其篇數，蓋與蔡邕殘稿，即在劉珍等所撰百十有四篇之内，知幾雖未暇檢點，然亦知中有邕、彪之作，故補敍之於後，讀者勿以辭害意可也。又案：蔡邕奏上十志章續漢律曆志注引作蔡邕戍邊上章。云：「臣自在布衣，常以爲漢書十志下盡王莽，而世祖以來，惟有紀傳，無續志者。不在其位，非外吏庶人所得擅述。天誘其衷，得備著作郎，建言十志皆當撰録。遂與議郎張華等分受之，難者皆以付臣。先治律曆，以籌算爲本，天文爲驗。郎中劉洪密於用算，故臣表上洪與共參思圖牒，尋繹度數。」則與邕同撰志者，劉洪之外尚有議郎張華，此亦提要所未知者。華即邕本傳所言與邕及楊賜、馬日碑、單颺同被召入崇德殿，使中常侍就問災異者也。

其稱東觀者，後漢書注引洛陽宫殿名云：「南宫有東觀。」范書竇章傳云：「永初中，學者稱東觀爲老氏藏室、道家蓬萊山。」蓋東漢初，著述在蘭臺，至章和以後，圖籍盛於東觀，修史者皆在是焉，故以名書。

案後漢書安帝紀云：「永初四年二月乙亥，詔謁者劉珍及五經博士校定東觀五經諸子傳記百家藝術，整齊脱誤，是正文字。」注引洛陽宫殿名曰：「南宫有東觀。」提要於出處不詳，故復引焉。元河南志卷二引陸機洛陽記曰：「東觀在南宫，高閣十二間。」廣弘明集卷三阮孝緒七録序曰：「哀帝使歆嗣其前業，歆遂總括群篇，奏其七略。及後漢蘭臺，猶爲書部。言後漢於蘭臺校定群書，猶依七略之部分也。又於東觀及仁壽闥撰集新記。」隋志序略同。史通史官建置篇云：「漢氏中興，明帝以班固爲蘭臺令史，詔撰光武本紀及諸列傳、載記。又楊子山爲郡上計吏，獻所作哀牢傳，爲帝所異，徵詣蘭臺。見後漢書楊終傳。斯則蘭臺之職者，蓋當時著述之所也。自章和以後，圖籍盛於東觀，凡撰漢記，相繼在乎其中，而都謂著作，竟無他稱。」提要之言，全本史通。

隋志稱書凡一百四十三卷，而新、舊唐志則云一百二十六卷，又録一卷，蓋唐時已有闕佚。隋志又稱是書起光武，訖靈帝。今考列傳之文間紀及獻帝時事，蓋楊彪所補也。案新唐志著録此書固云「一百二十六卷，又録一卷」。然舊唐志實作一百二十七卷，此雖僅於目録有不入卷數與入卷數之分，其書並無異同。但提要竟混稱新、舊志，不加分別，則非也。劉知幾史通作於中宗神龍時，自敍云：「今上即位，敕撰則天大聖皇后實録，退而私撰史通。」考晁志卷六則天實録撰於神龍二年。所見漢記尚爲一百二十四篇，不云有所闕佚，僅除目録不數耳。舊唐志鈔自開元九年以後毋煚所作之古今書録，見志序。相去不過十餘年，而此書竟佚去十六卷者，蓋煚但據集賢書院官本著録，其實民間所藏，固不僅如此也。唐末日人藤原佐世當唐昭宗時。日本國見在書目録云：「東觀漢記百四十三卷，起光武，訖靈帝，長水校尉劉珍等撰。右隋書經籍志所載數也。而件漢記，姚振宗隋志考證卷十一云：「而件猶華言此件、前件。」案此用古訓，而，如也。吉備大臣所將來也。其目録注云此書凡二本，一本百二十七卷，與集賢院見在書合。一本百四十一卷，與見書不合。又得零落四卷，又與兩本目録不合。真備在唐國多處營求，竟不得其具本，故且隨寫得如件，今本朝見在書百四十二卷。」考之續日本紀，日本史臣菅野道真等撰。吉備其姓，真備者其名，續紀卷十六云：「聖武天皇天平十八年冬十月丁卯，從四位下下道朝臣真備賜姓吉備朝臣。」於彼國孝謙天皇天平勝寶三年十一月爲入唐副使，見續紀卷十八。實唐玄宗之天寶十載也。其至長安當在次年。及天平勝寶六年正月，真備自唐歸國，船著益久島，見續紀卷十九。則爲唐之天寶十三載矣。集賢院爲天子藏書之處，唐六典卷九云：「集賢所寫，皆御本也。」是也。真備既得見其書而親檢之，而其本僅百二十七卷，可見已散佚不全。毋煚古今書録之所載，即是此本矣。真備多處營求，而得百四十一卷之本，必係民間之所藏，宜其不著録於兩唐志也。至所得零落四卷，當是别一殘本，與兩本皆不同。真備訪得之後，以與兩本互校，删除複重，多出佚文一卷。故佐世言其國見在書爲百四十二卷耳。其書視隋志卷數所闕無幾，且已溢出集賢院本之外，而真備猶復多處營求，豈必欲其一卷不闕耶？抑偶聞漢記殘缺之言，誤以爲隋志所載亦非完本耶？不知史通所謂殘缺者，謂蔡邕所著散逸不全，楊彪亦未能盡補，故憾其殘缺無成，非謂魏、晉以後有所亡失也。此將於何處求之乎？日本所得此書，遠過於唐中秘所藏，可謂藝林之星鳳。然彼國所有中國古籍，今已先後並出，而不聞有此書，則其亡也亦已久矣。考皇宋事實類苑卷四十三引楊文公談苑云：「景德三年予知銀臺進奏司，有日本僧入貢，遂召問之。僧不通華言，命以牘對，云身名寂照，號圓通大師。」又云：「書有史記、漢書、文選、五經、論語、孝經、爾雅、醉鄉日月、御覽、玉篇、蔣魴歌、老列子、神仙傳、朝野僉載、白集六帖、初學記，本國有國史秘府略、日本記、文館詞林、此非彼國人所撰，寂照誤也。混元録等書，釋氏論及疏抄傳集之類，多至不可勝數。」按寂照所對，雖不足以盡彼國儲藏之全，然既舉及醉鄉日月、朝野僉載諸短書，使東觀漢記而在，寧肯置之不言？以此推之，則真備之所營求，佐世之所著録者，蓋早已不存矣。此前人所未知，故不惜詳考之如此。

晉時以此書與史記、漢書爲三史，人多習之。故六朝及唐初人隸事釋書，類多徵引。

自唐章懷太子集諸儒注范書，盛行於代，此書遂微。

案魏、晉之間以此書與史、漢爲三史者，以諸家後漢書未出，三史之名始見吴志呂蒙傳注引江表傳孫權之語，其時謝承書恐尚未成。或出而不爲人重耳。及宋范曄書出，能集諸家之成，梁代韋闡即有後漢音，隋志云：「梁有韋闡後漢音二卷，亡。」闡見梁書韋叡傳。雖不詳爲何家，以意推之，必范書也。剡令劉昭遂集後漢同異，以注范曄書，世稱博悉。見梁書文學傳。昭，天監中人也。北魏劉芳亦撰范曄後漢書音一卷，見魏書卷五十五本傳及隋唐志。芳以其父與於劉義宣之難奔魏，事在宋孝武帝孝建元年，而卒於魏世宗宣武帝延昌二年，即梁武之天監十二年也。二人固未嘗相見，而其著書，先後同時。可見范曄之書已盛行於世，故爲南北學者所重視。夫書無音注，則不便於誦習，諸家後漢史，自范曄書外，不聞有音注。惟梁人王規嘗集後漢衆家異同，注續漢書二百卷，見梁書本傳。其體蓋與劉昭同。司馬彪之才，實不如蔚宗，規所以不惜殫力以注之者，以范書無志，究不得爲全書也。及宣卿注范書紀傳，取紹統之志以補之，斟酌盡善，其博悉蓋亦非規所及，故能後來居上，規書遂因之以亡。隋志云：「梁有王韶後漢林二百卷，亡。」姚振宗疑即王規續漢書注，訛「規」爲「韶」，蓋是也。自劉昭以後，陳有宗道先生臧競范漢音訓，隋有蕭該范漢音。皆三卷，見隋唐志。蓋昭既爲范書作注，遂大行於世，爲學子所必讀，故競等爲作音訓，以便諷誦。東觀漢記以下諸家，由是漸微，然仍存於世。兩唐志可考。諸書引用不絶者，類事之家，以供漁獵；注書之人，用徵出典耳。至於考史，必據范書。史通所謂世言漢中興史者唯袁、范二家，是矣。謝啓昆小學考卷四十九據隋志録劉芳以下後漢書音而論之曰：「隋、唐之間諸家後漢書俱在，而攻治後漢作音注者，皆據范書，是當日范書，已高出諸家，諸家漸就湮没，非無故矣。」斯誠篤論，然則范書之盛行，何必待至章懷之作注也哉？章懷之注成，獨能令人棄劉昭注不讀，而競習東宮睿製之書耳。至於東觀漢記及諸家後漢書，其不行固已甚久，若其遂至亡佚，則當在唐天寶以後至五代之間，於章懷無與焉。提要謂六朝、唐初人多徵引漢記，自章懷注范書，而此書遂微，今考徐堅初學記成於開元十五年，詳初學記本條下。其書裁三十卷，而引東觀漢記至百有八條，又引東觀記者二條。唐人劉賡者，不知何時人，作稽瑞一卷，其自敍曰：「方今元日朝會，上公上壽已，文部尚書奏天下瑞凡四。」案新唐書百官志云：「天寶十一載改吏部爲文部，至德二載復舊。」則賡亦玄宗時人也。其書當作於十二載至十四載之間，書僅寥寥數十葉，而引東觀漢記至十有四條，章懷注獻於儀鳳元年十二月，見舊唐書高宗紀。至是行於天下，近者五十年，謂至開元十五年。遠者七十餘年矣。謂至天寶十二載。二人著書，徵引漢記之多猶如此，然則何嘗因章懷之力而使之日及於微哉？提要之言，真臆説也。

北宋時尚有殘本四十三卷，趙希弁讀書附志、邵博聞見後録，並稱其乃高麗所獻，蓋已罕得。南宋中興書目則止存鄧禹、吴漢、賈復、耿弇、寇恂、馮異、祭遵、景丹、蓋延九傳，共八卷，有蜀中刊本流傳，而錯誤不可讀。上蔡任潩始以秘閣本讎校，羅願爲序行之，刻版於江夏。又陳振孫書録解題稱其所見本，卷第凡十二，而闕第七、第八二卷。卷數雖似稍多，而核其列傳之數，亦止九篇，則固無異於書目所載也。自元以來，此書已佚，永樂大典於鄧、吴、賈、耿諸韻中並無漢記一語，則所謂九篇者，明初即已不存矣。

案聞見後録卷九云：「神宗惡後漢書范曄姓名，欲更修之，求東觀漢記，久之不得。後高麗以其本附醫官某人來上，神宗已厭代矣。至元祐年高麗使人言狀，訪於書省，無知者。醫官已死，於其家得之，藏於中秘。予嘗寫本於吕汲公家，亦棄之兵火中矣。」高麗獻書之事，不見於續通鑑長編及宋史。然邵博以世家子記當時事，其言當必不虚。若趙希弁則去元祐遠矣，讀書附志内亦無此書，惟於卷上列子條下論及此事，與邵博略同，但删去其末兩語，蓋即剽取聞見後録耳。二人並不言其書爲若干卷，通考經籍考雜史類引羅鄂州序曰：「願聞之上蔡任淡文源曰：淡家舊有東觀漢記四十三卷，丙子紹興二十六年。渡江，亡去。後得蜀本，錯誤殆不可讀，用秘閣本校讎，删著爲八篇。洎見唐諸儒所引，參之以袁宏後漢紀、范曄後漢書，粗爲全具，其疑以待博洽君子。」則四十三卷者，任淡所舊藏之書也。不知提要何緣據以爲高麗本之卷數？邵博但稱高麗以其本來上，未嘗言其殘闕不完。雖羅序又云：「本朝歐陽公嘗欲求於海外，後復散亡，今所存才此耳。」則任淡所藏自當即是高麗本，然惡知醫官家所得、邵博所寫，非百二十七卷之舊，任淡所藏之四十三卷，爲渡江以前所據之本，已是散佚之餘也耶？羅序既言之不詳，提要遽合邵、任兩本爲一事，言之鑿鑿，其亦不善闕疑矣。玉海卷四十六東觀漢記條下引中興書目云：「八卷，按隋志本一百四十三卷，唐吴兢家藏，已亡十六卷。今所存止鄧禹、吴漢、賈復、景弇、耿弇之「耿」，宋人避太宗嫌名改爲「景」。寇恂、馮異、祭遵、景丹、蓋延九傳。」此即提要所據也。然其卷一百六十六漢東觀條又引中興書目景弇作耿弇，而無景丹，九傳作八傳。同引一書，而前後不同，未詳孰是。通考經籍考有東觀漢記十卷，引陳氏曰：「唐藝文志著録者一百二十卷，今所存者，惟吴漢、賈復、耿弇、寇恂、馮異、祭遵及景丹、蓋延八人列傳而已。其卷第凡十，而闕七、八二卷，未知果當時之書否也？」蓋書録解題之元本如此，而聚珍本解題卷七傳記類此條，於一百二十卷作一百二十七卷，八人列傳作九人列傳。其卷第凡十，作其卷第凡十二。除「一百二十七卷」句下有館臣校語，知爲依唐志改正外，餘皆不知何據。夫振孫所舉吴漢等姓名，止有八人，則其列傳安得有九？振孫所著録之漢紀爲十卷，而闕其第七、八二卷，故止八卷，則其卷第安得爲十二？疑亦館臣所妄改，而提要誤從之也。解題無鄧禹，而中興書目有之，此其顯然不同者。提要顧謂振孫所見之本無異於書目，豈其然乎？考高似孫史略卷三曾引漢記鄧禹傳序、吴漢傳序各一篇，序即傳後之贊，羅願云：傳後所題，有「太史官曰」，有「序曰」者，此班、劉之所爲分也。羅願序亦曰：「觀高密侯一傳，而綱領見矣。」可見南宋官私各本之東觀漢記皆有鄧禹傳，而陳振孫所見者又有殘缺也。提要謂永樂大典於鄧、吴、賈、耿諸韻中並無漢記一語，今案四庫全書考證卷三十二於漢記鄧禹、祭遵兩傳内並引有永樂大典各一條，其殆得之他韻之中耶？提要明言九篇明初已不存，而葉昌熾藏書紀事詩卷一吕大防條下自注乃謂今四庫本輯自永樂大典，然則其書明初尚存，不亡於南渡；是並提要亦未讀也。

本朝姚之駰撰後漢書補逸，曾蒐集遺文，析爲八卷。然所采只據劉昭續漢書十志補注、後漢書注、虞世南北堂書鈔、歐陽詢藝文類聚、徐堅初學記五書，又往往掇拾不盡，挂漏殊多。今謹據姚本舊文，以永樂大典各韻所載，參考諸書，補其闕逸，所增者幾十之六。其書久無刻版，傳寫多訛，姚本隨文鈔録，謬戾百出。且漢記目録雖佚，而紀、志、表、傳、載記諸體例，史通及各書所載，梗概尚一一可尋。姚本不加考證，隨意標題，割裂顛倒，不可殫數。今悉加釐正，分爲帝紀三卷、年表一卷、志一卷、列傳十七卷、載記一卷。其篇第無可考者，别爲佚文一卷，而以漢紀與范書異同，附録於末，雖殘珪斷璧，零落不完，而古澤斑斕，罔非瑰寶。

案總目於此書之下雖注爲永樂大典本，其實館臣重輯時，係以姚之駰本爲主，參之以大典所載，然後旁考唐、宋諸類書，自北堂書鈔至太平御覽以補之。觀提要此節，語意自明。若更讀本書校語及佚文，與夫四庫全書考證，尤可得其梗概。後人動稱殿本東觀漢記輯自永樂大典者，皆未細讀本書之過也。大典所載，蓋亦宋末或元、明人所輯，初非采自元書。否則南宋秘閣已止存列傳九篇，安得如許之殘編斷句乎？姚本沿明人陋習，一概不著出處，館臣從而效之，亦不舉所出之書，遂使讀者莫知所自來及其可信與否。夷考其實，即諸類書所引，亦復掇拾未盡。最甚者御覽卷九十一章帝、和帝條，均引有東觀漢記序數十言，今本竟不登一字。他若隋書音樂志牛弘等議樂引東觀書馬防傳凡一百八十二言，今本防傳只存「防上言，聖人作樂」云云五十四言。詳見李慈銘越縵堂日記第三十三册。弘又引順帝紀陽嘉二年冬十月庚午，以春秋爲辟雍云云，文與范書不同，亦東觀書之順帝紀也。李氏亦言及之。漢書藝文志師古注引漢記尹敏傳云：「孔鮒所藏。」歷代名畫記卷四敍蔡邕事自注云：「見東觀漢記。」史記索隱於孝文帝紀注云：「東觀漢紀宋楊傳云：『宋義之後有宋昌。』」今本皆未輯入。餘如編珠、開元占經、證類本草、記纂淵海、玉海等書所引諸佚文，自一二條以至數條，今本亦一字不收。至於後來所出古書，若稽瑞、類林、雜説、晏公類要、史略之類，爲館臣所不及見者，更無論矣。以此推之，其所罣漏，豈可勝言！館臣又於光武紀中凡稱公、稱上、稱世祖處，皆改爲帝，稱王尋、王邑爲二公處，二人皆莽之三公也。皆改爲尋、邑，不惟失古書之真，直是不通文義。然則全書之中爲所妄改者，又不知凡幾矣。雖有搜集之功，不足抵疏謬之罪，安得博通之士起而網羅放失，重輯一完善之本乎！

又案此篇草創於三十年前，原稿陋略，不足道。後來屢加修改，三易其稿，至戊子一九四八年。之夏始重付繕寫。其明年冬十一月，乃得見今人東莞莫伯驥五十萬卷樓群書跋文，其史部二有此書跋，云桐城姚東之得一北宋刊本云云，而不言其何所本，徧考之不得。偶舉以問吾友鄧文如，之誠。久之始得復云：「此出近人劉聲木清四川總督秉璋之子。撰萇楚齋隨筆，然恐不足信。」余既聞其説，已而大病五閲月而後愈，又久之，乃求得其書觀之，果見之於三筆卷十，略云：「東觀漢記原本一百四十三卷，自唐久已散佚，桐城姚東之任大定府知府，於道光某年得一北宋刊本，全書共五十册，太守所得中缺兩册，初擬進呈内府，未果。旋燬於咸豐某年當是十年。桐城失守，深爲可惜！」劉氏書他條多言見某書某卷，或聞之某人，獨此條不著出處。既與東之生不同時，不識何以知之？劉氏自言嘗著有桐城文學淵源考及藏書紀事詩補遺，或曾於彼二書中詳著其説，故於此不復及之耶？編者按：據劉聲木先生近函云：「東觀漢記記得似係從桐城蕭敬孚（穆）手稿中録出，惟本無書名人名及來歷。」然東之自著之伯山詩文集十八卷，固未嘗言有是書也。且據羅願序，任淯所藏北宋本尚只存四十三卷，今東之所得原書乃有五十册。縱以一册爲一卷，亦已溢出任淯所藏本之外，以理推之，此必無之事也，則文如以爲不足信也固宜。姑記之於此，以俟續考。庚寅孟秋七月自記。

本書輯佚校注引用書目和簡稱

東觀漢記　簡稱姚本　清姚之駰輯　栢筠書屋後漢書補逸本

東觀漢記　簡稱聚珍本　清乾隆四庫全書館館臣輯　武英殿聚珍本

易　中華書局出版十三經注疏本

尚書　中華書局出版十三經注疏本

詩　中華書局出版十三經注疏本

詩義會通　吴闓生撰　中華書局出版

周禮　中華書局出版十三經注疏本

禮記　中華書局出版十三經注疏本

春秋左傳　中華書局出版十三經注疏本

春秋公羊傳　中華書局出版十三經注疏本

論語　中華書局出版十三經注疏本

孝經　中華書局出版十三經注疏本
爾雅　中華書局出版十三經注疏本
説文解字　簡稱説文　漢許慎撰　中華書局影印本
方言　漢揚雄撰　科學出版社出版周祖謨校本
釋名　漢劉熙撰　經訓堂叢書畢沅疏證本
匡謬正俗　唐顔師古撰　清光緒三年湖北崇文書局刻本
廣韻　宋陳彭年等撰　中華書局出版周祖謨校本
史記　漢司馬遷撰　中華書局點校本
漢書　漢班固撰　中華書局點校本
後漢書　南朝宋范曄撰　中華書局點校本
後漢書補注　清惠棟撰　粤雅堂叢書本
後漢書辨疑　清錢大昭撰　廣雅書局叢書本
後漢書集解　清王先謙撰　商務印書館國學基本叢書本
後漢書　吴謝承撰　清汪文臺七家後漢書輯本

後漢書　晉薛瑩撰　清汪文臺七家後漢書輯本
續漢書　晉司馬彪撰　清汪文臺七家後漢書輯本
續漢書八志　晉司馬彪撰　中華書局點校本
後漢書　晉華嶠撰　清汪文臺七家後漢書輯本
後漢書　晉謝沈撰　清汪文臺七家後漢書輯本
後漢書　晉袁山松撰　清汪文臺七家後漢書輯本
漢記　晉張璠撰　清汪文臺七家後漢書輯本
後漢紀　晉袁宏撰　清光緒述古堂刻本
補後漢書年表　宋熊方撰　收入中華書局出版後漢書三國志補表三十種中
三國志　晉陳壽撰　中華書局點校本
宋書　南朝梁沈約撰　中華書局點校本
隋書　唐魏徵等撰　中華書局點校本
資治通鑑　簡稱通鑑　宋司馬光撰　中華書局點校本
逸周書　抱經堂校定本

國語　上海古籍出版社排印本

列子　中華書局出版楊伯峻集釋本

吕氏春秋　學林出版社出版陳奇猷校釋本

淮南子　漢劉安撰　清光緒浙江書局刻本

新書　漢賈誼撰　廣漢魏叢書本

新序　漢劉向撰　四部叢刊本

説苑　漢劉向撰　四部叢刊本

列女傳　漢劉向撰　四部叢刊本

白虎通義　漢班固撰　皇清經解續編陳立疏證本

論衡　漢王充撰　商務印書館出版黄暉校釋本

獨斷　漢蔡邕撰　四部叢刊本

風俗通義　漢應劭撰　天津人民出版社出版吴樹平校釋本

漢官儀　漢應劭撰　平津館叢書本

蔡中郎文集　漢蔡邕撰　四部叢刊本

拾遺記　苻秦王嘉撰　古今逸史本

高士傳　晉皇甫謐撰　四部備要本

華陽國志　晉常璩撰　四部叢刊本

古今注　晉崔豹撰　叢書集成本

世説新語　南朝宋劉義慶撰　中華書局出版余嘉錫箋疏本

文選　南朝梁蕭統編　中華書局影印胡克家本

水經注　北魏酈道元撰　臺灣中華書局出版楊熊合撰水經注疏本

洛陽伽藍記　北魏楊衒之撰　古典文學出版社出版范祥雍校注本

齊民要術　北魏賈思勰撰　農業出版社出版繆啓愉校釋本

新論　北齊劉晝撰　漢魏叢書本

史通　唐劉知幾撰　上海古籍出版社出版王煦華點校清浦起龍注本

稽瑞　唐劉賡撰　後知不足齋叢書本

歲華紀麗　唐韓鄂撰　學津討原本

史略　宋高似孫撰　四明叢書本

太平寰宇記　宋樂史撰　四庫全書本
急就篇補注　宋王應麟撰　玉海本
姓氏急就篇　宋王應麟撰　玉海本
通鑑地理通釋　宋王應麟撰　玉海本
漢藝文志考證　宋王應麟撰　玉海本
漢制考　宋王應麟撰　玉海本
學齋佔畢　宋史繩祖撰　百川學海本
學林　宋王觀國撰　武英殿聚珍本
杜工部草堂詩箋　宋魯訔編　蔡夢弼會箋　古逸叢書本
東漢會要　宋徐天麟撰　上海古籍出版社排印本
漢鼓吹鐃歌曲句解　清莊述祖撰　珍埶宧遺書本
天禄識餘　清高士奇撰　説鈴本
一切經音義　唐玄應撰　海山仙館叢書本
華嚴經音義　唐慧苑撰　守山閣叢書本

玉燭寶典　隋杜臺卿撰　古逸叢書本

編珠　隋杜公瞻撰　四庫全書本

北堂書鈔　簡稱書鈔　唐虞世南撰　清萬卷堂刻孔廣陶校注本　對以下各本亦曾引校：

明陳禹謨刻本　徐氏明抄本（北京圖書館藏）　路子復藏明抄本（北京大學圖書館藏）　五川居士藏明抄本（北京圖書館藏）　傅增湘藏明抄本（重慶圖書館藏）　嚴可均藏明黑格抄本（上海圖書館藏）　姚覲元集福懷儉齋活字本（北京圖書館藏）　清四録堂抄本（北京大學圖書館藏）　蔣光焴藏清抄本（北京圖書館藏）

藝文類聚　簡稱類聚　唐歐陽詢等撰　上海古籍出版社出版

初學記　唐徐堅等撰　中華書局排印本

白孔六帖　簡稱六帖　唐白居易、宋孔傳撰　明嘉靖刻本（北京圖書館藏）

太平御覽　簡稱御覽　宋李昉等撰　中華書局影印宋本

事類賦　宋吴淑撰　冀勤、馬蓉、王秀梅點校稿本

事物紀原　宋高承撰　惜陰軒叢書本

書敍指南　宋任廣撰　惜陰軒叢書本

海録碎事　宋葉廷珪撰　明卓顯卿校刻本（北京圖書館藏）
錦繡萬花谷　簡稱萬花谷　宋佚名撰　明刻本（北京圖書館藏）
事文類聚　宋祝穆撰　清乾隆積秀堂刻本
記纂淵海　宋潘自牧撰　明萬曆七年刻本（北京圖書館藏）
山堂先生群書考索　宋章如愚撰　元刻本（北京大學圖書館藏）
古今合璧事類備要　簡稱合璧事類　宋謝維新撰　明嘉靖刻本（北京大學圖書館藏）
玉海　宋王應麟撰　清光緒十年成都志古堂刻本
翰苑新書　宋佚名撰　鐵琴銅劍樓影抄本（北京圖書館藏）
晏元獻公類要　宋晏殊輯　抄本（北京圖書館藏）
重刊增廣分門類林雜説　金王壽朋撰　影大定本（北京圖書館藏）
永樂大典　中華書局影印本
唐類函　明俞安期編　四庫全書本（北京圖書館藏）
續編珠　清高士奇撰　四庫全書本（北京圖書館藏）
鳴沙石室古籍叢殘　羅振玉輯　民國六年上虞羅氏影印本

箋注倭名類聚抄　狩谷棭齋撰　明治十六年活字刷印本
四庫全書考證　清王太岳等撰　叢書集成本
四庫提要辨證　余嘉錫撰　中華書局出版
金石録　宋趙明誠撰　四庫全書本
隸釋　宋洪适撰　四庫全書本
隸續　宋洪适撰　四庫全書本
希古樓金石萃編　劉承幹輯　吴興劉氏希古樓刻本

中國史學基本典籍叢刊　書目

穆天子傳匯校集釋
國語集解
吴越春秋輯校彙考
越絶書校釋
西漢年紀
兩漢紀
漢官六種
東觀漢記校注
校補襄陽耆舊記（附南雍州記）
十六國春秋輯補
洛陽伽藍記校箋
建康實録
荆楚歲時記
大唐創業起居注箋證（附壺關録）
貞觀政要集校（修訂本）
唐六典
蠻書校注
十國春秋
皇朝編年綱目備要
皇宋十朝綱要校正
隆平集校證
宋史全文
宋太宗皇帝實録校注
金石録校證
丁未録輯考
靖康稗史箋證
中興遺史輯校
鄂國金佗稡編續編校注
皇宋中興兩朝聖政輯校
中興兩朝編年綱目
續宋中興編年資治通鑑
續編兩朝綱目備要

宋季三朝政要箋證
宋代官箴書五種
契丹國志
西夏書校補
大金弔伐録校補
大金國志校證
聖武親征録（新校本）
元朝名臣事略
明本紀校注
皇明通紀
明季北略
明季南略
國初群雄事略
三朝遼事實録
小腆紀年附考
小腆紀傳
史略校箋
廿二史劄記校證
通鑑地理通釋